Access 2003

Guide de formation avec exercices et cas pratiques

Pour Valérie,
qui a le courage d'affronter
quotidiennement "l'humour"
de son mari.

Yvan.

Dans la collection *Les guides de formation Tsoft*

P. Morié, B. Boyer. – **Excel 2003 Initiation.** *Guide de formation avec exercices et cas pratiques.*
N°11417, 2004, 206 pages.

P. Morié, B. Boyer. – **Excel 2003 Avancé.** *Guide de formation avec exercices et cas pratiques.*
N°11418, 2004, 204 pages.

P. Morié. – **Word 2003 Initiation.** *Guide de formation avec exercices et cas pratiques.*
N°11415, 2004, 222 pages.

P. Morié. – **Word 2003 Avancé.** *Guide de formation avec exercices et cas pratiques.*
N°11416, 2004, 220 pages.

P. Morié, Y. Picot. – **Access 2002.** *Guide de formation avec exercices et cas pratiques.*
N°11239, 2003, 344 pages.

P. Morié, B. Boyer. – **Excel 2002 Initiation.** *Guide de formation avec exercices et cas pratiques.*
N°11237, 2003, 200 pages.

P. Morié, B. Boyer. – **Excel 2002 Avancé.** *Guide de formation avec exercices et cas pratiques.*
N°11238, 2003, 200 pages.

S. Lange. – **Configuration et dépannage de PC.**
N°11268, 2003, 488 pages.

X. Pichot. – **Windows XP Professionnel.** *Administration et support.*
N°11144, 2002, 384 pages.

R. Bizoï. – **Oracle9*i* : SQL et PL/SQL**.
N°11351, 2003, 468 pages.

F. Rouquié. – **Lotus Notes 6 Utilisateur.** *Messagerie et agenda.*
N°11386, 2003, 214 pages.

J.-F. Rouquié. – **Lotus Domino 6 Administration.**
N°11387, 2003, 876 pages.

Autres ouvrages

S. Gautier, C. Hardy, F. Labbé, M. Pinquier. – **OpenOffice.org 1.1**.
N°11348, 2004, 336 pages + CD-Rom.

J. Walkenbach. – **VBA pour Excel 2003.**
G11432, 2004, 979 pages + CD-Rom.

J. Walkenbach. – **Excel 2002 et VBA.** *Le guide du développeur.*
G25415, 2e édition 2002, 1 134 pages + CD-Rom.

M. Israel. – **SQL Server 2000.**
N°11027, 2000, 1100 pages + CD-Rom PC.

G. Briard. – **Oracle9*i* sous Windows**.
N°11220, 2003, 1040 pages + 1 DVD-Rom.

Access 2003

Guide de formation avec exercices et cas pratiques

Patrick Morié • Yvan Picot

Tsoft EDITEUR

EYROLLES

ÉDITIONS EYROLLES
61, bd Saint-Germain
75240 Paris Cedex 05
www.editions-eyrolles.com

TSOFT
10, rue du Colisée
75008 Paris
www.tsoft.fr

Avant-propos

Conçu par des formateurs expérimentés, cet ouvrage vous apporte des outils pour apprendre à utiliser efficacement le logiciel Microsoft Access 2003.

Fiches pratiques La première partie, *Guide d'utilisation*, présente sous forme de fiches pratiques les fonctions d'Access 2003 et leur mode d'emploi. Ces fiches peuvent être utilisées soit dans une démarche d'apprentissage pas à pas, soit au fur et à mesure de vos besoins, lors de la réalisation de vos propres bases de données. Une fois les bases du logiciel maîtrisées, vous pourrez également continuer à vous y référer en tant qu'aide-mémoire. Si vous vous êtes déjà aguerri sur une version plus ancienne d'Access ou sur un autre logiciel de bases de données, ces fiches vous aideront à vous approprier rapidement Access 2003.

Cas pratiques La seconde partie, *Cas pratiques*, vous propose de mettre vos connaissances en pratique en réalisant pas à pas une application de gestion commerciale simple à travers seize cas corrigés. Cette partie vous aidera à mettre en œuvre la plupart des fonctions étudiées dans la première partie, tout en vous préparant à concevoir et exploiter vos propres bases de données.

- Ces étapes constituent un parcours de formation ; la réalisation du parcours complet permet de s'initier seul en autoformation.
- Un formateur pourra aussi utiliser cette partie pour animer une formation à la conception et à l'utilisation de bases de données avec Access 2003. Mis à disposition des apprenants ce parcours permet à chaque élève de progresser à sa vitesse et de poser ses questions au formateur sans ralentir la cadence des autres élèves.

Les fichiers nécessaires à la réalisation de ces cas pratiques peuvent être téléchargés depuis le site Web *www.editions-eyrolles.com*. Il vous suffit pour cela de taper le code **11490** dans le champ <RECHERCHE> de la page d'accueil du site, puis d'appuyer sur ↵. Vous accéderez ainsi à la fiche de l'ouvrage sur laquelle se trouve un lien vers le fichier exercices à télécharger, ***ExercicesAccess2003****.exe.* Une fois ce fichier téléchargé sur votre poste de travail, il vous suffit de l'exécuter pour installer automatiquement les fichiers associés aux cas pratiques dans un dossier nommé *Exercices Access 2003,* créé sur le disque *C:* de votre poste de travail.

Les cas pratiques sont particulièrement adaptés en fin de parcours de formation, à l'issue d'un stage d'initiation ou d'un cours de formation en ligne (e-learning) sur Internet, par exemple.

Téléchargez les fichiers des cas pratiques depuis www.editions-eyrolles.com

SOMMAIRE

PARTIE 1 GUIDE D'UTILISATION 7

PARTIE 1

GUIDE D'UTILISATION

ENVIRONNEMENT DE TRAVAIL

1

INTRODUCTION

Microsoft Access est un programme de gestion de base de données relationnelle (SGBD). Il offre un ensemble d'outils permettant de saisir, de mettre à jour, de manipuler, d'interroger et d'imprimer des données.

1 - BASE DE DONNÉES

Une base de données est un ensemble structuré d'informations. Les exemples de bases de données ne manquent pas : un carnet d'adresses, la liste des clients ou des fournisseurs d'une société, les informations concernant ses ventes, etc.

Une base de données est susceptible de contenir :

- Des tables
- Des requêtes
- Des formulaires
- Des états
- Des pages d'accès
- Des macros et des modules

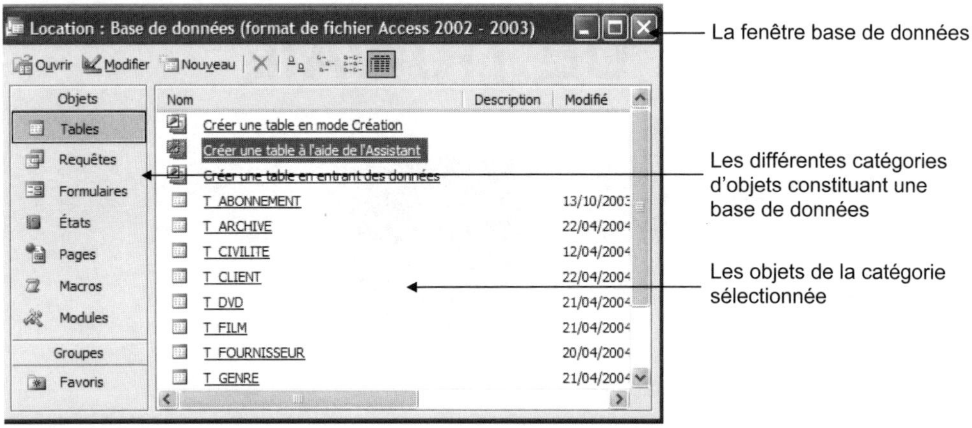

Traditionnellement le terme *base de données* désigne simplement une ou plusieurs tables, éventuellement reliées entre elles. Access étend donc la signification de cette expression.

2 - TABLES

Une table contient des données de même nature. Les tables organisent les données en colonnes (ou champs, ou rubriques) et en lignes (ou enregistrements, ou fiches). Par exemple, dans une liste de clients, le nom de la personne est un champ et son numéro de téléphone en est un autre.

L'enregistrement est un ensemble de champs concernant une personne, un article ou un événement. Par exemple, dans une liste de clients, le code, le nom, le prénom, l'adresse, le code postal et la ville d'une personne constituent un enregistrement.

CLIENTS : Table

ID client	Nom	Prénom	Adresse	Code posta	Ville
1	RAIMUS	Bernard	28, rue de Savigny	91200	ATHIS MONS
2	MARTIN	Pascal	162, rue de Vaugirard	75015	PARIS
3	BOEUF	Dominique	43, rue des Bohutiers	75015	PARIS
4	DAHOMAIS	Irenee	5, rue de Joinville	75015	PARIS
5	DANIELSSON	Madeleine	283, rue Lecourbe	92800	PUTEAUX
6	GARANGER	Claire	64, rue de Charonne	92800	PUTEAUX
7	DUMONET	Francoise	24, allee de la Pierre Rouge	78000	VERSAILLES
8	FOELL	Fabienne	50, Hameau des Fontaines	75006	PARIS
9	GUIARD	Corinne	66, rue Rabelais	93600	AULNAY SOUS BOIS
10	GAILIUS	Nathalie	3, rue du Puits	91360	EPINAY SUR ORGE
12	HUGUET	Claire	9, rue de la Rangee	91390	MORSANG SUR ORGE
13	HOUEDE	Chantal	20, allee Toison d'Or	75001	PARIS
14	HIRON	Christelle	91, rue de Turenne	91100	SAINTRY SUR SEINE

Enr : 1 sur 875

3 - REQUÊTES

Une requête est la formulation d'une interrogation concernant les enregistrements d'une ou de plusieurs tables. On peut par exemple extraire les clients par villes. Une requête porte automatiquement sur les données actuelles de la ou des tables concernées.

Access extrait de ces tables les enregistrements qui répondent à la question et les affiche :

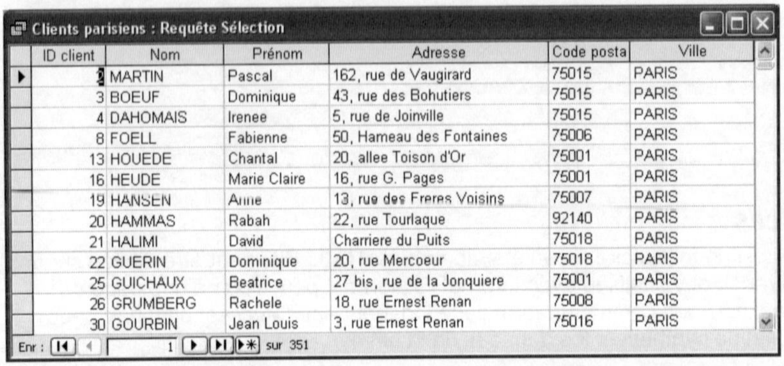
Clients parisiens : Requête Sélection

ID client	Nom	Prénom	Adresse	Code posta	Ville
2	MARTIN	Pascal	162, rue de Vaugirard	75015	PARIS
3	BOEUF	Dominique	43, rue des Bohutiers	75015	PARIS
4	DAHOMAIS	Irenee	5, rue de Joinville	75015	PARIS
8	FOELL	Fabienne	50, Hameau des Fontaines	75006	PARIS
13	HOUEDE	Chantal	20, allee Toison d'Or	75001	PARIS
16	HEUDE	Marie Claire	16, rue G. Pages	75001	PARIS
19	HANSEN	Anne	13, rue des Freres Voisins	75007	PARIS
20	HAMMAS	Rabah	22, rue Tourlaque	92140	PARIS
21	HALIMI	David	Charriere du Puits	75018	PARIS
22	GUERIN	Dominique	20, rue Mercoeur	75018	PARIS
25	GUICHAUX	Beatrice	27 bis, rue de la Jonquiere	75001	PARIS
26	GRUMBERG	Rachele	18, rue Ernest Renan	75008	PARIS
30	GOURBIN	Jean Louis	3, rue Ernest Renan	75016	PARIS

Enr : 1 sur 351

Ici, la liste des parisiens est extraite d'un fichier clients

Une requête peut également être de type action. Celles-ci ont la particularité d'exécuter une action sur une table (création d'une table, ajout/suppression d'enregistrements, mise à jour des données).

4 - FORMULAIRES

Un formulaire sert à saisir, à modifier et à consulter le contenu d'une table ou de plusieurs tables liées, enregistrement par enregistrement. Le formulaire permet d'afficher des enregistrements précis à l'écran sous la forme de votre choix, de vérifier les valeurs saisies, de créer des champs calculés, de réclamer des totaux, d'incorporer des graphiques, de mettre en valeur les données avec des polices spéciales, des couleurs, etc.

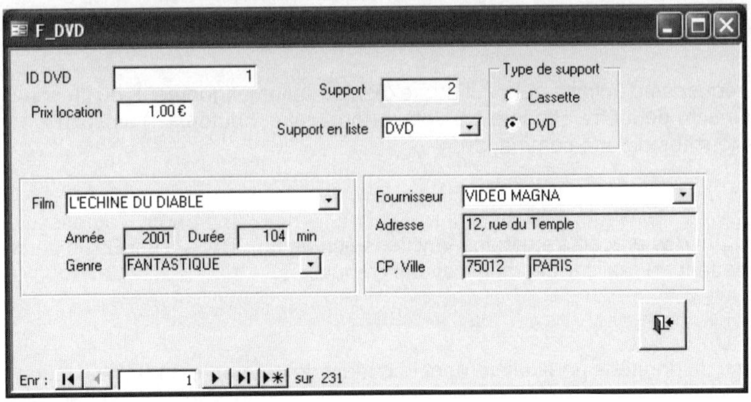

Ici, un formulaire permettant de consulter et de mettre à jour une fiche Produit.

5 - ÉTATS

On utilise un état pour imprimer une série d'enregistrements dans un format et une mise en page personnalisée. Dans un état, on peut regrouper des enregistrements sur divers critères et effectuer des calculs sur les champs : sous-totaux, moyennes, comptage, ...

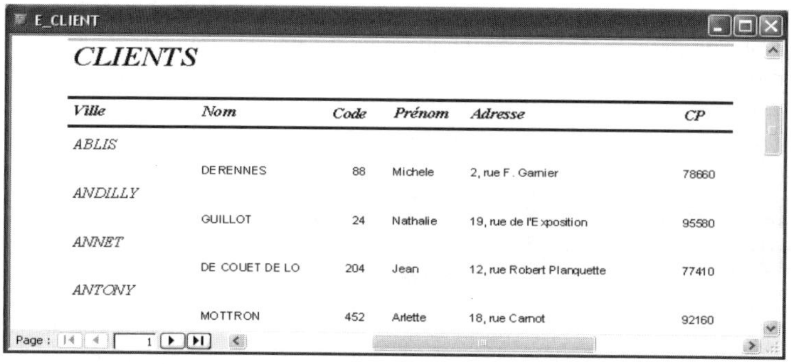

Ici, un état présentant une liste de clients classés par villes

6 - PAGES D'ACCÈS

Une page d'accès est un formulaire ou un état au format HTML. Elle peut être placée sur un site Internet ou intranet, et visualisée avec Internet Explorer. Il peut s'agir d'une page de saisie des données, agissant comme un formulaire indépendant d'Access, ou d'une page d'analyse qui permet de synthétiser les données de la base.

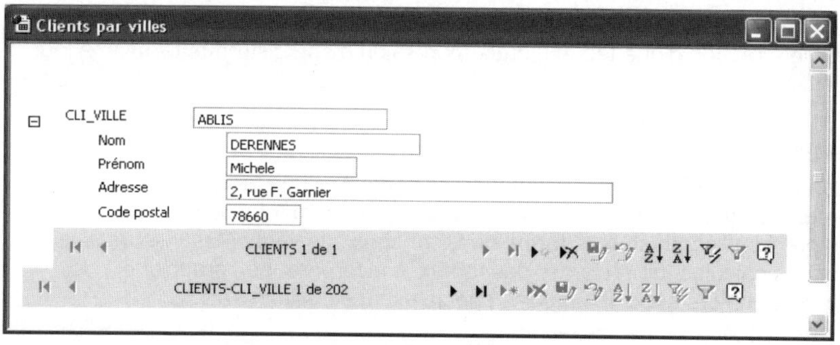

Ici, une page d'accès affichant une liste de clients classés par villes

7 - MACROS

Une macro est une séquence d'actions qui peut être exécutée automatiquement, ou lancée par l'utilisateur. Une macro peut être affectée à un objet (formulaire, bouton, ...) ainsi qu'à une combinaison de touches ou une commande.

8 - MODULES

Les modules contiennent des procédures et des fonctions écrites en VBA (Visual Basic pour Application). Ils permettent de réaliser des applications complexes.

9 - PROJETS

Un projet est une base de données particulière dont le but est de permettre à un utilisateur d'employer Access pour travailler et accéder à des données centralisées sur un serveur SQL. Dans ce type de base de données, les tables et les requêtes sont enregistrées sur le serveur SQL, alors que les formulaires, les pages, les états, les macros et les modules sont stockés sur le poste de l'utilisateur dans un fichier comportant l'extension *adp*.

Remarques : les macros, les modules et les projets ne sont généralement indispensables que lors du développement d'applications importantes et d'envergure. Aussi ces sujets ne sont pas traités dans cet ouvrage qui s'adresse aux utilisateurs d'Access et non aux concepteurs d'applications.

LANCER ACCESS

Access peut être lancé de diverses façons : avec le menu *Démarrer*, avec un raccourci posé sur le bureau de Windows, à l'aide du Poste de travail ou encore de l'Explorateur Windows.

1 - AVEC LE MENU DÉMARRER (SOUS WINDOWS XP)

- Cliquez sur le bouton «Démarrer» à l'extrémité gauche de la barre des tâches
- Cliquez sur *Tous les programmes*, puis sur *Microsoft Office/Microsoft Office Access 2003*

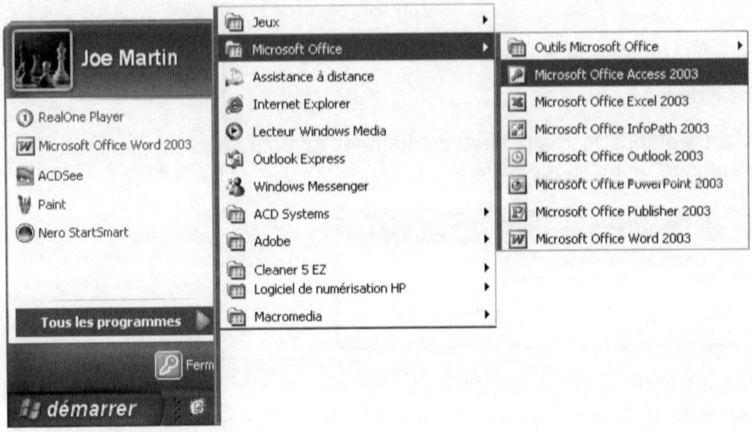

2 - AVEC UN RACCOURCI POSÉ SUR LE BUREAU DE WINDOWS

Ce type de raccourci n'existe pas par défaut et doit avoir été créé par l'utilisateur.

Microsoft Office Access 2003

Double-cliquez sur l'icône du raccourci.

3 - OUVRIR UNE BASE DE DONNÉES RÉCEMMENT UTILISÉE

- Cliquez sur le bouton «Démarrer» dans la barre des tâches
- Cliquez sur *Mes documents récents*
- Dans la liste qui s'affiche, cliquez sur le nom de la base de données à ouvrir

4 - OUVRIR UNE BASE DE DONNÉES À PARTIR DU POSTE DE TRAVAIL

Poste de travail

Double-cliquez sur l'icône du Poste de travail, sur le Bureau.

- Double-cliquez sur l'icône de l'unité de disque contenant la base de données
- Double-cliquez sur le dossier contenant la base de données
- Double-cliquez sur l'icône associée à la base de données à ouvrir (extension *.mdb*)

5 - OUVRIR UNE BASE DE DONNÉES À PARTIR DE L'EXPLORATEUR WINDOWS

- Cliquez sur le bouton «Démarrer» dans la barre des tâches
- Cliquez sur *Tous les programmes*, puis *Accessoires/Explorateur Windows*
- Dans la partie gauche de la fenêtre, développez le contenu du Poste de travail, cliquez sur une unité de disque, puis sur le dossier contenant la base de données
- Dans la partie droite de la fenêtre, double-cliquez sur le nom de la base de données à ouvrir

QUITTER ACCESS OU CHANGER D'APPLICATION

Quitter Access consiste à quitter définitivement l'application et à la retirer de la mémoire. Basculer consiste à quitter provisoirement Access tout en conservant l'application en mémoire. On pourra par la suite faire repasser Access au premier plan par un simple clic sur le bouton associé à cette application dans la barre des tâches.

1 - QUITTER ACCESS

- *Fichier/Quitter*, ou appuyez sur Alt-F4

Ou

- Cliquez sur la case de fermeture de la fenêtre d'Access

Case de fermeture

Si des modifications ont été apportées à la base de données en cours et n'ont pas été enregistrées, Access affiche un message d'alerte :

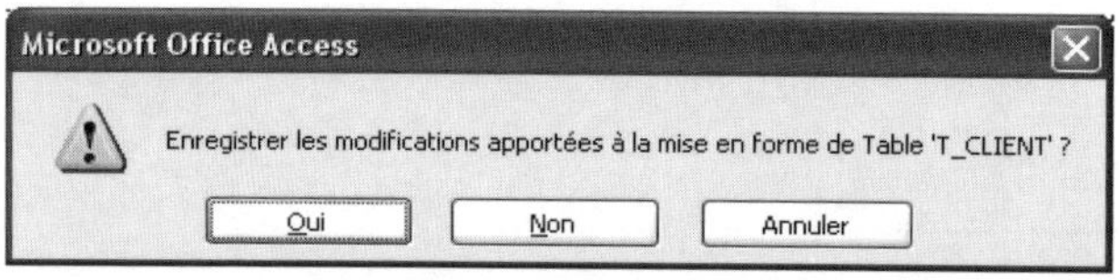

Dans ce cas, cliquez sur l'un de ces trois boutons :

– «Oui» pour enregistrer les modifications apportées à la base de données et quitter Access.
– «Non» pour ne pas enregistrer les modifications apportées et quitter Access.
– «Annuler» pour revenir à la base de données sans quitter Access.

2 - BASCULER PROVISOIREMENT VERS UNE AUTRE APPLICATION

L'une des caractéristiques de Windows est d'autoriser le lancement successif de plusieurs programmes (par exemple Access et Word), puis de permettre de basculer instantanément de l'un à l'autre, notamment pour transférer des informations.

- Dans la barre des tâches, cliquez sur le bouton correspondant à l'application à faire passer au premier plan

Ou

- Cliquez sur le bouton «Démarrer» et lancez une nouvelle application

Par la suite, pour revenir à Access :

- Dans la barre des tâches, cliquez sur le bouton affichant l'icône d'Access ou sur celui d'une base de données

Par défaut sous Windows XP, si plusieurs objets de la base de données ont été ouverts, le fait de cliquer sur ce bouton déroule un menu permettant de sélectionner l'objet à afficher :

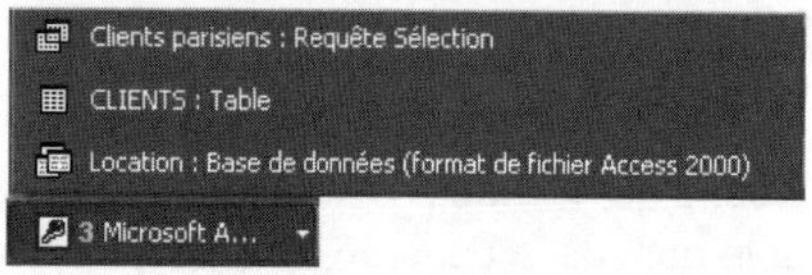

OUVRIR ET FERMER UNE BASE DE DONNÉES

Il n'est pas possible avec Access d'ouvrir plusieurs bases de données en même temps.

1 - OUVRIR UNE BASE DE DONNÉES EXISTANTE

Au démarrage d'Access

Le volet Office *Accueil* s'affiche automatiquement dans la partie droite de la fenêtre d'Access et propose les différentes options d'ouverture de fichiers :

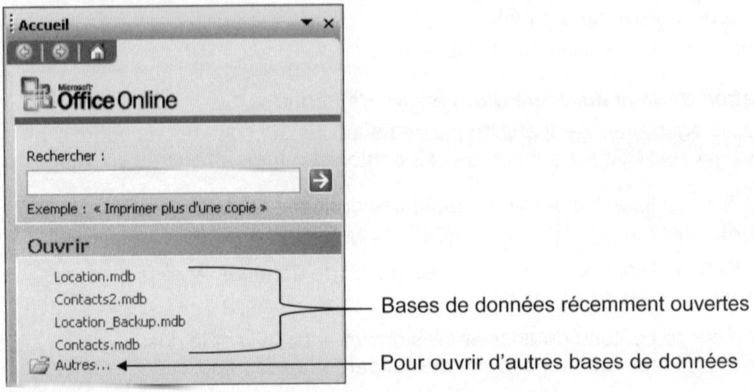

Si la base de données a été récemment utilisée :

- Cliquez directement sur son nom dans le volet Office

Si ce n'est pas le cas :

Cliquez sur ce lien dans le volet Office.

- Procédez comme exposé ci-dessous

En cours de session

Si la base de données à récupérer est l'une des quatre dernières à avoir été utilisées :

- Déroulez le menu *Fichier* et cliquez sur le nom de la base de données à ouvrir

Si ce n'est pas le cas :

Cliquez sur ce bouton dans la barre d'outils, ou *Fichier/Ouvrir*, ou appuyez sur Ctrl-**O**.

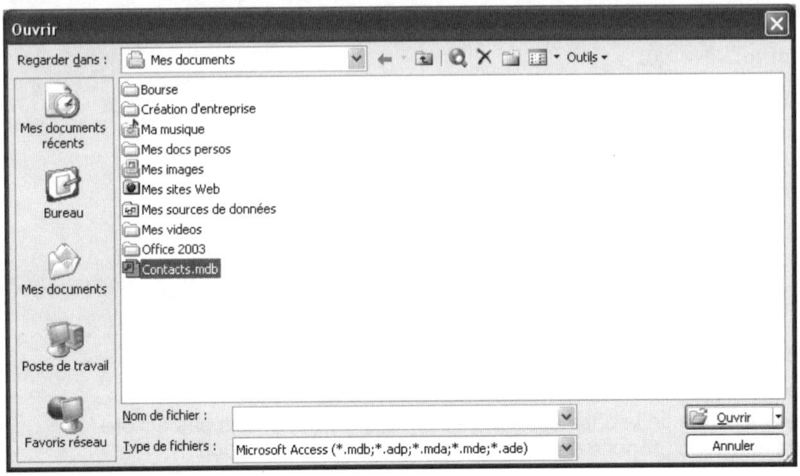

OUVRIR ET FERMER UNE BASE DE DONNÉES

Si le dossier affiché par défaut n'est pas celui contenant la base de données :

Cliquez sur ce bouton dans la partie gauche du dialogue.

- Double-cliquez sur l'unité de disque contenant la base de données
- Double-cliquez sur le dossier dans lequel se trouve la base de données. Répéter la procédure si la base de données se trouve dans un sous-dossier
- Sélectionnez le nom de la base de données
- Cliquez sur «Ouvrir»

Boutons de navigation dans le dialogue d'ouverture de fichiers

La partie gauche du dialogue précédent affiche plusieurs icônes qui sont des raccourcis vers des dossiers souvent utilisés. Cliquez sur l'un de ces boutons pour en afficher le contenu.

Mes documents récents	Affiche la liste des dernières bases de données et dossiers que vous avez utilisés.
Bureau	Affiche la liste des dossiers et des bases de données Access présents sur le bureau de Windows.
Mes documents	Affiche le contenu du dossier *Mes documents*, qui est le dossier d'enregistrement proposé par défaut par toutes les applications Office.
Favoris réseau	Affiche la liste des dossiers Web et des dossiers partagés auxquels vous avez accès sur le réseau local.

Ouverture d'une base de données en environnement multi-utilisateur

Dans le dialogue d'ouverture de fichiers, une petite flèche est associée au bouton «Ouvrir».

Elle déroule une liste d'options qui permettent d'ouvrir d'une manière particulière une base de données partagée : ouvrir la base de données en lecture seule, l'ouvrir en usage exclusif, ou l'ouvrir à la fois en lecture seule et en usage exclusif. Dans un environnement multi-utilisateur, le mode Exclusif vous garantit que vous êtes le seul à ouvrir la base de données.

En complément, le dialogue affiché par la commande *Outils/Options*, sous l'onglet *Avancé*, permet de préciser le mode d'ouverture par défaut et d'indiquer si lors de l'ouverture d'une base les enregistrements doivent être verrouillés ou pas.

Détails de la barre d'outils dans le dialogue d'ouverture de fichiers

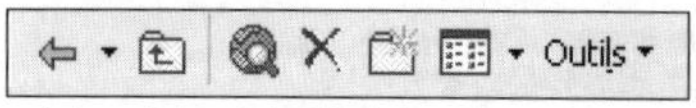

(a) (b) (c) (d) (e) (f) (g)

(a) Dossier précédemment affiché.
(b) Pour remonter d'un niveau dans l'arborescence des dossiers.
(c) Ouvre la page de recherche d'Internet Explorer.
(d) Supprime la base de données sélectionnée.
(e) Crée un dossier.
(f) Types d'affichage pour la liste des documents.
(g) Outils divers : propriétés de la base de données, recherche de fichiers, etc.

2 - FERMER UNE BASE DE DONNÉES

- *Fichier/Fermer*, ou appuyez sur Ctrl-**W** ou sur Ctrl-F4
- Si un ou plusieurs objets de la base de données ont été modifiés mais pas encore enregistrés, un message propose de les sauvegarder : cliquez sur «Oui»

LA FENÊTRE D'ACCESS

1 - LES ÉLÉMENTS DE LA FENÊTRE

Une fois Access lancé et une base de données ouverte, la fenêtre prend l'aspect suivant :

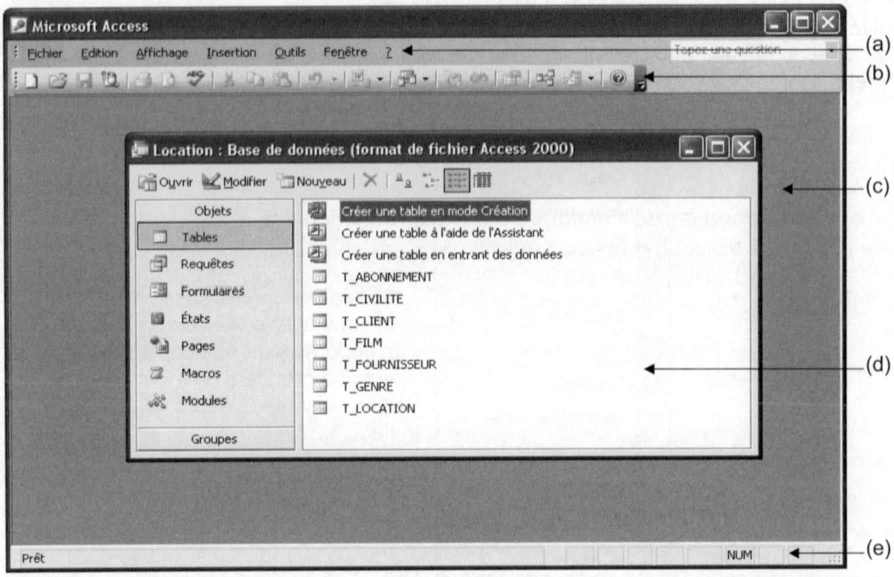

(a) Barre de menus : pour passer les commandes.

(b) Barre d'outils *Base de données* : pour passer les commandes les plus courantes en cliquant sur des boutons. Pour connaître le rôle de l'un de ses boutons, amener le pointeur dessus : le nom du bouton s'affiche dans une bulle après quelques instants.

(c) Espace de travail : Access affiche ici les objets ouverts (tables, requêtes, etc.).

(d) Fenêtre *Base de données* : fenêtre affichant les divers objets de la base de données ouverte et quelques boutons associés aux actions les plus courantes. Les objets de la base de données sont classés par catégories et on passe de l'une à l'autre en utilisant la barre de navigation qui apparaît dans la partie gauche de la fenêtre.

(e) Barre d'état : elle affiche des messages sur le travail en cours.

2 - LA BARRE D'OUTILS BASE DE DONNÉES

(a) (b) (c) (d) (e) (f) (g) (h) (i) (j) (k) (l) (m) (n) (o) (p) (q) (r) (s)

(a) Créer une base de données.
(b) Ouvrir une base de données.
(c) Enregistrer.
(d) Recherche de fichiers.
(e) Imprimer.
(f) Aperçu avant impression.
(g) Orthographe.
(h) Couper.
(i) Copier.
(j) Coller.
(k) Annuler.
(l) Liaisons Office.
(m) Analyse.
(n) Afficher le code Visual Basic.
(o) Afficher le code Visual Basic Script.
(p) Propriétés de l'objet sélectionné.
(q) Relations.
(r) Création d'un nouvel objet.
(s) Volet Office d'aide.

LES MENUS D'ACCESS

1 - MENUS RÉDUITS OU MENUS DÉVELOPPÉS

Lorsqu'on déroule un menu, il ne propose pas toutes les commandes disponibles, mais seulement celles qui sont généralement les plus utilisées.

La totalité des commandes s'affiche si on double-clique sur le nom du menu, ou si on laisse le menu développé quelques secondes, ou si l'on clique sur la double flèche qui apparaît à son extrémité inférieure.

Menu réduit

Menu développé

Lors d'une même session de travail, si vous utilisez des commandes qui n'apparaissent pas par défaut dans la version réduite d'un menu, elles y seront ajoutées afin d'en faciliter l'accès.

2 - COMMANDES DANS LES MENUS

Dans les menus d'Access, un certain nombre de symboles sont susceptibles d'être associés au nom des commandes. En voici la signification :

Commande suivie de trois points : elle affichera un dialogue.

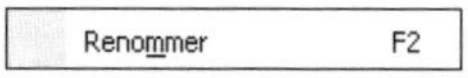

Commande suivie du terme F2 : elle possède un raccourci clavier : la touche F2.

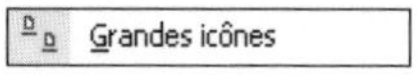

Commande précédée d'une icône : elle possède son équivalent dans une barre d'outils.

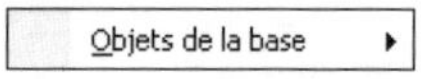

Commande suivie d'une flèche : elle affichera un sous-menu.

Commande en grisé : elle n'est pas disponible dans le contexte en cours.

3 - MENUS CONTEXTUELS

Access met à votre disposition de nombreux menus contextuels.

Il s'agit de petits menus que l'on invoque en cliquant avec le bouton droit de la souris sur un objet ou un élément de la fenêtre et qui a la particularité de n'afficher que les commandes applicables à cet élément.

LE VOLET OFFICE

Le Volet Office permet, à un moment précis, d'afficher par catégories la liste des tâches que vous pourrez effectuer à ce stade de vos manipulations.

1 - AFFICHER LE VOLET OFFICE

Le volet Office s'affiche automatiquement lorsque l'un des volets existant peut vous être utile. Vous pouvez toutefois réclamer son affichage à tout moment :

- *Affichage/Volet Office*, ou appuyez sur Ctrl-F1.

2 - MANIPULER LE VOLET OFFICE

– Déplacer le volet Office : cliquez sur sa barre de points en (a) et faites glisser.
– Changer de volet Office : cliquez sur la flèche (c), puis sur le nom du volet à afficher.
– Afficher le volet Office précédent ou suivant : utilisez les boutons (b).
– Fermer le volet Office : cliquez sur la case de fermeture (d)

3 - PRINCIPAUX VOLETS DISPONIBLES

– Le volet *Accueil* : pour ouvrir une base de données existante ou en créer une nouvelle.
– Le volet *Aide* : il permet de chercher de l'aide sur le fonctionnement d'Access 2003.
– Le volet *Nouveau fichier* : il permet de créer une base de données à partir d'un modèle.
– Le volet *Presse-papiers* : commun aux programmes Office, ce volet permet de stocker des informations (textes, images, données, etc.) afin de les transférer entre deux applications.
– Le volet *Dépendances d'objet* : il affiche la liste des objets (tables, requêtes, formulaires et états) qui dépendent de l'objet sélectionné, ou ceux dont il dépend.

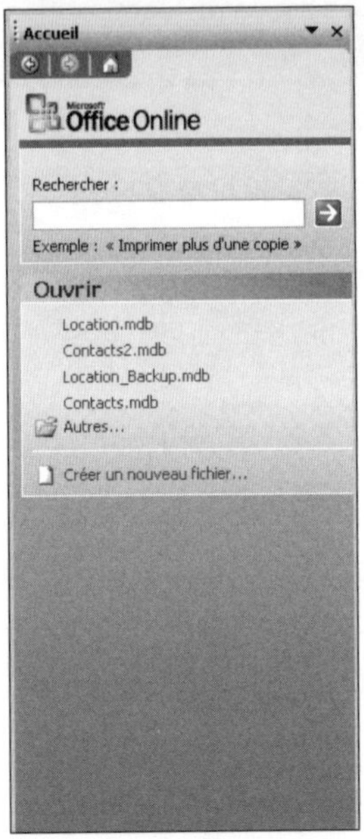

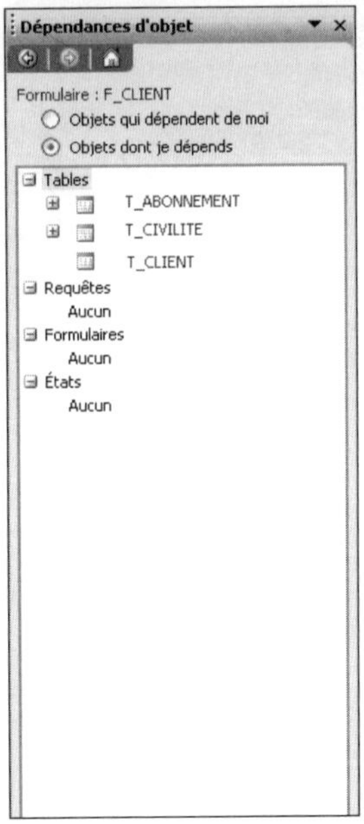

OBTENIR DE L'AIDE

1 - UTILISER LE VOLET OFFICE D'AIDE

Cliquez sur ce bouton dans la barre d'outils, ou *?/Aide sur Microsoft Office Access*, ou appuyez sur F1.

Le volet Office *Aide sur Access* s'affiche dans la partie droite de la fenêtre :

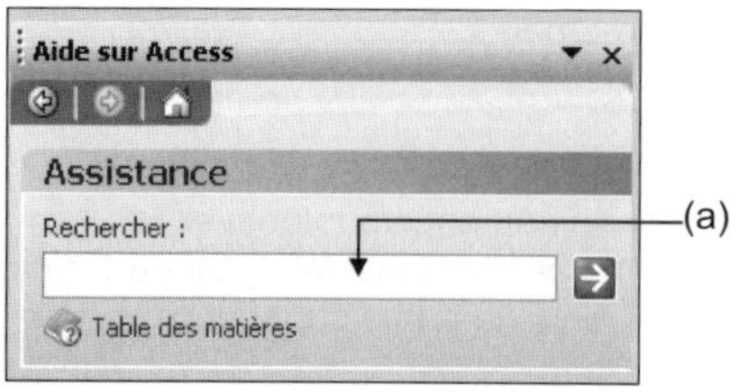

Effectuer une recherche à partir de mots-clés

- Tapez un ou plusieurs mots-clés en (a) et appuyez sur ↵

Une liste de rubriques d'aide s'affiche dans le volet Office :

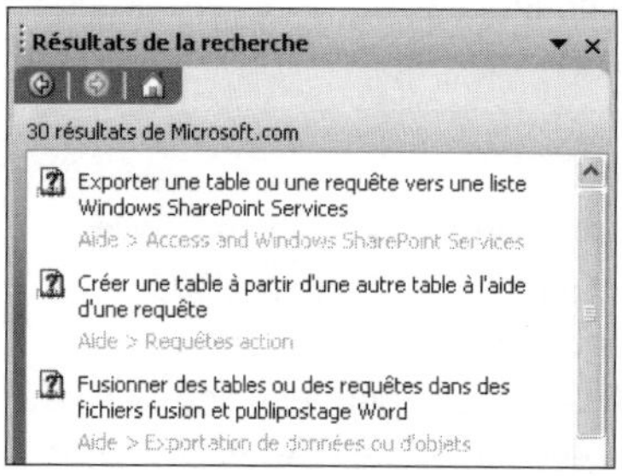

- Cliquez sur la rubrique de votre choix

Une fenêtre affiche alors le contenu de la rubrique sélectionnée :

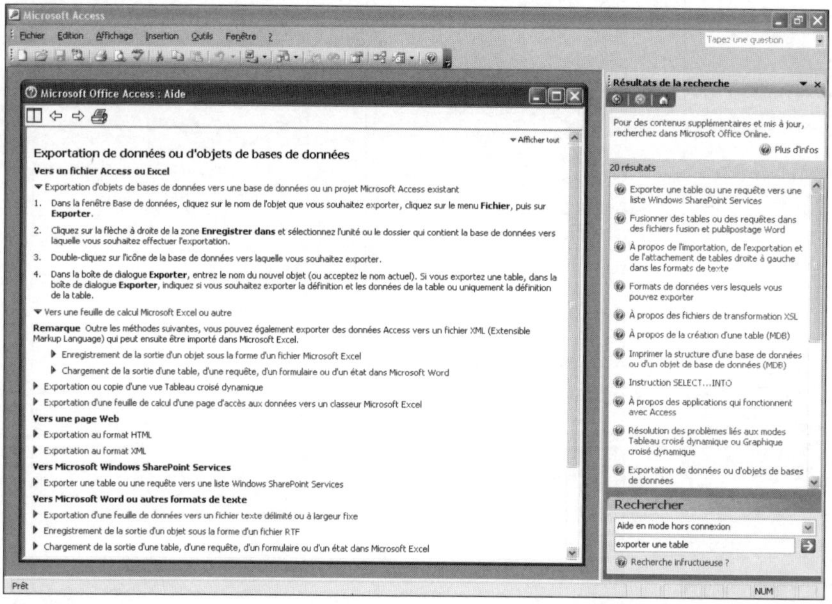

OBTENIR DE L'AIDE

Dans la fenêtre d'aide, les phrases affichées en bleu et précédées d'un triangle sont des sous titres. En cliquant dessus, vous pouvez développer ou réduire le texte sous-jacent.

- Après consultation : cliquez sur la case de fermeture de la fenêtre d'aide, puis fermez le volet Office

Remarques : il existe une autre méthode pour rechercher de l'aide à partir de mots-clés. Il suffit de taper les mots dans la zone de saisie située à l'extrémité droite de la barre de menus, puis d'appuyer sur la touche ↵. Une liste de rubriques d'aide s'affiche dans le volet Office et procédez alors comme précédemment.

Si, suite à une recherche, la réponse ne vous satisfait pas pleinement, vous pouvez la réitérer en demandant à consulter les fichiers d'aide disponibles sur le site Web *Office Online* (vous devez disposer d'une connexion Internet). Pour cela, dans la partie supérieure du volet Office, cliquez sur le lien suivant :

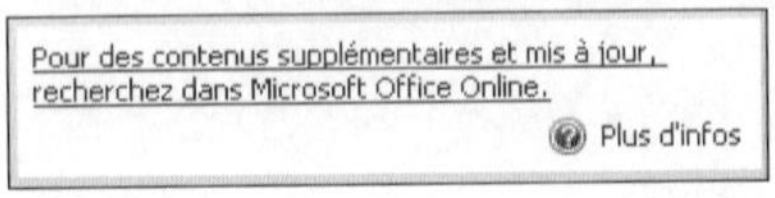

Effectuer une rechercher dans le sommaire de l'aide

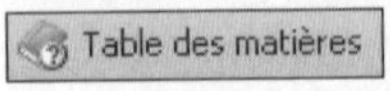

Cliquez sur ce lien dans le volet Office *Aide sur Access.*

Le sommaire de l'aide s'affiche dans le volet Office.

- Cliquez sur un thème (titre précédé d'une icône en forme de livre)
- Cliquez accessoirement sur un sous thème
- Cliquez sur une rubrique (titre précédé d'une icône en forme de point d'interrogation)

Une fenêtre affiche alors le texte de la rubrique sélectionnée :

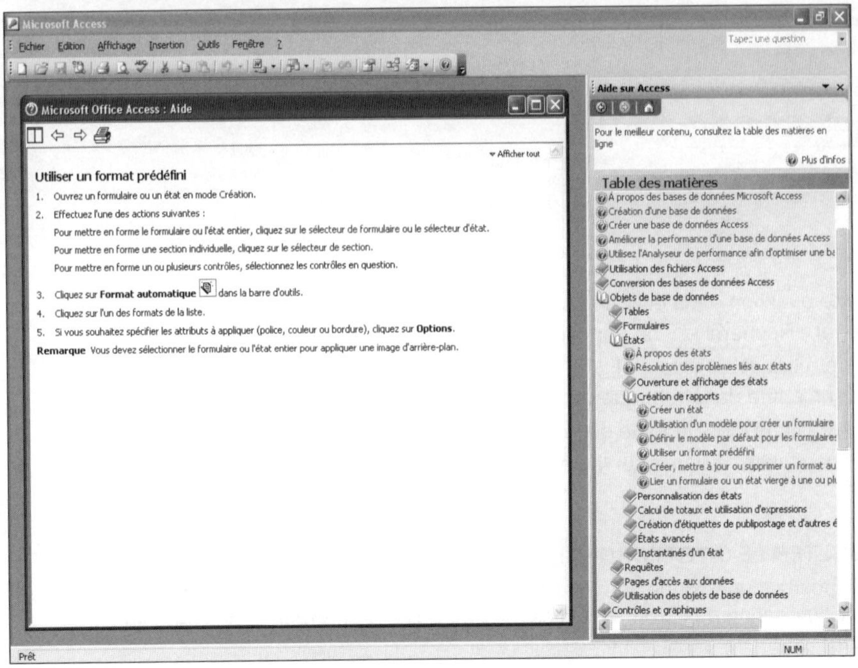

- Après consultation : cliquez sur la case de fermeture de la fenêtre d'aide, puis fermez le volet Office

OBTENIR DE L'AIDE

Remarque : si, suite à une recherche, la réponse ne vous satisfait pas pleinement, vous pouvez en complément demander à consulter le sommaire de l'aide disponible sur le site Web *Office Online* (vous devez disposer d'une connexion Internet). Pour cela, dans la partie supérieure du volet Office, cliquez sur ce lien :

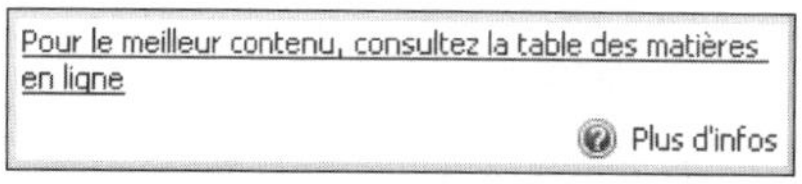

2 - UTILISER LE COMPAGNON OFFICE

Le Compagnon Office est une autre méthode pour rechercher de l'aide à partir de mots-clés.

Activer le Compagnon Office

- *?/Afficher le Compagnon Office*

Masquer le Compagnon Office

- Clic-droit sur le Compagnon Office, puis cliquez sur *Masquer*

Ou

- *?/Masquer le Compagnon Office*

Déplacer le Compagnon Office

- Cliquez sur le personnage du Compagnon Office et faites-le glisser

Poser une question au Compagnon Office

- Activez le Compagnon Office
- Cliquez dans le personnage (un trombone par défaut)

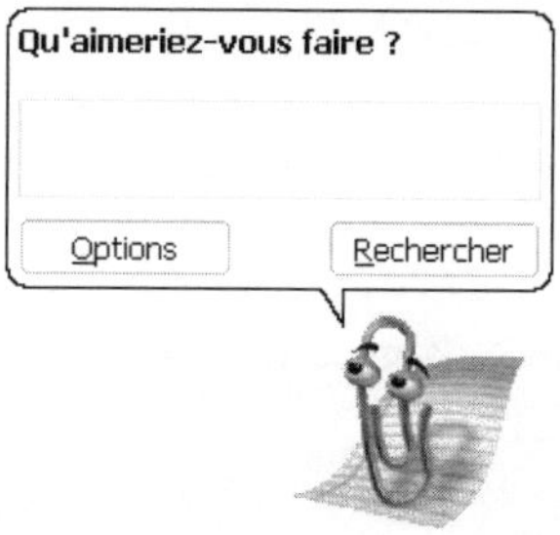

- Tapez une question dans la zone de saisie
- Cliquez sur «Rechercher» ou appuyez sur ↵

Une liste de rubriques d'aide s'affiche dans le volet Office.

- Cliquez sur le titre de la rubrique de votre choix

Une fenêtre affiche alors le texte de la rubrique sélectionnée.

- Après consultation : cliquez sur la case de fermeture de la fenêtre d'aide, puis fermez le volet Office

3 - CONSULTER LE SITE MICROSOFT OFFICE SUR LE WEB

Si vous disposez d'une connexion Internet, le site Web *Office Online* propose de nombreux articles sur l'utilisation des produits Office, des modules de formation, des modèles, des images, etc.

- *?/Microsoft Office Online*

Internet Explorer est lancé. La page d'accueil du site s'affiche après quelques instants.

EXPLOITER UNE BASE DE DONNÉES EXISTANTE

2

LA FENÊTRE BASE DE DONNÉES

La fenêtre Base de données, qui s'affiche lors de l'ouverture d'une base de données, propose une série d'options permettant d'afficher et de manipuler les objets de la base ouverte (tables, requêtes, formulaires, états, etc.). Si cette fenêtre est masquée par une autre, on peut toujours la faire passer au premier plan en appuyant sur F11.

1 - NAVIGATION ENTRE LES CATÉGORIES D'OBJETS

La partie gauche de la fenêtre *Base de données* affiche une barre de navigation. Cliquez sur une catégorie d'objets dans la liste <Objets> pour afficher dans la partie droite de la fenêtre l'ensemble des objets de ce type présents dans la base de données. Par exemple, la liste des tables qu'elle comporte :

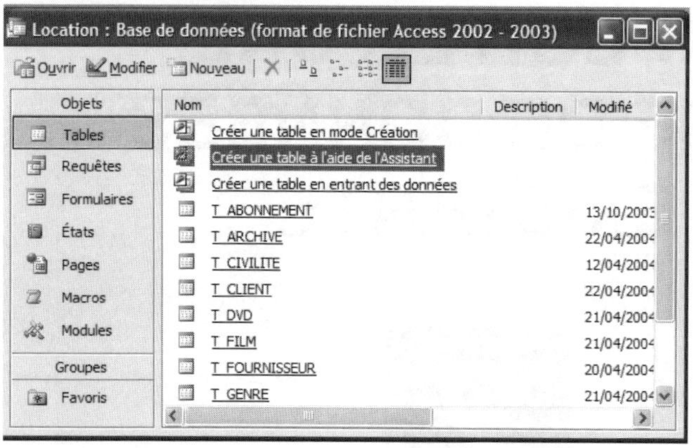

On peut modifier la largeur du panneau de gauche affichant les catégories d'objets en cliquant sur sa limite droite et en faisant glisser. On peut modifier la taille de la fenêtre *Base de données* en cliquant sur l'un de ses bords et en faisant glisser.

Les quatre premiers boutons de la barre d'outils permettent respectivement d'afficher, de modifier la structure, de créer ou de supprimer l'objet sélectionné.

2 - MODES D'AFFICHAGE

Quelle que soit la catégorie sélectionnée, on peut modifier l'apparence des objets listés dans la fenêtre Base de données.

Icônes grand format

Cliquez sur ce bouton dans la fenêtre Base de données, ou *Affichage/Grandes icônes.*

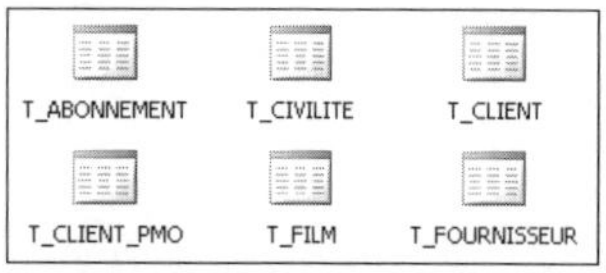

Icônes petit format

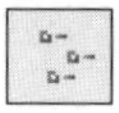

Cliquez sur ce bouton dans la fenêtre Base de données, ou *Affichage/Petites icônes.*

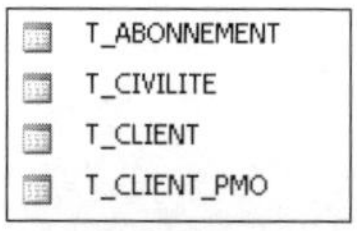

Liste

Cliquez sur ce bouton dans la fenêtre Base de données, ou *Affichage/Liste.*

Détails

Cliquez sur ce bouton dans la fenêtre Base de données, ou *Affichage/Détails.*

Nom	Descrip...	Modifié	Créé	Type
Créer une table en mode Création				
Créer une table à l'aide de l'Assistant				
Créer une table en entrant des données				
T_ABONNEMENT		21/10/2003 09:21:57	08/10/2003 21:56:35	Table
T_CIVILITE		08/10/2003 22:04:26	08/10/2003 21:56:35	Table
T_CLIENT		24/10/2003 15:13:29	06/10/2003 23:11:46	Table
T_CLIENT_PMO		24/10/2003 16:47:32	24/10/2003 15:48:04	Table
T_FILM		24/10/2003 15:14:18	06/10/2003 23:48:06	Table
T_FOURNISSEUR		24/10/2003 15:14:37	06/10/2003 23:47:50	Table

3 - TRIER LES OBJETS

On peut également afficher les objets dans un ordre différent en les triant.

- *Affichage/Réorganiser les icônes*

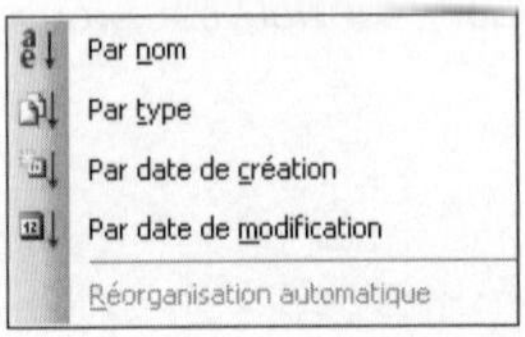

- Cliquez sur un critère de tri

4 - ALIGNER LES ICÔNES

Cette possibilité est disponible dans les affichages *Grandes icônes* et *Petites icônes* car dans ces affichages il est possible de déplacer les icônes dans la fenêtre par Cliquer/Glisser.

- *Affichage/Aligner les icônes*

5 - RENOMMER UN OBJET

- Cliquez sur son icône pour sélectionner l'objet
- *Edition/Renommer*, ou appuyez sur F2
- Tapez un nouveau nom et appuyez sur ↵

6 - SUPPRIMER UN OBJET

- Cliquez sur son icône pour sélectionner l'objet, puis appuyez sur Suppr
- Un message demande confirmation : cliquez sur «Oui»

7 - MASQUER UN OBJET

- Cliquez sur son icône pour sélectionner l'objet

Cliquez sur ce bouton dans la barre d'outils, ou *Affichage/Propriétés*, ou appuyez sur Alt-↵

- <Attributs> : cochez ☒*Masqué*
- Cliquez sur «OK»

LA FENÊTRE BASE DE DONNÉES

Afficher les objets masqués

- *Outils/Options*, puis cliquez sur l'onglet *Affichage*
- <Afficher> : cochez ☒*Objets masqués*
- Cliquez sur «OK»

8 - UTILISER LES GROUPES

Outre les objets de la base de données en cours, la barre de navigation de la fenêtre *Base de données* affiche une zone <Groupes>. On peut y créer des groupes (sortes de dossiers) et placer dans chacun des raccourcis vers les objets de son choix.

Ces groupes permettent donc de regrouper à un emplacement unique des raccourcis vers les objets que l'on utilise souvent ou des objets qui concernent une même tâche. Pour accéder au contenu d'un groupe, il suffit de cliquer sur son nom dans la barre de navigation : son contenu s'affiche dans la partie droite de la fenêtre Base de données.

Comme il ne s'agit que de raccourcis, le fait de renommer ou de supprimer l'un des éléments du groupe n'affecte en rien l'objet auquel il se réfère.

Créer un groupe

- Affichez la fenêtre Base de données

Cliquez sur ce bouton si les groupes ne sont pas visibles.

- Clic-droit dans la zone où sont affichés les noms de groupes et cliquez sur *Nouveau groupe*

- Tapez un nom pour le groupe
- Cliquez sur «OK»

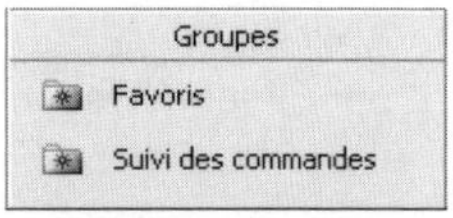

Le dossier de ce nouveau groupe apparaît.

Ajouter un objet à un groupe

- Affichez la fenêtre Base de données
- Sélectionnez la catégorie de l'objet dans la barre de navigation
- Clic-droit sur le nom de l'objet à placer dans le groupe, puis cliquez sur *Ajouter à un groupe*

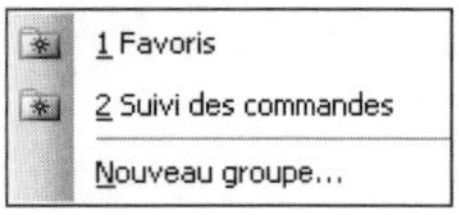

- Cliquez sur le nom du groupe dans lequel un raccourci vers cet objet doit être créé

Remarque : une autre méthode consiste à cliquer sur l'objet dans la partie droite de la fenêtre et à le faire glisser sur le groupe de son choix dans la barre de navigation.

Renommer un groupe

- Clic-droit sur le nom du groupe, puis cliquez *Renommer un groupe*
- Tapez un nouveau nom
- Cliquez sur «OK»

Supprimer un groupe

- Clic-droit sur le nom du groupe, puis cliquez sur *Supprimer un groupe*
- Un message demande confirmation : cliquez sur «Oui»

9 - CRÉER DES RACCOURCIS

On peut créer un raccourci pour un objet et le placer sur le bureau de Windows. Un double-clic sur ce raccourci lancera Access, ouvrira la base de données et affichera l'objet dans une fenêtre. On peut ainsi accéder très rapidement à un formulaire de saisie ou un état que l'on utilise souvent.

- Affichez la fenêtre *Base de données* et cliquez sur l'icône de l'objet pour le sélectionner
- *Edition/Créer un raccourci*

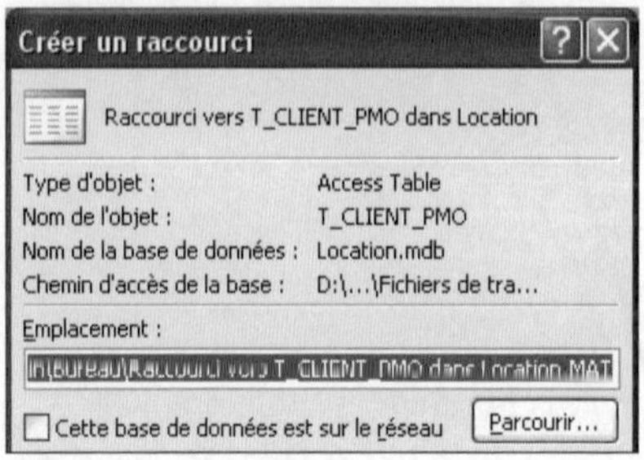

- Cliquez sur «OK» pour placer le raccourci sur le bureau de Windows

10 - PROTÉGER LA BASE DE DONNÉES AVEC UN MOT DE PASSE

Ce mot de passe sera réclamé à chaque ouverture de la base de données, avant l'affichage de la fenêtre Base de données.

- *Fichier/Fermer* pour fermer la base de données si elle est ouverte

 Cliquez sur ce bouton dans la barre d'outils, ou *Fichier/Ouvrir*, ou appuyez sur Ctrl-**O**.

- Sélectionnez le dossier, puis le nom de la base de données

Cliquez sur la flèche associée à ce bouton.

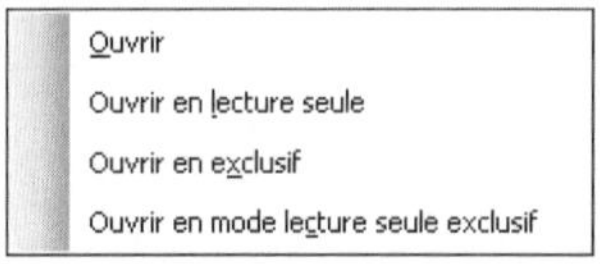

- Cliquez sur *Ouvrir en exclusif*
- *Outils/Sécurité/Définir le mot de passe de la base de données*

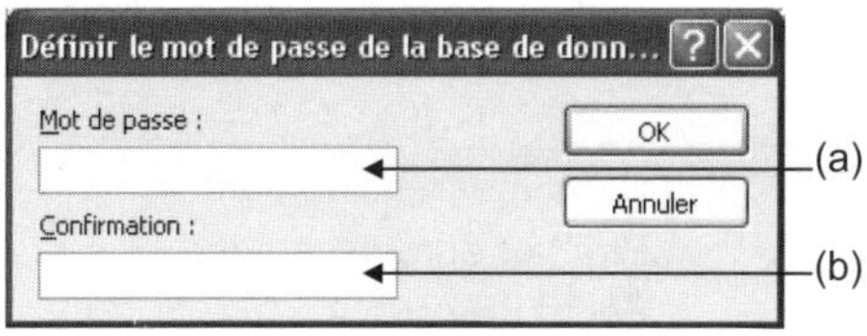

- Tapez le mot de passe en (a) et retapez-le en (b)
- Cliquez sur «OK»
- *Fichier/Fermer* pour fermer la base de données, ou appuyez sur Ctrl-**W** ou sur Ctrl-F4

SAISIR ET ÉDITER DES ENREGISTREMENTS

Le mode *Feuille de données* est conçu pour saisir des enregistrements dans les tables, ainsi que pour consulter et modifier les données existantes. Cette méthode est simple, mais moins confortable que l'utilisation des formulaires que nous verrons plus loin.

1 - AJOUTER DES ENREGISTREMENTS

Dans la fenêtre Base de données, cliquez sur la catégorie *Tables*.

- Sélectionnez le nom de la table à éditer

Cliquez sur ce bouton dans la barre d'outils de la fenêtre Base de données.

Ou, si on est en mode *Création* :

Cliquez sur ce bouton dans la barre d'outils, ou *Affichage/Mode Feuille de données.*

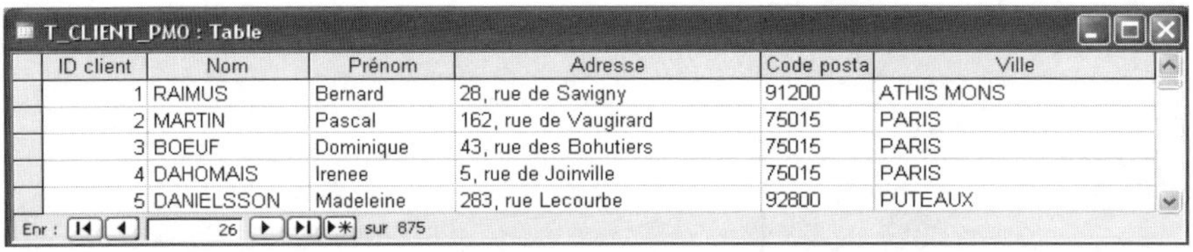

ID client	Nom	Prénom	Adresse	Code posta	Ville
1	RAIMUS	Bernard	28, rue de Savigny	91200	ATHIS MONS
2	MARTIN	Pascal	162, rue de Vaugirard	75015	PARIS
3	BOEUF	Dominique	43, rue des Bohutiers	75015	PARIS
4	DAHOMAIS	Irenee	5, rue de Joinville	75015	PARIS
5	DANIELSSON	Madeleine	283, rue Lecourbe	92800	PUTEAUX

Cliquez sur ce bouton dans la barre d'outils pour vous positionner sur le premier enregistrement vierge à la fin de la feuille de données, ou appuyez sur Ctrl-**+**.

- Tapez le contenu du premier champ (sauf s'il est de type *NuméroAuto*)
- Appuyez sur ⭾ ou ↵ pour passer au champ suivant
- Et ainsi de suite...

Une fois le dernier champ renseigné, l'appui sur la touche ⭾ ou ↵ fait passer le curseur au début d'un nouvel enregistrement. Access sauvegarde automatiquement l'enregistrement qui vient d'être saisi lorsqu'on passe au suivant, ou quand on ferme la feuille de données.

Pour terminer et quitter la feuille de données :

- *Fichier/Fermer*, ou appuyez sur Ctrl-**W** ou sur Ctrl-F4

2 - DÉPLACEMENTS ENTRE LES ENREGISTREMENTS

Avec les boutons de déplacement

(a) (b) (c) (d) (e) (f) (g) (h)

(a) Premier enregistrement.
(b) Enregistrement précédent.
(c) Enregistrement pointé.
(d) Enregistrement suivant.
(e) Dernier enregistrement.
(f) Nouvel enregistrement.
(g) Nombre total d'enregistrements.
(h) Déplacement horizontal dans la fenêtre.

Au clavier

– ⭾ ou ↵	Champ suivant
– Fin	Dernier champ de la ligne
– ⇧-⭾	Champ précédent
– ↖	Premier champ de la ligne
– F5	Aller à un enregistrement : tapez son numéro, puis ↵
– Ctrl-Fin	Dernier enregistrement
– Ctrl-↖	Premier enregistrement
– ⇞	Ecran précédent
– ⇟	Ecran suivant
– ↑	Enregistrement précédent
– ↓	Enregistrement suivant

3 - MODIFIER LES DONNÉES DANS UN CHAMP

- Cliquez dans le champ
- Pour remplacer la valeur entière ou une partie de la valeur d'un champ : sélectionnez le champ entier ou seulement une partie de son contenu
- Tapez la nouvelle valeur

Texte

Saisissez le texte de manière habituelle. Dans certains cas, un texte saisi en minuscules s'inscrit automatiquement en majuscules à l'écran : il s'agit d'une propriété exposée au chapitre suivant.

Nombre

Saisissez les nombres sans taper de séparateur de milliers ni de symbole monétaire, ces éléments étant inclus dans le format d'affichage du champ.

Date

Saisissez une date sous la forme 3/5/04 (ce qui donnera 03/05/2004), ou 3/5 (ce qui donnera également 03/05/2004 si l'année en cours est 2004), ou 3/5/5 (ce qui donnera 03/05/2005). Vous pouvez aussi taper un tiret ou une virgule à la place du symbole /.

Pour les formats comportant les années sur deux chiffres, les dates comprises entre le 01/01/00 et le 31/12/29 sont censées être des dates du vingt et unième siècle (comprises entre l'an 2000 et 2029).

Les dates comprises entre le 01/01/30 et 31/12/99 sont censées être des dates du vingtième siècle (comprises entre 1930 et 1999).

Heure

Tapez les heures sous la forme 3:5:9 (donne 03:05:09), ou 3:5 (donne 03:05:00). Vous pouvez également taper un point à la place des deux-points.

Champ Oui/Non

Par défaut ce type de champ apparaît sous la forme d'une case que vous pouvez cocher ou pas.

Lien hypertexte

Tapez l'adresse d'un lien (par exemple *http://www.tsoft.fr* ou *www.tsoft.fr*) ou passez la commande *Insertion/Lien hypertexte*. Pour modifier l'adresse d'un lien hypertexte déjà saisi, clic-droit sur le lien, puis cliquez sur *Lien hypertexte/Modifier le lien hypertexte*.

Liste de choix

Cliquez sur la flèche qui apparaît à l'extrémité droite du champ, puis cliquez sur la valeur de vôtre choix dans la liste qui se déroule.

Objet OLE

Copiez/Collez un objet dans le champ, ou insérez un objet existant en passant la commande *Insertion/Objet*.

***Les champs* NuméroAuto**

Les champs de type *NuméroAuto* étant gérés par Access, ils ne peuvent pas être modifiés.

Remarques : les données modifiées sont sauvegardées dès qu'on déplace le curseur dans un autre enregistrement. Le sélecteur de l'enregistrement affiche un crayon dès que les données ont été modifiées et tant qu'elles n'ont pas été sauvegardées.

Quand vous modifiez une donnée, le sélecteur ▶ se transforme en ✎, indiquant que l'enregistrement est en cours de modification.

Tant que vous êtes en mode édition (avec le ✎), vous pouvez annuler la modification du champ en tapant une fois sur la touche [Echap] et la modification de tout l'enregistrement en tapant une deuxième fois sur la touche [Echap].

	ID client	Civilité	Nom	Prénom	Adresse
	1	Monsieur	RAIMUS	Bernard	28, rue de Savigny
	2	Monsieur	MARTIN	Pascal	162, rue de Vaugirard
✎	3	Madame	BIREUF	Dominique	43, rue des Bohutiers

Ce symbole signale un enregistrement en cours de modification

4 - TYPE DE DONNÉES ET CONTRÔLE DE VALIDATION

Dans certains cas (du texte dans un champ numérique, essais de modification d'un champ de type *NuméroAuto*, etc.), Access refuse la valeur saisie.

5 - INSÉRER UNE VALEUR PRÉDÉFINIE

On peut insérer ou substituer à la valeur saisie dans un champ celle qui lui a été assignée par défaut au niveau de ses propriétés.

Insérer une valeur par défaut

- Placez le curseur dans le champ
- Appuyez sur [Ctrl]-[Alt]-[espace]

Insérer la valeur du même champ de l'enregistrement précédent

- Placez le curseur dans le champ
- Appuyez sur [Ctrl]-' (l'apostrophe, sur la même touche que le chiffre 4 sur le clavier principal)

Raccourcis divers

- [Ctrl]-[↵] Insère une ligne dans un champ.
- [Ctrl]-: (deux-points) Insère l'heure actuelle.

6 - LE ZOOM

Éventuellement, on peut zoomer sur un champ pour le visualiser dans son intégralité. Cela est utile pour les champs de grande taille, tels que les champs de type *Mémo*.

- Positionnez-vous sur le champ en y insérant le curseur
- Appuyez sur [⇧]-[F2]

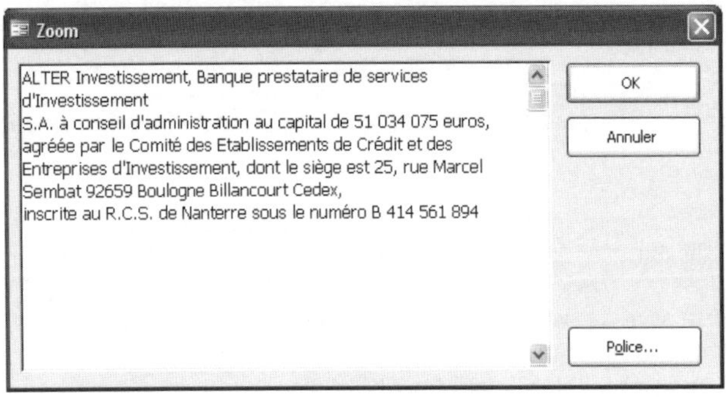

- Tapez ou modifiez le texte si nécessaire
- Cliquez sur «OK» pour terminer

COPIER/DÉPLACER/SUPPRIMER DES DONNÉES

On peut copier ou déplacer des données d'un champ vers un autre, d'une table vers une autre, ou encore vers une autre application Windows.

1 - SÉLECTIONNER DES ENREGISTREMENTS

Avec la souris

Tous les enregistrements →

Un enregistrement →

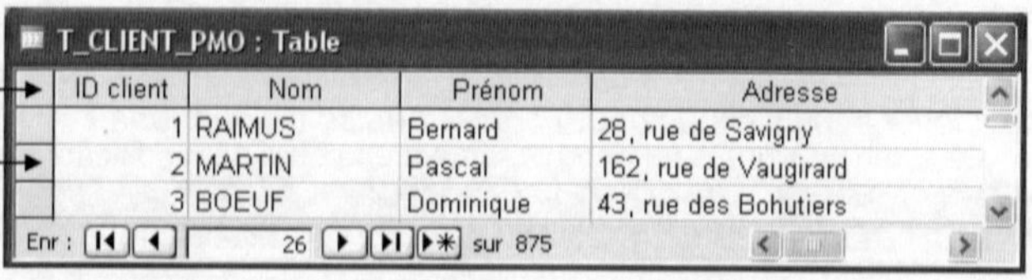

- Un enregistrement : cliquez sur le sélecteur à gauche de l'enregistrement.
- Plusieurs enregistrements successifs : dans la barre de sélection, cliquez et faites glisser le sélecteur du premier enregistrement jusqu'au dernier.
- Tous les enregistrements : cliquez sur la case grise située dans le coin supérieur gauche de la feuille.

Au clavier

- L'enregistrement du curseur : [⇧]-[espace]
- Plusieurs enregistrements successifs : [⇧]-[espace], puis [⇧]-[↓] ou [⇧]-[↑]
- Tous les enregistrements : [Ctrl]-**A**

2 - COPIER OU DÉPLACER DES ENREGISTREMENTS

- Sélectionnez les enregistrements à copier ou à déplacer

Cliquez sur le premier bouton pour copier les données, ou sur le second pour déplacer les données.

- Ouvrez une autre table ou une autre application
- Placez le curseur ou sélectionner un enregistrement vide

Cliquez sur ce bouton dans la barre d'outils pour récupérer les données.

Ou, pour ajouter des enregistrements à la fin d'une feuille de données :

- *Edition/Coller par ajout*

Problèmes de collage

Les enregistrements que Access ne peut pas coller sont placés dans une table appelée *Table des erreurs*. Access ne peut pas coller un enregistrement s'il contient une valeur :

- Dont le type de données est incorrect, où qui est trop longue pour le champ.
- Qui ne respecte pas la règle de validation du champ.
- Qui existe déjà dans un champ clé primaire.
- Qui est interdite par une macro de validation.
- Qui ne respecte pas la règle de validation de l'enregistrement.

3 - SUPPRIMER DES ENREGISTREMENTS

- Sélectionnez les enregistrements à supprimer
- *Edition/Supprimer*, ou appuyez sur [Suppr]

Un message demande confirmation.

- Cliquez sur «Oui» pour valider la suppression

MISE EN FORME DE LA FEUILLE DE DONNÉES

La présentation de la feuille de données peut être personnalisée. Certains changements de présentation s'appliquent à l'ensemble des feuilles de données, d'autres ne concernent que la feuille de données affichée à l'écran.

1 - OPTIONS PAR DÉFAUT

Les changements apportés aux options par défaut affectent l'ensemble des feuilles de données associées aux tables de la base de données ouverte.

- *Outils/Options*, puis cliquez sur l'onglet *Feuille de données*

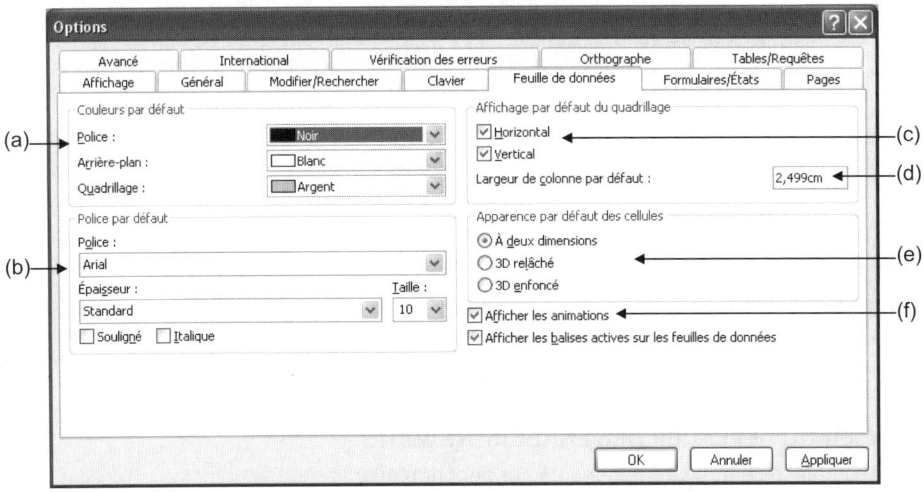

(a) Cliquez sur la flèche adéquate pour modifier la couleur du texte, de l'arrière-plan, ou du quadrillage des feuilles de données.

(b) Cliquez sur la flèche adéquate pour modifier la police, la taille et les attributs (épaisseur) du contenu des textes dans les feuilles de données. Activez ou désactivez les options ☒*Italique* et ☒*Souligné*.

(c) Pour afficher ou masquer les lignes horizontales et verticales du quadrillage. Pour qu'aucun quadrillage n'apparaisse, désactivez les deux options.

(d) Pour modifier la largeur de colonne par défaut des feuilles de données, tapez une mesure en pouces ou en centimètres en fonction du système de mesure spécifié dans les paramètres régionaux dans le panneau de configuration de Windows.

(e) Pour modifier l'apparence par défaut des cellules des feuilles de données, sélectionnez l'option souhaitée.

(f) Activez ou désactivez cette option pour activer ou désactiver les caractéristiques animées d'Access comme par exemple l'insertion animée de nouvelles colonnes dans les feuilles de données.

- Faites vos choix et cliquez sur «OK»

Les modifications de présentation décrites dans les paragraphes suivants n'affecteront que la feuille de données ouverte.

2 - MODIFIER LA LARGEUR DE COLONNE

Avec un dialogue

- Ouvrez la feuille de données
- Placez le curseur dans la colonne à modifier
- *Format/Largeur de colonne*

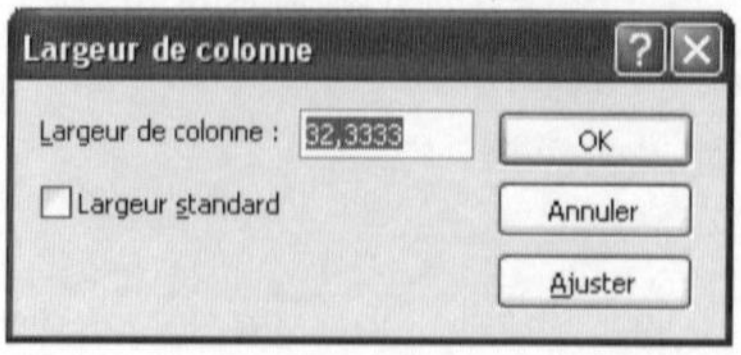

- Tapez une nouvelle valeur

L'unité utilisée pour la valeur indiquée dans la zone <Largeur de colonne> est le caractère et dépend donc de la police utilisée. L'option ☒*Largeur standard* permet de sélectionner la largeur standard correspondant à celle spécifiée dans les options par défaut.

- Cliquez sur «OK»

Avec la souris

- Placez le pointeur sur le bord droit de l'en-tête de la colonne à redimensionner (rectangle grisé affichant le nom du champ) : le pointeur se transforme en flèche à deux pointes

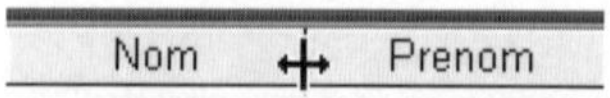

- Double-cliquez pour redimensionner la colonne en fonction de son contenu, ou cliquez et faites glisser jusqu'à obtenir la largeur souhaitée

3 - MODIFIER LA HAUTEUR DES LIGNES

La modification de la hauteur des lignes affecte toutes les lignes de la feuille de données, on ne peut pas modifier la hauteur d'une seule ligne.

- Placez le pointeur entre les sélecteurs d'enregistrement de deux lignes quelconques

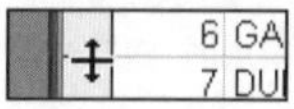

Le curseur prend la forme de flèche à deux pointes.

- Cliquez et faites glisser le pointeur vers le haut ou vers le bas

4 - DÉPLACER UNE COLONNE

- Sélectionnez la colonne à déplacer en cliquant sur son en-tête (rectangle grisé affichant le nom du champ)
- Cliquez à nouveau sur cet en-tête et faites glisser vers la droite ou vers la gauche

5 - MASQUER/AFFICHER UNE COLONNE

Masquer une colonne

- Placez le curseur dans la colonne à masquer
- *Format/Masquer les colonnes*

Réafficher une colonne masquée

- *Format/Afficher les colonnes*
- Sélectionnez la colonne masquée à réafficher en cliquant sur la case à cocher correspondante (les colonnes affichées ont leur nom précédé d'une coche)
- Cliquez sur «Fermer»

6 - FIGER/LIBÉRER DES COLONNES

La visualisation à l'écran de toutes les colonnes en même temps est parfois impossible. Il est alors utile de figer certaines d'entre elles de manière à ce qu'elles restent affichées en permanence lorsqu'on fait défiler le contenu de la fenêtre vers la gauche ou la droite.

MISE EN FORME DE LA FEUILLE DE DONNÉES

Figer des colonnes

- Placez le curseur dans la colonne à figer ou sélectionnez-en plusieurs
- *Format/Figer les colonnes*

Libérer toutes les colonnes figées

- *Format/Libérer toutes les colonnes*

7 - RENOMMER UNE COLONNE

- Double-cliquez dans l'en-tête de la colonne
- Tapez un nouveau nom pour la colonne et appuyez sur [↵]

8 - MODIFIER LA POLICE DE CARACTÈRES

- *Format/Police*

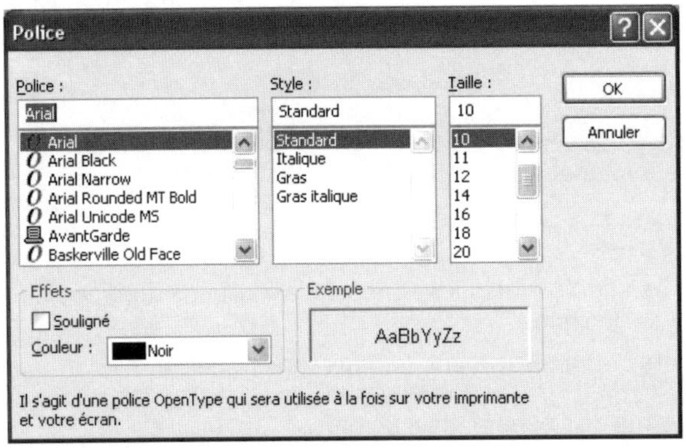

- Sélectionnez la police, le style, la couleur et la taille désirés
- Cliquez sur «OK»

9 - APPARENCE DES CELLULES

- *Format/Feuille de données*

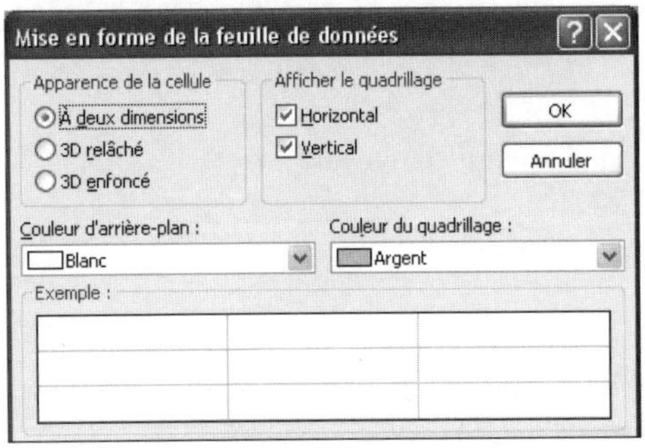

- Précisez les caractéristiques du quadrillage et des cellules
- Cliquez sur «OK»

10 - ENREGISTRER LES MODIFICATIONS APPORTÉES À LA PRÉSENTATION

- *Fichier/Enregistrer*, ou appuyez sur [Ctrl]-**S**

RECHERCHER/REMPLACER DES DONNÉES

1 - RECHERCHER UNE DONNÉE

• Cliquez dans la colonne du champ contenant la valeur recherchée

Cliquez sur ce bouton dans la barre d'outils, ou *Edition/Rechercher*, ou appuyez sur Ctrl-**F**.

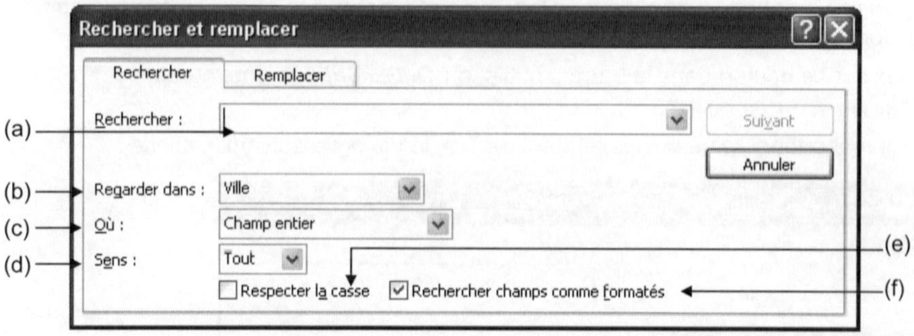

(a) tapez ici la valeur recherchée.
(b) Domaine de la recherche : le champ sur lequel on est positionné ou toute la table.
(c) Partie du champ recherchée : le champ entier, le début du champ ou n'importe où dans le champ.
(d) Indique le sens de la recherche.
(e) Autorise une recherche en respectant l'emploi des majuscules et des minuscules.
(f) Permet de rechercher des données en se basant sur leur format d'affichage.

• Cliquez sur l'un des boutons suivants
– «Suivant» pour lancer la recherche et trouver la première occurrence.
– «Suivant» pour trouver l'occurrence suivante de la valeur.
– «Annuler» pour fermer la boîte de dialogue.

Vous pouvez éventuellement utiliser des caractères génériques :
– ? Remplace une lettre.
– * Remplace un groupe de caractères.
– # Remplace un chiffre.

2 - REMPLACER DES DONNÉES

Vous pouvez remplacer un texte particulier, y compris une phrase, un mot ou une partie de mot. Vous pouvez même utiliser des caractères génériques pour étendre la recherche.

• Affichez la feuille de données
• Placez le curseur dans la colonne du champ concerné par le remplacement
• *Edition/Remplacer*, ou appuyez sur Ctrl-**H**

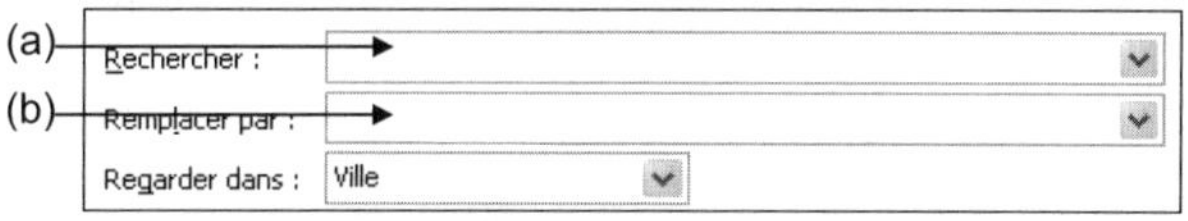

• Tapez le texte à rechercher en (a) et le texte de remplacement en (b)
• Réglez les autres options qui sont identiques à celles disponibles lors d'une recherche
• Cliquez sur l'un des boutons suivants
– «Suivant» trouve la première occurrence du mot recherché.
– «Remplacer» remplace l'occurrence en cours et trouve la suivante.
– «Remplacer tout» : remplace toutes les occurrences.

VÉRIFIER L'ORTHOGRAPHE

On peut vérifier l'orthographe de tous les champs *Texte* ou *Mémo*, ou des entrées sélectionnées dans des feuilles de données.

1 - LANCER LE VÉRIFICATEUR

- En mode *Feuille de données*, sélectionnez les enregistrements, les colonnes, les champs, ou le texte dont on veut vérifier l'orthographe

Cliquez sur ce bouton dans la barre d'outils, ou *Outils/Orthographe*, ou appuyez sur F7.

Quand un mot mal orthographié ou inconnu est repéré, le dialogue suivant s'affiche :

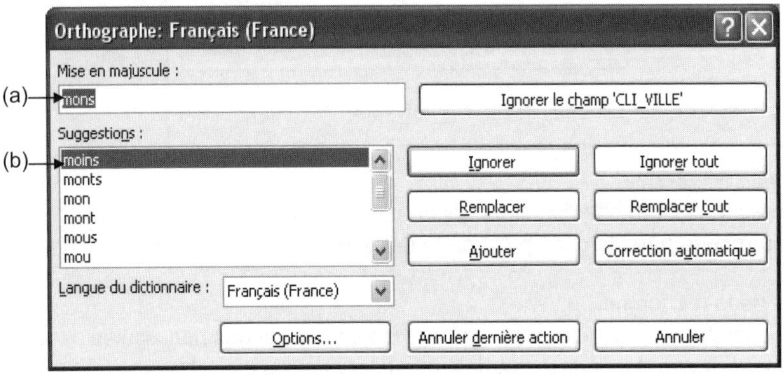

- Tapez l'orthographe correcte en (a), ou sélectionnez un mot de remplacement en (b)

Puis, cliquez sur l'un des boutons suivants :

– «Remplacer» pour corriger uniquement ce mot.

– «Remplacer tout» pour corriger toutes les occurrences de ce mot.

Rôle des autres boutons

– «Ignorer le champ» : saute le champ indiqué et passe au suivant.

– «Ignorer» : laisse le mot inchangé et poursuit la vérification.

– «Ignorer tout» : saute le mot et toutes ses occurrences.

– «Ajouter» : ajoute le mot au dictionnaire personnel.

– «Annuler dernière action» : revient à la correction précédente.

– «Annuler» : fin de la vérification.

Correction automatique

Après avoir corrigé un mot, plutôt que de cliquer sur les boutons «Remplacer» ou «Remplacer tout», vous pouvez utiliser le bouton «Correction automatique» : le mot est corrigé dans la feuille de données, mais l'anomalie est en plus stockée dans le dictionnaire des corrections automatiques (voir page suivante).

2 - OPTIONS

- Affichez le dialogue du vérificateur d'orthographe et cliquez sur «Options»

(a) Cliquez sur la flèche et sélectionnez la langue dans laquelle le texte a été tapé. Lors de la vérification, Access utilisera le dictionnaire adéquat, dans la mesure où celui-ci a été installé sur votre poste.

(b) Cliquez sur la flèche pour préciser le dictionnaire dans lequel les mots absents du dictionnaire principal seront ajoutés. Par défaut, seul le dictionnaire *PERSO.DIC* est sélectionnable.

VÉRIFIER L'ORTHOGRAPHE

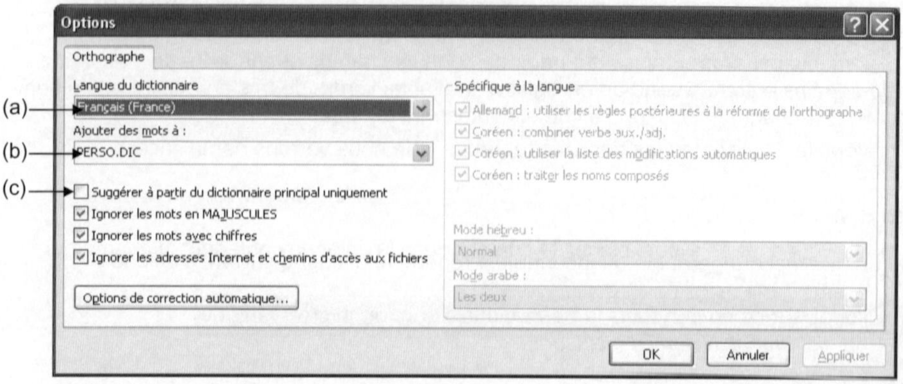

(c) Recherche dans le dictionnaire principal uniquement, ou dans le dictionnaire principal et dans les dictionnaires secondaires.

- Faites vos choix et cliquez sur «OK»

3 - CORRECTION AUTOMATIQUE

Cette fonction corrige automatiquement les fautes d'orthographe courantes lors de la saisie : la correction se fait automatiquement dès que vous avez achevé de saisir le mot. Pour enrichir son dictionnaire de nouvelles fautes à corriger automatiquement :

- *Outils/Options de correction automatique*

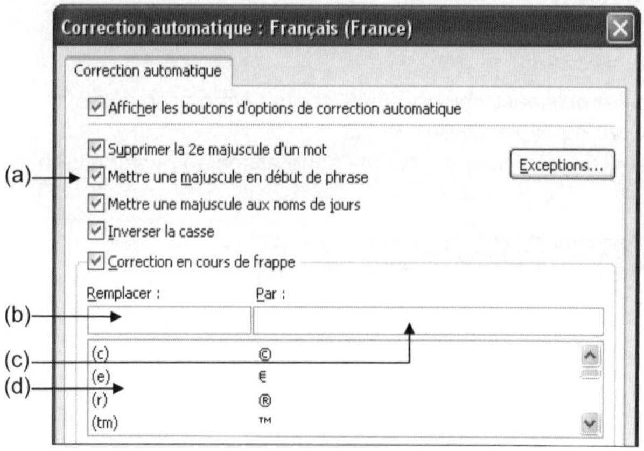

- Indiquez en (a) les anomalies typographiques à contrôler

Pour ajouter une correction :

- Cochez ☒*Correction en cours de frappe*
- Tapez le mot erroné en (b) et le mot correctement orthographié en (c)
- Cliquez sur «Ajouter»

Le mot en question est ajouté à la liste de contrôle (d)

- Pour terminer : cliquez sur «OK»

Remarque : lorsque lors d'une saisie une correction de ce type se fait automatiquement, une balise active s'affiche à côté :

En cliquant dessus, vous accédez à un menu qui permet de l'annuler ou de mettre fin à ce type de correction.

TRIER LES DONNÉES

Un tri peut être simple ou complexe. Dans le premier cas, on se contentera de trier les enregistrements par ordre croissant ou décroissant ; dans le second, on triera certains enregistrements par ordre croissant à partir de certains champs et par ordre décroissant à partir de certains autres. Quand on enregistre une table, l'ordre de tri s'enregistre également et s'applique à chaque fois qu'on affiche le contenu de la table.

Il est préférable d'utiliser les tris dans les requêtes, que nous verrons par la suite.

1 - TRI SIMPLE

- En mode *Feuille de données*, placez le curseur dans la colonne contenant le champ qui doit servir de critère de tri

Cliquez sur ce bouton dans la barre d'outils pour un tri croissant, ou *Enregistrements/Trier/Tri croissant.*

Ou

Cliquez sur ce bouton dans la barre d'outils pour un tri décroissant, ou *Enregistrements/Trier/ Tri décroissant.*

On peut trier simultanément plusieurs colonnes adjacentes en les sélectionnant. Le tri s'effectue d'abord sur la colonne la plus à gauche, puis sur les autres de gauche à droite. On peut modifier cet ordre de tri en déplaçant les colonnes dans la feuille de données.

On peut également trier suivant plusieurs colonnes en commençant par le critère le plus important : on peut ainsi avoir un tri par ville, puis par nom.

2 - TRI COMPLEXE

- *Enregistrements/Filtrer/Filtre/tri avancé*

Éventuellement, cliquez sur ce bouton dans la barre d'outils, ou *Edition/Effacer la grille* pour vider la grille de son contenu.

- Cliquez dans la zone <Champ> de la première colonne, puis sur la flèche associée et sélectionnez le nom du champ qui va servir de critère de tri
- En dessous, cliquez dans la zone <Tri>, puis cliquez sur la flèche associée et sélectionner un sens

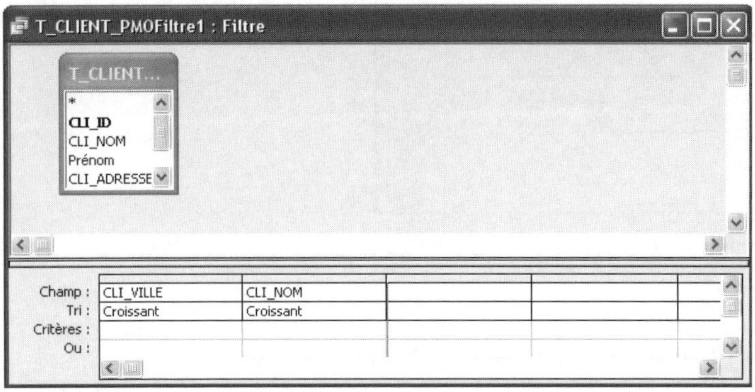

- De la même façon, précisez les critères de tri secondaires dans les colonnes suivantes

Cliquez sur ce bouton dans la barre d'outils, ou *Filtre/Appliquer le filtre/tri* pour appliquer le tri.

3 - ANNULER UN TRI

- *Enregistrements/Afficher tous les enregistrements*

FILTRER LES DONNÉES

Les filtres permettent de limiter l'affichage d'une feuille de données aux enregistrements qui répondent à certains critères. Il faut noter qu'il est souvent préférable de filtrer et/ou de trier en utilisant les requêtes, que nous verrons par la suite. Plusieurs méthodes sont disponibles.

1 - FILTRER PAR SÉLECTION

- Ouvrez la table en mode *Feuille de données*
- Placez le curseur dans une cellule contenant la valeur à utiliser comme filtre

Cliquez sur ce bouton dans la barre d'outils, ou *Enregistrements/Filtrer/Filtrer par sélection.*

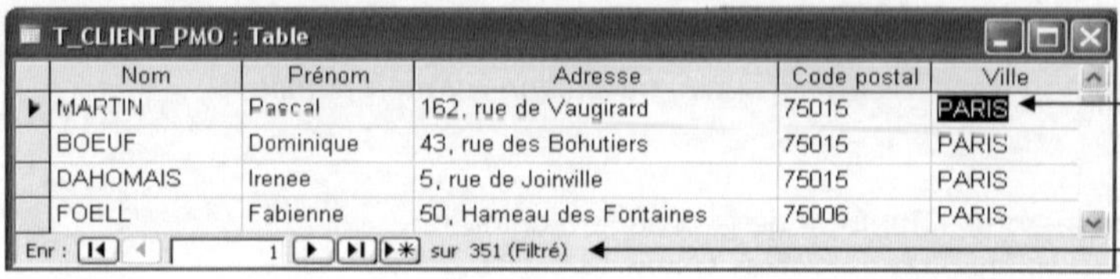

Nom	Prénom	Adresse	Code postal	Ville
MARTIN	Pascal	162, rue de Vaugirard	75015	PARIS
BOEUF	Dominique	43, rue des Bohutiers	75015	PARIS
DAHOMAIS	Irenee	5, rue de Joinville	75015	PARIS
FOELL	Fabienne	50, Hameau des Fontaines	75006	PARIS

Le critère a été sélectionné

On voit ici qu'il s'agit d'un filtre

2 - FILTRER HORS SÉLECTION

Pour masquer tous les enregistrements qui correspondent au critère.

- Ouvrez la table en mode *Feuille de données*
- Placez le curseur dans une cellule contenant la valeur à exclure
- *Enregistrements/Filtrer/Filtrer hors sélection*

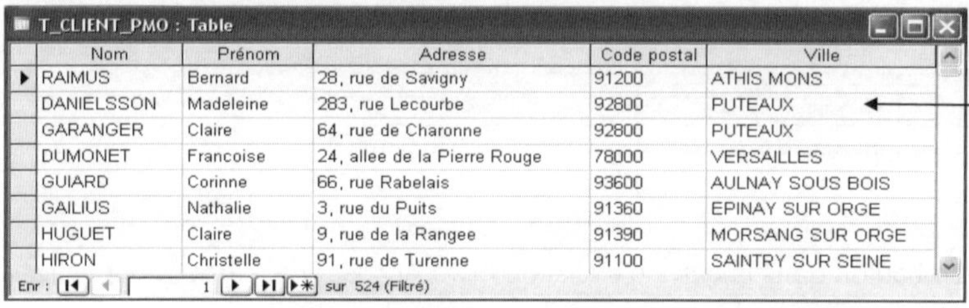

Nom	Prénom	Adresse	Code postal	Ville
RAIMUS	Bernard	28, rue de Savigny	91200	ATHIS MONS
DANIELSSON	Madeleine	283, rue Lecourbe	92800	PUTEAUX
GARANGER	Claire	64, rue de Charonne	92800	PUTEAUX
DUMONET	Francoise	24, allee de la Pierre Rouge	78000	VERSAILLES
GUIARD	Corinne	66, rue Rabelais	93600	AULNAY SOUS BOIS
GAILIUS	Nathalie	3, rue du Puits	91360	EPINAY SUR ORGE
HUGUET	Claire	9, rue de la Rangee	91390	MORSANG SUR ORGE
HIRON	Christelle	91, rue de Turenne	91100	SAINTRY SUR SEINE

On a ici exclu Paris

3 - FILTRER PAR FORMULAIRE

- Ouvrez la table en mode *Feuille de données*

Cliquez sur ce bouton dans la barre d'outils, ou *Enregistrements/Filtrer/Filtrer par formulaire.*

Cliquez sur ce bouton dans la barre d'outils, ou *Edition/Effacer la grille.*

- Cliquez dans le champ devant servir de critère
- Cliquez sur la flèche à l'extrémité droite et sélectionnez une valeur dans la liste

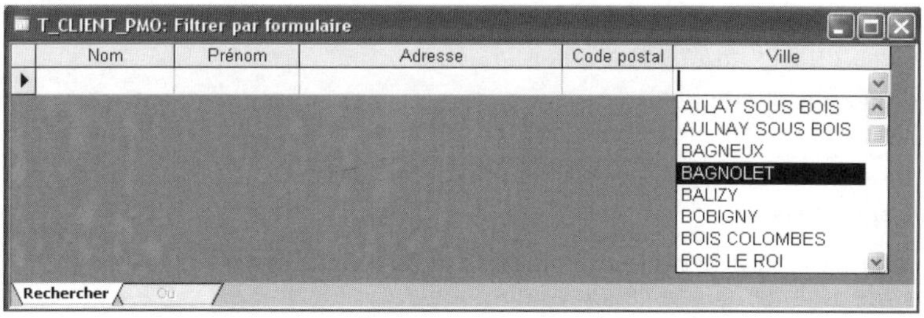

Puis, pour activer le filtrage :

Cliquez sur ce bouton dans la barre d'outils, ou *Filtre/Appliquer le filtre/tri.*

Remarque : dans la fenêtre de définition du filtre, l'onglet *Ou* correspond à la possibilité qui vous est donnée de créer des critères combinés, tels que : tous les clients de Paris, ainsi que ceux de Marseille. Pour l'utiliser : précisez un premier critère, cliquez sur l'onglet *Ou* et précisez un second critère.

4 - FILTRE AVANCÉ

- *Enregistrements/Filtrer/Filtre/tri avancé*

Cliquez sur ce bouton dans la barre d'outils, ou *Edition/Effacer la grille*.

Pour définir un critère :

- Placez le curseur dans la zone <Champ> de la première colonne
- Cliquez sur la flèche et sélectionner le champ qui va servir de critère
- Placez le curseur dans la zone <Critères> dans la même colonne, puis tapez le critère

Pour définir un critère supplémentaire :

Critère s'ajoutant au précédent avec la notion de ET :

- Procédez comme pour le premier critère, dans la colonne suivante

Critère s'ajoutant au précédent avec la notion de OU :

- Saisissez le critère supplémentaire dans la zone <Ou> dans la même colonne et en dessous

Champ :	CLI_VILLE	CLI_CHIFFRE_AFFAIRE		
Tri :				
Critères :	"Paris"	>500		
Ou :	"Lyon"			

Cliquez sur ce bouton dans la barre d'outils, ou *Filtre/Appliquer le filtre/tri* pour activer le filtrage.

Exemples de critères

- "Paris"
- "Paris" ou "Rouen"
- In ("France","Canada")
- Pas "Paris"
- >="F"
- Comme "S*"
- Null
- Pas Est Null
- >2000
- =#5/10/03#
- >=#5/10/03#
- Entre #5/10/03# Et #20/10/03#

5 - ENREGISTRER UN FILTRE EN TANT QUE REQUÊTE

Cette option n'est possible que si l'on a utilisé la méthode *Filtre avancé* pour définir le filtre

Dans le dialogue de définition des critères, cliquez sur ce bouton dans la barre d'outils, ou *Fichier/Enregistrer en tant que requête.*

- Tapez un nom pour la nouvelle requête
- Cliquez sur «OK»

6 - METTRE FIN À UN FILTRE

Cliquez sur ce bouton dans la barre d'outils de la table (pas la barre d'outils du filtre) ou *Enregistrements/Afficher tous les enregistrements.*

IMPRIMER LES DONNÉES

1 - MISE EN PAGE DE LA FEUILLE DE DONNÉES

- Affichez la table en mode *Feuille de données*
- *Fichier/Mise en page*

Préciser la taille des marges

- Cliquez sur l'onglet *Marges*

(a) Taille des marges en millimètres.
(b) Cochez ☒*Imprimer les titres* pour imprimer les en-têtes de colonnes.

Orientation et taille du papier

- Cliquez sur l'onglet *Page*

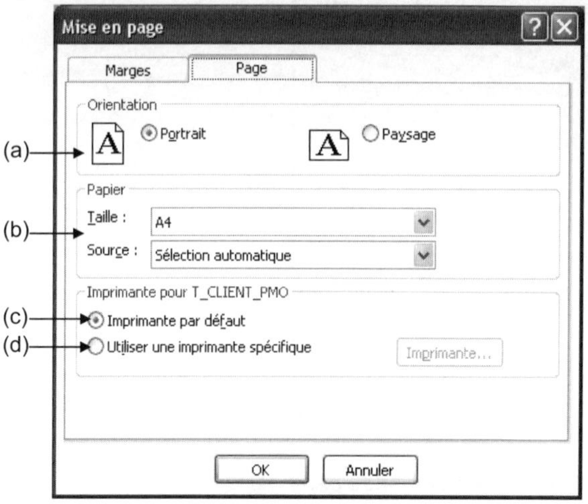

(a) Orientation de l'impression.
(b) Spécifie la taille et l'emplacement du papier.
(c) Pour utiliser votre imprimante par défaut.
(d) Pour sélectionner une autre imprimante à l'aide du bouton «Imprimante»

- Faites vos choix et cliquez sur «OK»

IMPRIMER LES DONNÉES

2 - APERÇU AVANT IMPRESSION

- Ouvrez la feuille de données de la table, ou sélectionnez le nom de la table dans le fenêtre base de données

Cliquez sur ce bouton dans la barre d'outils, ou *Fichier/Aperçu avant impression* pour avoir un aperçu des données avant de les imprimer.

La barre d'outils en mode Aperçu

(a) Modes d'affichage.
(b) Imprimer.
(c) Zoom.
(d) Afficher une page.
(e) Afficher deux pages.
(f) Afficher plusieurs pages.
(g) Pourcentage de zoom.
(h) Quitter le mode Aperçu.
(i) Mise en page.
(j) Liaisons Office.
(k) Fenêtre Base de données.
(l) Nouvel objet.
(m) Volet Office d'aide.

3 - IMPRIMER LA FEUILLE DE DONNÉES

- Ouvrez la feuille de données de la table
- Si vous envisagez de n'imprimer que certains enregistrements, sélectionnez-les

Cliquez sur ce bouton dans la barre d'outils pour lancer directement l'impression.

Ou

- *Fichier/Imprimer*, ou appuyez sur Ctrl-**P** pour afficher le dialogue d'impression

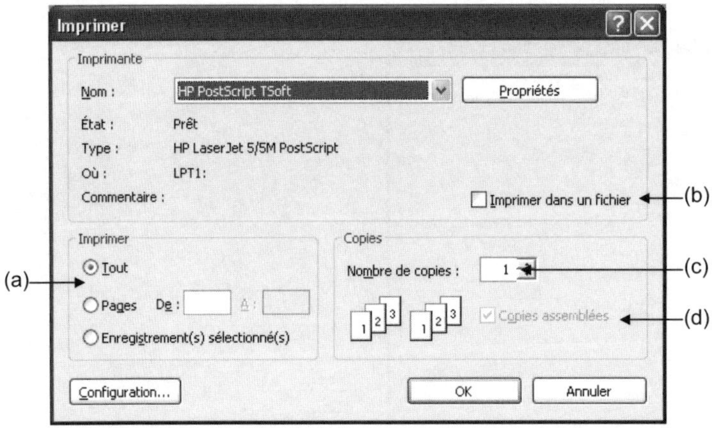

(a) Plage à imprimer.
(b) Pour imprimer dans un fichier dont le nom sera demandé par la suite.
(c) Nombre d'exemplaires à imprimer.
(d) Pour assembler les exemplaires en cas d'exemplaires multiples.

- Faites vos choix et cliquez sur «OK»

CRÉER UNE BASE DE DONNÉES

3

CRÉER UNE BASE DE DONNÉES VIERGE

Cette méthode consiste à créer une base de données vierge et à ensuite y ajouter les tables, les formulaires, les états, et les autres objets.

Cliquez sur ce bouton dans la barre d'outils, ou *Fichier/Nouvelle base de données*, ou appuyez sur Ctrl-**N**.

Le volet Office *Nouveau fichier s'affiche* dans la partie droite de la fenêtre.

Cliquez sur ce lien dans le volet Office.

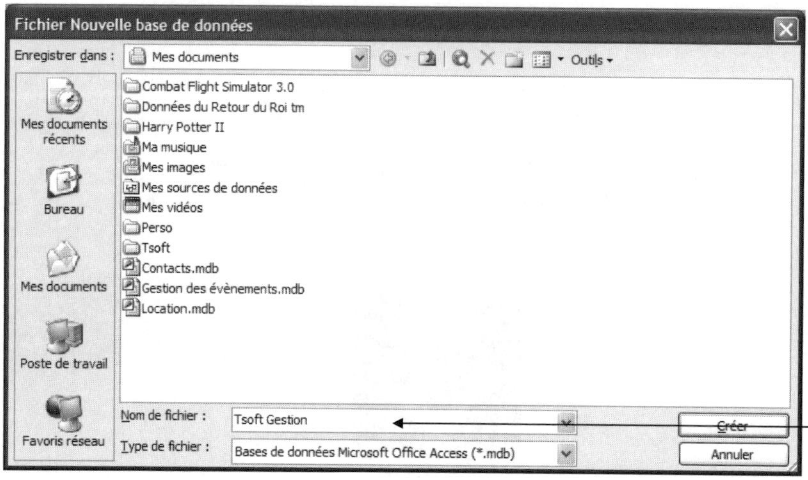

(a)

Si le dossier affiché par défaut n'est pas celui dans lequel on souhaite créer la base de données :

Cliquez sur ce bouton dans la partie gauche du dialogue.

- Double-cliquez sur une unité de disque
- Double-cliquez sur le dossier dans lequel enregistrer la nouvelle la base de données
- En (a), tapez un nom (ici *Tsoft Gestion*) pour la base de données
- Cliquez sur «Créer»

Access crée la base de données et la fenêtre *Base de données* s'affiche, pour que vous puissiez y créer des tables, des formulaires, des états, etc.

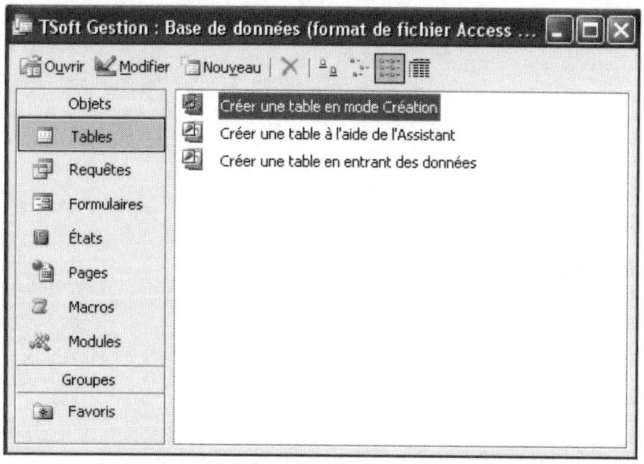

PARTIR D'UNE BASE DE DONNÉES EXISTANTE

Cette méthode consiste à créer une nouvelle base de données en se basant sur une base de données existante.

Cliquez sur ce bouton dans la barre d'outils, ou *Fichier/Nouvelle base de données*, ou appuyez sur Ctrl-**N**.

Le volet Office *Nouveau fichier* s'affiche dans la partie droite de la fenêtre.

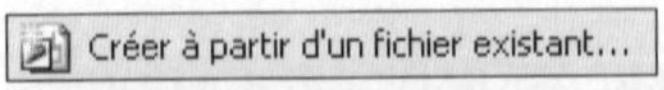

Cliquez sur ce lien dans le volet Office.

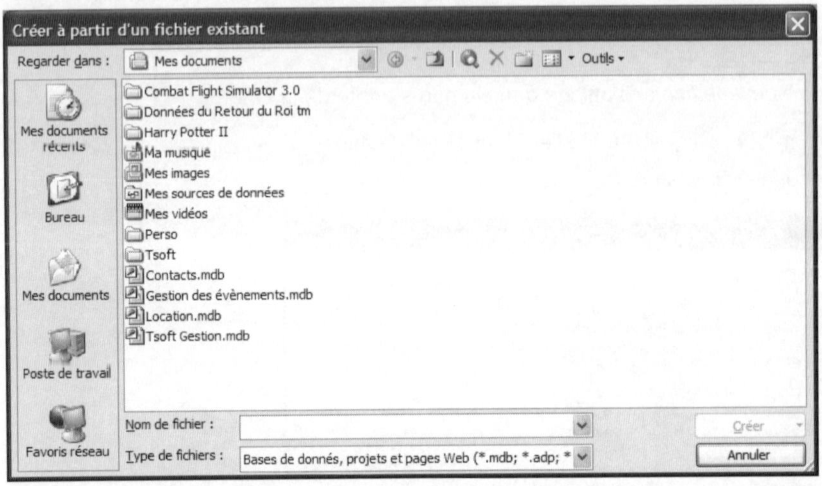

Si le dossier affiché par défaut n'est pas celui dans lequel se trouve la base de données devant servir de modèle :

Cliquez sur ce bouton dans la partie gauche du dialogue.

- Double-cliquez ensuite sur une unité de disque
- Double-cliquez sur le dossier dans lequel se trouve la base de données modèle

- Sélectionnez le nom de la base de données devant servir de modèle
- Cliquez sur «Créer»

Access crée alors une copie de la base de données servant de modèle et sa fenêtre *Base de données* s'affiche. La nouvelle base de données porte le même nom que la base de données originale suivi du chiffre 1 et est enregistrée dans le même dossier.

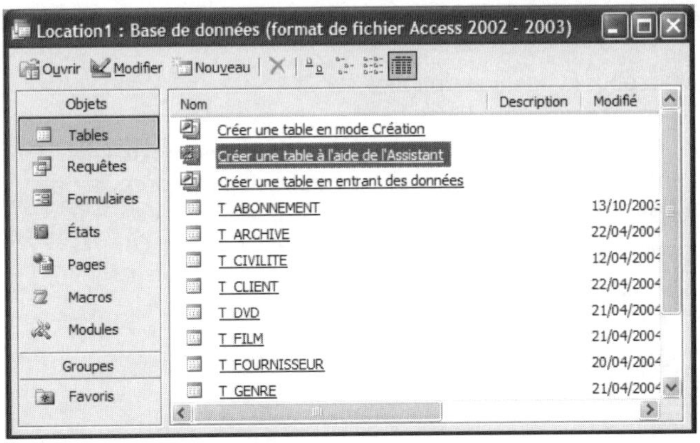

PARTIR D'UN MODÈLE DE BASE DE DONNÉES

L'assistant *Création d'applications* permet de créer une base de données complète (avec menu de démarrage, tables, formulaires, états, etc.) à partir de l'un des modèles enregistrés sur votre disque dur. Si vous disposez d'une connexion Internet, vous pouvez également créer une nouvelle base de données à partir d'un modèle téléchargé à partir du site Web *Office Online*. Ces procédures ne vous seront utiles que si votre besoin est très proche de l'un des modèles proposés, ce qui est rarement le cas.

1 - CRÉER UNE BASE DE DONNÉES AVEC L'ASSISTANT CRÉATION D'APPLICATIONS

Cliquez sur ce bouton dans la barre d'outils, ou *Fichier/Nouvelle base de données*, ou appuyez sur Ctrl-**N**.

Le volet Office *Nouveau fichier* s'affiche dans la partie droite de la fenêtre.

Cliquez sur ce lien dans le volet Office.

- Cliquez sur l'onglet *Bases de données*

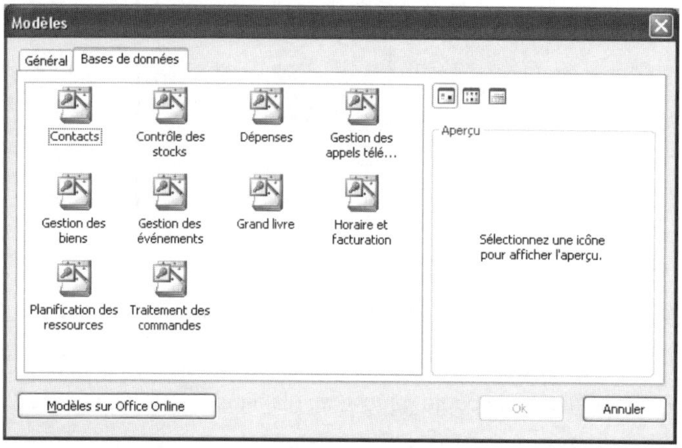

- Cliquez sur l'icône correspondant au type de base de données à créer
- Cliquez sur «OK»

Le dialogue d'enregistrement de fichier s'affiche. Si le dossier affiché par défaut n'est pas celui dans lequel on souhaite créer la base de données :

Cliquez sur ce bouton dans la partie gauche du dialogue.

- Double-cliquez sur une unité de disque, puis sur le dossier dans lequel enregistrer la base de données
- <Nom de fichier> : tapez un nom pour la base de données
- Cliquez sur «Créer»

L'assistant *Création d'applications* est lancé. Suivez maintenant les instructions de l'assistant en utilisant le bouton «Suivant» pour passer d'étape en étape. En fin de procédure, la base de données et son contenu sont générés :

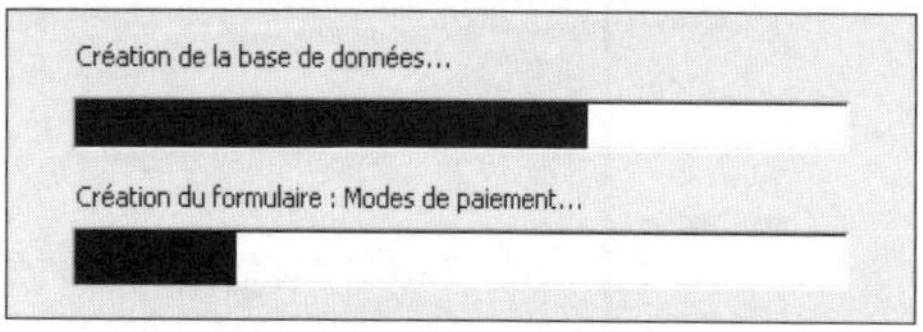

PARTIR D'UN MODÈLE DE BASE DE DONNÉES

2 - CRÉER UNE BASE DE DONNÉES À PARTIR D'UN MODÈLE SUR OFFICE ONLINE

Cliquez sur ce bouton dans la barre d'outils, ou *Fichier/Nouvelle base de données*, ou appuyez sur Ctrl-**N**.

Le volet Office *Nouveau fichier* s'affiche dans la partie droite de la fenêtre.

Modèles sur Office Online Cliquez sur ce lien dans le volet Office.

Internet Explorer est lancé et la page dédiée aux modèles d'*Office Online* s'affiche :

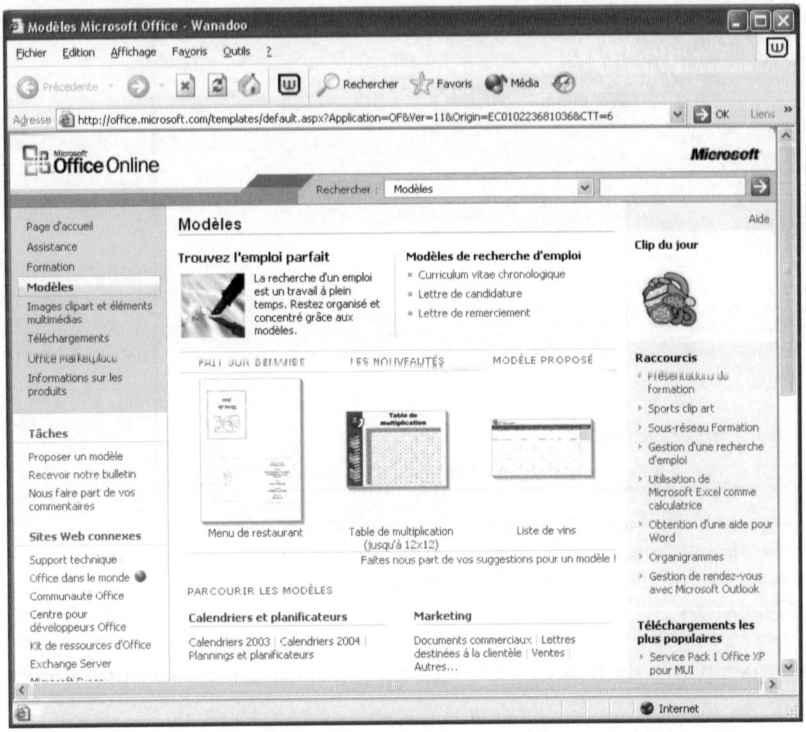

- Localisez un modèle Access soit en navigant dans la partie <Parcourir les modèles>, soit en effectuant une recherche à l'aide de la zone de recherche présente dans la partie supérieure de la fenêtre

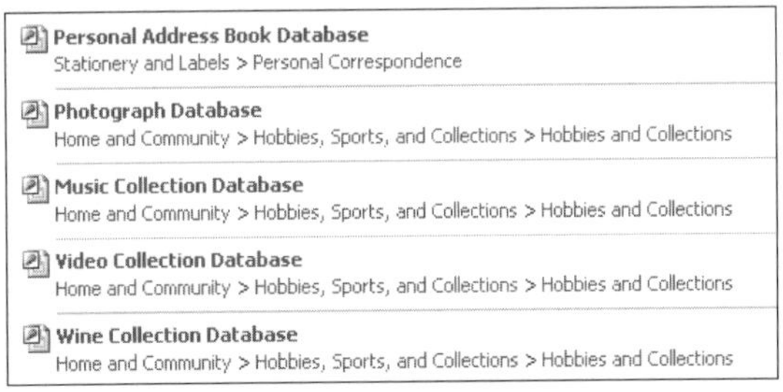

Cette illustration correspond aux modèles Access proposés par la version américaine du site Office Online, car lors de la rédaction de cet ouvrage, la version française de ce site ne proposait pas encore de modèles de bases de données Access.

- Cliquez sur le nom du modèle choisi

Vous obtenez alors un aperçu d'un objet représentatif de la base de données (le menu général ou un formulaire par exemple).

Télécharger maintenant Cliquez sur ce bouton.

SAUVEGARDER UNE BASE DE DONNÉES

Cette fonction vous permet d'enregistrer une copie d'une base de données de façon à pouvoir la restaurer telle qu'elle était à la date de la sauvegarde, au cas où la base de données viendrait à être endommagée ou perdue. Faites régulièrement des sauvegardes de vos bases de données importantes.

1 - EFFECTUER UNE COPIE DE SAUVEGARDE D'UNE BASE DE DONNÉES

- Ouvrez la base de données à sauvegarder
- *Fichier/Sauvegarder la base de données*

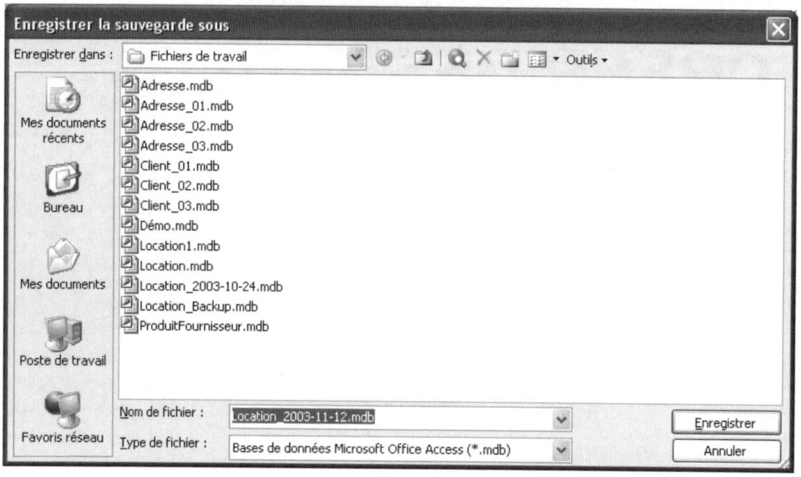

- Sélectionnez le dossier dans lequel enregistrer la sauvegarde
- <Nom de fichier> : tapez un nom pour la sauvegarde (par défaut, Access lui donne le même nom que la base de données originale, suivi de la date du jour)
- Cliquez sur «Enregistrer»

2 - RESTAURER UNE BASE DE DONNÉES À PARTIR D'UNE COPIE DE SAUVEGARDE

- A l'aide du poste de travail ou de l'Explorateur Windows, copiez le fichier de sauvegarde de la base de données dans le dossier où se trouvait la base de données originale
- Renommez le fichier de la base de données originale s'il est encore présent
- Renommez le fichier de sauvegarde pour lui donner le même nom que la base de données originale

CRÉER DES TABLES

4

CRÉER UNE BASE DE DONNÉES

Access fournit deux méthodes pour créer une base de données. On peut créer une base de données vierge et ensuite ajouter les tables, les formulaires, les états, et les autres objets plus tard. Ou bien on peut utiliser l'assistant *Création d'applications* pour créer en une seule opération les tables, les formulaires et les états adaptés à la base de données choisie.

1 - CRÉER UNE NOUVELLE BASE DE DONNÉES SANS UTILISER L'ASSISTANT

Au lancement d'Access, le volet Office s'affiche dans la partie droite de la fenêtre et propose une option de création d'une base de données, que l'on peut également atteindre par le menu du volet :

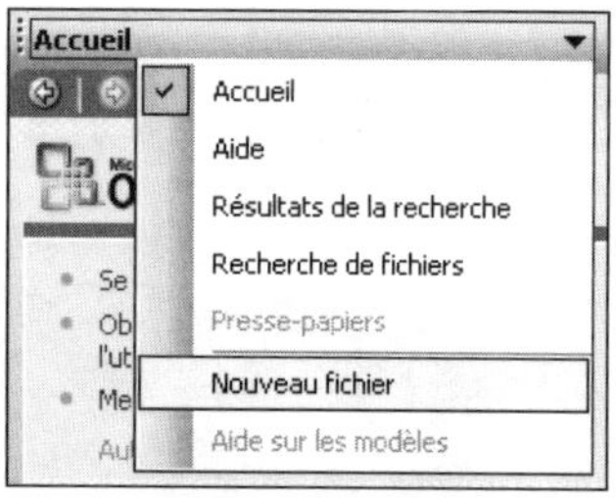

Le volet de création de la base s'affiche :

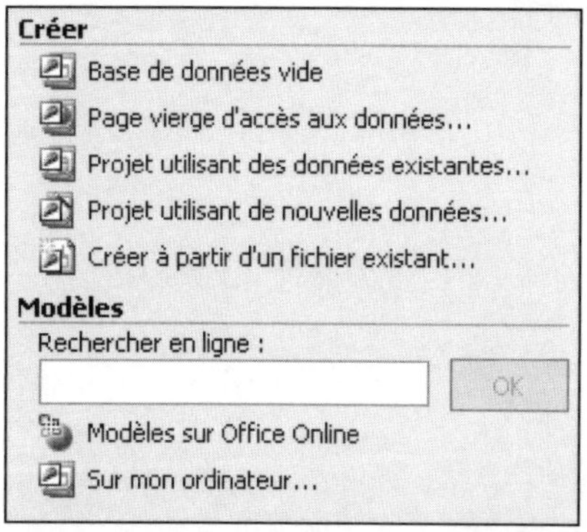

– <Base de données vide> : pour créer une nouvelle base de données entièrement vide.
– <Page vide d'accès aux données> : permet de créer une page d'accès aux données autonome, consultable grâce à Internet Explorer.
– <Projet (données existantes)> : pour créer un projet utilisant une base SQL Server existante.
– <Projet (nouvelles données)> : permet de créer un projet n'ayant pas encore de connexion avec une base de données.
– <Créer à partir d'un fichier existant> : permet d'ouvrir un fichier existant en ajoutant «1» à son nom (*Fichier.mdb* devient *Fichier1.mdb*)

Les modèles permettent de créer une base de données basée sur un fichier existant.

Microsoft ne proposait aucun modèle pour Access en ligne au moment de l'écriture de ce manuel.

– <Sur mon ordinateur> : pour créer un fichier basé sur un modèle situé sur le disque dur.

En cours de session, si le volet Office n'apparaît plus

Cliquez sur ce bouton dans la barre d'outils, ou *Fichier/Nouvelle base de données*, ou appuyez sur Ctrl-**N**.

Le volet Office pour la création s'affiche.

CRÉER UNE BASE DE DONNÉES

Créer une base de données vide

- Cliquez sur <Base de données vide>

Access vous demande de donner un nom au fichier de la base de données :

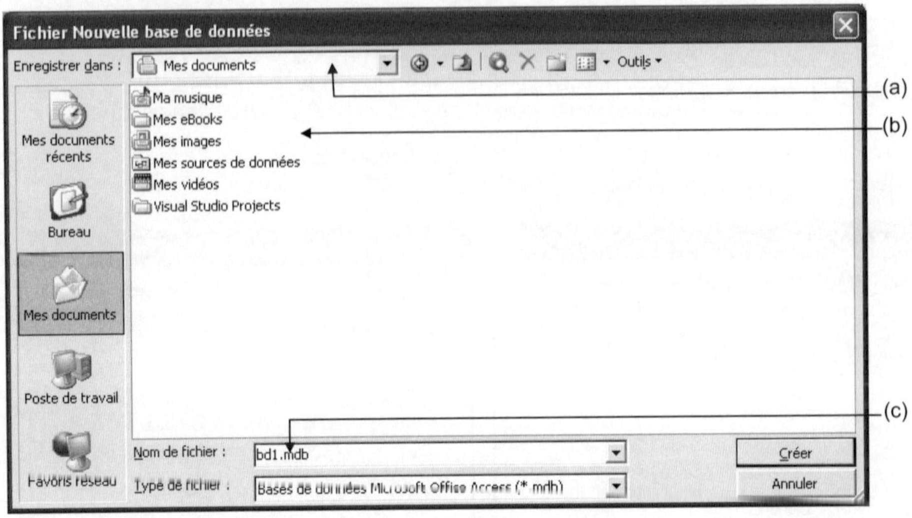

- En (a), sélectionnez l'unité de disque sur laquelle enregistrer la base de données
- Double-cliquez en (b) sur le dossier dans lequel enregistrer la base de données
- En (c), tapez un nom pour la base de données
- Cliquez sur «Créer»

Access crée la base de données et la fenêtre *Base de données* s'affiche : ajoutez-y par la suite des tables, des formulaires, des états, etc.

2 - CRÉER UNE BASE DE DONNÉES AVEC UN MODÈLE

Derrière chaque modèle se cache un assistant qui vous permet de créer une base de données complète (avec menu de démarrage, tables, formulaires, états, etc.) à partir de l'un des modèles disponibles. Cet assistant ne vous sera utile que si votre besoin est très proche de l'un des modèles proposés, ce qui est rarement le cas.

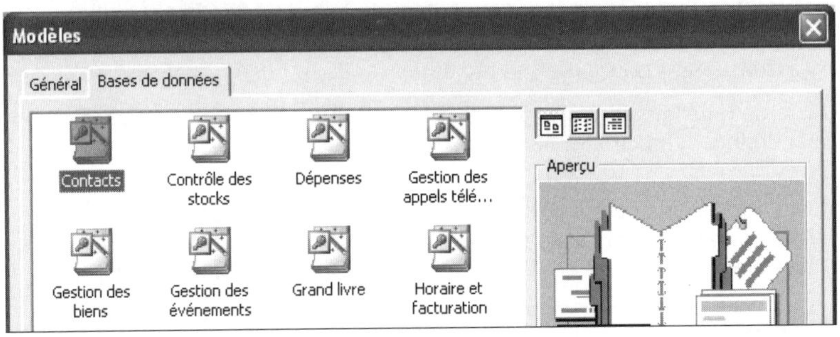

- Cliquez sur l'icône correspondant au type de base de données que vous souhaitez créer
- Cliquez sur «OK»
- Access vous demande de donner un nom à la base de données

L'assistant *Création d'applications* est lancé. Chaque modèle possède son assistant.

- Suivez ensuite les instructions de l'assistant

PROPRIÉTÉS DE LA BASE DE DONNÉES

Les propriétés d'une base de données permettent de l'identifier avec précision. On peut afficher ou modifier les informations du résumé, afficher des statistiques, ou encore visualiser la liste de tous les objets de la base de données.

1 - PROPRIÉTÉS DE LA BASE DE DONNÉES

- Ouvrez la base de données
- *Fichier/Propriétés de la base*

Ou

- Clic-droit dans la barre de titre de la fenêtre Base de données
- Cliquez sur *Propriétés de la base*

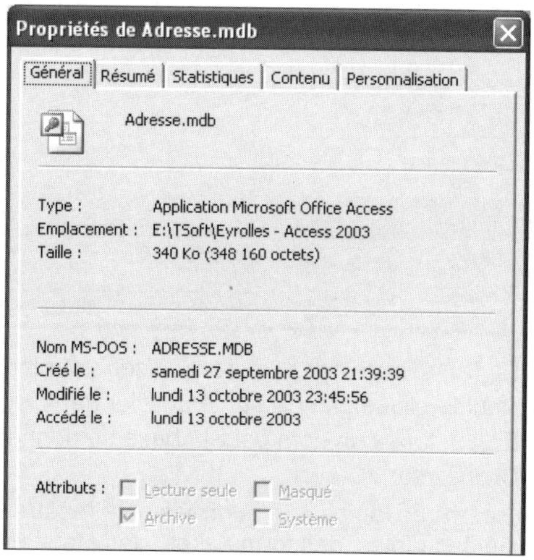

- Cliquez sur l'un des onglets
- Cliquez sur «OK» pour quitter le dialogue

Rôle des onglets

Général	Informations d'ordre général sur la base telles que le nom du fichier, les dates de création et de modification.
Résumé	Informations données par le concepteur de la base : titre, sujet, auteur, société, commentaires, etc.
Statistique	Statistiques sur les accès à la base.
Contenu	Liste de tous les objets (tables, requêtes, formulaires, états, pages d'accès aux données, macros et modules) de la base de données, classés par type.
Personnalisation	Liste des propriétés personnalisées. Les propriétés possibles sont à choisir parmi celles proposées dans la liste <Nom>, ou bien l'on peut créer une nouvelle propriété dont on précise le nom, le type et la valeur.

2 - DOSSIER PAR DÉFAUT

Pour changer le dossier dans lequel sont enregistrées par défaut les bases de données créées.

- *Outils/Options*, puis cliquez sur l'onglet *Général*
- <Dossier de la base de données par défaut> : tapez le chemin du dossier
- Cliquez sur «OK»

CRÉER UNE TABLE AVEC L'ASSISTANT

Les données sont stockées dans une ou plusieurs tables. Avant de créer une table, on doit d'abord ouvrir une base de données existante ou créer une nouvelle base de données.

Créer une table revient à définir ses champs (ou colonnes, ou rubriques), à préciser leurs propriétés (type, taille, format de saisie, valeur par défaut, etc.), et éventuellement à indiquer une clé primaire (un champ dont le contenu sera toujours unique).

Une fois une table créée, on pourra l'afficher de deux manières : en mode *Feuille de données* pour saisir, modifier et visualiser son contenu, ou en mode *Création* pour modifier sa structure.

- Créez ou ouvrez une base de données

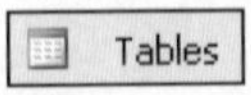

Dans la barre de navigation de la fenêtre Base de données, cliquez sur *Tables*.

Puis,

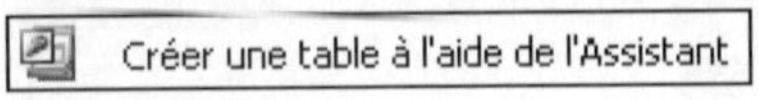

Dans la fenêtre Base de données, Double-cliquez sur *Créer une table à l'aide de l'assistant*.

Ou

Cliquez sur ce bouton dans la barre d'outils.

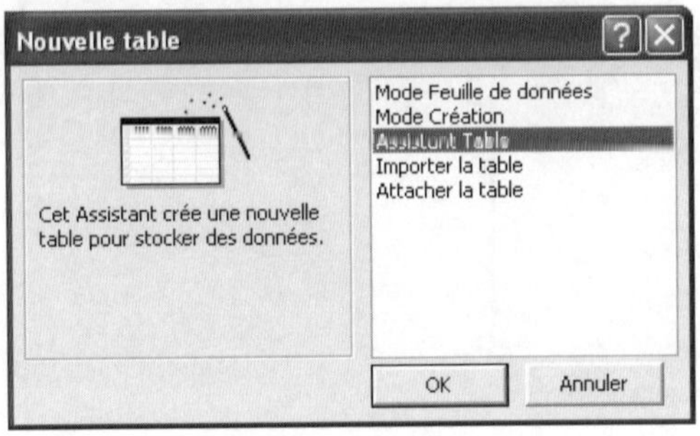

- Sélectionnez *Assistant Table*
- Cliquez sur «OK»

Il s'agit maintenant de définir les champs de la table.

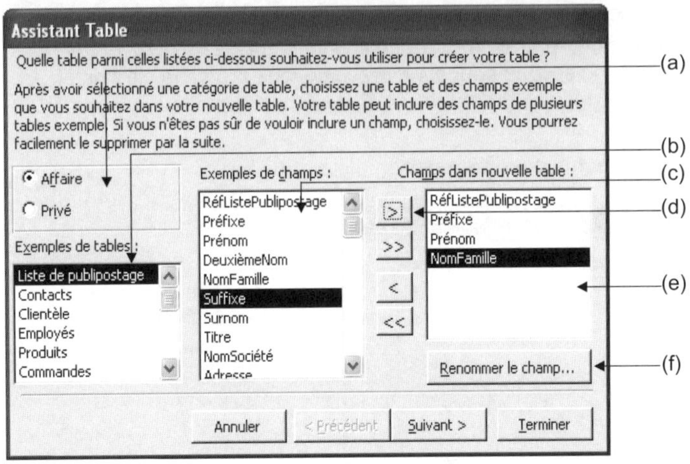

- Activez ⊙*Affaire* en (a) si vous voulez afficher une liste de tables de type professionnel, ou ⊙*Privé* si vous voulez afficher une liste de tables destinées au domaine privé
- Sélectionnez une catégorie de tables dans la liste (b) : ses champs apparaissent en (c)

CRÉER UNE TABLE AVEC L'ASSISTANT

Puis, pour chaque champ à inclure dans la table :

- Choisissez un champ en (c) et cliquez sur le bouton (d) pour transférer ce champ dans la liste (e). Vous pouvez également faire un double-clic sur le nom du champ en (c) pour obtenir le même résultat.
- Si le nom du champ ne vous convient pas, utilisez le bouton (f) pour le renommer

Rôles des autres boutons

>>	Récupère tous les champs affichés dans la liste (c).
<	Supprime le champ sélectionné dans la liste (e).
<<	Efface entièrement le contenu de la liste (e).

- Une fois que tous les champs ont été définis, cliquez sur «Suivant»

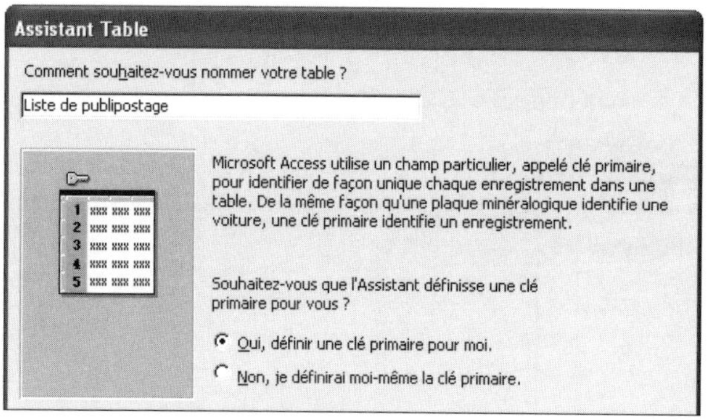

- Tapez un nom pour la table

Il s'agit maintenant de déterminer la clé primaire de la table. Dans une table, il est souvent nécessaire que chaque enregistrement puisse être identifié de manière unique : c'est le rôle de la clé primaire. Celle-ci doit correspondre à un champ permettant d'identifier de manière unique et sans ambiguïté chacun des enregistrements. Par exemple, un code client peut être une clé primaire, mais pas le nom du client, à cause des homonymes. La clé primaire est indispensable que si vous utilisez plusieurs tables reliées entre elles.

Si vous n'êtes pas sûr de pouvoir déterminer la clé qui convient le mieux, activez ⊙*Oui, définir une clé primaire pour moi*, ou si vous souhaitez préciser vous-même la clé primaire, activez ⊙*Non, je définirai moi-même la clé primaire*

- Cliquez sur «Suivant»

Dans le second cas, un dialogue permettant de préciser la clé s'affiche.

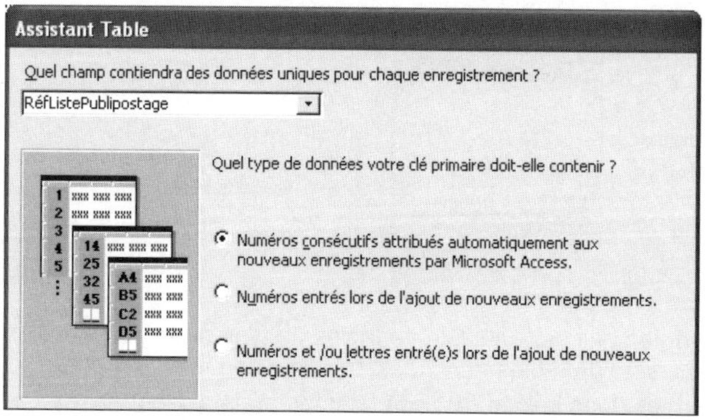

- Sélectionnez le nom du champ devant servir de clé primaire et indiquer quel type de données ce champ contiendra
- Cliquez sur «Suivant»

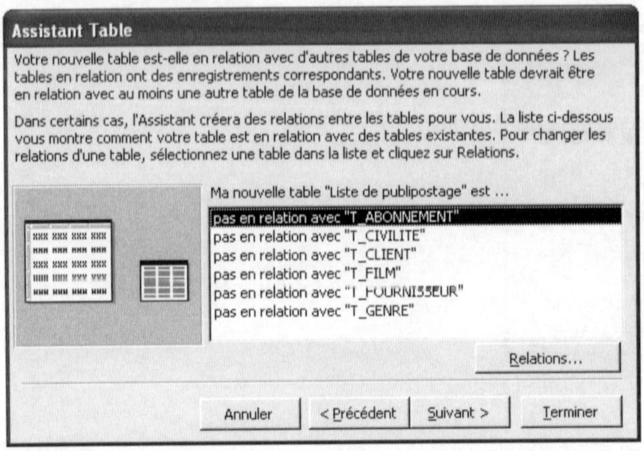

Ce dialogue s'intéresse aux relations des autres tables avec la table en cours de création. L'assistant Table ne propose cette boîte de dialogue que s'il existe au moins une autre table dans la base de données. Dans la zone <Ma nouvelle table est ...> sont énumérées toutes les tables existantes. Étant donné qu'il s'agit d'une nouvelle table, on peut lire sur chaque ligne la mention : *pas en relation avec...* Les relations seront vues au chapitre 8.

- Cliquez sur «Suivant»

Il reste à indiquer ce que l'on souhaite faire maintenant.

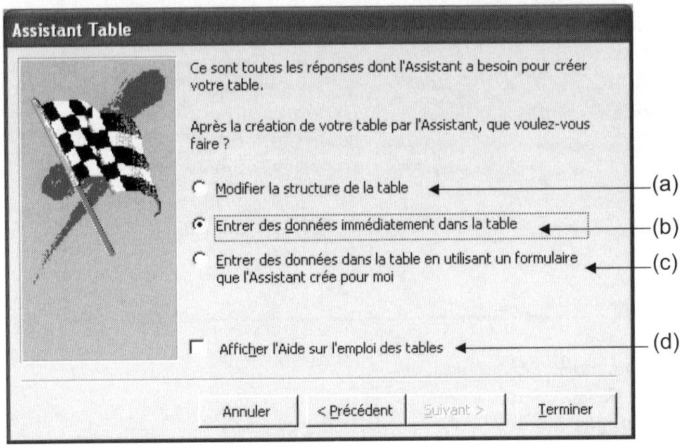

(a) Affiche la table en mode *Création* : il s'agit de la fenêtre dans laquelle on peut modifier la structure de la nouvelle table (les caractéristiques des champs).

(b) Affiche la table en mode *Feuille de données* : cette fenêtre permet de commencer à saisir des enregistrements.

(c) Access crée automatiquement un formulaire de saisie et l'affiche de façon à vous permettre de commencer à saisir des enregistrements.

(d) Démarre l'aide.

- Sélectionnez l'une de ces options
- Cliquez sur «Terminer»

CRÉER UNE TABLE SANS L'ASSISTANT

1 - CRÉER UNE TABLE EN MODE CRÉATION

- Créez ou ouvrez une base de données
- Dans la barre de navigation de la fenêtre Base de données, cliquez sur *Tables*

Cliquez sur ce bouton dans la barre d'outils.

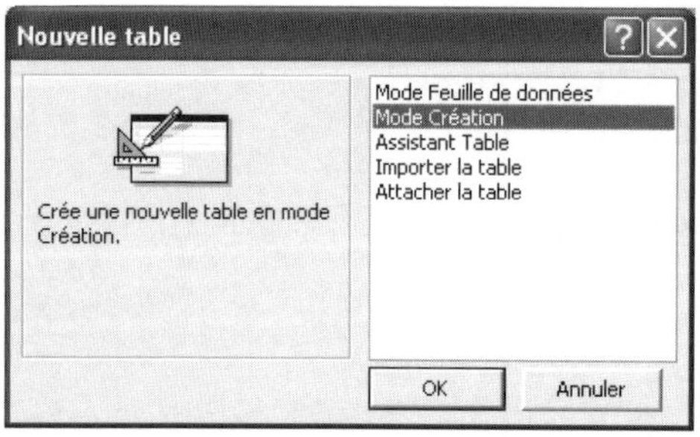

- Sélectionnez *Mode Création*
- Cliquez sur «OK»

Ou

- Double-cliquez sur *Créer une table en mode création* dans la fenêtre Base de données

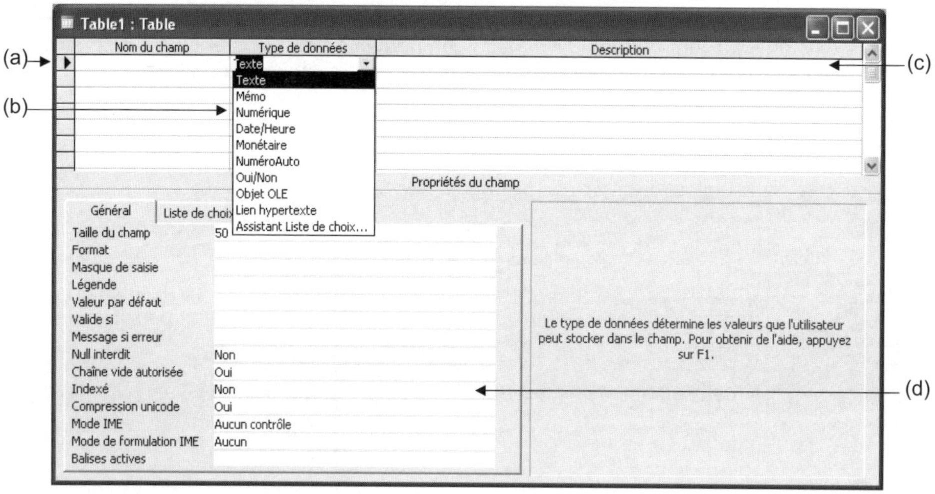

(a) Noms des différents champs de la table.
(b) Type du champ.
(c) Description des champs de la table.
(d) Propriétés du champ sélectionné.

Il s'agit de créer et de définir les caractéristiques des champs : pour chacun, précisez son nom en (a), son type en (b), sa description en (c) et ses propriétés (taille, format, etc.) en (d).

Définir le nom du champ

- Cliquez en (a) et taper le nom du champ

Les noms peuvent comporter jusqu'à soixante-quatre caractères. Les espaces sont autorisés, mais pas les caractères ! . ' [et]. Un nom de champ ne doit apparaître qu'une seule fois dans la table. Il faut noter qu'Access est plus permissif que d'autres bases de données.

CRÉER UNE TABLE SANS L'ASSISTANT

Si votre base est amenée à être convertie dans un autre environnement, ou même utilisée dans des pays étrangers, nous vous conseillons d'éviter les espaces et les caractères accentués, qui peuvent être mal convertis ou mal interprétés. Ce conseil ne s'applique qu'au nom des champs, pas à leur contenu.

Définir le type du champ

Le type de données définit le type et la plage des valeurs pouvant être saisies dans le champ. Access, par exemple, ne permet pas la saisie d'un texte dans un champ monétaire.

- Cliquez en (b) ou appuyez sur ⇆ pour placer le curseur en (b)

Par défaut, Access propose le type *Texte.*

- Cliquez sur la flèche qui apparaît à l'extrémité droite de la zone et sélectionnez un type de données pour le champ en cours

Texte	Texte pouvant contenir jusqu'à 255 caractères.
Mémo	Texte d'une longueur maximum de 65 535 caractères. Les champs *Mémo* ne peuvent pas être indexés ni triés.
Numérique	N'importe quelle valeur numérique. La taille du champ permet de préciser s'il s'agit d'un nombre entier ou à virgule (on parle alors de «réel»).
Date/Heure	Date et heure.
Monétaire	Valeur numérique à quatre décimales. Principalement utilisé pour stocker une valeur monétaire.
NuméroAuto	Nombre automatiquement créé par Access chaque fois qu'un nouvel enregistrement est ajouté à une table. Le contenu de ces champs ne peut pas être modifié.
Oui/Non	Valeur *Oui* ou *Non,* ainsi que les champs qui contiennent une seule valeur parmi deux valeurs possibles. Les champs Oui/Non ne peuvent pas être indexés.
Objet OLE	Un objet OLE, c'est-à-dire un objet provenant d'une autre application (image, document Word, ...). Les champs Liaison OLE ne peuvent pas être indexés.
Lien hypertexte	Champ contenant des hyperliens. L'hyperlien peut être un chemin d'accès UNC ou une adresse URL. Ces champs ne peuvent pas être triés ou indexés.
Assistant Liste de choix	Crée un champ qui permet de choisir une valeur dans une autre table ou dans une liste de valeurs prédéfinies. Le choix de cette option lance l'exécution d'un assistant.

Ajouter une description

Lors de l'utilisation d'une table (ajout ou mise à jour d'un enregistrement), la description apparaît dans la barre de statut.

- Appuyez sur ⇆ pour placer le curseur en (c) (cf. figure page précédente)
- Tapez une description pour le champ : on a le droit à un maximum de deux cent cinquante-cinq caractères

Préciser les propriétés du champ

Ceci se fait dans la partie inférieure du dialogue. Plus de détails à ce sujet dans les pages suivantes.

CRÉER UNE TABLE SANS L'ASSISTANT

Définir la clé primaire

- Une fois tous les champs définis, sélectionnez (en cliquant dessus ou à l'aide des touches [↑] et [↓]) le champ qui va servir de clé primaire

Cliquez sur ce bouton dans la barre d'outils, ou *Edition/Clé primaire.*

Le symbole d'une clé apparaît devant le nom du champ :

	Nom du champ	Type de données
🔑	CLI_ID	NuméroAuto
	CLI_CIVILITE	Texte

Enregistrer et fermer la table

Cliquez sur ce bouton dans la barre d'outils, ou *Fichier/Enregistrer*, ou appuyer sur [Ctrl]-**S**.

- Tapez un nom pour la table
- Cliquez sur «OK»
- *Fichier/Fermer*, ou appuyez sur [Ctrl]-[F4] pour terminer

Une nouvelle icône de table apparaît dans la catégorie *Tables* de la fenêtre Base de données.

2 - CRÉER UNE TABLE EN MODE FEUILLE DE DONNÉES

On peut également créer une table en saisissant des données dans une feuille de données vierge, pratiquement comme lorsqu'on ajoute des données dans une feuille de calcul. Quand on enregistre la nouvelle feuille de données, Access évalue les données que l'on a tapées et crée automatiquement les champs correspondants. Cette méthode n'est valable que pour les toutes petites bases de données ne comportant que très peu de tables et est à déconseiller pour les bases plus importantes.

- Créez ou ouvrez une base de données
- Dans la barre de navigation de la fenêtre *Base de données*, cliquez sur *Tables*

Cliquez sur ce bouton dans la barre d'outils.

- Sélectionnez *Mode Feuille de données*
- Cliquez sur «OK»

Ou

- Dans la fenêtre Base de données, Double-cliquez sur *Créer une table en entrant des données*

Une feuille de données vierge s'affiche. Les noms des colonnes sont *Champ1*, *Champ2*, etc.

CRÉER UNE TABLE SANS L'ASSISTANT

Renommer chaque colonne en lui donnant le nom d'un champ

- Double-cliquez sur le nom de la colonne

Ou

- *Format/Renommer la colonne*
- Tapez un nom de champ et appuyez sur ↵

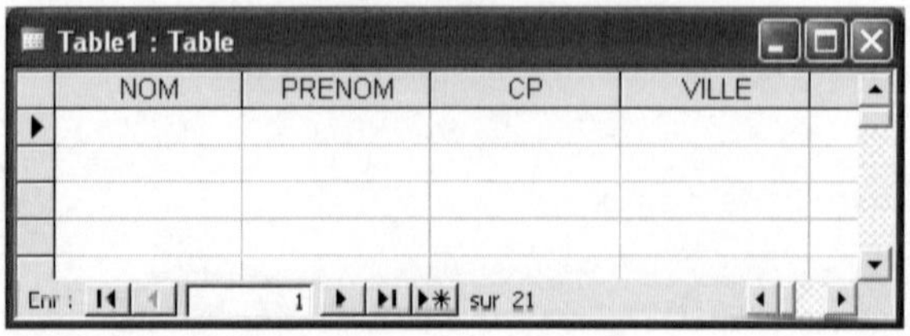

Saisir les données

- Tapez le contenu du premier champ
- Appuyez sur ⇆ ou sur ↵ pour passer au champ suivant
- Et ainsi de suite...

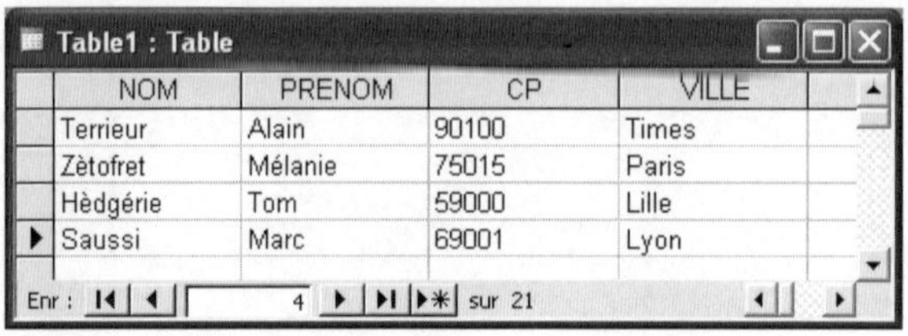

Lorsque vous avez fini d'ajouter des données :

 Cliquez sur ce bouton, ou *Fichier/Enregistrer*, ou appuyer sur Ctrl-**S**.

- Tapez un nom pour la table
- Cliquez sur «OK»
- Un message signale qu'aucune clé primaire n'a été définie : cliquez sur «Oui»

Un champ de type *NuméroAuto* est automatiquement ajouté dans la première colonne. Il associe un numéro d'ordre à chaque enregistrement, numéro qui est automatiquement incrémenté quand on ajoute un nouvel enregistrement.

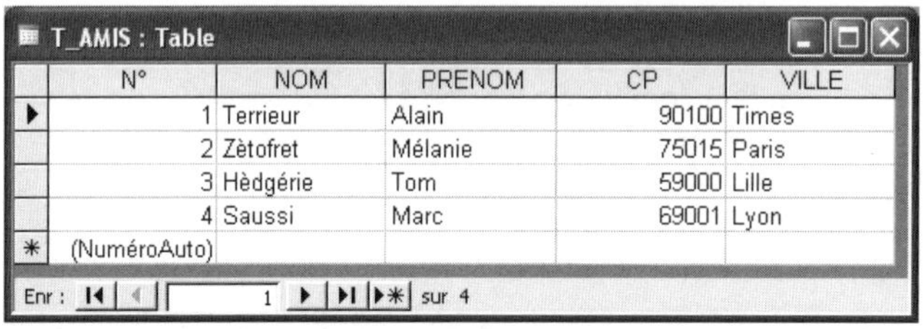

- *Fichier/Fermer*, ou appuyez sur Ctrl-F4

Si des modifications ont été effectuées depuis le dernier enregistrement, un message vous propose d'enregistrer à nouveau la table.

- Cliquez sur «Oui» si vous désirez conserver la modification de mise en forme

Remarque : toutes les colonnes que l'on a laissées vides sont effacées lorsqu'on enregistre la feuille de données.

PROPRIÉTÉS DES CHAMPS

Chaque champ dispose d'un ensemble de caractéristiques (on parle de propriétés) qui permettent un contrôle supplémentaire de son fonctionnement. Cela permet dans une certaine mesure de contrôler la saisie et donc d'avoir des informations plus fiables.

La définition d'une propriété pour un champ s'effectue dans la fenêtre de structure de la table concernée. Les propriétés disponibles varient en fonction du type du champ.

1 - DÉFINIR LES PROPRIÉTÉS POUR LES CHAMPS DE LA TABLE

- Dans la barre de navigation de la fenêtre Base de données, cliquez sur *Tables*
- Sélectionnez le nom de la table

Cliquez sur ce bouton dans la barre d'outils.

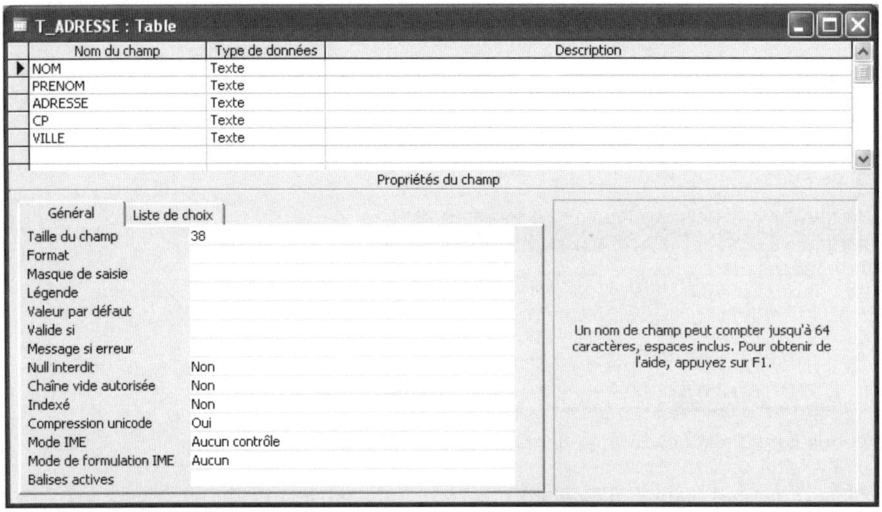

- A l'aide des touches [↑] et [↓], sélectionnez le champ dont on souhaite définir les propriétés
- Dans la partie inférieure de la fenêtre, cliquez sur la propriété à définir
- Modifiez la propriété en tapant une valeur ou en en sélectionnant une dans la liste en cliquant sur la flèche qui apparaît parfois à l'extrémité droite de la zone

Remarque : pour obtenir de l'aide sur le rôle d'une propriété, insérez le curseur dans la zone de saisie associée et appuyez sur [F1].

2 - TYPES DE PROPRIÉTÉS

Chaque type de données possède un certain nombre de propriétés. Elles sont présentées sous forme de deux onglets, le premier présentant les propriétés générales, le second indiquant les propriétés liées à l'éventuelle liste de choix.

3 - TAILLE DU CHAMP

Cette propriété s'applique aux champs *Texte*, *Numérique*, et *NuméroAuto*. Pour le type *Texte*, elle indique le nombre maximum de caractères pouvant être saisis. Access propose une taille de cinquante caractères, mais les valeurs peuvent aller de 1 à 255.

Pour le type numérique les possibilités sont :

Octet	Permet d'entrer des valeurs entières de 0 à 255.
Entier	Permet d'entrer des valeurs de -32 768 à +32 767.

Entier long	Permet d'entrer des valeurs de -2 147 483 648 à +2 147 483 647.
Réel simple	Permet d'entrer des valeurs de $-3{,}4.10^{38}$ à $3{,}4.10^{38}$, et accepte jusqu'à sept décimales.
Réel double	Permet d'entrer des valeurs de $-1{,}797.10^{308}$ à $1{,}797.10^{308}$, et accepte jusqu'à quinze décimales.
Décimal	Permet d'entrer des valeurs de -10^{28} à 10^{28}, et accepte jusqu'à vingt-huit décimales.
N° de réplication	Identifiant globalement unique (GUID).

Les réels doubles sont plus précis mais prennent plus de place que les réels simples. Dans le doute, choisissez un réel double.

4 - NOUVELLES VALEURS

Cette propriété ne s'applique qu'au champ *NuméroAuto*. Elle permet de préciser si les valeurs sont incrémentées (1, 2, 3, ...) ou aléatoires (254865, -2458965, 8654278, ...).

5 - DÉCIMALES

Cette propriété ne concerne que les données de type *Numérique* ou *Monétaire*. Elle permet de spécifier le nombre de décimales devant apparaître à l'affichage. On a la possibilité de spécifier de zéro à quinze décimales ou bien de choisir l'option *Auto*. Dans ce dernier cas, Access affiche deux décimales par défaut.

6 - FORMAT

Cette propriété concerne les données de type *Date/Heure*, *Oui/Non*, *Mémo*, *Texte*, *Numérique*, *NuméroAuto*, *Monétaire* et *Lien hypertexte*. Elle permet de choisir différents modes d'affichage pour les informations stockées dans la table. Cette propriété n'affecte que l'affichage et non pas la valeur elle-même.

Formats pour les types Numérique, Monétaire ou NuméroAuto

Nombre général	Les données sont affichées comme elles sont saisies.
Monétaire	Pour les montants : symbole monétaire, séparateur de milliers, et chiffres négatifs entre parenthèses conformes aux paramètres régionaux.
Euro	Comme le format Monétaire, mais le symbole est alors l'Euro (€).
Fixe	Les données sont affichées avec un nombre fixe de décimales dépendant de la propriété *Décimales.*
Standard	Les données sont affichées avec le nombre de décimales indiqué dans la propriété *Décimales* et les milliers sont séparés par un espace.
Pourcentage	Access affiche la donnée en la multipliant par 100 et en ajoutant le symbole %. Le nombre 0,6 sera affiché comme 60,00%.
Scientifique	Pour de très grandes valeurs. La notation scientifique utilise le symbole E (pour Exponentielle). Le nombre 1 600 sera affiché $1{,}60^{E}$+03.

On peut également créer un format personnalisé en utilisant les symboles suivants :

,	Séparateur décimal.
.	Séparateur de milliers.

PROPRIÉTÉS DES CHAMPS

0	Position pour un nombre ou un zéro.
#	Position pour un nombre.
F	Symbole monétaire.
%	Symbole pourcentage.
E- ou e-	Symbole de notation scientifique.
E+ ou e+	Symbole de notation scientifique.
espace	Appuyer sur espace pour entrer des espaces comme caractères d'affichage littéraux.
"ABC"	Affiche tout élément entre guillemets comme caractère d'affichage littéral.
!	Force l'alignement à gauche au lieu de l'alignement à droite.
[couleur]	Spécifie une couleur d'affichage. Les couleurs possibles sont : noir, bleu, vert, cyan, rouge, magenta, jaune et blanc.

Exemple : le format # ###,00" $" affichera la valeur 123456 sous la forme 123 456,00 $.

Un format personnalisé peut comporter quatre sections se référant chacune à une fourchette de nombres particuliers. Chaque section doit être séparée par un point-virgule :

- Première section : pour les nombres positifs.
- Deuxième section : pour les nombres négatifs.
- Troisième section : pour les nombres nuls.
- Quatrième section : s'il n'y a pas de données.

Formats pour les types Texte et Mémo

Saisir un format particulier en utilisant les symboles suivants :

@	Caractère de texte (soit un caractère, soit un espace) requis.
&	Caractère de texte non requis.
<	Force tous les caractères à être en minuscules.
>	Force tous les caractères à être en majuscules.

Comme pour les données numériques, on peut spécifier plusieurs sections dans un format :

- Première section : pour des champs contenant du texte.
- Deuxième section : pour des champs contenant des chaînes vides et des valeurs Null.

Format pour le type Date/Heure

Access propose sept formats prédéfinis pour ce type de données.

Format	*Donnée*	*Résultat*
Date, général	24/07/02 16:33:25	24/7/02 16:33:25
Date, complet	24/07/02	jeudi 24 juillet 2002
Date, réduit	24/04/02	24-avr-02
Date, abrégé	24/07/02	24/7/02
Heure, complet	16:33:25	16:33:25
Heure, réduit	16:33:25	04:33 PM
Heure, abrégé	16:33:25	16:33

Attention : pour les formats comportant les années sur deux chiffres, les dates comprises entre le 1/1/00 et le 21/12/29 sont censées être des dates du vingt et unième siècle (comprises entre l'an 2000 et 2029). Les dates comprises entre le 1/1/30 et 21/12/99 sont censées être des dates du vingtième siècle (comprises entre 1930 et 1999).

Formats pour le type Oui/Non

Par défaut, un champ de type Oui/Non est affiché sous la forme d'une case à cocher dans les feuilles de données et les formulaires. Si l'on n'utilise pas une case à cocher, il faudra saisir dans ce champ les valeurs *Oui/Vrai/Actif* ou *Non/Faux/Inactif*. On peut alors créer un format personnalisé en spécifiant plusieurs sections dans un format :

- Première section : inutilisé.
- Deuxième section : texte à afficher à la place de *Oui/Vrai/Actif*.
- Troisième section : texte à afficher à la place de *Non/Faux/Inactif*.

7 - MASQUE DE SAISIE

Cette propriété s'applique aux champs *Texte*, *Date/Heure*, *Numérique* et *Monétaire*.

Utilisez cette propriété dans une table munie d'un champ dont le format reste invariable. Configurez un masque de saisie pour déterminer l'aspect des données à saisir. Ainsi, vous pouvez décider que le code postal devra toujours posséder cinq chiffres ou que l'utilisateur ne devra pas oublier l'indicatif au moment où il indiquera un numéro de téléphone.

Pour définir un masque de saisie, Access propose une série de caractères à utiliser pour construire le modèle. Vous pouvez définir le masque directement dans la zone correspondant à la propriété ou faire appel à un assistant.

Utiliser l'assistant Masque de saisie

- Sélectionnez le champ pour lequel on souhaite définir un masque de saisie
- Dans la partie inférieure de la fenêtre, cliquez dans la zone <Masque de saisie>

Cliquez sur ce bouton à l'extrémité droite de la zone.

- Sélectionnez un des masques proposés par l'assistant
- Cliquez dans la zone <Essayer> pour tester le masque sélectionné
- Cliquez sur «Suivant»

Suivant le type du masque, un dialogue supplémentaire est susceptible de réclamer des informations complémentaires.

- Cliquez sur «Suivant», puis sur «Terminer»

Créer votre propre masque de saisie

- Tapez le code du masque de saisie en utilisant les caractères suivants

Caractère	***Signification***
0	Un chiffre obligatoire, 0 à 9, + et - non acceptés.
9	Un chiffre facultatif. N'accepte pas le + et le -.
#	Un chiffre facultatif. Accepte le + et le -.
L	Une lettre obligatoire (A à Z).
?	Une lettre facultative (A à Z).
A	Une lettre ou un chiffre obligatoire.
a	Une lettre ou un chiffre facultatif.
&	Un caractère ou un espace obligatoire.
C	Un caractère ou un espace facultatif.
. , ; : - /	Signes séparateurs : décimale, séparateur de milliers, date et heure (voir les paramètres régionaux du Panneau de configuration de Windows).
<	Convertit les caractères qui suivent en minuscules.
>	Convertit les caractères qui suivent en majuscules.
!	Remplissage du masque de saisie à partir de la droite.
\	Affiche le caractère qui suit sous sa forme ASCII littérale.
Mot de passe	Affiche des étoiles à l'écran lors de la saisie.

On peut créer un format personnalisé en spécifiant plusieurs sections dans un format :

– Première section : le masque de saisie lui-même.

– Deuxième section : détermine si Access doit enregistrer les caractères d'affichage littéraux (les caractères non tapés). 0=Oui et 1=Non.
Un numéro de téléphone pourra ainsi être stocké avec les espaces (01 23 45 67 89) ou sans (0123456789)

– Troisième section : caractère à afficher là où vous devez taper un caractère.

Attention : la propriété <Format> prévaut sur le masque de saisie pour l'affichage des données.

8 - LÉGENDE

Cette propriété s'applique à tous les types de champs. Elle permet d'introduire un nouvel intitulé pour un champ. Celui-ci apparaîtra en lieu et place du nom de champ dans la feuille de données, dans les formulaires et dans les états.

9 - VALEUR PAR DÉFAUT

Cette propriété s'applique à tous les types de champs, à l'exception d'*Objet OLE* et de *NuméroAuto*.

Pour accélérer la saisie, on peut affecter une valeur par défaut à un champ. Access affiche cette valeur dans le champ chaque fois qu'on ajoute un nouvel enregistrement. On peut accepter la valeur par défaut en appuyant sur ↵ ou l'écraser en tapant une autre valeur.

10 - VALIDE SI ET MESSAGE SI ERREUR

Ces propriétés s'appliquent à tous les types de champs, à l'exception d'*objet OLE* et de *NuméroAuto*. La propriété <Valide si> permet de contrôler les données saisies dans un champ. Le principe consiste à introduire une condition dans la zone <Valide si>. Toutes les données introduites dans le champ devront vérifier la condition. Sinon, Access affiche un message d'erreur.

Opérateurs relationnels		*Opérateurs logiques*	
<	Inférieur à	**AND**	ET logique
>	Supérieur à	**OR**	OU logique
<=	Inférieur ou égal à	**XOR**	OU exclusif
>=	Supérieur ou égal à	**NOT**	NON logique
<>	Différent de	**EQV**	Equivalence
=	Egal à	**IMP**	Implication

Exemple : on peut introduire la condition <=*Maintenant( )* pour la propriété <Valide si> du champ *Date* de la table. Grâce à cette propriété, la saisie d'une date et d'une heure postérieures à la date et à l'heure du jour sera refusée.

Il est possible de personnaliser le message d'erreur affiché par Access lorsque la donnée introduite ne satisfait pas la condition définie dans la propriété <Valeur si>. Il suffit de taper le texte de votre choix dans la zone <Message si erreur>.

11 - NULL INTERDIT ET CHAÎNE VIDE AUTORISÉE

La propriété <Null interdit> s'applique à tous les champs, alors que <Chaîne vide autorisée> concerne les types de champ *Texte*, *Mémo* et *Lien hypertexte*.

La propriété <Null interdit> indique l'absence de données dans un champ. L'option *Oui* pour la propriété oblige l'utilisateur à entrer une valeur dans ce champ pour tous les enregistrements.

La propriété <Chaîne vide autorisée> permet l'introduction des valeurs sans caractère ni espace lorsque l'option *Oui* est choisie. Si c'est l'option *Non*, elle empêche l'utilisateur de feinter un *Null interdit* en tapant un espace.

12 - INDEXÉ

Cette propriété s'applique à tous les types de champs sauf *Lien hypertexte* et *Objet OLE*. Les index servent à accélérer les recherches, les requêtes et les tris au sein d'une table. La propriété <Indexé> peut prendre trois valeurs :

Non	Pour indiquer que le champ concerné n'est pas un index.
Oui - Avec doublons	Pour indiquer que le champ indexé permet l'introduction de valeurs identiques dans des enregistrements différents (doublons).
Oui - Sans doublons	Pour indiquer que le contenu du champ indexé est unique pour chaque enregistrement.

Quand on définit un champ comme étant une clé primaire, Access lui attribue automatiquement la propriété <Indexé> : *Oui - Sans doublons*.

13 - NOUVELLES VALEURS

Cette propriété ne concerne que les champs de type *NuméroAuto*. Elle permet d'indiquer si les numéros générés automatiquement par Access par incrémentation (par exemple 1, 2, 3, 4…) ou de façon aléatoire (par exemple 5214, -176, 25468…).

14 - COMPRESSION UNICODE

Access utilise le système de codage Unicode pour les caractères, ce qui lui permet d'utiliser des caractères non latins. Ce système de codage utilise un espace de stockage plus important qu'auparavant et cette propriété offre la possibilité d'activer la compression automatique des données.

15 - L'ASSISTANT LISTE DE CHOIX

A l'aide de l'assistant *Liste de choix*, on peut associer une liste de choix à un champ. L'utilisateur pourra sélectionner une valeur dans cette liste plutôt que d'en taper une. A noter que ce type de données est en fait un autre type (souvent texte) auquel on associe une liste de choix.

Liste de choix associée à un champ de la table

Il existe deux types de listes :

- Une liste de recherche qui affiche les valeurs d'une autre table.
- Une liste de valeurs qui affiche un jeu fixe de valeurs. Cette solution est déconseillée, car une modification de la liste peut entraîner un travail important.

Créer une liste de recherche en mode Création

- Ouvrez la table en mode *Création*
- Dans la colonne <Nom du champ>, cliquez dans la ligne du champ auquel on souhaite associer une liste
- Dans la colonne <Type de données>, cliquez sur la flèche à l'extrémité droite
- Cliquez sur *Assistant Liste de choix*
- Cochez ☑*Je veux que la liste de choix recherche les valeurs dans une table ou requête*
- Cliquez sur «Suivant»
- Sélectionnez le nom de la table contenant les données à placer dans la liste
- Cliquez sur «Suivant»

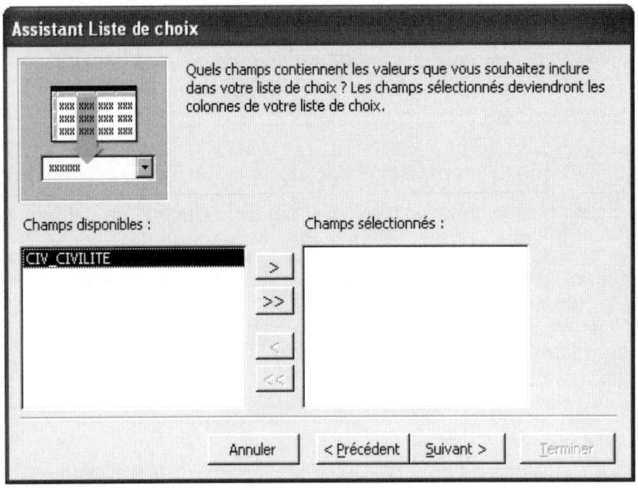

- Double-cliquez sur le ou les noms des champs contenant les données à placer dans la liste
- Cliquez sur «Suivant»
- Modifiez accessoirement la largeur de la colonne en amenant le pointeur sur le bord droit de son en-tête et en faisant glisser
- Cliquez sur «Suivant»
- Tapez un nom pour cette liste
- Cliquez sur «Terminer»

PROPRIÉTÉS DES CHAMPS

Créer une liste de recherche en mode Feuille de données

- Dans la barre de navigation de la fenêtre *Base de données*, cliquez sur *Tables*
- Sélectionnez le nom de la table

Cliquez sur ce bouton dans la barre d'outils.

- Cliquez dans la colonne avant laquelle on souhaite insérer le champ de type *Liste de choix*
- *Insertion/Colonne de recherche*
- Cochez ☑*Je veux que la liste de choix recherche les valeurs dans une table ou requête*
- Cliquez sur «Suivant»
- Sélectionnez le nom de la table contenant les données à placer dans la liste
- Cliquez sur «Suivant»
- Double-cliquez sur le nom du champ contenant les données à placer dans la liste
- Cliquez sur «Suivant»
- Modifiez accessoirement la largeur de la colonne en amenant le pointeur sur le bord droit de son en-tête et en faisant glisser
- Cliquez sur «Suivant»
- Tapez un nom pour cette liste
- Cliquez sur «Terminer»

Créer une liste de valeurs en mode Création ou en mode Feuille de données

Cette option n'est pas conseillée car toute modification de la liste entraîne un travail important avec souvent un grand risque d'erreur.

- Répétez les opérations exposées ci-dessus pour lancer l'assistant Liste de choix en mode *Création* ou en mode *Feuille de données*
- Dans la première boîte de dialogue de l'assistant *Liste de choix*, cochez ☑*Je taperai les valeurs souhaitées*
- Cliquez sur «Suivant»

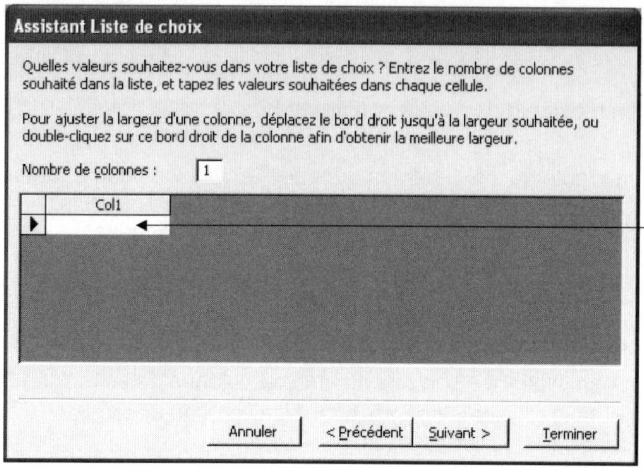

(a)

- Cliquez en (a)
- Tapez la première valeur de la liste et appuyer sur
- Tapez la seconde valeur de la liste et appuyer sur
- Saisissez les autres valeurs de la même façon
- Cliquez sur «Suivant»
- Tapez un nom pour le champ
- Cliquez sur «Terminer»

RÉVISER LA STRUCTURE D'UNE TABLE

La structure d'une table existante peut être modifiée de deux façons : soit en mode *Création*, soit en mode *Feuille de données*.

1 - EN MODE CRÉATION

Ouvrir une table en mode Création

- Dans la barre de navigation de la fenêtre Base de données, cliquez sur *Tables*
- Sélectionnez le nom de la table

Cliquez sur ce bouton dans la barre d'outils.

Insérer un champ

- Sélectionnez la ligne au-dessus de laquelle on souhaite insérer le champ

Cliquez sur ce bouton dans la barre d'outils, ou *Insertion/Lignes*.

Access insère une ligne vierge.

- Saisissez le nom du champ
- Précisez le type, la description et les propriétés du champ

Ajouter un champ en fin de table

- Déplacez le point d'insertion sur la première ligne vierge, en fin de liste
- Saisissez le nom du champ
- Précisez le type, la description et les propriétés du champ

Supprimer un champ

- Sélectionnez la ligne que vous désirez supprimer en cliquant à son niveau dans la colonne de sélection

ici

Cliquez sur ce bouton dans la barre d'outils, ou *Edition/Supprimer les lignes*, ou appuyez sur Suppr.

Si la ligne contient des données, un message demande confirmation

- Cliquez sur «Oui»

Si l'on supprime un champ dans une table qui contient des données, Access supprime toutes les données contenues dans ce champ au moment où l'on enregistre la table. Toutefois, quand on supprime le champ, Access vous avertit que la table contient des données.

Déplacer un champ

Vous pouvez modifier l'ordre des champs dans une table. Toute modification ainsi apportée se répercute dans l'ordre des colonnes de la feuille de données de la table.

- Sélectionnez le champ à déplacer en cliquant à son niveau dans la colonne de sélection
- Cliquez sur le sélecteur de ligne et faire glisser le champ jusqu'à la ligne au-dessus de laquelle on souhaite placer le champ

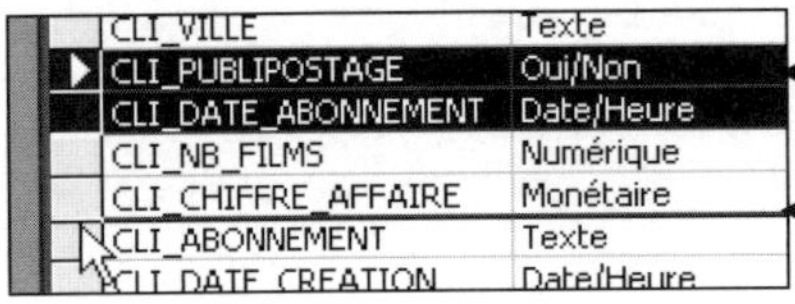

(a)
(b)

(a) Les lignes sélectionnées pour déplacement

(b) La future position des lignes, marquée par un trait plus épais

RÉVISER LA STRUCTURE D'UNE TABLE

Quitter le mode Création

- *Fichier/Fermer*, ou appuyez sur Ctrl-F4

Un message demande confirmation :

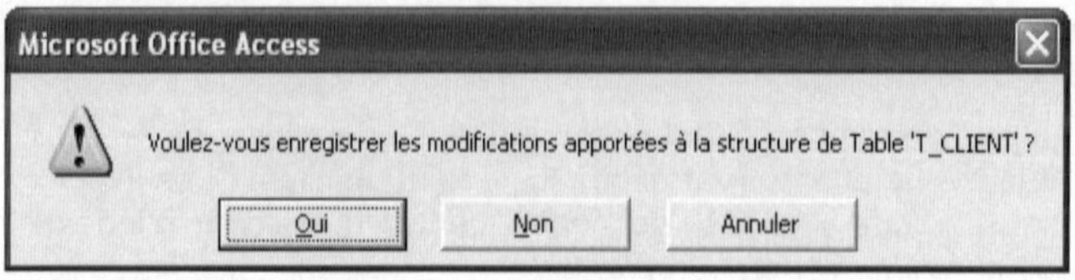

- Cliquez sur «Oui»

2 - EN MODE FEUILLE DE DONNÉES

Ouvrir une table en mode Feuille de données

- Dans la barre de navigation de la fenêtre Base de données, cliquez sur *Tables*
- Sélectionnez le nom de la table

Cliquez sur ce bouton dans la barre d'outils.

Ajouter un champ

- Cliquez dans la colonne avant laquelle vous voulez insérer une nouvelle colonne
- *Insertion/Colonne*
- Double-cliquez sur l'en-tête de la nouvelle colonne
- Tapez un nom pour le nouveau champ et appuyez sur ↵

Supprimer un champ

- Cliquez sur l'en-tête de la colonne pour la sélectionner
- *Edition/Supprimer la colonne*

Un message demande confirmation.

- Cliquez sur «Oui» pour supprimer le champ et les données qu'il contient

Déplacer un champ

- Cliquez sur l'en-tête de la colonne pour la sélectionner
- Cliquez à nouveau sur l'en-tête de la colonne et faites-la glisser la colonne vers la droite ou vers la gauche

Renommer un champ

- Double-cliquez sur l'en-tête de la colonne
- Tapez un nouveau nom pour le champ et appuyez sur ↵

Quitter le mode Feuille de données

- *Fichier/Fermer*, ou appuyez sur Ctrl-F4

Il se peut qu'un message demande confirmation :

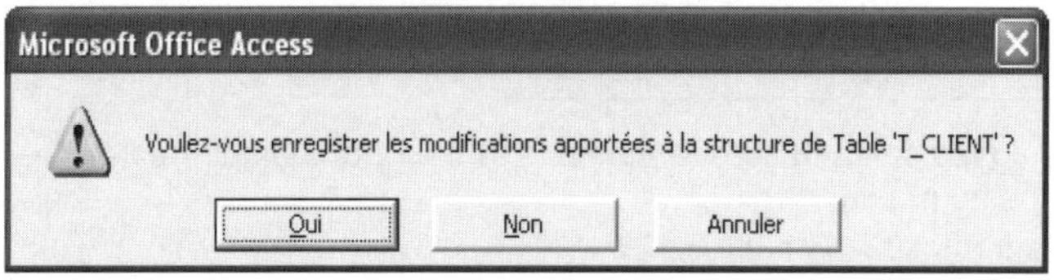

- Cliquez sur «Oui»

CRÉER UN INDEX

Dans le cas d'une base volumineuse, on peut accélérer de manière importante les requêtes, les tris et les regroupements en indexant les champs sur lesquels portent les recherches et les tris. La clé primaire d'une table est automatiquement indexée. On ne peut pas indexer les champs de type *Mémo*, *Lien hypertexte* et *Objet OLE*. Enfin, un index peut être multichamp.

1 - QUAND CRÉER UN INDEX ?

On peut être amené à créer un index quand on effectue souvent des opérations de recherche ou des requêtes sur le même champ (par exemple, le nom du client). Les index n'apportent une accélération sensible que si la base est conséquente. Inutile donc d'indexer si votre table ne contient qu'une centaine d'enregistrements.

De plus, il est nécessaire que le champ indexé contienne de nombreuses valeurs différentes. Si vos clients habitent presque tous dans la même ville, inutile d'indexer la rubrique *Ville*. Au contraire, vous allez ralentir les traitements. Enfin, n'oubliez pas qu'un index occupe de la place : si vous indexez tous les champs, la taille de votre base de données va augmenter sensiblement.

Un champ indexé sans doublon indique que le champ ne pourra pas contenir deux fois la même valeur. Ce type d'index est donc adapté au code client, ou aux plaques d'immatriculation. Un champ indexé avec doublon peut contenir plusieurs fois la même valeur. Vous pourrez ainsi indexer le nom des clients, ou leur code postal.

2 - CRÉER UN INDEX SUPPLÉMENTAIRE

- Dans la barre de navigation de la fenêtre Base de données, cliquez sur *Tables*
- Sélectionnez le nom de la table

Cliquez sur ce bouton dans la barre d'outils.

- Placez le curseur dans la ligne du champ à indexer
- Cliquez dans la zone <Indexé> dans la partie inférieure du dialogue
- Cliquez sur la flèche à l'extrémité droite de cette zone et sélectionnez *Oui - Avec doublons* ou *Oui - Sans doublons* ou *Non* pour supprimer un index
- *Fichier/Fermer*, ou appuyer sur Ctrl-F4
- Un message propose d'enregistrer les modifications apportées à la table : cliquez sur «Oui»

3 - CRÉER UN INDEX MULTICHAMP

- Dans la barre de navigation de la fenêtre Base de données, cliquez sur *Tables*
- Sélectionnez le nom de la table

Cliquez sur ce bouton dans la barre d'outils.

Cliquez sur ce bouton dans la barre d'outils, ou *Affichage/Index*.

- Sur la première ligne et dans la colonne <Nom de l'index>, tapez un nom pour l'index
- <Nom de champ> : cliquez sur la flèche et sélectionnez le premier champ de l'index

	Nom de l'index	Nom du champ	Ordre de tri
	NomEtPrenom	CLI_NOM	Croissant
		CLI_PRENOM	Croissant
🔑	PrimaryKey	CLI_ID	Croissant

- Procédez de même dans les lignes suivantes de la même colonne pour indiquer les autres champs de l'index (dix champs au maximum)
- *Fichier/Fermer*, ou appuyez sur Ctrl-F4 ou sur Ctrl-**W**
- Un message propose d'enregistrer les modifications apportées à la table : cliquez sur «Oui»

REQUÊTES SÉLECTION

5

ASSISTANT REQUÊTE

L'assistant *Requête* permet de créer une requête qui liste les données d'une ou de plusieurs tables liées (les tables liées sont vues au chapitre 8) et les affiche dans une feuille de réponse. Seuls les champs choisis apparaîtront. Le résultat de la requête peut être détaillé (tous les enregistrements apparaissent) ou synthétique (seuls des regroupements et leurs sous-totaux s'affichent). L'assistant ne permet pas de préciser des critères : pour cela, il faudra par la suite modifier la requête en mode *Création*.

Dans la barre de navigation de la fenêtre Base de données, cliquez sur *Requêtes*.

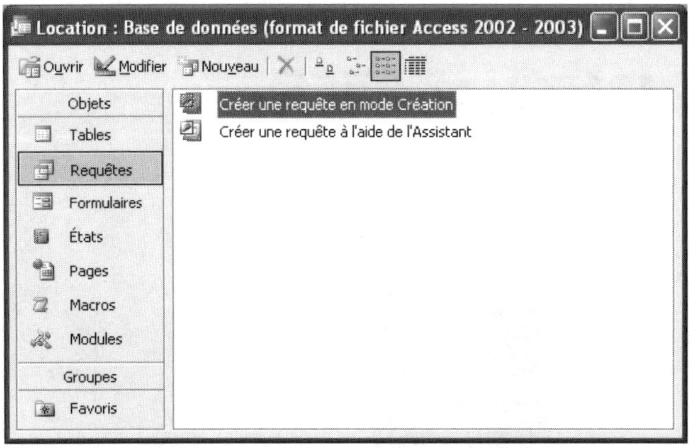

- Double-cliquez sur *Créer une requête à l'aide de l'Assistant*

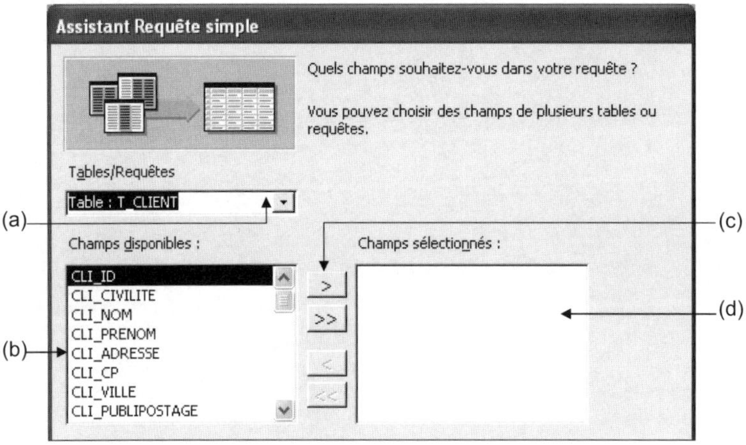

Il s'agit de préciser la table et les champs à afficher.

- Cliquez sur la flèche en (a) et sélectionnez le nom de la table

Puis, pour chaque champ de la table à inclure dans la requête :

- Choisissez le champ en (b), puis cliquez sur le bouton (c) pour transférer ce champ dans la liste (d)

Rôle des autres boutons

>> Récupère tous les champs affichés dans la liste (b).

< Retire le champ sélectionné dans la liste (d).

<< Vide le contenu de la liste (d).

ASSISTANT REQUÊTE

- Une fois que tous les champs ont été définis, cliquez sur «Suivant»

Si, parmi les champs, certains sont de type Numérique, le dialogue suivant s'affiche :

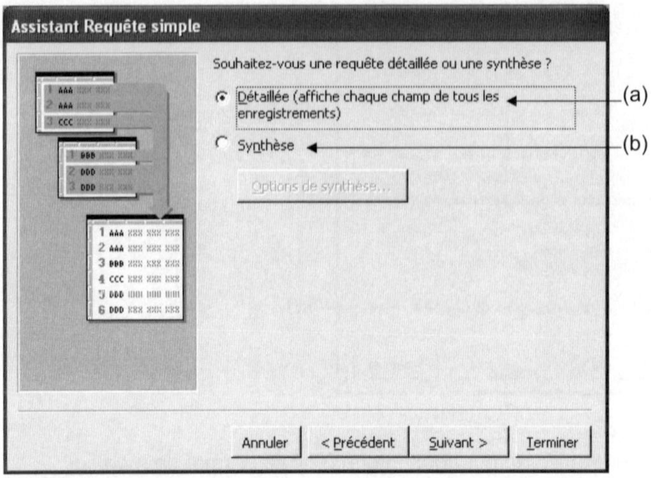

(a) Affiche le contenu de tous les enregistrements.

(b) Pour créer une requête qui effectue des regroupements et des calculs de synthèse (sous-totaux, moyennes, comptage des enregistrements, etc.).

Si vous avez sélectionné la seconde option :

- Cliquez sur «Options de synthèse»

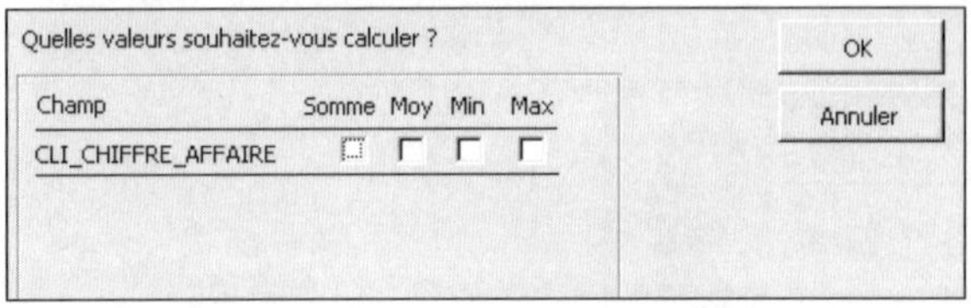

- Cochez l'une des cases pour indiquer le calcul de synthèse souhaité
- Cochez accessoirement ☒*Compter les enregistrements* pour qu'Access compte les enregistrements au sein de chaque regroupement
- Cliquez sur «OK» pour fermer l'écran des options de synthèses
- Cliquez sur «Suivant»

Si vous avez demandé des calculs de synthèse et que certains champs sont du type *Date*, un dialogue s'affiche et vous demande de quelle manière regrouper les enregistrements :

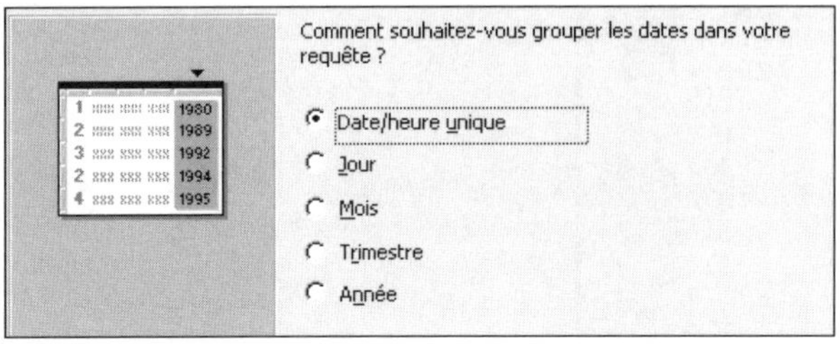

- Cochez l'une des options
- Cliquez sur «Suivant»

ASSISTANT REQUÊTE

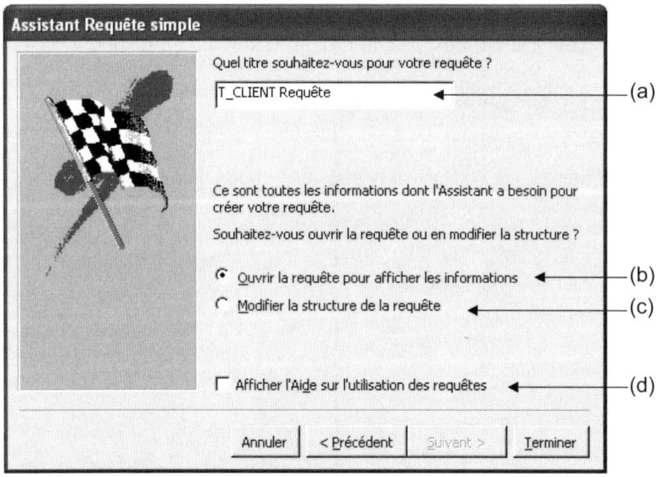

(a) Tapez un nom pour la requête.

(b) Affichera la requête en mode *Feuille de données* : cette fenêtre permet de modifier, ajouter et supprimer des enregistrements.

(c) Affichera la requête en mode *Création* : il s'agit de la fenêtre dans laquelle vous pouvez modifier les caractéristiques de la nouvelle requête.

(d) Permet le démarrage de l'Aide en fin de création de la requête.

- Cliquez sur «Terminer»

Exemple de requête détaillée : on affiche seulement le nom, prénom, ville et chiffre d'affaires.

T_CLIENT Requête : Requête Sélection

Nom	Prénom	Ville	Chiffre d'affaire
RAIMUS	Bernard	ATHIS MONS	113 €
MARTIN	Pascal	PARIS	175 €
BOEUF	Dominique	PARIS	56 €
DAHOMAIS	Irenee	PARIS	179 €
DANIELSSON	Madeleine	PUTEAUX	202 €
GARANGER	Claire	PUTEAUX	126 €
DUMONET	Francoise	VERSAILLES	155 €
FOELL	Fabienne	PARIS	192 €
GUIARD	Corinne	AULNAY SOUS	114 €

Enr : 1 sur 875

Exemple de requête de synthèse : la somme des chiffres d'affaires regroupés par ville.

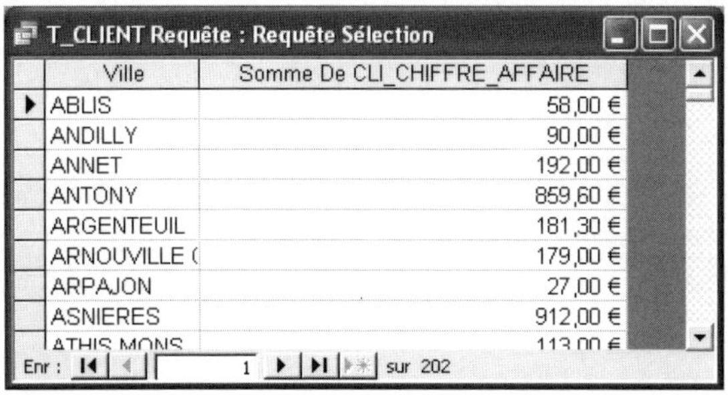

T_CLIENT Requête : Requête Sélection

Ville	Somme De CLI_CHIFFRE_AFFAIRE
ABLIS	58,00 €
ANDILLY	90,00 €
ANNET	192,00 €
ANTONY	859,60 €
ARGENTEUIL	181,30 €
ARNOUVILLE (	179,00 €
ARPAJON	27,00 €
ASNIERES	912,00 €
ATHIS MONS	113,00 €

Enr : 1 sur 202

- *Fichier/Fermer*, ou appuyez sur Ctrl-F4 ou sur Ctrl-**W**

La requête est placée dans la catégorie *Requêtes* de la fenêtre Base de données.

MODE CRÉATION

Le mode *Création* permet de créer une requête Sélection sans passer par l'assistant, ou de réviser les caractéristiques d'une requête créée à l'aide de l'assistant.

- Dans la barre de navigation de la fenêtre Base de données, cliquez sur *Requêtes*
- Double-cliquez sur *Créer une requête en mode Création*

Access affiche un dialogue permettant d'ajouter des tables ou des requêtes :

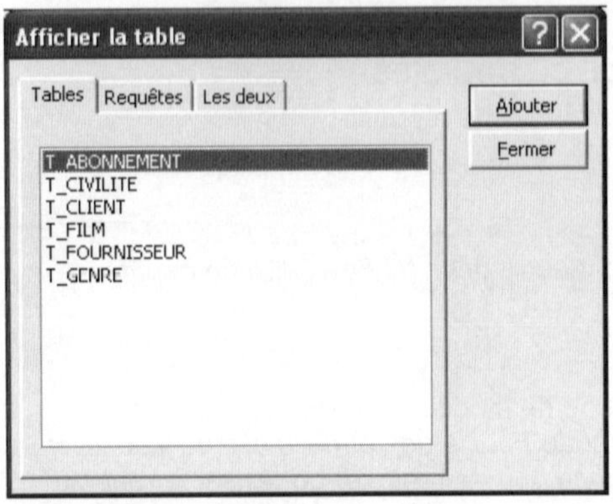

- Cliquez sur l'onglet *Tables*
- Pour chaque table devant figurer dans la requête : sélectionnez son nom et cliquer sur «Ajouter»
- Cliquez sur «Fermer»

La fenêtre de création de requête s'affiche :

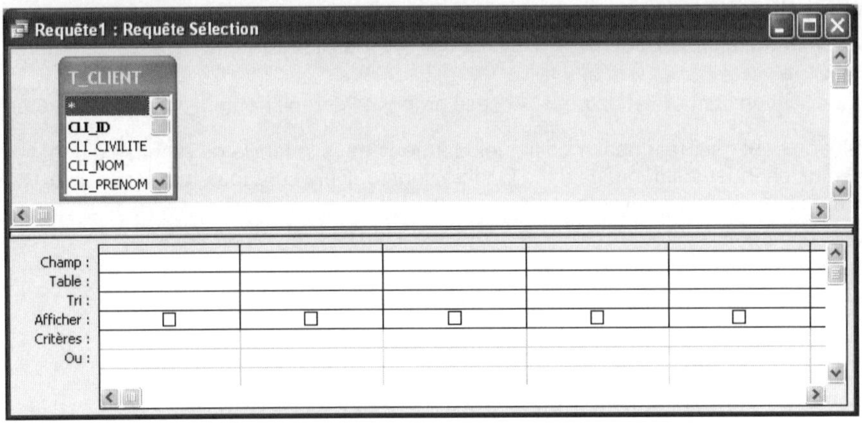

- Précisez les champs à afficher dans la requête (voir pages suivantes)
- Précisez les éventuels critères de la requête (voir pages suivantes)
- Précisez les éventuels tris de la requête (voir pages suivantes)

Cliquez sur ce bouton dans la barre d'outils, ou *Fichier/Enregistrer*, ou appuyez sur Ctrl-**S**.

Un dialogue s'affiche.

- Taper un nom pour la requête
- Cliquer sur «OK»
- *Fichier/Fermer*, ou appuyez sur Ctrl-F4 ou sur Ctrl-**W**

La requête est placée dans la catégorie *Requêtes* de la fenêtre Base de données.

GESTION DES REQUÊTES

1 - OUVRIR UNE REQUÊTE EN MODE CRÉATION

Pour modifier les caractéristiques de la requête : critères, champs à afficher, etc.

- Dans la barre de navigation de la fenêtre Base de données, cliquez sur *Requêtes*
- Sélectionnez le nom de la requête dans la liste

Cliquez sur ce bouton dans la barre d'outils de la fenêtre Base de données.

2 - OUVRIR UNE REQUÊTE EN MODE FEUILLE DE DONNÉES

Pour visualiser le résultat d'une requête dans une feuille de réponse.

- Dans la barre de navigation de la fenêtre Base de données, cliquez sur *Requêtes*
- Sélectionnez le nom de la requête

Cliquez sur ce bouton dans la barre d'outils de la fenêtre Base de données.

3 - ALTERNER ENTRE CES DEUX MODES

Il est très pratique lorsqu'on est en train de créer ou de modifier une requête en mode *Création*, de pouvoir passer immédiatement en mode *Feuille de données* afin de visualiser le résultat, puis de revenir aussi vite en mode *Création* pour enregistrer ou réviser la requête. Utilisez pour cela ces deux boutons à l'extrémité gauche de la barre d'outils :

Passe du mode *Création* au mode *Feuille de données.*

Passe du mode *Feuille de données* au mode *Création.*

4 - FERMER UNE REQUÊTE

- *Fichier/Fermer,* ou appuyez sur Ctrl-F4 ou sur Ctrl-**W**, ou cliquez sur la case de fermeture de la fenêtre
- Si des modifications ont été effectuées, Access propose l'enregistrement : cliquez sur «Oui»

Remarque : on peut généralement modifier les données dans la feuille de réponse d'une requête afin de changer les données dans la table source. Cela sera toutefois impossible dans plusieurs cas, dont les suivants :

- La requête comporte des totaux (somme, moyenne...) et des regroupements.
- La requête est de type *Analyse croisée.*
- La requête a la valeur *Oui* dans sa propriété <Valeurs distinctes>.

5 - RENOMMER UNE REQUÊTE

- Sélectionnez le nom de la requête dans la fenêtre *Base de données* et appuyez F2
- Saisissez le nouveau nom et appuyez sur ↵ pour valider

6 - COPIER UNE REQUÊTE

- Sélectionnez le nom de la requête dans la fenêtre Base de données
- *Edition/Copier*, ou appuyez sur Ctrl-**C**
- *Edition/Coller* ou appuyez sur Ctrl-**V**
- Saisissez le nouveau nom et appuyez sur ↵ pour valider

7 - SUPPRIMER UNE REQUÊTE

- Sélectionnez le nom de la requête dans la fenêtre Base de données
- *Edition/Supprimer*, ou appuyez sur Suppr

MANIPULER LES CHAMPS DANS UNE REQUÊTE

1 - AJOUTER DES CHAMPS DANS UNE REQUÊTE

- Ouvrez la requête en mode *Création*

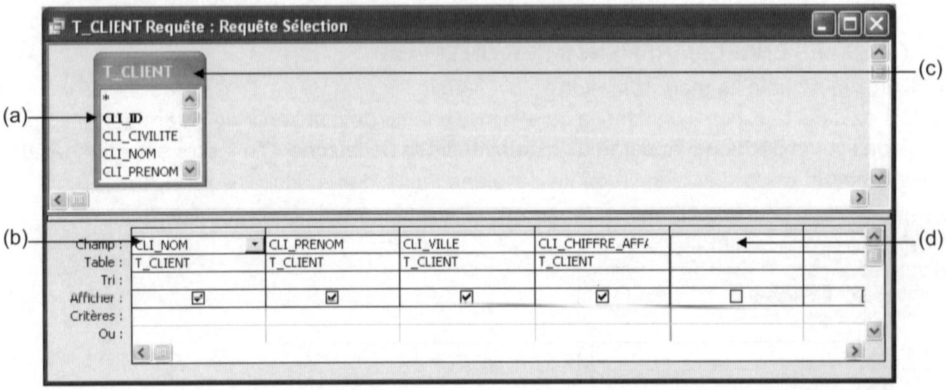

- Double-cliquez en (a) sur le champ à ajouter : son nom apparaît dans la première colonne disponible de la grille (b)

Ou

- Sélectionnez le/les champs en (a) (pour en sélectionner plusieurs, maintenez appuyée la touche Ctrl et cliquez sur chaque champ, ou Double-cliquez en (c) pour tout sélectionner)
- Cliquez dans la sélection et faites glisser sur une cellule de la ligne <Champ> de la grille (b)

Ou

- Cliquez en (d) et choisissez le champ dans la liste déroulante qui apparaît

Ajouter tous les champs en utilisant l'astérisque

- En (a), Double-cliquez sur l'astérisque (*), tout en haut de la liste des champs de la table

L'astérisque (*) représente tous les champs de la table : Access inclura tous les champs dans la feuille de réponse, même si l'on ajoute plus tard d'autres champs dans la table.

2 - MODIFIER L'ORDRE DES CHAMPS

- Cliquez sur le sélecteur de colonne du champ que vous désirez déplacer, et relâchez le bouton de la souris
- Cliquez à nouveau sur le sélecteur de colonne et faites glisser vers la droite ou la gauche

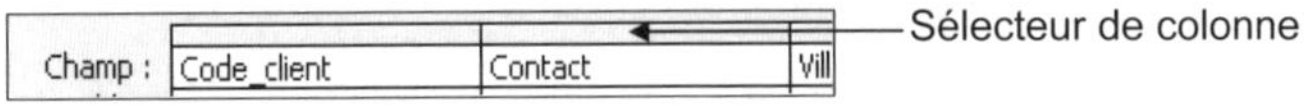

3 - SUPPRIMER UN CHAMP

- Cliquez sur les sélecteurs de colonne du champ (pour en sélectionner plusieurs, sélectionnez le premier, maintenez appuyée la touche ⇧ et sélectionnez les suivants)
- Appuyez sur Suppr, ou *Edition/Supprimer colonnes*

4 - MASQUER UN CHAMP

- Dans la ligne <Afficher>, cliquez sur la case à cocher afin de supprimer la coche dans la colonne du champ que vous désirez masquer

5 - INSÉRER UN CHAMP

- A l'aide du sélecteur de colonne, sélectionnez le champ devant lequel faire l'insertion
- Appuyez sur Inser, ou *Insertion/Colonnes*

TRIS DANS LES REQUÊTES

Les enregistrements contenus dans une requête peuvent être triés dans l'ordre alphabétique ou numérique croissant ou décroissant. Le tri peut porter sur un seul ou plusieurs champs (dix au maximum).

1 - TRIER LES ENREGISTREMENTS SUR UN CHAMP

- Ouvrez la requête en mode *Création*
- Cliquez dans la zone <Tri> dans la colonne du champ devant servir de critère de tri
- Cliquez sur la flèche qui apparaît à l'extrémité droite de la zone <Tri>, puis sélectionnez un sens pour le tri

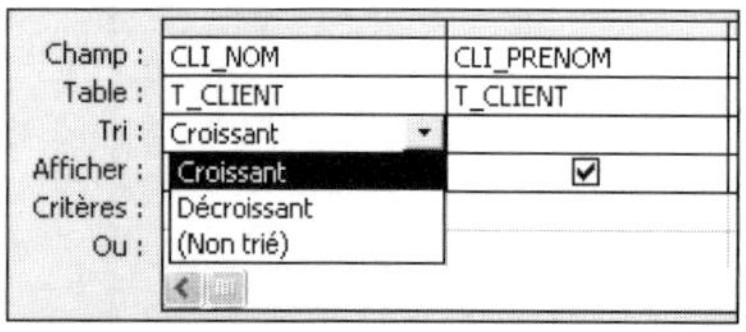

Vous obtenez :

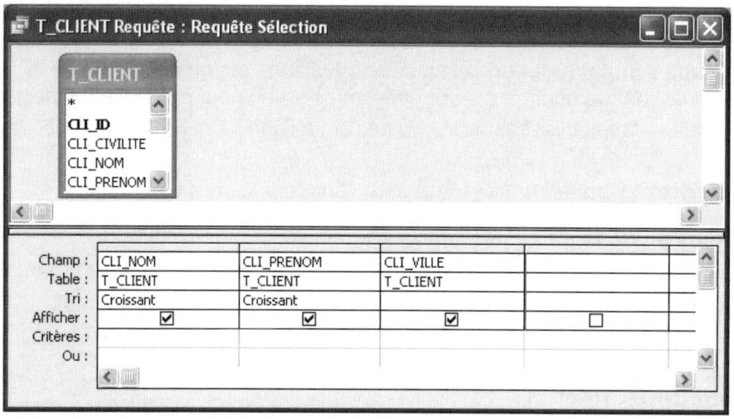

Afficher le résultat

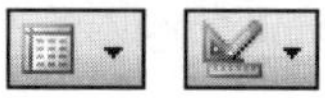

Cliquez sur le premier bouton pour visualiser le résultat en mode *Feuille de données*. Puis, cliquez sur le second pour revenir en mode *Création*.

2 - TRIER LES ENREGISTREMENTS SUR PLUSIEURS CHAMPS

L'ordre de classement des champs dans la grille d'interrogation est important lorsqu'on désire que le tri porte sur plusieurs champs.

En effet, Access trie d'abord le champ <Tri> situé le plus à gauche, puis le champ <Tri> situé immédiatement à sa droite, et ainsi de suite.

Par exemple, pour trier d'abord le champ *Date*, puis le champ *Société*, le champ *Date* doit se trouver à gauche du champ *Société* dans la grille.

Pour modifier l'ordre de tri, il est alors nécessaire de déplacer les colonnes dans la grille.

3 - SUPPRIMER UN TRI

- Cliquez sur la zone <Tri> sous le champ sélectionné comme critère pour le tri
- Cliquez sur la flèche à l'extrémité droite de la zone
- Cliquez sur *(Non trié)* dans la liste

CRITÈRES DANS UNE REQUÊTE

Pour qu'une requête sélection n'affiche que certains enregistrements de la table, il est nécessaire de définir des critères.

1 - SAISIR UN CRITÈRE

- Créez la requête et ouvrez-la en mode *Création*
- Ajoutez les champs à afficher dans la feuille de réponse ainsi que ceux sur lesquels portent les critères

Définir un critère

- Placez le curseur dans la zone <Critères>, dans la colonne du champ
- Tapez le critère

Par exemple, pour obtenir les clients parisiens :

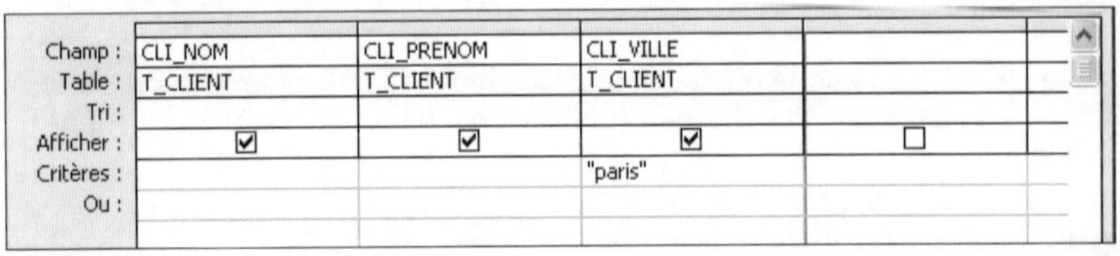

Access ne fait aucune distinction majuscule/minuscule. "paris", "Paris" et "PARIS" sont équivalents.

Définir un critère supplémentaire

Critère s'ajoutant au précédent avec la notion de ET :

- Procédez comme pour le premier critère, dans une autre colonne

Critère s'ajoutant au précédent avec la notion de OU :

- Saisissez le critère supplémentaire dans la zone <Ou> de la même colonne

Le critère ET a priorité sur le critère OU.

Afficher le résultat

Cliquez sur le premier bouton pour visualiser le résultat en mode *Feuille de données*, sur le deuxième pour revenir en mode *Création.*

2 - SYNTAXE DU CRITÈRE SUIVANT LE TYPE DU CHAMP

Texte	Tapez le mot. Si le critère se compose de plusieurs mots, placez le tout entre guillemets. Après validation, Access ajoutera automatiquement des guillemets autour du texte.
Nombre	Tapez le chiffre sans symbole monétaire ni séparateur de milliers.
Date	Tapez les dates sous la forme *jj/mm/aa*. Après validation, Access ajoutera automatiquement des dièses autour de la date.
Oui/Non	Pour une valeur *Oui*, tapez au choix *Oui/Vrai/Actif/-1*. Pour une valeur *Non*, tapez au choix *Non/Faux/Inactif/0.*

3 - OPÉRATEURS

>	Plus grand que
<	Plus petit que

>=	Supérieur ou égal
<=	Inférieur ou égal
<>	Différent de
Pas	Exclusion
In	Inclusion
Entre	Intervalle
Comme	Précise un modèle utilisant des caractères génériques * et ?
Est Null	Vide
Est Pas Null	Non vide

Il est à noter qu'avec Access une certaine souplesse est autorisée lors de la saisie d'un critère. Par exemple, si vous tapez *Null*, Access 2002 le convertit en *Est Null*. Si vous tapez *P**, Access le convertit en *Comme "P*"*.

4 - EXPRESSIONS

Expression de critères	***Affiche les enregistrements où***
"France"	La valeur est France
Pas "France"	La valeur n'est pas France
In ("France";"Allemagne";"Italie")	La valeur est France, Allemagne ou Italie
"Paris" Ou "Bruxelles"	La valeur est Paris ou Bruxelles
Comme "S*"	La valeur commence par S
<"M"	La valeur commence par la lettre A à L
>="M"	La valeur commence par la lettre M à Z
Entre "M" et "P"	La valeur commence par la lettre M, N ou O, ou est égale à P
100	La valeur est 100
Entre 50 et 60	La valeur est comprise entre 50 et 60
<=20	La valeur est inférieure ou égale à 20
Date()	La date est la date actuelle
>=#01/01/2004#	La date est égale ou postérieure au 01/01/2004
Entre #01/01/2004# Et #31/12/2004#	La date est dans l'année 2004
Pas Est Null	La valeur n'est pas nulle

A noter : Null n'est pas une valeur. On ne peut pas faire = *Null* ou <>*Null*, mais *Est Null* ou *Pas Est Null*

5 - CARACTÈRES GÉNÉRIQUES

Lors de la saisie d'une expression de critère, pour remplacer un caractère ou une séquence de caractères, on peut utiliser des caractères génériques, tels que le point d'interrogation (?), l'astérisque (*) ou le signe dièse (#).

– Un point d'interrogation (?) remplace un caractère alphabétique quelconque.
– Un astérisque (*) remplace un groupe de caractères de taille quelconque.
– Un dièse (#) remplace un chiffre.
– Des crochets [ ] entourent les caractères recherchés s'il existe des variantes.

Un point d'exclamation (!) après le premier crochet indique des caractères à exclure.
Exemples :

Cette recherche	Trouve	Mais ne trouve pas
Gr?s	Gris, Gras, Gros	Grands
Bl*	Blanc, Blé, Bleu	Abri
Gr*s	Gris, Grands, Grappins	Grand, Galopins
1#3	103, 113, 123	1c3
B[ae]lle	Balle, Belle	Bulle
B[a-c]r	Bar, Bbr, Bcr	Bdr, Ber
B[!a-c]r	Bdr, Ber	Bar, Bbr

Dès que vous utilisez un caractère générique, Access ajoute 'Comme' devant.
Par exemple, si vous saisissez *Gr?s*, Access converti le critère en *Comme "Gr?s"*

6 - VARIANTES DANS L'ÉCRITURE DES CRITÈRES

Il existe souvent plusieurs manières d'écrire un même critère.

Ces trois requêtes sont équivalentes :

Champ :	CLI_NOM	CLI_VILLE
Table :	T_CLIENT	T_CLIENT
Tri :		
Afficher :	☑	☑
Critères :	"martin"	"paris" Ou "lyon"
Ou :		

Champ :	CLI_NOM	CLI_VILLE
Table :	T_CLIENT	T_CLIENT
Tri :		
Afficher :	☑	☑
Critères :	"martin"	In ("paris";"lyon")
Ou :		

Champ :	CLI_NOM	CLI_VILLE
Table :	T_CLIENT	T_CLIENT
Tri :		
Afficher :	☑	☑
Critères :	"martin"	"paris"
Ou :	"MARTIN"	"lyon"

De même que ces trois requêtes :

Champ :	CLI_NOM	CLI_CHIFFRE_AFFAIRE
Table :	T_CLIENT	T_CLIENT
Tri :		
Afficher :	☑	☑
Critères :	"martin"	Entre 500 Et 800
Ou :		

Champ :	CLI_NOM	CLI_CHIFFRE_AFFAIRE
Table :	T_CLIENT	T_CLIENT
Tri :		
Afficher :	☑	☑
Critères :	"martin"	>=500 Et <=800
Ou :		

Champ :	CLI_NOM	CLI_CHIFFRE_AFFAIRE	CLI_CHIFFRE_AFFAIRE
Table :	T_CLIENT	T_CLIENT	T_CLIENT
Tri :			
Afficher :	☑	☑	☑
Critères :	"martin"	>=500	<=800
Ou :			

PARAMÈTRES DANS UNE REQUÊTE

Une requête paramétrée est une requête dont un ou plusieurs critères sont spécifiés de façon interactive. Le critère n'est pas définitivement précisé dans la requête : quand on ouvre celle-ci, un dialogue s'affiche et demande à l'utilisateur de saisir le paramètre. Une même requête peut très bien posséder plusieurs paramètres.

Exemple de paramètre réclamé par Access lors du lancement d'une requête paramétrée :

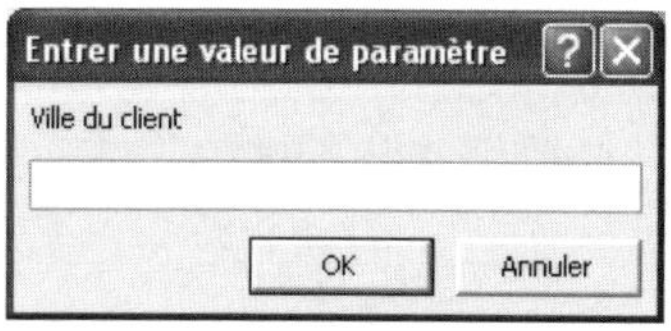

- Ouvrez la requête en mode *Création*
- Sur la ligne <Critères> du champ paramétré, tapez entre crochets le message à afficher

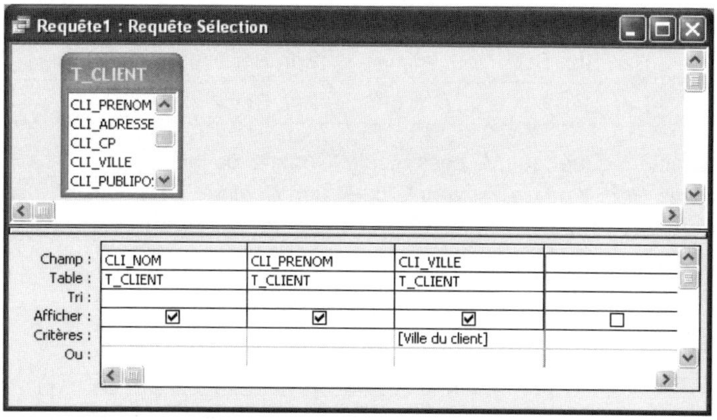

Vous pouvez en plus faire une vérification du type de données saisies (être sûr qu'on ne saisit pas du texte alors qu'on attend une date, par exemple)

- *Requête/Paramètres*

- Retapez en (a), sans crochets, le message que vous avez saisi préalablement sur la ligne <Critères>. Le copier-coller est possible
- Sélectionnez ou tapez en (b) le type de données du paramètre. En principe, il s'agit du même type que celui affecté au champ
- Ajoutez d'autres messages et sélectionnez d'autres types de données pour les paramètres de la requête si celle-ci en contient plusieurs
- Cliquer sur «OK»

CHAMPS CALCULÉS DANS UNE REQUÊTE

Un champ de la requête peut être une expression calculée basée sur le contenu d'un ou de plusieurs autres champs de la table. On peut par exemple afficher un montant TTC dans la feuille de réponse alors que c'est le montant HT qui est enregistré dans la table.

1 - CRÉER UN CHAMP CALCULÉ

- Ouvrez la requête en mode *Création*
- Tapez l'expression de calcul dans une cellule de la ligne <Champ>

Vous pouvez utiliser les opérateurs usuels (+, -, * et /). Access met automatiquement les noms des champs entre crochets.

- Appuyez sur ↵ pour valider

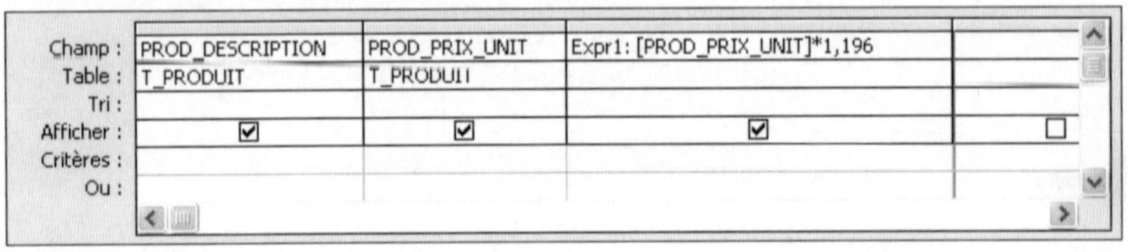

Access fait automatiquement précéder l'expression par le terme *ExprN*. Dans ce nom, *N* correspond à un nombre entier augmenté d'une unité pour chaque nouveau champ calculé (*Expr1*, puis *Expr2*, *Expr3*, ...)

Renommer un champ calculé

On peut remplacer le nom par défaut (Expr1, Expr2...) par un nom plus significatif.

- Tapez ce nom suivi de deux points avant l'expression, à la place de *Expr1*

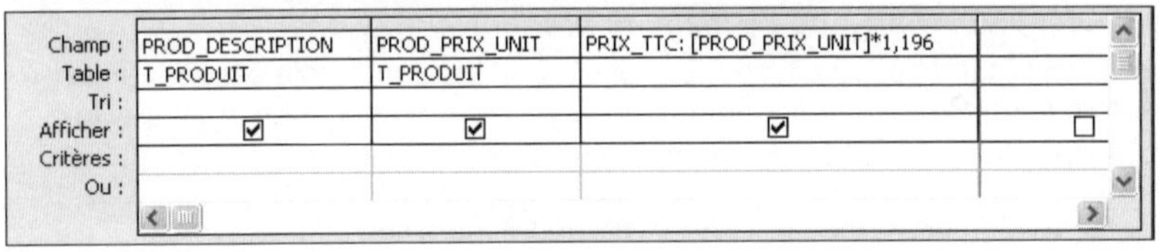

Mise en forme d'un champ calculé

Par exemple, pour donner le format monétaire à un champ calculé.

- Clic-droit dans la colonne du champ à formater, puis cliquez sur *Propriétés*

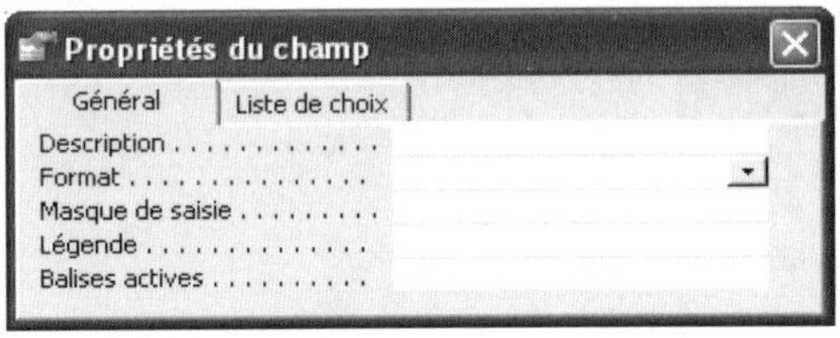

- Cliquez dans la zone <Format>
- Cliquez sur la flèche à l'extrémité droite de cette zone et sélectionnez un format prédéfini (disponible uniquement pour les types de données numérique et monétaire) ou saisissez votre propre format
- Cliquez sur la case de fermeture du dialogue des propriétés

Afficher le résultat

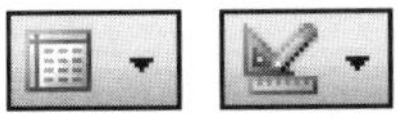

Cliquez sur le premier bouton pour visualiser le résultat. Puis, cliquez sur le second pour revenir en mode *Création*.

CHAMPS CALCULÉS DANS UNE REQUÊTE

2 - UTILISER LE GÉNÉRATEUR D'EXPRESSION

Le générateur d'expression facilite l'écriture de formules en proposant les fonctions et éléments disponibles.

- Ouvrez la requête en mode *Création*
- Positionnez-vous dans la ligne <Champ> à l'endroit où insérer la formule

 Cliquez sur ce bouton pour appeler le générateur d'expression.

- Choisissez en (c) les termes à utiliser et en (b) les opérateurs. Le résultat apparaît en (a)

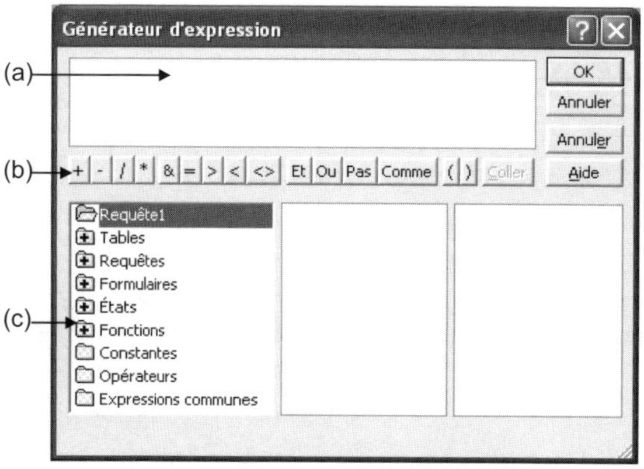

- Une fois l'expression terminée, cliquez sur «OK»

Exemple : combinaison du nom et de l'initiale du prénom

- Ouvrez la requête en mode *Création*. Cette requête doit utiliser une table possédant un champ *Nom* et un champ *Prénom* (dans notre exemple, il s'agit de la table T_CLIENT)
- Positionnez-vous dans la ligne <Champ>, dans la première colonne vide

 Cliquez sur ce bouton pour appeler le générateur d'expression.

- Double-cliquez sur *Tables* en (a)
- Cliquez sur *Client* en (a)
- Cliquez sur *Nom* en (b)
- Double-cliquez sur *Valeur* en (c)

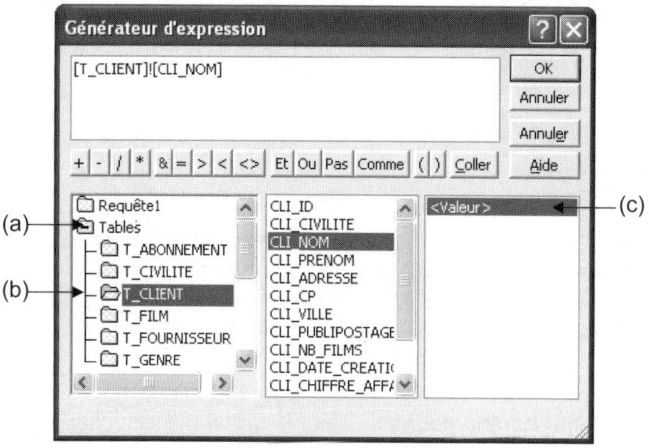

CHAMPS CALCULÉS DANS UNE REQUÊTE

- Dans la liste des opérateurs, cliquez sur le bouton «&». L'opérateur & est l'opérateur de concaténation, qui permet d'ajouter un texte à un autre
- Tapez *" "* (guillemet - espace - guillemet) pour insérer un espace entre le nom et le prénom (tous les textes doivent être tapés entre guillemets)
- Dans la liste des opérateurs, cliquez sur le bouton «&»

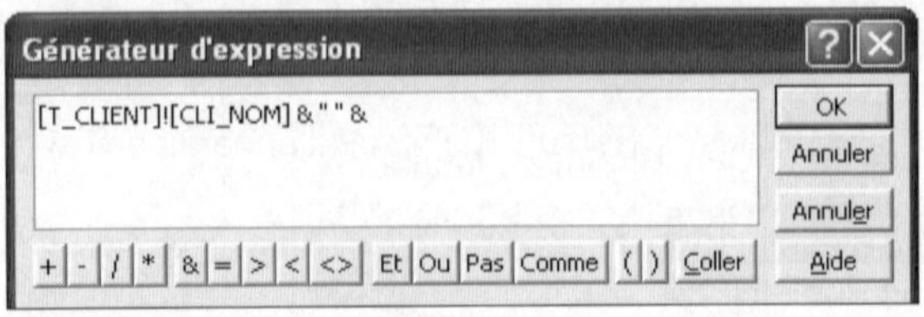

- Double-cliquez sur *Fonctions* en (a)
- Cliquez sur *Fonctions intégrées* en (a)
- Cliquez sur *Texte* en (b) (utilisez la barre de défilement vertical)
- Double-cliquez sur *Gauche* en (c) (utilisez la barre de défilement vertical)

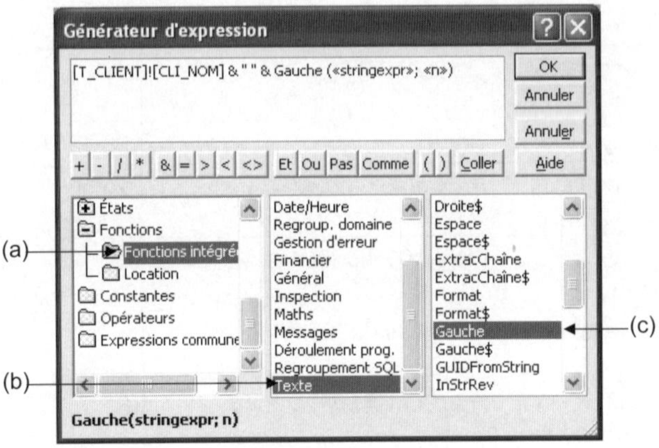

- Dans la partie supérieure, cliquez sur le terme *«stringexpr»* pour le sélectionner
- Tapez le nom du champ contenant le prénom du client. Attention à l'orthographe ! Vous auriez d'ailleurs pu sélectionner le prénom comme le nom (voir ci-dessus)
- Dans la partie supérieure du dialogue, cliquez sur le terme *«n»* pour le sélectionner
- Tapez *1*

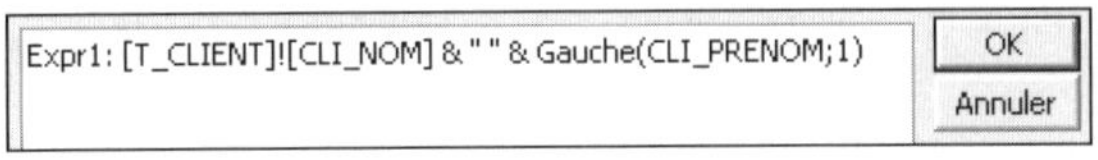

- Cliquez sur «OK»

La formule est copiée dans la colonne sélectionnée. A noter : indiquer [T_CLIENT].[CLI_PRENOM] ou simplement [CLI_PRENOM] revient au même pour la requête.

3 - ÉCRIRE UNE EXPRESSION SOI-MÊME À L'AIDE DES FONCTIONS

Fonctions usuelles

Les exemples suivants sont donnés avec des valeurs fixes. Vous pouvez remplacer ces valeurs par des noms de champs. Ainsi, *Gauche("Alain", 2)* peut être remplacé par *Gauche([Prenom], 2)*.

CHAMPS CALCULÉS DANS UNE REQUÊTE

Fonction	Retourne	Exemple	Résultat
Gauche(T, N)	Les N caractères les plus à gauche du texte T	Gauche("Alain";2)	"Al"
ExtractChaîne(T;N1;N2)	Les N2 caractères du texte T à partir du N2ième	ExtractChaîne("Durant";3;2)	"ra"
DansChaîne(Pos;T1;T2)	Donne la position du texte T2 dans le texte T1, à partir de la position Pos	DansChaîne(1;"tralala";"la") DansChaîne(5;"tralala";"la")	4 6
NbCar(T)	Nombre de caractères	NbCar("Monsieur")	8
SupprEspace(T)	Le texte T, moins les caractères espace à droite et à gauche	SupprEspace(" Jean Pierre ")	"Jean Pierre"
Ent(N)	La partie entière de N	Ent(123,85)	123
Date()	La date système	Date()	03/12/2004
Année(D)	L'année de la date D	Année(#03/12/2004#)	2004
Mois(D)	Le mois de la date D	Mois(#03/12/2004#)	12
Jour(D)	Le jour de la date D	Jour(#03/12/2004#)	3
JourSem(D)	Le numéro du jour de la semaine de la date D	JourSem(#03/12/2004#)	6 (vendredi)
SérieDate(A;M;J)	Convertit l'année A, le mois M, le jour J en date	SérieDate(2004;12;3)	03/12/2004

Fonctions complexes

- EstNull retourne VRAI si le paramètre est Null. Souvent utilisé avec VraiFaux.
- VraiFaux permet de faire un choix.
- Choisir permet de choisir parmi une liste.

Ainsi,

- VraiFaux([Sexe]="M"; "Masculin"; "Féminin") retourne "Masculin" si le champ <Sexe> est égal à "M", et retourne "Féminin" dans les autres cas.
- VraiFaux(EstNull([Ville]);"(inconnu)";[Ville] retourne "(inconnu)" si le champ <Ville> est nul, et retourne le contenu de <Ville> sinon
- Choisir([Civilite];"Monsieur";"Madame";"Mademoiselle") retourne "Monsieur" si le champ <Civilite> est égal à 1, "Madame" si <Civilite> est égal à 2, et "Mademoiselle" si <Civilite> est égal à 3.

REGROUPEMENTS ET OPÉRATIONS

Les requêtes *Sélection* permettent de réaliser des regroupements et des calculs sur tout ou partie des enregistrements. Au lieu d'avoir tous les enregistrements affichés, on obtient une synthèse sur le champ le plus à gauche.

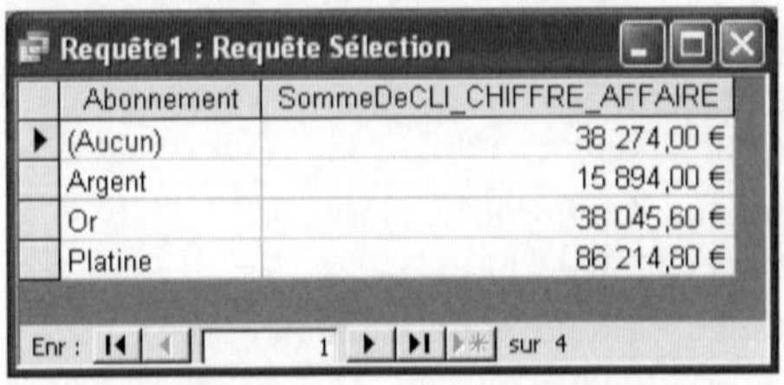

1 - OPÉRATION SUR LES ENREGISTREMENTS

- Ouvrez la requête en mode *Création*
- Ajoutez les champs sur lesquels porteront les opérations dans la grille de création. La majorité des requêtes regroupement utilisent seulement un ou deux champs

 Cliquez sur ce bouton dans la barre d'outils, ou *Affichage/Totaux*.

Access ajoute la ligne <Opération> dans la grille et sous chaque champ de la requête apparaît le terme *Regroupement*. Pour chaque champ pour lequel on veut un calcul de synthèse :

- Cliquez dans la zone <Opération>
- Cliquez sur la flèche à l'extrémité droite de la zone et sélectionnez une opération

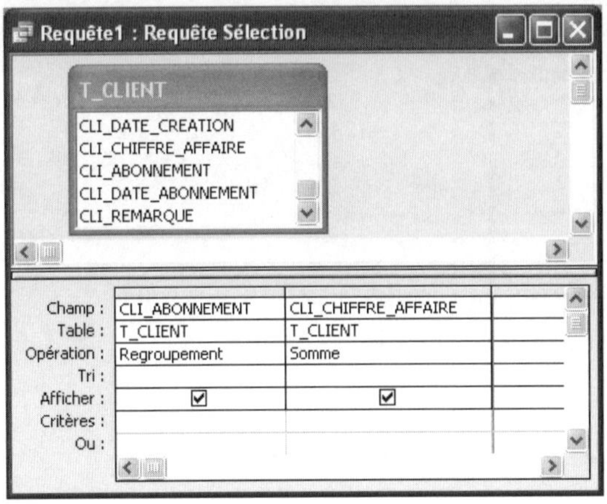

Opérateurs disponibles

Somme	La somme des valeurs d'un champ	Numérique, Date/Heure, Monétaire, NuméroAuto, Oui/Non
Moyenne	La moyenne des valeurs d'un champ	Numérique, Date/Heure, Monétaire, NuméroAuto, Oui/Non
Min	La valeur minimale d'un champ	Texte, Numérique, Date/Heure, Monétaire, NuméroAuto, Oui/Non
Max	La valeur maximale d'un champ	Texte, Numérique, Date/Heure, Monétaire, NuméroAuto, Oui/Non

Compte	Le nombre de valeurs non vides dans un champ	Texte, Mémo, Numérique, Date/Heure, Monétaire, NuméroAuto, Oui/Non, Objet OLE
Premier	La première valeur d'un champ	Texte, Mémo, Numérique, Date/Heure, Monétaire, NuméroAuto, Oui/Non, Objet OLE
Dernier	La dernière valeur d'un champ	Texte, Mémo, Numérique, Date/Heure, Monétaire, NuméroAuto, Oui/Non, Objet OLE
Écartype	L'écart type des valeurs d'un champ	Numérique, Date/Heure, Monétaire, NuméroAuto, Oui/Non
Var	La variance des valeurs d'un champ	Numérique, Date/Heure, Monétaire, NuméroAuto, Oui/Non

2 - OPÉRATION CUMULÉE AVEC UN CRITÈRE

Pour que le calcul ne se fasse que sur une partie des enregistrements de la table.

Si le champ sur lequel porte le critère est un regroupement

- Tapez le critère dans la zone <Critères>

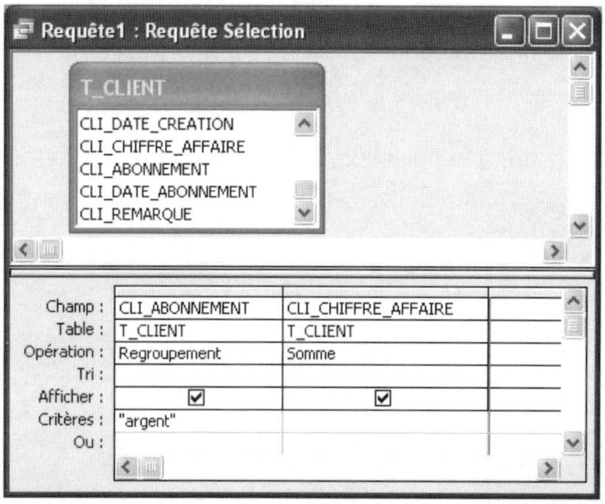

Si le champ sur lequel porte le critère n'apparaît pas dans la grille

- Ajoutez le champ dans la grille
- Dans sa colonne et dans la zone <Opération>, sélectionnez <Où>

La case de la ligne <Afficher> est automatiquement décochée.

- Tapez le critère dans la zone <Critères>

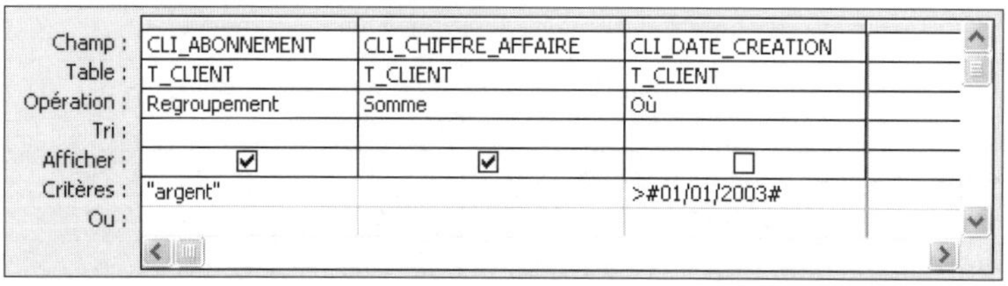

Afficher le résultat

Cliquez sur le premier bouton pour visualiser le résultat en mode *Feuille de données*. Puis, cliquez sur le second pour revenir en mode *Création*.

LES FORMULAIRES

6

CRÉER UN FORMULAIRE

Un formulaire est un masque permettant de saisir et de modifier les données d'une table ou d'une feuille de réponse plus efficacement qu'avec la présentation en feuille de données.

En effet, un formulaire permet de vérifier les valeurs saisies, d'afficher des champs calculés, d'incorporer des graphiques, de mettre en valeur les données avec des polices spéciales, des couleurs, des effets d'ombre. Dans un formulaire, tous les objets susceptibles d'y apparaître (zones de saisies, étiquettes, ...) sont appelés contrôles.

Pour créer un formulaire, trois méthodes sont disponibles : créer un formulaire instantané, utiliser l'assistant *Formulaire*, ou composer un formulaire de toutes pièces en mode *Création*.

1 - FORMULAIRE INSTANTANÉ

Le formulaire instantané crée très rapidement un formulaire incluant tous les champs de la table ou de la requête sélectionnée.

Méthode 1

- Dans la fenêtre Base de données, cliquez sur *Tables* ou sur *Requêtes*
- Sélectionnez la table ou la requête sur laquelle sera fondé le formulaire

Cliquez sur la flèche associée à ce bouton dans la barre d'outils, puis sélectionnez *Formulaire instantané*, ou *Insertion/Formulaire instantané*.

Après quelques secondes un formulaire de type *Colonne simple* apparaît :

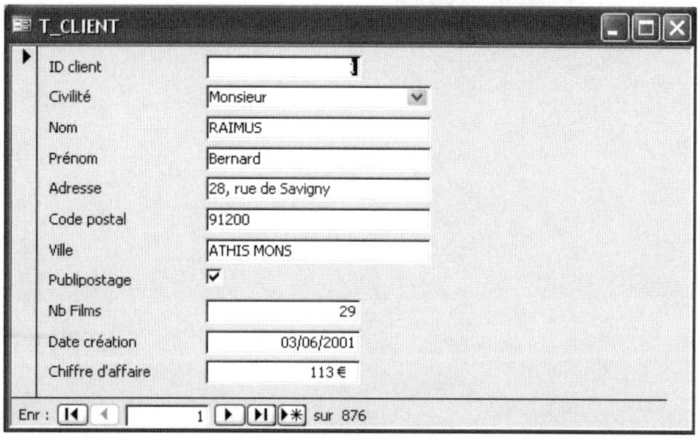

La partie inférieure du formulaire comporte des outils permettant, en mode *Formulaire*, de changer l'enregistrement affiché :

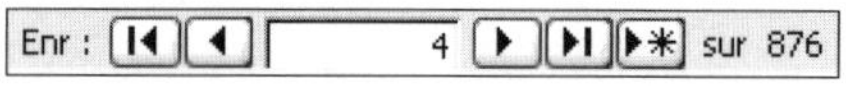

(a) (b) (c) (d) (e) (f) (g)

(a) Premier enregistrement.
(b) Enregistrement précédent.
(c) Position de l'enregistrement courant.
(d) Enregistrement suivant.
(e) Dernier enregistrement.
(f) Créer un nouvel enregistrement.
(g) Nombre total d'enregistrements.

Pour terminer :

Cliquez sur ce bouton dans la barre d'outils, ou *Fichier/Enregistrer*, ou appuyez sur Ctrl-**S**.

- Tapez un nom pour ce formulaire
- Cliquez sur «OK»
- *Fichier/Fermer*, ou appuyez sur Ctrl-**W** ou sur Ctrl-F4

CRÉER UN FORMULAIRE

Méthode 2

On peut également utiliser un assistant qui propose cinq types de formulaires instantanés :

- Le formulaire instantané *Colonnes* dans lequel les libellés des champs de la table sont affichés les uns en dessous des autres dans une seule colonne. Ce formulaire affiche à l'écran un enregistrement à la fois.
- Le formulaire instantané *Tableau* dans lequel les champs sont affichés en colonnes et qui permet de visualiser plusieurs enregistrements les uns en dessous des autres.
- Le formulaire instantané *Feuille de données* qui affiche les données sous forme de lignes/colonnes, semblable au mode grille de saisie d'une table.
- Le formulaire instantané *Tableau croisé dynamique* qui propose d'afficher les données sous forme d'un tableau croisé. Ce type de formulaire est présenté au chapitre 11.
- Le formulaire instantané *Graphique croisé dynamique* qui affiche le résultat d'un tableau croisé sous forme graphique. Ce type de formulaire est présenté au chapitre 11.

• Dans la barre de navigation de la fenêtre Base de données, cliquez sur *Formulaires*

Cliquez sur ce bouton dans la barre d'outils de la fenêtre Base de données.

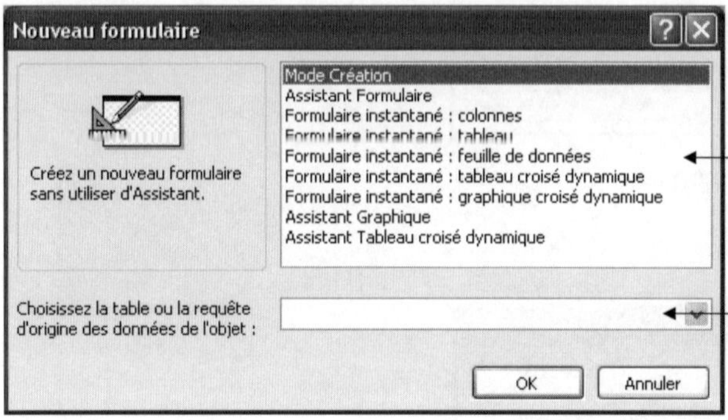

• Sélectionnez en (a) un type de formulaire instantané
• Sélectionnez en (b) le nom de la table ou de la requête à laquelle lier le formulaire
• Cliquez sur «OK»

Access crée et affiche le formulaire (ici un formulaire de type *Tableau*) :

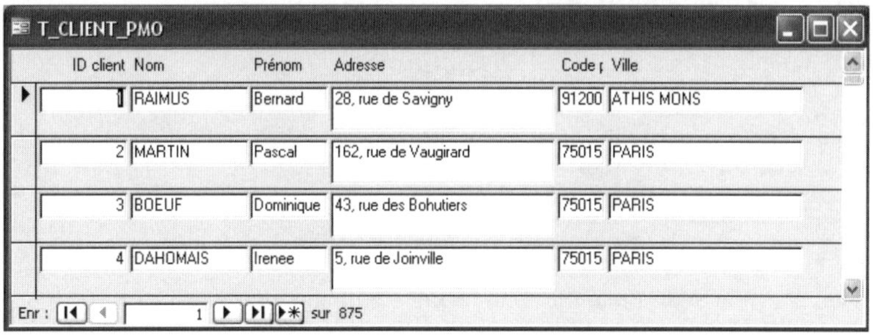

Pour terminer :

Cliquez sur ce bouton dans la barre d'outils, ou *Fichier/Enregistrer*, ou appuyez sur Ctrl-**S**.

• Tapez un nom pour le formulaire
• Cliquez sur «OK»
• *Fichier/Fermer*, ou appuyez sur Ctrl-**W** ou sur Ctrl-F4

CRÉER UN FORMULAIRE

2 - L'ASSISTANT FORMULAIRE

L'assistant *Formulaire* permet de créer rapidement un formulaire simple affichant tous les champs et enregistrements d'une table ou d'une requête.

- Dans la barre de navigation de la fenêtre Base de données, cliquez sur *Formulaires*

Double-cliquez sur ce lien.

Ou

Cliquez sur ce bouton dans la barre d'outils de la fenêtre Base de données.

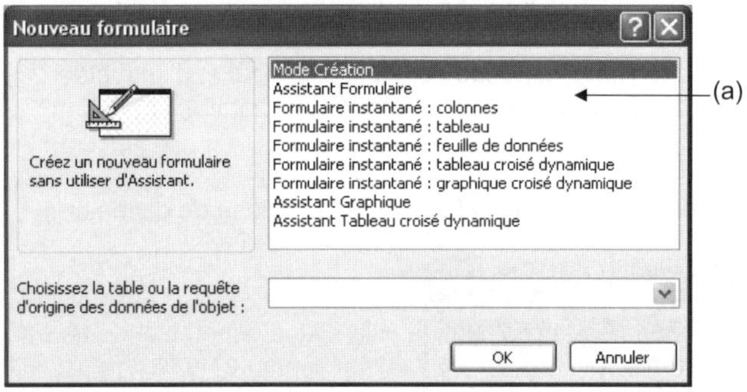

- Sélectionnez *Assistant Formulaire* en (a)
- Cliquez sur «OK»

Puis,

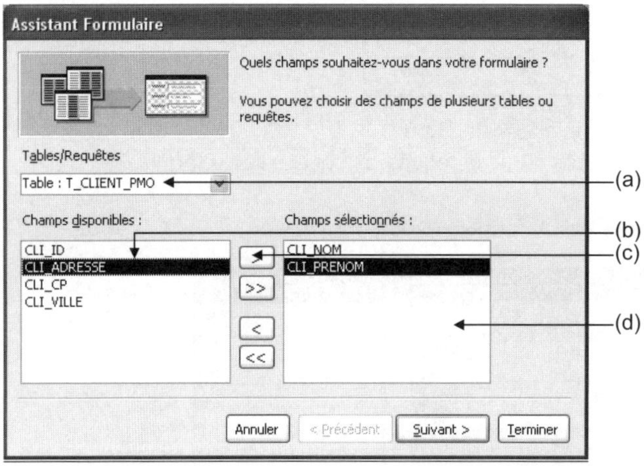

- En (a), sélectionnez le nom de la table ou de la requête qui sert de base au formulaire

En (b) apparaissent les champs de la table ou de la requête sélectionnée.

- Double-cliquez sur chacun des champs devant apparaître dans le formulaire, ou cliquez sur la flèche (c) pour copier le champ sélectionné en (d)
- Pour utiliser d'autres tables, sélectionnez en (a) la table suivante, et recommencez
- Cliquez sur «Suivant»
- Sélectionnez un type de présentation pour le formulaire
- Cliquez sur «Suivant»
- Sélectionnez une illustration pour le style et le fond du formulaire

CRÉER UN FORMULAIRE

- Cliquez sur «Suivant»
- Tapez un titre pour le formulaire. Ce nom sera aussi utilisé comme nom pour le formulaire
- Cliquez sur «Terminer»

Le formulaire apparaît :

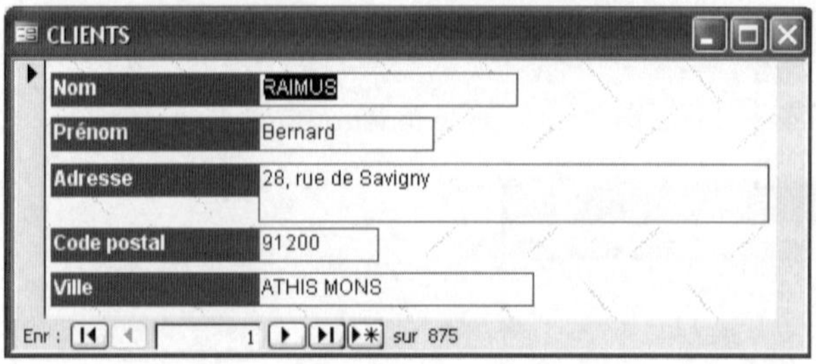

- *Fichier/Fermer*, ou appuyez sur Ctrl-**W** ou sur Ctrl-F4

3 - FORMULAIRE VIERGE

Si l'utilisation d'un assistant reste la méthode la plus simple, elle risque cependant de ne pas produire exactement le résultat escompté. Si l'on veut concevoir soi-même un formulaire, il faut créer un formulaire vierge puis y ajouter les contrôles dont on a besoin.

- Dans la barre de navigation de la fenêtre Base de données, cliquez sur *Formulaires*

Cliquez sur ce bouton dans la barre d'outils de la fenêtre Base de données.

- Dans la partie inférieure du dialogue, sélectionnez la table ou la requête contenant les données à afficher dans le formulaire
- Au-dessus, sélectionnez *Mode Création*
- Cliquez sur «OK»

Access affiche le formulaire en mode *Création*, ainsi que la liste des champs et la *boîte à outils*. Il ne reste plus qu'à insérer les contrôles de votre choix (voir pages suivantes).

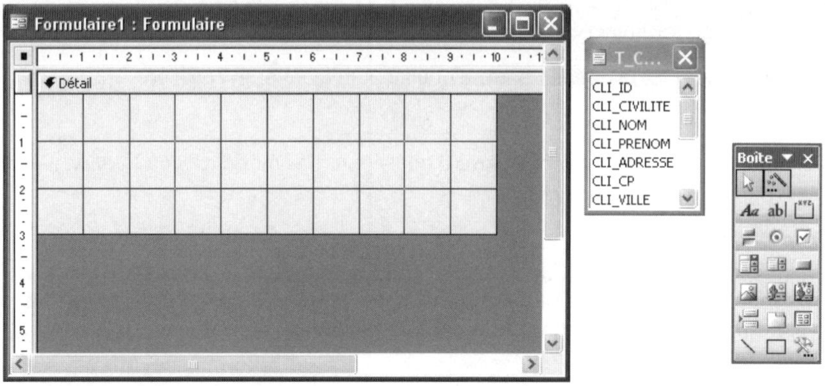

Pour terminer :

Cliquez sur ce bouton dans la barre d'outils, ou *Fichier/Enregistrer*, ou appuyez sur Ctrl-**S**.

- Tapez un nom pour le formulaire
- Cliquez sur «OK»
- *Fichier/Fermer*, ou appuyez sur Ctrl-**W** ou sur Ctrl-F4

GESTION DES FORMULAIRES

1 - ENREGISTRER UN FORMULAIRE

Cliquez sur ce bouton dans la barre d'outils, ou *Fichier/Enregistrer*, ou appuyez sur Ctrl-**S**.

Si l'on enregistre le formulaire pour la première fois, Access demande de lui donner un nom :

- Tapez un nom
- Cliquez sur «OK»

2 - FERMER UN FORMULAIRE

- *Fichier/Fermer,* ou cliquez sur la case de fermeture de la fenêtre de l'état, ou appuyez sur Ctrl-**W** ou sur Ctrl-F4

Si le formulaire a été modifié, Access affiche un message :

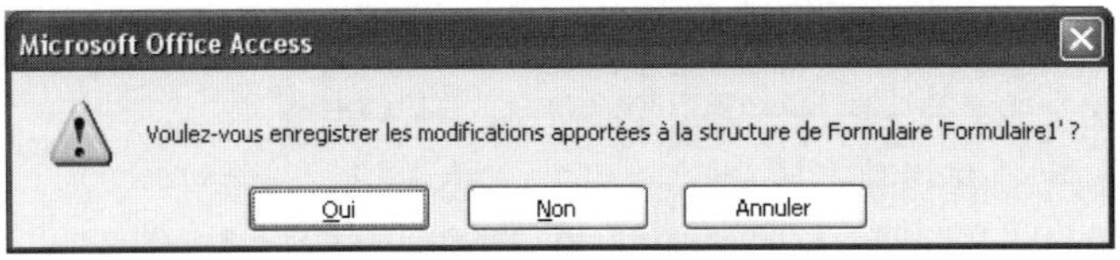

– «Oui» : enregistre le formulaire et le ferme.
– «Non» : abandonne les dernières modifications et ferme le formulaire.
– «Annuler» : retourne au formulaire sans rien faire.

3 - OUVRIR UN FORMULAIRE

Dans la fenêtre Base de données, cliquez sur *Formulaires.*

- Sélectionnez le nom du formulaire

Cliquez sur ce bouton dans la barre d'outils pour l'afficher et l'utiliser.

Ou

Cliquez sur ce bouton dans la barre d'outils pour l'ouvrir en mode *Création.*

4 - MODES D'AFFICHAGE

Quand un formulaire est affiché, on peut facilement permuter entre les trois modes (*Création*, *Formulaire* et *Feuille de données*) en cliquant sur la flèche du bouton *Mode* de la barre d'outils et en choisissant un mode dans la liste déroulante, ou en sélectionnant un mode dans le menu *Affichage* :

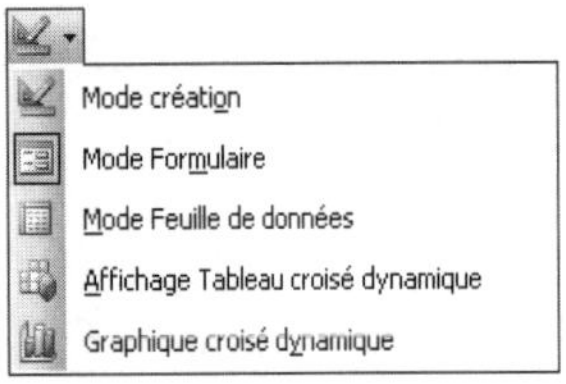

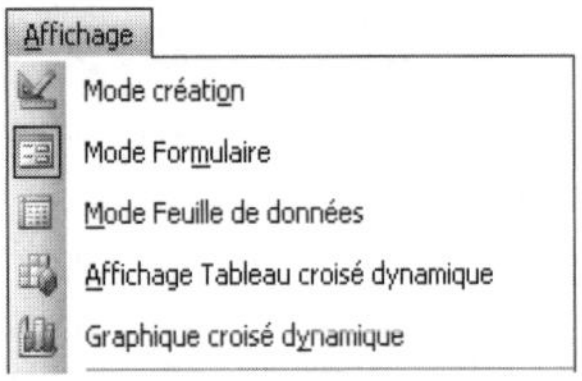

MODE CRÉATION DE FORMULAIRE

Ce mode sert à créer ou à modifier les caractéristiques d'un formulaire. Il permet de :
- Spécifier la table ou la requête source.
- Insérer ou supprimer des contrôles (champs, étiquettes, etc.).
- Choisir les polices, les couleurs et des effets spéciaux.
- Préciser une image ou une texture comme fond.

1 - STRUCTURE D'UN FORMULAIRE

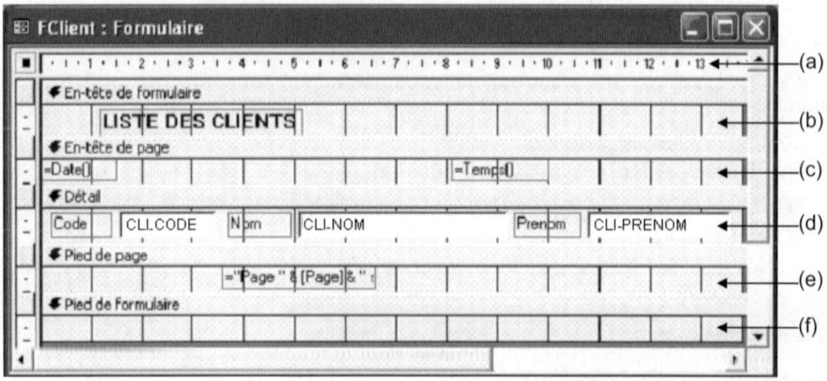

(a) Les règles : elles permettent de positionner les contrôles avec précision et de dimensionner les sections du formulaire. Pour afficher ou masquer les règles, utilisez la commande *Affichage/Règle*.

(b) Section *En-tête de formulaire* : elle contient des informations telles que le titre, la date ou les en-têtes de colonne, qui ne doivent apparaître que dans la partie supérieure de la première page du formulaire.

(c) Section *En-tête de page* : elle contient les informations telles que les en-têtes de colonne qui doivent s'afficher dans la partie supérieure de chaque page du formulaire.

(d) Section *Détail* : partie principale du formulaire, qui contient les champs, les étiquettes et les autres contrôles. Cette section ne peut être supprimée.

(e) Section *Pied de page* : elle contient les informations telles que les numéros de pages, qui doivent s'afficher dans la partie inférieure de chaque page du formulaire.

(f) Section *Pied de formulaire* : elle contient les informations qui ne doivent apparaître que dans la partie inférieure de la dernière page du formulaire.

2 - AFFICHER/MASQUER L'EN-TÊTE ET LE PIED DE FORMULAIRE OU DE PAGE

Les en-têtes/pieds de page ou les en-têtes/pieds de formulaire sont toujours ajoutés et effacés par paires dans un formulaire.

- *Affichage/En-tête/pied de formulaire*, ou *Affichage/En-tête et pied de page*

3 - REDIMENSIONNER UNE SECTION

On peut accroître ou réduire la hauteur de chacune des sections d'un formulaire de façon indépendante. En revanche, la largeur est la même pour tout le formulaire : si on modifie la largeur d'une section, on affecte la largeur de l'ensemble du formulaire.

Modifier la hauteur ou la largeur

- Placez le pointeur sur la limite inférieure ou la limite droite de la section

Il se transforme en une double flèche.

- Cliquez et faites glisser le pointeur

Modifier la hauteur et la largeur

- Placez le pointeur dans l'angle inférieur droit de la section

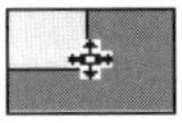

Il se transforme en une croix

- Cliquez et faites glisser le pointeur dans la direction souhaitée pour dimensionner la section

4 - PROPRIÉTÉS D'UNE SECTION

- Cliquez dans l'en-tête de la section

Cliquez sur ce bouton dans la barre d'outils, ou *Affichage/Propriétés*, ou appuyez sur Alt-↵

- Redéfinissez les propriétés de la section
- Cliquez sur la case de fermeture de la fenêtre pour terminer

5 - ORDRE DE TABULATION

Pour modifier l'ordre dans lequel le curseur se déplacera de contrôle en contrôle (les champs de saisie essentiellement).

- *Affichage/Ordre de tabulation*

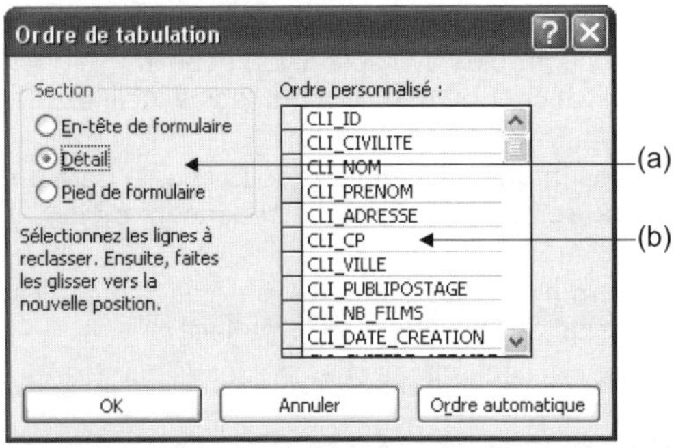

Pour modifier l'ordre d'un champ :

- Sélectionnez une section en (a)
- Cliquez en (b) sur la case grisée précédant le nom du contrôle afin de le sélectionner
- Cliquez à nouveau dessus et faites-le glisser vers le haut ou vers le bas
- Cliquez sur «OK»

Remarque : le bouton «Ordre automatique» permet d'ordonner les contrôles de la gauche vers la droite et du haut vers le bas.

6 - FORMAT AUTOMATIQUE

Pour appliquer au formulaire une mise en forme prédéfinie incluant une image de fond et une mise en forme particulière des contrôles (police, taille des caractères, couleur, attributs, etc.).

- Cliquez sur le sélecteur de formulaire (zone située là où les règles se rejoignent) pour sélectionner le formulaire, ou *Edition/Sélectionner le formulaire*, ou appuyez sur Ctrl-**R**

Sélecteur de formulaire (ici, le formulaire est sélectionné)

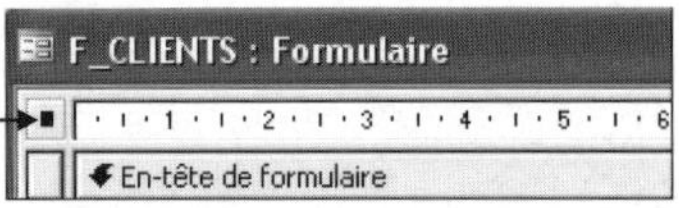

 Cliquez sur ce bouton dans la barre d'outils, ou *Format/Mise en forme automatique*.

- Sélectionnez le nom de l'un des formats prédéfinis
- Cliquez sur «Options»
- Cochez ou décochez les attributs de ce format prédéfinit à appliquer
- Cliquez sur «OK»

Remarque : le bouton «Personnaliser» permet de créer un nouveau format automatique basé sur les caractéristiques du formulaire en cours.

7 - PLACER UNE IMAGE EN ARRIÈRE-PLAN

- Double-cliquez sur le sélecteur de formulaire afin d'afficher ses propriétés
- Cliquez sur l'onglet *Format*
- Cliquez dans la zone <Image>
- Cliquez sur le bouton à l'extrémité droite de cette zone
- <Type de fichier> : sélectionnez un format de fichier graphique
- Sélectionnez un fichier graphique présent sur votre disque dur
- Cliquez sur «OK»
- Cliquez dans la zone <Type image>
- Cliquez sur la flèche et spécifier si l'image doit être intégrée dans le formulaire ou attachée
- Cliquez sur la case de fermeture de la fenêtre des propriétés

8 - COULEUR DU FOND

- Sélectionnez une section en cliquant sur son en-tête

 Cliquez sur ce bouton dans la barre d'outils, ou *Affichage/Propriétés*, ou appuyez sur Alt-↵

- Cliquez sur l'onglet *Format*
- <Couleur fond> : cliquez dans cette zone, puis sur le bouton à son extrémité droite
- Sélectionnez une couleur
- Cliquez sur «OK»
- Cliquez sur la case de fermeture de la fenêtre pour terminer

9 - LA BARRE D'OUTILS

La barre d'outils Création de formulaire

(a) (b) (c) (d) (e) (f) (g) (h) (i) (j) (k) (l) (m) (n) (o) (p) (q) (r) (s) (t) (u)

(a) Mode d'affichage.
(b) Enregistrer.
(c) Rechercher un fichier.
(d) Imprimer.
(e) Aperçu avant impression.
(f) Couper.
(g) Copier.
(h) Coller.
(i) Copier le format.
(j) Annuler.
(k) Refaire.
(l) Insérer un lien hypertexte.
(m) Afficher/Masquer la liste des champs.
(n) Afficher/Masquer la *boîte à outils*.
(o) Format automatique.
(p) Afficher le code.
(q) Propriétés.
(r) Générateur (expressions, macros, code).
(s) Fenêtre Base de données.
(t) Créer un nouvel objet.
(u) Volet Office d'aide.

CONTRÔLES DE BASE

Access appelle contrôle un objet qui affiche une information dans le formulaire.

Généralement, les contrôles sont associés aux champs de la table ou de la requête source, mais d'autres contrôles n'affichent que des informations stockées dans le formulaire, par exemple les titres et les intitulés.

1 - CONTRÔLE DÉPENDANT, INDÉPENDANT ET CALCULÉ

Quel que soit le type du contrôle, il s'agit d'un contrôle dépendant, indépendant ou calculé.

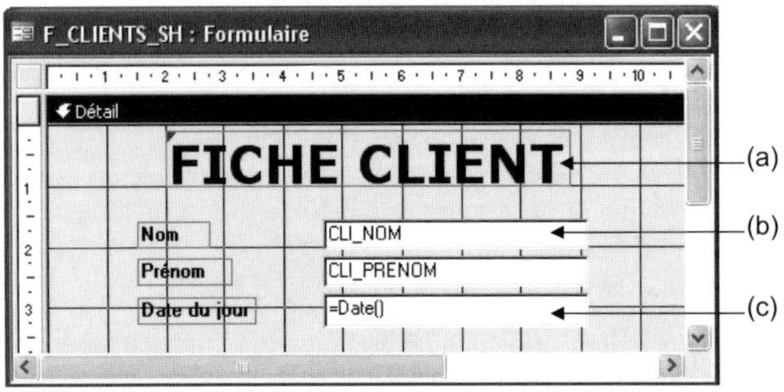

(a) Contrôle indépendant : il sert pour afficher un texte informatif, un trait, un rectangle, une image ou pour saisir des données qui n'ont pas à être stockées dans une table.

(b) Contrôle dépendant : un contrôle dépendant est associé à un champ de la table ou de la requête sur laquelle est basé le formulaire.

(c) Contrôle calculé : il affiche une expression calculée, qui peut combiner des valeurs contenues dans les champs, des fonctions et des constantes.

2 - AJOUTER UN CHAMP

Cliquez sur ce bouton dans la barre d'outils, ou *Affichage/Liste des champs* pour afficher la liste des champs si elle n'apparaît pas déjà.

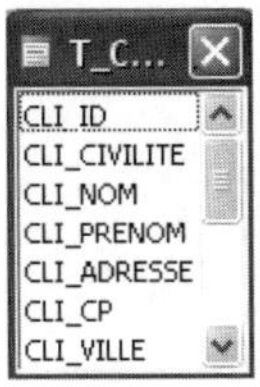

Une liste affiche alors les noms des champs de la table ou de la requête liée au formulaire.

- Dans cette liste, sélectionnez le champ à placer dans le formulaire (pour en sélectionner plusieurs, maintenez la touche Ctrl appuyée et cliquez sur les noms des champs)
- Cliquez dans la sélection et faites glisser à l'endroit du formulaire où placer le/les champs

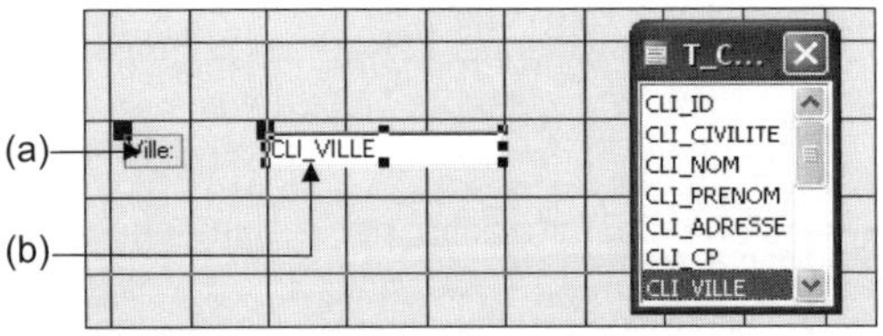

Access insère le champ (b) et le fait précéder d'un intitulé (a). Un champ de type *Oui/Non* apparaîtra sous la forme d'une case à cocher et un champ auquel une liste de choix est associée apparaîtra sous la forme d'une liste. Si une légende a été définie pour le champ, l'intitulé prendra la valeur de cette légende. Sinon, c'est le nom du champ qui apparaîtra.

CONTRÔLES DE BASE

3 - AJOUTER UN INTITULÉ

Les intitulés sont des contrôles indépendants qui servent à afficher des informations descriptives, par exemple des titres, des légendes ou des instructions.

Cliquez sur ce bouton dans la *boîte à outils.*

Pour créer un intitulé qu'Access dimensionne à mesure que l'on tape son contenu

- Cliquez à l'endroit du formulaire où vous voulez que l'intitulé commence
- Tapez le texte de l'intitulé et appuyez sur [↵]

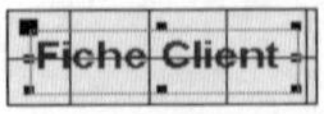

Vous pouvez appuyer sur [Ctrl]-[↵] à la fin de la première ligne de texte pour insérer un retour chariot. Ce dernier définit la largeur de l'intitulé et Access répartit le texte que vous tapez ensuite sur plusieurs lignes.

Pour contrôler la taille de l'intitulé

- Cliquez à l'endroit du formulaire où vous voulez que l'intitulé commence et faites glisser le pointeur jusqu'à ce que l'intitulé ait la taille souhaitée
- Tapez son contenu et appuyez sur [↵]

4 - AJOUTER UN CONTRÔLE CALCULÉ

La valeur d'un contrôle calculé résulte d'une expression que l'on tape. Consultez le chapitre 5 pour plus d'informations à propos du générateur d'expression et des formules. Les noms de champs doivent être placés entre crochets. Exemple d'expression valide utilisant deux champs de la table : *=[Quantite]*[PrixHT]*1,196.*

Cliquez sur ce bouton dans la *boîte à outils.*

- Cliquez et faites glisser le pointeur afin de créer un cadre à l'endroit où vous voulez placer le contrôle

Access crée une zone de texte indépendante et une étiquette pour la zone de texte :

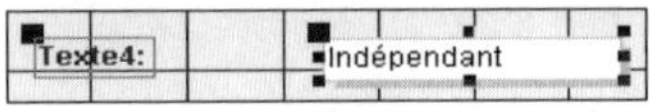

Première méthode

- Cliquez dans la zone de texte
- Tapez l'expression en commençant par le signe égal (=) et appuyez sur [↵]

Deuxième méthode

- Cliquez dans la zone de texte

Cliquez sur ce bouton dans la barre d'outils, ou *Affichage/Propriétés*, ou appuyez sur [Alt]-[↵]

- Cliquez sur l'onglet *Données*
- Dans la zone <Source contrôle>, tapez l'expression en commençant par le signe égal (=)
- Cliquez sur la case de fermeture du dialogue des propriétés

Ou

- Cliquez dans la zone <Source contrôle>
- Cliquez sur les trois points qui apparaissent à l'extrémité droite de la zone

Access lance le générateur d'expression. Son utilisation est similaire à ce qui est décrit dans le chapitre traitant des requêtes (chapitre 5)

Remarque : une erreur classique consiste à utiliser le nom d'un contrôle à la place d'un nom de champ. Si, en mode formulaire, un contrôle affiche le message d'erreur *#Nom*, vérifiez le nom des champs utilisés dans sa formule et le nom des contrôles utilisés dans le formulaire.

5 - AJOUTER LE NUMÉRO DE PAGE

- *Insertion/Numéros de page*
- Sélectionnez un format, une position et un alignement
- Cliquez sur «OK»

Access ajoute un contrôle calculé dans l'en-tête ou le pied de page.

6 - AJOUTER LA DATE OU L'HEURE

- *Insertion/Date et heure*

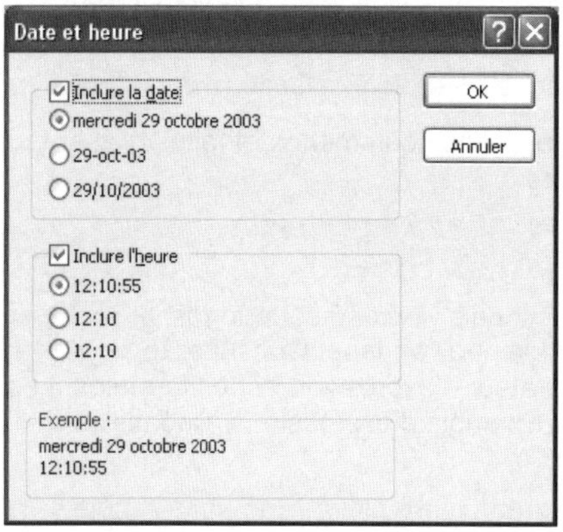

- Sélectionnez un format
- Cliquez sur «OK»

Access ajoute un contrôle calculé. Le positionner en cliquant dessus et en le faisant glisser.

7 - AJOUTER UNE CASE À COCHER

Vous pouvez créer une case à cocher dépendant d'un champ. Une case à cocher dépendante affiche ou stocke des données provenant d'un champ dans une table ou une requête source.

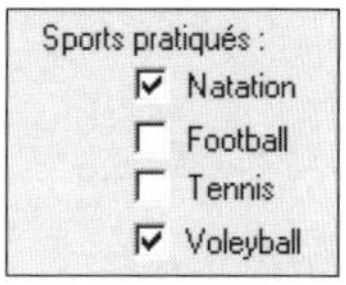

Le type de données du champ doit être *Oui/Non* ou *Numérique*. Si le champ est de type numérique, 0 correspond à la valeur décochée, et toute autre valeur correspond à cochée.

 Cliquez sur ce bouton dans la *boîte à outils*.

- Dans la liste des champs, cliquez sur le champ à associer à cette case à cocher
- Cliquez à nouveau sur le nom du champ et faites-le glisser à l'endroit où vous voulez insérer la case à cocher dans le formulaire

Access crée une case à cocher dépendante de ce champ. Il crée aussi une étiquette pour le bouton (sauf si le paramétrage par défaut est différent).

MANIPULER LES CONTRÔLES

1 - SÉLECTIONNER DES CONTRÔLES

Pour travailler sur des contrôles placés dans un formulaire (déplacement, dimensionnement, alignement, espacement, etc.), on doit d'abord les sélectionner.

Sélectionner un seul contrôle

Cliquez sur ce bouton dans la *boîte à outils*, à moins qu'il n'apparaisse sur fond orange.

- Cliquez sur le contrôle

Sélectionner des contrôles adjacents

- Cliquez et faites glisser le pointeur afin de dessiner un périmètre en pointillés qui chevauche les contrôles à sélectionner

Sélectionner des contrôles non adjacents

- Maintenez la touche ⇧ appuyée et cliquez sur chaque contrôle à sélectionner

2 - DÉPLACER DES CONTRÔLES

Déplacer un ou plusieurs contrôles

- Sélectionnez les contrôles
- Placez le pointeur sur la bordure d'un contrôle sélectionné : il prend cette forme
- Cliquez et faites glisser jusqu'au nouvel emplacement

Déplacer un contrôle et son étiquette séparément

- Sélectionnez le contrôle
- Placez le pointeur sur la poignée de déplacement (grand carré plein, situé dans l'angle supérieur gauche d'un contrôle sélectionné)

Le pointeur prend la forme d'une main pointant l'index vers le haut.

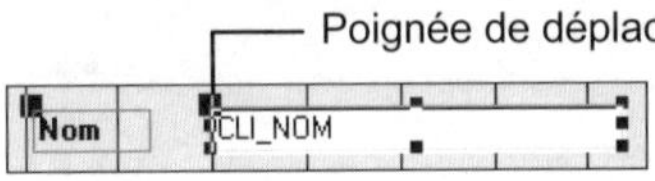

- Cliquez et faites glisser le contrôle jusqu'à sa nouvelle position

3 - REDIMENSIONNER DES CONTRÔLES

Redimensionner un contrôle

- Sélectionnez le contrôle
- Cliquez et faites glisser l'une des poignées de dimensionnement (petits carrés situés sur les bords d'un contrôle sélectionné) jusqu'à la taille voulue

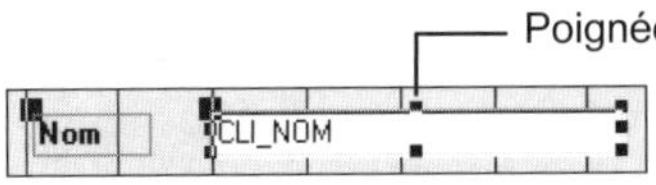

Redimensionner des contrôles en les ajustant à leur contenu

- Sélectionnez les contrôles
- *Format/Taille/Au contenu*

Vous devrez peut-être redimensionner certains contrôles pour les ajuster à leur contenu, par exemple si vous modifiez la taille de la police du texte situé à l'intérieur du contrôle.

Redimensionner des contrôles par rapport à d'autres

- Sélectionnez les contrôles
- *Format/Taille/Au plus grand*, ou *Au plus petit*, ou *Au plus large*, ou *Au plus étroit*

4 - ALIGNER UN CONTRÔLE SUR LA GRILLE

Afficher la grille et activer l'aimantation sur la grille

- *Affichage/Grille*, puis *Format/Aligner sur la grille*

Aligner le coin supérieur gauche d'un contrôle sur la grille

- Sélectionnez le(s) contrôle(s) à aligner
- *Format/Aligner/Sur la grille*

5 - ALIGNER DES CONTRÔLES SUR UN AUTRE CONTRÔLE

- Sélectionnez les contrôles à aligner
- *Format/Aligner/Gauche,* ou *Droite,* ou *Haut,* ou *Bas*

L'alignement se fait sur le bord (gauche/droit/haut/bas) du contrôle le plus en retrait.

6 - AUGMENTER OU DIMINUER L'ESPACE ENTRE DES CONTRÔLES

- Sélectionnez les contrôles
- *Format/Espacement horizontal/Égaliser*, ou *Augmenter*, ou *Diminuer*

Ou

- *Format/Espacement vertical/Égaliser*, ou *Augmenter*, ou *Diminuer*

7 - GROUPER/DISSOCIER DES CONTRÔLES

- Sélectionnez les contrôles à grouper ou le groupe de contrôles
- *Format/Grouper* ou *Format/Dissocier*

8 - NIVEAU DE SUPERPOSITION DES CONTRÔLES

- Sélectionnez le contrôle
- *Format/Mettre au premier plan*, ou *Mettre en arrière-plan*

9 - SUPPRIMER OU ATTACHER UN INTITULÉ À UN CONTRÔLE TEXTE

Attacher un intitulé à un contrôle

Cliquez sur ce bouton dans la *boîte à outils.*

- Dessinez l'intitulé et tapez le texte à afficher
- Cliquez en dehors et sélectionnez l'intitulé
- *Edition/Couper*, ou appuyez sur Ctrl-**X**
- Sélectionnez le contrôle auquel attacher l'intitulé
- *Edition/Coller*, ou appuyez sur Ctrl-**V**

Supprimer l'intitulé d'un contrôle

- Cliquez sur l'intitulé et appuyez sur Suppr

10 - SUPPRIMER UN CONTRÔLE

- Sélectionnez le contrôle et appuyez sur Suppr

METTRE EN FORME LES CONTRÔLES

On peut améliorer l'apparence des données d'un contrôle en modifiant la police de caractères, le format (gras, italique ou souligné) ou l'alignement du texte. Ces modifications s'appliquent à la totalité du contenu d'un contrôle, et non à des caractères isolés.

1 - POLICE ET TAILLE DES CARACTÈRES

- Sélectionnez le contrôle qui contient le texte à mettre en forme
- Affichez la barre d'outils *Mise en forme* si elle n'est pas déjà à l'écran
- Cliquez sur la flèche associée à la zone <Police> ou à la zone <Taille> dans la barre d'outils *Mise en forme*

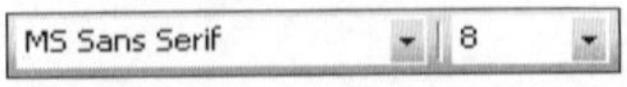

- Cliquez sur le nom de la police ou le chiffre de la taille à activer

2 - ATTRIBUTS DES CARACTÈRES

- Sélectionnez le contrôle
- Cliquez sur l'un des boutons suivants dans la barre d'outils *Mise en forme*

Gras, italique et souligné.

3 - ALIGNEMENT DU CONTENU D'UN CONTRÔLE

- Sélectionnez le contrôle
- Cliquez sur l'un des boutons suivants dans la barre d'outils *Mise en forme*

Alignement à gauche, centrage et alignement à droite.

L'alignement par défaut est l'alignement standard qui aligne le texte à gauche, les nombres et les dates à droite.

4 - BORDURE ET COULEUR

Modifier la couleur de la bordure d'un contrôle

- Cliquez sur le contrôle à modifier

Cliquez sur la flèche associée à ce bouton dans la barre d'outils *Mise en forme*.

- Cliquez sur une couleur dans la palette qui s'affiche

Modifier l'épaisseur de la bordure d'un contrôle

- Cliquez sur le contrôle à modifier

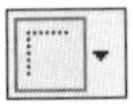
Cliquez sur la flèche associée à ce bouton dans la barre d'outils *Mise en forme*.

- Cliquez sur l'épaisseur de bordure voulue

Modifier la couleur d'arrière-plan d'un contrôle

- Cliquez sur le contrôle à modifier

Cliquez sur la flèche associée à ce bouton dans la barre d'outils *Mise en forme*.

- Cliquez sur une couleur dans la palette qui s'affiche

Modifier la couleur du texte dans un contrôle

- Cliquez sur le contrôle qui contient le texte à modifier

METTRE EN FORME LES CONTRÔLES

Cliquez sur la flèche associée à ce bouton dans la barre d'outils *Mise en forme*.

- Cliquez sur une couleur dans la palette qui s'affiche

Modifier l'apparence d'un contrôle

On peut ajouter des effets spéciaux à un contrôle : aspect 3D relâché, 3D enfoncé, etc.

- Cliquez sur le contrôle à modifier

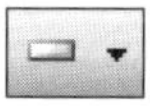
Cliquez sur la flèche associée à ce bouton dans la barre d'outils *Mise en forme*, puis sur l'effet à appliquer.

5 - COPIER LE FORMAT D'UN CONTRÔLE SUR UN AUTRE

- Sélectionnez le contrôle mis en forme

Double-cliquez sur ce bouton dans la barre d'outils *Création de formulaire*.

- Cliquez successivement sur les contrôles à mettre en forme
- Appuyez sur [Echap] pour terminer

6 - MISE EN FORME CONDITIONNELLE

- Sélectionnez le champ
- *Format/Mise en forme conditionnelle*

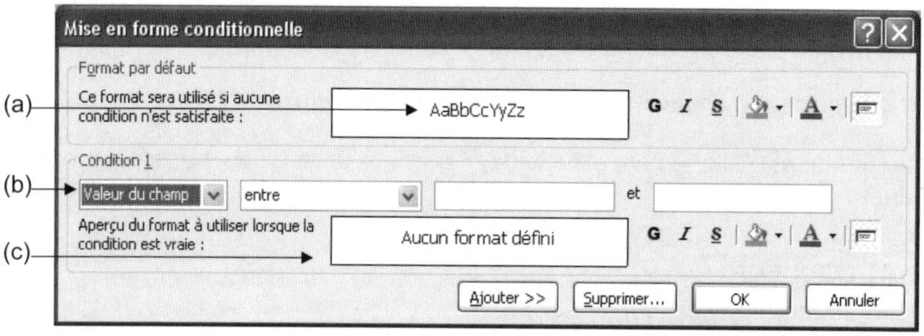

(a) Format à appliquer au contrôle si la condition n'est pas remplie.
(b) La condition.
(c) Format à appliquer au contrôle si la condition est remplie.

- Ajoutez d'autres formats et conditions (jusqu'à trois) à l'aide du bouton «Ajouter»
- Cliquez sur «OK»

Les conditions peuvent concerner :

- La valeur du champ lui-même (compris entre ..., non compris entre ..., égal à ..., différent de..., supérieur à ..., inférieur à ..., supérieur ou égal à ..., inférieur ou égal à ...).
  Par exemple : le crédit passe en rouge s'il est négatif.

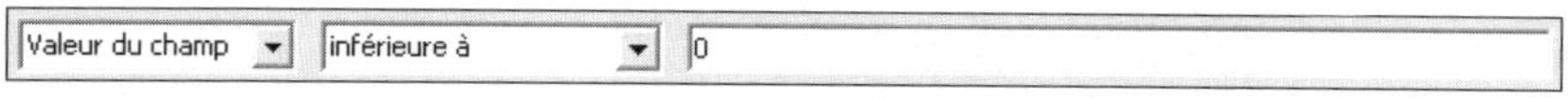

- Une formule (expression). Par exemple : le nom du client passe en rouge si le crédit est négatif.

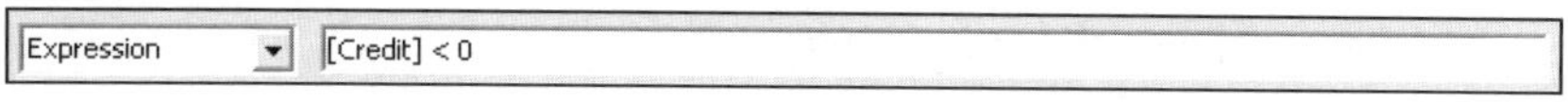

- La sélection du champ. Par exemple : le crédit passe en gros caractères quand le curseur de l'utilisateur arrive dessus.

PROPRIÉTÉS DES CONTRÔLES

Chaque contrôle possède des propriétés que l'on peut modifier afin d'en changer l'apparence ou le comportement. Si le contrôle dépendant affiche le contenu d'un champ, il possède par défaut les mêmes propriétés que celui-ci. Rappel des principales propriétés :

- Nom
- Format
- Décimales
- Masque de saisie
- Valeur par défaut
- Texte barre d'état
- Message si erreur
- Valide si

1 - MODIFIER LES PROPRIÉTÉS D'UN CONTRÔLE

- Affichez le formulaire en mode *Création*
- Sélectionnez le contrôle

Cliquez sur ce bouton dans la barre d'outils, ou *Affichage/Propriétés*, ou appuyez sur [Alt]-[↵]

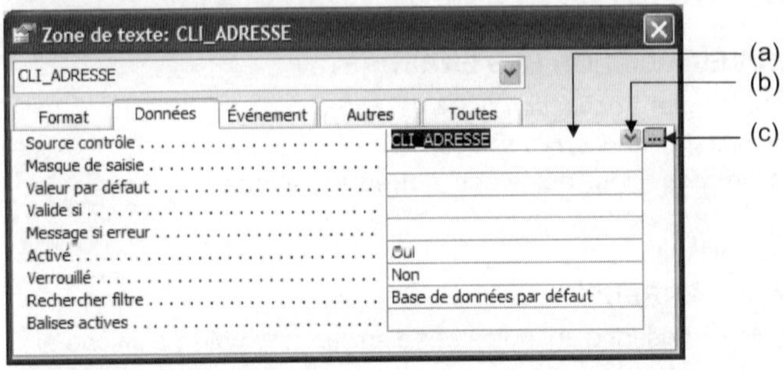

- Sélectionnez une famille de propriétés en cliquant sur l'un des onglets
- Cliquez sur la zone de propriétés à paramétrer, puis effectuez l'une des trois actions :
  - Tapez en (a) l'expression appropriée.
  - Si une flèche (b) apparaît à l'extrémité droite de la zone de propriétés, cliquez dessus et choisissez une valeur.
  - Créez une expression à l'aide du Générateur d'expression auquel vous accédez en cliquant sur le bouton (c).
- Cliquez sur la case de fermeture de la fenêtre des propriétés pour terminer

Remarque : pour obtenir de l'aide sur le rôle de la propriété dans laquelle se trouve le curseur, appuyez sur [F1].

2 - MODIFIER LES PROPRIÉTÉS PAR DÉFAUT D'UN TYPE DE CONTRÔLE

Les propriétés standard d'un type de contrôle servent à affecter la même apparence à tous les contrôles de ce type. La modification des propriétés par défaut n'est pas rétroactive.

Modifier les caractéristiques par défaut d'un contrôle dans le formulaire en cours

Cliquez sur ce bouton dans la barre d'outils, ou *Affichage/Propriétés*, ou appuyez sur [Alt]-[↵]

- Dans la *boîte à outils*, cliquez sur le contrôle dont vous voulez modifier les propriétés par défaut
- Dans la fenêtre des propriétés, changez les valeurs
- Cliquez sur la case de fermeture de la fenêtre des propriétés

Modifier les caractéristiques par défaut en se basant sur un contrôle modifié

- Sélectionnez le contrôle possédant les caractéristiques à utiliser comme paramètres par défaut
- *Format/Définir les paramètres par défaut du contrôle*

VÉRIFICATION DES ERREURS

Cette fonction vous signale les erreurs possibles contenues dans un formulaire en affichant un petit triangle vert et vous fournit des options pour les corriger. Les erreurs signalées automatiquement sont par défaut :

- La présence ou l'ajout d'une étiquette n'ayant pas de contrôle associé.
- Un même raccourci clavier a été assigné à deux contrôles différents, ou le raccourci est invalide.
- Un contrôle possède une propriété non valide.

L'illustration suivante présente le contrôle d'étiquette en mode Création. Puisque la vérification des erreurs liées aux touches de raccourci est activée, vous apercevez un indicateur d'erreur (triangle vert) dans le coin supérieur gauche du contrôle car aucun contrôle n'est associé à cette étiquette :

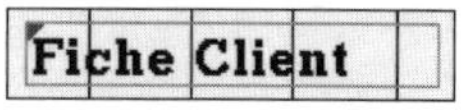

1 - ACTIVER/DÉSACTIVER LA VÉRIFICATION DES ERREURS

- *Outils/Options*, puis cliquez sur l'onglet *Vérification des erreurs*
- Cochez ou non ☒*Activer la vérification des erreurs*
- Le cas échéant, cochez les cases associées aux types d'erreurs à signaler
- Cliquez sur «OK»

2 - CORRIGER OU IGNORER UNE ERREUR

Quand on sélectionne un contrôle disposant d'un indicateur d'erreur, une balise s'affiche à proximité :

- Cliquez sur cette balise pour afficher un menu

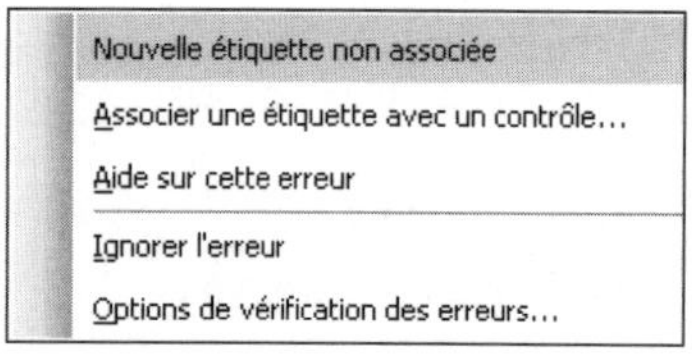

- Cliquez sur la solution proposée, ou cliquez sur *Ignorer l'erreur*

LES ÉTATS

7

CRÉER UN ÉTAT

Un état est un document imprimé qui liste le contenu d'une ou de plusieurs tables liées ou le résultat d'une requête. On peut regrouper les enregistrements (par libellés, par périodes ou par fourchettes de valeurs) et des calculs de synthèse sont possibles (totaux et sous-totaux entre autres). On peut créer rapidement des états standard (appelés états instantanés), utiliser un assistant ou encore créer un état vierge et y placer les contrôles un à un.

1 - ÉTAT INSTANTANÉ : COLONNES

Méthode 1

- Dans la fenêtre Base de données, cliquez sur *Tables* ou sur *Requêtes*
- Sélectionnez la table ou la requête sur laquelle sera fondé l'état

Cliquez sur la flèche associée à ce bouton dans la barre d'outils, puis sélectionnez *État instantané*, ou *Insertion/État instantané*.

Un état de type *Colonne simple* est affiché sous forme d'aperçu :

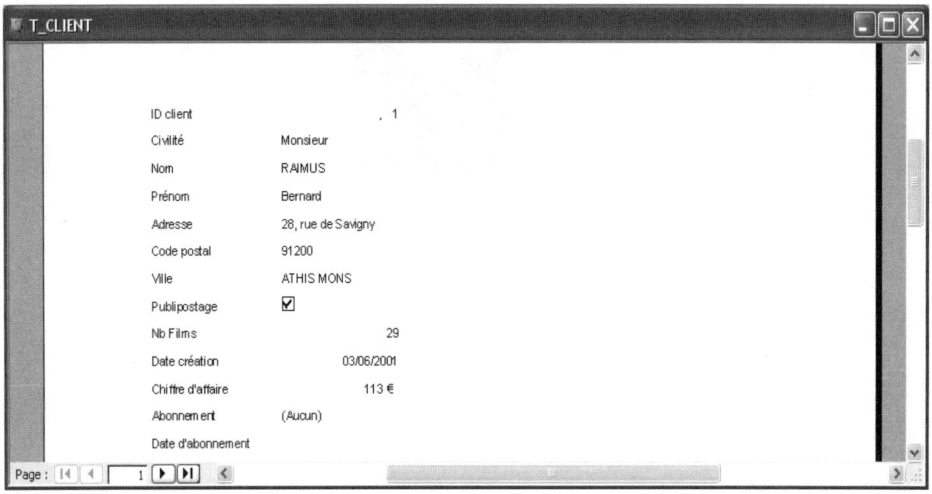

Ce type d'état affiche les champs d'un enregistrement les uns en dessous des autres.

- *Fichier/Enregistrer*, ou appuyez sur Ctrl-**S**
- Tapez un nom pour cet état
- Cliquez sur «OK»
- *Fichier/Fermer*, ou appuyez sur Ctrl-**W** ou sur Ctrl-F4

Méthode 2

Vous pouvez également utiliser un assistant qui propose deux types d'états instantanés :

- L'état instantané *Colonnes* dans lequel les libellés des champs de la table sont affichés les uns en dessous des autres dans une seule colonne.
- L'état instantané *Tableau* dans lequel les champs sont affichés en colonnes et qui permet de visualiser plusieurs enregistrements les uns en dessous des autres.

- Dans la barre de navigation de la fenêtre Base de données, cliquez sur *États*

Nouveau Cliquez sur ce bouton dans la barre d'outils de la fenêtre Base de données.

- Sélectionnez *État instantané : Colonnes*
- Dans la partie inférieure du dialogue, sélectionnez le nom de la table ou de la requête dont le contenu doit être listé dans l'état
- Cliquez sur «OK»

L'état est généré et affiché sous forme d'aperçu :

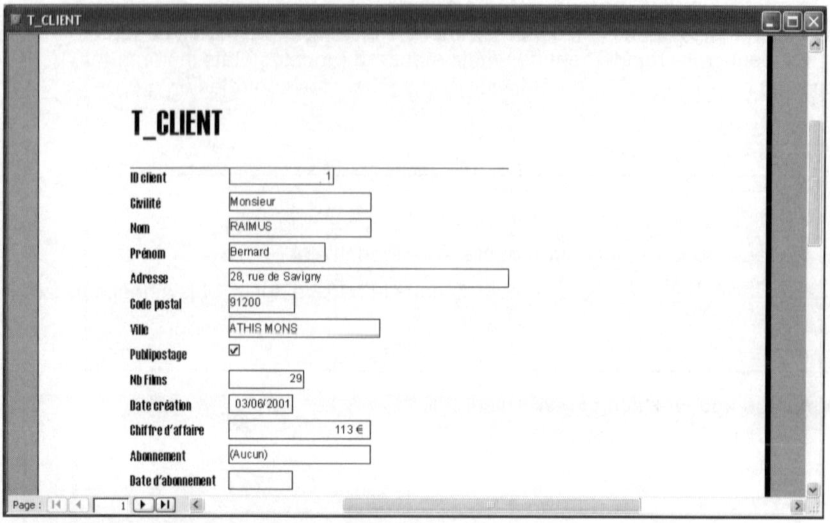

- *Fichier/Fermer*, ou appuyez sur Ctrl-**W** ou sur Ctrl-F4
- Un message vous propose l'enregistrement de l'état : cliquez sur «Oui»

- Tapez un nom pour l'état
- Cliquez sur «OK»

2 - ÉTAT INSTANTANÉ : TABLEAU

Ce type d'état affiche les champs en colonnes, les uns à côté des autres.

- Dans la barre de navigation de la fenêtre Base de données, cliquez sur *États*

Cliquez sur ce bouton dans la barre d'outils de la fenêtre Base de données.

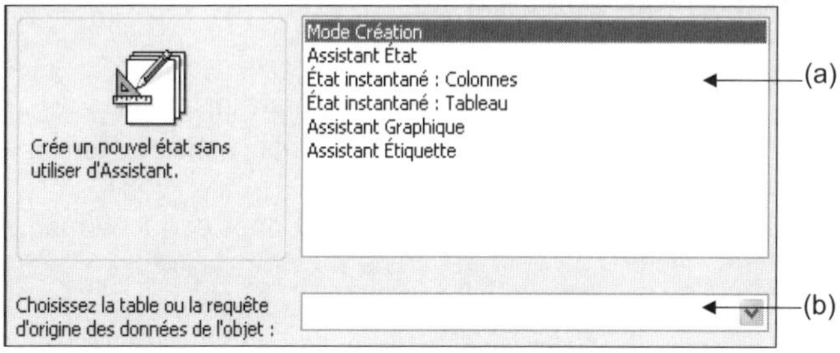

- Sélectionnez en (b) le nom de la table ou de la requête dont le contenu doit être listé par l'état
- Sélectionnez *État instantané : Tableau* en (a)
- Cliquez sur «OK»

L'état est généré et affiché sous forme d'aperçu :

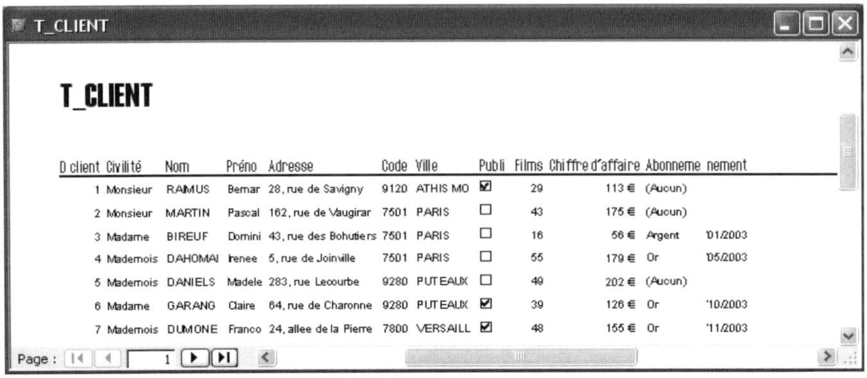

- *Fichier/Fermer*, ou appuyez sur Ctrl-**W** ou sur Ctrl-F4
- Un message vous propose l'enregistrement de l'état : cliquez sur «Oui»
- Tapez un nom pour l'état
- Cliquez sur «OK»

3 - L'ASSISTANT ÉTAT

Lorsque l'on fait appel à l'assistant pour la création d'un état, celui-ci vous pose un certain nombre de questions, puis construit ce dernier sur la base des réponses fournies.

- Dans la barre de navigation de la fenêtre Base de données, cliquez sur *États*

Créer un état à l'aide de l'Assistant — Double-cliquez sur ce lien dans la fenêtre base de données.

Ou

Nouveau — Cliquez sur ce bouton dans la barre d'outils de la fenêtre Base de données.

- Dans la liste, sélectionnez *Assistant État*
- Dans la partie inférieure du dialogue, sélectionnez le nom de la table ou de la requête dont le contenu doit être listé par l'état
- Cliquez sur «OK»

Puis,

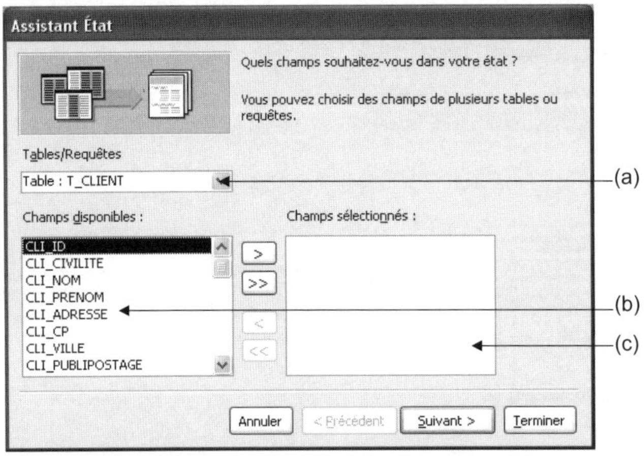

- Si nécessaire, sélectionnez en (a) le nom de la table ou la requête sur laquelle baser cet état
- Double-cliquez en (b) sur chaque champ à afficher dans l'état, dans l'ordre où ils devront apparaître : ils s'accumulent en (c)

Ou

[>>] Cliquez sur ce bouton pour sélectionner tous les champs disponibles.

- Cliquez sur «Suivant»

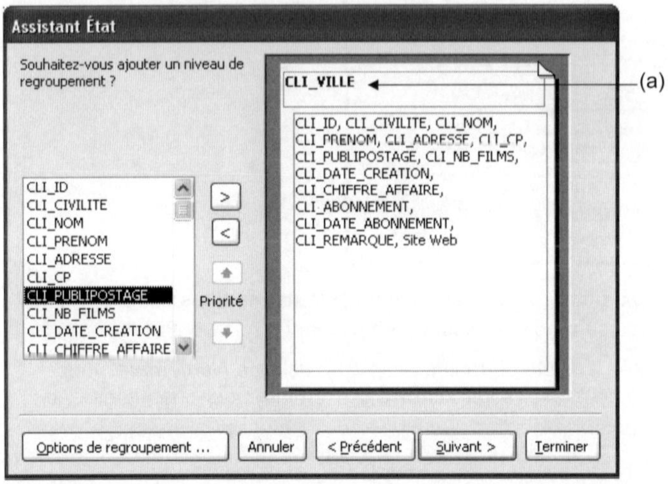

Il s'agit de préciser sur quel champ doit s'effectuer le regroupement des enregistrements. Si un nom de champ est affiché en (a) et qu'il ne convient pas :

[<] Cliquez sur ce bouton pour annuler le regroupement sur ce champ.

- Sélectionnez le nom du champ sur lequel regrouper

[>] Cliquez sur ce bouton pour créer le regroupement sur ce champ.

On peut regrouper plusieurs champs. L'ordre dans lequel ils apparaissent indique l'ordre de regroupement.

Si le champ de regroupement est de type *Date* ou *Numérique*, ou *Texte* :

- Cliquez sur «Options de regroupement»

Noter que les options de regroupement sont différentes suivant que le champ est de type *Texte*, *Numérique* ou *Date*.

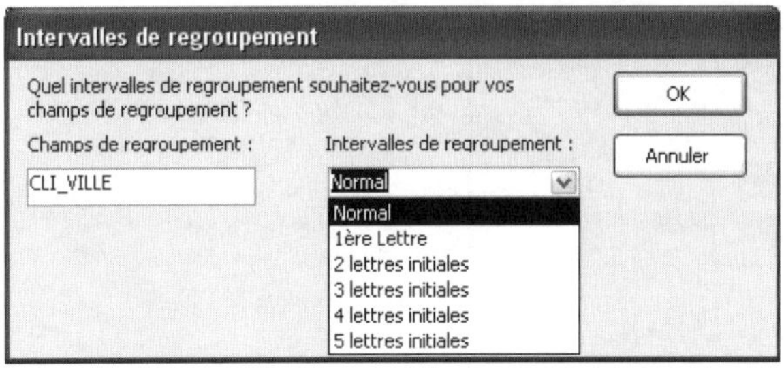

- Sélectionnez un intervalle pour le regroupement
- Cliquez sur «OK»

- Cliquez sur «Suivant»

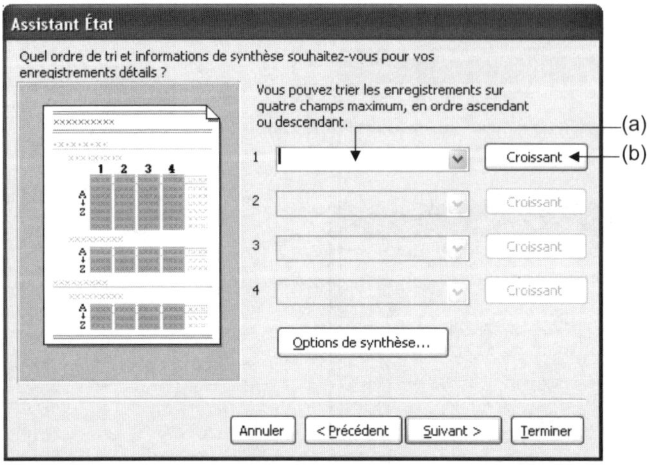

- Sélectionnez en (a) le champ à utiliser pour trier les enregistrements dans chaque groupe
- Sélectionnez l'ordre de tri (croissant ou décroissant) en cliquant sur le bouton (b)

Si parmi les champs sélectionnés il existe au moins un champ de type *Numérique*, vous pouvez effectuer des calculs de synthèse (sous-totaux par exemple) pour chaque groupe :

- Cliquez sur «Options de synthèse»

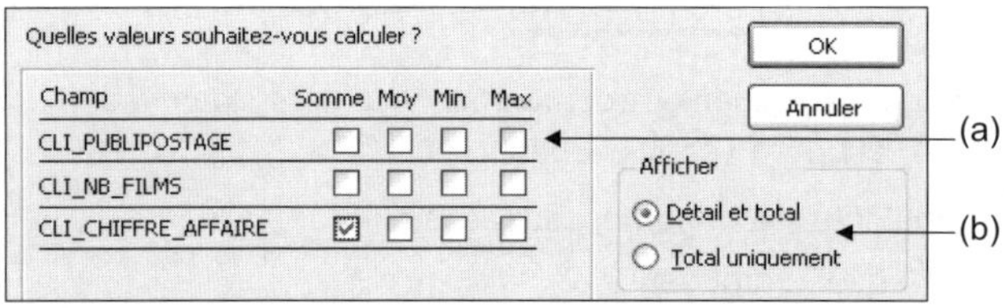

- Choisissez en (a) un type de calcul pour chaque champ de type *Numérique* ou *Monétaire*
- Précisez en (b) si vous voulez le détail de chaque enregistrement ou uniquement les calculs de synthèse
- Cliquez sur «OK»
- Cliquez sur «Suivant»

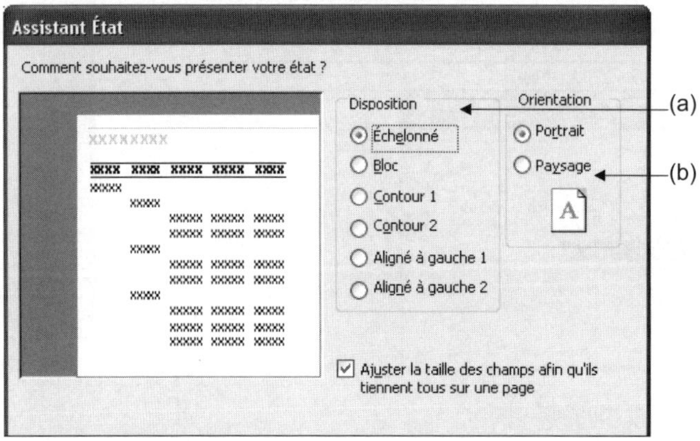

CRÉER UN ÉTAT

- Sélectionnez en (a) une présentation pour l'état et en (b) une orientation
- Cliquez sur «Suivant»

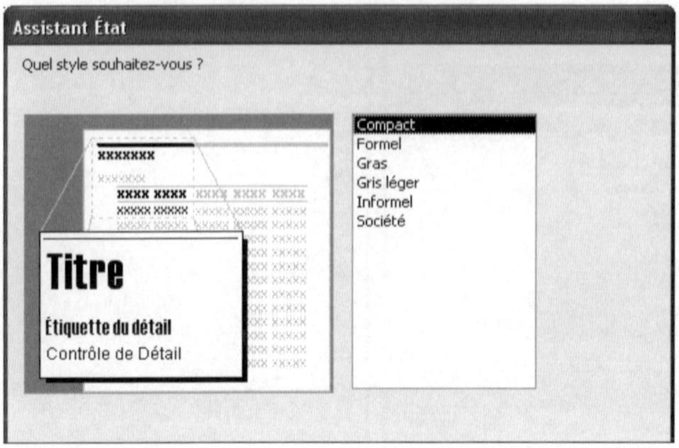

- Sélectionnez un style pour les caractères
- Cliquez sur «Suivant»

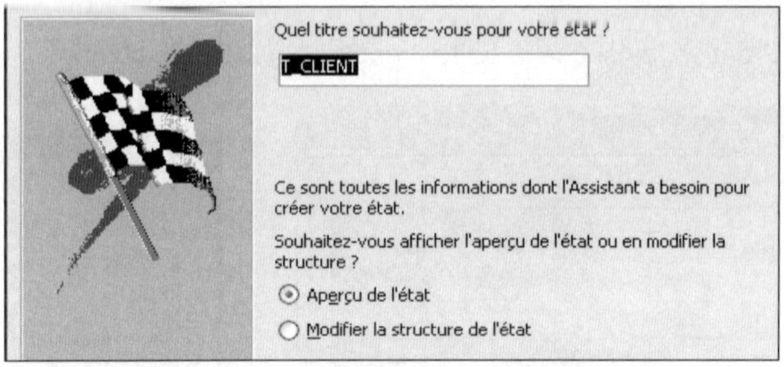

- Tapez un titre pour l'état. Vous remarquerez que ce titre sera également son nom
- Cliquez sur «Terminer»

L'état est généré et affiché sous forme d'aperçu :

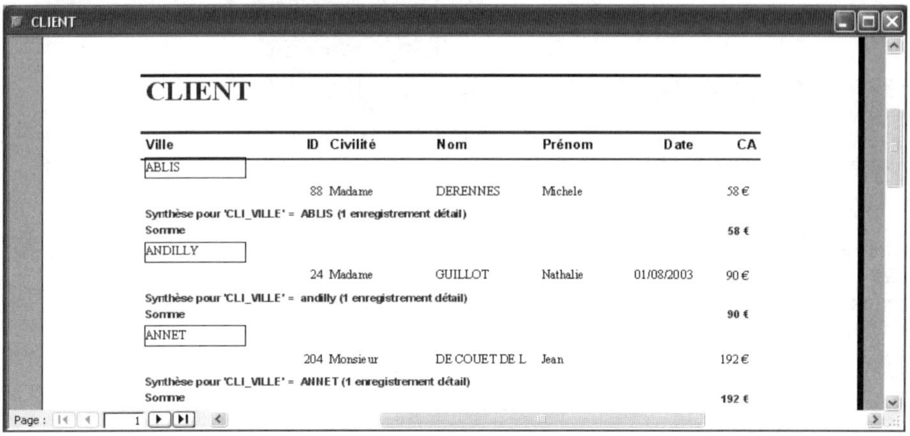

- *Fichier/Fermer*, ou appuyez sur Ctrl-**W** ou sur Ctrl-F4

Le nom de l'état apparaît dans la fenêtre Base de données, dans la catégorie *États*.

CRÉER UN ÉTAT

4 - ÉTAT VIERGE

- Dans la barre de navigation de la fenêtre Base de données, cliquez sur *États*.

Cliquez sur ce bouton dans la barre d'outils de la fenêtre Base de données.

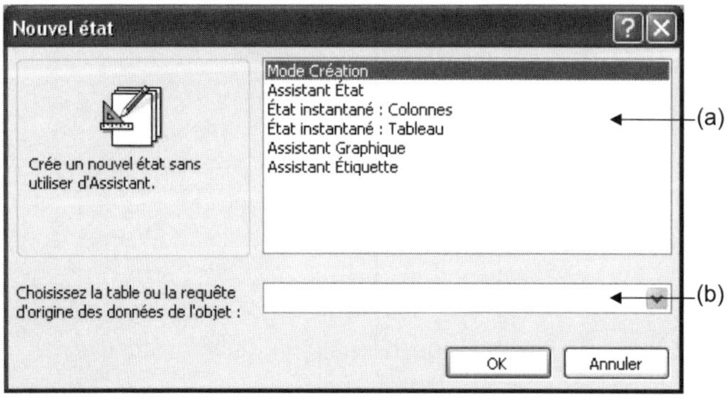

- Sélectionnez *Mode Création* en (a)
- En (b), sélectionnez le nom de la table ou de la requête à lister par l'état
- Cliquez sur «OK»

Un état vierge s'affiche en mode *Création*, ainsi que la *boîte à outils* et la liste des champs :

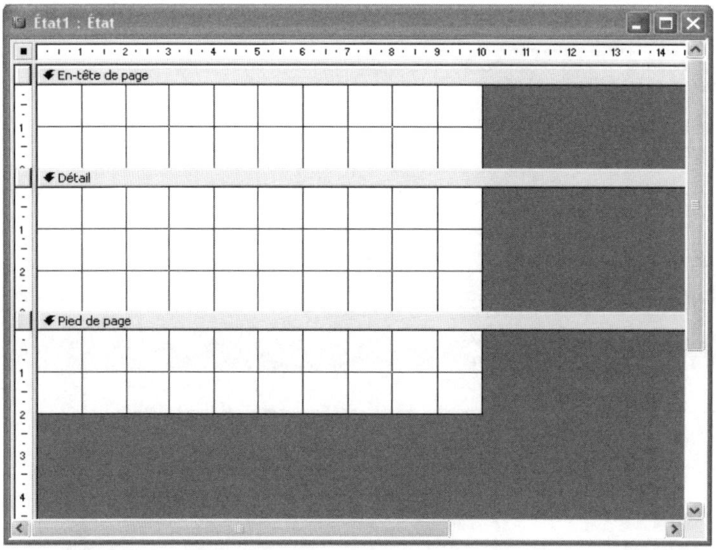

La *boîte à outils* est identique à celle que l'on trouve en mode *Création* d'un formulaire et est utilisée pour placer des contrôles sur l'état. La liste des champs permet quant à elle de placer certains champs de la table ou de la requête sur laquelle est basé l'état.

- Placez les contrôles (voir pages suivantes)
- *Fichier/Fermer,* ou appuyez sur Ctrl-**W** ou sur Ctrl-F4

Un message vous propose l'enregistrement.

- Cliquez sur «Oui»
- Tapez un nom pour l'état
- Cliquez sur «OK»

GESTION DES ÉTATS

1 - ENREGISTRER UN ÉTAT

Cliquez sur ce bouton dans la barre d'outils, ou *Fichier/Enregistrer*, ou appuyez sur Ctrl-**S**.

Si vous enregistrez l'état pour la première fois, Access demande de lui donner un nom :

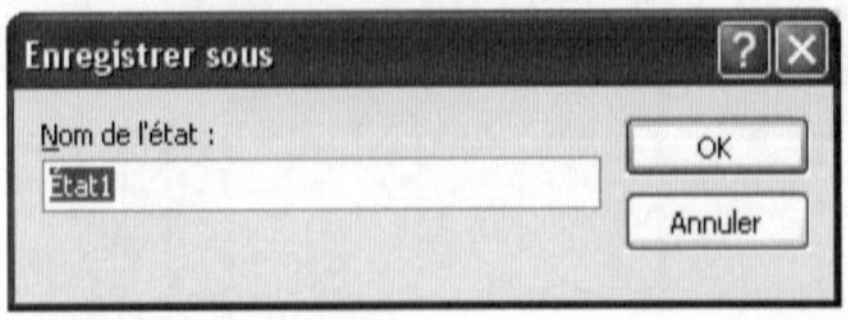

- Tapez un nom
- Cliquez sur «OK»

2 - FERMER UN ÉTAT

- *Fichier/Fermer,* ou cliquez sur la case de fermeture de la fenêtre de l'état, ou appuyez sur Ctrl-**W** ou sur Ctrl-F4

Si l'état a été modifié depuis son dernier enregistrement, Access affiche un message :

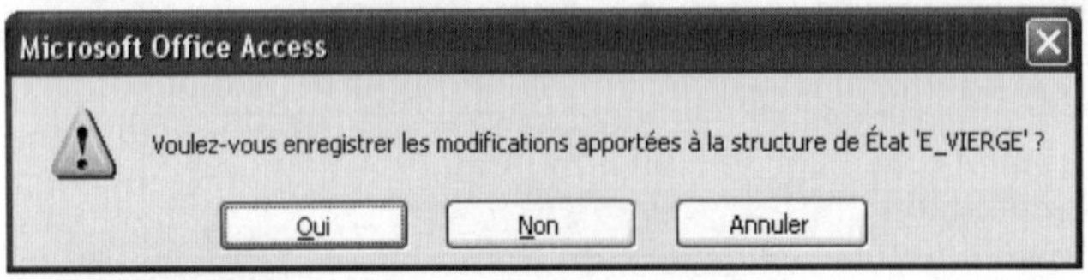

– «Oui» : enregistre l'état et le retire de l'écran.
– «Non» : abandonne les dernières modifications et retire l'état de l'écran.
– «Annuler» : retourne à l'état sans rien faire.

3 - OUVRIR UN ÉTAT

Dans la barre de navigation de la fenêtre Base de données, cliquez sur *États*.

- Sélectionnez le nom de l'état

Cliquez sur ce bouton dans la barre d'outils, ou double-cliquez sur le nom de l'état pour l'ouvrir en mode *Aperçu*.

Ou

Cliquez sur ce bouton dans la barre d'outils pour l'ouvrir en mode *Création*.

4 - MODES D'AFFICHAGE

Quand un état est affiché, on peut facilement permuter entre les trois modes (*Création*, *Aperçu du format* et *Aperçu avant impression*) en cliquant sur la flèche du bouton *Mode* de la barre d'outils et en choisissant un mode dans la liste déroulante, ou en sélectionnant un mode dans le menu *Affichage* :

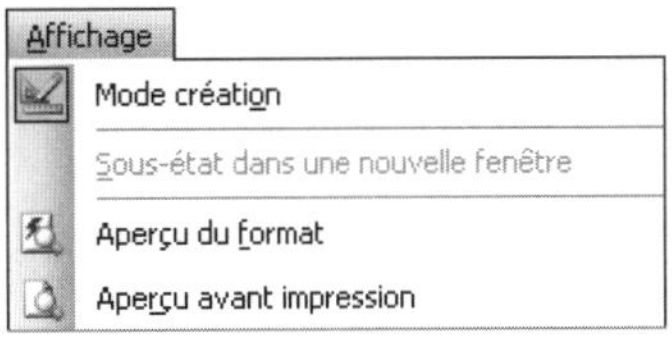

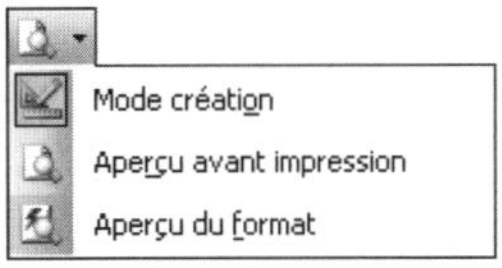

MODE CRÉATION D'UN ÉTAT

Le mode *Création* sert à créer et modifier un état. Il permet de spécifier la table ou la requête source, de placer les contrôles et de les dimensionner, de choisir la police, la taille, les attributs et les couleurs, et d'incorporer un sous-état. Par exemple :

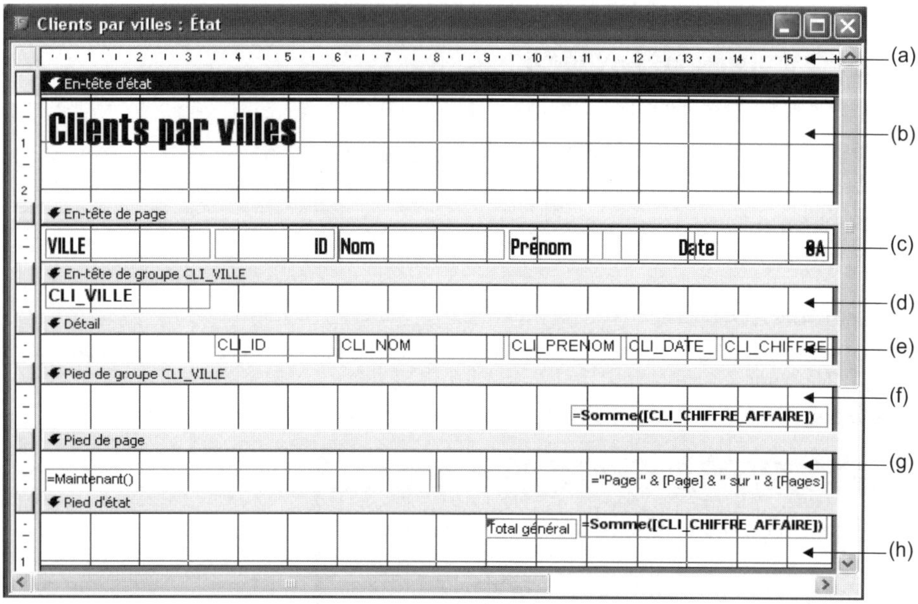

(a) Règle : elle permet de positionner les contrôles et de dimensionner les sections de l'état. Pour afficher ou masquer la règle, passer la commande *Affichage/Règle*.

(b) Sections En-tête d'état : elle contient les informations telles que le titre, la date ou le résumé de l'état qui doivent figurer au début de l'état. L'en-tête d'état s'affiche avant l'en-tête de page sur la première page de l'état.

(c) Sections En-tête de page : elle contient les informations telles que les en-têtes de colonne ou les numéros de page qui doivent s'afficher dans la partie supérieure de chaque page de l'état.

(d) Section En-tête de groupe : contient des informations telles qu'un nom ou des totaux de groupe à afficher au début d'un groupe d'enregistrements. Access ajoute automatiquement la section appropriée lorsqu'on définit un en-tête de groupe dans la fenêtre *Trier et regrouper*.

(e) Partie principale de l'état contenant les zones de texte et autres contrôles qui affichent les enregistrements de la table ou de la requête sous-jacente. Cette section ne peut être supprimée mais peut rester vierge ou être masquée à l'aide de la propriété <Visible>.

(f) Section Pied de groupe : contient des informations à afficher à la fin d'un groupe d'enregistrements. Access ajoute automatiquement la section appropriée lorsqu'on définit un pied de groupe dans la fenêtre *Trier et regrouper*.

(g) Sections Pied de page : elle contient les informations qui doivent s'afficher dans la partie inférieure de chaque page de l'état.

(h) Sections Pied d'état : elle contient les informations qui doivent figurer à la fin de l'état. Le pied d'état s'affiche avant le dernier pied de page.

La structure d'un état en mode *Création* est donc similaire à celle d'un formulaire. Il est divisé en plusieurs sections que l'on ajoute, supprime et redimensionne de manière identique. Les différences consistent en la possibilité de créer des regroupements sur certains champs et d'effectuer des calculs de type sous-totaux et totaux.

CONTRÔLES DANS UN ÉTAT

Access appelle contrôle un objet qui affiche une information dans un formulaire ou dans un état. Certains contrôles sont associés aux champs de la table ou de la requête source. D'autres affichent des calculs ou des informations fixes stockées dans l'état. L'ajout et la manipulation des contrôles dans un état s'effectuent exactement comme dans un formulaire.

1 - CONTRÔLE DÉPENDANT, INDÉPENDANT ET CALCULÉ

Quel que soit le type du contrôle, il s'agit d'un contrôle dépendant, indépendant ou calculé.

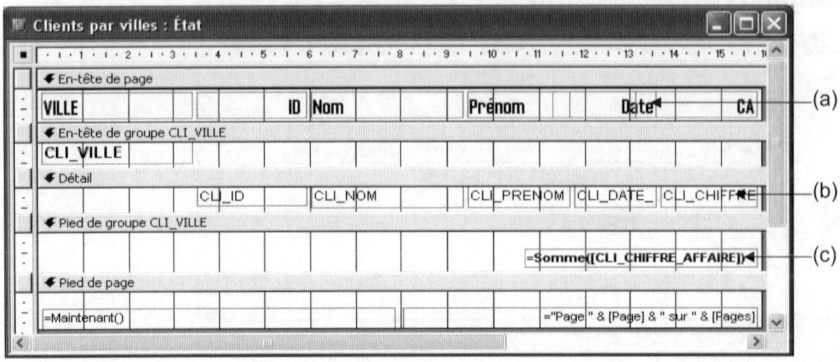

(a) Contrôle indépendant : il sert à afficher un texte informatif, un trait, un rectangle, une image ou des données qui ne proviennent pas d'une table.

(b) Contrôle dépendant : un contrôle dépendant est associé à un champ de la table ou de la requête sur laquelle est basé le formulaire.

(c) Contrôle calculé : un contrôle de ce type contient une expression qui peut combiner un champ et des constantes.

2 - PLACEMENT ET ACTIONS SUR LES CONTRÔLES

L'ajout, la manipulation et la mise en forme d'un contrôle se font exactement comme avec les formulaires. Rappel des manipulations possibles sur les contrôles :

Ajout de contrôle

- Ajouter un champ
- Ajouter une étiquette
- Ajouter un contrôle calculé
- Ajouter le n° de page, la date ou l'heure

Manipulation des contrôles

- Suppression et déplacement
- Sélection
- Redimensionnement
- Alignement

Mise en forme des contrôles

- Police, taille et attributs
- Alignement et bordure
- Couleur d'arrière-plan
- Apparence et copie du format

Divers

- Ajout de traits et de rectangles
- Insertion d'une image
- Insertion d'un objet OLE indépendant
- Insertion d'un objet OLE dépendant

Tout comme dans les formulaires, en mode *Création* Access signale certains types d'erreurs en affichant un petit triangle vert dans les états. Erreurs signalées par défaut : présence ou ajout d'une étiquette n'ayant pas de contrôle associé, un contrôle possède une propriété non valide, l'état est trop large, erreur dans une définition de tri ou de regroupement.

TRI ET REGROUPEMENTS

Access permet de trier les données à imprimer dans un ordre précis. Par ailleurs, en vue de mettre en évidence ou de synthétiser certaines informations, Access permet de regrouper les données et de trier les enregistrements à l'intérieur des groupes.

1 - TRIER LES DONNÉES

- Ouvrez l'état en mode *Création*

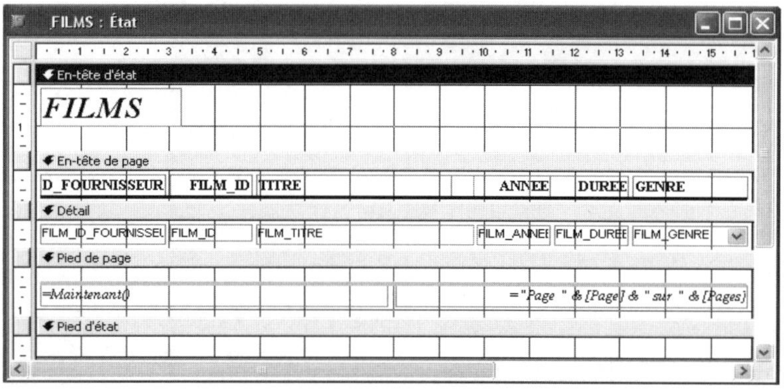

 Cliquez sur ce bouton dans la barre d'outils, ou *Affichage/Trier et grouper.*

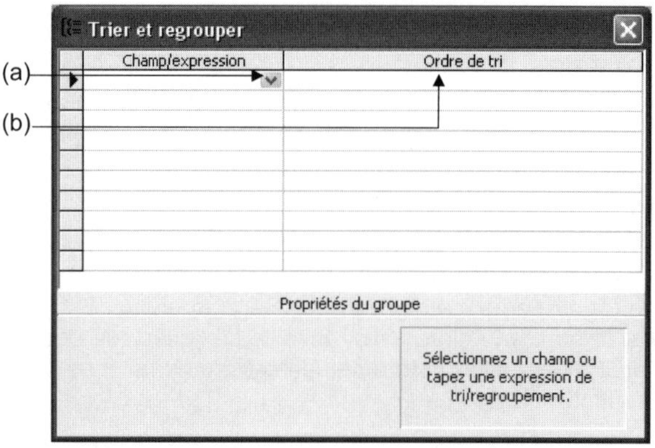

- Sur la première ligne, cliquez sur la flèche (a) et sélectionnez le nom du champ allant servir de critère de tri
- Sélectionnez le sens du tri en (b)
- Répétez l'opération sur la ligne suivante pour définir des tris secondaires

Le champ qui se trouve sur la première ligne correspond au premier niveau de tri. Le champ qui se trouve sur la seconde ligne correspond au second niveau de tri, et ainsi de suite. Les tris peuvent porter sur dix niveaux.

- Cliquez sur la case de fermeture de la fenêtre pour terminer
- Enregistrez l'état

2 - REGROUPER LES DONNÉES

On peut regrouper les données par catégorie. Une catégorie correspond à une valeur d'un champ ou à une plage de valeurs. Par exemple, le regroupement des commandes peut se faire par clients, ce qui permet de calculer le chiffre d'affaires généré par chaque client.

TRI ET REGROUPEMENTS

Un regroupement se définit dans un état par l'ajout d'une section *En-tête de groupe* et/ou *Pied de groupe* qui se place au-dessus et/ou au-dessous de la section *Détail.*

Ajouter un en-tête/pied de groupe

- Ouvrez l'état en mode *Création*

Cliquez sur ce bouton dans la barre d'outils, ou *Affichage/Trier et grouper.*

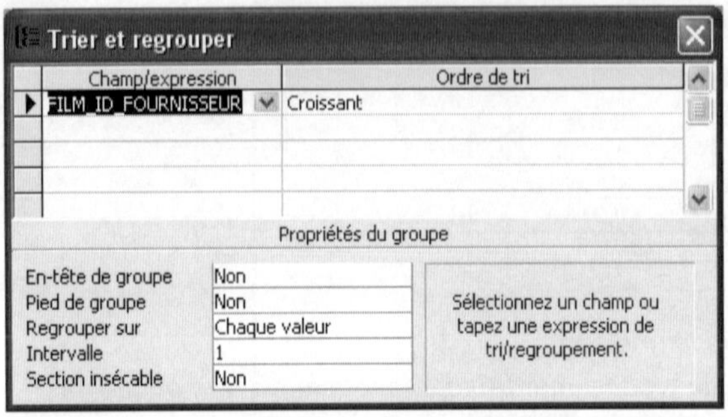

- Définissez l'ordre de tri sur la champ allant servir pour le regroupement
- Cliquez dans la ligne du champ de regroupement
- Cliquez sur la propriété <En-tête de groupe> et sélectionnez la valeur *Oui*
- Cliquez sur la propriété <Pied de groupe> et sélectionnez la valeur *Oui*
- Indiquez les valeurs souhaitées dans les champs <Regrouper sur> et <Intervalle>
- Cliquez sur la case de fermeture de la fenêtre

Supprimer un en-tête/pied de groupe

- Rétablir sur *Non* les propriétés <En-tête de groupe> ou <Pied de groupe>

3 - PLAGE DE VALEURS POUR UN REGROUPEMENT

Dans le dialogue *Trier et regrouper* les propriétés <Regrouper sur> et <Intervalle> servent à définir un intervalle de valeurs pour un regroupement. La propriété <Regrouper sur> détermine le mode de regroupement et la propriété <Intervalle> la taille de l'intervalle des valeurs du même groupe. Ces propriétés déterminent l'ordre des enregistrements dans l'état sans influer sur les enregistrements à afficher.

Regroupement sur un champ de type Texte

La propriété <Regrouper sur> propose les options suivantes :

Utiliser cette option	*Pour regrouper les enregistrements ayant*
Chaque valeur	La même valeur dans le champ
Premiers caractères	Les mêmes n premiers caractères dans le champ

La propriété <Intervalle> détermine alors le nombre *n* de caractères devant être identiques.

Par exemple, pour regrouper des codes articles alphanumériques du type ABC123 sur leurs trois premières lettres, on peut effectuer un regroupement de ce type :

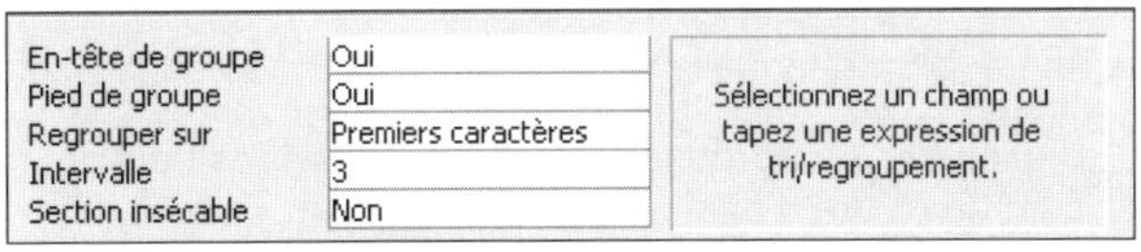

Regroupement sur un champ de type Date/Heure

La propriété <Regrouper sur> propose les options suivantes :

Utiliser cette option	*Pour regrouper les enregistrements ayant*
Chaque valeur	La même valeur dans le champ.
Année, Trimestre, ...	Des dates dans la même année, le même trimestre, ...

La propriété <Intervalle> peut contenir une valeur quelconque. Pour voir, par exemple, une liste des commandes regroupées par périodes de deux semaines, paramétrez la propriété <Regrouper sur> sur *Semaine* et la propriété <Intervalle> sur *2.*

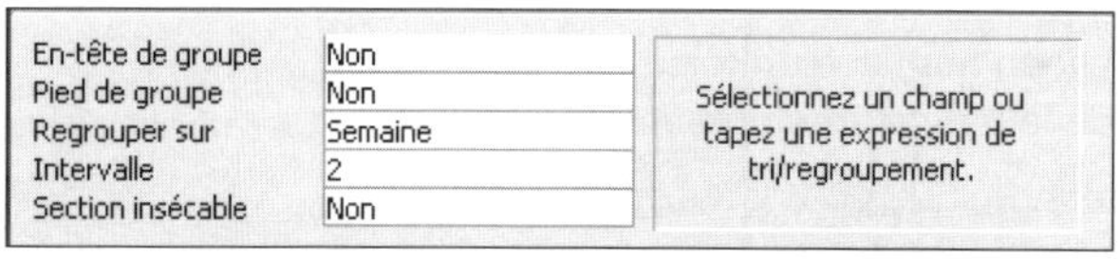

Regroupement sur un champ de type Numérique

Lors d'un regroupement sur un champ de type *NuméroAuto*, *Monétaire* ou *Numérique*, la propriété <Regrouper sur> propose les options suivantes :

Utiliser cette option	*Pour regrouper les enregistrements ayant*
Chaque valeur	La même valeur dans le champ.
Intervalle	Des valeurs figurant dans l'intervalle spécifié.

Par exemple, pour regrouper les ventes par tranches de dix mille euros, on peut effectuer un regroupement sur un intervalle de 10000.

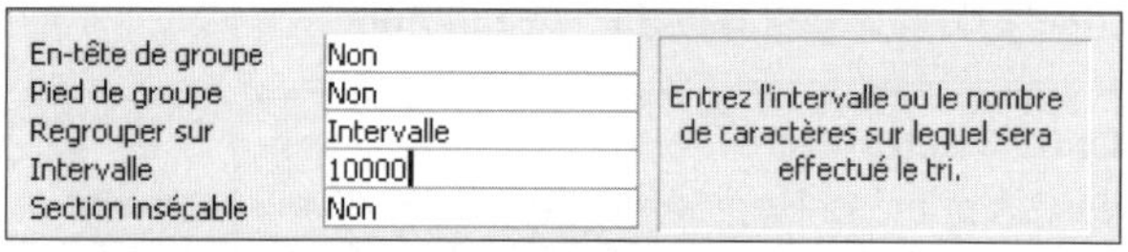

4 - RENDRE UN GROUPE INSÉCABLE

Pour qu'un groupe s'imprime sur une nouvelle page s'il ne tient pas à la suite du précédent.

- Mettez *Groupe entier* dans la ligne <section insécable> du dialogue *Trier et regrouper*

5 - MODIFIER L'ORDRE DE TRI ET DE REGROUPEMENT

Pour changer l'ordre de tri et de regroupement des données dans un état, on modifie l'ordre des champs ou des expressions dans la fenêtre *Trier et regrouper.*

Modifier l'ordre de tri et de regroupement

 Cliquez sur ce bouton dans la barre d'outils, ou *Affichage/Trier et grouper.*

- Cliquez sur le sélecteur du champ ou de l'expression à déplacer et faites glisser

Ajouter/Supprimer un champ de tri ou de regroupement

- Cliquez sur le sélecteur de la ligne au dessus de laquelle vous désirez insérer le champ, ou sur le sélecteur de la ligne à supprimer

– Pour ajouter un champ : appuyez sur [Inser].

– Pour supprimer un champ : appuyez sur [Suppr].

CALCULS ET TOTAUX DANS UN ÉTAT

Les états peuvent ajouter, compter ou comparer des valeurs provenant de plusieurs enregistrements et afficher le résultat. Les totaux et les moyennes sont particulièrement efficaces lorsqu'ils sont placés dans des en-têtes ou des pieds de groupe qui regroupent des enregistrements.

1 - RENOMMER UN CONTRÔLE

- Ouvrez l'état en mode *Création*

Cliquez sur ce bouton dans la barre d'outils, ou *Affichage/Propriétés*, ou appuyez sur [Alt]-[↵]

- Cliquez sur le contrôle dont vous désirez changer le nom
- Sélectionnez l'onglet *Autres*
- Sur la première ligne, tapez le nouveau nom du contrôle
- Cliquez sur la case de fermeture de la fenêtre des propriétés

Attention : le nom du contrôle doit être unique pour tout l'état.

2 - CALCULER UN TOTAL OU UNE MOYENNE DE GROUPE

- Ouvrez l'état en mode *Création*

Cliquez sur ce bouton dans la *boîte à outils.*

- Cliquez dans l'en-tête ou le pied de groupe où l'on veut faire apparaître le calcul
- Access crée une zone de texte : cliquez dedans
- Tapez *=Somme([NomDeChamp])* ou *=Moyenne([NomDeChamp])*
- Appuyez sur [↵]

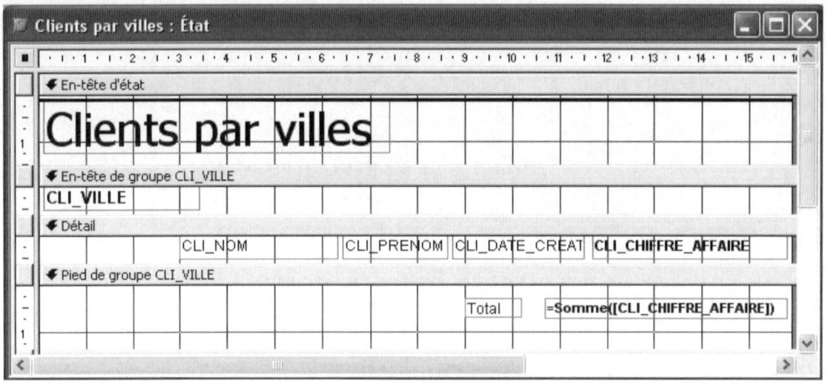

*NomDeCham*p est le nom du champ pour lequel on veut calculer le total ou la moyenne des valeurs. Pour mettre en forme le résultat, modifiez la propriété <Format> de la zone de texte.

3 - CALCULER UN TOTAL GÉNÉRAL OU UNE MOYENNE GÉNÉRALE

- Ouvrez l'état en mode *Création*

Cliquez sur ce bouton dans la *boîte à outils.*

- Cliquez dans l'en-tête d'état ou dans le pied d'état, là où doit apparaître le résultat du calcul
- Access crée une zone de texte : cliquez dedans
- Tapez *=Somme([NomDeChamp])* ou *=Moyenne([NomDeChamp])*
- Appuyez sur [↵]

4 - CALCULER LE POURCENTAGE D'UN TOTAL

- Ouvrez l'état en mode *Création*

Cliquez sur ce bouton dans la *boîte à outils.*

- Cliquez dans la section *Pied de groupe*
- Cliquez dans la zone de texte qui vient d'être créée
- Tapez *=Nom1/Nom2*

Où *Nom1* est le nom du contrôle affichant le sous-total et *Nom2* le nom du contrôle affichant le total général. Pour connaître le nom d'un contrôle, le sélectionner : son nom s'affiche au début de la barre d'outils *Mise en forme* :

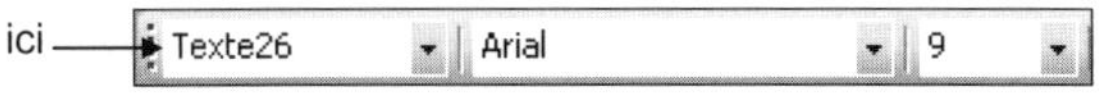

Si un nom de champ ou de contrôle contient des espaces, le placer entre crochets.

- Appuyez sur ↵

Cliquez sur ce bouton dans la barre d'outils, ou *Affichage/Propriétés*, ou appuyez sur Alt-↵

- Cliquez sur l'onglet *Format*
- Cliquez dans la zone <Format> et sélectionnez *Pourcentage*
- Cliquez sur la case de fermeture de la fenêtre des propriétés pour terminer

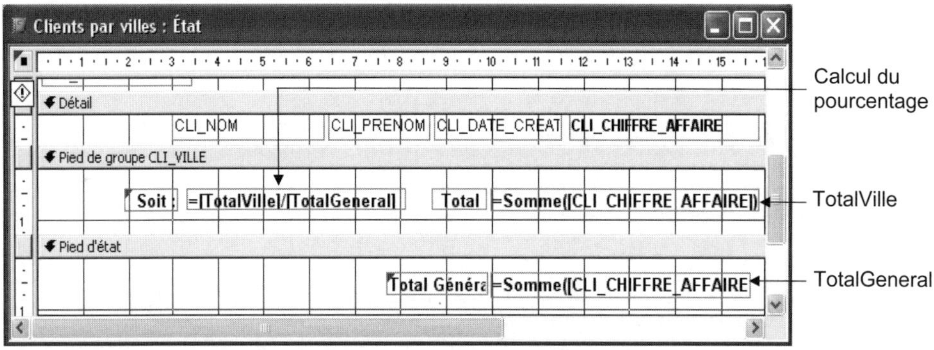

5 - CALCULER UN TOTAL CUMULÉ OU EFFECTUER UN COMPTAGE

- Ouvrez l'état en mode *Création*

Cliquez sur ce bouton dans la *boîte à outils.*

- Cliquez sur l'état là où vous souhaitez faire apparaître un total cumulé
- Cliquez dans la zone de texte qui vient d'être créée
- Tapez une expression qui calculera la valeur initiale de la zone de texte. Pour compter les enregistrements dans un état en commençant à 1, tapez =*1*. Pour afficher un total cumulé enregistrement par enregistrement, tapez par exemple =*Montant*
- Appuyez sur ↵

Cliquez sur ce bouton dans la barre d'outils, ou *Affichage/Propriétés*, ou appuyez sur Alt-↵

- Cliquez sur l'onglet *Données*, puis dans la zone <Cumul>
- Sélectionnez *En continu* ou *Par groupe*
- Cliquez sur la case de fermeture de la fenêtre des propriétés pour terminer

MISE EN PAGE ET IMPRESSION

1 - AJOUTER UN SAUT DE PAGE OU DE SECTION

Saut de page manuel

- Ouvrez l'état en mode *Création*

 Cliquez sur ce bouton dans la *boîte à outils*.

- Cliquez au niveau souhaité pour le saut de page

Le symbole suivant marque le saut de page : .....

Saut de section

Pour déterminer si Access doit commencer l'impression d'une section sur la page en cours ou au début d'une nouvelle page, il faut définir la propriété <Saut de page>.

- Cliquez sur une section à l'exception des en-têtes et des pieds de page

 Cliquez sur ce bouton dans la barre d'outils, ou *Affichage/Propriétés*, puis cliquez sur l'onglet *Format*.

- Cliquez dans la zone <Saut de page>
- Cliquez sur la flèche et sélectionnez une des options : *Avant section*, *Après section* ou *Avant & après section*

Section insécable

- Cliquez dans la section

 Cliquez sur ce bouton dans la barre d'outils, ou *Affichage/Propriétés*, puis cliquez sur l'onglet *Format*.

- Cliquez dans la zone <Section insécable>
- Cliquez sur la flèche et sélectionnez *Oui*

S'il est impossible d'imprimer la totalité de la section sur la page en cours, Access commence son impression au début de la page suivante. Si la longueur d'une section est supérieure à une page, Access poursuit l'impression sur les pages suivantes quel que soit le paramétrage de la propriété <Section insécable>.

2 - MISE EN PAGE

- Sélectionnez l'état dans la fenêtre Base de données, ou ouvrez l'état en mode *Création* ou en mode *Aperçu avant impression*
- *Fichier/Mise en page*

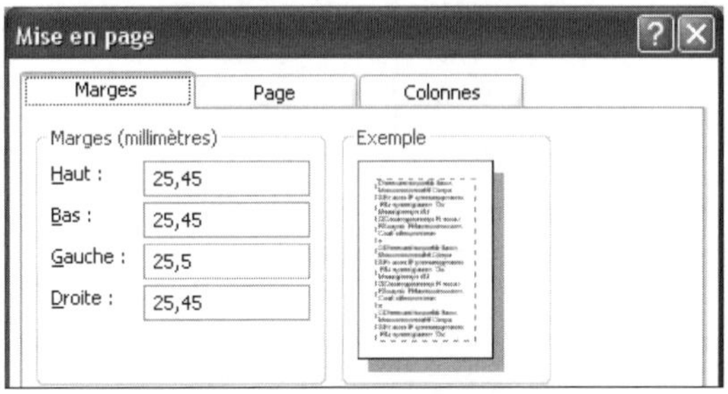

- Sous l'onglet *Marges*, précisez la taille des marges en millimètres
- Sous l'onglet *Page*, indiquez l'orientation de l'impression et la taille du papier
- Sous l'onglet *Colonnes*, indiquez si l'on veut que l'état soit imprimé sur plusieurs colonnes (prévoir alors que la largeur de l'état soit suffisamment étroite pour qu'il puisse tenir plusieurs fois sur la largeur de la page)
- Cliquez sur «OK»

MISE EN PAGE ET IMPRESSION

3 - APERÇU AVANT IMPRESSION

- Dans la barre de navigation de la fenêtre Base de données, cliquez sur *États*
- Sélectionnez le nom de l'état

Cliquez sur ce bouton dans la barre d'outils.

Boutons de déplacement

Vous pouvez utiliser les boutons de déplacement pour vous déplacer entre les différentes pages lors de l'aperçu.

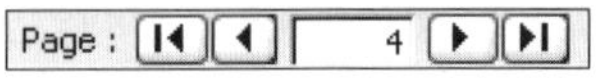

(a) (b) (c) (d) (e)

(a) Première page.
(b) Page précédente.
(c) Numéro de la page affichée.
(d) Page suivante.
(e) Dernière page.

4 - IMPRESSION

- Sélectionnez l'état dans la fenêtre *Base de données* ou affichez son aperçu

Cliquez sur ce bouton dans la barre d'outils pour lancer l'impression sans passer par un dialogue.

Ou

- *Fichier/Imprimer*, ou appuyez sur Ctrl-**P**

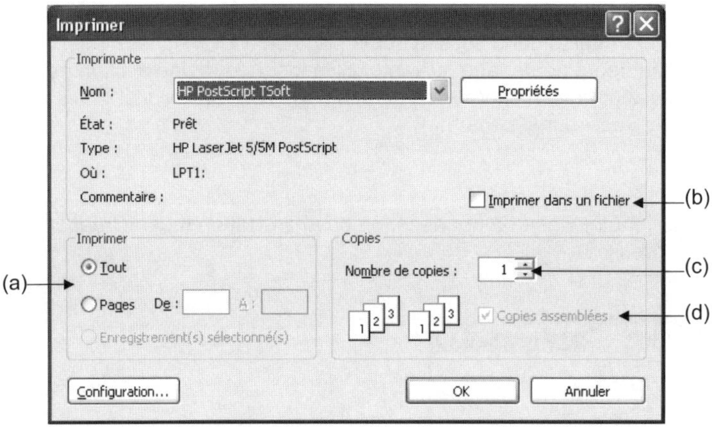

(a) Sélectionnez ⊙*Tout* ou ⊙*Pages* pour spécifier une plage de pages.
(b) Pour imprimer dans un fichier dont le nom sera réclamé dans un dialogue suivant.
(c) Nombre d'exemplaires à imprimer.
(d) Si vous avez demandé plusieurs exemplaires, précisez si vous voulez qu'ils soient assemblés.

- Faites vos choix et cliquez sur «OK»

RELATIONS ENTRE TABLES

8

CRÉER DES RELATIONS ENTRE TABLES

1 - OBJECTIF

Une fois que l'on a créé les tables qui constituent la base de données, il est souvent utile de les relier entre elles. On crée des relations entre deux tables afin de pouvoir visualiser dans une même requête, dans un même formulaire ou dans un même état, des données provenant de plusieurs tables.

Pour être reliées, les deux tables doivent disposer d'un champ commun. Le nom de ce champ commun peut être différent dans les deux tables, mais ses caractéristiques et son contenu doivent être identiques. Le champ utilisé pour la liaison dans l'une des tables est la clé primaire, l'autre est la clé étrangère.

Par exemple, si l'on dispose d'une table enregistrant les coordonnées de nos fournisseurs et d'une table stockant les articles de ces fournisseurs, il sera judicieux de relier ces deux tables par l'intermédiaire du champ correspondant au code fournisseur, nécessairement présent dans ces deux tables. Ainsi, dans une requête ou dans un état listant les ventes faites à un client, on pourra faire s'afficher son adresse ou son numéro de téléphone. Et, dans un formulaire présentant les coordonnées d'un client, on pourra faire s'afficher la liste des ventes qui lui sont associées. La clé primaire sera alors le code du fournisseur, la clé étrangère sera stockée dans la table des articles et permettra d'identifier de façon unique le fournisseur auprès duquel l'article est acheté.

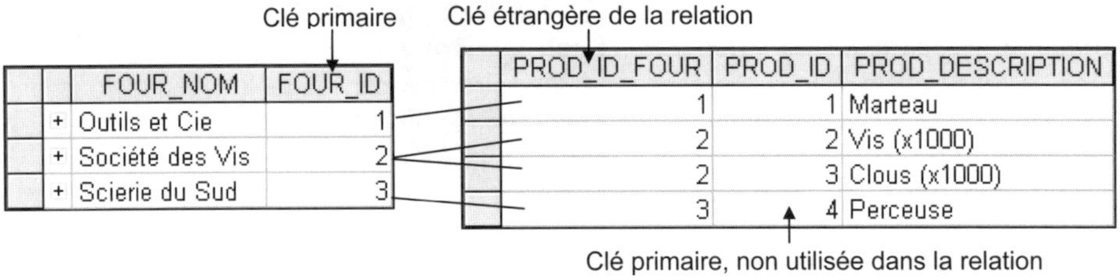

2 - REMARQUE SUR LES NOMS

Les noms que nous utiliserons désormais seront préfixés. Ainsi, «T» sera l'initiale de tous les noms de tables, «R» pour les requêtes, «F» pour les formulaires et «E» pour les états. Ceci nous permettra du premier coup d'œil de savoir exactement à quel objet nous avons affaire.

De même, tous les noms des champs seront préfixés par un groupe de lettres rappelant le nom de la table «PR» ou «PROD» pour produit, «FO» ou «FOUR» pour fournisseur, etc.

Ainsi, nous pourrons déterminer de façon simple à quelle table appartient un champ. Notamment, nous pourrons facilement voir que FOUR_ID est de la table fournisseur (et donc la clé primaire), alors que PROD_ID_FOUR est de la table produit (et donc la clé étrangère).

Nous utiliserons par ailleurs les règles habituellement suivies dans les bases de données : tous les noms sont en majuscules, et surtout n'utilisent ni espaces ni caractères accentués. Vous pouvez choisir une autre norme (utiliser des minuscules, par exemple), mais il est vivement déconseillé d'utiliser les espaces ou les caractères accentués.

3 - LES RELATIONS

Un-à-plusieurs

C'est la relation la plus courante. Un élément de table fille (contenant la clé étrangère) est en relation avec un élément de la table primaire (contenant la clé primaire), et un élément de la table primaire est en relation avec zéro, un ou plusieurs éléments de la table fille.

Un-à-un

Cette relation est assez rare. A un élément d'une table correspond un seul élément de l'autre table. Cette structure peut être utilisée si, par exemple, vous avez besoin de plus de 256 champs dans une table, ou si vous voulez «découper» une table en plusieurs pour des raisons de sécurité ou d'accessibilité.

Plusieurs-à-plusieurs

Cette relation n'existe pas ! Si vous avez besoin d'une relation de ce type, c'est qu'il vous manque une table intermédiaire, appelée table de jonction. Cette table de jonction aura une relation un-à-plusieurs avec chacune des autres tables.

L'intégrité référentielle

L'intégrité référentielle vous garantit qu'une clé étrangère a toujours une clé primaire qui lui correspond. En présence d'une intégrité référentielle, on doit d'abord ajouter un enregistrement dans la table primaire (contenant la clé primaire) avant de pouvoir entrer la nouvelle valeur dans le champ de l'autre table, champ qui met en place la relation avec la table primaire. Par ailleurs, on ne peut pas effacer un enregistrement de la table primaire si l'autre table contient un enregistrement dont le champ lié renferme la valeur à effacer.

Attention : pour pouvoir appliquer l'intégrité référentielle, vous devez avoir deux champs du même type et de même taille des deux côtés de la relation. Seule exception : si la clé primaire est de type *NuméroAuto*, la clé étrangère doit être de type *Numérique - entier long*.

Mettre à jour en cascade les champs correspondants

Cette option permet, si l'on modifie une clé primaire, de modifier toutes les clés étrangères qui lui correspondent.

Effacer en cascade les enregistrements correspondants

Grâce à cette option, si vous supprimez un enregistrement dans la table primaire, tous les enregistrements qui lui sont liés dans la table fille sont supprimés.

4 - DÉFINIR UNE RELATION ENTRE DEUX TABLES

 Cliquez sur ce bouton dans la barre d'outils, ou *Outils/Relations*.

Une fenêtre vierge s'affiche la première fois que l'on exécute cette commande.

 Cliquez sur ce bouton dans la barre d'outils.

- Pour chacune des tables à relier : sélectionnez le nom de la table et cliquez sur «Ajouter»
- Cliquez sur «Fermer»

Pour créer une relation entre deux champs :

- Cliquez et faites glisser à partir d'une table le champ que vous souhaitez relier sur le champ connexe de l'autre table

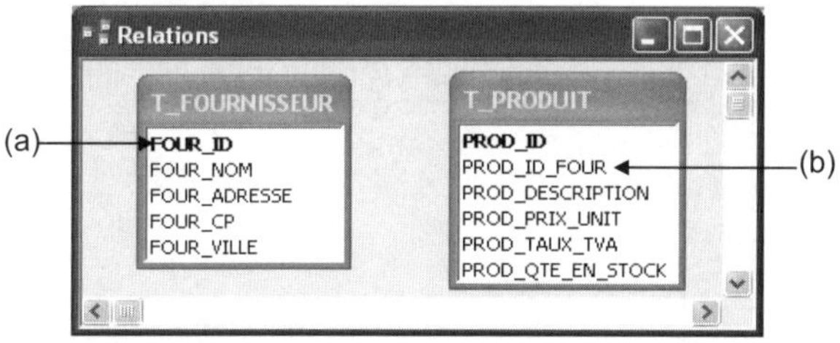

- Faites glisser la clé primaire (a) vers la clé étrangère (b) (ou le contraire)

Un dialogue s'affiche quand on relâche le bouton de la souris.

(a) Affiche le nom de la table primaire et le champ correspondant de cette relation.

(b) Affiche le nom de la table connexe et le champ correspondant de cette relation.

(c) Applique les règles à suivre pour maintenir les relations entre les tables lorsqu'on ajoute ou supprime des enregistrements. Il est nécessaire d'appliquer l'intégrité référentielle pour pouvoir mettre à jour en cascade ou effacer en cascade.

(d) Affiche le type de relation définie.

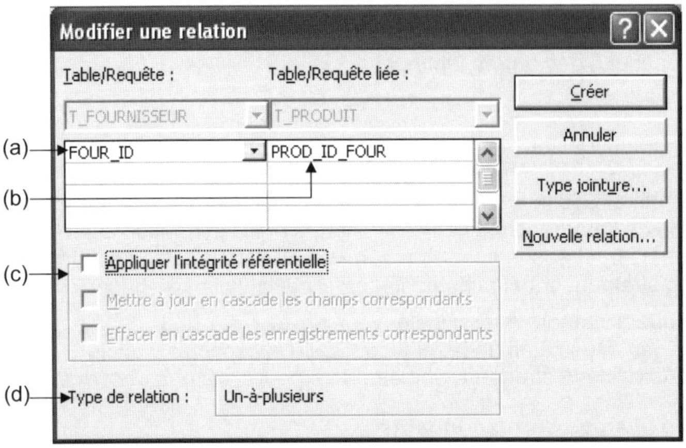

- Définissez les options de la relation
- Cliquez sur «Créer»

La relation est matérialisée par une ligne joignant les deux champs des deux tables :

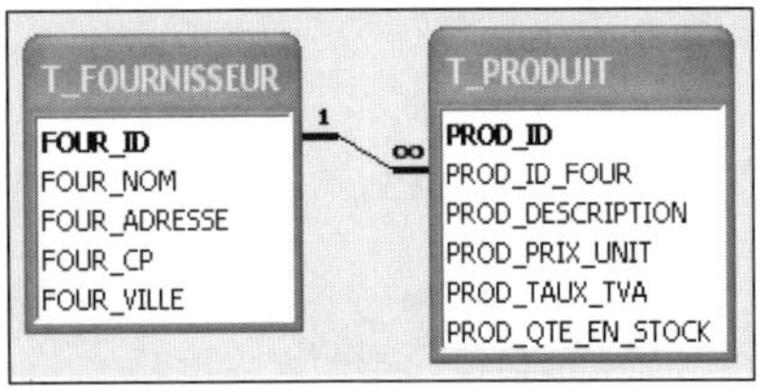

Avec intégrité référentielle.
A noter que la clé primaire est du côté 1
et la clé étrangère du côté **∞**

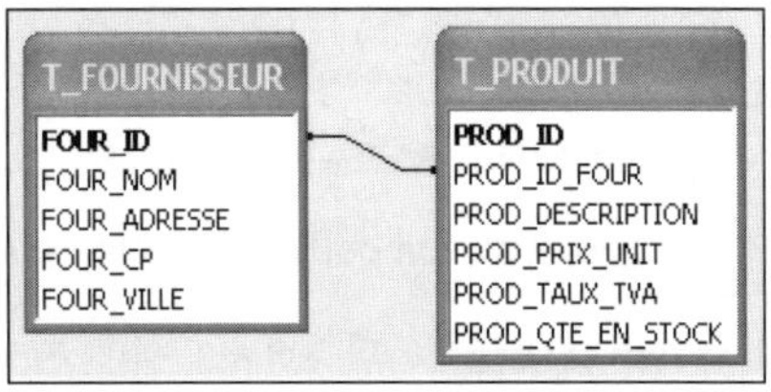

Sans intégrité référentielle.

- *Fichier/Fermer*, ou appuyez sur Ctrl-F4

Un message demande confirmation.

- Cliquez sur «Oui»

5 - LES OPTIONS DE JOINTURE

Il existe trois types de jointure, que l'on peut définir en cliquant sur le bouton «Type jointure» dans l'écran de définition des relations (voir ci-dessus).

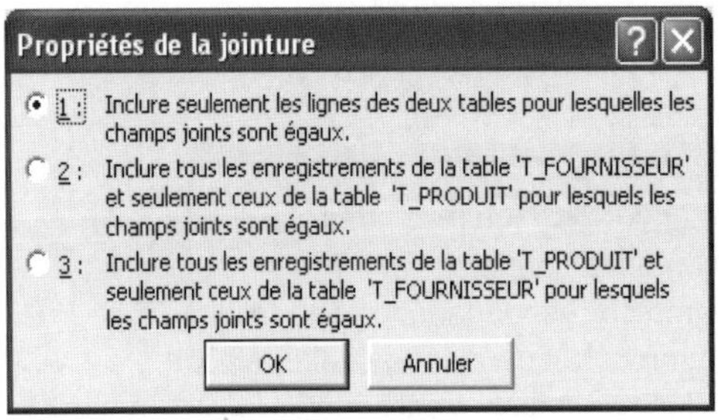

- Cliquez sur l'une des cases d'option pour sélectionner la jointure désirée

CRÉER DES RELATIONS ENTRE TABLES

Voici les enregistrements de deux tables, T_FOURNISSEUR et T_PRODUIT, et les liens qui les relient :

	FOUR_NOM	FOUR_ID
+	Outils et Cie	1
+	Société des Vis	2
+	Scierie du Sud	3

PROD_ID_FOUR	PROD_ID	PROD_DESCRIPTION
1	1	Marteau
2	2	Vis (x1000)
2	3	Clous (x1000)
	4	Perceuse

Suivant le type de relation, voici le résultat des requêtes :

– Les champs joints sont égaux :

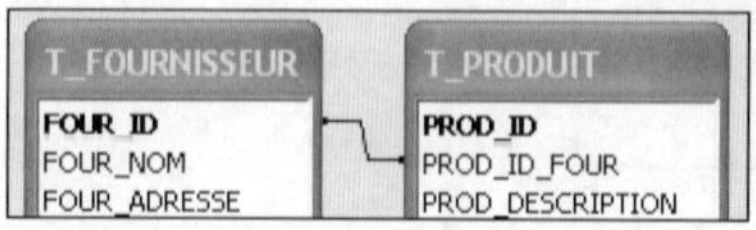

FOUR_NOM	FOUR_ID	PROD_ID_FOUR	PROD_DESCRIPTION
Outils et Cie	1	1	Marteau
Société des Vis	2	2	Vis (x1000)
Société des Vis	2	2	Clous (x1000)

– Tous les enregistrements de T_FOURNISSEUR, et seulement ceux de T_PRODUIT pour lesquels les champs joints sont égaux :

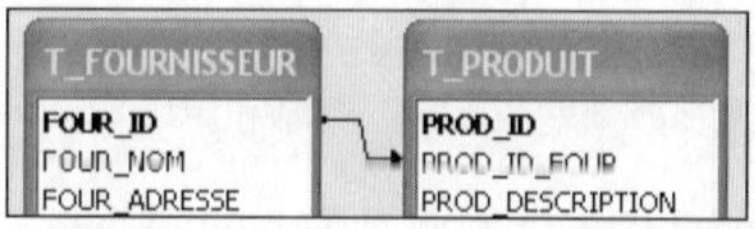

FOUR_NOM	FOUR_ID	PROD_ID_FOUR	PROD_DESCRIPTION
Outils et Cie	1	1	Marteau
Société des Vis	2	2	Clous (x1000)
Société des Vis	2	2	Vis (x1000)
Scierie du Sud	3		

– Tous les enregistrements de T_PRODUIT, et seulement ceux de T_FOURNISSEUR pour lesquels les champs joints sont égaux :

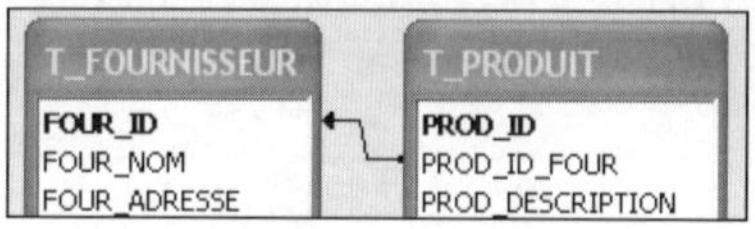

FOUR_NOM	FOUR_ID	PROD_ID_FOUR	PROD_DESCRIPTION
Outils et Cie	1	1	Marteau
Société des Vis	2	2	Vis (x1000)
Société des Vis	2	2	Clous (x1000)
			Perceuse

6 - MODIFIER/SUPPRIMER UNE RELATION EXISTANTE

Cliquez sur ce bouton dans la barre d'outils, ou *Outils/Relations*.

Modifier une relation

- Double-cliquez sur la ligne qui relie les deux tables
- Modifiez les caractéristiques de la relation
- Cliquez sur «OK»

Supprimer une relation

- Cliquez sur la ligne qui relie les deux tables afin de la sélectionner
- Appuyez sur Suppr
- Cliquez sur «Oui»

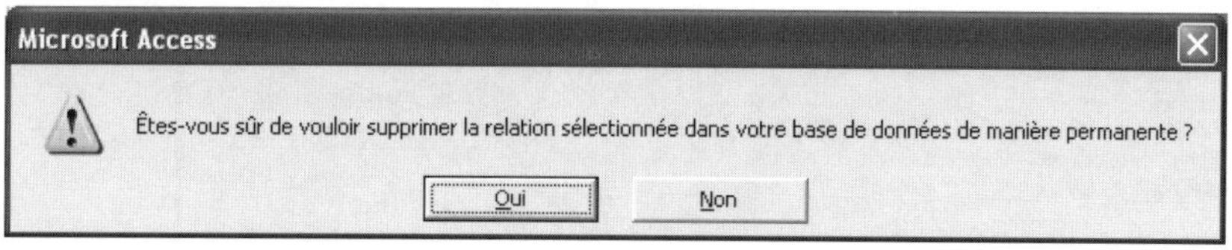

Note : si vous sélectionnez une table puis en appuyez sur Suppr, vous masquerez la table mais ne la supprimerez pas, et n'effacerez pas les liens de cette table.

UTILISER DES TABLES LIÉES

Cliquez sur ce bouton dans la barre d'outils pour faire apparaître les tables masquées, ou *Relations/Afficher toutes les relations*.

La manipulation des enregistrements sur les tables liées est légèrement différente de celle des tables simples, que ce soit directement ou à travers des requêtes.

1 - VISUALISER LES ENREGISTREMENTS LIÉS DANS LA TABLE PRINCIPALE

- Dans la barre de navigation de la fenêtre Base de données, cliquez sur *Tables*
- Ouvrir la table primaire (contenant la clé primaire de la relation)

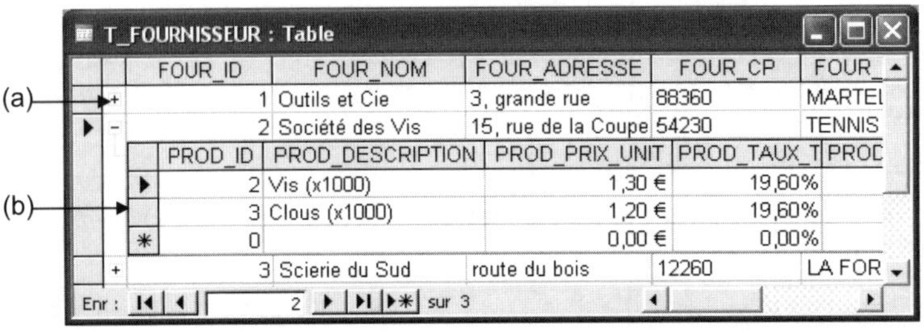

- Cliquez sur le symbole **+** en (a) pour faire apparaître les enregistrements liés en (b) appartenant à la table fille (contenant la clé étrangère)

Vous pouvez mettre à jour les données de la table primaire ou de la table fille en procédant de la façon habituelle.

2 - SÉLECTIONNER UN ENREGISTREMENT LIÉ DANS LA TABLE FILLE

Pour pouvoir sélectionner dans une liste déroulante une valeur présente dans un enregistrement lié.

- Dans la barre de navigation de la fenêtre Base de données, cliquez sur *Tables*
- Sélectionnez la table fille (celle qui contient la clé étrangère)

Modifier — Cliquez sur ce bouton dans la barre d'outils de la fenêtre Base de données.

- Sélectionnez la clé étrangère
- Dans les propriétés du champ, cliquez sur l'onglet *Liste de choix*

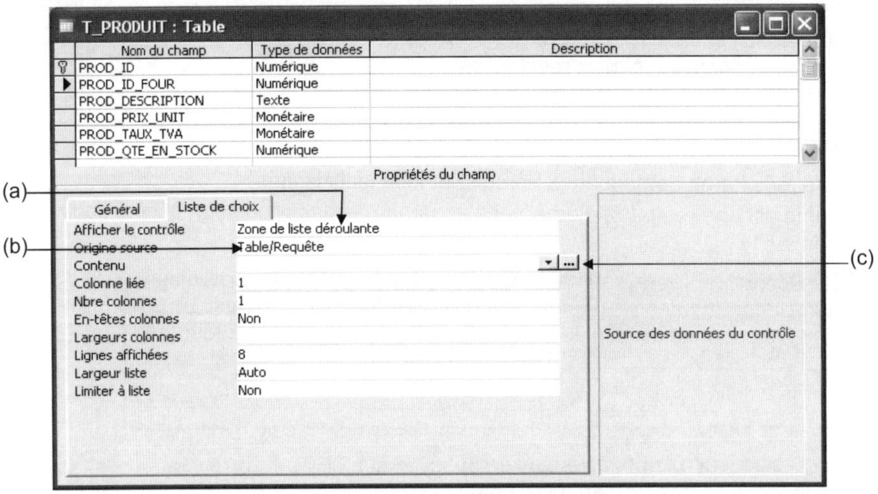

UTILISER DES TABLES LIÉES

- En (a), sélectionnez *Zone de liste* ou *Zone de liste déroulante*. La différence entre ces deux options n'apparaît que dans la génération de formulaire avec l'assistant
- En (b), sélectionnez *Table/Requête*
- Cliquez dans la propriété <Contenu>

Cliquez en (c) sur ce bouton pour lancer le constructeur de requête

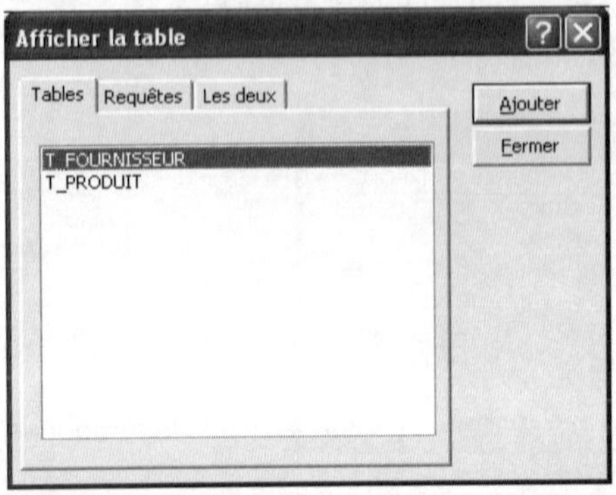

- Dans le constructeur de requête, sélectionnez la table principale
- Cliquez sur «Ajouter»
- Cliquez sur «Fermer»
- Sélectionnez les champs qui doivent apparaître dans la liste. Si la table contient une clé primaire, celle-ci doit impérativement figurer

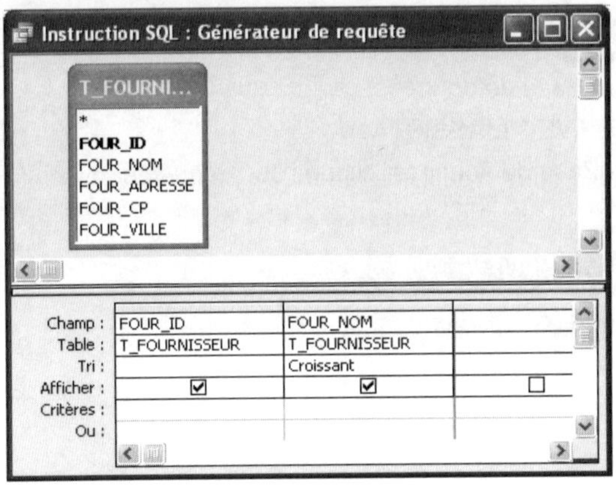

- Fermez la requête en demandant à enregistrer les modifications

Cette requête est une requête "interne", et n'apparaît pas dans l'onglet requêtes de la base de données

Si nécessaire, cliquez sur ce bouton qui apparaît dès que vous changez de ligne dans la fenêtre des propriétés pour propager les modifications. Tous les formulaires, requêtes et états utilisant le champ modifié seront modifiés à leur tour.

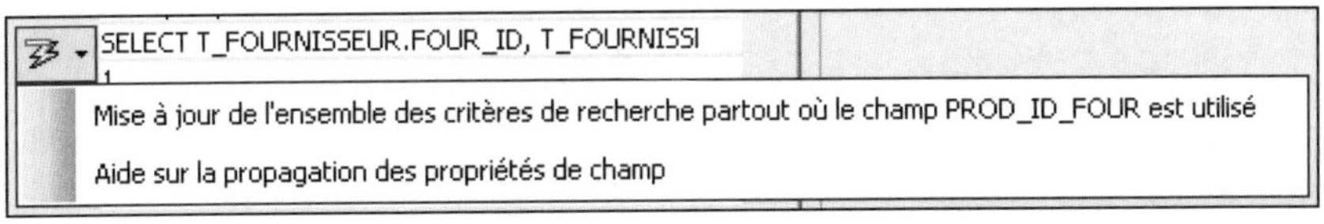

- Modifiez éventuellement les autres propriétés de la liste de choix, et notamment :
  - Vérifiez que la colonne contenant la clé primaire est bien la première colonne.
  - S'il y a plus d'une colonne dans la requête, rappelez le nombre dans la propriété <Nbre colonnes>.
  - La présence des en-têtes de colonnes se fait dans la propriété <En-têtes colonnes>.
  - Pour masquer la colonne clé (ce qui est conseillé si ce n'est pas la seule colonne), indiquez que sa largeur est de 0 cm dans la propriété <Largeurs colonnes>.

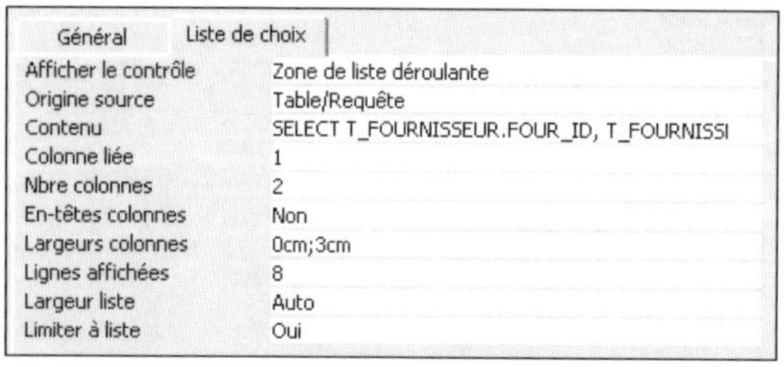

Dorénavant, en mode grille, une liste déroulante apparaît dans la colonne de la clé étrangère quand vous vous positionnez dans le champ concerné :

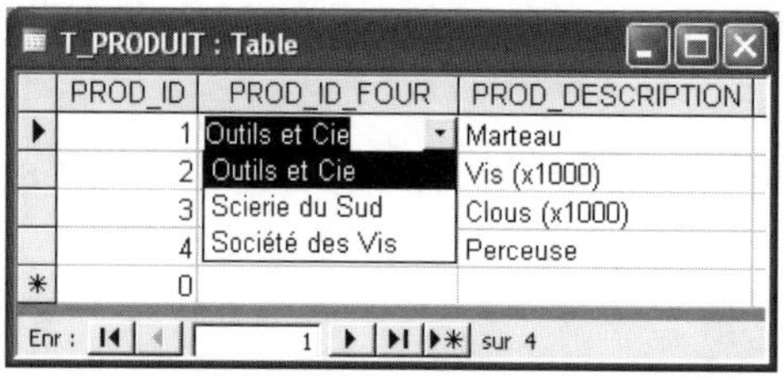

3 - CRÉER UNE REQUÊTE MULTITABLE AVEC L'ASSISTANT

- Dans la barre de navigation de la fenêtre Base de données, cliquez sur *Requêtes*
- Double-cliquez sur *Créer une requête à l'aide de l'Assistant*

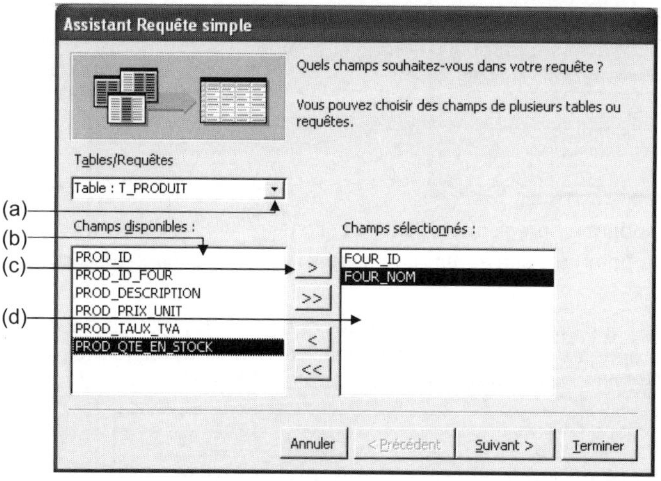

Il s'agit de préciser quels sont les tables et les champs à afficher.

- Cliquez sur la flèche en (a)

- Sélectionnez le nom de la première table
- Sélectionnez les champs désirés en (b) et ajoutez-les en utilisant le bouton (c)

Access affiche les champs sélectionnés dans la liste (d).

- Recommencez en sélectionnant une autre table en (a)
- Continuez la création de la requête de façon habituelle

Rôle des autres boutons

[>>] Récupère tous les champs affichés dans la liste (b).

[<] Retire le champ sélectionné dans la liste (d).

[<<] Vide le contenu de la liste (d).

4 - CRÉER UNE REQUÊTE MULTITABLE EN MODE CRÉATION

- Dans la barre de navigation de la fenêtre Base de données, cliquez sur *Requêtes*
- Double-cliquez sur *Créer une requête en mode Création*

Access affiche un dialogue permettant d'ajouter des tables ou des requêtes :

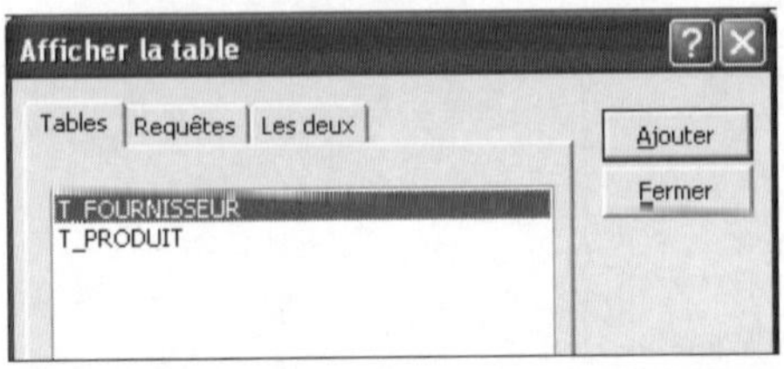

- Sélectionnez la première table ou requête
- Cliquez sur «Ajouter»
- Ajoutez de la même façon les autres tables

Les tables s'ajoutent dans le volet des sources (partie supérieure de la fenêtre). Si des liaisons ont été définies, elles s'ajoutent aussi.

- Cliquez sur «Fermer»
- Ajoutez les liens temporaires, de la même manière que pour la fenêtre des relations. Il ne peut s'agir que de lien sans intégrité référentielle. Ces liens ne seront actifs que lors de l'exécution de la requête

La sélection des champs, les critères, les formules, l'enregistrement, ... s'effectuent exactement comme pour une requête monotable.

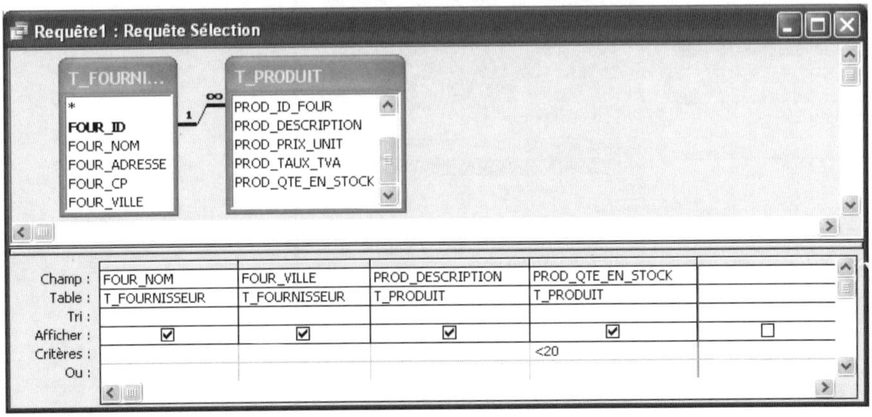

FORMULAIRES ET ÉTATS MULTITABLES

Il y a deux types de formulaires multitable : les formulaires simples (article - fournisseur : il n'y a qu'un fournisseur par article) et les formulaires avec sous-formulaire ou formulaire lié (fournisseur - article : il y a plusieurs articles par fournisseur).

1 - CRÉER UN FORMULAIRE

- Dans la barre de navigation de la fenêtre Base de données, cliquez sur *Formulaires*
- Double-cliquez sur *Créer un formulaire à l'aide de l'Assistant*
- Sélectionnez en (a) la première table ou requête utilisée dans le formulaire

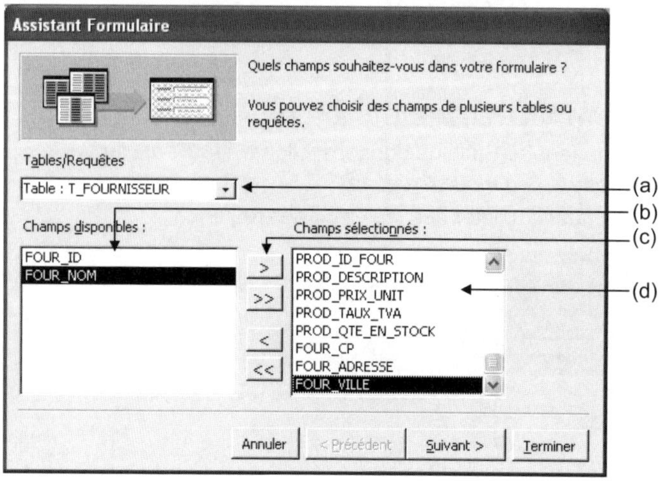

En (b) apparaissent les champs de la table ou de la requête

- Double-cliquez sur chacun des champs devant apparaître dans le formulaire, ou cliquez sur la flèche (c), pour copier les champs désirés en (d)
- Recommencez en sélectionnant en (a) une nouvelle table ou requête
- Cliquez sur «Suivant»

Maintenant, deux cas de figure se présentent.

Formulaire simple

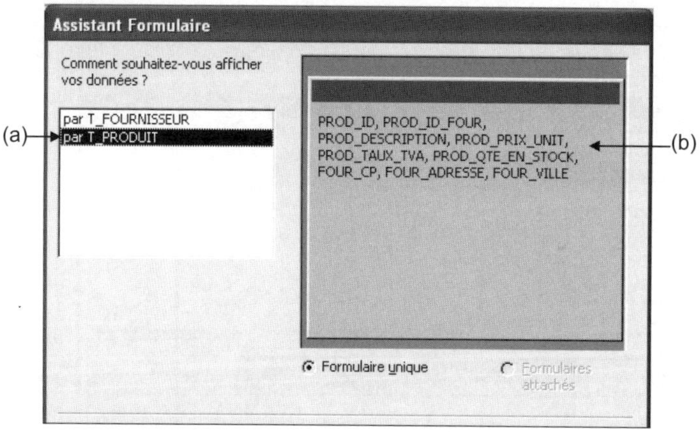

- En (a), sélectionnez la table contenant la clé étrangère. En (b), aucun niveau n'apparaît
- Cliquez sur «Suivant» et continuer en répondant aux questions de l'assistant

A noter que le titre du formulaire qu'Access vous demande dans le dernier écran sera également utilisé comme nom du formulaire. Vous pourrez bien sûr renommer le formulaire par la suite.

Remarque : si une zone de liste déroulante a été définie lors de la conception de la table, vous retrouvez cette liste dans le formulaire.

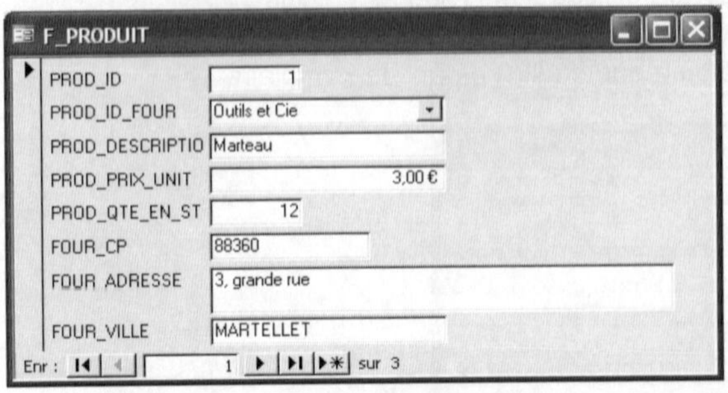

Formulaire avec sous-formulaire

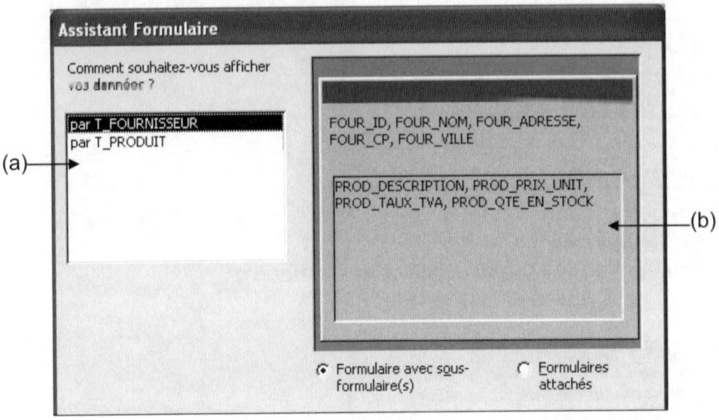

- En (a), sélectionnez la table contenant la clé primaire. En (b), un niveau apparaît
- Cliquez sur «Suivant» et continuez de répondre aux questions de l'assistant

L'assistant vous demandera deux titres (et donc deux noms) : un titre pour le formulaire principal, et un titre pour le sous-formulaire.

- Après avoir cliqué sur «Terminer», l'assistant génère le formulaire

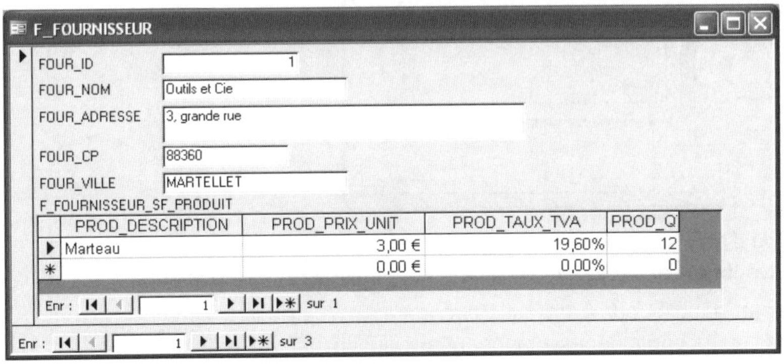

2 - CRÉER UN ÉTAT

Le principe est similaire à celui d'un formulaire. La principale différence est qu'un état utilisera des niveaux de regroupement plutôt que des sous-états.

- Dans la barre de navigation de la fenêtre Base de données, cliquez sur *États*
- Double-cliquez sur *Créer un état à l'aide de l'Assistant*
- Sélectionnez la première table ou requête utilisée dans l'état dans la liste (a)

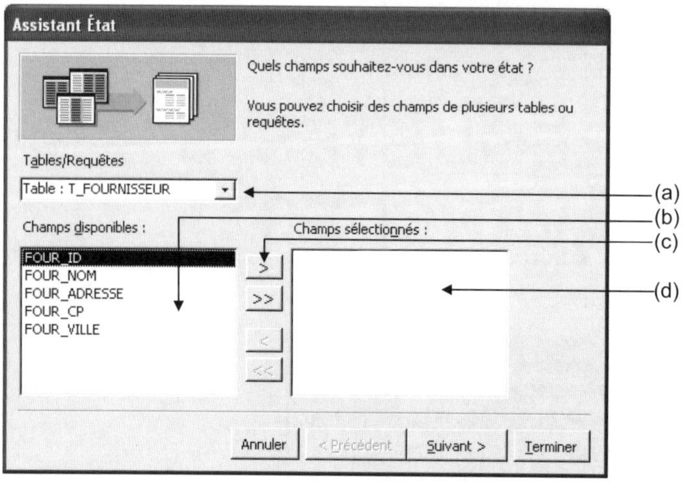

- En (b) apparaissent les champs de la table ou de la requête
- Double-cliquez sur chacun des champs devant apparaître dans l'état, ou cliquez sur la flèche (c), pour copier les champs désirés en (d)
- Recommencez en sélectionnant en (a) une nouvelle table ou requête
- Cliquez sur «Suivant»

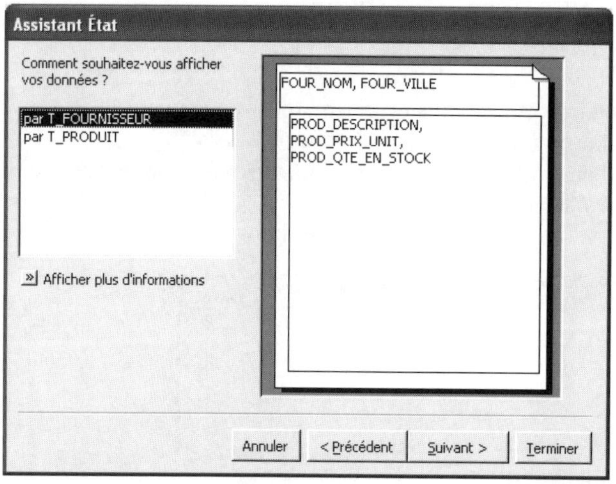

- Choisissez le type d'état (avec ou sans regroupement)
- Cliquez sur «Suivant» et continuez en répondant aux questions de l'assistant

REQUÊTES AVANCÉES

9

INTRODUCTION

Nous avons déjà vu les requêtes Sélection dont le but est d'effectuer une sélection dans les tables et d'afficher dans une feuille de réponse une partie des enregistrements d'une ou de plusieurs tables reliées. Access propose également d'autres types de requêtes.

1 - REQUÊTES ACTION

Ces requêtes n'ont pas pour objectif d'afficher les données sous une forme ou sous une autre, mais d'effectuer diverses actions (création, suppression, ajout d'enregistrements, mise à jour, etc.) sur les tables de la base de données ouverte.

Requête Création de table

Ce type de requête permet de créer de nouvelles tables en se basant sur le contenu ou une partie du contenu de tables existantes.

Requête Suppression

Une requête *Suppression* efface une partie des enregistrements d'une table. Définir une requête de ce type pour effacer en une seule fois l'ensemble des enregistrements d'une table remplissant la même condition.

Requête Ajout

Une requête *Ajout* sert à ajouter une partie des enregistrements d'une table dans une autre table de la base de données en cours, ou d'une base de données externe. Le nombre de champs dans les tables sources et dans la table de destination ne doit pas forcément être le même. La requête *Ajout* ignore les champs qui ne sont pas mis en correspondance dans la table destination.

Requête Mise à jour

Une requête *Mise à jour* sert à modifier de manière automatique et en une seule opération une partie des données dans des tables existantes.

2 - REQUÊTES COMPLEXES

Requête Trouver les doublons

Ce type de requête permet de rechercher les doublons (enregistrements en double) dans une table ou une requête.

Requête Non-correspondance

Ce type de requête permet de trouver les enregistrements d'une table qui ne sont pas reliés à un enregistrement d'une autre table.

3 - REQUÊTE D'ANALYSE CROISÉE

Une requête d'analyse croisée est une requête qui présente une synthèse des données dans un format de type feuille de calcul en utilisant les champs que l'on spécifie comme en-têtes de ligne et de colonne. Elle peut également présenter des données de synthèse. Elle peut être avantageusement remplacée par un tableau croisé dynamique.

4 - REQUÊTES SQL

Pour ces requêtes, il faut maîtriser SQL car on sera amené à taper des instructions dans ce langage. Ce type de requêtes n'est pas traité dans cet ouvrage.

Requêtes Union

Elles permettent de combiner les enregistrements de tables ayant des champs en commun.

Les requêtes Définition de données

Elles permettent de créer ou de modifier des tables.

REQUÊTE CRÉATION DE TABLE

Ce type de requête permet de créer de nouvelles tables à partir du contenu d'autres tables. Le point de départ d'une requête *Création* de table est une requête *Sélection* que l'on convertit. Attention : au niveau de la structure de la table, seuls le type des données et la taille des champs sont transférés lors de cette opération. Ni la clé primaire, ni aucune autre propriété ne sont copiées.

- Créez une requête *Sélection* n'affichant que les enregistrements et les champs devant être placés dans la nouvelle table
- Affichez-la en mode *Création*

Cliquez sur ce bouton dans la barre d'outils, ou *Affichage/Mode Feuille de données* pour visualiser et vérifier les données que vous allez insérer

Cliquez sur ce bouton dans la barre d'outils, ou *Affichage/Mode création* pour revenir en mode *Création.*

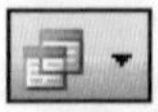
Cliquez sur la flèche associée à ce bouton et sélectionnez *Requête Création de table* dans la liste déroulante, ou *Requête/Requête Création de table.*

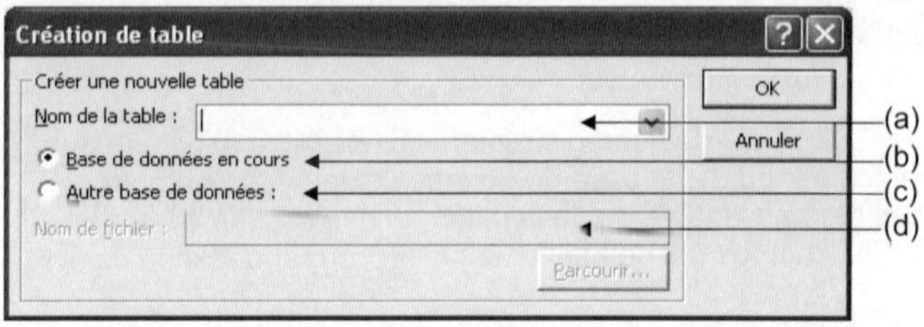

(a) Tapez le nom de la nouvelle table ou sélectionnez dans la liste le nom de la table que l'on veut remplacer par la nouvelle table.
(b) Pour placer la nouvelle table dans la base de données en cours.
(c) Pour placer la nouvelle table dans une autre base de données.
(d) Si vous souhaitez créer une table dans une autre base de données, tapez ici le chemin d'accès et le nom de la base de données (par exemple C:\COMPTES\CLIENTS.MDB). Si l'extension est absente, Access la rajoute automatiquement.

- Cliquez sur «OK»

Le titre de la requête devient *Requête Création.* Cliquez sur ce bouton dans la barre d'outils, ou *Requête/Exécuter* pour exécuter la requête.

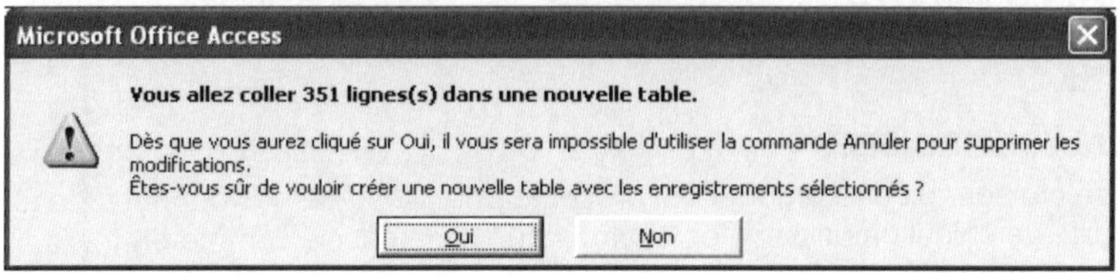

- Cliquez sur «Oui»
- *Fichier/Fermer*, ou appuyez sur Ctrl-F4 ou sur Ctrl-**W**

Un message propose d'enregistrer la requête.

- Cliquez sur «Non» si vous voulez l'enregistrer. Ceci dit, ce type de requête ne sert généralement qu'une seule fois

Vérifier le résultat

- Dans la barre de navigation de la fenêtre Base de données, cliquer sur *Tables*
- Sélectionner la table nouvellement créée

Cliquez sur ce bouton dans la barre d'outils de la fenêtre Base de données.

REQUÊTE AJOUT D'ENREGISTREMENTS

Une requête *Ajout* sert à ajouter des enregistrements d'une table dans une autre table (de la base de données en cours, ou d'une base de données externe). Le nombre de champs dans les tables source et destination ne doit pas forcément être le même. La requête *Ajout* ignore les champs qui ne sont pas mis en correspondance dans la table destination. Le point de départ d'une requête *Ajout* est une requête *Sélection* que l'on convertit.

- Créez une requête *Sélection* n'affichant que les enregistrements et les champs à ajouter
- Affichez-la en mode *Création*
- Placez les champs de la table source dans la grille de création : au moins les champs à ajouter y compris le champ correspondant à la clé primaire de la table cible (sauf s'il est de type *NuméroAuto*)
- Indiquez éventuellement les critères précisant les enregistrements à ajouter

Cliquez sur ce bouton dans la barre d'outils, ou *Affichage/Mode Feuille de données* pour visualiser et vérifier les données que vous allez insérer

Cliquez sur ce bouton dans la barre d'outils, ou *Affichage/Mode création* pour revenir en mode *Création.*

Cliquez sur la flèche associée à ce bouton et sélectionnez *Requête Ajout* dans la liste déroulante, ou *Requête/Requête Ajout.*

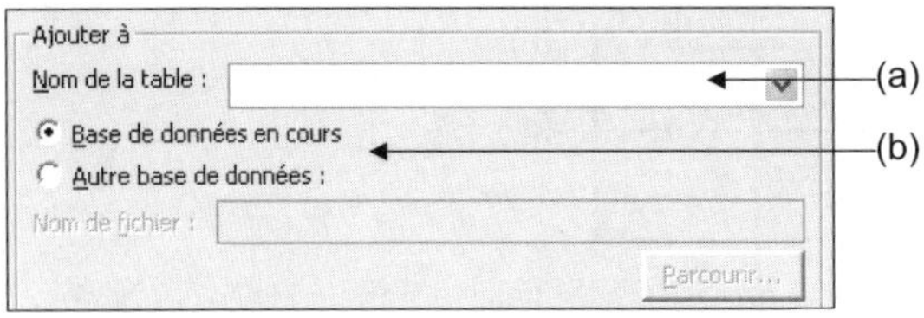

- Indiquez en (a) le nom de la table devant recevoir les enregistrements
- Spécifiez en (b) la base de données contenant cette table : sélectionnez ⊙*Base de données en cours* ou indiquez le chemin complet d'une autre base de données
- Cliquez sur «OK»

Le nom de la requête devient *Requête Ajout*. Access ajoute dans la grille une ligne <Ajouter à> et y place les champs de la table cible identiques (même nom et type) à ceux de la table source. Pour ajouter un champ qui ne porte pas le même nom dans les deux tables, précisez le nom des champs concernés dans les lignes <Champ>, <Table> et <Ajouter à>.

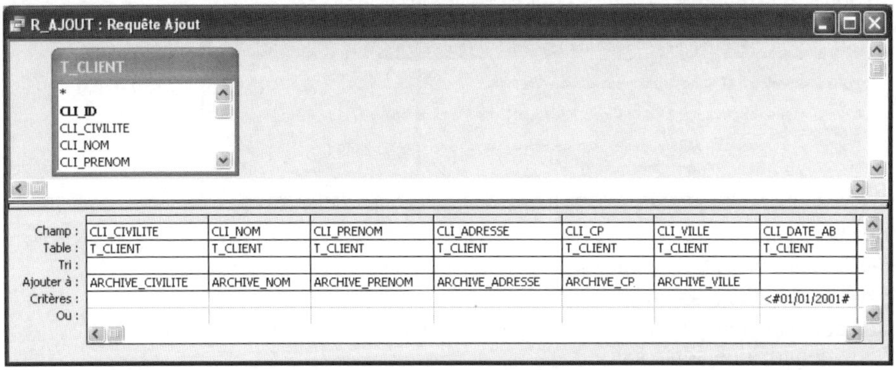

Cliquez sur ce bouton dans la barre d'outils, ou *Requête/Exécuter* pour exécuter la requête.

- Cliquez sur «Oui» quand Access vous demande confirmation
- *Fichier/Fermer*, ou appuyez sur Ctrl-F4 ou sur Ctrl-**W**
- Enregistrez la requête si vous désirez la conserver

REQUÊTE SUPPRESSION D'ENREGISTREMENTS

Une requête *Suppression* efface une partie des enregistrements d'une table (attention : elle ne peut être annulée). Définir une requête *Suppression* afin de pouvoir effacer en une seule manipulation des enregistrements remplissant la même condition. Le point de départ d'une requête *Suppression* est une requête *Sélection* que l'on convertit.

- Créez une requête *Sélection* n'affichant que les enregistrements à supprimer.
- Si tous les enregistrements sont à effacer, mettez n'importe quel champ ou tous les champs (*) sans aucun critère. La présence d'un champ suffit à supprimer tout l'enregistrement

Cliquez sur ce bouton dans la barre d'outils, ou *Affichage/Mode Feuille de données* pour visualiser et vérifier les données que vous allez supprimer

Cliquez sur ce bouton dans la barre d'outils, ou *Affichage/Mode création* pour revenir en mode *Création*

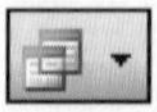
Cliquez sur la flèche associée à ce bouton et sélectionnez *Requête Suppression* dans la liste déroulante, ou *Requête/Requête Suppression*

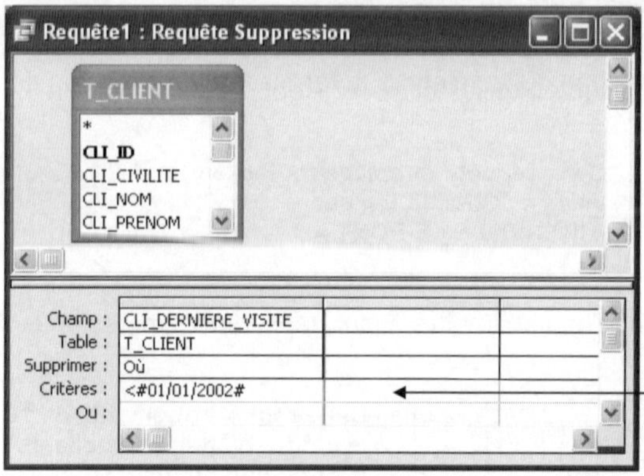

On supprime les clients dont la date de dernière visite est antérieure au 01/01/2002

La ligne <Supprimer> est ajoutée et affiche sous les champs la mention *Où* ou *A partir de.*

- *A partir de* désigne la table dans laquelle on va supprimer les enregistrements. Cette précision n'est nécessaire que quand la table sur laquelle on supprime les enregistrements n'est pas celle qui contient les critères
- *Où* indique le ou les champs pour lesquels on a spécifié des critères.

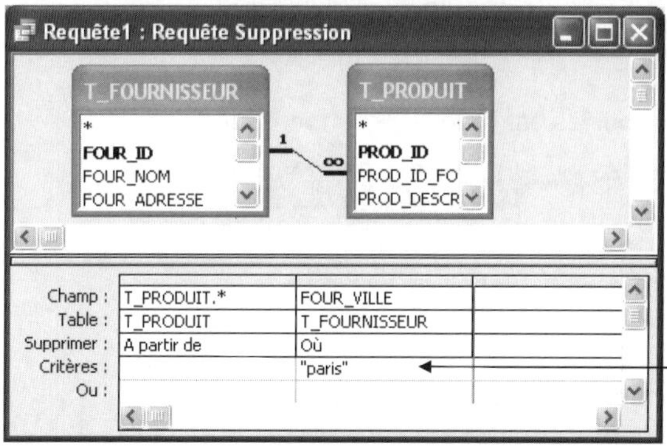

On supprime les produits des fournisseurs parisiens

Cliquez sur ce bouton dans la barre d'outils, ou *Requête/Exécuter* pour exécuter la requête.

- Cliquez sur «Oui» quand Access vous demande confirmation
- *Fichier/Fermer*, ou appuyez sur Ctrl-F4 ou sur Ctrl-**W**
- Enregistrez la requête si vous désirez la conserver

REQUÊTE MISE À JOUR D'ENREGISTREMENT

Une requête *Mise à jour* sert à modifier de manière automatique et en une seule opération une partie des données dans des tables existantes. On pourra par exemple s'en servir dans une table *Articles* pour augmenter de 10% le prix de tous les produits d'un fournisseur précis. Le point de départ d'une requête *Mise à jour* est une requête *Sélection* que l'on convertit.

- Créez une requête *Sélection* n'affichant que les enregistrements à modifier
- Affichez-la en mode *Création*

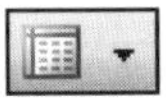
Cliquez sur ce bouton dans la barre d'outils, ou *Affichage/Mode Feuille de données* pour visualiser et vérifier les données que vous allez supprimer

Cliquez sur ce bouton dans la barre d'outils, ou *Affichage/Mode création* pour revenir en mode *Création*

Si la formule de mise à jour est délicate à écrire, il peut être prudent de la « tester » avant en l'écrivant dans un champ calculé (vu au chapitre 4).

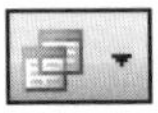
Cliquez sur la flèche associée à ce bouton et sélectionnez *Requête Mise à jour* dans la liste déroulante, ou *Requête/Requête Mise à jour*

Le titre de la fenêtre devient *Requête Mise à jour*, et la grille comporte une ligne supplémentaire : <Mise à jour>. C'est cette ligne qui contiendra la formule ou l'expression de mise à jour

Champ :	CLI_VILLE	
Table :	T_CLIENT	
Mise à jour :	"JOINVILLE LE PONT"	
Critères :	"JOINVILLE"	
Ou :		

Cette requête remplace toutes les villes « JOINVILLE » par « JOINVILLE LE PONT »

- Dans la ligne <Mise à jour> du champ que l'on veut mettre à jour, tapez une expression ou une valeur pour modifier les données

Champ :	CLI_CHIFFRE_AFFAIRE	CLI_ABONNEMENT	
Table :	T_CLIENT	T_CLIENT	
Mise à jour :	[CLI_CHIFFRE_AFFAIRE]*1,1		
Critères :		"OR"	
Ou :			

Cette requête augmente de 10% le chiffre d'affaire des clients ayant un abonnement « or »

- La formule pour un champ peut utiliser un autre champ, voire lui-même. Dans ce cas, mettez le nom du champ servant au calcul entre crochets.

Attention ! Soyez sûr de la justesse de votre formule avant de l'appliquer !

Cliquez sur ce bouton dans la barre d'outils, ou *Requête/Exécuter* pour exécuter la requête.

Le nombre d'enregistrements qui seront modifiés est indiqué par un message :

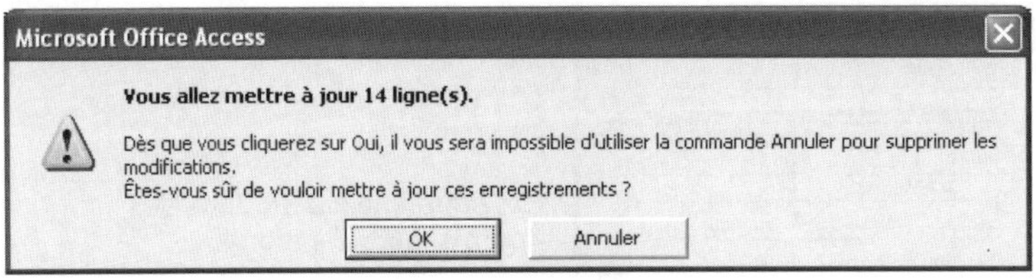

- Cliquez sur «OK»
- *Fichier/Fermer*, ou appuyez sur Ctrl-F4 ou sur Ctrl-**W**
- Enregistrez la requête si vous désirez la conserver

Remarque : dans certains cas, on ne peut pas mettre à jour les tables sources à partir d'une requête *Mise à jour*. Par exemple, il n'est pas possible de mettre à jour des champs calculés, des requêtes comportant des calculs (regroupement), ou des tables verrouillées.

REQUÊTE TROUVER LES DOUBLONS

Ce type de requête permet de rechercher les doublons (enregistrements en double) dans une table ou une requête. Elle ne les supprime pas pour autant.

- Dans la barre de navigation de la fenêtre Base de données, cliquez sur *Requêtes*

Cliquez sur ce bouton dans la barre d'outils.

- Sélectionnez *Assistant Requête trouver les doublons*
- Cliquez sur «OK»
- Sélectionnez le nom de la table ou de la requête que vous voulez vérifier

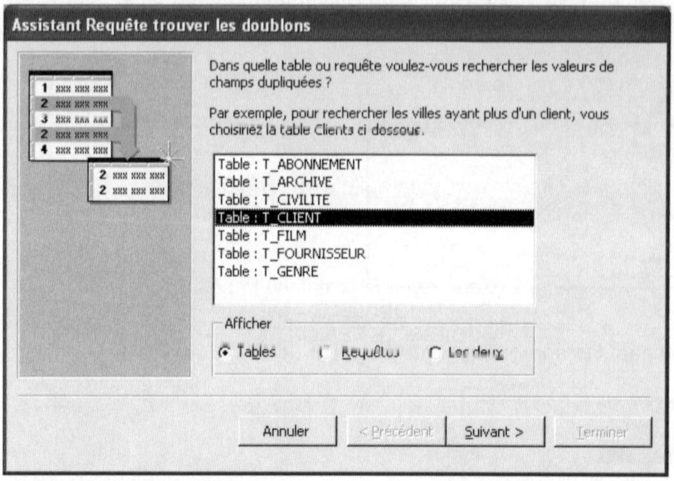

- Cliquez sur «Suivant»
- Double-cliquez sur chacun des champs à vérifier. La vérification se fait pour l'ensemble des champs (par exemple nom et prénom). Si les champs sont à vérifier un par un (par exemple ville et chiffre d'affaires), il faut faire autant de requêtes que de vérifications
- Cliquez sur «Suivant»
- Double-cliquez sur les champs à afficher mais ne devant pas être pris en compte pour la recherche des doublons.
- Cliquez sur «Suivant»
- Tapez un nom pour la requête
- Cliquez sur «Terminer»

Une fenêtre affiche alors la liste des doublons trouvés.

Rechercher les doublons pour T_CLIENT : Requête Sélection

Nom	ID client	Prénom	Ville
ALLOUCHE	753	Raymond	PARIS
ALLOUCHE	772	Djamila	COMPIEGNE
ASSADET	740	Muriel	MANDRES LES
ASSADET	631	Patricia	ISSY LES MOU
BALLET	846	Guy	BOBIGNY
BALLET	811	Guy	PARIS
BOCQUET	676	Anne Sylvie	BOULOGNE
BOCQUET	862	Anne Sylvie	PARIS
BONNET	681	Patrick	PARIS
BONNET	682	Mathilde	GARCHES

Enr : 1 sur 86

- *Fichier/Fermer*, ou appuyer sur Ctrl-F4
- Enregistrez la requête si vous désirez la conserver

REQUÊTE DE NON CORRESPONDANCE

Ce type de requête permet de trouver les enregistrements d'une table qui ne sont pas reliés à un enregistrement d'une autre table.

Par exemple, si vous avez relié une table *Fournisseur* et une table *Produit*, vous pouvez utiliser ce type de requête pour obtenir la liste des produits qui n'ont pas de fournisseur.

- Dans la barre de navigation de la fenêtre Base de données, cliquez sur *Requêtes*

Cliquez sur ce bouton dans la barre d'outils.

- Sélectionnez *Assistant Requête de non-correspondance*

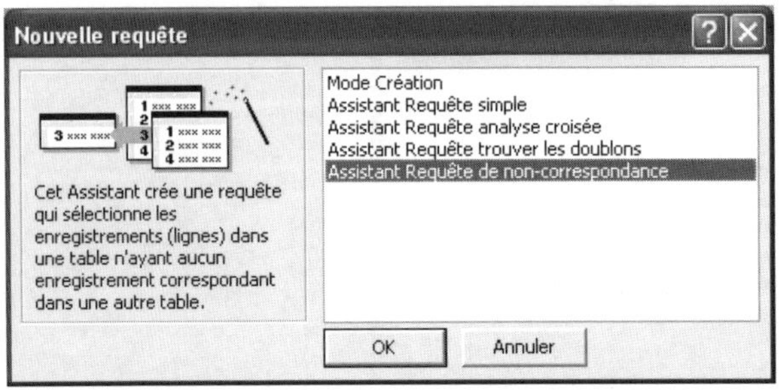

- Cliquez sur «OK»
- Sélectionnez la table contenant les enregistrements à vérifier (ici, <T_PRODUIT>)

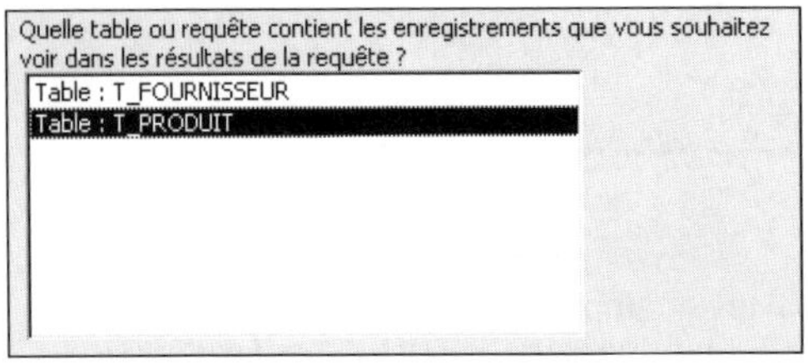

- Cliquez sur «Suivant»
- Sélectionnez la table liée dans laquelle vous cherchez les non-correspondances (dans notre exemple : <T_FOURNISSEUR>)
- Cliquez sur «Suivant»

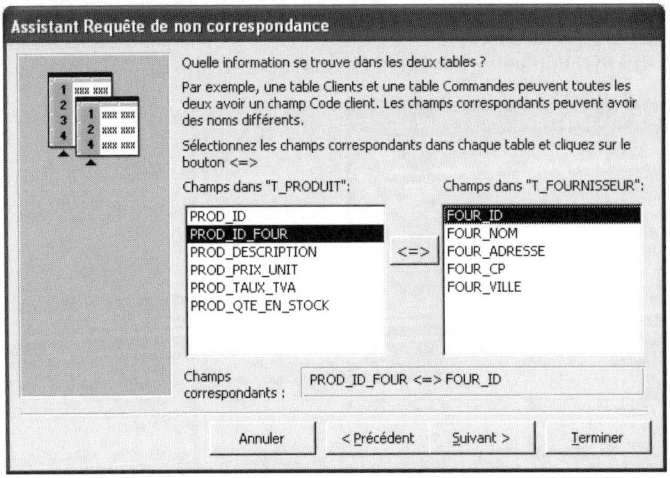

REQUÊTE DE NON CORRESPONDANCE

- Sélectionnez le champ à vérifier dans les deux tables (celui sur lequel se fait le lien)

<=> Cliquez sur le bouton entre les deux listes.

- Cliquez sur «Suivant»

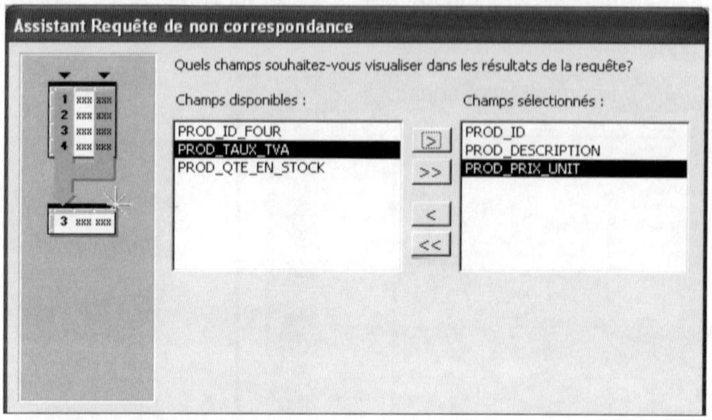

- Double-cliquez sur chacun des champs à afficher dans le résultat de la requête
- Cliquez sur «Suivant»
- Tapez un nom pour la requête
- Cliquez sur «Terminer»

- *Fichier/Fermer*, ou appuyez sur Ctrl-F4 ou sur Ctrl-**W**

En mode Création

Une requête de non-correspondance est une requête possédant une liaison type "tous les enregistrements de la table primaire (ici T_PRODUIT) et les enregistrements de la table étrangère (ici T_FOURNISSEUR) qui correspondent", et qui affiche les enregistrements de la table primaire n'ayant pas de correspondance (Est Null) dans la table étrangère.

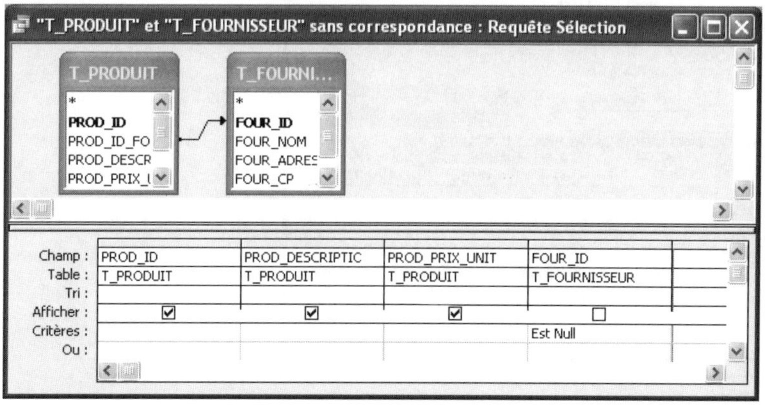

REQUÊTE D'ANALYSE CROISÉE

Une requête d'analyse croisée est une requête qui présente une synthèse dans un format de type feuille de calcul en utilisant les champs que l'on spécifie comme en-têtes de ligne et de colonne. Elle peut également présenter des données de synthèse. On peut créer une requête *Analyse croisée* à l'aide d'un assistant ou sans.

Une requête d'analyse croisée permet, par exemple pour un vidéo-club par correspondance, de connaître le nombre de chacun des types d'abonnement (Argent, Or, Platine) par ville.

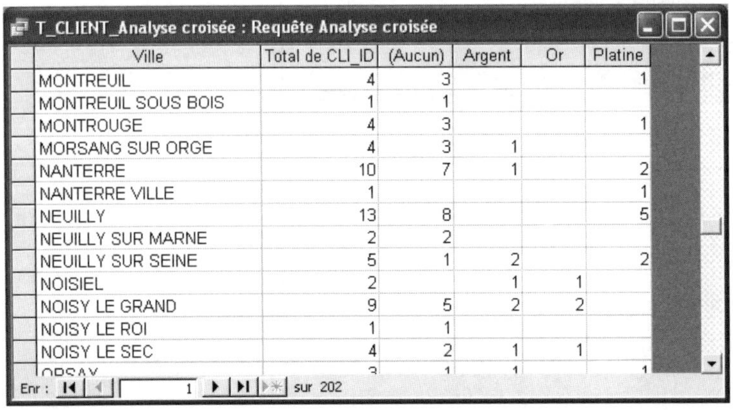

Ville	Total de CLI_ID	(Aucun)	Argent	Or	Platine
MONTREUIL	4	3			1
MONTREUIL SOUS BOIS	1	1			
MONTROUGE	4	3			1
MORSANG SUR ORGE	4	3	1		
NANTERRE	10	7	1		2
NANTERRE VILLE	1				1
NEUILLY	13	8			5
NEUILLY SUR MARNE	2	2			
NEUILLY SUR SEINE	5	1	2		2
NOISIEL	2		1	1	
NOISY LE GRAND	9	5	2	2	
NOISY LE ROI	1	1			
NOISY LE SEC	4	2	1	1	
ORSAY	3	1	1		1

Si la table ne contient pas tous les champs nécessaires, il faut créer une requête multitable qui servira de source de données à notre requête d'analyse croisée.

1 - AVEC L'ASSISTANT

- Dans la barre de navigation de la fenêtre Base de données, cliquez sur *Requêtes*

Cliquez sur ce bouton dans la barre d'outils.

- Sélectionnez *Assistant Requête analyse croisée*
- Cliquez sur «OK»
- Sélectionnez la table ou la requête contenant les données

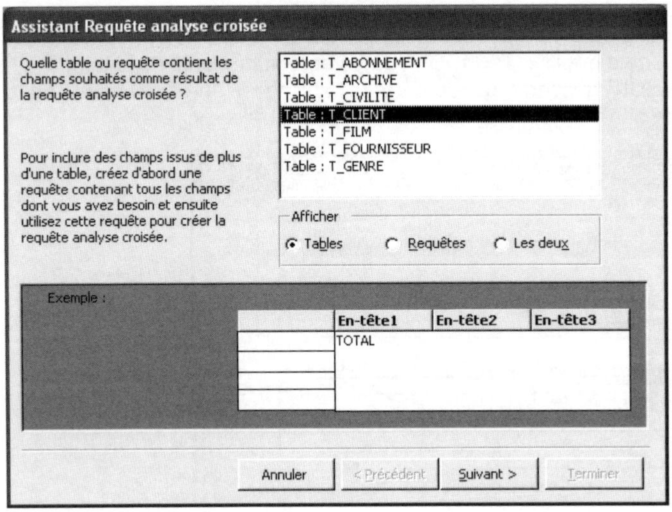

- Cliquez sur «Suivant»

REQUÊTE D'ANALYSE CROISÉE

- Double-cliquez sur le ou les champs de synthèse en ligne Si plusieurs champs sont mis en colonne, le champ le plus global doit être avant le champ le moins global (le pays doit être avant le département, lui-même avant la ville)

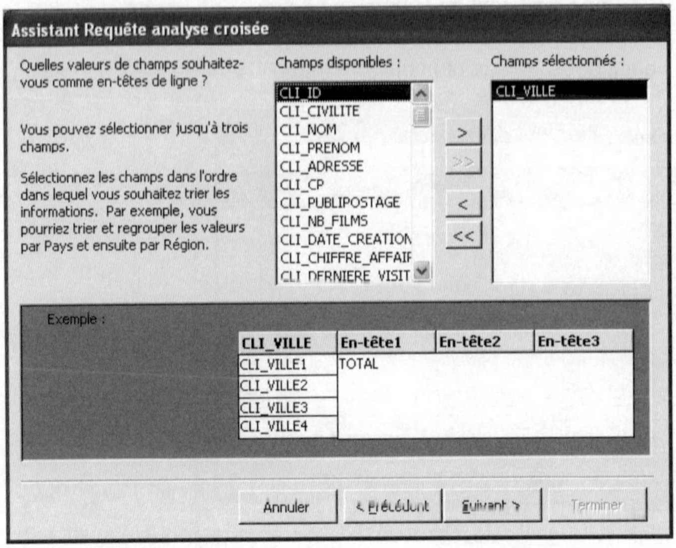

- Cliquez sur «Suivant»
- Sélectionnez le champ de synthèse en colonne
- Cliquez sur «Suivant»

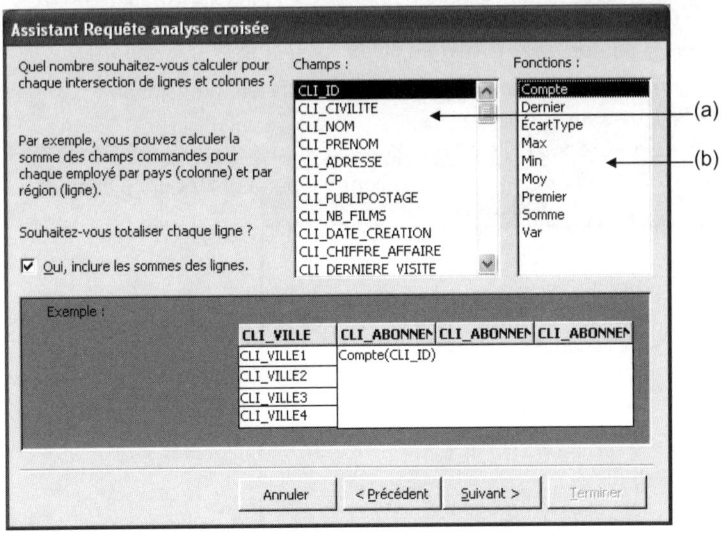

- Sélectionnez en (a) le champ sur lequel effectuer les calculs
- Sélectionnez en (b) une fonction de calcul
- Cliquez sur «Suivant»
- Tapez un nom pour la requête
- Activez ⊙*Afficher la requête*
- Cliquez sur «Terminer»

REQUÊTE D'ANALYSE CROISÉE

2 - SANS L'ASSISTANT

- Créez une requête vierge en mode *Création*
- Ajoutez les tables voulues
- Faites glisser sur la ligne <Champ> les noms de champ servant au regroupement et au calcul

Cliquez sur la flèche associée à ce bouton et sélectionnez *Analyse croisée* dans la liste déroulante, ou *Requête/Analyse croisée*

Deux lignes apparaissent : <Opération> et <Analyse>.

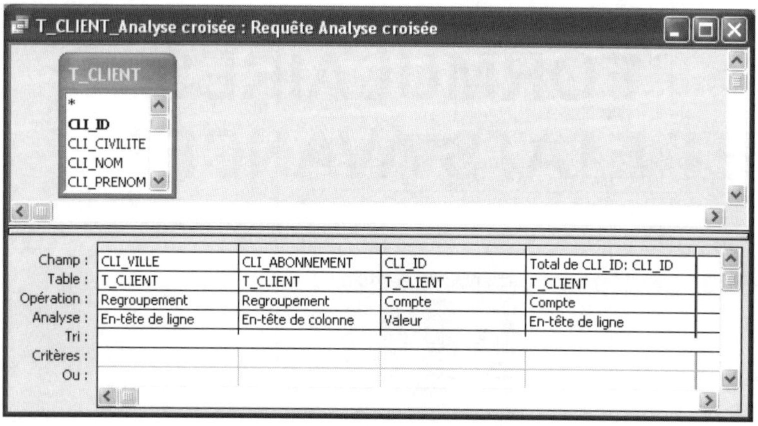

Pour le champ dont on désire faire apparaître les valeurs sous forme de lignes :

- Cliquer sur la ligne <Analyse> sous le champ
- Sélectionner *En-tête de ligne* dans la liste déroulante

On doit conserver la valeur *Regroupement* de la ligne <Opération> pour ce champ.

Pour le champ dont on souhaite faire apparaître les valeurs en en-tête de colonne :

- Cliquer sur la ligne <Analyse> sous le champ
- Sélectionner *En-tête de colonne* dans la liste déroulante

On doit aussi conserver la valeur *Regroupement* de la ligne <Opération> pour ce champ.

Pour le champ dont on souhaite utiliser les valeurs pour les calculs :

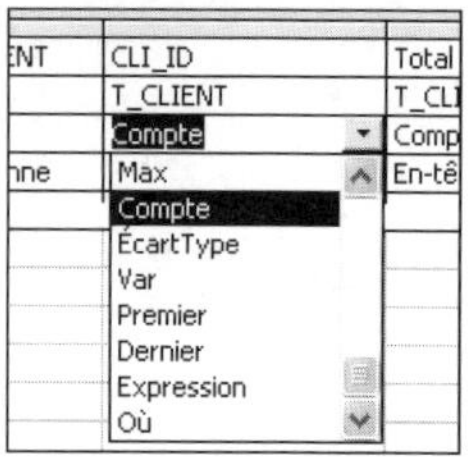

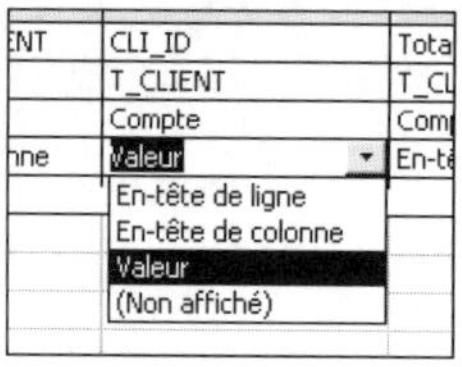

- Cliquez sur la ligne <Analyse> sous le champ
- Dans la liste déroulante, sélectionnez *Valeur*
- Sur la ligne <Opération>, sélectionnez le type d'opération désiré pour l'analyse croisée

Cliquez sur ce bouton dans la barre d'outils, ou *Affichage/Mode Feuille de données* pour visualiser et vérifier les données que vous allez supprimer

- *Fichier/Fermer*, ou appuyez sur Ctrl-F4 ou sur Ctrl-**W**
- Enregistrez la requête si vous désirez la conserver

FORMULAIRES ET ÉTATS AVANCÉS

10

GROUPE D'OPTIONS

Un groupe d'options se compose d'un cadre à l'intérieur duquel se trouvent plusieurs boutons d'options. Un seul de ces boutons peut être actif à la fois.

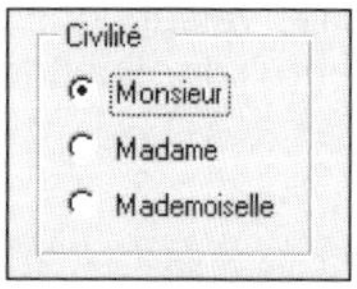

On peut alors sélectionner un des choix du groupe d'options plutôt que d'entrer une valeur. Les choix sont affichés dans un cadre de groupe (cadre qui entoure un groupe de contrôles proposant à l'utilisateur un certain nombre d'options).

Suivant le choix qui sera effectué par l'utilisateur, le contrôle associé se verra affecter une valeur.

1 - CRÉER UN GROUPE D'OPTIONS

 Cliquez sur ce bouton dans la *boîte à outils* s'il n'apparaît pas sélectionné (orangé).

 Cliquez sur ce bouton dans la *boîte à outils.*

- Dans le formulaire, cliquez à l'endroit où vous voulez placer l'angle supérieur gauche du groupe d'options

Un assistant est lancé :

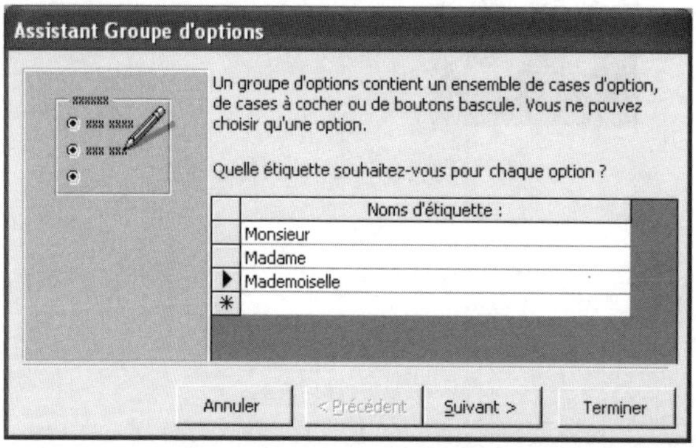

- Tapez un libellé pour la première option et appuyer sur 
- Tapez un libellé pour la seconde option et appuyer sur 
- Et ainsi de suite ...
- Quand la liste est complète, cliquez sur «Suivant»

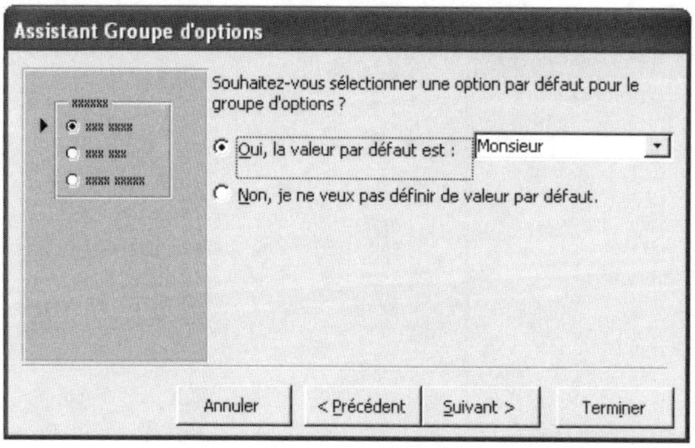

- Indiquez quelle doit être la valeur par défaut

GROUPE D'OPTIONS

- Cliquez sur «Suivant»

Access affiche la valeur numérique qui sera associée à chaque option du groupe et inscrite dans le contrôle. Éventuellement, modifiez-les pour qu'elles coïncident avec les valeurs que vous aviez prévu de mettre dans le champ (si vous aviez prévu que «Monsieur» corresponde à 2, par exemple).

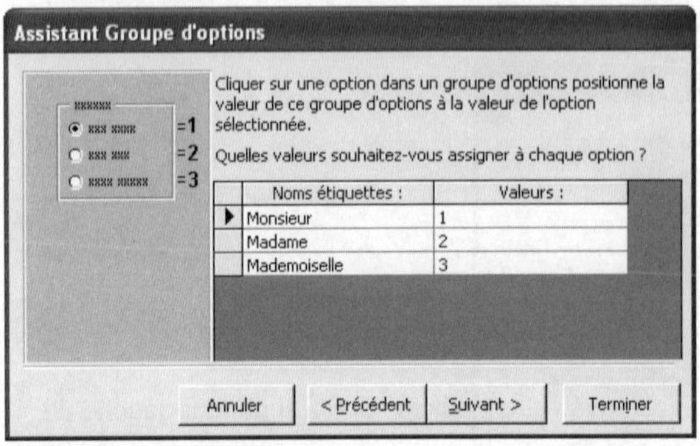

- Cliquez sur «Suivant»

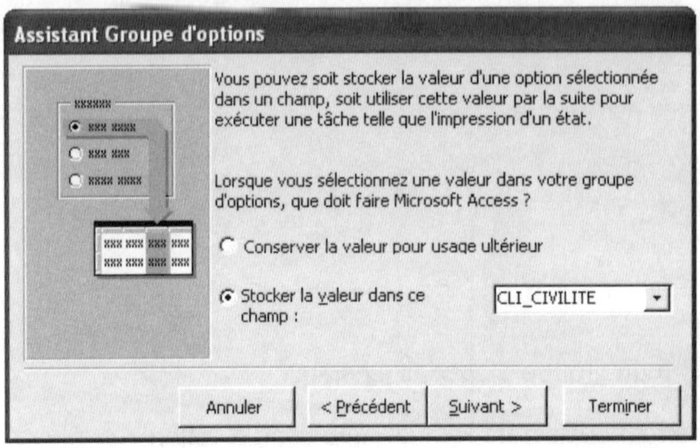

- Activez ⊙*Stocker la valeur dans ce champ*, car ⊙*Conserver la valeur pour un usage ultérieur* est principalement destiné à l'usage de macros ou de programmes Visual Basic
- Dans la liste à droite, sélectionnez le nom du champ dans lequel sera stockée la valeur correspondant au choix de l'utilisateur
- Cliquez sur «Suivant»

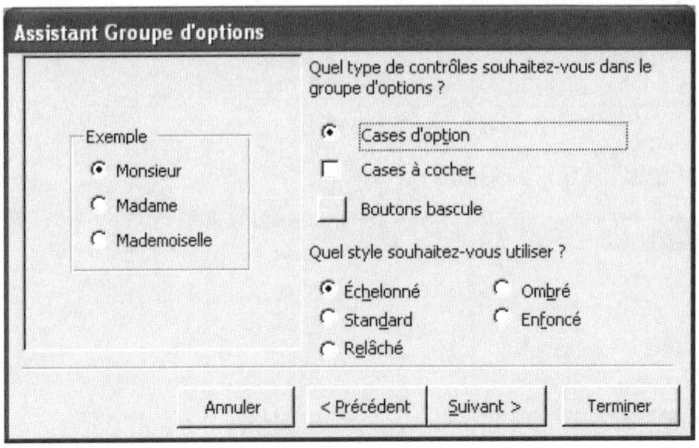

GROUPE D'OPTIONS

- Sélectionnez un type de contrôle et un style

Attention : bien que vous ayez la possibilité de sélectionner un type de contrôle *Case à cocher*, il est déconseillé de l'utiliser. Ce style est en effet a priori réservé aux contrôles *Oui/Non*.

- Cliquez sur «Suivant»
- Tapez un nom pour le groupe

- Cliquez sur «Terminer»

Le groupe apparaît dans le formulaire :

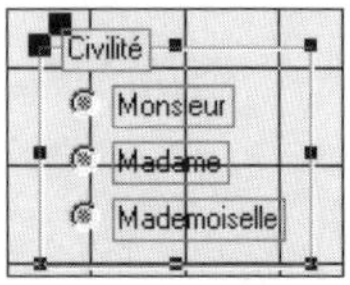

2 - AJOUTER UNE CASE D'OPTION

Vous pouvez ajouter une case d'option à un groupe d'options existant.

 Cliquez sur ce bouton dans la *boîte à outils* pour rajouter une case d'option.

- Dans le formulaire, cliquez à l'endroit où vous voulez placer la case d'option. Elle doit être à l'intérieur d'un groupe d'options

 Cliquez sur ce bouton dans la barre d'outils, ou *Affichage/Propriétés*.

- Dans le formulaire, sélectionnez l'étiquette située à côté de la case d'option

Case 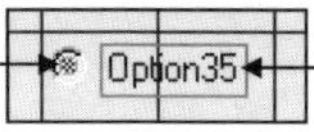 Étiquette

- Cliquez sur l'onglet *Format*
- Cliquez dans la ligne <Légende>, et tapez le texte désiré

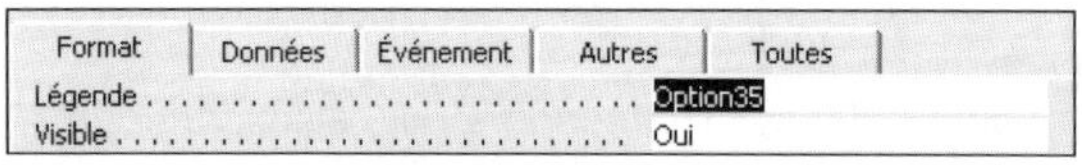

- Dans le formulaire, sélectionnez la case d'option
- Cliquez sur l'onglet *Données*
- Vérifiez que la propriété «Valeur contrôle> contient bien la valeur désirée. Il s'agit de la valeur qui sera stockée dans le champ si vous sélectionnez cette option

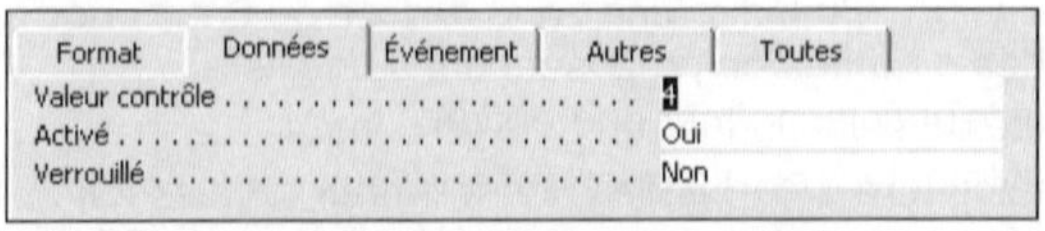

- Cliquez sur sa case de fermeture pour fermer le dialogue des propriétés

3 - AJOUTER UN BOUTON À BASCULE

Vous pouvez également ajouter un bouton à bascule à un groupe d'options existant.

 Cliquez sur ce bouton dans la *boîte à outils* pour rajouter un bouton à bascule.

- Dans le formulaire, cliquez à l'endroit où vous voulez placer le bouton à bascule. Il doit être à l'intérieur d'un groupe d'options

 Cliquez sur ce bouton dans la barre d'outils, ou *Affichage/Propriétés*.

- Vérifiez que le bouton à bascule est bien sélectionné
- Cliquez sur l'onglet *Format*

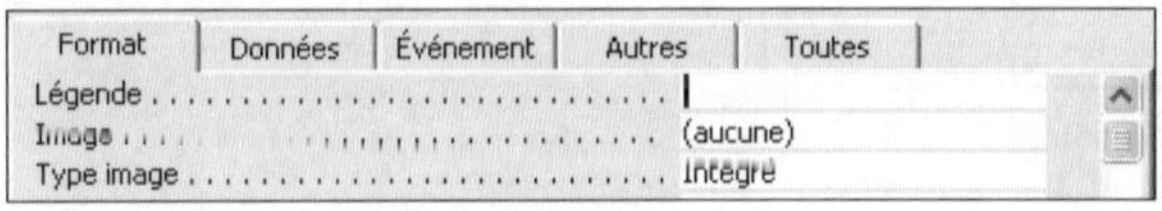

- Cliquez dans la ligne <Légende>, et tapez le texte désiré
- Cliquez sur l'onglet *Données*
- Vérifiez que la propriété <Valeur contrôle> contient bien la valeur désirée
- Cliquez sur sa case de fermeture pour fermer le dialogue des propriétés

4 - AJOUTER UNE IMAGE SUR UN BOUTON

- Cliquer sur le bouton pour le sélectionner

 Cliquez sur ce bouton dans la barre d'outils, ou *Affichage/Propriétés*.

- Cliquez sur l'onglet *Format*, puis dans la zone <Image>

 Cliquez sur ce bouton à l'extrémité droite de la zone.

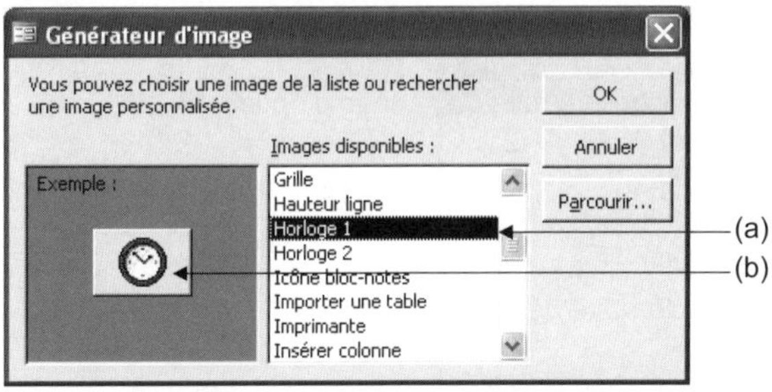

- Sélectionnez une image dans la liste (a) ou cliquez sur «Parcourir» pour sélectionner un fichier graphique sur votre disque dur

L'image sélectionnée est affichée en (b).

- Cliquez sur «OK»
- Cliquez sur sa case de fermeture pour fermer le dialogue des propriétés

ZONES DE LISTE

Avec l'aide d'un assistant, on peut créer dans un formulaire une zone de liste ou une zone de liste modifiable qui simplifient la saisie des données en proposant dans une liste déroulante des valeurs parmi lesquelles on peut sélectionner une option.

Les valeurs affichées dans la liste peuvent soit être déterminées une fois pour toutes, soit provenir d'une table. Il est conseillé de stocker les valeurs dans une table, car la mise à jour des valeurs (modification, ajout, suppression) est grandement simplifiée.

Si un champ est associé à une zone de liste ou une zone de liste modifiable au niveau de ses propriétés, le fait de le placer dans un formulaire crée automatiquement une liste.

Zone de liste : une zone de liste se compose d'une liste qui est toujours affichée et dans laquelle on peut sélectionner une valeur. Si la totalité du contenu de la liste ne peut être affichée, on peut la faire défiler à l'aide d'un ascenseur.

Zone de liste déroulante : une zone de liste déroulante contient une zone de texte et une zone de liste dans un contrôle unique. On peut ainsi sélectionner une entrée dans la liste ou saisir une valeur dans la zone de texte. La liste ne reste pas affichée en permanence et n'apparaît que lorsqu'on clique sur la flèche associée.

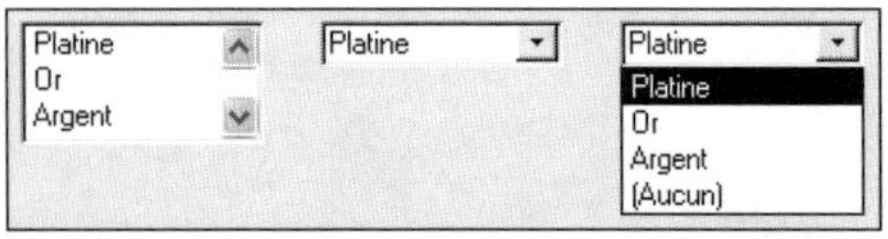

Zone de liste	Zone de liste déroulante fermée	Zone de liste déroulante ouverte

Dans ces contrôles, il est important de se poser deux questions :

- Quelles sont les données qui alimentent la liste ?
- Après avoir sélectionné une valeur dans la liste, qu'en fait-on ?

1 - CRÉER UNE ZONE DE LISTE AVEC L'ASSISTANT

 Cliquez sur ce bouton dans la *boîte à outils* s'il n'apparaît pas sélectionné (orangé).

 Cliquez sur ce bouton dans la *boîte à outils* pour créer une zone de liste.

Ou

 Cliquez sur ce bouton dans la *boîte à outils* pour créer une zone de liste déroulante.

- Dans le formulaire, cliquez à l'endroit où vous voulez placer la zone de liste

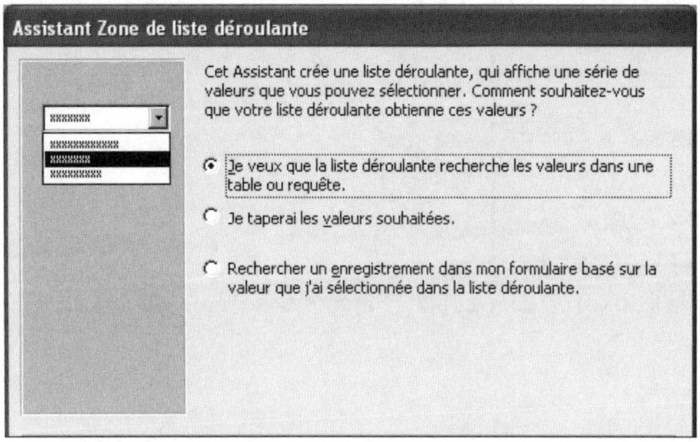

- Indiquez si les valeurs de la liste proviendront d'une table ou si vous allez les saisir
- Cliquez sur «Suivant»

A partir de maintenant, deux cas de figure se présentent : les valeurs affichées dans la liste peuvent soit provenir d'une table, soit être tapées par vos soins.

Cas 1 : les valeurs affichées dans la liste proviennent d'une table

Vous allez répondre à la question « Quelles sont les données qui alimentent la liste ? »

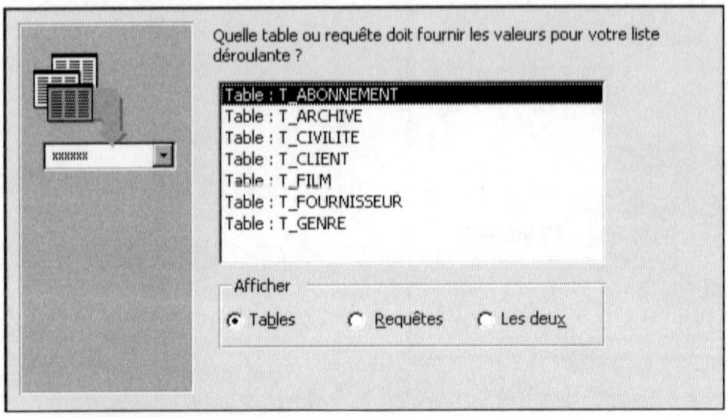

- Sélectionnez le nom de la table
- Cliquez sur «Suivant»

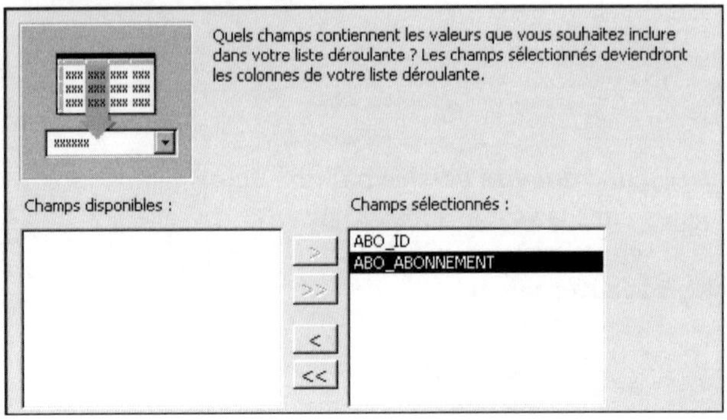

- Double-cliquez sur le nom du ou des champs contenant les données à afficher dans la liste
- Cliquez sur «Suivant»
- Access vous propose un tri. Choisissez-en un éventuellement, et cliquez sur «Suivant»

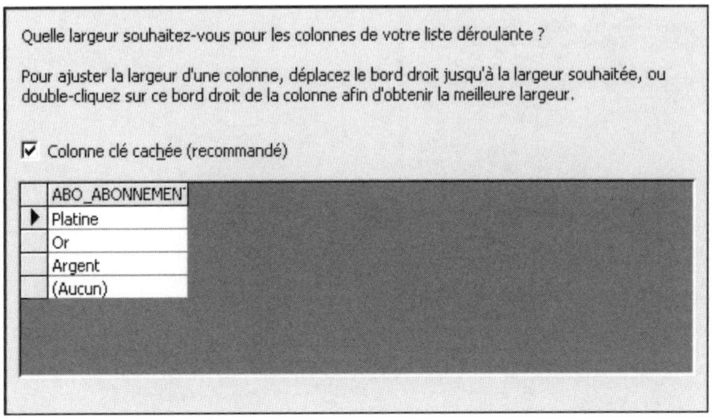

- Vous pouvez afficher ou non la colonne clé en cliquant sur la case à cocher
- Cliquer sur «Suivant»

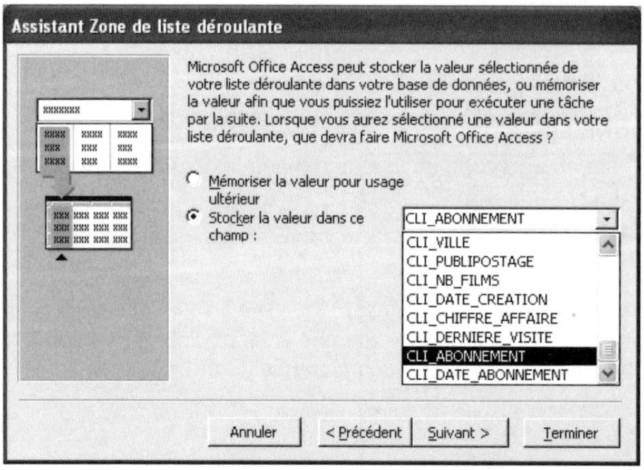

- Activez ⊙*Stocker la valeur dans ce champ*, car ⊙*Mémoriser la valeur pour un usage ultérieur* est principalement destiné à l'usage de macros ou de programmes Visual Basic.
- A côté, sélectionnez le nom du champ dans lequel Access devra placer la valeur sélectionnée par l'utilisateur (ce qui répond à la question : « Après avoir sélectionné une valeur dans la liste, qu'en fait-on ? »)
- Cliquez sur «Suivant»
- Tapez un nom pour cette liste
- Cliquez sur «Terminer»

Cas 2 : les valeurs affichées dans la liste vont être saisies par nos soins

- Précisez en (a) le nombre de colonnes dans la liste et appuyez sur ↹
- Tapez en (b) la première valeur de la liste et appuyez sur ↹
- Tapez la seconde valeur de la liste et appuyez sur ↹
- Et ainsi de suite ...

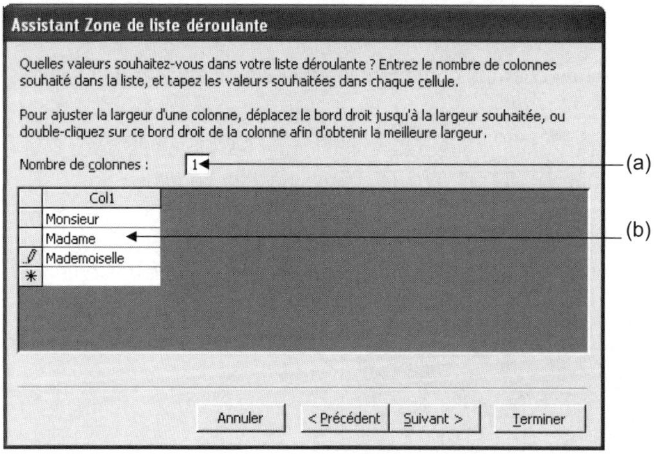

- Quand la liste est complète : cliquez sur «Suivant»
- Activez ⊙*Stocker la valeur dans ce champ*

ZONES DE LISTE

- A côté, sélectionnez le nom du champ dans lequel Access devra placer la valeur sélectionnée par l'utilisateur
- Cliquez sur «Suivant»
- Tapez un nom pour cette liste
- Cliquez sur «Terminer»

2 - TRANSFORMER LE TYPE D'UNE LISTE

On peut transformer une zone de liste en une zone de liste déroulante et inversement.

- Sélectionnez le contrôle liste dans le formulaire
- *Format/Remplacer par/Zone de liste*, ou *Format/Remplacer par/Zone de liste déroulante*

3 - MODIFIER UNE ZONE DE LISTE SANS L'ASSISTANT

Même s'il est plus simple de construire une zone de liste (ou une zone de liste déroulante) avec l'assistant, connaître les propriétés internes de ce composant est très utile en cas de modification.

- En mode *Création*, sélectionnez la zone de liste à modifier

Cliquez sur ce bouton dans la barre d'outils, ou *Affichage/Propriétés*.

Ci-dessous, les principales propriétés de la zone de liste (ou zone de liste déroulante).

Sous l'onglet Données

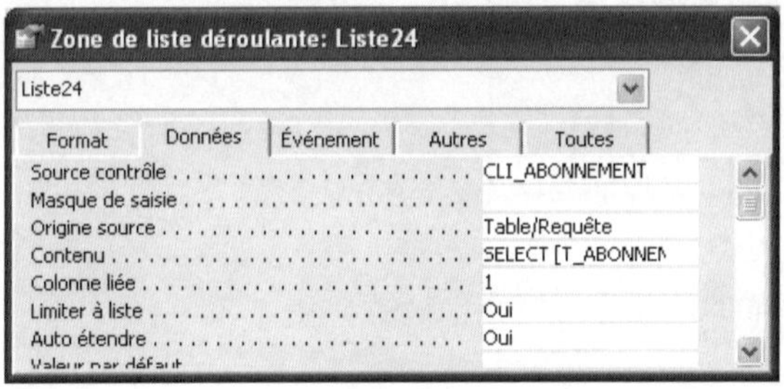

Propriété	***Indique ...***
Source contrôle	Dans quoi est stocké le choix de l'utilisateur (champ associé au contrôle).
Origine source	Si les données de la liste viennent d'une requête ou sont saisies.
Contenu	La liste des items, ou la requête de sélectionner les éléments de la liste. Cliquer sur le bouton [...] en bout de champ lance le générateur de requête.
Colonne liée	Le numéro de colonne contenant la clé de la liste. Cette colonne correspond souvent à la clé primaire incluse dans la propriété *Contenu.*
Limiter à liste	Que l'utilisateur doit choisir un élément de la liste (zone déroulante).

Sous l'onglet Format

Propriété	***Indique ...***
Nbre colonnes	Nombre de colonnes utilisées, y compris les colonnes cachées.
En-têtes colonnes	Présence d'un en-tête de colonne ou pas.
Largeurs colonnes	Largeur des colonnes. Pour masquer une colonne, mettre la largeur à 0.

BOUTON DE COMMANDE

Un bouton de commande sert à exécuter une action standard (lancer une impression ou ouvrir un formulaire par exemple) ou une série d'actions définies dans une macro.

Un exemple de bouton de commande

Pour créer un bouton de commande, vous utiliserez un assistant. Vous choisirez l'action que le bouton doit exécuter ainsi que l'image qui figure sur le bouton.

 Cliquez sur ce bouton dans la *boîte à outils* s'il n'apparaît pas sélectionné (orangé).

 Cliquer sur ce bouton dans la *boîte à outils*.

- Cliquez dans le formulaire à la position du bouton

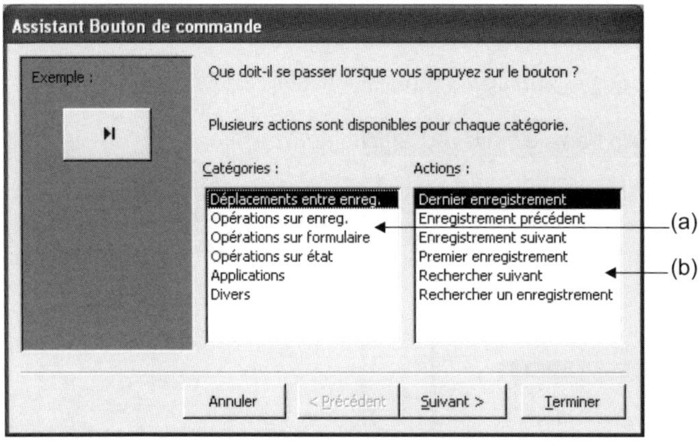

- Sélectionnez en (a) une famille d'actions
- Sélectionnez en (b) l'action à associer au bouton
- Cliquez sur «Suivant»

Plusieurs dialogues sont alors susceptibles de vous réclamer certaines informations complémentaires. Ainsi, <Déplacement entre enregistrement/Premier enregistrement> n'a besoin d'aucune information complémentaire. Par contre, <Opération sur état/Imprimer un état> nécessite d'indiquer dans le dialogue suivant l'état à imprimer :

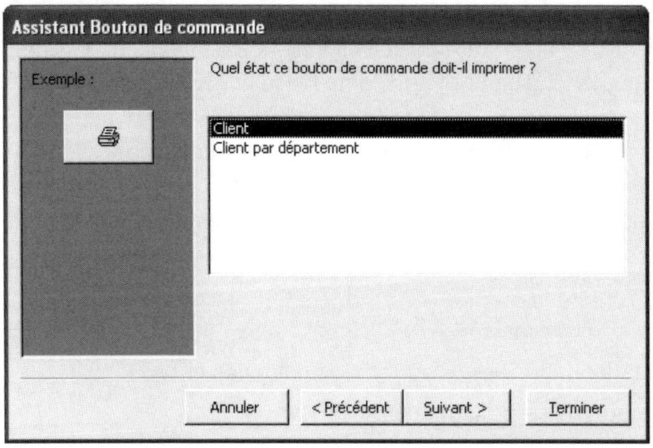

De même, <Divers/Exécuter une requête> vous demande la requête à exécuter :

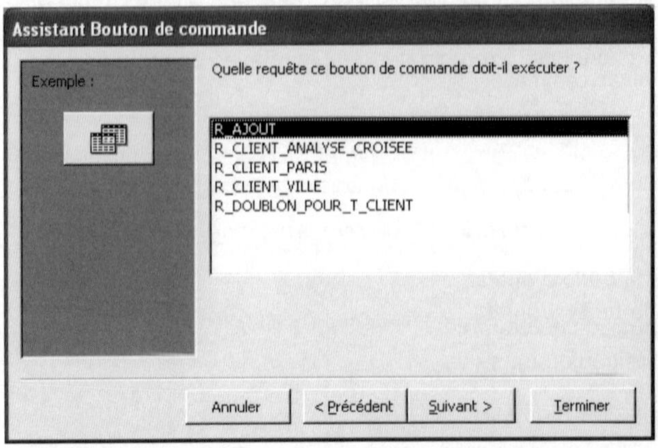

- Donnez les informations demandées et poursuivez en cliquant sur «Suivant»

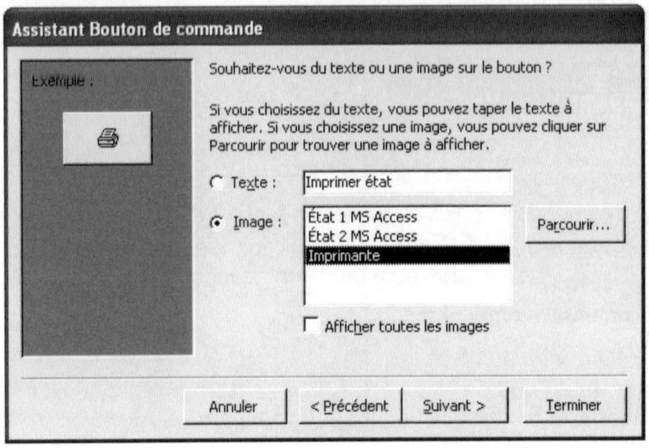

- Précisez si vous voulez du texte ou une image sur le bouton

L'image peut être choisie :

- Parmi les images suggérées par Access pour cette action (en décochant ☒*Afficher toutes les images*).
- Parmi l'ensemble de toutes les images (en cochant ☒*Afficher toutes les images*).
- Parmi les images stockées sur votre poste (en cliquant «Parcourir»). L'image doit être au format image Windows (.BMP) ou icône (.ICO).

- Cliquez sur «Suivant»

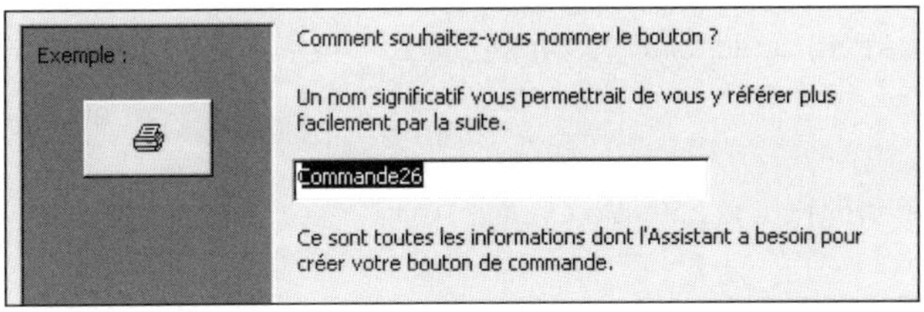

- Tapez un nom pour le bouton
- Cliquez sur «Terminer»

CONTRÔLE ONGLET

Si un formulaire possède un nombre important de contrôles, il est préférable de les répartir sur plusieurs pages affichées à l'écran. Un contrôle *Onglet* est la manière la plus simple et la plus efficace de créer un formulaire comportant plusieurs pages : pour passer d'une page à l'autre, il suffit de cliquer sur l'un des onglets. Exemple de formulaire avec contrôle de type *Onglet* contenant trois pages :

Ajouter un contrôle Onglet pour créer un formulaire de plusieurs pages

 Cliquer sur ce bouton dans la *boîte à outils.*

- Cliquez dans le formulaire à la position du contrôle

Access ajoute un contrôle *Onglet* et deux pages.

La première se trouve au-dessus.

- Sélectionnez la page sur laquelle vous voulez ajouter des contrôles

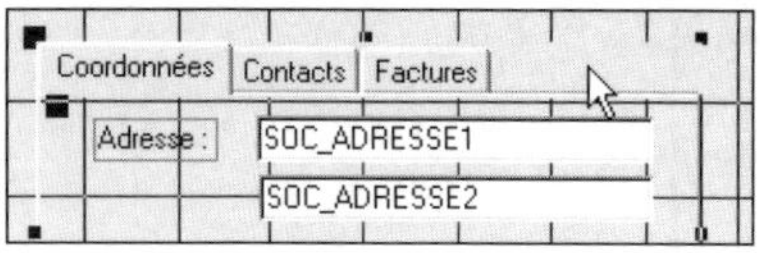

En cliquant en dehors des onglets des pages : l'onglet est sélectionné. Dans la page, aucun contrôle n'est sélectionné

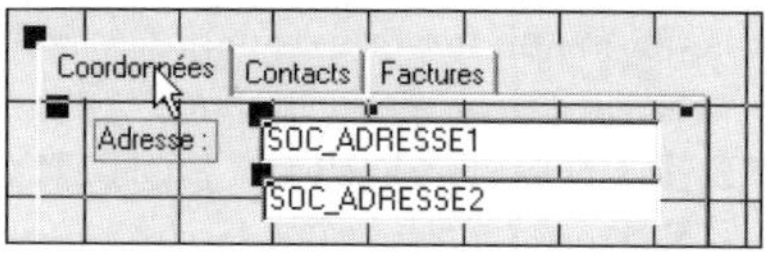

En cliquant sur l'onglet d'une page : la page est sélectionnée. Dans la page, les contrôles sont sélectionnés

- Placez les contrôles de manière habituelle dans chacune des pages

Modifier le nom d'un onglet

 Cliquez sur ce bouton dans la barre d'outils, ou *Affichage/Propriétés.*

- Cliquez sur l'onglet *Format*
- Cliquez dans la zone <Légende>
- Tapez un nom
- Appuyez sur  ou cliquez sur la case de fermeture de la fenêtre pour terminer

Ajouter un onglet

- Ouvrez le menu contextuel (clic-droit) sur le contrôle *Onglet*
- Cliquez sur *Insérer une* page

Supprimer un onglet

- Ouvrez le menu contextuel (clic-droit) sur le contrôle *Onglet*
- Cliquez sur *Supprimer la page*

Modifier l'ordre des onglets

- Ouvrez le menu contextuel (clic-droit) sur le contrôle *Onglet*
- Cliquez *Ordre des pages*
- Sélectionnez le nom de la page à déplacer
- Déplacez-la en cliquant sur les boutons «Monter» ou «Descendre»
- Cliquez sur «OK»

LIENS HYPERTEXTE

On peut placer les liens hypertexte dans les formulaires pour accéder à :

- Des objets appartenant à la même base de données ou à une autre base Access.
- Des documents créés avec une autre application, tels que Word ou Excel.
- Des pages Web sur Internet ou sur un réseau Intranet.
- Votre messagerie.

Un lien hypertexte peut apparaître dans le formulaire sous la forme d'un texte de couleur bleue et souligné : il suffira de cliquer dessus pour afficher l'élément associé.

1 - UTILISER UN LIEN HYPERTEXTE

Afficher ce vers quoi pointe le lien

- Sans cliquer, amenez le pointeur sur le lien

Après quelques instants, un encadré jaune affiche l'adresse associée au lien :

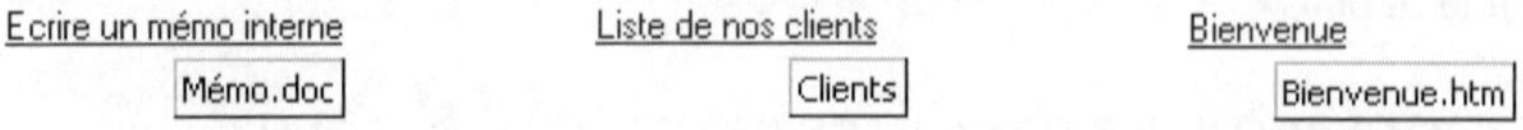

Accéder à l'élément lié

- Cliquez sur le lien

Une fois qu'un lien hypertexte a été utilisé, sa couleur change et il devient violet.

2 - CRÉER UN LIEN VERS UN FICHIER OU UNE PAGE WEB EXISTANTE

- Affichez le formulaire en mode *Création*

Cliquez sur ce bouton dans la barre d'outils, ou *Insertion/Lien hypertexte*, ou appuyez sur Ctrl-**K**.

Cliquez sur ce bouton.

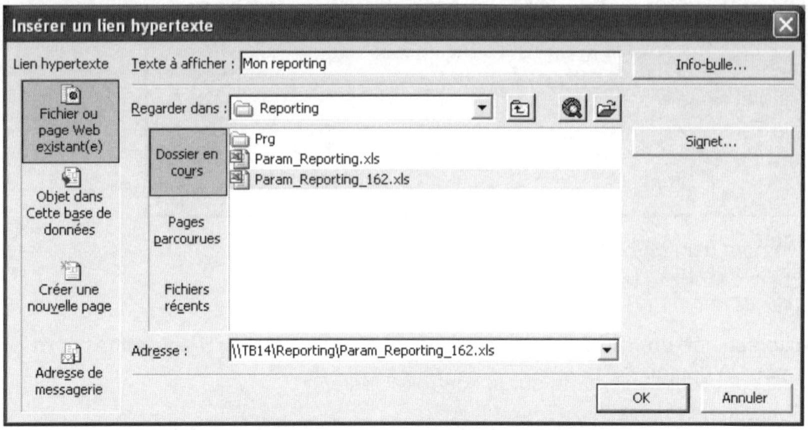

- Utilisez la barre de navigation pour sélectionner le dossier, puis le nom de fichier

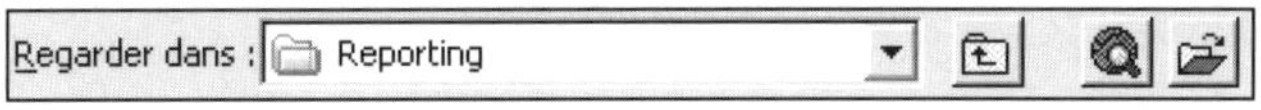

(a) (b) (c) (d)

(a) Sélectionne un dossier.
(b) Remonte au dossier parent.

(c) Lance Internet Explorer.
(d) Ouvre le fichier sélectionné.

- Sélectionnez le dossier, puis le nom du fichier ou bien le lien grâce au navigateur Web
- <Texte à afficher> : tapez le texte du lien
- Cliquez sur «OK»

Ou

Cliquer sur ce bouton.

- Sélectionnez le nom d'un fichier récemment utilisé ou celui d'une page Web récemment consultée
- Cliquez sur «OK»

Le lien hypertexte est créé dans le coin supérieur gauche du formulaire. Sélectionnez-le et faites-le glisser pour le déplacer.

3 - CRÉER UN LIEN VERS UN OBJET DE LA BASE DE DONNÉES EN COURS

Cliquez sur ce bouton dans la barre d'outils, ou *Insertion/Lien hypertexte*, ou appuyez sur Ctrl-**K**.

Cliquez sur ce bouton.

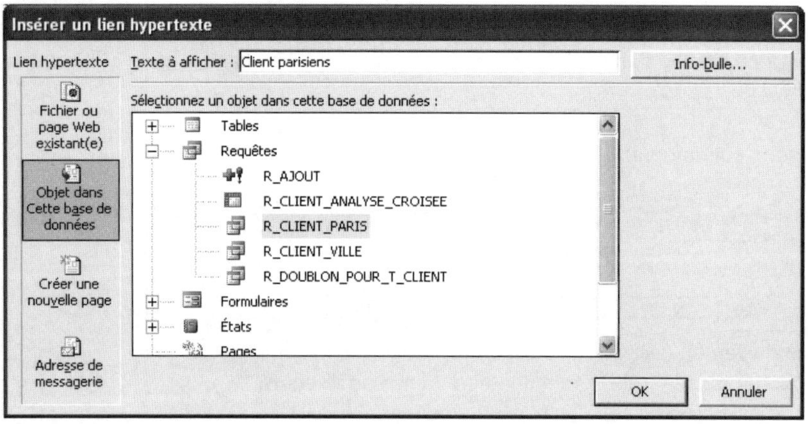

- Sélectionnez le nom d'un objet de la base : une table, une requête, etc.
- <Texte à afficher> : tapez le texte du lien
- Cliquez sur «OK»

Le lien hypertexte est créé dans le coin supérieur gauche du formulaire. Sélectionnez-le et faites-le glisser pour le déplacer.

4 - CRÉER UN LIEN VERS UNE NOUVELLE PAGE D'ACCÈS AUX DONNÉES

Les pages d'accès aux données seront vues dans un chapitre suivant.

Cliquez sur ce bouton dans la barre d'outils, ou *Insertion/Lien hypertexte*, ou appuyez sur Ctrl-**K**.

Cliquez sur ce bouton.

- <Nom du nouveau document> : tapez un nom
- <Texte à afficher> : tapez le texte du lien
- <Quand modifier> : indiquez quand le nouveau document sera créé

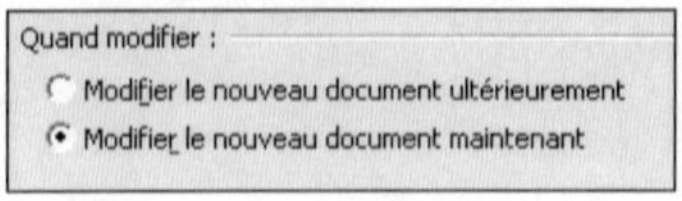

- Cliquez sur «OK»

Le lien hypertexte est créé dans le coin supérieur gauche du formulaire. Sélectionnez-le et faites-le glisser pour le déplacer.

5 - CRÉER UN LIEN VERS UNE ADRESSE DE MESSAGERIE

Cliquez sur ce bouton dans la barre d'outils, ou *Insertion/Lien hypertexte*, ou appuyez sur Ctrl-**K**.

Cliquez sur ce bouton.

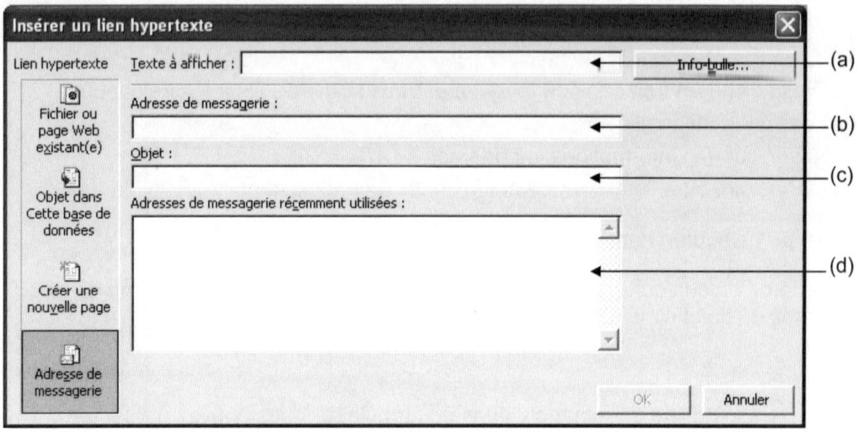

- Tapez le texte du lien en (a)
- Tapez l'adresse de messagerie du destinataire du message en (b)
- Tapez l'objet du message en (c)

Ou

- Sélectionnez en (d) une adresse de messagerie que vous avez utilisée récemment
- Cliquez sur «OK»

6 - RÉVISER UN LIEN HYPERTEXTE

- En mode *Création*, ouvrez le menu contextuel du lien (clic-droit sur le lien)
- *Lien hypertexte/Modifier le lien hypertexte*
- Effectuez les modifications
- Cliquez sur «OK»

7 - SUPPRIMER UN LIEN HYPERTEXTE

- En mode *Création*, ouvrez le menu contextuel du lien (clic-droit sur le lien)
- *Lien hypertexte/Supprimer le lien hypertexte*

AUTRES CONTRÔLES

1 - SAUT DE PAGE

Si un formulaire possède un nombre important de contrôles et qu'on n'utilise pas d'onglets, il est préférable de le répartir sur plusieurs pages affichées à l'écran. Un contrôle *Saut de page* sert à marquer le début d'un nouvel écran ou d'une nouvelle page dans un formulaire.

Il est surtout utilisé dans un état, où son utilisation est plus naturelle.

 Cliquez sur ce bouton dans la *boîte à outils*.

- Cliquez à l'endroit où doit commencer la nouvelle page

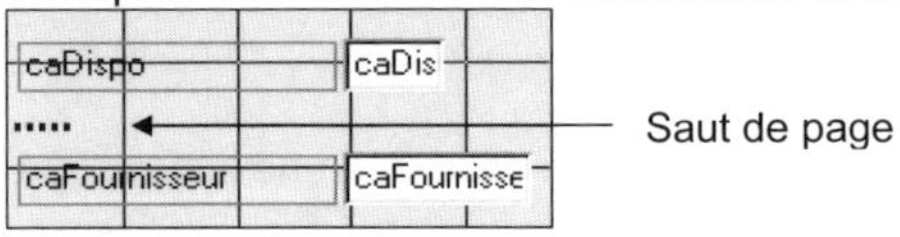

Access affiche une ligne pointillée qui représente le saut de page. Cette ligne devient la première ligne de la nouvelle page lors de l'impression. Dans un formulaire, le saut de page n'est actif que lors de l'impression.

Supprimer un saut de page

- Sélectionnez son symbole et appuyez sur Suppr

2 - TRAIT

Le contrôle *Trait* affiche un trait dans un formulaire. Vous pouvez utiliser les traits pour :

– Regrouper des informations liées.

– Attirer l'attention sur des informations importantes.

– Donner au formulaire ou à l'état l'apparence d'un document existant.

 Cliquez sur ce bouton dans la *boîte à outils*.

- Cliquez à l'endroit où doit commencer le trait et faites glisser le pointeur en forme de croix jusqu'à l'endroit où doit finir le trait

3 - RECTANGLE

Le contrôle *Rectangle* affiche un rectangle dans un formulaire. Vous pouvez utiliser ce contrôle pour :

– Regrouper des informations liées.

– Donner à un formulaire ou à un état l'apparence d'un document existant.

– Mettre en valeur les zones-clés du formulaire.

 Cliquez sur ce bouton dans la *boîte à outils*.

- Cliquez à l'endroit où vous voulez placer un des coins du rectangle et faites glisser le pointeur en forme de croix à l'endroit où placer le coin opposé du rectangle

4 - IMAGE

Pour illustrer un formulaire avec une image ou un logo.

 Cliquez sur ce bouton dans la *boîte à outils*.

- Dans le formulaire, cliquez et faites glisser le pointeur pour délimiter la future position de l'image
- Le dialogue d'ouverture de fichier apparaît : sélectionnez le dossier et le nom du fichier

- Cliquez sur «OK»
- Cliquez sur l'image pour la sélectionner

 Cliquez sur ce bouton dans la barre d'outils, ou *Affichage/Propriétés.*

- Cliquez sur l'onglet *Format*
- <Mode affichage> : sélectionnez *Echelle* pour que l'image tienne dans toute la surface du contrôle
- Refermez la fenêtre des propriétés en cliquant sur sa case de fermeture

5 - OBJET OLE INDÉPENDANT

On peut incorporer dans le formulaire un objet OLE indépendant, c'est-à-dire une information créée à l'aide d'une autre application Windows.

 Cliquez sur ce bouton dans la *boîte à outils.*

- Dans le formulaire, cliquez et faites glisser le pointeur pour créer un cadre à l'endroit où vous souhaitez placer l'objet

Pour créer un nouveau document

- Activez ⊙*Créer nouveau*

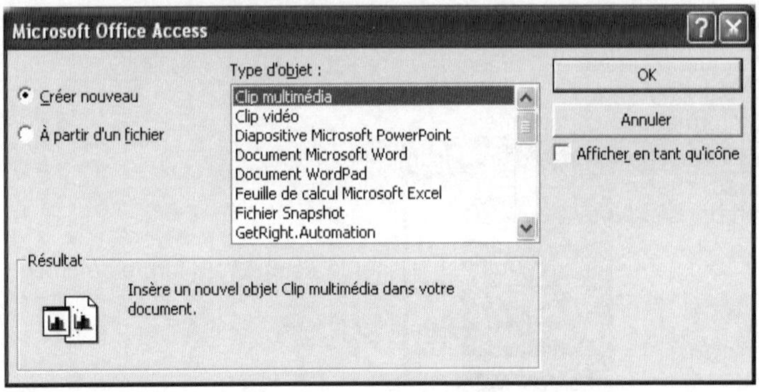

- Sélectionnez dans la liste le type d'objet à incorporer (une application en fait)
- Cliquez sur «OK»
- Access lance l'application source pour ce type d'objet : créez l'objet et quittez l'application

Pour insérer un document existant

- Activez ⊙*À partir d'un fichier*
- Cliquez sur «Parcourir»
- Choisissez le fichier contenant le document à insérer
- Cliquez sur «OK» pour valider le nom du fichier dans la fenêtre de dialogue
- Cliquez sur «OK» pour fermer le dialogue et insérer le document dans le formulaire

Access crée un cadre d'objet indépendant dans lequel il affiche l'objet. Pour le modifier, il suffit de faire un double-clic dessus.

6 - OBJET OLE DÉPENDANT

Il s'agit du contrôle qui permet d'afficher le contenu d'un champ de type *Objet OLE* dans un formulaire. On s'en sert généralement pour stocker une image (la photo d'une personne ou d'un produit par exemple), mais il peut s'agir d'un enregistrement sonore, d'une séquence vidéo, d'un document Office, etc.

AUTRES CONTRÔLES

Créer un contrôle d'objet dépendant

Le formulaire étant affiché en mode Création :

- *Affichage/Liste des champs* si la liste des champs n'apparaît pas
- Cliquez sur le nom du champ de type Objet OLE et faites-le glisser sur le formulaire

Access crée un cadre d'objet lié à ce champ. Vous pouvez le déplacer et le redimensionner. Vous pouvez ensuite modifier la propriété <Mode affichage> pour ajuster l'apparence de l'objet OLE dans le cadre.

- Dans le formulaire en mode *Création*, cliquez sur l'objet

 Cliquez sur ce bouton dans la barre d'outils, ou *Affichage/Propriétés.*

- Cliquez sur l'onglet <Format>
- Attribuez le paramètre *Découpage*, *Echelle* ou *Zoom* à la propriété <Mode affichage>
- – *Découpage* : affiche la portion de l'objet qui tient dans le cadre sans déformer l'objet.
- – *Echelle* : agrandit ou réduit la taille de l'objet pour le faire tenir dans le cadre.
- – *Zoom* : agrandit ou réduit l'objet pour ajuster soit sa hauteur, soit sa largeur à celle du cadre, sans entraîner de déformations.
- Cliquez sur l'onglet <Données>
- Dans <Source contrôle>, indiquez le champ <objet OLE> qui va recevoir l'information
- Cliquez sur la case de fermeture de la fenêtre des propriétés

Incorporer un objet OLE dans un cadre d'objet dépendant : méthode 1

- Ouvrez un formulaire en mode *Formulaire* et affichez l'enregistrement à modifier
- Sélectionnez le cadre d'objet dépendant

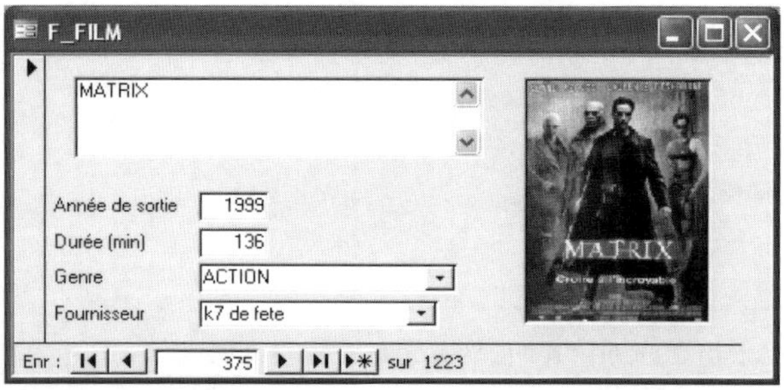

- *Insertion/Objet*
- Activez ⊙*À partir d'un fichier*
- Cliquez sur «Parcourir»
- Sélectionnez le dossier et le nom du fichier à incorporer
- Cliquez sur «OK»
- Pour lier l'objet à l'original, cochez ☒*Liaison.*
- Cliquez sur «OK»

Incorporer un objet OLE dans un cadre d'objet dépendant : méthode 2

- A partir d'une autre application, ouvrez le document contenant l'objet
- *Edition/Copier*
- Basculez vers Access
- Ouvrez un formulaire en mode *Formulaire* et affichez l'enregistrement de devant contenir l'objet
- Sélectionnez le cadre associé au contrôle Objet OLE
- *Edition/Coller*

SOUS-FORMULAIRE/SOUS-ÉTAT

L'utilisation des sous-formulaires et celle des sous-états étant identiques, seules les manipulations concernant les sous-formulaires seront décrites.

Un sous-formulaire est un formulaire inclus dans un autre. Il permet d'afficher dans un même formulaire des données issues de plusieurs tables liées. Il est alors possible de modifier les données, d'ajouter ou de supprimer des enregistrements dans les deux tables à travers le même formulaire.

On peut trier les données affichées dans un sous-formulaire en cliquant dans l'une de ses colonnes, puis en utilisant les deux boutons de tri de la barre d'outils.

Exemple : ci-dessous un formulaire qui affiche les coordonnées d'un fournisseur d'outillage (données issues d'une table T_FOURNISSEUR), mais également la liste des outils proposés par ce fournisseur (données issues d'une table T_PRODUI, liée à la précédente).

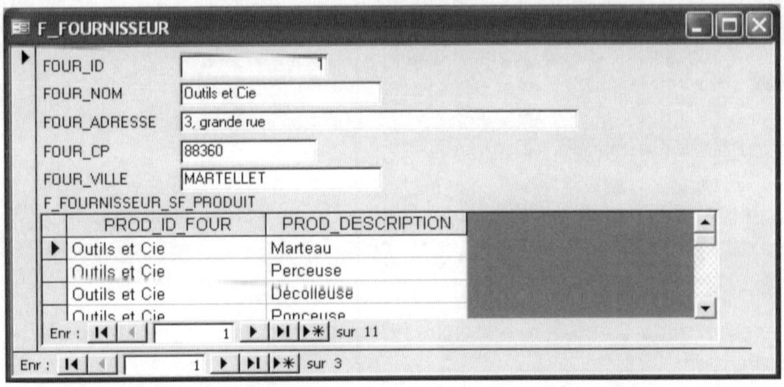

1 - CREER UN FORMULAIRE AVEC SOUS-FORMULAIRE AVEC L'ASSISTANT

- Dans la barre de navigation de la fenêtre Base de données, cliquez sur *Formulaires*
- Double-cliquez sur *Créer un formulaire à l'aide de l'Assistant*

Ou

Cliquez sur ce bouton dans la barre d'outils.

- Sélectionnez *Assistant Formulaire*

Puis,

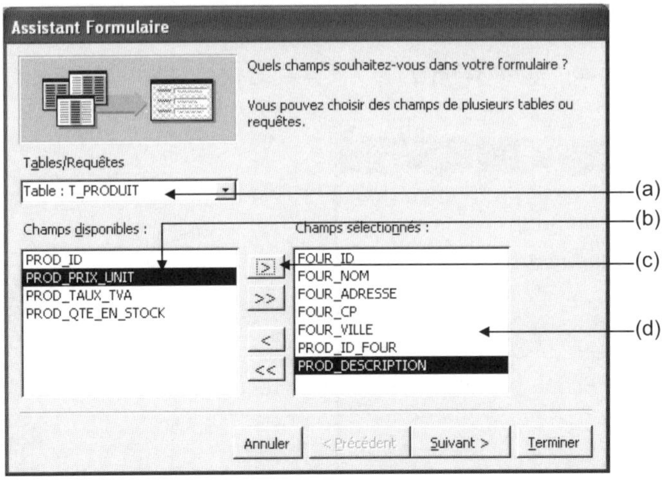

- En (a), sélectionnez le nom de la première table ou requête utilisée dans le formulaire
- En (b) apparaissent les champs de la table ou de la requête sélectionnée
- Double-cliquez sur chacun des champs devant apparaître dans le formulaire, ou cliquez sur la flèche (c), pour copier les champs désirés en (d)
- Sélectionnez l'autre table ou requête en (a)
- Double-cliquez sur chacun des champs devant apparaître dans le formulaire pour copier les champs désirés en (d)
  Il est impératif que la clé primaire et la clé étrangère soient sélectionnées, pour qu'Access puisse faire le lien entre les deux tables.
- Cliquez sur «Suivant»

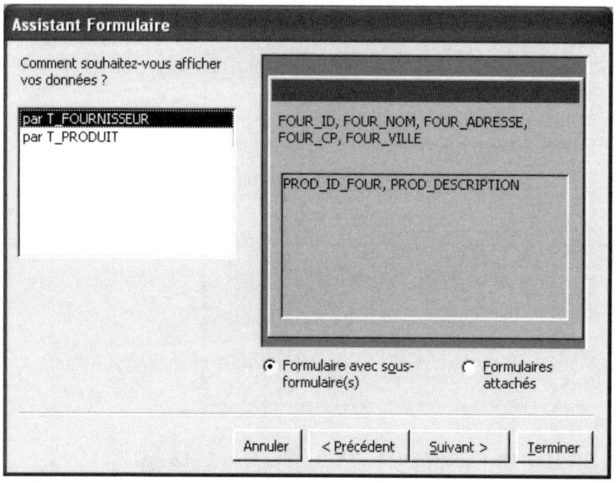

Deux cas se présentent :

- Vous voulez que la table principale soit la table contenant la clé étrangère, et que le formulaire traduise le sens ∞ vers 1 (le produit est affiché avec SON fournisseur)
- Vous voulez que la table principale soit la table contenant la clé primaire, et que le formulaire traduise le sens 1 vers ∞ (le fournisseur est affiché avec SES produits)

Dans le premier cas, toutes les informations sont affichées au sein du même formulaire, et vous travaillez de la même manière qu'avec un formulaire monotable ou monorequête. Dans le deuxième cas, les informations de la table étrangère sont affichées dans un sous-formulaire ou un formulaire attaché.

- Sélectionnez ⊙*Formulaire avec sous-formulaire(s)*
- Cliquez sur «Suivant»

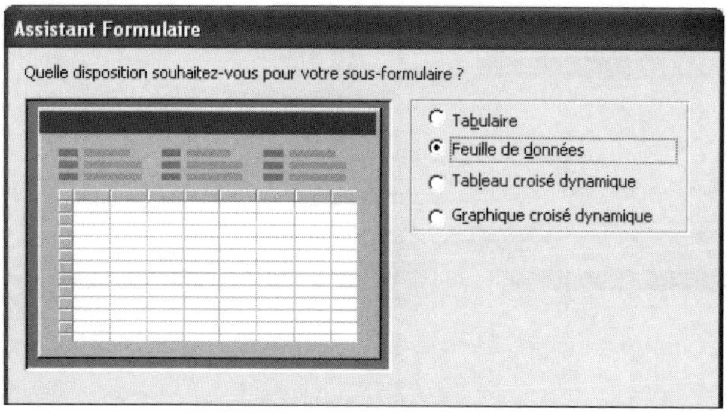

- Choisissez un mode d'affichage (<tabulaire> et <feuilles de données> sont présentés au paragraphe 4 « Mode d'affichage d'un sous-formulaire » ; <Tableau croisé dynamique> et <Graphique croisé dynamique> sont vus au chapitre 10)
- Cliquez sur «Suivant»
- Choisissez le style qui vous convient
- Cliquez sur «Suivant»
- Access vous demande deux noms (un pour le formulaire, un pour le sous-formulaire)

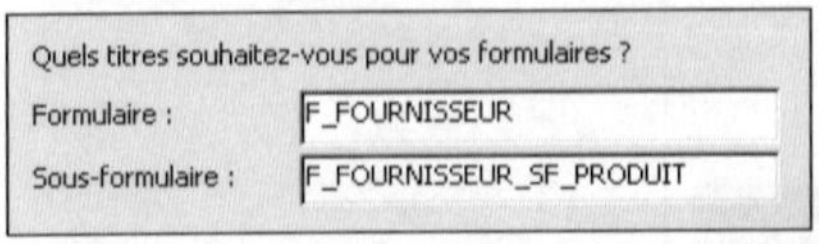

Si vous commences le nom du sous-formulaire en indiquant celui du formulaire principal (par exemple : F_FOURNISSEUR pour le formulaire principal et F_FOURNISSEUR_SF_PRODUIT pour le sous-formulaire), il vous sera beaucoup plus facile de retrouver dans la liste des formulaires un formulaire et le(s) sous-formulaire(s) qu'il contient.

2 - INSÉRER UN SOUS-FORMULAIRE DANS UN FORMULAIRE PRINCIPAL

Cas 1 : création et insertion d'un nouveau sous-formulaire

- Ouvrez le formulaire principal en mode *Création*

 Cliquez sur ce bouton dans la *boîte à outils* s'il n'apparaît pas sélectionné (orangé).

 Cliquez sur ce bouton dans la *boîte à outils*.

- Dans le formulaire, cliquez et faites glisser le pointeur à l'endroit où vous voulez placer le sous-formulaire

Un premier dialogue apparaît, permettant de créer un sous-formulaire à partir d'une table ou d'une requête, ou d'insérer un formulaire existant pour en faire un sous-formulaire.

- Vérifiez que ❍ *Utiliser les tables et les requêtes existantes* est coché
- Cliquez sur «Suivant»

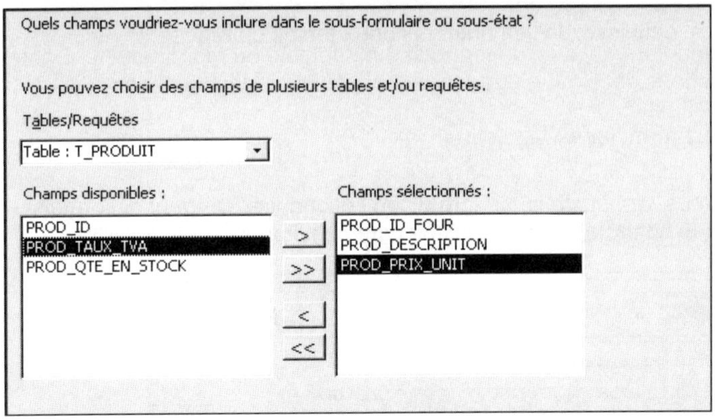

- Sélectionnez en (a) la table ou la requête contenant les données à afficher dans le sous-formulaire
- Double-cliquez en (b) sur chaque champ à inclure dans le sous-formulaire ou utilisez la flèche (c)
- Cliquez sur «Suivant»

Deux cas sont alors possibles :

Les tables du formulaire principal et du sous-formulaire sont reliées entre elles dans la fenêtre des relations :

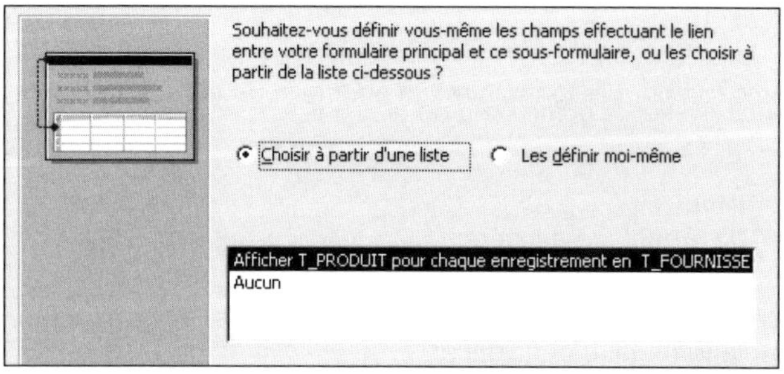

- Sélectionnez dans la liste le lien à utiliser pour relier les deux tables
- Cliquez sur «Suivant»

Les tables du formulaire principal et du sous-formulaire ne sont pas reliées entre elles, ou bien vous voulez indiquer autre relation :

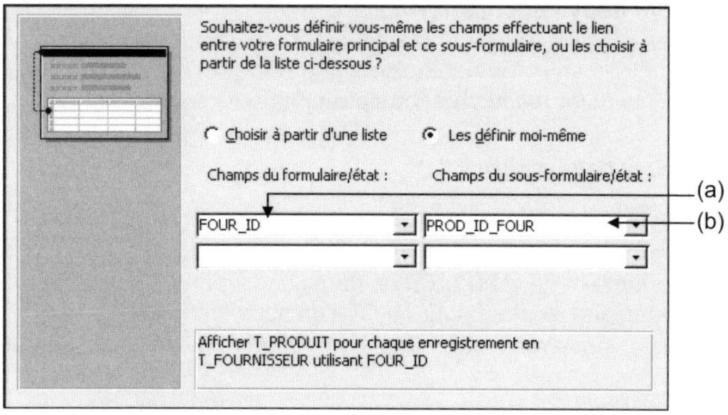

- A l'aide des listes (a) et (b), définissez le lien entre les deux tables ou requêtes
- Cliquez sur «Suivant»

Puis,

- Tapez un nom pour le sous-formulaire
- Cliquez sur «Terminer»

Access insère le contrôle *Sous-formulaire* lié au formulaire secondaire. On peut désormais déplacer et redimensionner le contrôle *Sous-formulaire* comme n'importe quel contrôle.

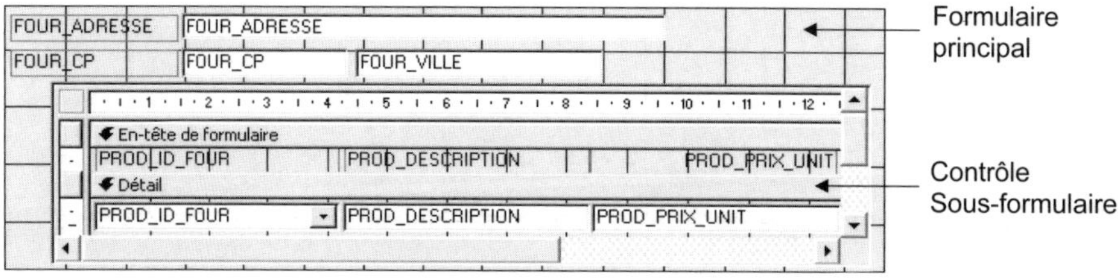

Le sous-formulaire est enregistré de manière indépendante et accessible à partir de la catégorie *Formulaires* de la fenêtre Base de données.

Cas 2 : insertion d'un sous-formulaire existant

- Ouvrez le formulaire principal en mode *Création*

Cliquez sur ce bouton dans la *boîte à outils* s'il n'apparaît pas sélectionné (orangé).

Cliquez sur ce bouton dans la *boîte à outils.*

- Dans le formulaire, cliquez et faites glisser le pointeur là où placer le sous-formulaire

L'assistant *Sous-formulaire* est lancé.

- Activez ⊙*Utiliser un formulaire existant*
- En dessous, sélectionnez le nom du formulaire à insérer
- Cliquez sur «Suivant» et procédez ensuite comme pour le cas 1

3 - MODIFIER UN SOUS-FORMULAIRE

Vous pouvez ouvrir le sous-formulaire indépendamment du formulaire principal, à partir de la catégorie *Formulaires* de la fenêtre Base de données, mais vous pouvez aussi l'ouvrir à partir du formulaire principal.

Cas 1 : si le sous-formulaire est en mode formulaire. En mode création du formulaire principal, vous pouvez modifier directement les caractéristiques du sous-formulaire en procédant de manière habituelle (taille et format des contrôles, etc.).

Cas 2 : si le sous-formulaire est en mode feuille de données. En mode création du formulaire principal, Double-cliquez sur le contrôle sous-formulaire alors que celui-ci n'est pas sélectionné. Le sous-formulaire s'ouvre en mode création dans une nouvelle fenêtre.

4 - MODE D'AFFICHAGE D'UN SOUS-FORMULAIRE

Un sous-formulaire peut être affiché sous forme de feuille de données ou de formulaire.

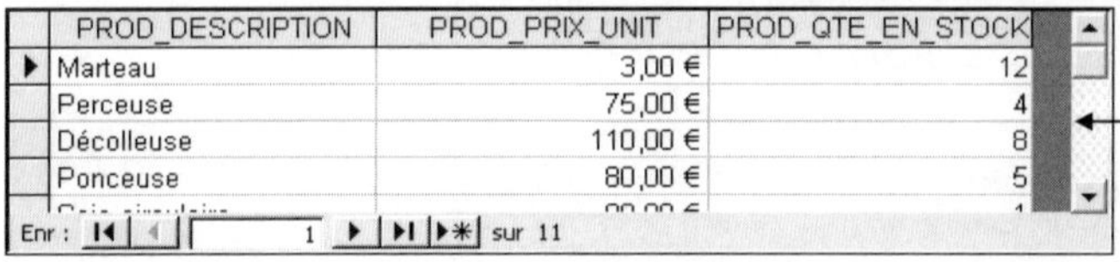

Mode Feuille de données

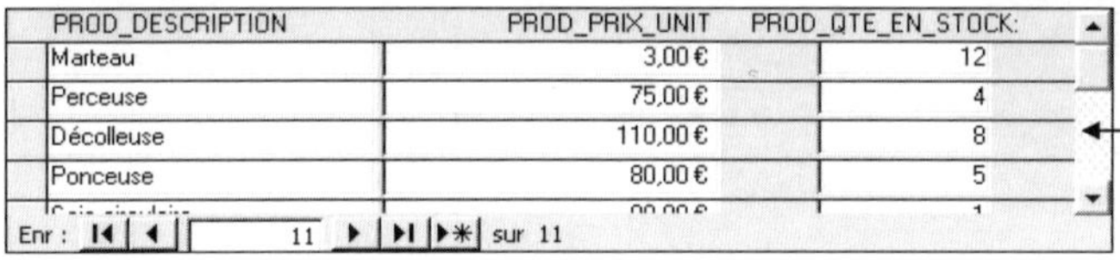

Mode Formulaire

Le choix se fait dans les propriétés du sous-formulaire :

- Sélectionnez le sous-formulaire en cliquant sur la case (a)

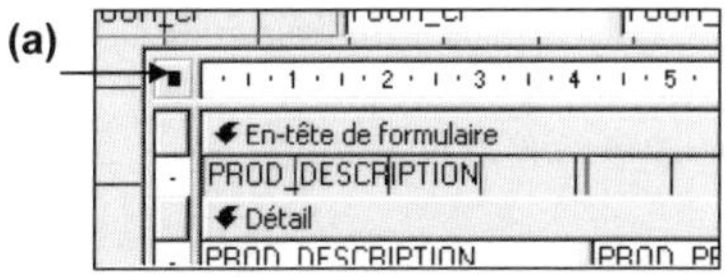

Cliquez sur ce bouton dans la barre d'outils, ou *Affichage/Propriétés.*

- Dans la fenêtre des propriétés, cliquez sur l'onglet *Format*
- Dans la ligne <Affichage par défaut>, sélectionnez *Feuille de données* ou *Formulaires continus*

IMPRESSION DU FORMULAIRE

1 - APERÇU AVANT IMPRESSION

En mode Création, Formulaire ou Feuille de données

Cliquez sur ce bouton dans la barre d'outils, ou *Fichier/Aperçu avant impression.*

A partir de la fenêtre Base de données

- Dans la barre de navigation de la fenêtre Base de données, cliquez sur *Formulaires*
- Sélectionnez le nom du formulaire

Cliquez sur ce bouton dans la barre d'outils, ou *Fichier/Aperçu avant impression.*

2 - IMPRESSION DU FORMULAIRE

Il est possible d'imprimer le formulaire affiché à l'écran ou d'en imprimer un exemplaire pour chaque enregistrement de la table ou de la requête sous-jacente. Dans ce dernier cas, il peut être intéressant de placer un contrôle Saut de page à la suite du formulaire de façon à ce que chaque formulaire soit imprimé sur une page distincte.

Notez toutefois que les états offrent bien davantage d'options de mise en page et d'impression. Bien souvent, l'impression des formulaires est décevante, car les choix de couleurs ne sont pas du tout les mêmes suivant qu'on travaille sur écran ou sur imprimante.

- Ouvrez le formulaire

Cliquez sur ce bouton dans la barre d'outils pour lancer l'impression sans passer par un dialogue.

Ou

- *Fichier/Imprimer*, ou appuyez sur Ctrl-**P**

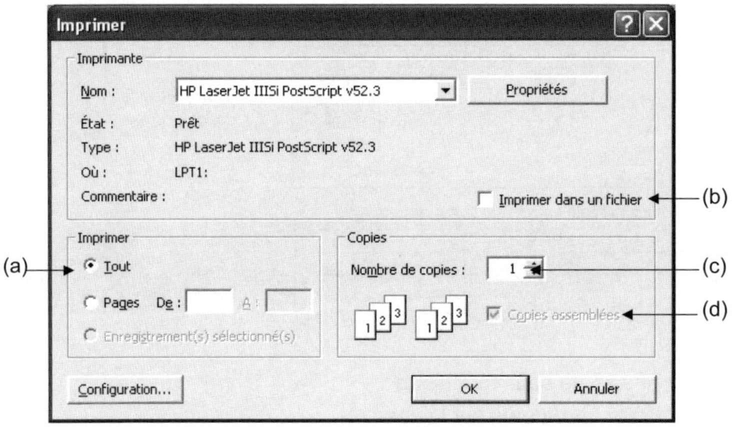

(a) Sélectionnez ⊙*Tout* pour imprimer toutes les pages, ⊙*Enregistrement(s) sélectionné(s)* pour imprimer le formulaire à l'écran, ou ⊙*Pages* pour spécifier une plage de pages.

(b) Pour imprimez dans un fichier dont le nom sera réclamé dans un dialogue suivant.

(c) Nombre d'exemplaires à imprimer.

(d) Si vous avez demandé plusieurs exemplaires, précisez si vous voulez qu'ils soient assemblés.

- Faites ces choix
- Cliquez sur «Configuration»
- Sous l'onglet *Marges*, précisez la taille des marges
- Cliquez sur «OK» deux fois

GRAPHIQUES ET TABLEAUX CROISÉS

11

GRAPHIQUES DE GESTION

Les données sur lesquelles le graphique est basé se trouvent en général dans une table ou une requête d'une base de données Access. Il peut s'agir d'une table que l'on a importée ou attachée à la base de données. Il peut s'agir d'un graphique indépendant basé sur l'ensemble des enregistrements d'une table ou d'une requête, ou d'un graphique synchronisé avec chaque enregistrement comme dans l'exemple ci-dessous :

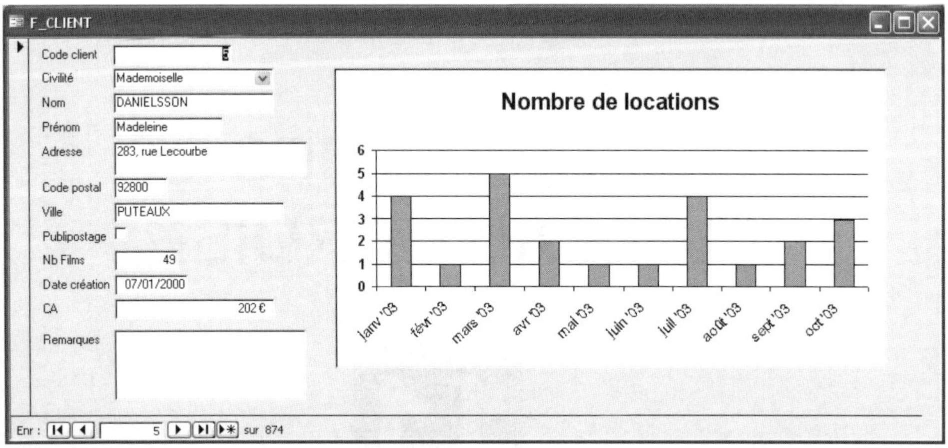

Pour créer un graphique dans un nouveau formulaire :

- Dans la barre de navigation de la fenêtre Base de données, cliquez sur *Formulaires*

Nouveau Cliquez sur ce bouton dans la barre d'outils de la fenêtre Base de données.

- Sélectionnez *Assistant Graphique*
- Dans la partie inférieure du dialogue, sélectionnez la table ou la requête contenant les données à illustrer d'un graphique
- Cliquez sur «OK»

Pour créer un graphique dans un formulaire existant :

- Ouvrez un formulaire existant et passez en mode *Création*
- *Insertion/Graphique*
- Cliquez et faites glisser le pointeur pour créer un cadre à l'endroit où placer le graphique

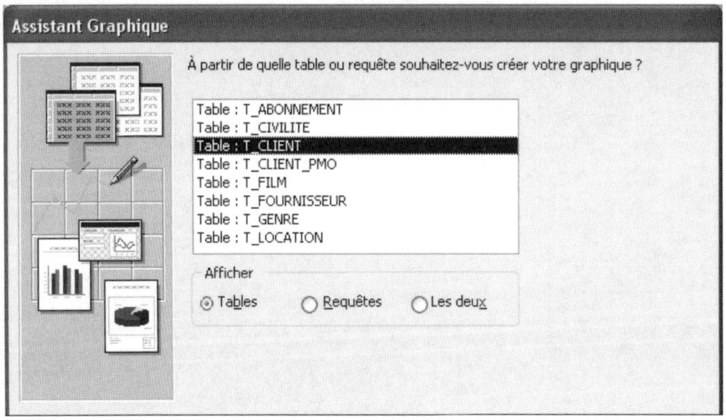

- Sélectionner la table ou la requête contenant les données à illustrer d'un graphique
- Cliquez sur «Suivant»

Puis,

- Double-cliquez sur le nom de chaque champ dont le contenu est nécessaire à la création du futur graphique
- Cliquez sur «Suivant»
- Sélectionnez un type de graphique
- Cliquez sur «Suivant»

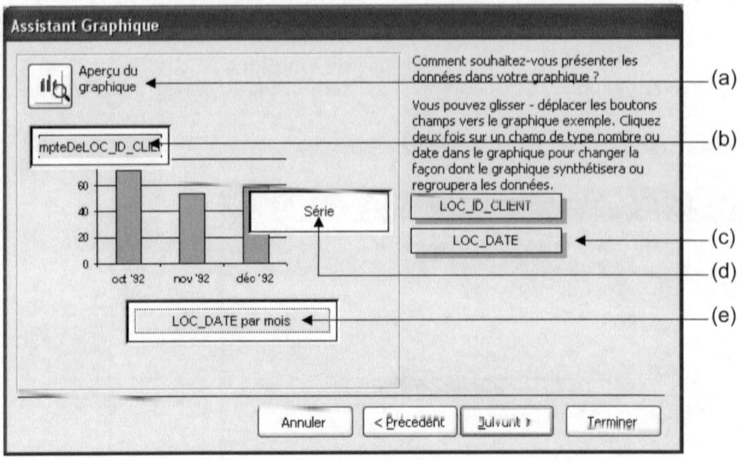

- Vérifiez le graphique généré en cliquant sur le bouton (a), puis cliquez sur «Fermer»
- Si la disposition par défaut des champs ne convient pas, faites glisser les boutons de la zone (c) vers (b) pour les valeurs, (d) pour les séries ou (e) pour l'axe horizontal
- Pour modifier le type d'opération (somme, compte, ...) sur les données, double-cliquez en (b)
- Si le champ de l'axe horizontal est de type date, Double-cliquez dessus pour modifier le niveau de regroupement
- Cliquez sur «Suivant»

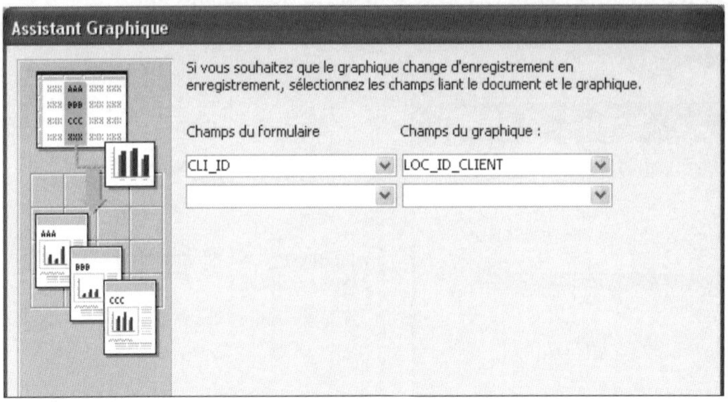

- Si vous souhaitez que le graphique s'adapte pour chaque enregistrement (graphique dépendant), sélectionner les champs liant l'enregistrement et le graphique, sinon laissez cet écran vide (graphique indépendant)
- Cliquez sur «Suivant»
- Tapez un titre pour le graphique
- Précisez si vous voulez une légende ou pas
- Cliquez sur «Terminer»

TABLEAUX CROISÉS DYNAMIQUES

L'assistant *Tableau croisé dynamique* permet de créer dans un formulaire un tableau de synthèse qui croise plusieurs champs pour une grande quantité de données.

1 - CRÉER UN TABLEAU CROISÉ DYNAMIQUE

- Dans la barre de navigation de la fenêtre Base de données, cliquez sur *Formulaires*

Cliquez sur ce bouton dans la barre d'outils de la fenêtre Base de données.

- Dans la partie inférieure du dialogue, sélectionnez la principale table ou requête contenant les données
- Dans la partie supérieure du dialogue, sélectionnez *Assistant Tableau croisé dynamique*
- Cliquez sur «OK»
- Si un dialogue de présentation s'affiche : cliquez sur «Suivant»

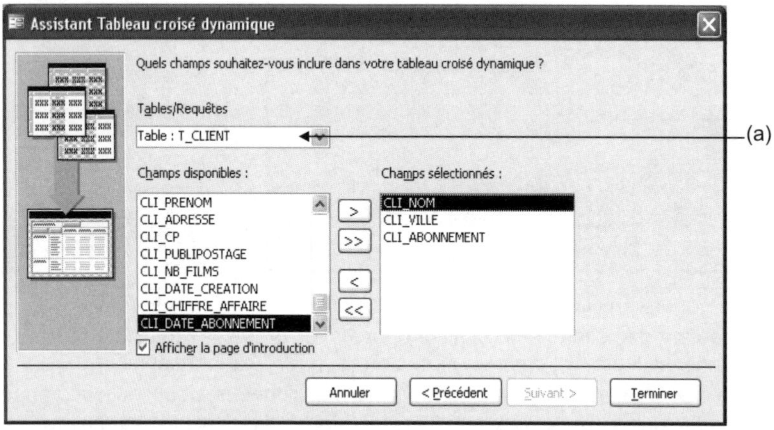

- Double-cliquez sur chaque champ devant apparaître dans le tableau de synthèse. Vous pouvez inclure des champs appartenant à des tables liées à la table principale, en sélectionnant le nom de la table liée en (a) afin d'afficher la liste de ses champs
- Cliquez sur «Terminer»

On obtient :

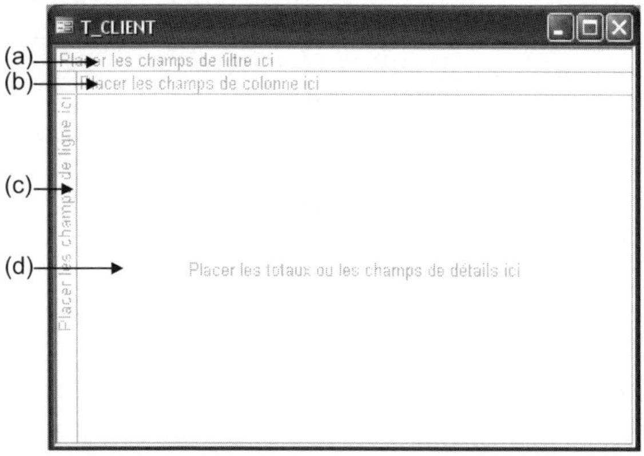

Tableau croisé dynamique

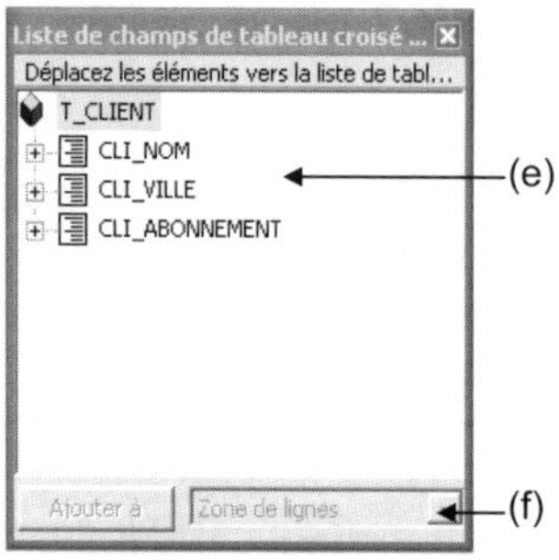

Liste des champs

Access affiche deux fenêtres, l'une correspondant à l'espace de création du tableau croisé dynamique, l'autre affiche la liste des champs disponibles.

TABLEAUX CROISÉS DYNAMIQUES

Le tableau croisé dynamique se divise en quatre zones de dépôt :

(a) Zone de filtre : contient les champs qui serviront de filtre. Sélectionner un élément dans cette zone permet de n'afficher dans le tableau que les données qui s'y rapportent.

(b) Zone de colonnes : contient les champs de colonnes, qui formeront les colonnes du tableau croisé.

(c) Zone de lignes : contient les champs de lignes, qui formeront les lignes du tableau croisé.

(d) Zone de détail : contient les champs de données. A chaque intersection du tableau, Access affiche les lignes et les colonnes qui lui correspondent.

Pour ajouter des champs au tableau croisé :

- Indiquez en (f) la zone où ajouter le champ
- Double-cliquez sur le champ en (e)

Ou

- Sélectionnez un champ en (e) et faites-le glisser sur une zone du tableau croisé dynamique

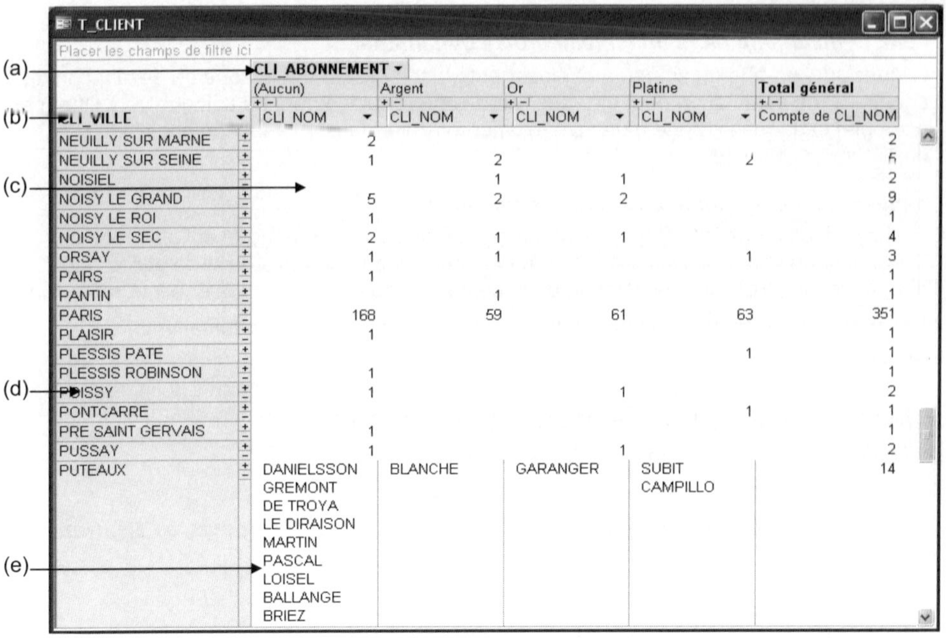

Ce tableau croisé dynamique affiche le nombre de clients par ville et par type d'abonnement pour une entreprise de location de films.

- Cliquez sur les boutons **+** et **-** pour passer d'une vue synthétique (c) à une vue détaillée (e) pour une ligne ou une colonne. Dans cet exemple, la vue condensée affiche le nombre de clients et la vue détaillée, leurs noms

2 - MANIPULER LES CHAMPS D'UN TABLEAU CROISÉ DYNAMIQUE

Sélectionner un élément du tableau croisé dynamique

– Cliquez sur l'en-tête de colonne en (a) pour la sélectionner
– Cliquez sur l'en-tête de ligne en (b) pour la sélectionner
– Cliquez sur la cellule en (e) pour la sélectionner

Supprimer un champ du tableau croisé dynamique

- Cliquez sur l'en-tête du champ (une flèche suit son nom) et faites-le glisser à l'extérieur du cadre du tableau croisé : le curseur est accompagné d'une croix de suppression

Ajouter un champ au tableau croisé dynamique

Cliquez sur ce bouton dans la barre d'outils pour afficher la liste des champs si elle n'apparaît pas.

- Cliquez sur le champ à partir de la liste des champs et faites-le glisser sur l'une des zones du tableau croisé

Déplacer un champ dans un tableau croisé dynamique

- Cliquez sur l'en-tête du champ à déplacer et faites-le glisser sur la zone de destination du champ. Cette destination peut être une autre zone (déplacement de colonne vers filtre, par exemple) ou la même zone à un niveau différent (faire passer l'année avant le département, par exemple)

Changer le type de calcul dans la zone de détail

Le calcul effectué par défaut est une somme pour un champ numérique et l'affichage des valeurs pour un champ texte. Cette commande permet par exemple de réclamer le calcul d'une moyenne plutôt qu'une somme, ou le comptage des valeurs plutôt que leur affichage.

- Clic-droit sur l'en-tête du champ de détail, puis cliquez sur *Calcul automatique*
- Cliquez sur le type de calcul souhaité

3 - MISE EN FORME DU TABLEAU CROISÉ DYNAMIQUE

L'affichage de chaque champ peut être paramétré.

- Sélectionnez un champ ou une plage de données

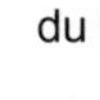

Cliquez sur ce bouton dans la barre d'outils, ou *Affichage/Propriétés*, ou appuyez sur [Alt]-[↵]

- Cliquez sur l'onglet *Format*

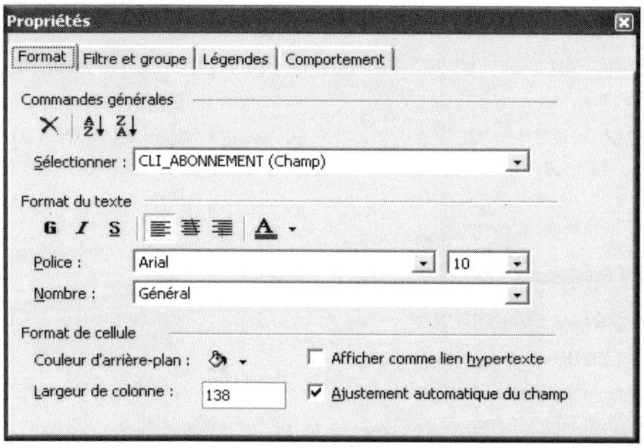

Cet onglet permet de préciser l'ensemble du format du texte pour le champ sélectionné.

• Cliquez sur l'onglet *Légendes*

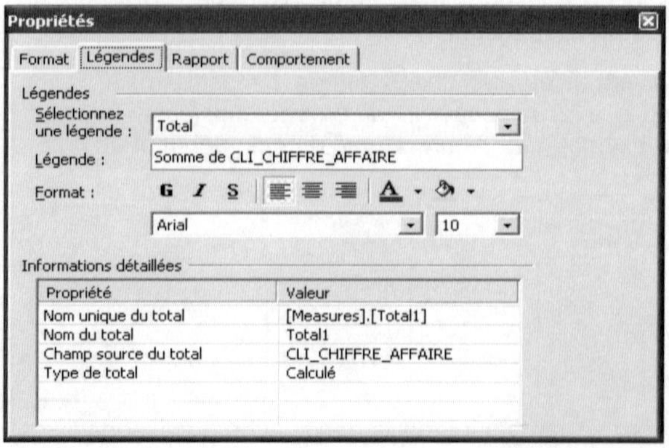

Cet onglet permet de modifier le texte et de préciser le format de la légende du champ sélectionné.

4 - N'AFFICHER QUE CERTAINS ÉLÉMENTS DES LIGNES OU DES COLONNES

• Affichez le formulaire en mode *Tableau croisé dynamique*

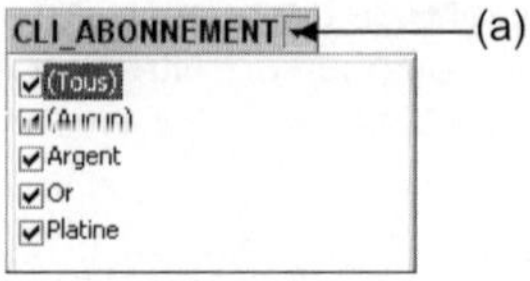

• Cliquez sur la petite flèche qui se trouve à côté du nom du champ en (a)
• Cochez les éléments qui doivent apparaître, décochez ceux à masquer

5 - REGROUPEMENTS

Le tableau croisé dynamique permet de regrouper les valeurs des champs.

• Affichez le formulaire en mode *Tableau croisé dynamique*
• Sélectionnez le champ sur lequel effectuer des regroupements

 Cliquez sur ce bouton dans la barre d'outils, ou *Affichage/Propriétés*, ou appuyez sur Alt-↵

• Cliquez sur l'onglet *Filtre et groupe*

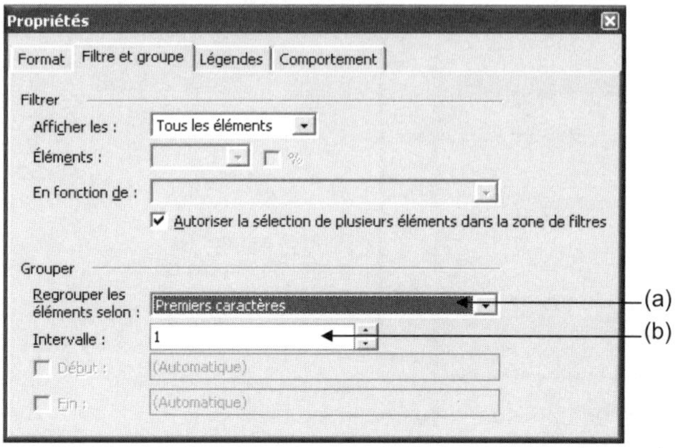

• En (a), indiquez le type du regroupement (il est différent suivant le type du champ)

- En (b), précisez sur quel intervalle effectuer le groupement
  - Un type texte propose de grouper suivant les premiers caractères (très utile pour déterminer le département en fonction du code postal).
  - Un type date propose de grouper suivant différentes unités (année, trimestre, mois, semaine, jour, heure, minute, seconde), avec la possibilité de grouper plusieurs unités (groupement tous les deux mois par exemple), et de préciser la date de début et de fin.

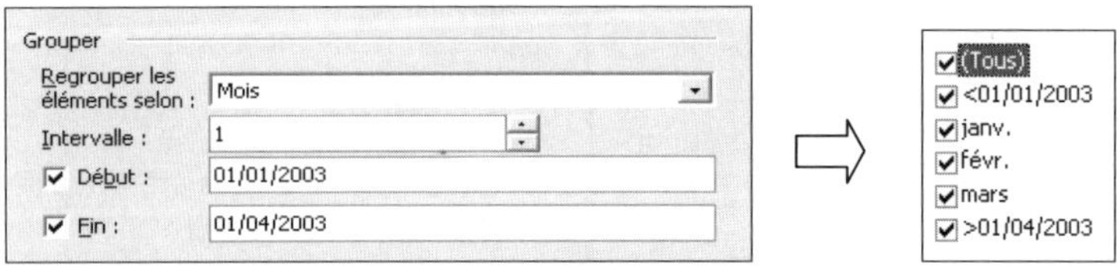

  - Un type numérique propose de grouper suivant un intervalle défini, et de préciser des valeurs minimale et maximale.

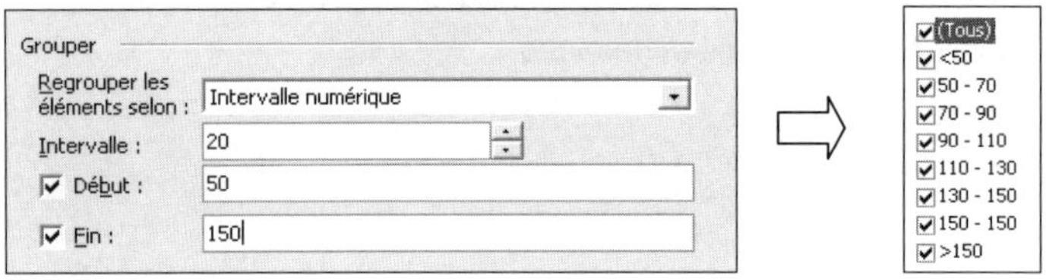

6 - FILTRAGE

Le tableau croisé dynamique permet de n'afficher que certaines valeurs.

- Affichez le formulaire en mode *Tableau croisé dynamique*
- Sélectionnez le champ sur lequel effectuer un filtrage

 Cliquez sur ce bouton dans la barre d'outils, ou *Affichage/Propriétés*, ou appuyez sur Alt-↵

- Cliquez sur l'onglet *Filtre et groupe*

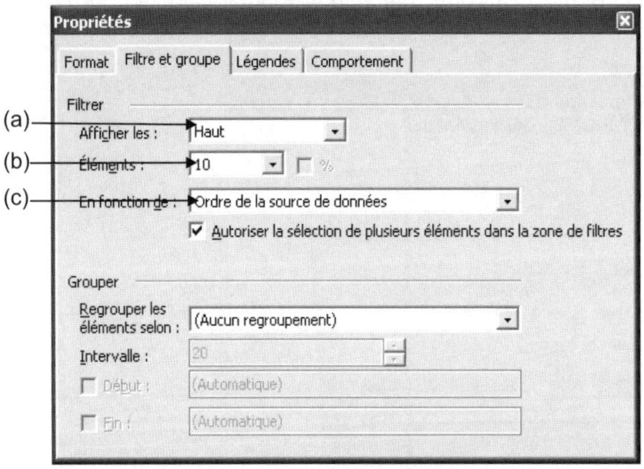

- En (a), indiquez le type de filtrage : éléments supérieurs ou inférieurs
- En (b), précisez le nombre d'éléments ou le pourcentage d'éléments
- En (c), choisissez sur quoi se fait la sélection

7 - MISE À JOUR DU TABLEAU CROISÉ DYNAMIQUE

Les données du tableau croisé dynamique ne sont pas mises à jour à chaque modification des données : il faut les mettre à jour manuellement. Pour cela :

- Modifiez la structure du tableau

Ou

Cliquez sur ce bouton dans la barre d'outils, ou *Tableau croisé dynamique/Actualiser*.

8 - GRAPHIQUE CROISÉ DYNAMIQUE

Un graphique croisé dynamique est la représentation graphique d'un tableau croisé dynamique. Un graphique croisé est généralement issu d'un tableau croisé qui a été travaillé dans un premier temps.

- Affichez un tableau croisé dynamique présentant les données à afficher graphiquement
- *Affichage/Graphique croisé dynamique*

Exemples :

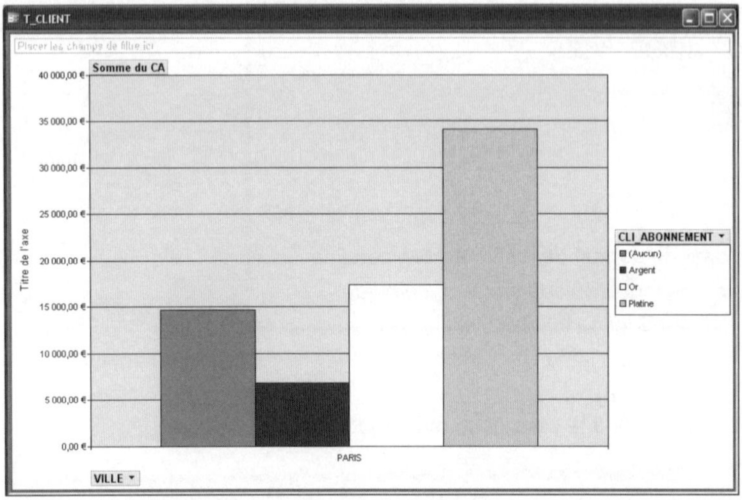

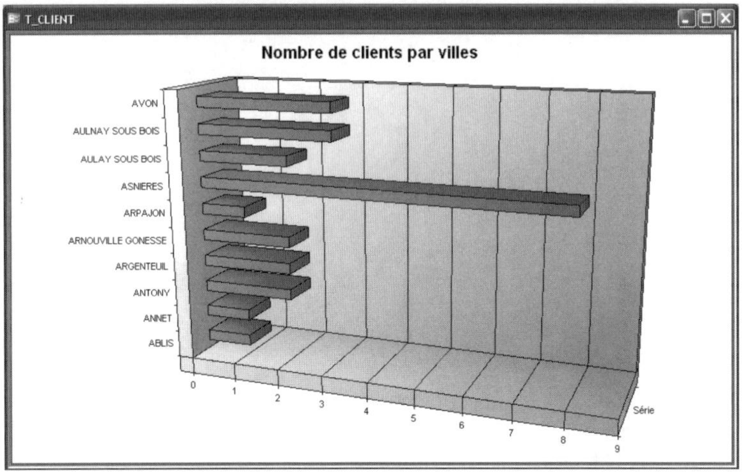

Afficher/Masquer la légende

- *Graphique croisé dynamique/Afficher la légende*

Afficher/Masquer les zones de dépôt

- *Affichage/Zones de dépôt*

Inverser l'ordre des séries (lignes et colonnes)

- *Graphique croisé dynamique /Par ligne/par colonne*

Modifier le type de graphique

- *Graphique croisé dynamique/Type de graphique*

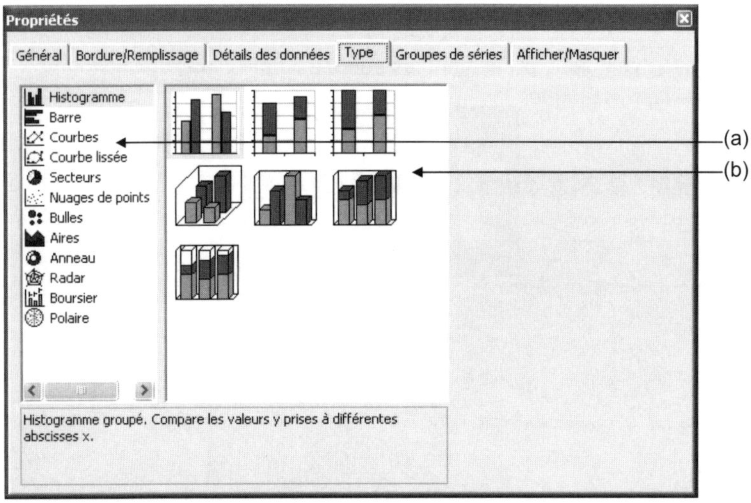

- Choisissez le type de graphique en (a)
- Sélectionnez une variante en (b)
- Fermez la fenêtre en cliquant sur la case de fermeture du dialogue

PAGES D'ACCÈS

12

CRÉER UNE PAGE D'ACCÈS

Une page d'accès est un formulaire particulier qui affiche les données issues d'une base Access dans un navigateur tel qu'Internet Explorer. Il s'agit d'un fichier HTML externe à la base de données, souvent enregistré sur un serveur Web afin d'être mis à la disposition des utilisateurs.

Attention cependant : il est nécessaire que les composants web de Microsoft Office XP soient installés sur le poste client. Les pages générées pourront donc être utilisables sur un Intranet, mais pas sur Internet,

Il existe deux principaux types de pages d'accès aux données :

- Les pages de saisie de données : ce type de page permet d'afficher, d'ajouter et de modifier les enregistrements stockés dans une base de données Access. Il s'agit d'un masque de saisie indépendant mais lié à la base Access, utilisable à partir d'Internet Explorer.
- Les pages d'analyse de données : ce type de page affiche le contenu d'une base de données de manière synthétique en effectuant des regroupements sur certains champs, et/ou en incluant des tableaux croisés dynamiques dont l'utilisateur peut modifier l'affichage de très nombreuses façons. Ces pages sont interactives mais ne peuvent pas être utilisées pour modifier les données.

Une page d'accès aux données peut être créée de trois façons : créer rapidement une page instantanée, utiliser un assistant, ou composer une page de toutes pièces en mode *Création*.

1 - PAGE INSTANTANÉE

- Dans la barre de navigation de la fenêtre Base de données, cliquez sur *Pages*.

Cliquez sur ce bouton dans la barre d'outils.

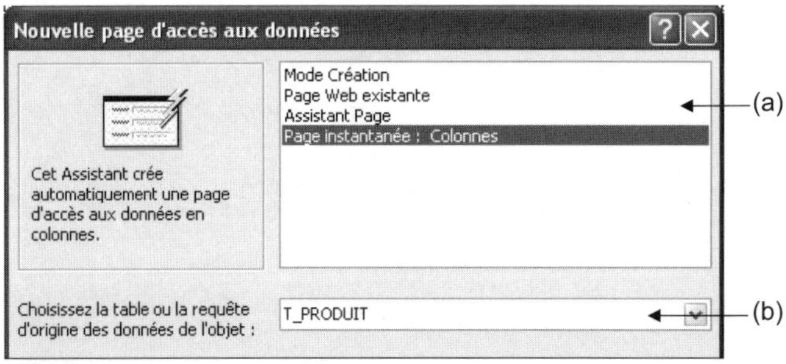

- Sélectionnez *Page instantanée : Colonnes* en (a)
- Sélectionnez en (b) la table ou la requête associée à la page
- Cliquez sur «OK»

Une page de type Saisie de données est créée :

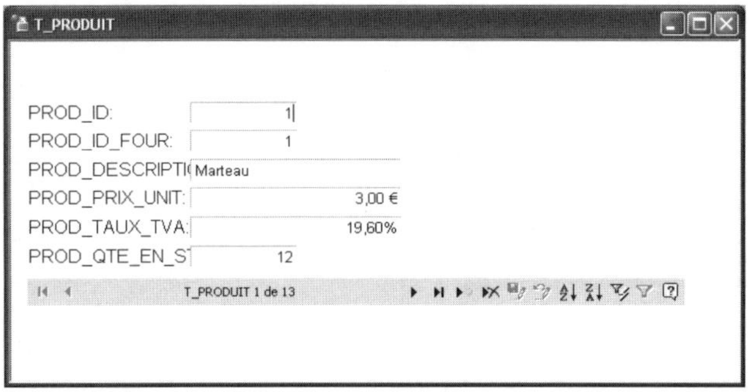

CRÉER UNE PAGE D'ACCÈS

- *Fichier/Fermer*, ou appuyez sur Ctrl-F4 ou sur Ctrl-**W**

Un message propose l'enregistrement de la page.

- Cliquez sur «Oui»

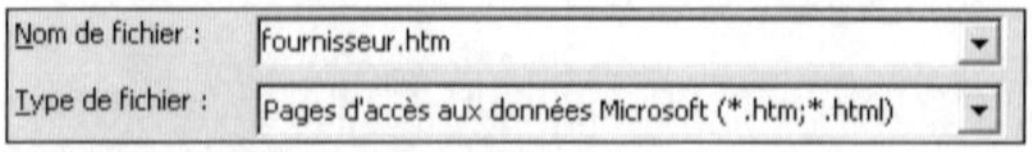

- Sélectionnez un dossier
- Tapez un nom pour la page
- Cliquez sur «Enregistrer»

2 - L'ASSISTANT PAGE

- Dans la barre de navigation de la fenêtre Base de données, cliquez sur *Pages*
- Double-cliquez sur *Créer une page d'accès aux données à l'aide de l'Assistant*

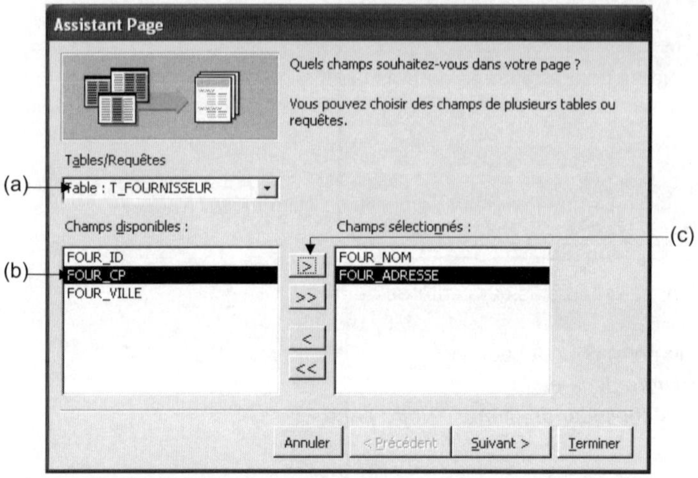

- Sélectionnez en (a) la table ou la requête associée à la page
- En (b), double-cliquez sur chaque champ à inclure dans la page, ou cliquez sur le bouton (c)
- Cliquer sur «Suivant»

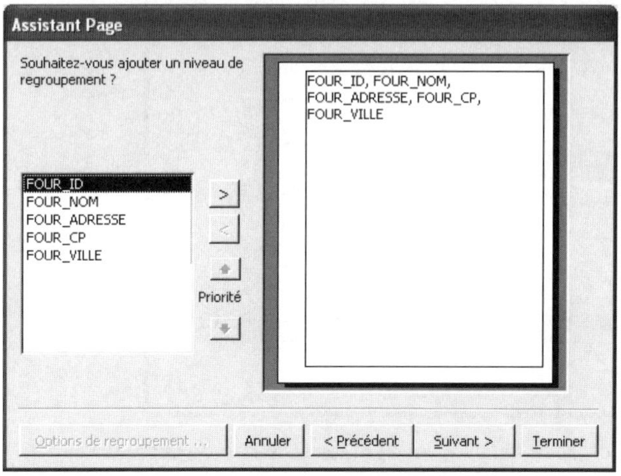

Si vous souhaitez préciser un niveau de regroupement :

- Sélectionnez le nom du champ sur lequel regrouper

Cliquer sur ce bouton pour créer le regroupement sur ce champ.

- Éventuellement, cliquez sur «Options de regroupement» pour indiquer comment regrouper
- Cliquez sur «Suivant»

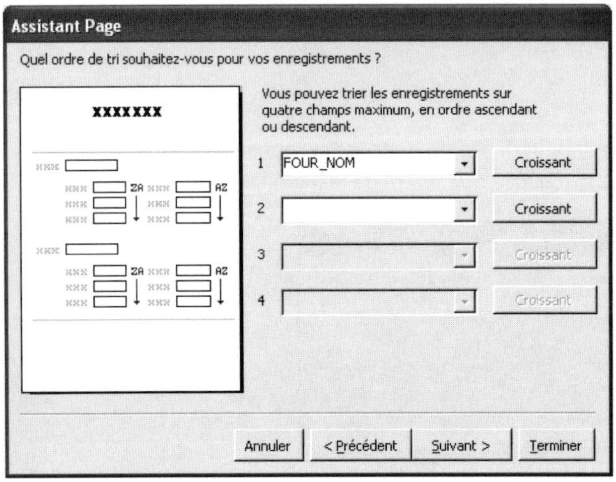

- Éventuellement, sélectionnez un ou plusieurs critères de tri
- Cliquez sur «Suivant»
- Tapez un titre (et donc un nom) pour la page
- Activez ⊙*Modifier la structure de la page*
- Cochez ⊠*Souhaitez-vous appliquer un thème à votre page*
- Cliquez sur «Terminer»
- Sélectionnez un thème
- Cliquez sur «OK»

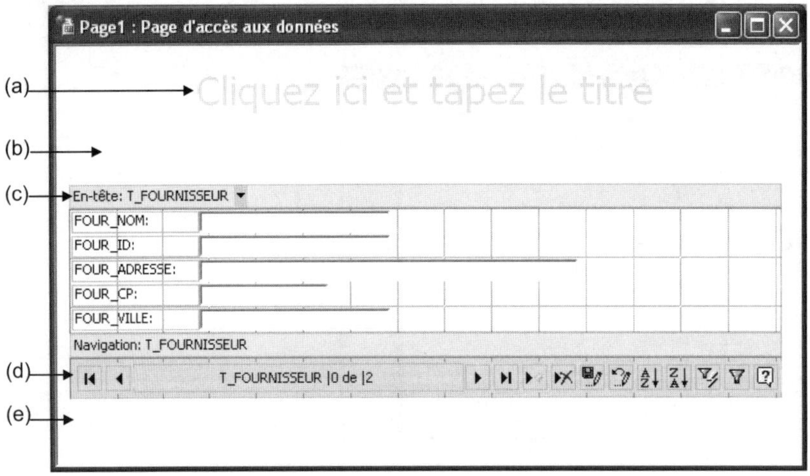

- Cliquez sur la zone <*Cliquez ici et tapez le titre*> en (a) et tapez le titre de la page

CRÉER UNE PAGE D'ACCÈS

- En (b) et en (e), tapez les paragraphes entourant la page de données

A noter en (c) l'en-tête de groupe (contenant les contrôles) et en (d) la barre de déplacement, servant à naviguer entre les enregistrements.

- Enregistrez la page. Access demande un nom de fichier, car contrairement aux formulaires et autres objets, la page est stockée à l'extérieur de la base de données. Ce qui est stocké dans l'onglet <Pages> de la base de données n'est qu'un raccourci vers le fichier .htm

Access signale que la chaîne de connexion utilise un chemin absolu.

- Cliquez sur «OK»
- Fermez la page

3 - PAGE VIERGE

- Dans la barre de navigation de la fenêtre Base de données, cliquez sur *Pages*
- Double-cliquez sur *Créer une page d'accès aux données en mode Création*
- Si vous travaillez sur une base au format Access 2000, un message vous avertit des problèmes de compatibilité. Cliquez sur «OK»

Une page vierge est affichée en mode *Création*, ainsi que la *boîte à outils* et la liste des champs :

La *boîte à outils* est assez proche de celle que l'on trouve en mode *Création* d'un formulaire et est utilisée pour placer des contrôles sur la page. La liste des champs permet de placer certains champs de la table ou de la requête sur laquelle est basée la page. Pour faire apparaître les champs d'une table, cliquez sur le symbole **+** qui apparaît devant son nom.

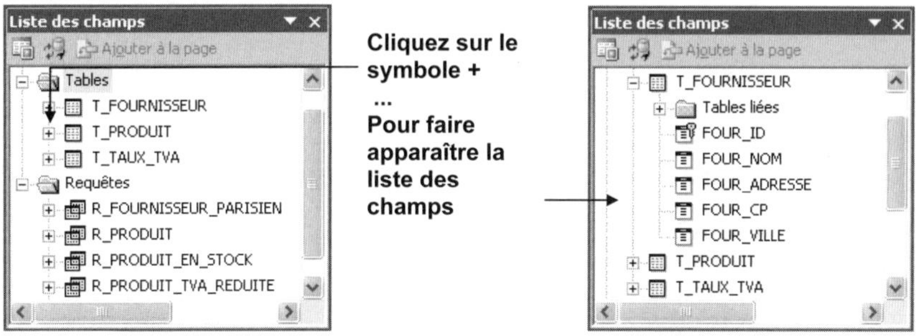

- Placez et utilisez les contrôles comme dans un formulaire
- Enregistrez la page et fermez-la

MODE CRÉATION

Le mode *Création* sert à créer une page d'accès aux données de toutes pièces, à modifier les caractéristiques d'une page existante, ainsi qu'à y définir des regroupements et y insérer des tableaux croisés afin d'en faire une page de type *Analyse*.

1 - MODIFIER UNE PAGE

- Dans la barre de navigation de la fenêtre Base de données, cliquez sur *Pages*
- Sélectionnez le nom de la page

Cliquez sur ce bouton dans la barre d'outils.

2 - PROPRIÉTÉS DE LA PAGE

Cliquez sur ce bouton dans la barre d'outils, ou *Affichage/Propriétés*.

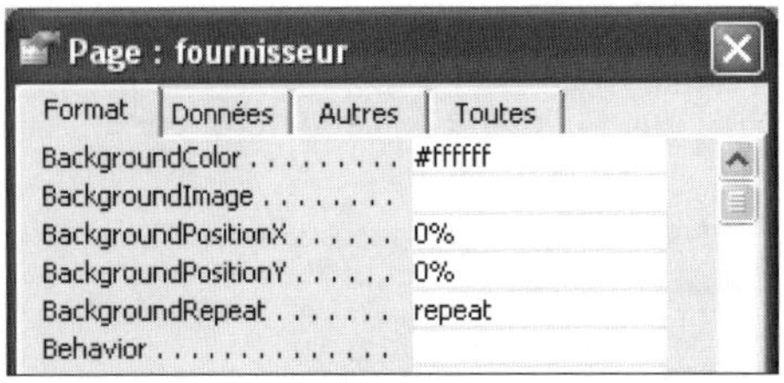

- Définissez les propriétés de la page : titre, une image de fond, couleur de fond, etc.
- Cliquez sur la case de fermeture de la fenêtre pour terminer

3 - AFFICHER LES SECTIONS D'UN GROUPE

Un groupe est constitué de plusieurs sections.

- Cliquez sur la flèche en (a) et cochez les sections à afficher

La section <Pied de page> n'est disponible que pour les regroupements.

4 - PLACER DES CONTRÔLES SUR LA PAGE

Placer un champ

- *Affichage/Liste des champs* si la liste des champs n'apparaît pas
- Cliquez sur le nom du champ et faites-le glisser sur la page

Seules les sections d'en-tête et de pied de page peuvent recevoir un champ.

Placer un contrôle autre qu'un champ

Vous utiliserez pour cela la *boîte à outils* et le principe et l'utilisation sont similaires à ceux de la boîte à outil d'un formulaire.

- Cliquez sur un outil dans la *boîte à outils*
- Cliquez et faites glisser le pointeur sur la page pour le créer, le positionner et le dimensionner

(a) (b) (c) (d) (e) (f) (g) (h) (i) (j) (k) (l) (m) (n) (o) (p) (q) (r) (s) (t) (u) (v) (w) (x)

(a) Sélectionne des objets.
(b) Assistants Contrôle.
(c) Intitulé (étiquette).
(d) Elément extension.
(e) Zone de texte.
(f) Texte défilant.
(g) Groupe d'options.
(h) Bouton d'option.
(i) Case à cocher.
(j) Liste déroulante.
(k) Zone de liste.
(l) Bouton de commande.
(m) Développer.
(n) Barre de déplacement.
(o) Tableau croisé dynamique.
(p) Graphique.
(q) Feuille de calcul.
(r) Lien hypertexte.
(s) Image ou lien hypertexte.
(t) Film.
(u) Image.
(v) Trait.
(w) Rectangle.
(x) Autres contrôles.

5 - CONTRÔLES

La majorité des contrôles sont identiques à ceux qu'on peut trouver sur un formulaire ou un état, et s'utilisent de la même manière. Deux sont similaires, cinq sont nouveaux.

Lien hypertexte : correspond à un contrôle de type <Zone de texte> d'un formulaire avec la propriété <Is Hyperlink> à Vrai.

Film : correspond à un contrôle de type <Cadre d'objet> d'un formulaire, spécialisé dans les films.

Elément extension : affiche un champ texte ou mémo au format HTML.

Texte défilant : permet d'appliquer un effet de défilement à un texte.

Développer : permet à l'utilisateur de développer un niveau s'il le désire (voir Regroupement plus loin).

Barre de déplacement : permet à l'utilisateur de se déplacer parmi les enregistrements, mais aussi d'ajouter, de supprimer, de trier ou de filtrer des enregistrements.

Image-Lien hypertexte : semblable au lien hypertexte, mais ce lien est affiché sous forme d'image, et non de texte.

6 - FAIRE DÉFILER UN TEXTE

- Placez un contrôle de type <Texte défilant> sur la page

 Cliquez sur ce bouton dans la barre d'outils, ou *Affichage/Propriétés*.

Faire défiler un texte issu d'un champ

- Sélectionnez l'onglet *Données*
- Cliquez sur la ligne <ControlSource>
- Cliquez sur la flèche qui apparaît à droite du champ
- Sélectionnez le champ dans la liste
- Cliquez sur la case de fermeture de la fenêtre des propriétés

Faire défiler un texte indépendant

- Sélectionnez l'onglet *Autres*
- Cliquez sur la ligne <InnerText>
- Tapez le texte à faire défiler
- Cliquez sur la case de fermeture de la fenêtre des propriétés

7 - AJOUTER/SUPPRIMER UN BOUTON DE LA BARRE DE DÉPLACEMENT

- Sélectionnez la barre de déplacement
- *Format/Bouton de déplacement*
- Cochez les boutons que vous désirez voir apparaître, décochez ceux que vous désirez masquer

8 - EFFECTUER DES REGROUPEMENTS

Lorsque vous placez un premier champ sur la page, un en-tête de groupe portant le nom de la table est automatiquement créé, ainsi qu'une barre de navigation. Placez ensuite les autres champs que vous souhaitez voir apparaître. Vous obtiendrez par exemple :

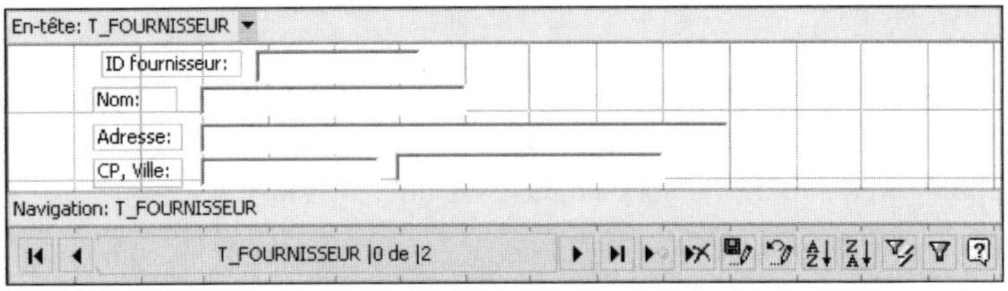

Pour que les données apparaissent groupées sur un champ (par exemple, pour que la liste des produits soit groupée par fournisseur), procédez ainsi :

- Cliquez sur le champ allant servir au regroupement (ici, FOUR_ID)

 Cliquez sur ce bouton dans la barre d'outils

Le champ du regroupement est isolé des autres et placé dans une nouvelle section d'en-tête :

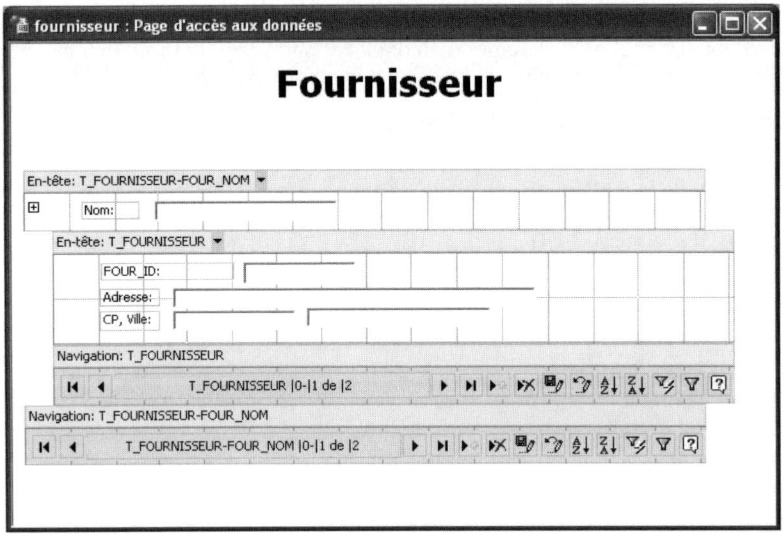

Lors de l'utilisation d'une page comportant un tel regroupement, on obtiendra par exemple :

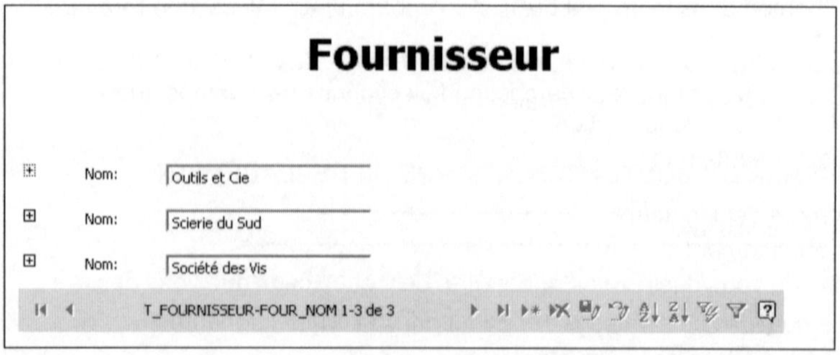

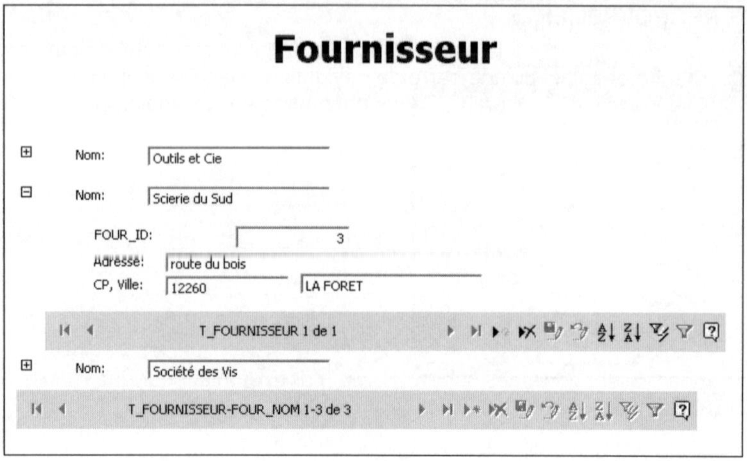

Par défaut, seul le champ du regroupement s'affiche. Cliquer sur le signe **+** qui précède l'une de ces valeurs pour développer le détail de l'enregistrement en question.

9 - AFFICHER LES ENREGISTREMENTS D'UNE TABLE LIÉE

Tout comme à l'aide d'un sous-formulaire ou d'un sous-état, il peut être intéressant d'afficher à la suite d'un enregistrement les données connexes d'une table liée. Ainsi, si une page affiche comme ci-dessus les coordonnées de nos fournisseurs, on peut souhaiter également afficher pour chacun d'entre eux la liste des produits qu'ils distribuent.

- *Affichage/Liste des champs* si la liste des champs n'est pas visible
- Développez le contenu de la table principale, puis développez le contenu du dossier *Tables liées*

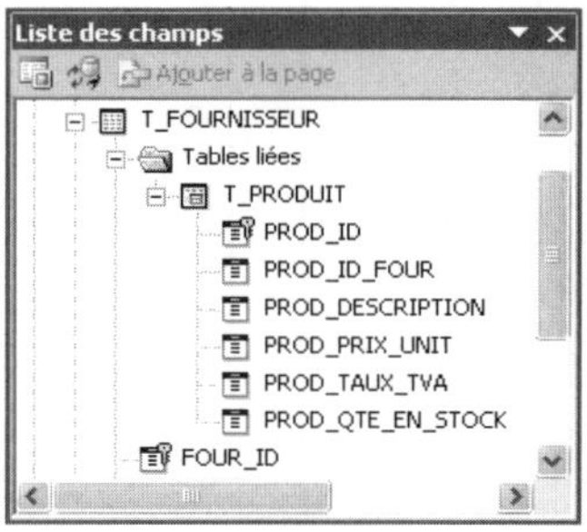

Ajouter les enregistrements liés dans une sous-section

 Cliquez sur ce bouton dans la *boîte à outils* s'il n'apparaît pas sélectionné (orangé).

- Cliquez sur le nom de la table à inclure dans le dossier *Tables liées* (T_PRODUIT dans notre exemple) pour incorporer tous les champs, ou sélectionnez les champs que vous voulez voir apparaître dans la sous-section
- Faites glisser le curseur sur la page

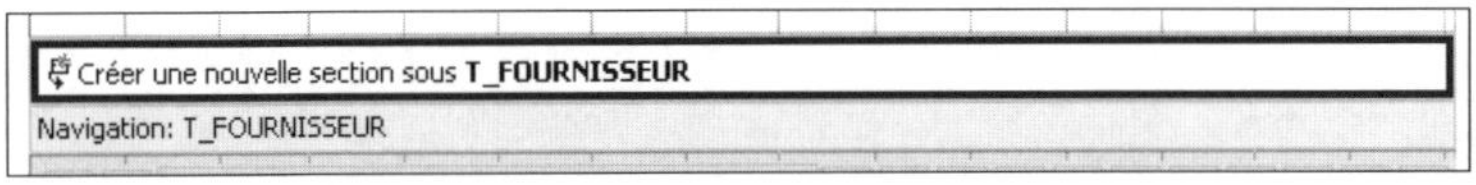

Une zone <Créer une nouvelle section sous> apparaît dans la partie inférieure de la page.

- Relâchez le bouton à l'intérieur de la nouvelle section

Access lance l'assistant de mise en forme

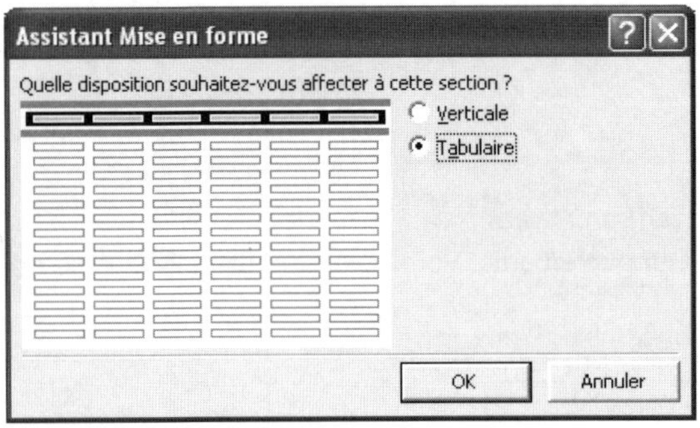

- Cochez ❍Tabulaire
- Cliquez sur «OK»

On obtient par exemple :

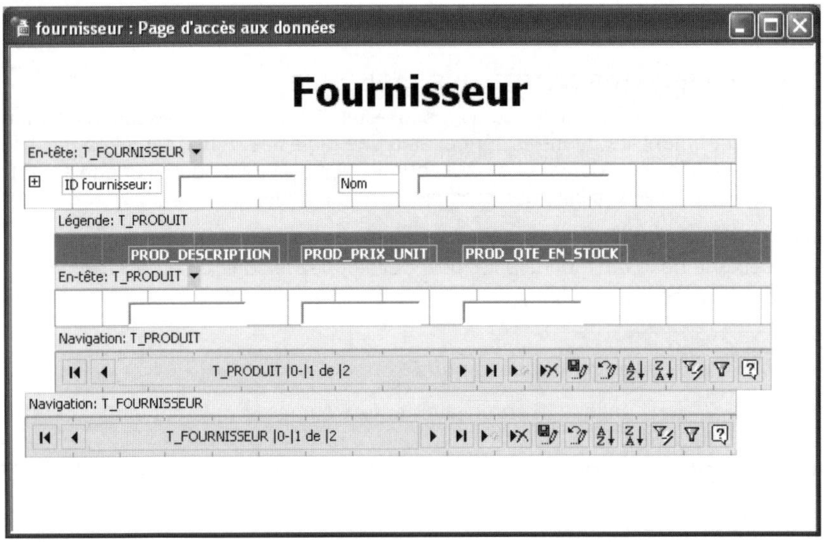

En mode page, vous pouvez développer le détail de la ligne en cliquant sur le symbole **+** qui précède la ligne.

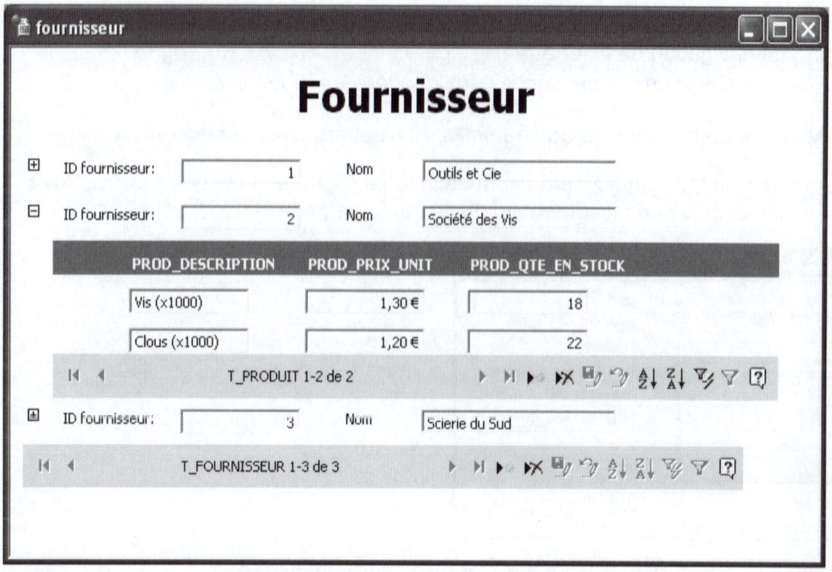

Modifier l'étiquette de l'ensemble d'enregistrements

- Cliquez sur l'étiquette de l'ensemble d'enregistrements. Vous sélectionnez ainsi la zone de déplacement des enregistrements
- Cliquez de nouveau sur l'étiquette de l'ensemble d'enregistrements pour la sélectionner

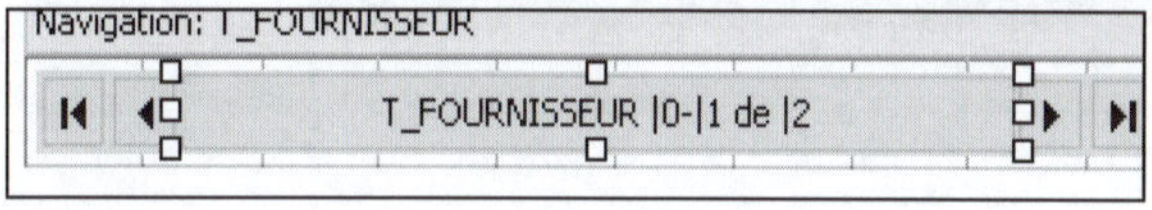

 Si la fenêtre des propriétés n'est pas affichée, cliquez sur ce bouton dans la barre d'outils, ou *Affichage/Propriétés*.

- Dans la fenêtre des propriétés, sélectionnez l'onglet <Données>
- Sélectionnez la propriété <RecordsetLabel>
- Tapez l'étiquette désirée, avec comme expression clé :
  |0 pour le numéro du premier enregistrement
  |1 pour le numéro du dernier enregistrement
  |2 pour le nombre total d'enregistrements

Par exemple : produits - total : |2 - affichés : |0 à |1 affichera :

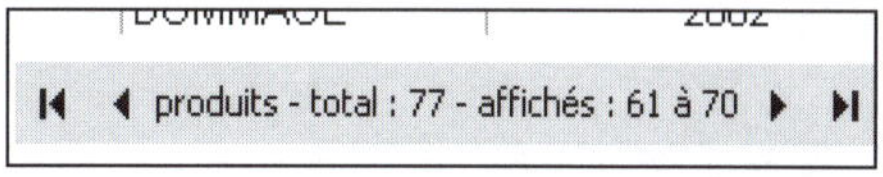

Modifier le nombre d'enregistrements de la sous-section

Par défaut, une sous-section contient 10 enregistrements. Pour modifier le nombre d'enregistrements par section :

- Faites apparaître le menu contextuel de la sous-section avec un clic droit
- Choisissez *Propriété de niveau groupe*
- Dans la fenêtre des propriétés, choisissez <DataPageSize>
- Indiquez le nombre d'enregistrements par page
- Fermez la fenêtre des propriétés

10 - INSÉRER UN TABLEAU CROISÉ DYNAMIQUE

- Dans la barre de navigation de la fenêtre Base de données, cliquez sur *Pages*
- Double-cliquez sur *Créer une page d'accès aux données en mode Création*

Cliquez sur ce bouton dans la *boîte à outils* s'il n'apparaît pas sélectionné (orangé).

- Dans la liste des champs, cliquez sur le nom de la table (T_FILM dans notre exemple) et faites glisser son icône à l'emplacement souhaité sur la page

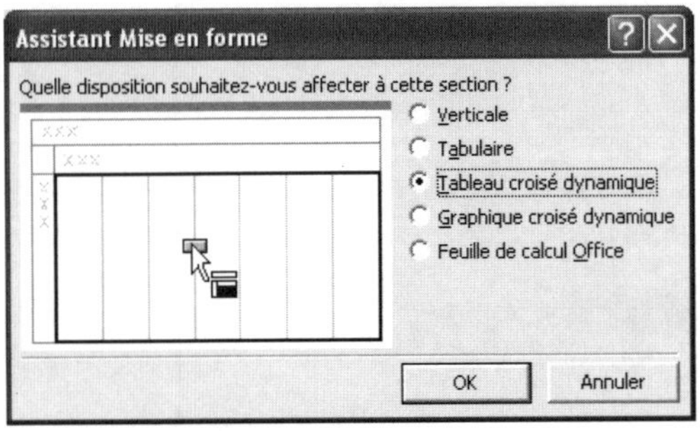

- Dans le dialogue qui s'affiche, activez ⊙*TableauCroiséDynamique*
- Cliquez sur «OK»

Un tableau croisé dynamique affiche par défaut les données d'une table sous une forme tabulaire et en incluant tous ses champs :

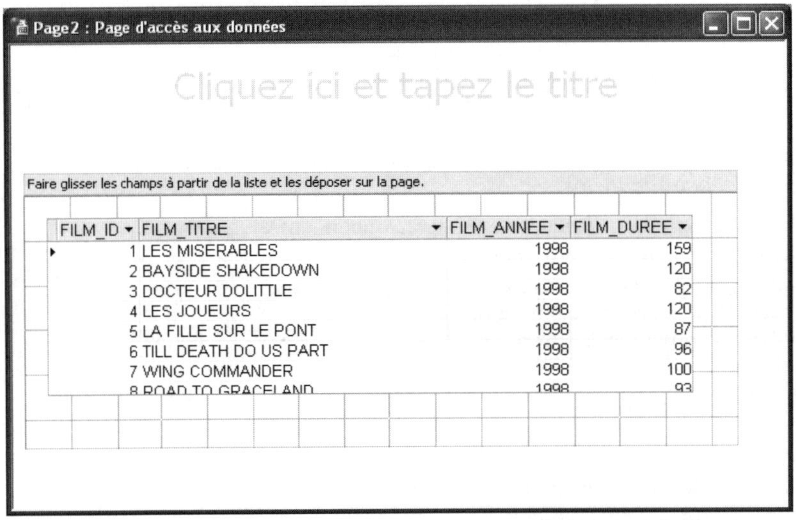

- Modifiez la taille du tableau pour lui donner les dimensions souhaitées

La particularité de ce type de tableau est que sa présentation est largement personnalisable (masquage de champs, tris, filtrage, création de regroupements, calculs, etc.) autant au niveau du concepteur en mode *Création* qu'au niveau de l'utilisateur qui affiche la page dans Internet Explorer. Cela permet à l'utilisateur d'afficher les données du tableau croisé sous la forme de son choix afin de mettre en valeur les informations de synthèse qui l'intéressent.

Si c'est l'utilisateur qui modifie l'affichage des données dans le tableau croisé, ses choix ne seront pas enregistrés, et, à la prochaine ouverture de la page, le tableau aura repris l'aspect que lui avait donné son concepteur.

PUBLIER UNE PAGE

Publier une page d'accès revient à en placer une copie dans un dossier Web du serveur intranet de votre entreprise, de façon à la mettre à la disposition d'autres utilisateurs.

1 - MODIFIER LA CHAÎNE DE CONNEXION

Modifier la chaîne de connexion permet de la rendre indépendante des lettres de lecteur de l'ordinateur.

- Passez en mode *Création* de la page

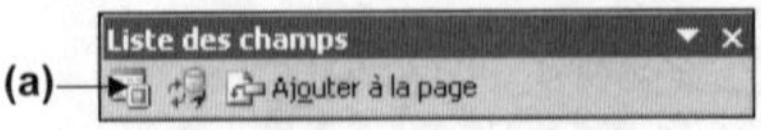

- Dans la fenêtre de la liste des champs, cliquez sur le bouton (a)

En saisissant l'adresse de la base de données (son URL), vous permettrez aux utilisateurs d'y accéder à partir de n'importe quel point du réseau et de l'utiliser soit pour mettre à jour le contenu de la base Access associée, soit pour analyser le contenu de cette base.

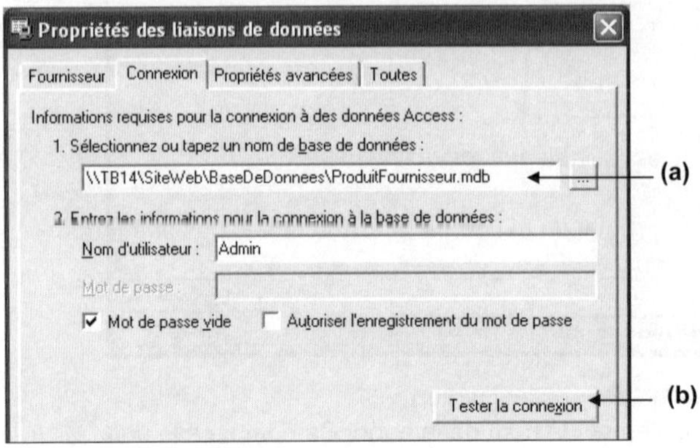

- Tapez l'URL de la base en (a) ou cliquer sur le bouton associé à cette zone pour ouvrir la fenêtre de choix de la base
- Cliquez sur le bouton (b) pour vérifier la connexion
- Cliquez sur «OK»

2 - PUBLIER UNE PAGE

Vous pouvez publier une page soit en faisant un copier-coller de vos pages dans le répertoire de votre site web, soit en exportant la page dans ce même répertoire.

L'avantage de cette méthode est que le raccourci situé dans l'onglet <Pages> d'Access pointera sur le site web. En contrepartie, vous aurez des messages d'avertissement chaque fois que vous voudrez lire ou modifier cette page dans Access.

- Dans la barre de navigation de la fenêtre Base de données, cliquer sur *Pages*
- Sélectionner le nom de la page à publier
- *Fichier/Enregistrer sous*

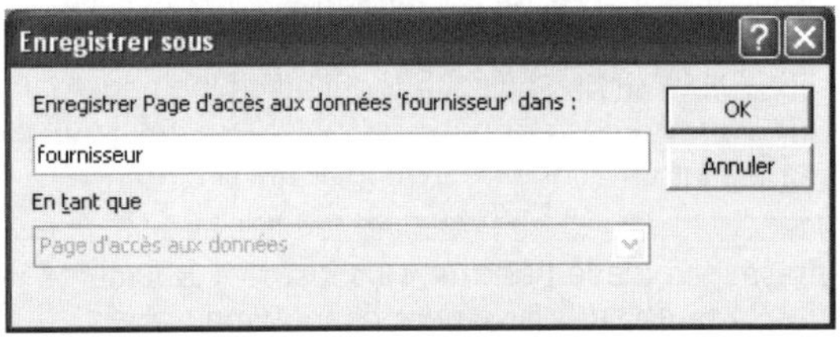

- Modifiez éventuellement le nom de la page. Ce nom sera le nom de la page dans la base Access
- Cliquez sur «OK»

Pour afficher la liste des dossiers réseaux et en particulier des dossiers Web auxquels vous avez accès, cliquez sur ce bouton dans la partie gauche du dialogue.

- Double-cliquez sur le nom du dossier Web de publication auquel vous avez accès

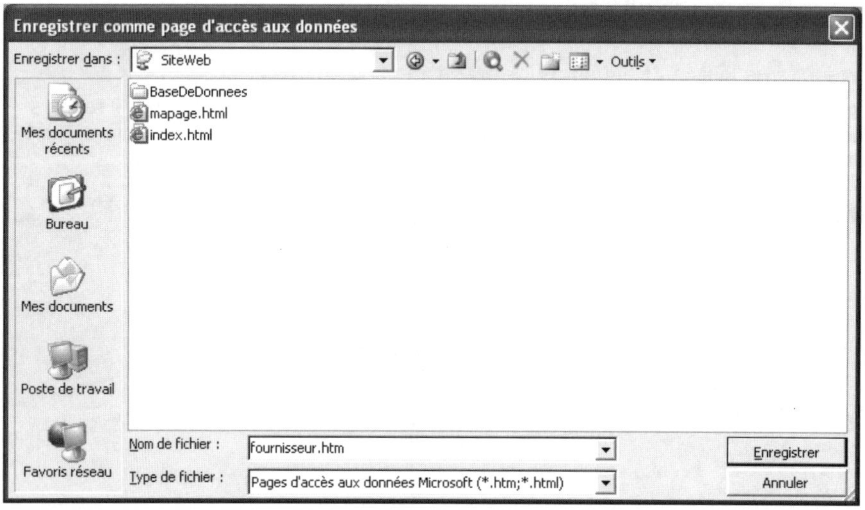

- Double-cliquez sur le nom du dossier Web de destination
- <Nom du fichier> : modifiez éventuellement le nom de la page. Ce nom sera le nom intranet de la page. Pour des raisons de sécurité, il est déconseillé de mettre la page html dans le même répertoire que la base de données.
- Cliquez sur «Enregistrer»

Access vous demande si vous voulez garder ce répertoire par défaut pour enregistrer toutes vos prochaines pages web.

- Cliquez sur «Non»

3 - CONSULTER UNE PAGE PUBLIÉE

- Lancer Internet Explorer
- Dans la barre d'adresse, taper l'adresse (URL) de la page. Vous pouvez ne pas utiliser un serveur HTTP tel que IIS. Dans ce cas, il faut préciser une adresse de type réseau (telle que "\\serveur\chemin\mapage.htm", sans indiquer "http://"), car les pages sont en accès « direct »
- Appuyez sur ↵

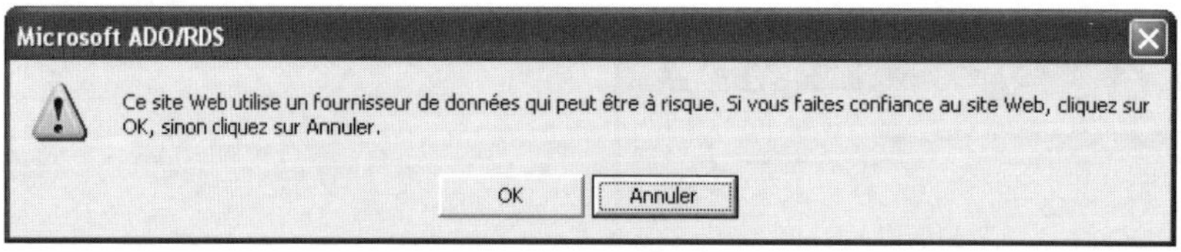

- Internet Explorer peut vous afficher des messages d'avertissement concernant la sécurité des données et l'utilisation de votre identité. Cliquez sur «OK» pour chaque messages

Si le mot de passe de la base de données vous est réclamé :

- Tapez le mot de passe
- Cliquez sur «OK»

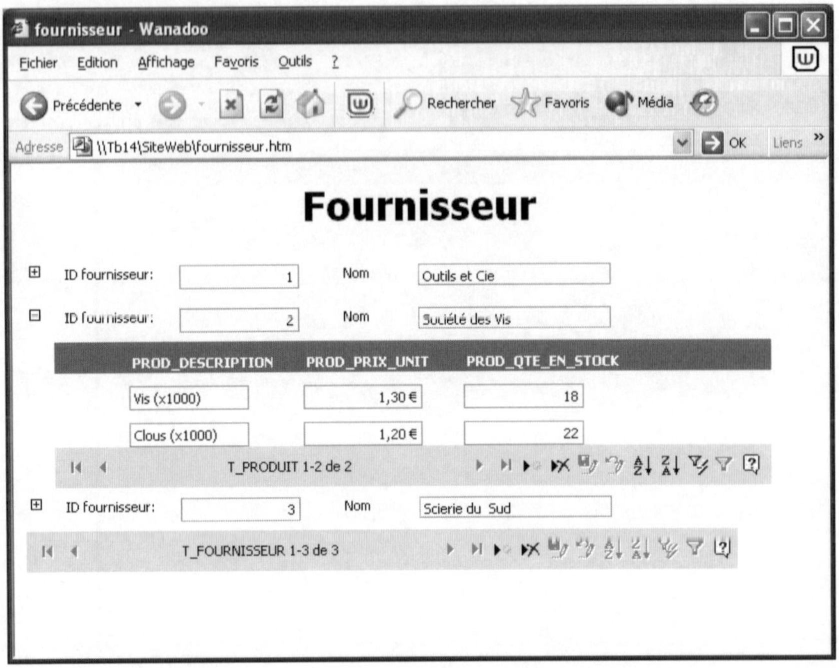

Cette page fonctionne comme un formulaire Access et vous pouvez utiliser sa barre d'outils pour consulter ou mettre à jour le contenu de la table associée.

(a) (b) (c) (d) (e) (f) (g) (h) (i) (j) (k) (l) (m) (n) (o)

(a) Premier enregistrement.
(b) Enregistrement précédent.
(c) Étiquette
(d) Enregistrement(s) courant(s).
(e) Enregistrement suivant.
(f) Dernier enregistrement.
(g) Créer un enregistrement.
(h) Supprimer l'enregistrement.
(i) Enregistrer les modifications.
(j) Annuler les modifications.
(k) Tri croissant sur le champ du curseur.
(l) Tri décroissant sur le champ du curseur.
(m) Filtrer par sélection.
(n) Annuler le filtre.
(o) Compagnon Office.

IMPORTER, LIER ET EXPORTER DES DONNÉES

13

On peut inclure dans une base de données des objets (tables, formulaires, états, ...) issus d'autres bases de données Access, ainsi que des données issues de tables créées à l'aide de bases de données externes utilisant un autre format. On peut également inclure des données issues de tableurs et de fichiers texte, ces deux cas sont exposés plus loin.

Les formats reconnus sont :

- Tables ou Projet Access
- Paradox
- dBase
- Outlook
- Visual FoxPro
- Exchange
- Tables SQL
- HTML
- Sources ODBC
- Document XML
- Windows SharePoint

Les données peuvent être récupérées dans Access de deux façons : l'importation ou la liaison. Pour certains formats, le XML par exemple, il ne peut s'agir que d'une importation.

Importer une table

Importer une table signifie que les données sont transférées et converties au format Access. En important une table, on en crée une copie dans Access. L'importation de tables convient pour des données qui doivent être utilisées et gérées par la suite sous Access. Une table peut être importée dans une table existante (les données de la table origine sont ajoutées) ou dans une nouvelle table. Les tables importées peuvent être adaptées aux besoins personnels. On peut, par exemple, ajouter une clé primaire, modifier les noms et les propriétés des champs.

L'importation sert notamment à alimenter les tables au début de la vie d'une application.

Lier une table

Lier une table signifie que les données ne sont pas converties au format Access, mais qu'une connexion permanente est créée entre la base de données Access et la table externe. Contrairement à l'importation, il n'y a pas de copie de la table. Les données conservent leur format natif, on peut modifier l'ordre des champs, mais il n'est pas possible de modifier la structure des tables à partir d'Access.

Dans certains cas, on utilisera Access pour saisir de nouveaux enregistrements et mettre à jour le contenu des tables externes, dans d'autres cas simplement pour parcourir les données. Ces données liées peuvent être traitées et incorporées dans des requêtes, et l'on peut s'en servir pour créer des formulaires et des états.

Dans la fenêtre Base de données, les tables liées disposent d'icônes particulières :

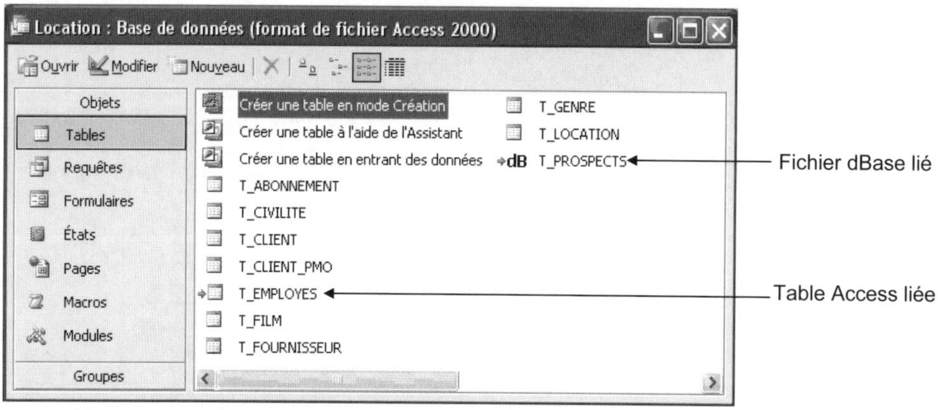

Remarque : si l'on ouvre à partir d'Access (commande *Fichier/Ouvrir*) une base de données externe, Access crée alors automatiquement une nouvelle base de données de même nom et lance l'assistant permettant de lier les tables de la base externe.

IMPORTER/LIER DES OBJETS OU UNE TABLE

1 - IMPORTER/LIER DES TABLES OU D'AUTRES OBJETS ACCESS

On peut importer tout type d'objet (formulaires, états, etc.), mais on ne peut lier que des tables.

- Ouvrez la base de données Access
- *Fichier/Données externes/Importer* ou *Lier les tables*

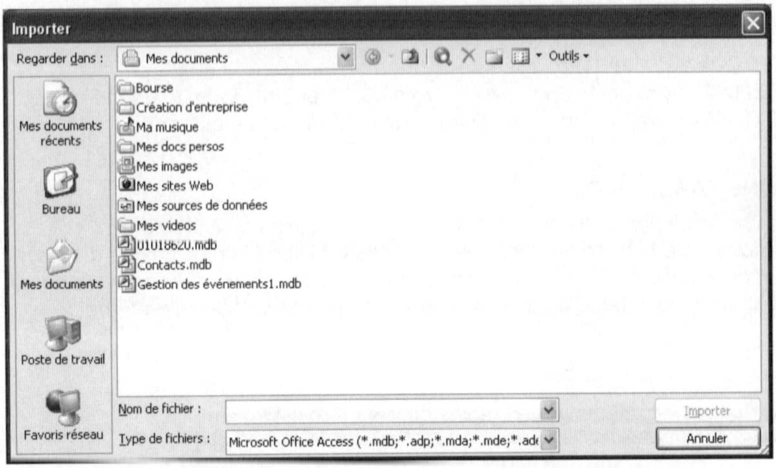

- Sélectionnez un dossier, puis une base de données Access
- Cliquez sur «Importer» ou sur «Attacher»

La liste des objets de la base de données s'affiche (en cas de liaison, seules les tables s'affichent) :

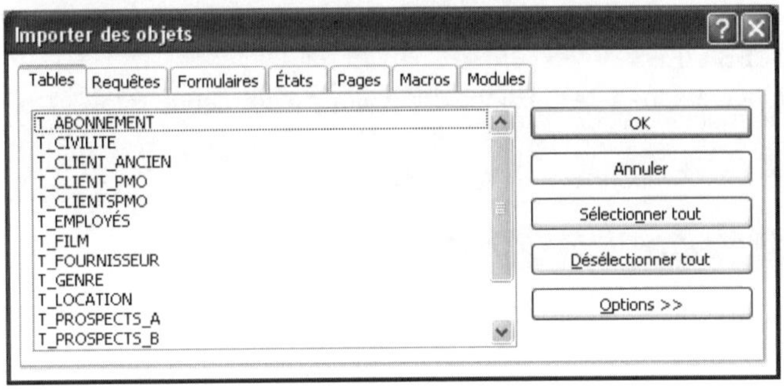

- Pour importer seulement : sélectionnez une famille d'objets en cliquant sur l'un des onglets
- Sélectionnez un objet (le nom d'une table par exemple)
- S'il s'agit d'une importation, cliquez sur «Options»

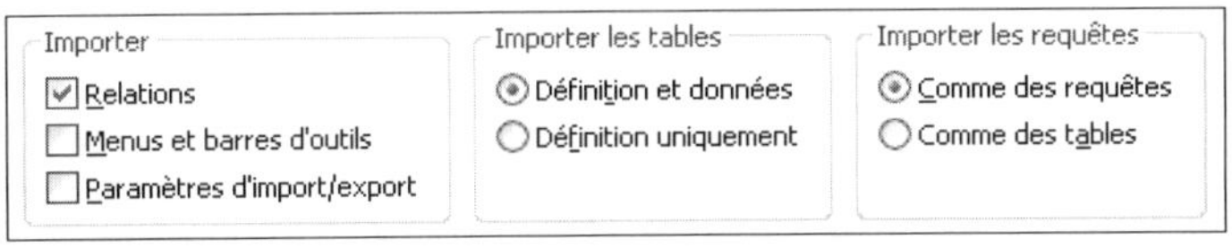

- Sélectionnez les options de votre choix dans la partie inférieure du dialogue
- Cliquez sur «OK»

L'objet apparaît dans la fenêtre Base de données, dans la catégorie adéquat. En cas de liaison, l'icône associée à l'objet est précédée d'une flèche.

2 - IMPORTER/LIER DES TABLES ISSUES D'UNE BASE DE DONNÉES EXTERNE

- Ouvrez une base de données Access
- *Fichier/Données externes/Importer* ou *Lier lès tables*
- <Type de fichiers> : sélectionnez un format de base de données
- Sélectionnez un dossier, puis le nom de la base de données externe
- Cliquez sur «Importer» ou sur «Attacher»

Un message confirme que l'importation ou la liaison a réussi.

- Cliquez sur «OK», puis sur «Fermer»

En cas de liaison, la table aura une icône particulière dans la fenêtre *Base de données* (dB signifie dBase, Px signifie Paradox, etc.) et son nom est celui du fichier externe.

3 - SUPPRIMER UNE TABLE LIÉE

Lorsqu'on attache une table appartenant à une autre base de données, elle demeure attachée même si l'on ferme la base de données ou Access. Si l'on n'a plus besoin d'utiliser une table attachée, ou si celle-ci n'existe plus, on peut supprimer la liaison. Access supprime la liaison ainsi que le nom de la table dans la liste, sans supprimer la table elle-même.

- Dans la fenêtre Base de données, sélectionnez la table attachée
- *Edition/Supprimer*, ou appuyez sur Suppr

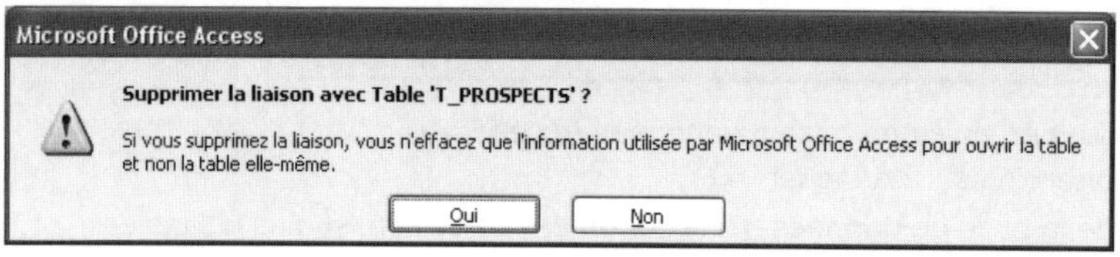

- Cliquez sur «Oui»

4 - GESTIONNAIRE DES TABLES LIÉES

En cas de déplacement de la table attachée, le Gestionnaire d'attache permet de rétablir la liaison.

- *Outil/Utilitaire de base de données/Gestionnaire de tables liées*

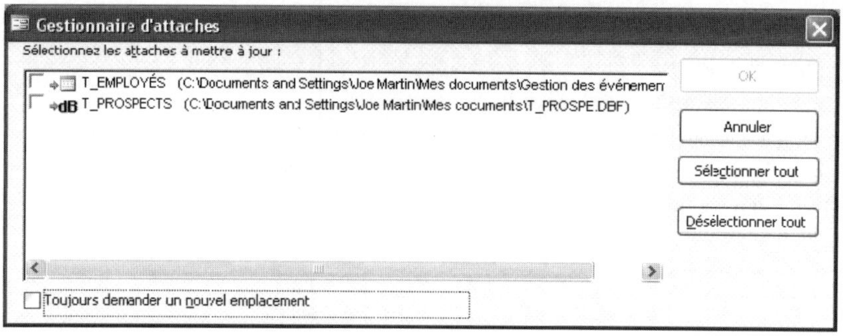

- Cochez les tables à réattacher
- Cliquez sur «OK»
- Sélectionnez le fichier dans son nouveau dossier
- Cliquez sur «Ouvrir»
- Un message de confirmation s'affiche : cliquez sur «OK»
- Cliquez sur «Fermer»

IMPORTER/LIER UNE FEUILLE DE CALCUL

Si elles sont organisées selon un format tabulaire approprié, on peut importer ou lier les données contenues dans une feuille de calcul Microsoft Excel, ou importer les données d'une feuille de calcul Lotus 123.

Pour augmenter les chances de réussites, il vaut mieux importer une feuille "propre", sans formules ni cellules pleines en dehors de la base. Il est donc conseillé de faire une copie par valeur de vos données dans une nouvelle feuille Excel avant de commencer l'importation, et de commencer votre tableau dans la cellule A1.

- Ouvrez la base de données
- *Fichier/Données externes/Importer* ou *Lier les tables*

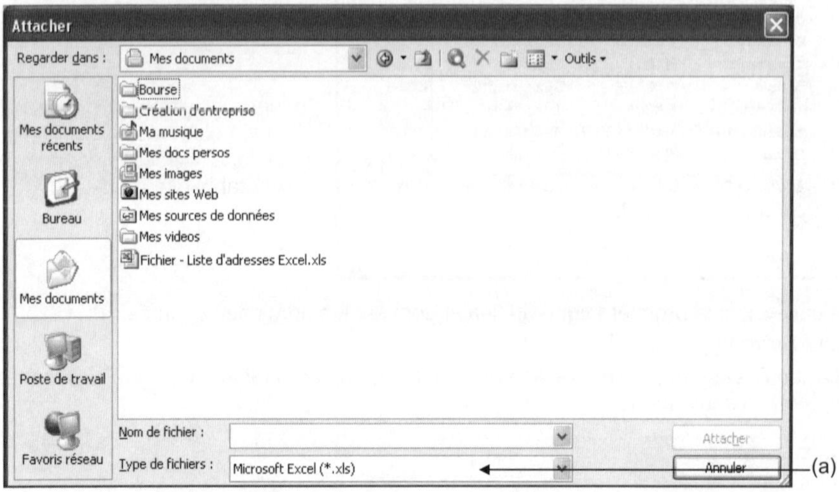

- Sélectionnez le type *Microsoft Excel (*.xls)* ou *Lotus 1-2-3 (*.wk*)* en (a)
- Sélectionnez un dossier, puis un classeur
- Cliquez sur «Importer» ou sur «Attacher»

L'assistant *Importation de feuille de calcul* ou *Attache de feuille de calcul* démarre.

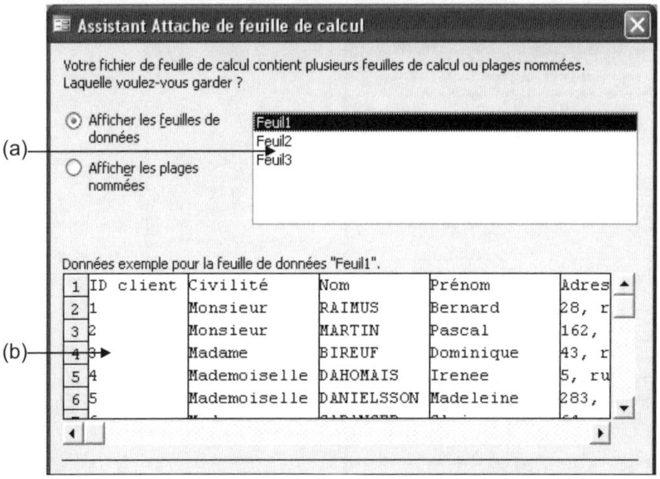

- Sélectionnez en (a) la feuille de calcul contenant les données à importer ou à lier

Access affiche en (b) les vingt-cinq premières lignes de la feuille de calcul.

- Cliquez sur «Suivant»

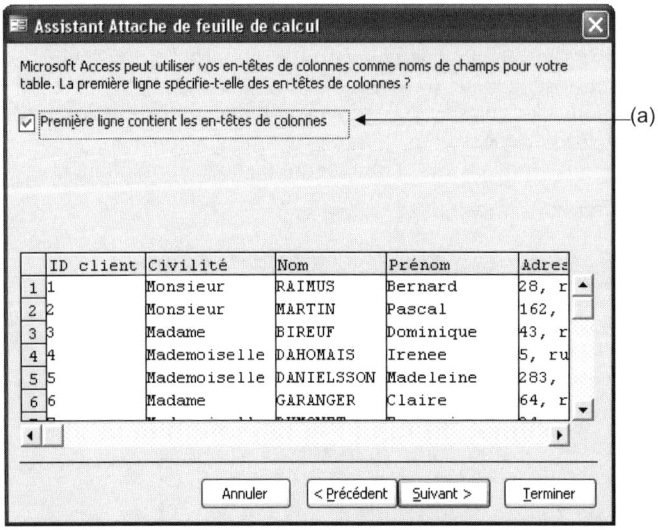

- Cochez la case (a) si la première ligne du fichier contient les noms des champs
- Cliquez sur «Suivant»

En cas de liaison l'assistant passe à l'étape où l'on doit nommer la table (voir page suivante).
En cas d'importation seulement :

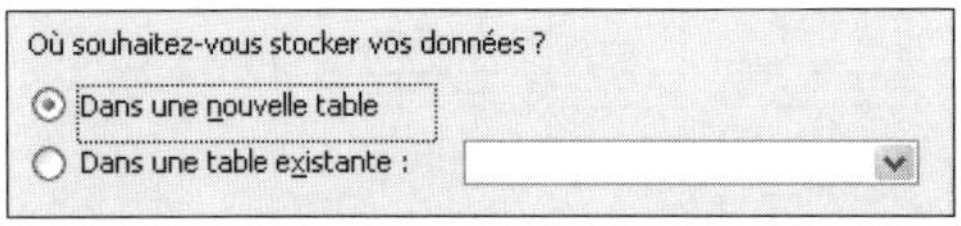

- Précisez dans quelle table les données doivent être stockées : une nouvelle ou une table existante
- Cliquez sur «Suivant»

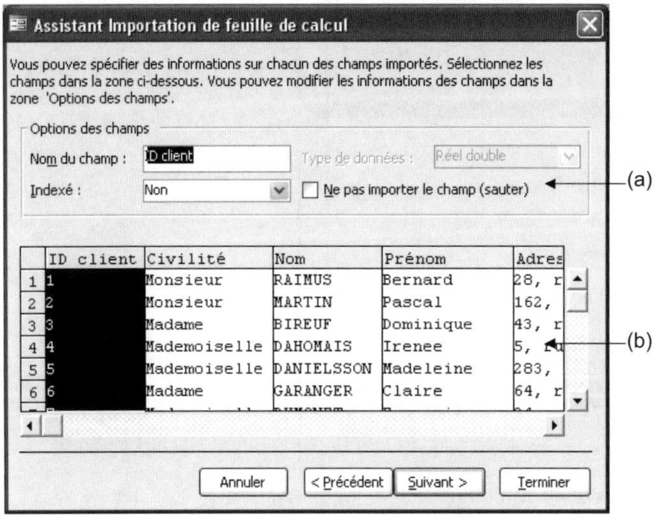

IMPORTER/LIER UNE FEUILLE DE CALCUL

- Pour chaque champ, après avoir cliqué dans sa colonne en (b) pour le sélectionner, vous pouvez dans la partie (a) du dialogue décider de modifier son nom, préciser si c'est une clé d'index ou décider de ne pas importer ce champ
- Faites vos choix pour chaque champ

Attention : pour définir le type du champ, Access se base sur les premières valeurs rencontrées. Supposons que les premières valeurs d'un code article soient 235, 546, 856, et que plus loin les codes soient 36A, 89B : Access considérera le champ comme étant numérique et non pas alphanumérique. Dans ce cas, il faut mettre un code comportant une lettre dans les premières lignes.

- Cliquez sur «Suivant»

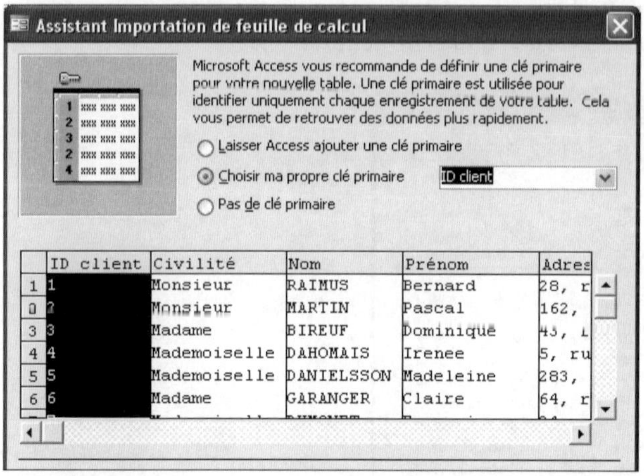

- Indiquez si vous voulez une clé primaire pour cette table, et si oui, laquelle
- Cliquez sur «Suivant»

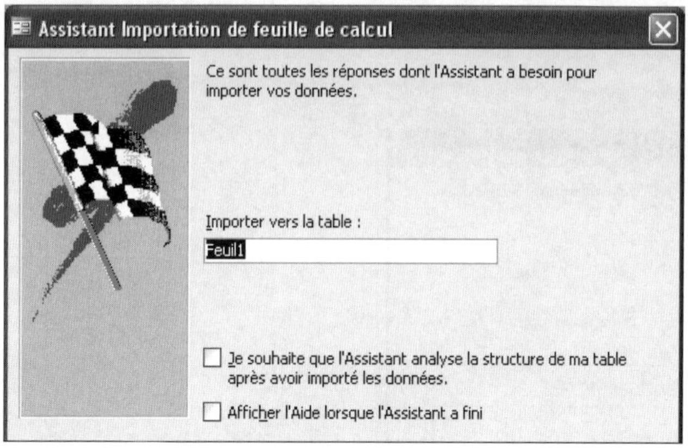

- Tapez un nom pour la nouvelle table
- Cliquez sur «Terminer»
- Un message confirme l'importation ou la liaison de la table : cliquez sur «OK»

Une feuille de calcul liée à une base de données Access apparaît dans la fenêtre *Base de données* sous la forme suivante :

T_PROSPECTS_A

IMPORTER/LIER UN FICHIER TEXTE

Access permet d'importer ou de lier un fichier texte. Deux types de fichiers sont gérés : les fichiers texte délimités et les fichiers texte de longueur fixe.

1 - IMPORTER UN FICHIER TEXTE DÉLIMITÉ

Dans un fichier texte délimité, les champs sont séparés par un caractère (une virgule, une tabulation, etc.).

- Ouvrez une base de données
- *Fichier/Données externes/Importer* ou *Lier les tables*
- <Type de fichiers> : sélectionnez *Fichiers texte (*.txt, *.csv, *.tab, *.asc)*
- Sélectionnez le dossier, puis le nom du fichier texte
- Cliquez sur «Importer» ou sur «Attacher»

Access lance l'assistant *Importation de texte ou Attache de texte.*

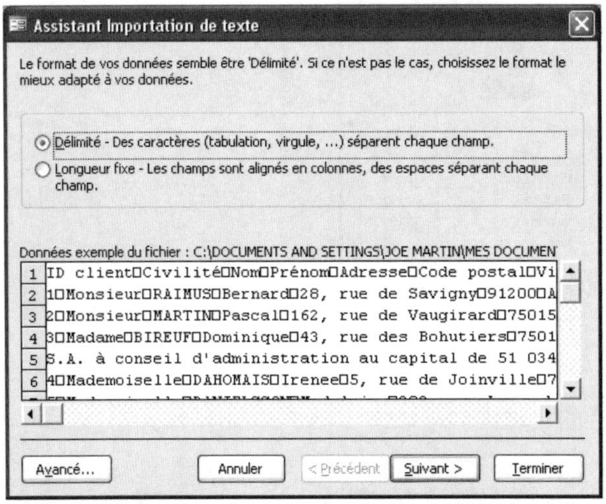

- Activez ⊙*Délimité*
- Cliquez sur «Suivant»

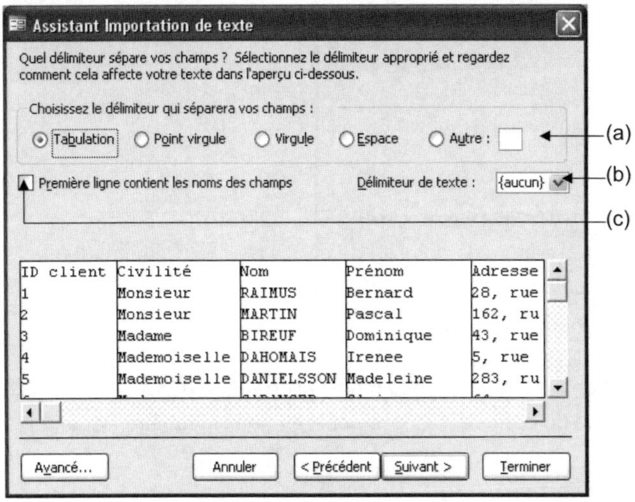

- Sélectionnez le délimiteur de champs en (a)
- Sélectionnez le délimiteur de texte en (b)
- Précisez en (c) si la première ligne contient le nom des champs
- Cliquez sur «Suivant»

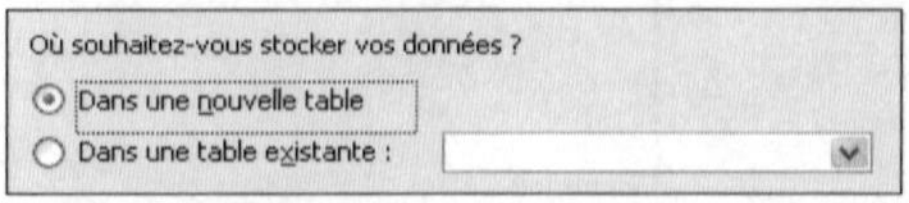

- Indiquez si les données que vous allez importer doivent être stockées dans une nouvelle table ou dans une table existante
- Cliquez sur «Suivant»

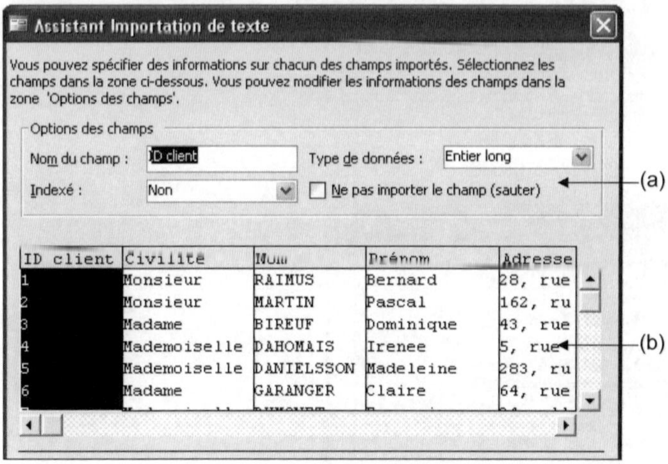

- Pour chaque champ, après avoir cliqué dans sa colonne en (b) pour le sélectionner, vous pouvez dans la partie (a) du dialogue décider de modifier son nom, préciser si c'est une clé d'index ou décider de ne pas importer ce champ
- Cliquez sur «Suivant»
- Précisez quelle est la clé primaire de la table
- Cliquez sur «Suivant»
- Tapez un nom pour la table
- Cliquez sur «Terminer»

Un message confirme l'importation ou la liaison.

- Cliquez sur «OK»

2 - IMPORTER UN FICHIER TEXTE AVEC DES CHAMPS DE LONGUEUR FIXE

Dans un fichier texte à longueur fixe (généralement issu de gros systèmes informatiques), chaque champ a une position et une longueur déterminées. Pour importer un fichier texte de longueur fixe, on doit créer un format d'import/export qui spécifie la longueur des champs et les autres attributs du fichier.

- Ouvrez la base de données Access
- *Fichier/Données externes/Importer* ou *Lier les tables*
- <Type de fichier> : sélectionnez *Fichiers texte*
- Sélectionnez le dossier, puis le nom du fichier texte
- Cliquez sur «Importer» ou sur «Attacher»

IMPORTER/LIER UN FICHIER TEXTE

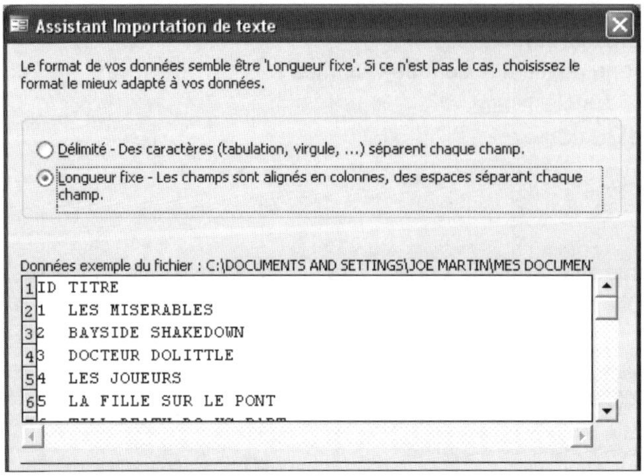

- Activez ⊙*Longueur fixe*
- Cliquez sur «Suivant»

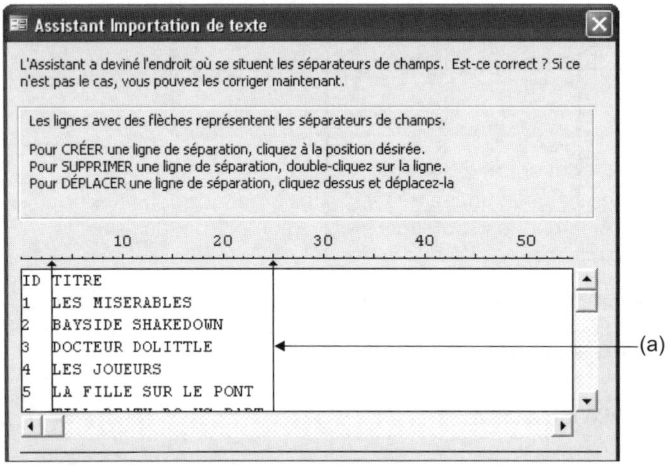

- Cliquez en (a) à chaque position marquant la limite de chaque champ afin d'y insérer un trait vertical (on déplace l'un de ces traits en le faisant glisser, on en supprime un en double-cliquant dessus)
- Cliquez sur «Suivant»
- Indiquez si les données seront stockées dans une nouvelle table ou une table existante
- Cliquez sur «Suivant»

Pour chaque champ, après avoir cliqué dans sa colonne pour le sélectionner, vous pouvez modifier son nom, préciser s'il s'agit d'une clé d'index, ou décider de ne pas l'importer.

- Cliquez sur «Suivant»
- Précisez quelle est la clé primaire de la table
- Cliquez sur «Suivant»
- Tapez un nom pour la table
- Cliquez sur «Terminer»

Un message confirme l'importation ou la liaison.

- Cliquez sur «OK»

EXPORTER DES DONNÉES

Le contenu d'une table ou le résultat d'une requête peuvent être exportés vers une autre base Access ou dans un autre format. Formats reconnus :

– Access	– MS Word Merge	– Excel	– ODBC
– Paradox	– MS Active Server Pages	– Lotus 123	– RTF
– dBase	– HTML et MS IIS	– XML	– Texte

- Dans la fenêtre Base de données, sélectionnez l'objet à exporter
- *Fichier/Exporter*

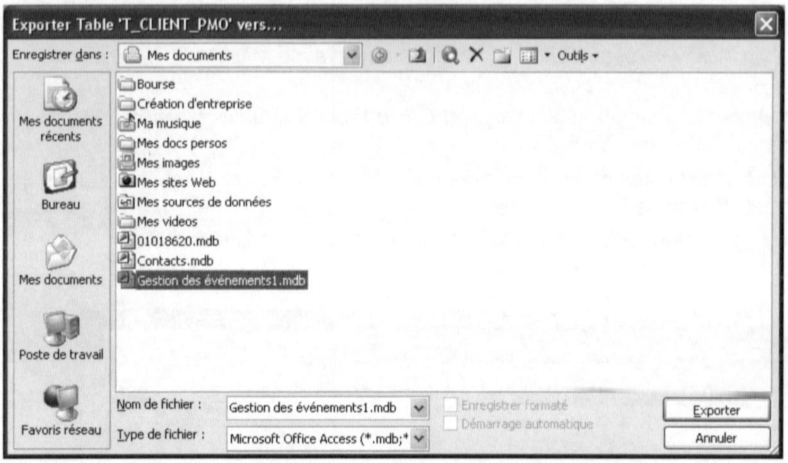

- <Type de fichier> : sélectionnez ici le format d'exportation
- Si le fichier de destination est une base de données Access, sélectionnez son dossier puis son nom. S'il s'agit d'un format différent, tapez un nom dans la zone <Nom de fichier>
- Cliquez sur «Exporter»

Si le fichier de destination est une base de données Access, le dialogue suivant s'affiche :

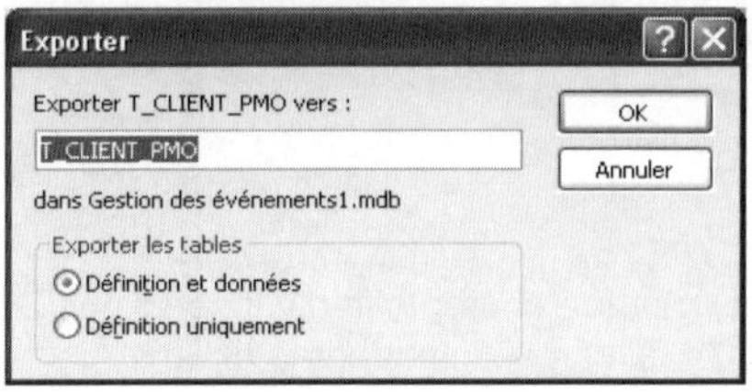

- Modifiez accessoirement le nom de l'objet
- Cliquez sur «OK»

Si le fichier de destination est un fichier XML, le dialogue suivant s'affiche :

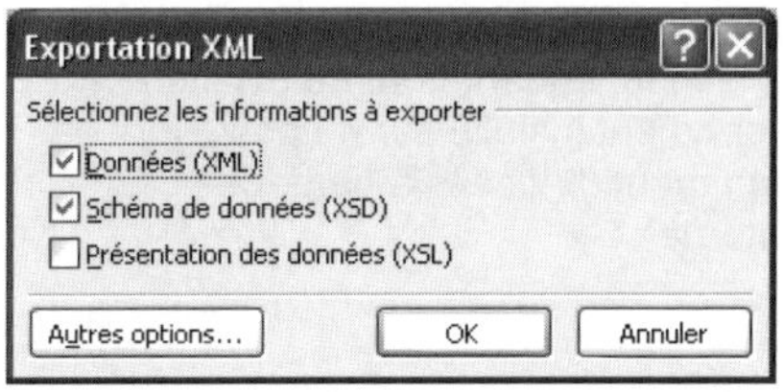

- Indiquez les informations à exporter
- Cliquez sur «OK»

EXPORTER UN ÉTAT

Un état peut être exporté vers Word afin d'en modifier la présentation, ou vers Excel dans un but d'analyse ou pour créer des graphiques. Un état peut également être convertit au format Snapshot, ce qui en facilité la distribution puisqu'il ne sera alors pas nécessaire de disposer d'Access pour le visualiser.

1 - EXPORTER UN ÉTAT VERS WORD OU VERS EXCEL

- Dans la barre de navigation de la fenêtre Base de données, cliquez sur *États*
- Sélectionnez le nom de l'état

Cliquez sur la flèche associée à ce bouton dans la barre d'outils et cliquez sur *Publication avec Microsoft Office Word*, ou *Analyse avec Microsoft Office Excel.*

Ou

- *Outils/Liaisons Office/Publication avec Microsoft Office Word, ou Outils/Liaisons Office/Analyse avec Microsoft Office Excel*

Word est lancé et l'état est placé dans un nouveau document. Le fichier a été provisoirement enregistré au format *rtf* et porte le nom de l'état.

Ou Excel est lancé et les données sont placées dans un tableau. Le fichier a été provisoirement enregistré au format *xls* et porte le nom de l'état.

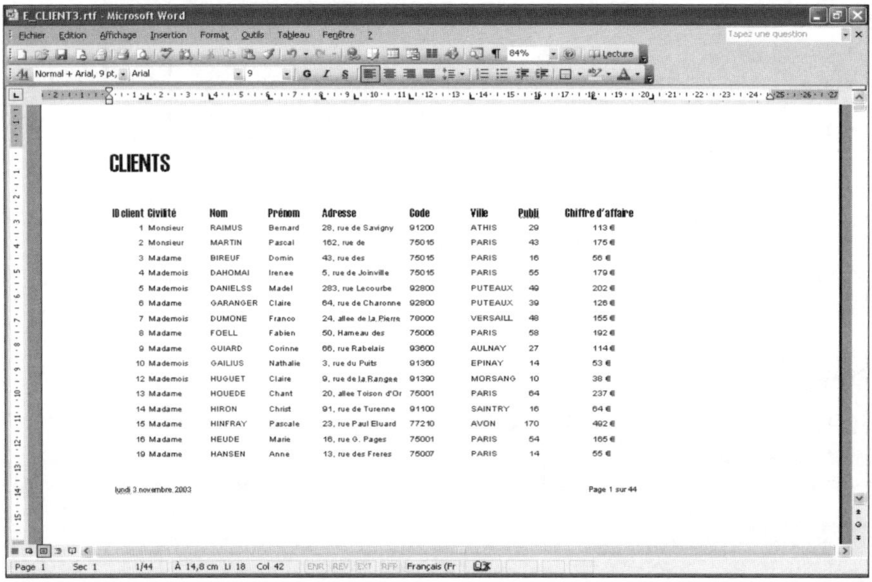

ID client	Civilité	Nom	Prénom	Adresse	Code	Ville	Publi	Chiffre d'affaire
1	Monsieur	RAIMUS	Bernard	28, rue de Savigny	91200	ATHIS	29	113 €
2	Monsieur	MARTIN	Pascal	162, rue de	75015	PARIS	43	175 €
3	Madame	BIREUF	Domin	43, rue des	75015	PARIS	16	56 €
4	Mademois	DAHOMAI	Irenee	5, rue de Joinville	75015	PARIS	55	179 €
5	Mademois	DANIELSS	Madel	283, rue Lecourbe	92800	PUTEAUX	49	202 €
6	Madame	GARANGER	Claire	64, rue de Charonne	92800	PUTEAUX	39	126 €
7	Mademois	DUMONE	Franco	24, allee de la Pierre	78000	VERSAILL	48	155 €
8	Madame	FOELL	Fabien	50, Hameau des	75006	PARIS	58	192 €
9	Madame	GUIARD	Corinne	66, rue Rabelais	93600	AULNAY	27	114 €
10	Mademois	GAILIUS	Nathalie	3, rue du Puits	91360	EPINAY	14	53 €
12	Mademois	HUGUET	Claire	9, rue de la Rangee	91390	MORSANG	10	38 €
13	Madame	HOUEDE	Chant	20, allee Toison d'Or	75001	PARIS	64	237 €
14	Madame	HIRON	Christ	91, rue de Turenne	91100	SAINTRY	16	64 €
15	Madame	HINFRAY	Pascale	23, rue Paul Eluard	77210	AVON	170	492 €
16	Madame	HEUDE	Marie	16, rue G. Pages	75001	PARIS	54	165 €
19	Madame	HANSEN	Anne	13, rue des Freres	75007	PARIS	14	55 €

2 - INSTANTANÉ D'ÉTAT (SNAPSHOT)

Un instantané d'état est un fichier externe (extension .snp) dans lequel est enregistré le résultat d'un état. Pour visualiser et imprimer un instantané d'état, il n'est pas nécessaire de disposer d'Access car on utilise pour cela un programme indépendant nommé Snapshot Viewer. Le programme Snapshot Viewer est automatiquement installé sur un poste lors de l'installation d'Access, ou il peut être installé indépendamment d'Access à partir des CD-ROM d'Office. On peut également le télécharger sur Internet.

Générer un instantané d'état

- Dans la barre de navigation de la fenêtre Base de données, cliquez sur *États*
- Sélectionnez le nom de l'état
- *Fichier/Exporter*

- <Type de fichier> : sélectionnez *Fichier Snapshot (*.snp)*
- Sélectionnez le dossier dans lequel enregistrer l'instantané
- Tapez un nom pour l'instantané
- Cliquez sur «Exporter»
- Transmettez le fichier ainsi créé à son destinataire, à l'aide d'une disquette, en le copiant sur un dossier partagé du réseau, ou en l'envoyant par messagerie

Consulter un instantané d'état que l'on vous a transmis

- A l'aide de l'Explorateur Windows, affichez le contenu du dossier contenant l'instantané
- Double-cliquez sur le fichier Snapshot

Instantanné Clients.snp

Snapshot Viewer est lancé et l'état affiché :

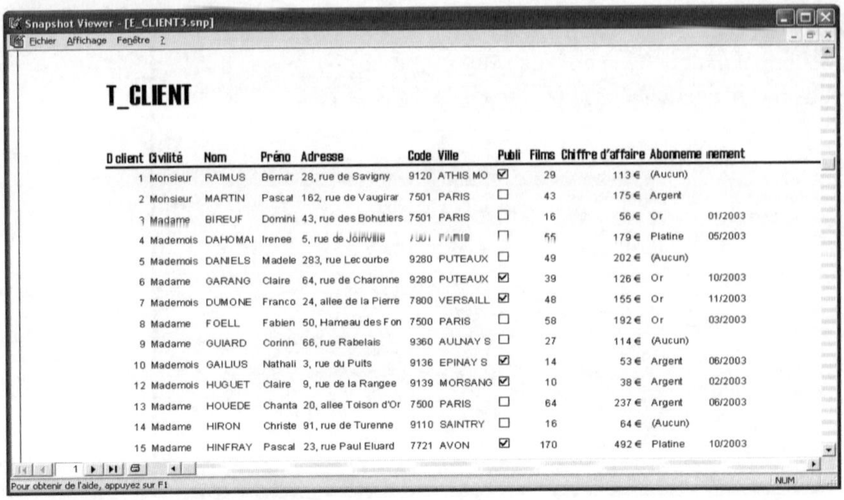

3 - ENVOYER UN ÉTAT PAR MESSAGERIE (DIVERS FORMATS POSSIBLES)

- Dans la barre de navigation de la fenêtre Base de données, cliquez sur *États*
- Sélectionnez le nom de l'état
- *Fichier/Envoyer vers/Destinataire du message (en tant que pièce jointe)*

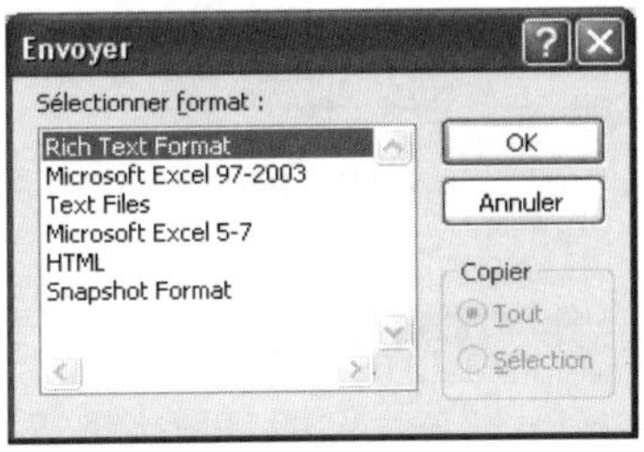

- Sélectionnez un format de fichier
- Cliquez sur «OK»

Votre programme de messagerie est automatiquement lancé ou affiché au premier plan. Un nouveau message est créé et l'état y est placé en pièce jointe.

- Indiquez le/les destinataires, tapez l'objet du message, puis votre texte
- Envoyez le message

LIAISONS OFFICE

Les données contenues dans une table ou issues d'une requête peuvent être exportées vers Word afin d'effectuer un mailing ou pour les insérer dans un document, ou exportées vers Excel dans un but d'analyse ou pour les illustrer de graphiques.

1 - EXPORTER DES DONNÉES ACCESS VERS EXCEL

- Dans la fenêtre *Base de données*, sélectionnez le nom de la table ou de la requête contenant les données ou ouvrez-la en mode *Feuille de données*
- Si vous êtes en mode *Feuille de données*, vous pouvez sélectionner les enregistrements à exporter

Cliquez sur la flèche de ce bouton dans la barre d'outils et cliquez sur *Analyse avec Microsoft Office Excel*, ou *Outils/Liaisons Office/Analyse avec Microsoft Office Excel.*

Excel est lancé et les données placées dans un classeur portant le nom de la table :

	Nom	Prénom	Adresse	Code postal	Ville
2	RAIMUS	Bernard	28, rue de Savigny	91200	ATHIS MONS
3	MARTIN	Pascal	162, rue de Vaugirard	75015	PARIS
4	BOEUF	Dominique	43, rue des Bohutiers	75015	PARIS
5	DAHOMAIS	Irenee	5, rue de Joinville	75015	PARIS
6	DANIELSSON	Madeleine	283, rue Lecourbe	92800	PUTEAUX
7	GARANGER	Claire	64, rue de Charonne	92800	PUTEAUX
8	DUMONET	Francoise	24, allee de la Pierre Rouge	78000	VERSAILLES
9	FOELL	Fabienne	50, Hameau des Fontaines	75006	PARIS
10	GUIARD	Corinne	66, rue Rabelais	93600	AULNAY SOUS BOIS
11	GAILIUS	Nathalie	3, rue du Puits	91360	EPINAY SUR ORGE
12	HUGUET	Claire	9, rue de la Rangee	91390	MORSANG SUR ORGE
13	HOUEDE	Chantal	20, allee Toison d'Or	75001	PARIS
14	HIRON	Christelle	91, rue de Turenne	91100	SAINTRY SUR SEINE
15	HINFRAY	Pascale	23, rue Paul Eluard	77210	FONTAINEBLEAU
16	HEUDE	Claire	16, rue G. Pagez	75001	PARIS

2 - EXPORTER DES DONNÉES ACCESS VERS WORD

- Dans la fenêtre Base de données, sélectionnez le nom de la table ou de la requête contenant les données, ou ouvrez la table ou la requête en mode *Feuille de données*
- Si vous êtes en mode *Feuille de données*, vous pouvez sélectionner les enregistrements à exporter

Cliquez sur la flèche de ce bouton et cliquez sur *Publication avec Microsoft Office Word*, ou *Outils/Liaisons Office/Publication avec Microsoft Office Word.*

Word est lancé et les données sont placées dans un tableau. Le fichier a été provisoirement enregistré au format *rtf* et porte le nom de la table ou de la requête :

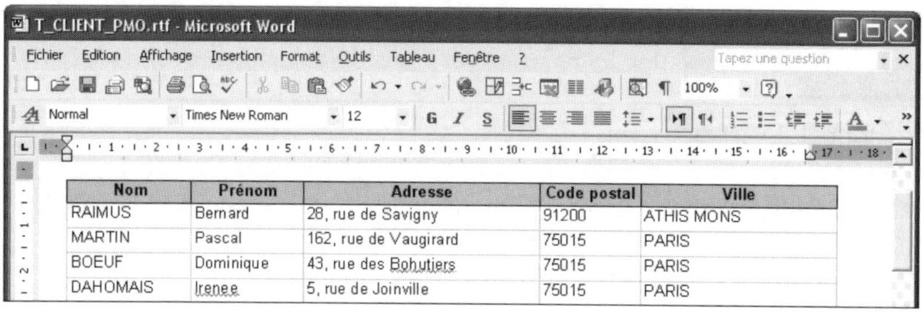

Nom	Prénom	Adresse	Code postal	Ville
RAIMUS	Bernard	28, rue de Savigny	91200	ATHIS MONS
MARTIN	Pascal	162, rue de Vaugirard	75015	PARIS
BOEUF	Dominique	43, rue des Bohutiers	75015	PARIS
DAHOMAIS	Irenee	5, rue de Joinville	75015	PARIS

3 - EXPORTER DES DONNÉES PAR CLIQUER/GLISSER OU COPIER/COLLER

On peut transférer des données vers Word ou Excel en faisant glisser l'icône d'une table ou celle d'une requête, à partir de la fenêtre *Base de données* vers un document Word ou une feuille de calcul Excel.

Dans Word, les données importées s'afficheront dans un tableau.

Par Cliquer/Glisser

- Affichez les fenêtres des deux applications
- Cliquez sur l'icône de la table ou de la requête dans la fenêtre *Base de données* et faites-la glisser dans la fenêtre de Word ou d'Excel

Par Copier/Coller

- Sélectionnez l'icône de la table ou de la requête dans la fenêtre Base de données
- *Edition/Copier*, ou appuyez sur Ctrl-**C**
- Lancez ou basculez vers Word ou Excel
- Ouvrez un document ou un classeur
- Placez le curseur là où les données doivent être récupérées
- *Edition/Coller*, ou appuyez sur Ctrl-**V**

4 - EFFECTUER UN PUBLIPOSTAGE DANS WORD AVEC DES DONNÉES ACCESS

- Dans la fenêtre Base de données, sélectionnez le nom de la table ou de la requête contenant les données (il s'agit généralement d'adresses) ou ouvrez-la en mode *Fouille de données*

Cliquez sur la flèche de ce bouton dans la barre d'outils et cliquez sur *Fusion avec Microsoft Office Word*, ou *Outils/Liaisons Office/Fusion avec Microsoft Office Word.*

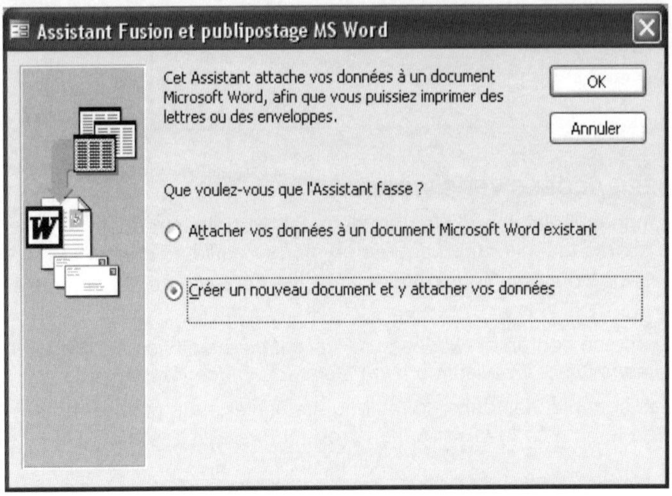

- Indiquez si vous souhaitez utiliser une lettre type Word existante ou si vous souhaitez en créer une nouvelle
- Cliquez sur «OK»

Dans le premier cas, Access affiche le dialogue d'ouverture de fichier.

- Sélectionnez le nom de la lettre type à utiliser
- Cliquez sur «Ouvrir»

Word est lancé, la lettre type existante ou un document type vierge étant affiché à l'écran :

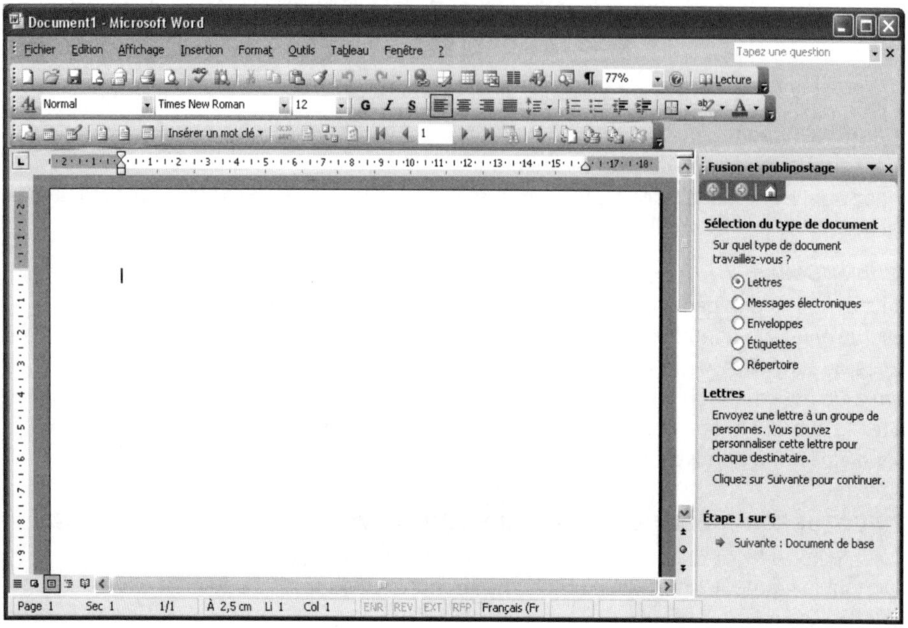

- Utilisez le volet Office de Word pour exécuter de manière habituelle les six étapes d'une opération de fusion

OUTILS DIVERS

14

INFORMATIONS SUR LES DÉPENDANCES

Il est possible d'afficher des informations sur les dépendances d'un objet (table, requête, formulaire ou état) ouvert ou sélectionné dans le fenêtre Base de données. Ces informations ne sont pas disponibles pour les projets Access, les pages d'accès aux données, les macros, les modules et les objets non pris en charge par cette fonction, notamment les requêtes Action et les requêtes spécifiques à SQL, dont les requêtes Union, les requêtes Définition des données, les requêtes directes et les sous requêtes

1 - ACTIVER CETTE FONCTION

- *Outils/Options*, puis cliquez sur l'onglet *Général*
- Cochez ☒*Suivi informations correction automatique*
- Cliquez sur «OK»

2 - AFFICHER LA LISTE DES OBJETS UTILISANT L'OBJET SÉLECTIONNÉ

- Dans la fenêtre Base de données, sélectionnez une table, une requête, un formulaire ou un état
- *Affichage/Dépendances d'objet*

Le volet Office *Dépendances d'objet* affiche la liste des objets utilisant l'objet sélectionné :

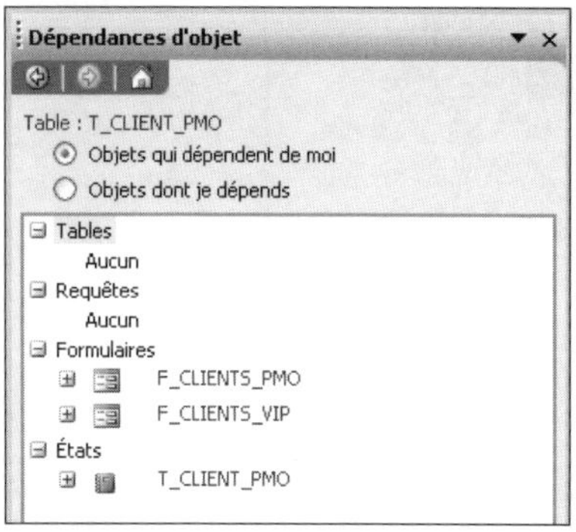

Pour afficher des informations sur les dépendances d'un objet figurant dans la liste, cliquez sur le signe **+** situé en regard de ce celui-ci.

3 - AFFICHER LA LISTE DES OBJETS DONT DÉPEND L'OBJET SÉLECTIONNÉ

- Dans la fenêtre Base de données, sélectionnez une table, une requête, un formulaire ou un état
- *Affichage/Dépendance d'objet*
- Cochez ❍*Objets dont je dépends*

Le volet de dépendances affiche la liste des objets utilisés par l'objet sélectionné :

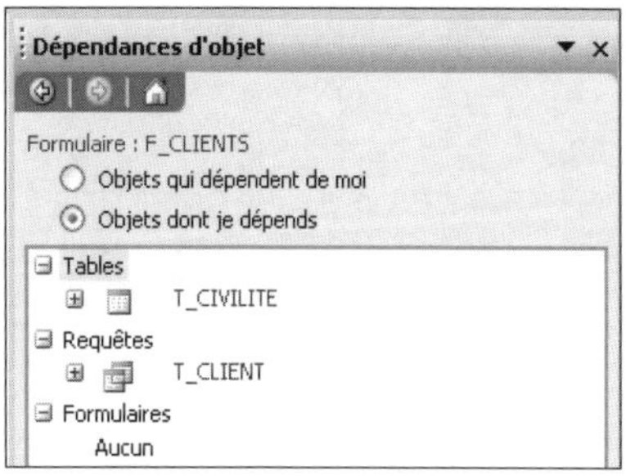

COMPACTER UNE BASE DE DONNÉES

Pour des performances optimales, vous devez compacter régulièrement les bases de données que vous utilisez. Pour être en mesure de compacter une base de données Microsoft Access, vous devez disposer des autorisations d'accès Ouvrir/Exécuter et Ouvrir en exclusif sur celle-ci. Si vous compactez une base de données partagée, vérifiez que cette dernière a été fermée par tous les autres utilisateurs.

1 - COMPACTER LA BASE DE DONNÉES EN COURS

- *Outils/Utilitaires de base de données/Compacter une base de données*

2 - COMPACTER UNE BASE DE DONNÉES FERMÉE

- Fermez la base de données en cours
- *Outils/Utilitaires de base de données/Compacter une base de données*

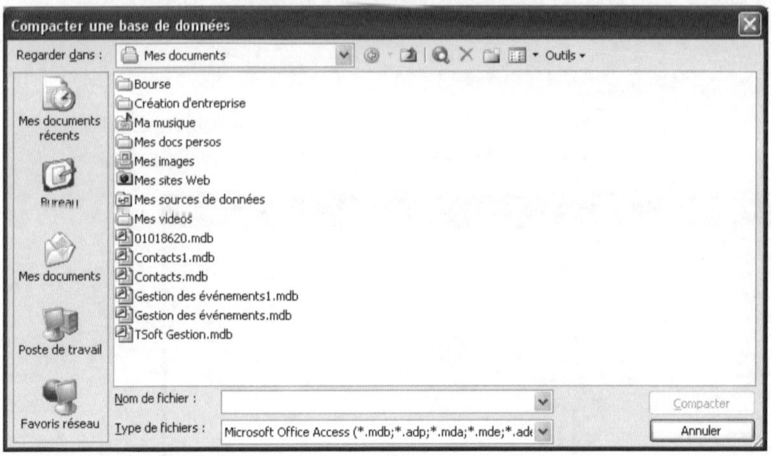

- Sélectionnez le dossier, puis le nom de la base de données à compacter
- Cliquez sur «Compacter»
- Sélectionnez le dossier dans lequel enregistrer la version compactée de la base de donnée
- <Nom de fichier> : modifiez accessoirement le nom de la base de donnée
- Cliquez sur «Enregistrer»

Si vous utilisez le même nom et le même dossier que le fichier d'origine, Access affiche un message :

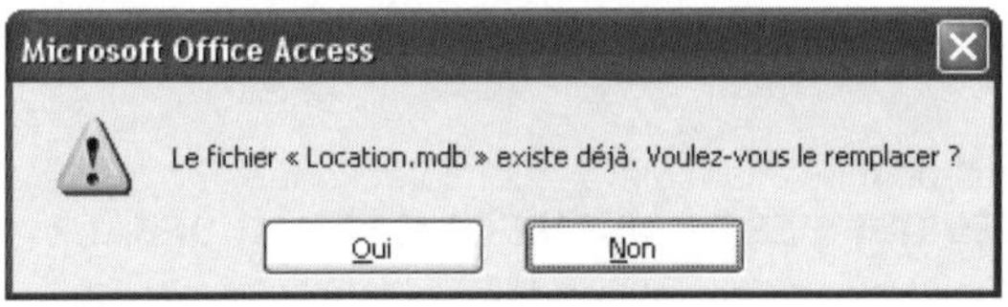

- Cliquez sur «Oui»

3 - COMPACTER AUTOMATIQUEMENT UNE BASE DE DONNÉES À SA FERMETURE

- Ouvrez la base de données ou le projet Access que vous souhaitez voir compacté automatiquement à chacune de ses fermetures
- *Outils/Options*, puis cliquez sur l'onglet *Général*
- Cochez ☒*Compacter lors de la fermeture*
- Cliquez sur «OK»

CONVERTIR UNE BASE DE DONNÉES

Access gère trois types de formats pour ses bases de données : Access 97, Access 2000 et Access 2002/2003. Il est facile et rapide de convertir une base de données existante dans l'un des deux autres formats disponibles. Le format utilisé par une base de données s'affiche entre parenthèses dans la barre de titre de la fenêtre *Base de données* quand une base de données est ouverte.

Le format utilisé par défaut peut être modifié en passant la commande *Outils/Options*, sous l'onglet *Avancé*, dans la zone <Format de fichier par défaut>.

1 - CONVERTIR UNE BASE DE DONNÉES UTILISANT LE FORMAT PAR DÉFAUT

Pour convertir une base de données utilisant le format par défaut, vers l'un des deux autres formats.

- Ouvrez la base de données à convertir
- *Outils/Utilitaires de base de données/Convertir une base de données*

- Cliquez sur le format dans lequel convertir la base de données

- Sélectionnez le dossier dans lequel enregistrer la base de données convertie
- <Nom de fichier> : tapez un nom pour la base de données convertie
- Cliquez sur «Enregistrer»

2 - CONVERTIR UNE BASE DE DONNÉES QUI N'EST PAS AU FORMAT PAR DÉFAUT

Pour convertir une base de données n'utilisant pas le format par défaut, vers le format par défaut. Si vous ne la convertissez pas, vous pourrez la consulter et éditer ses enregistrements, mais ne pourrez pas modifier sa structure.

- Ouvrez la base de données à convertir
- Cochez ❍ *Convertir une base de données*
- Cliquez sur «OK»
- Sélectionnez le dossier dans lequel enregistrer la base de données convertie
- <Nom de fichier> : tapez un nom pour la base de données convertie
- Cliquez sur «Enregistrer»

FRACTIONNER UNE BASE DE DONNÉES

Vous pouvez fractionner une base de données en deux bases distinctes : une première contenant les tables et une seconde contenant les requêtes, les formulaires, les états, les macros, les modules et les raccourcis vers les pages d'accès. Cette seconde base de données ne contient donc plus les tables, mais des liaisons vers celles-ci. De cette manière, les utilisateurs qui doivent accéder aux données peuvent personnaliser leurs formulaires, états, pages et autres objets tout en conservant une seule source de données sur le réseau.

- Ouvrez la base de données à fractionner
- *Outils/Utilitaires de base de données/Fractionner une base de données*

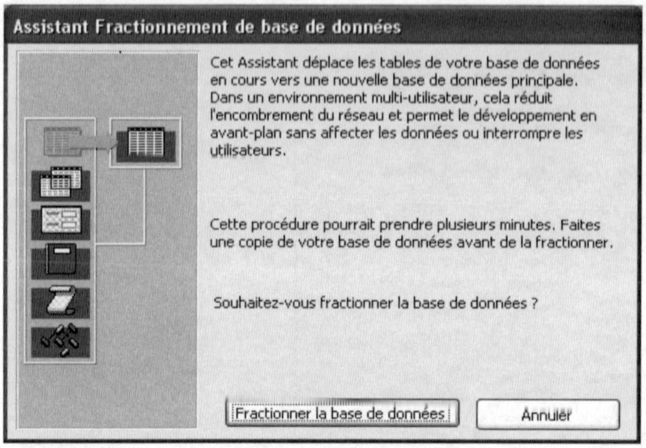

- Cliquez sur «Fractionner la base de données»

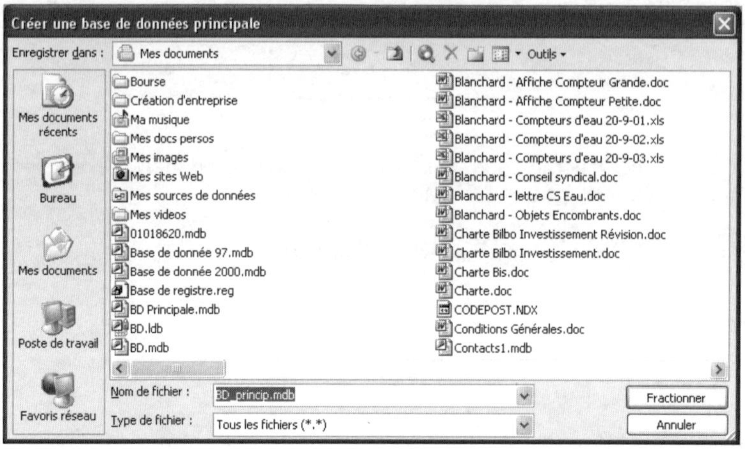

- Sélectionnez le dossier dans lequel enregistrer la base de données principale, celle contenant les tables
- <Nom de fichier> : tapez un nom pour la base de données principale
- Cliquez sur «Fractionner»

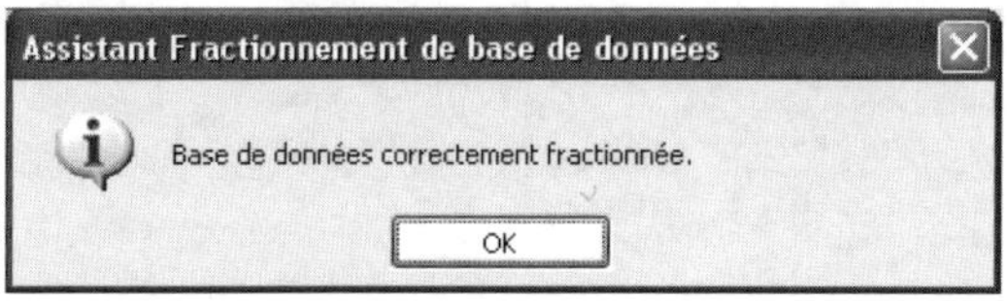

- Cliquez sur «OK»

ANALYSEUR DE TABLE

L'assistant *Analyseur de table* examine et optimise la structure d'une table. Il vérifie chaque enregistrement pour déterminer si plusieurs champs ne renferment pas la même entrée. En cas de redondances, il propose de fractionner la table en plusieurs tables liées.

- Ouvrez la base de données contenant la table à analyser
- Dans la barre de navigation de la fenêtre Base de données, cliquez sur *Tables*
- Sélectionnez la table à analyser
- *Outils/Analyse/Table*

L'assistant affiche alors une table *Produits et Fournisseurs*. Il ne s'agit que d'un exemple destiné à présenter le type d'anomalies que l'analyseur peut trouver et résoudre.

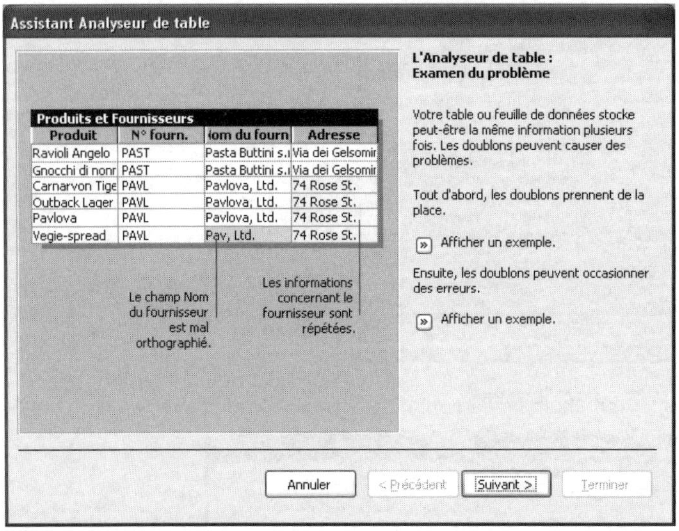

- Cliquez sur «Suivant»

L'assistant affiche alors un second écran purement informatif. Il ne s'agit que d'un exemple destiné à présenter le type de solutions que l'analyseur peut proposer.

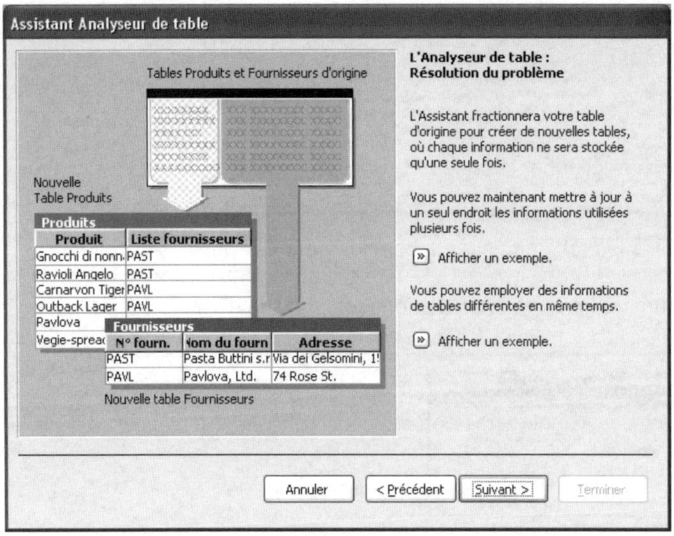

ANALYSEUR DE TABLE

• Cliquez sur «Suivant»

On obtient la liste de toutes les tables de la base de données :

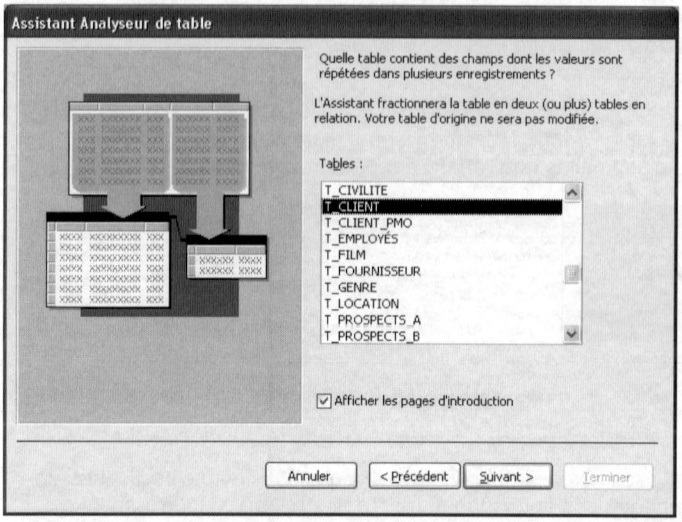

• Sélectionnez la table à analyser
• Éventuellement, décochez ☒*Afficher les pages d'introduction* pour ne plus afficher les deux écrans d'introduction au prochain lancement de l'assistant
• Cliquez sur «Suivant»

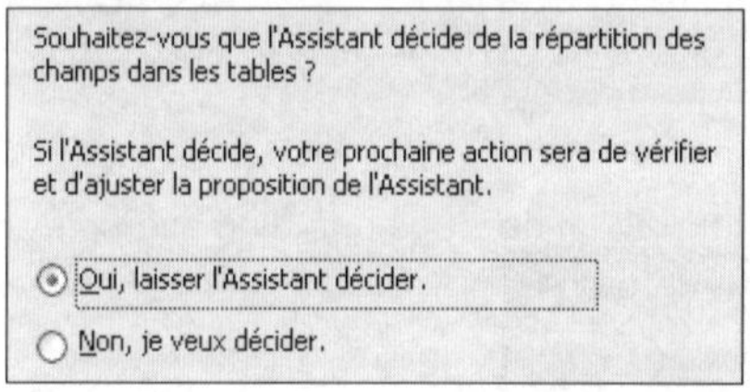

• Activez ⊙ *Oui, laisser l'Assistant décider*
• Cliquez sur «Suivant»

Première possibilité

L'assistant propose de ne pas fractionner la table.

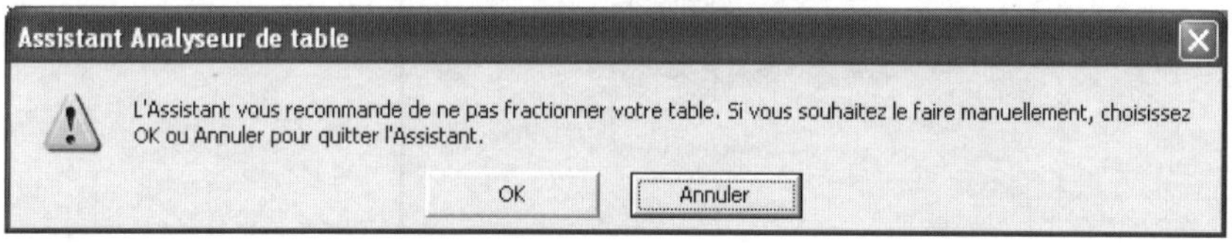

• Cliquez sur «Annuler» pour quitter l'assistant

On revient au point de départ, l'assistant ne fait rien et aucun changement n'apparaît dans la fenêtre Base de données.

Seconde possibilité

L'assistant propose de fractionner la table.

ANALYSEUR DE TABLE

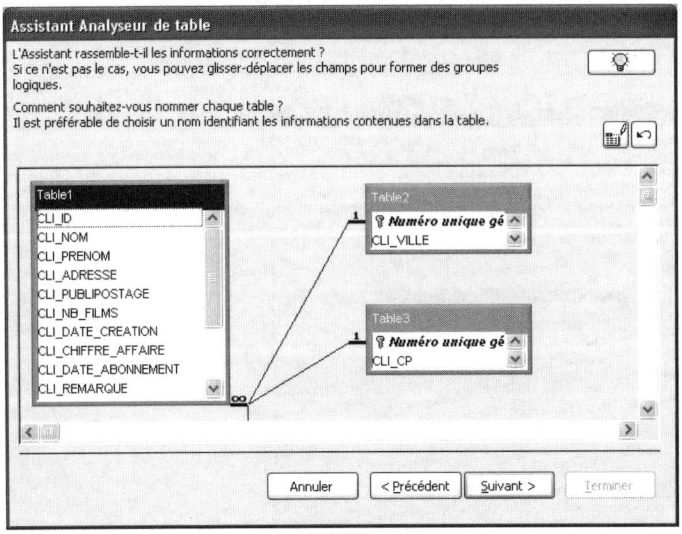

La première table, *Table 1*, ressemble à la table d'origine (celle que l'on a sélectionnée au départ dans la base de données). Les autres tables, ici *Table2* et *Table3*, contiennent certains de ses champs.

Pour renommer une table :

- Double-cliquez sur la barre de titre de la table
- Tapez un nouveau nom
- Cliquez sur «OK»

Pour regrouper des champs dans des tables :

- Sélectionnez un champ dans une table
- Faites-le glisser dans l'autre table

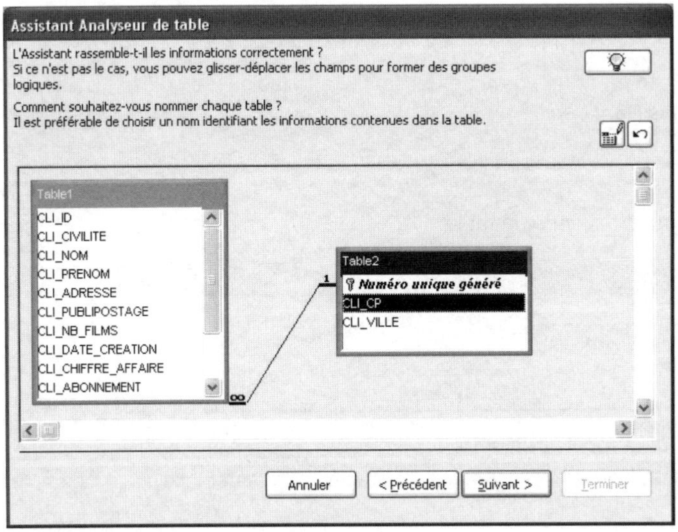

Si le champ déplacé était le dernier de la table (hors clé primaire), la table disparaît.

- Cliquez sur «Suivant»

ANALYSEUR DE TABLE

- Pour les différentes tables, précisez la clé primaire :

 Cliquez sur ce bouton pour définir le champ sélectionné comme clé primaire.

 Cliquez sur ce bouton pour ajouter un champ de type *NuméroAuto* comme clé primaire.

- Cliquez sur «Suivant»

Access vous propose alors de corriger les enregistrements dont les valeurs lui semblent similaires.

Vous pourrez, si vous le désirez, apporter des corrections dans certains enregistrements (par exemple, pour uniformiser *Issy les Moulineaux* et *Issy les Mx*, ou pour corriger des fautes de saisie comme dans l'exemple ci-dessous).

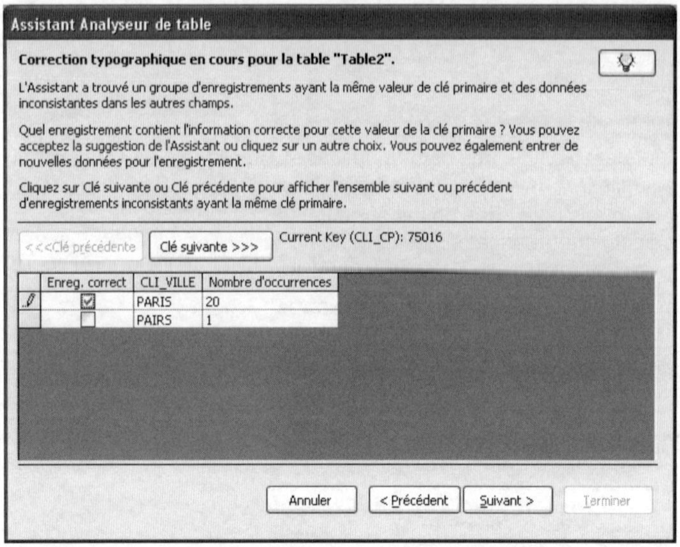

- Cliquez sur «Suivant»

Access vous demande s'il faut créer une requête qui simulera la table telle qu'elle existait avant analyse :

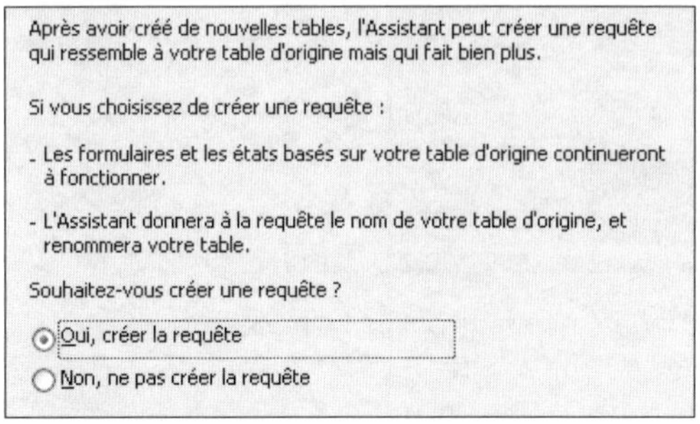

- Activez ⊙ *Oui, créer la requête*
- Cliquez sur «Terminer»

Access affiche la requête qui permet d'afficher dans une seule feuille de données la totalité des informations des tables liées qui viennent d'être créées.

- *Fichier/Fermer*, ou appuyez sur Ctrl-**W** ou sur Ctrl-F4

ANALYSEUR DE PERFORMANCES

L'analyseur étudie une partie ou la totalité des objets d'une base de données et propose des solutions pour en améliorer les performances.

- Ouvrez la base de données à analyser
- *Outils/Analyse/Performances*

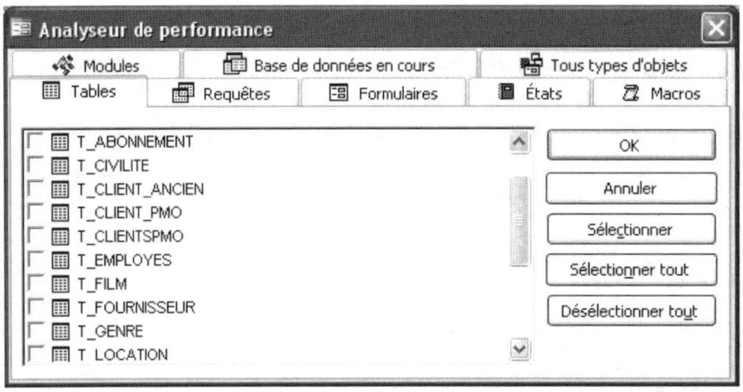

- Cliquez sur l'onglet correspondant au type de l'objet à optimiser, ou cliquez sur l'onglet *Tous types d'objets* pour visualiser la liste de tous les objets à la fois
- Cochez les cases qui précèdent les noms des objets à vérifier, ou cliquez sur «Sélectionner tout» pour sélectionner tous les objets
- Cliquez sur «OK»

Après quelques instants, Access affiche le résultat de son analyse :

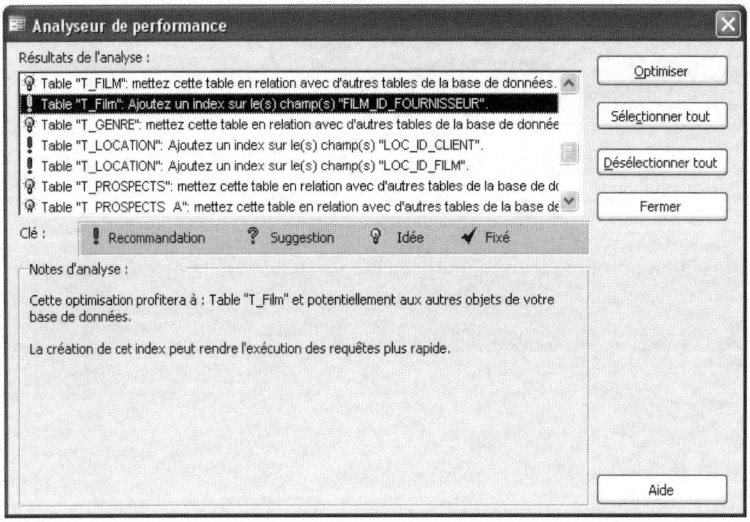

Pour qu'Access exécute l'une de ses recommandations (mais pas les simples idées) :

- Sélectionnez la recommandation dans la liste
- Cliquez sur «Optimiser»

La recommandation prend le statut *Fixé* (réparé) :

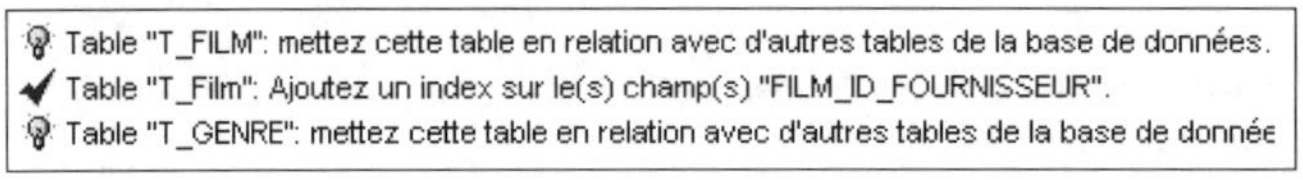

- Cliquez sur «Fermer» pour terminer

DOCUMENTATION

L'outil de documentation proposé par Access permet de visualiser et d'imprimer des informations décrivant avec précision chaque objet de la base de données.

- Ouvrez la base de données à documenter
- *Outils/Analyse/Documentation*

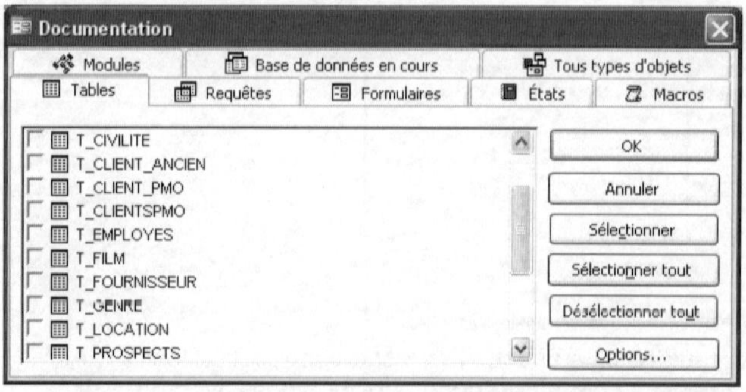

- Cliquez sur l'onglet correspondant au type d'objet de base de données à documenter, ou cliquez sur l'onglet *Tous types d'objets* pour afficher une liste complète des objets
- Cochez les cases qui précèdent les noms des objets à documenter ou cliquez sur «Sélectionner tout» pour tous les sélectionner
- Cliquez sur «Options»
- Faites vos choix dans les options
- Cliquez sur «OK» deux fois

Après quelques instants, Access affiche les informations dans une fenêtre d'aperçu :

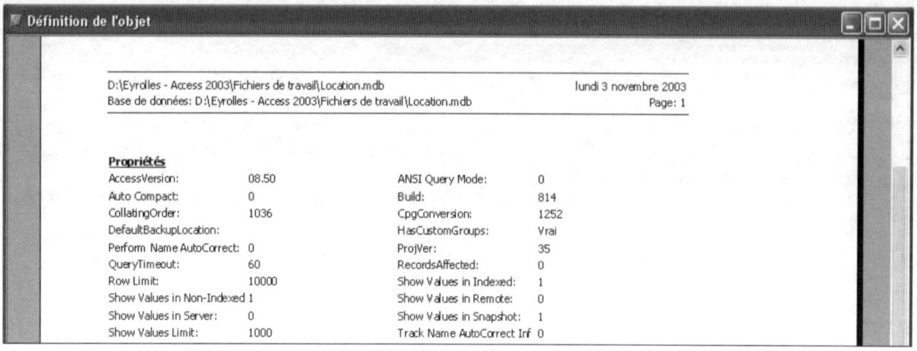

Imprimer ces informations

Cliquez sur ce bouton dans la barre d'outils pour lancer l'impression sans passer par un dialogue.

Exporter ces informations vers Word

Cliquez sur la flèche associée à ce bouton dans la barre d'outils, et cliquez sur *Publication avec Microsoft Office Word.*

Word s'ouvre, et le rapport est exporté dans un nouveau document.

Exporter ces informations vers Excel

Cliquez sur la flèche associée à ce bouton dans la barre d'outils, et cliquez sur *Analyse avec Microsoft Office Excel.*

Excel s'ouvre et le rapport est exporté dans un nouvelle feuille de calcul.

RECHERCHE DE FICHIERS

1 - RECHERCHER UN FICHIER OFFICE À PARTIR D'UN TEXTE QU'IL CONTIENT

Cliquez sur ce bouton dans la barre d'outils, ou *Fichier/Recherche de fichiers*. Si le lien *Recherche de fichiers simple* apparaît dans le volet Office, cliquez dessus.

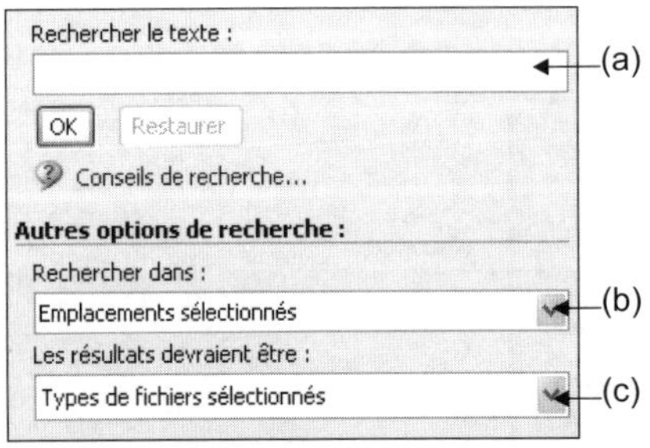

- Tapez en (a) le texte que contient le fichier recherché
- Indiquez en (b) dans quels disques/dossiers effectuer la recherche (cochez les emplacement et double-cliquez dessus pour sélectionner les sous-dossiers d'un emplacement sélectionné)
- Précisez en (c) le type du fichier Office à rechercher
- Cliquez sur «OK» dans le volet Office

Après quelques instants, la liste des fichiers correspondants s'affiche dans le volet. Cliquez sur l'un des documents pour l'ouvrir ou sur «Modifier» pour lancer une autre recherche.

2 - RECHERCHER UN FICHIER À PARTIR DE SES PROPRIÉTÉS

Cliquez sur ce bouton dans la barre d'outils, ou *Fichier/Recherche de fichiers*. Si le lien *Recherche de fichiers avancée* apparaît dans le volet Office, cliquez dessus.

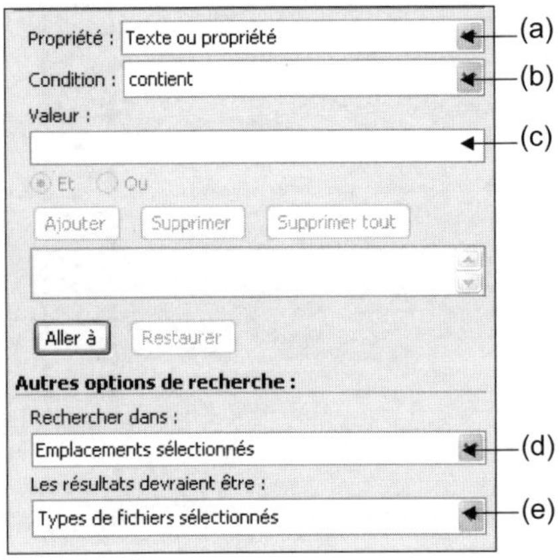

- Sélectionnez une propriété en (a) : *Auteur*, *Créé le*, etc.
- Sélectionnez une condition en (b)
- Si nécessaire, tapez une valeur de comparaison en (c)
- Cliquez sur «Ajouter»

Vous pouvez définir d'autres conditions en cochant l'une des cases ⊙*Et* ou ⊙*Ou*, puis en répétant la procédure précédente. A la fin :

- Indiquez en (d) dans quels disques/dossiers effectuer la recherche
- Précisez en (e) le type du fichier Office à rechercher
- Cliquez sur «OK» dans le volet Office

PARTIE 2
CAS PRATIQUES

PRÉLIMINAIRES

1 – LE CONTEXTE

Dans les premiers chapitres, nous aurons un premier contact avec Access à travers la manipulation des données d'une table d'adresses.

Puis nous nous placerons dans le cas d'une boutique de location de vidéo. Dans un premier temps, nous nous intéresserons uniquement à la gestion des clients.

La table principale sera la table *T_CLIENT*, qui contiendra les informations nécessaires à notre magasin. Cette table utilisera deux tables dites de référence. La première sera la table *T_CIVILITE*, contenant la liste des civilités (monsieur, madame, mademoiselle). La deuxième sera la table *T_ABONNEMENT*, qui indiquera les différents types d'abonnement disponibles (Platine, Or, Argent ou Aucun). Ces abonnements coûtent d'autant plus cher qu'ils offrent des réductions importantes.

Cette gestion des clients nous servira de support à travers les chapitres suivants, et nous nous baserons dessus pour créer tables, requêtes, formulaires et états.

Par la suite, nous étendrons notre base avec plusieurs autres tables *T_DVD, T_FILM, T_FOURNISSEUR* et *T_LOCATION*. Nous obtiendrons ainsi une base de données plus complète et surtout mieux conçue.

Ces nouveaux éléments nous permettrons d'aborder les relations entre tables, et nous reviendrons sur les requêtes, formulaires et états, mais notamment sous l'angle multi table.

2 - INSTALLATION DES FICHIERS EXEMPLES

Pour récupérer les fichiers à utiliser dans la réalisation des cas pratiques de cet ouvrage, vous allez télécharger un fichier zippé (compressé) depuis le site Web *www.editions-eyrolles.fr*. Exécutez ensuite ce fichier auto extractible, les bases de données sont alors automatiquement décompressées et copiées dans le dossier *C:\Exercices Access 2003* de votre disque dur.

Vous disposerez d'une base de données pour chacun des cas proposés, Au début de chaque cas vous serez invité à copier cette base de données d'origine sous un autre nom comme base de données de travail. Ainsi vous pourrez toujours recommencer la réalisation du cas en repartant de la base d'origine fournie.

Par exemple, pour copier la base d'origine *Locat_10.mbd* procédez de la façon suivante :

- Ouvrez l'application *Poste de travail*
- Ouvrez le dossier *C:\Exercices Access 2003*

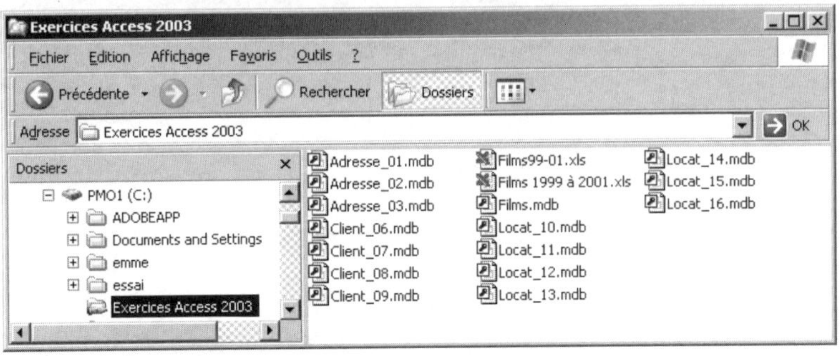

- Cliquez sur la base de données *Locat_10.mdb*
- *Edition/Copier* pour copier le fichier dans le Presse-papiers
- *Edition/Coller,* le nom du fichier copié est *Copie de Locat_10.mdb*
- Renommez le nom du fichier copié en *XLocat_10.mdb.*

Ensuite, vous ouvrez la base de données *XLocat_10.mdb*, pour commencer à réaliser le cas pratique.

Saisir, trier et filtrer les données

1

CAS 1 : OUVRIR UNE BASE DE DONNÉES

La barre de titre affiche le nom de la base de données.

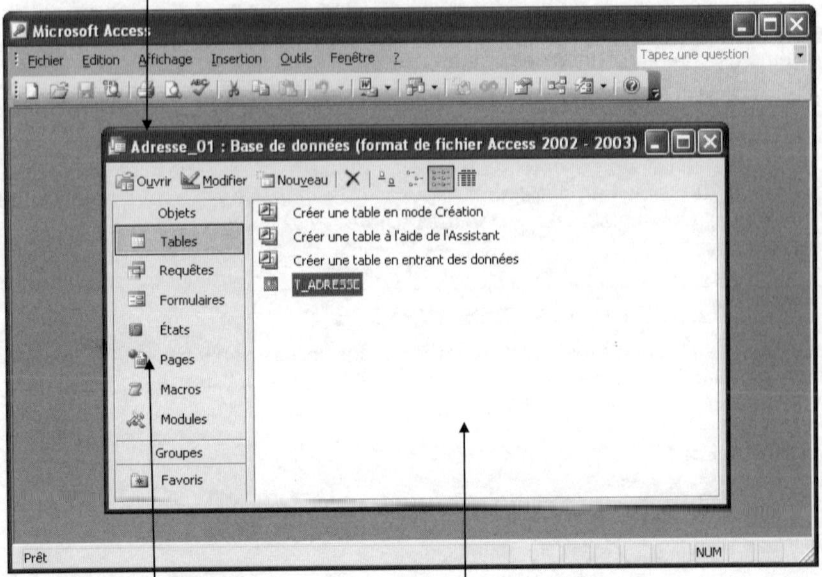

Les boutons qui apparaissent dans sa partie gauche permettront par la suite de sélectionner une catégorie d'objets : les tables, les requêtes, les formulaires et les états, etc.

La liste des objets appartenant à la catégorie sélectionnée s'affichera ici.

Champs de la table

Enregistrements

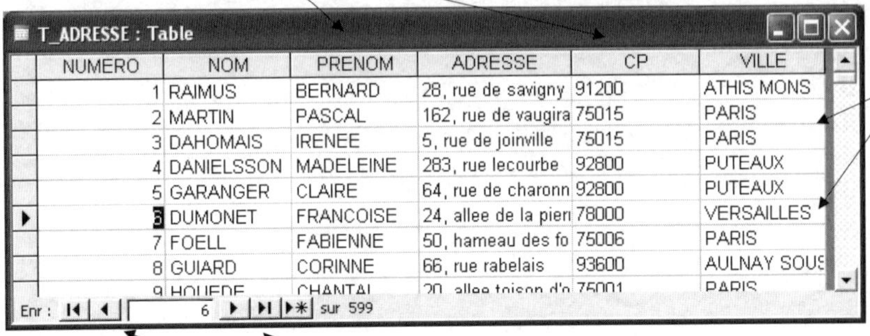
T_ADRESSE : Table

NUMERO	NOM	PRENOM	ADRESSE	CP	VILLE
1	RAIMUS	BERNARD	28, rue de savigny	91200	ATHIS MONS
2	MARTIN	PASCAL	162, rue de vaugira	75015	PARIS
3	DAHOMAIS	IRENEE	5, rue de joinville	75015	PARIS
4	DANIELSSON	MADELEINE	283, rue lecourbe	92800	PUTEAUX
5	GARANGER	CLAIRE	64, rue de charonn	92800	PUTEAUX
6	DUMONET	FRANCOISE	24, allee de la pier	78000	VERSAILLES
7	FOELL	FABIENNE	50, hameau des fo	75006	PARIS
8	GUIARD	CORINNE	66, rue rabelais	93600	AULNAY SOUS
9	HOUEDE	CHANTAL	20, allee toison d'o	75001	PARIS

Enr : 6 sur 599

Le sélecteur indique l'enregistrement courant

La barre de navigation permet de se déplacer entres les enregistrements

Fonctions utilisées

- *Lancer Access*
- *Ouvrir une table*
- *Modifier/Supprimer des enregistrements*
- *Saisir des données*
- *Imprimer les données*

Avant de créer une structure de base de données, nous allons nous familiariser avec l'utilisation des tables. Une table contient des données, structurées en ligne (les enregistrements) et en colonnes (les champs).

Pour cela, nous allons utiliser une table simple qui contient des adresses, et manipuler ces données.

Copier le fichier *Adresse_01.mdb* qui est enregistré dans le dossier *C:\Exercices Access 2003*, sous un autre nom *XAdresse_01.mdb*. Ce sera votre base de données de travail. Ouvrez la base de données *XAdresse_01.mdb*.

❶ OUVRIR LA BASE DE DONNÉES *ADRESSE*

Pour ouvrir la base de données, nous avons deux possibilités : soit lancer directement *XAdresse_01.mdb*, soit démarrer Access puis ouvrir le fichier *XAdresse_01.mdb*. Nous allons utiliser cette deuxième possibilité.

Démarrer Access

Cliquez sur ce bouton dans la barre des tâches.

- Cliquez sur *Programmes*
- Cliquez sur *Microsoft Office*
- Cliquez sur *Microsoft Access 2003*

Le programme est lancé et la fenêtre d'Access apparaît.

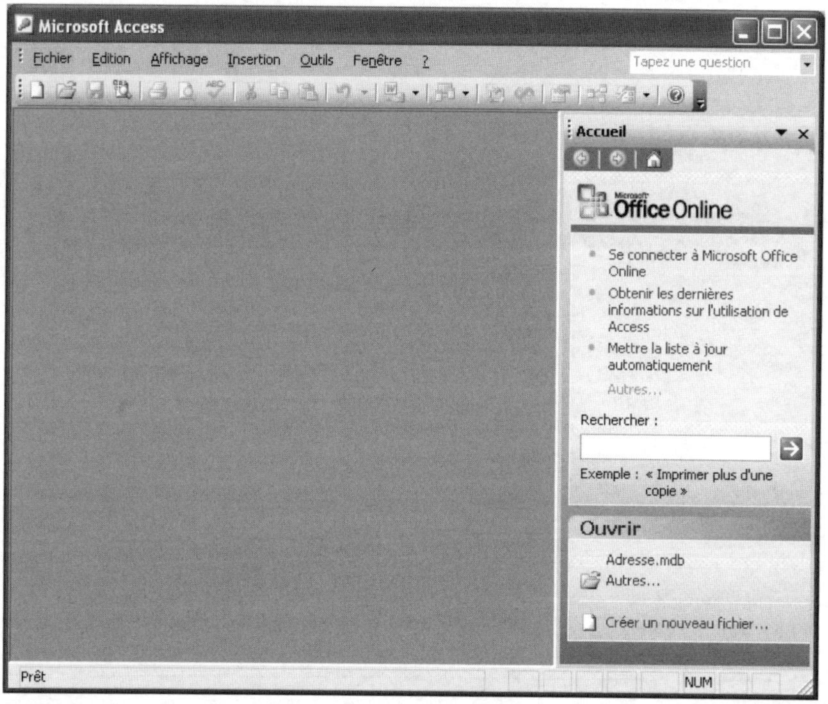

Démarrer Access puis ouvrir le fichier XAdresse_01.mdb

Le fichier qui nous intéresse se trouve dans le répertoire *C:\Exercices Access 2003*. Vous allez donc l'ouvrir ici à travers les dialogues d'ouverture de fichier. Plus tard vous pourrez utiliser une commande accélérée d'ouverture d'un fichier déjà récemment ouvert.

Cliquez sur ce bouton pour accéder à la fenêtre d'ouverture des fichiers.

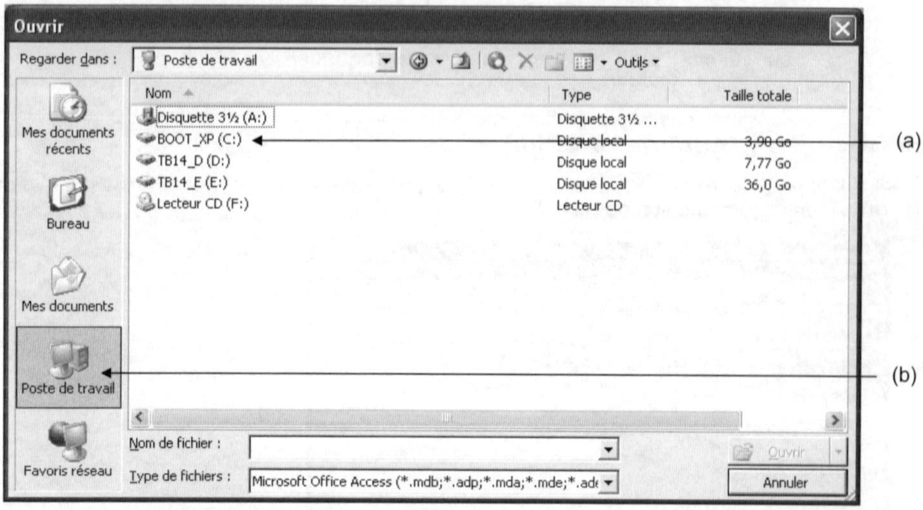

- Cliquez sur l'icône <Poste de travail> en (b)
- Double-cliquez sur le volume <C:> dans la zone (a). Le nom complet est BOOT_XP (C :) dans la figure, mais le nom du volume <C :> est différent sur votre machine
- Ouvrez le répertoire des exercices en double-cliquant sur le dossier *Exercices Access 2003* dans la zone (a)

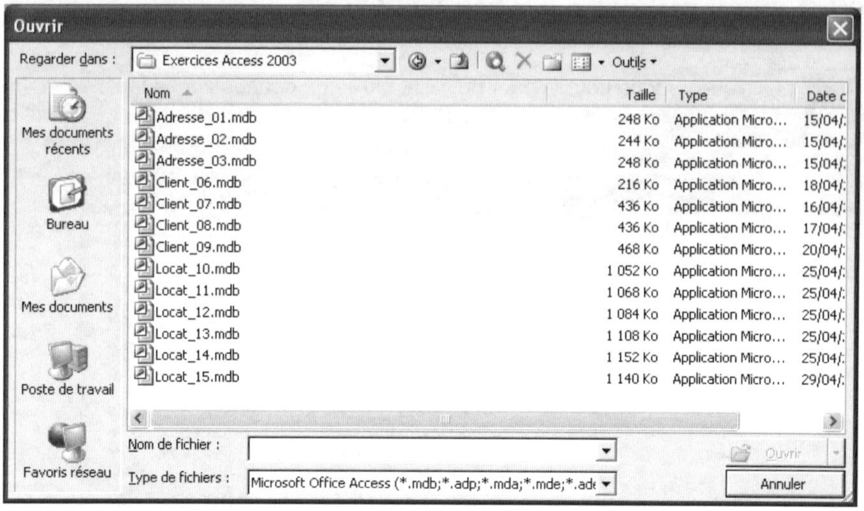

- Double-cliquez sur le fichier *XAdresse_01.mdb*

La fenêtre de base de données s'ouvre.

Note : il est possible qu'Access vous demande confirmation pour l'ouverture du fichier, avec la boîte de dialogue suivante :

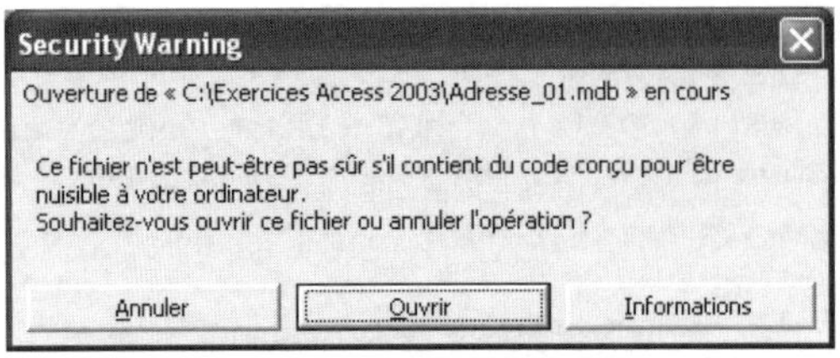

- Cliquez sur «Ouvrir» pour accéder à la base de données.

---

❷ OUVRIR LA TABLE *T_ADRESSE*

Pour ouvrir la table *T_ADRESSE*, assurez-vous que <Tables> est activé dans le volet Objets en (a), sinon cliquez dessus pour l'activer.

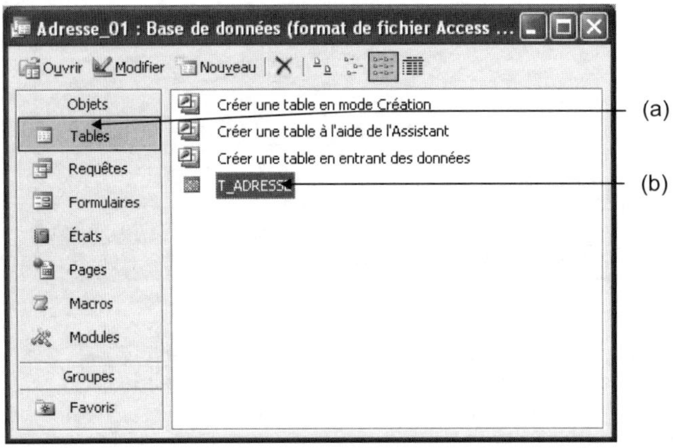

Afficher la feuille de données de la table T_ADRESSE

- Dans la fenêtre Base de données, sélectionnez la table *T_ADRESSE* en (b)

Cliquez sur ce bouton pour ouvrir la feuille de données de la table.

Access ouvre la table :

T_ADRESSE : Table

NUMERO	NOM	PRENOM	ADRESSE	CP	VILLE
1	RAIMUS	Bernard	28, rue de Savigny	91200	ATHIS MONS
2	MARTIN	Pascal	162, rue de Vaugir	75015	PARIS
3	BOEUF	Dominique	43, rue des Bohuti	75015	PARIS
4	DAHOMAIS	Irenee	5, rue de Joinville	75015	PARIS
5	DANIELSSON	Madeleine	283, rue Lecourbe	92800	PUTEAUX
6	GARANGER	Claire	64, rue de Charonr	92800	PUTEAUX
7	DUMONET	Francoise	24, allee de la Pier	78000	VERSAILLES
8	FOELL	Fabienne	50, Hameau des F	75006	PARIS
9	GUIARD	Corinne	66, rue Rabelais	93600	AULNAY SOUS
10	GAILIUS	Nathalie	3, rue du Puits	91360	EPINAY SUR C
11	HUGUET	Claire	9, rue de la Range	91390	MORSANG SU
12	HOUEDE	Chantal	20, allee Toison d'(	75001	PARIS
13	HIRON	Christelle	91, rue de Turenne	91100	SAINTRY SUR
14	HINFRAY	Pascale	23, rue Paul Eluarc	77210	AVON
15	HEUDE	Marie Claire	16, rue G. Pages	75001	PARIS
16	HANSEN	Anne	13, rue des Freres	75007	PARIS
17	HAMMAS	Rabah	22, rue Tourlaque	92140	PARIS

Enr : 1 sur 605

(a)

Le sélecteur d'enregistrement (a) indique l'enregistrement courant.

❸ MODIFIER ET SAISIR DES DONNÉES DANS LA TABLET_ADRESSE

Modifier un enregistrement

- Positionnez-vous sur l'adresse de la 4ème ligne (5, rue de Joinville) en utilisant les touches de directions ou en cliquant sur la valeur
- Corrigez l'adresse : *25, rue de la plaine*
- Appuyez sur [↵] pour passer à la colonne <Code Postal>
- Tapez le code postal : *75018*, puis appuyez sur [↵]
- Appuyez sur [↵] pour conserver la valeur *Paris* dans la colonne <Ville>

Access positionne le curseur au début de la ligne suivante. Les modifications ont été enregistrées sur le disque dès que vous changez l'enregistrement courant. Si vous fermiez Access maintenant, contrairement à d'autres logiciels (Word, Excel, ...), aucune question ne vous serait posée concernant l'enregistrement des données.
Ce mode de fonctionnement peut paraître surprenant, mais il est normal et nécessaire pour une base de données, dans laquelle plusieurs utilisateurs peuvent partager les mêmes informations.

Modifier un enregistrement : le principe du double échappement

Si vous avez fait la manipulation précédente, vous devez être positionné au début la 5ème ligne.

- Notez la forme du sélecteur d'enregistrement : [▶]
- Modifiez le nom de la personne en remplaçant *DANIELSSON* par *MARTIN*. Notez que dès la frappe de la première lettre, le sélecteur d'enregistrement est devenu [✎] : vous êtes passé en mode édition de la ligne
- Appuyez sur [↵] pour passer à la colonne <PRENOM>
- Modifiez le prénom de la personne en remplaçant *MARCEL* par *PASCAL*. Le sélecteur d'enregistrement est toujours [✎]
- Appuyez deux fois sur [↵] pour passer à la colonne <VILLE>
- Modifiez la ville en remplaçant *VERRIERES* par *PLAISIR*. N'appuyez pas sur [↵]

Cliquez sur ce bouton dans la barre d'outils, ou pressez la touche [Echap]

La dernière modification est annulée, et la ville est redevenue *VERRIERES*.

Cliquez une deuxième fois sur ce bouton dans la barre d'outils ou pressez la touche [Echap]

La ligne entière est revenue à son état initial, et l'ensemble des modifications précédentes de cette ligne ont été annulées. Notez la forme du sélecteur d'enregistrement qui est revenu à sa forme initiale : [▶]

Naviguer dans les enregistrements

- Cliquez sur les boutons de déplacement en bas de la fenêtre pour naviguer vers l'enregistrement précédent (b), le suivant (c), le premier (a), le dernier (d) ou vers un nouvel enregistrement (e).

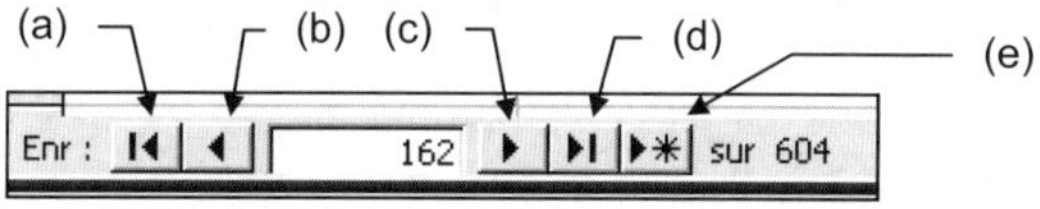

Ajouter un enregistrement

Notez qu'on parle d'ajout, pas d'insertion : on ne peut pas insérer une ligne au milieu d'une table.

Cliquez sur ce bouton en (e), ou *Insertion/Nouvel enregistrement*.

Access vous positionne sur la dernière ligne de la table, dont le numéro est *NuméroAuto*

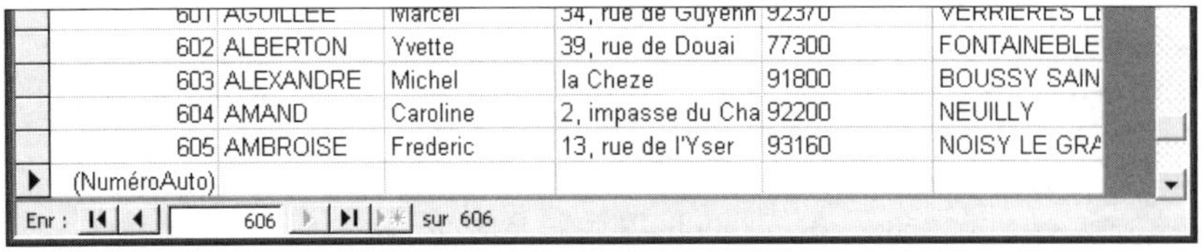

- Saisissez les nouvelles valeurs dans les champs de cette ligne :
  MARTIN Corinne, 27 rue Percée, 94000 CRETEIL

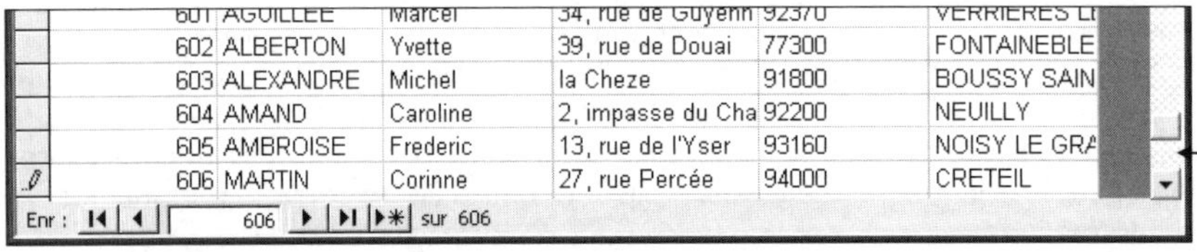

(a)

Notez que vous ne pouvez pas modifier la valeur du champ <Numéro> : la valeur est attribuée par Access, et vous ne pouvez pas la changer.

- Descendez un peu le curseur en (a) pour faire apparaître la dernière ligne (celle qui est identifiée par le marqueur * dans la colonne du sélecteur)

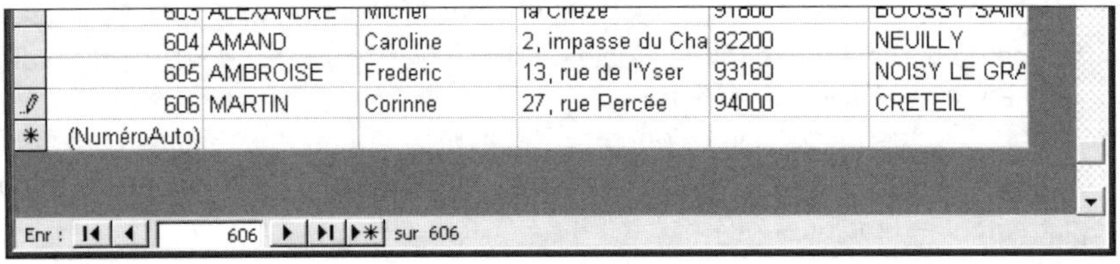

- Insérez une nouvelle fiche en tapant *Jean* dans le champ <NOM>. Notez la valeur du numéro
- Pressez la touche Echap pour annuler la saisie
- Ressaisissez une nouvelle fiche en tapant *Alain* dans le champ <NOM>. Notez que le numéro à encore augmenté : toute saisie, même partielle, augmente la valeur qui sera attribué par Access au champ <NUMERO>
- Pressez la touche Echap pour annuler la saisie

Vous pouvez ajouter plusieurs lignes à la suite, en vous positionnant sur la ligne d'ajout, identifiée par le marqueur * dans la colonne du sélecteur.

Fermer la table

- *Fichier/Fermer*, ou appuyez sur Ctrl-F4 (attention, ne confondez pas avec Alt-F4) ou sur Ctrl-**W**, ou cliquez sur la case de fermeture de la table ☒
- Au cas où Access vous demande si vous voulez enregistrer les modifications, cliquez sur «Non», car les modifications en question ne concernent pas les données. Nous verrons cela ultérieurement

❹ SUPPRIMER DES ENREGISTREMENTS

- Dans la fenêtre *Base de données*, sélectionnez la table *T_ADRESSE*

Cliquez sur ce bouton pour ouvrir la feuille de données de la table.

Supprimer une adresse

Nous allons supprimer la fiche de *Françoise DUMONET*.

- Cliquez n'importe où dans la ligne du 7ème enregistrement

Cliquez sur ce bouton dans la barre d'outils, ou *Edition/Supprimer l'enregistrement.*

- Un message demande confirmation : cliquez sur «Oui»

Supprimer plusieurs adresses

Nous allons supprimer des lignes adjacentes, dans note exemple celles de *Claire HUGUET*, *Chantal HOUEDE* et *Christelle HIRON.*

- Dans la colonne du sélecteur, sélectionnez les enregistrements ayant les numéros *11* à *13*, en faisant un cliquer-glisser dans la colonne du sélecteur entre l'enregistrement *11* et l'enregistrement *13*, ou bien en sélectionnant l'enregistrement *11* puis en cliquant sur l'enregistrement *13* en maintenant la touche ⇧ enfoncée

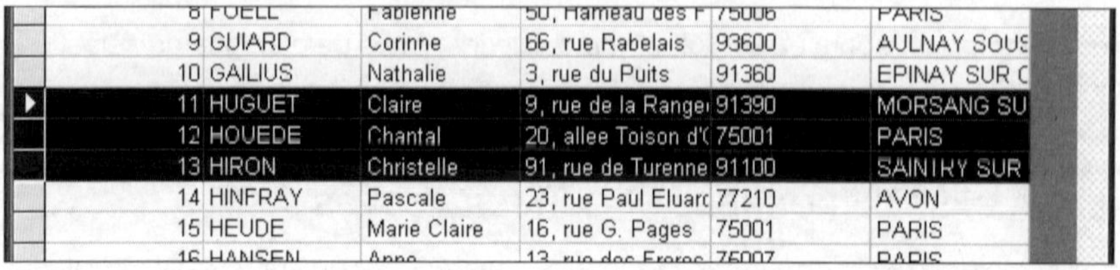

8	FOELL	Fabienne	50, Hameau des F	75006	PARIS
9	GUIARD	Corinne	66, rue Rabelais	93600	AULNAY SOUS
10	GAILIUS	Nathalie	3, rue du Puits	91360	EPINAY SUR C
11	HUGUET	Claire	9, rue de la Range	91390	MORSANG SU
12	HOUEDE	Chantal	20, allee Toison d'(	75001	PARIS
13	HIRON	Christelle	91, rue de Turenne	91100	SAINTRY SUR
14	HINFRAY	Pascale	23, rue Paul Eluarc	77210	AVON
15	HEUDE	Marie Claire	16, rue G. Pages	75001	PARIS
16	HANSEN	Anne	13, rue des Freres	75007	PARIS

Cliquez sur ce bouton dans la barre d'outils, ou *Edition/Supprimer l'enregistrement.*

- Un message demande confirmation : cliquez sur «Oui»

Notez que la séquence des numéros n'est plus continue, elle saute de *6* à *8* et de *10* à *14* : ce ne sont pas des numéro de ligne, mais des numéro identifiant de façon unique un enregistrement. Ces numéros une fois attribués à un enregistrement sont intangibles.

Fermer la table

- *Fichier/Fermer*, ou appuyez sur Ctrl-F4 ou sur Ctrl-**W**, ou cliquez sur la case de fermeture de la table ☒

❺ IMPRIMER LE CONTENU DE LA TABLE *T_ADRESSE*

Effectuer un aperçu avant impression :

- Dans la fenêtre *Base de données*, sélectionnez la table <T_ADRESSE>

Cliquez sur ce bouton dans la barre d'outils, ou *Fichier/Aperçu avant impression*

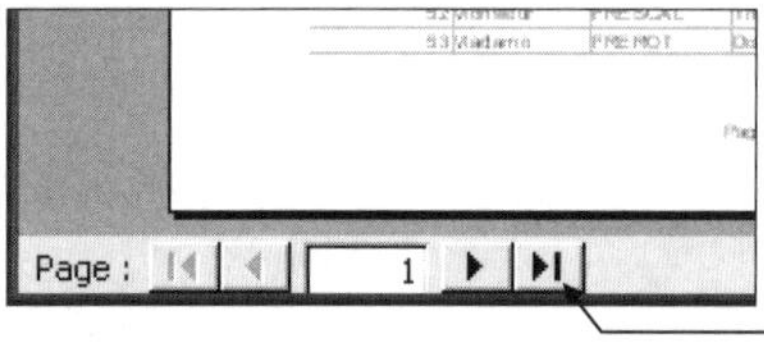

(a)

- Cliquez en (a) pour aller à la dernière page. Notez qu'elle porte le numéro *13*, et qu'elle est à peine remplie

Mise en page Cliquez sur ce bouton dans la barre d'outils, ou *Fichier/Mise en page*

- Modifiez les marges hautes et basses pour qu'elles soient de 20 millimètres
- Cliquez sur «OK»
- Notez que l'impression ne fait plus que 12 pages

On remarque que certains champs sont tronqués lors de l'impression. Pour plus de lisibilité, il faudra personnaliser l'aspect de la feuille de données. C'est ce que nous allons voir dans l'exercice suivant.

Fermer Cliquez sur ce bouton dans la barre d'outils

Imprimer

Dans le cadre de cet exercice, nous n'allons pas imprimer, car les données du fichier exemple sont relativement volumineuses (12 pages) et n'ont qu'un intérêt limité. Cependant, si vous voulez vraiment imprimer :

Cliquez sur ce bouton dans la barre d'outils pour lancer directement l'impression

ou

- *Fichier/Imprimer*, ou appuyez sur Ctrl-**P** pour ouvrir la boite de dialogue de sélection d'imprimante.

❻ FERMER LA BASE DE DONNÉES ET QUITTER ACCESS

- Fermez la table par *Fichier/Fermer*, ou appuyez sur Ctrl-F4 ou sur Ctrl-**W**, ou cliquez sur la case de fermeture de la table ☒
- *Fichier/Quitter* ou Alt-F4

CAS 2 : FEUILLES DE DONNÉES

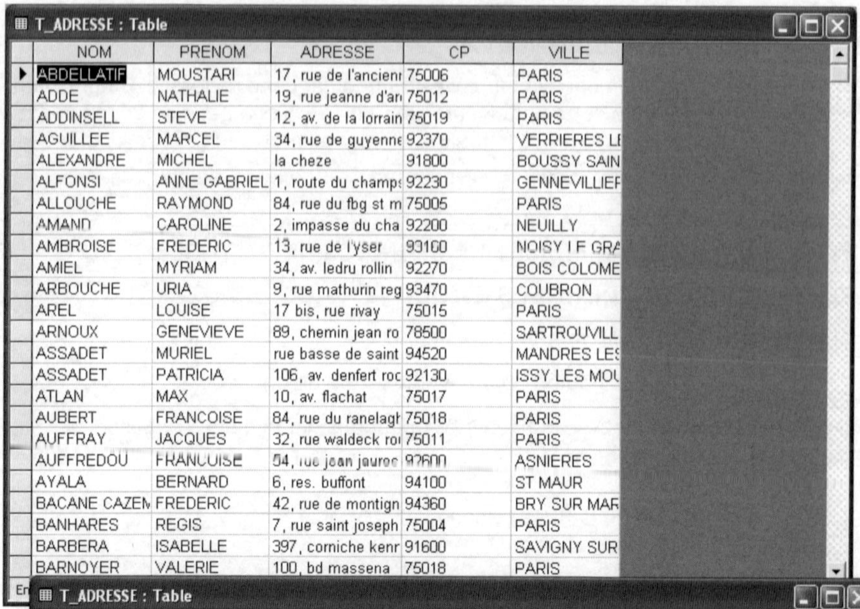

T_ADRESSE : Table

NOM	PRENOM	ADRESSE	CP	VILLE
ABDELLATIF	MOUSTARI	17, rue de l'ancienı	75006	PARIS
ADDE	NATHALIE	19, rue jeanne d'ar	75012	PARIS
ADDINSELL	STEVE	12, av. de la lorrain	75019	PARIS
AGUILLEE	MARCEL	34, rue de guyenne	92370	VERRIERES LE
ALEXANDRE	MICHEL	la cheze	91800	BOUSSY SAIN
ALFONSI	ANNE GABRIEL	1, route du champs	92230	GENNEVILLIEF
ALLOUCHE	RAYMOND	84, rue du fbg st m	75005	PARIS
AMAND	CAROLINE	2, impasse du cha	92200	NEUILLY
AMBROISE	FREDERIC	13, rue de l'yser	93160	NOISY LE GRA
AMIEL	MYRIAM	34, av. ledru rollin	92270	BOIS COLOME
ARBOUCHE	URIA	9, rue mathurin reg	93470	COUBRON
AREL	LOUISE	17 bis, rue rivay	75015	PARIS
ARNOUX	GENEVIEVE	89, chemin jean ro	78500	SARTROUVILL
ASSADET	MURIEL	rue basse de saint	94520	MANDRES LES
ASSADET	PATRICIA	106, av. denfert roc	92130	ISSY LES MOU
ATLAN	MAX	10, av. flachat	75017	PARIS
AUBERT	FRANCOISE	84, rue du ranelagh	75018	PARIS
AUFFRAY	JACQUES	32, rue waldeck rou	75011	PARIS
AUFFREDOU	FRANCOISE	54, rue jean jaures	92600	ASNIERES
AYALA	BERNARD	6, res. buffont	94100	ST MAUR
BACANE CAZEM	FREDERIC	42, rue de montign	94360	BRY SUR MAR
BANHARES	REGIS	7, rue saint joseph	75004	PARIS
BARBERA	ISABELLE	397, corniche kenr	91600	SAVIGNY SUR
BARNOYER	VALERIE	100, bd massena	75018	PARIS

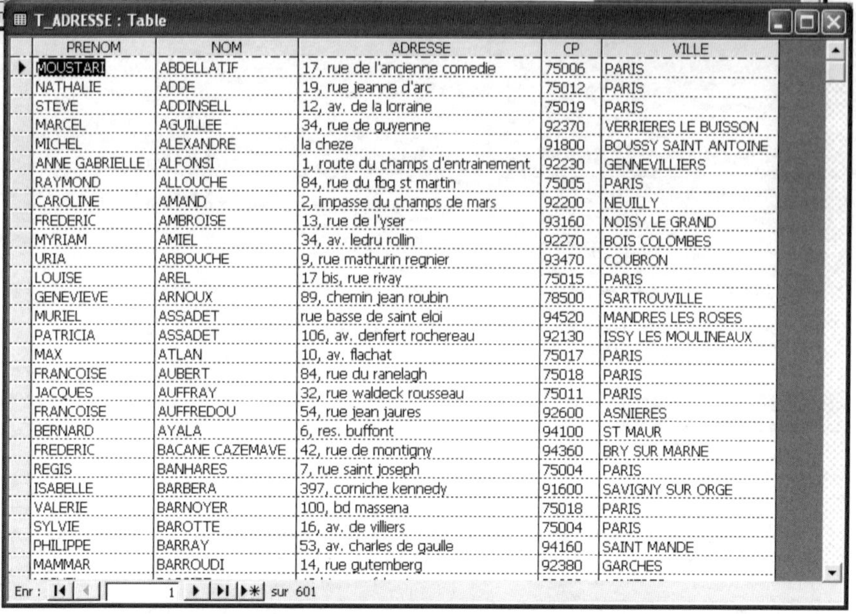

T_ADRESSE : Table

PRENOM	NOM	ADRESSE	CP	VILLE
MOUSTARI	ABDELLATIF	17, rue de l'ancienne comedie	75006	PARIS
NATHALIE	ADDE	19, rue jeanne d'arc	75012	PARIS
STEVE	ADDINSELL	12, av. de la lorraine	75019	PARIS
MARCEL	AGUILLEE	34, rue de guyenne	92370	VERRIERES LE BUISSON
MICHEL	ALEXANDRE	la cheze	91800	BOUSSY SAINT ANTOINE
ANNE GABRIELLE	ALFONSI	1, route du champs d'entrainement	92230	GENNEVILLIERS
RAYMOND	ALLOUCHE	84, rue du fbg st martin	75005	PARIS
CAROLINE	AMAND	2, impasse du champs de mars	92200	NEUILLY
FREDERIC	AMBROISE	13, rue de l'yser	93160	NOISY LE GRAND
MYRIAM	AMIEL	34, av. ledru rollin	92270	BOIS COLOMBES
URIA	ARBOUCHE	9, rue mathurin regnier	93470	COUBRON
LOUISE	AREL	17 bis, rue rivay	75015	PARIS
GENEVIEVE	ARNOUX	89, chemin jean roubin	78500	SARTROUVILLE
MURIEL	ASSADET	rue basse de saint eloi	94520	MANDRES LES ROSES
PATRICIA	ASSADET	106, av. denfert rochereau	92130	ISSY LES MOULINEAUX
MAX	ATLAN	10, av. flachat	75017	PARIS
FRANCOISE	AUBERT	84, rue du ranelagh	75018	PARIS
JACQUES	AUFFRAY	32, rue waldeck rousseau	75011	PARIS
FRANCOISE	AUFFREDOU	54, rue jean jaures	92600	ASNIERES
BERNARD	AYALA	6, res. buffont	94100	ST MAUR
FREDERIC	BACANE CAZEMAVE	42, rue de montigny	94360	BRY SUR MARNE
REGIS	BANHARES	7, rue saint joseph	75004	PARIS
ISABELLE	BARBERA	397, corniche kennedy	91600	SAVIGNY SUR ORGE
VALERIE	BARNOYER	100, bd massena	75018	PARIS
SYLVIE	BAROTTE	16, av. de villiers	75004	PARIS
PHILIPPE	BARRAY	53, av. charles de gaulle	94160	SAINT MANDE
MAMMAR	BARROUDI	14, rue gutemberg	92380	GARCHES

Enr : 1 sur 601

Fonctions utilisées

- *Largeur des colonnes*
- *Hauteur des lignes*
- *Masquer, figer, déplacer une colonne*
- *Police et taille des caractères*
- *Quadrillage*

20 mn

Nous allons maintenant modifier l'affichage des feuilles de données associées à notre table afin de les rendre plus lisibles à l'écran et lors de l'impression.

Copiez le fichier *Adresse_02.mdb* qui est enregistré dans le dossier *C:\Exercices Access 2003* sous un autre nom *XAdresse_02.mdb*. Cette base de données est la réplique de celle qui résulte de la réalisation du cas précédent. Ouvrez cette base de données *XAdresse_02.mdb*.

❶ METTRE EN FORME LA FEUILLE DE DONNÉES DE LA TABLE *T_ADRESSE*

Modifier la largeur de la colonne NOM

- Sélectionnez la table *T_ADRESSE* dans la fenêtre *Base de données*

Cliquez sur ce bouton pour ouvrir la feuille de données de la table.

- Clic-droit sur l'en-tête de la colonne <NOM> pour afficher le menu contextuel
- Cliquez sur *Largeur de colonne*

Ou

- Sélectionnez n'importe où dans la colonne <NOM>
- *Format/Largeur colonne*

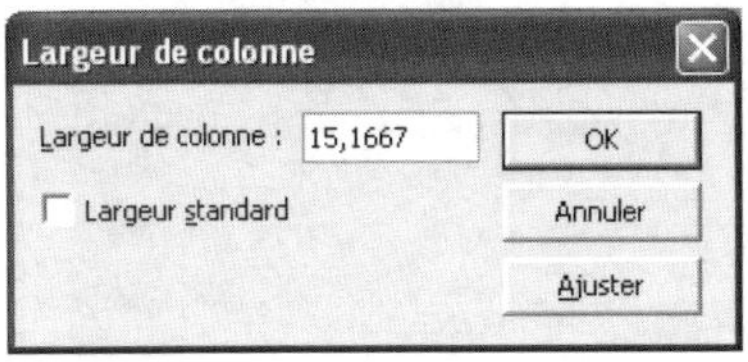

- Tapez *20*
- Cliquez sur «OK» ou appuyez sur ↵

Modifier la largeur de la colonne PRENOM

- Positionnez le curseur de la souris à la frontière entre les en-têtes de colonne <PRENOM> et <ADRESSE> en (a)

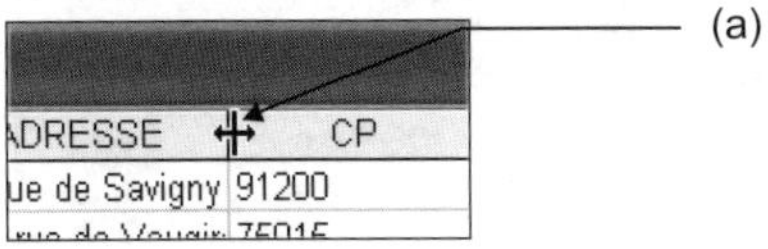

- Cliquez-glissez pour donner la largeur désirée, permettant de visualiser les prénoms dans leur entier (par exemple *50, Hameau des Fontaines*, en 7ème ligne).

D'une manière ou d'une autre, adaptez la largeur des autres colonnes à leur contenu

Déplacer une colonne

Nous allons déplacer la colonne <NOM> après la colonne <PRENOM>.

- Cliquez sur l'en-tête de la colonne <NOM> pour sélectionner cette colonne
- Cliquez à nouveau sur cet en-tête et, en gardant le bouton de la souris appuyé, faites-le glisser vers la droite, après la colonne <PRENOM>, puis relâchez le bouton de la souris

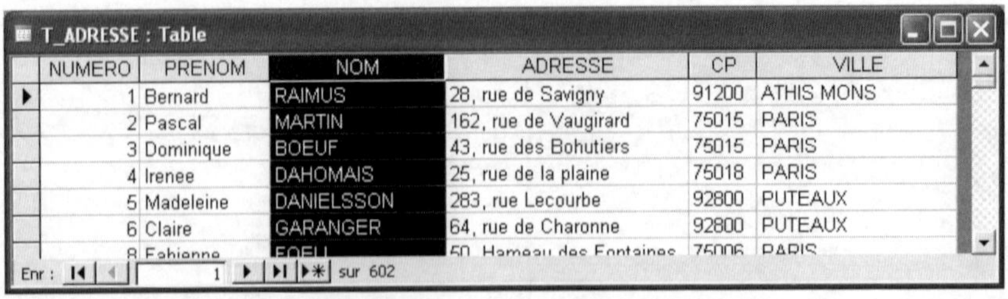

Masquer/démasquer une colonne

Nous allons masquer puis démasquer la colonne <ADRESSE>.

- Positionnez-vous n'importe où dans la colonne <ADRESSE>
- *Format/Masquer les colonnes*

Access masque la colonne <ADRESSE>

Pour afficher la colonne :

- *Format/Afficher les colonnes*
- Cliquez sur la case précédant le terme <ADRESSE> afin de la cocher

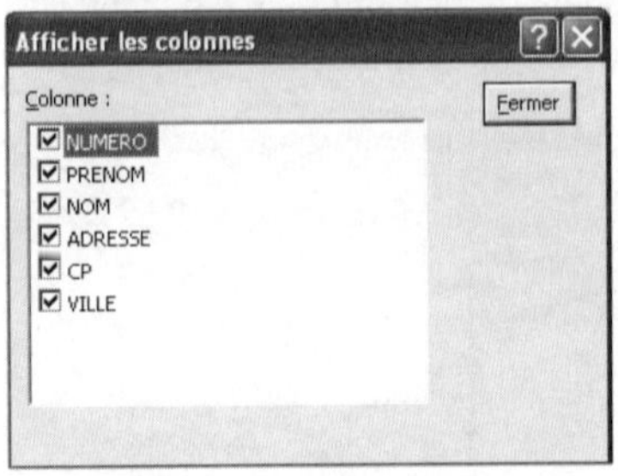

- Cliquez sur «Fermer»

Access affiche la colonne <ADRESSE>. Notez que nous aurions pu utiliser cette méthode pour masquer une colonne, en décochant la case qui est devant.

Modifier la hauteur des lignes

Augmentons la hauteur des lignes pour toute la feuille de données.

- *Format/Hauteur de ligne*
- Tapez *11*
- Cliquez sur «OK»

Toutes les lignes ont maintenant une hauteur de 11. Notez que vous ne pouvez pas modifier la hauteur d'une seule ligne.

Modifier la taille des caractères

Réduisons la taille des caractères du contenu de la feuille de données.

- *Format/Police*
- <Taille> : sélectionnez *9*
- <Police> : sélectionnez *Tahoma*
- Cliquez sur «OK»

Modifier le quadrillage

Supprimons le quadrillage vertical et changeons la couleur du quadrillage horizontal.

- *Format/Feuille de données*
- <Couleur du quadrillage> : sélectionnez *Bleu*
- <Style de bordure et de ligne> : sélectionnez *Quadrillage horizontal* dans la liste de gauche
- <Style de bordure et de ligne> : sélectionnez *Pointillés* dans la liste de droite
- Cliquez sur «OK»

Figer une colonne

Le nombre de colonnes est parfois élevé, et il est alors nécessaire d'utiliser la barre de défilement horizontale. On a dans ce cas souvent besoin de garder en vue la ou les premières colonnes (celles qui contiennent le nom et le prénom de la personne, par exemple).

- Réduisez la taille de la fenêtre pour laisser apparaître les 4 premières colonnes
- Sélectionnez les colonnes <PRENOM> et <NOM>

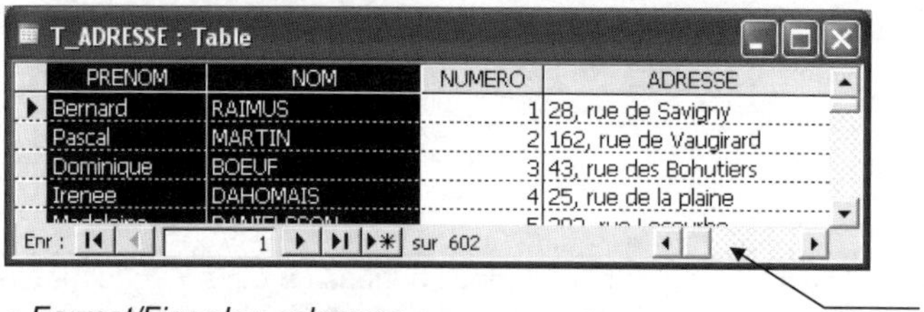

(a)

- *Format/Figer les colonnes*
- Notez que la colonne <NUMERO> est passée à droite de la colonne <NOM>
- Cliquez dans une cellule pour désélectionner les colonnes
- Utilisez la barre de défilement horizontale (a) pour faire défiler les colonnes

Pour libérer les colonnes :

- *Format/Libérer toutes les colonnes*
- Remettez la colonne <NUMERO> à gauche de <PRENOM>

Pour terminer :

- *Fichier/Fermer*, ou cliquez sur la case de fermeture de la table ☒

Un message propose d'enregistrer les modifications :

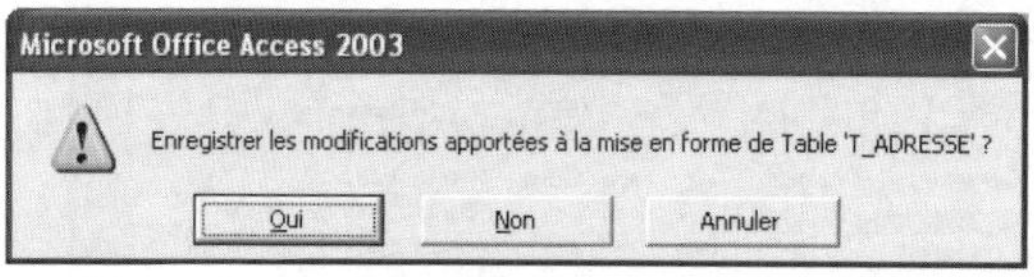

En effet, Access vous demande toujours confirmation pour sauvegarder quand vous avez modifié la structure d'un élément (ici, vous avez modifié la mise en forme, c'est à dire la structure de la feuille d'affichage).

- Cliquez sur «Oui»
- *Fichier/Quitter* pour quitter Access

CAS 3 : TRIER/RECHERCHER/FILTRER

Les enregistrements de la table *T_ADRESSE* sont ici triés par ville.

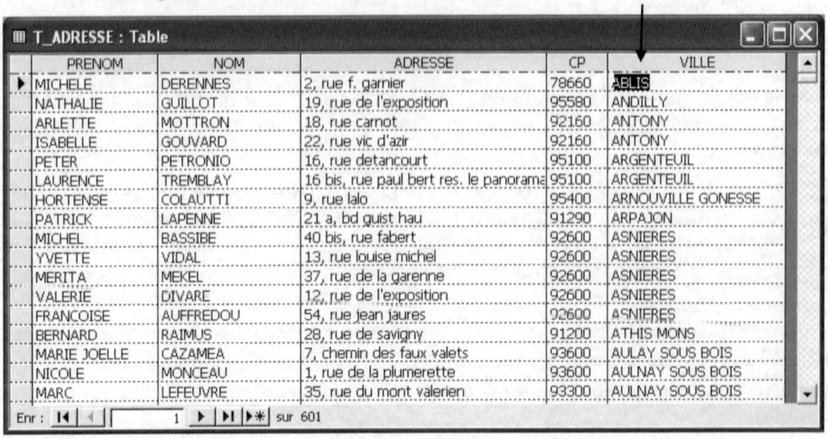

PRENOM	NOM	ADRESSE	CP	VILLE
MICHELE	DERENNES	2, rue f. garnier	78660	ABLIS
NATHALIE	GUILLOT	19, rue de l'exposition	95580	ANDILLY
ARLETTE	MOTTRON	18, rue carnot	92160	ANTONY
ISABELLE	GOUVARD	22, rue vic d'azir	92160	ANTONY
PETER	PETRONIO	16, rue detancourt	95100	ARGENTEUIL
LAURENCE	TREMBLAY	16 bis, rue paul bert res. le panorama	95100	ARGENTEUIL
HORTENSE	COLAUTTI	9, rue lalo	95400	ARNOUVILLE GONESSE
PATRICK	LAPENNE	21 a, bd guist hau	91290	ARPAJON
MICHEL	BASSIBE	40 bis, rue fabert	92600	ASNIERES
YVETTE	VIDAL	13, rue louise michel	92600	ASNIERES
MERITA	MEKEL	37, rue de la garenne	92600	ASNIERES
VALERIE	DIVARE	12, rue de l'exposition	92600	ASNIERES
FRANCOISE	AUFFREDOU	54, rue jean jaures	92600	ASNIERES
BERNARD	RAIMUS	28, rue de savigny	91200	ATHIS MONS
MARIE JOELLE	CAZAMEA	7, chemin des faux valets	93600	AULAY SOUS BOIS
NICOLE	MONCEAU	1, rue de la plumerette	93600	AULNAY SOUS BOIS
MARC	LEFEUVRE	35, rue du mont valerien	93300	AULNAY SOUS BOIS

On recherche tout ce qui contient *martin*.

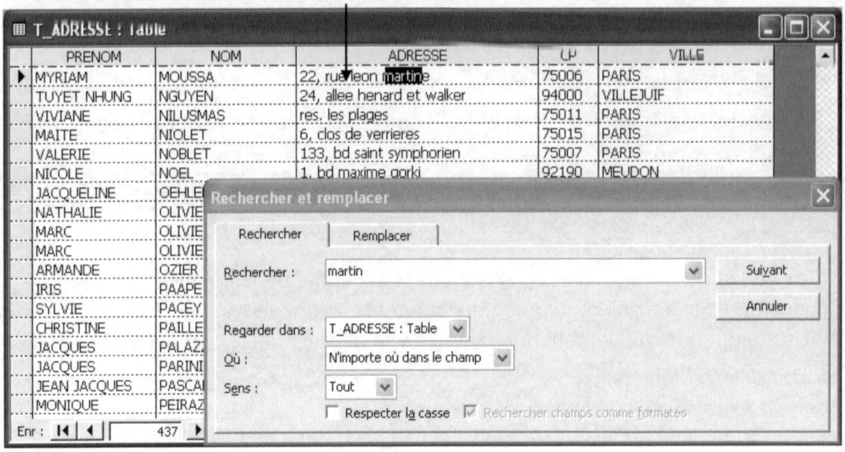

On n'affiche que les personnes habitant Puteaux

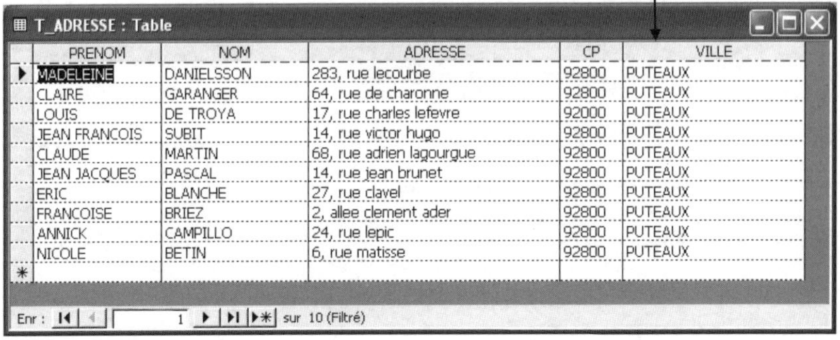

PRENOM	NOM	ADRESSE	CP	VILLE
MADELEINE	DANIELSSON	283, rue lecourbe	92800	PUTEAUX
CLAIRE	GARANGER	64, rue de charonne	92800	PUTEAUX
LOUIS	DE TROYA	17, rue charles lefevre	92000	PUTEAUX
JEAN FRANCOIS	SUBIT	14, rue victor hugo	92800	PUTEAUX
CLAUDE	MARTIN	68, rue adrien lagourgue	92800	PUTEAUX
JEAN JACQUES	PASCAL	14, rue jean brunet	92800	PUTEAUX
ERIC	BLANCHE	27, rue clavel	92800	PUTEAUX
FRANCOISE	BRIEZ	2, allee clement ader	92800	PUTEAUX
ANNICK	CAMPILLO	24, rue lepic	92800	PUTEAUX
NICOLE	BETIN	6, rue matisse	92800	PUTEAUX

Fonctions utilisées

- *Trier les données*
- *Filtrer par sélection*
- *Filtrer par formulaire*
- *rechercher une valeur*
- *Filtrer hors sélection*

15 mn

Nous allons maintenant trier les données d'une table, puis faire une recherche, et enfin les filtrer, c'est-à-dire demander à n'afficher que les enregistrements qui correspondent à certains critères.

Copiez le fichier *Adresse_03.mdb* qui est enregistré dans le dossier *C:\Exercices Access 2003* sous un autre nom *XAdresse_03.mdb*. Cette base de données est la réplique de celle qui résulte de la réalisation du cas précédent. Ouvrez cette base de données *XAdresse_03.mdb*.

❶ TRIER LES DONNÉES

Nous allons afficher les enregistrements de la table *T_ADRESSE*, classés par villes croissantes.

- Dans la fenêtre *Base de données*, sélectionnez <T_ADRESSE>

Ouvrir Cliquez sur ce bouton pour ouvrir la feuille de données de la table.

- Placez le curseur n'importe où dans la colonne <VILLE>

Cliquez sur ce bouton dans la barre d'outils, ou *Enregistrements/Trier/Tri croissant.*

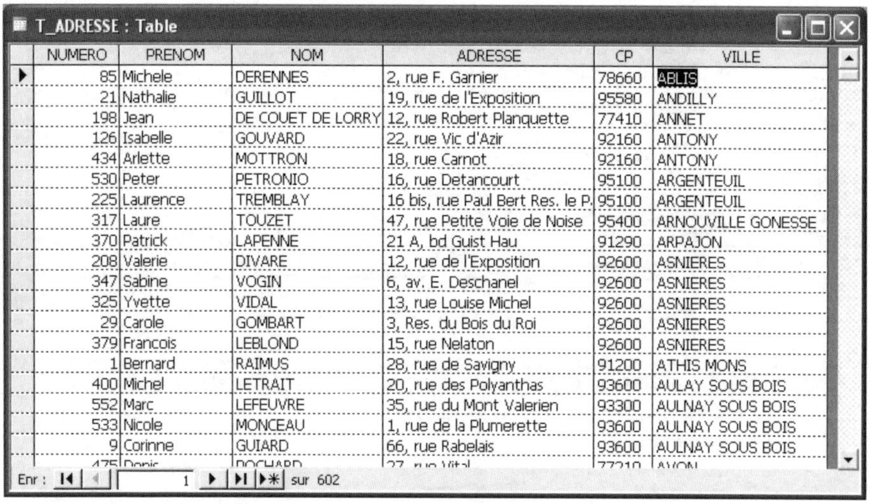
T_ADRESSE : Table

NUMERO	PRENOM	NOM	ADRESSE	CP	VILLE
85	Michele	DERENNES	2, rue F. Garnier	78660	ABLIS
21	Nathalie	GUILLOT	19, rue de l'Exposition	95580	ANDILLY
198	Jean	DE COUET DE LORRY	12, rue Robert Planquette	77410	ANNET
126	Isabelle	GOUVARD	22, rue Vic d'Azir	92160	ANTONY
434	Arlette	MOTTRON	18, rue Carnot	92160	ANTONY
530	Peter	PETRONIO	16, rue Detancourt	95100	ARGENTEUIL
225	Laurence	TREMBLAY	16 bis, rue Paul Bert Res. le P	95100	ARGENTEUIL
317	Laure	TOUZET	47, rue Petite Voie de Noise	95400	ARNOUVILLE GONESSE
370	Patrick	LAPENNE	21 A, bd Guist Hau	91290	ARPAJON
208	Valerie	DIVARE	12, rue de l'Exposition	92600	ASNIERES
347	Sabine	VOGIN	6, av. E. Deschanel	92600	ASNIERES
325	Yvette	VIDAL	13, rue Louise Michel	92600	ASNIERES
29	Carole	GOMBART	3, Res. du Bois du Roi	92600	ASNIERES
379	Francois	LEBLOND	15, rue Nelaton	92600	ASNIERES
1	Bernard	RAIMUS	28, rue de Savigny	91200	ATHIS MONS
400	Michel	LETRAIT	20, rue des Polyanthas	93600	AULAY SOUS BOIS
552	Marc	LEFEUVRE	35, rue du Mont Valerien	93300	AULNAY SOUS BOIS
533	Nicole	MONCEAU	1, rue de la Plumerette	93600	AULNAY SOUS BOIS
9	Corinne	GUIARD	66, rue Rabelais	93600	AULNAY SOUS BOIS

Enr : 1 sur 602

- *Fichier/Fermer*, ou cliquez sur la case de fermeture de la table

Un message propose d'enregistrer les modifications.

- Cliquez sur «Non»

❷ RECHERCHER UNE DONNÉE

Nous allons rechercher une fiche dont le nom est *MARTIN*

- Positionnez-vous sur le premier enregistrement, dans la colonne <NOM>

 Cliquez sur ce bouton dans la barre d'outils, ou *Edition/Recherche* ou Ctrl-F.

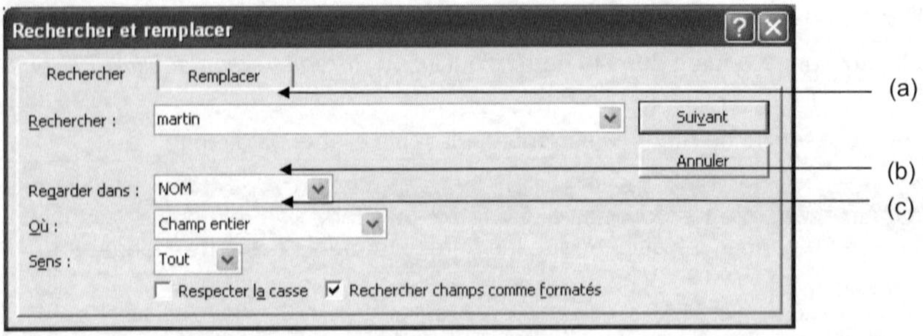

- En (a), saisissez *martin*
- Vérifiez en que vous avez bien <NOM> en (b) et <Champ entier> en (c)
- Cliquez sur «Suivant»

La fenêtre de recherche reste affichée, et le curseur de sélection vient se positionner sur le premier 'MARTIN' rencontré

- Cliquez sur «Suivant» pour positionner successivement le curseur de sélection sur les différentes fiches 'MARTIN'

Access vous signale quand il n'y a plus de 'MARTIN' à trouver

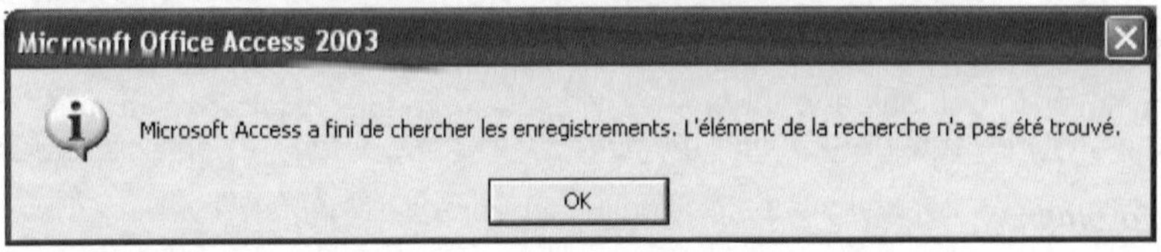

- Cliquez sur «OK» pour fermer la boite de dialogue
- Cliquez sur «Annuler» pour fermer la fenêtre de recherche

Nous allons maintenant chercher tous les champs qui contiennent 'Martin', quel que soit le champ et quel que soit la position de 'Martin' dans le texte

- Revenez en haut de la table en faisant Ctrl-HOME, et positionnez-vous dans n'importe quel champ

 Cliquez sur ce bouton dans la barre d'outils, ou *Edition/Recherche* ou Ctrl-F.

- En (a), saisissez *martin*
- En (b), sélectionnez *T_ADRESSE : Table*. De cette manière, vous cherchez dans tous les champs
- En (c), sélectionnez *N'importe où dans le champ*. Ainsi, la recherche se fera quelle que soit la position de *martin*,
- Cliquez sur «Suivant» plusieurs fois de suite
- Notez dans quel champ et à quelles position dans le champ vous trouvez *martin*

❸ FILTRER LES DONNÉES

Les filtres permettent de limiter l'affichage aux seuls enregistrements qui répondent à certains critères. Plusieurs méthodes sont disponibles.
Notez que les requêtes permettent également de faire des filtres, de façon souvent plus efficace.

Filtrer par sélection

Nous allons afficher la liste des parisiens.

- Dans la fenêtre *Base de données*, sélectionnez la table <T_ADRESSE>

Ouvrir Cliquez sur ce bouton pour ouvrir la feuille de données de la table.

- Dans la colonne <Ville>, placez le curseur dans une cellule contenant le terme *Paris*

Cliquez sur ce bouton dans la barre d'outils, ou *Enregistrements/Filtrer/Filtrer par sélection* pour appliquer le filtre.

Le contenu de la feuille de réponse se réduit aux seuls clients parisiens :

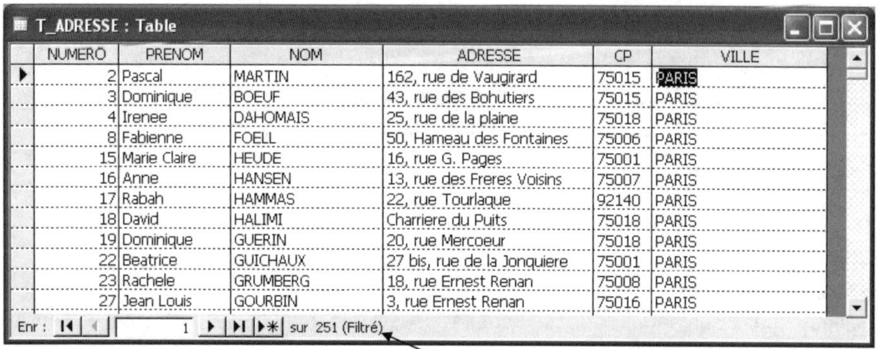

NUMERO	PRENOM	NOM	ADRESSE	CP	VILLE
2	Pascal	MARTIN	162, rue de Vaugirard	75015	PARIS
3	Dominique	BOEUF	43, rue des Bohutiers	75015	PARIS
4	Irenee	DAHOMAIS	25, rue de la plaine	75018	PARIS
8	Fabienne	FOELL	50, Hameau des Fontaines	75006	PARIS
15	Marie Claire	HEUDE	16, rue G. Pages	75001	PARIS
16	Anne	HANSEN	13, rue des Freres Voisins	75007	PARIS
17	Rabah	HAMMAS	22, rue Tourlaque	92140	PARIS
18	David	HALIMI	Charriere du Puits	75018	PARIS
19	Dominique	GUERIN	20, rue Mercoeur	75018	PARIS
22	Beatrice	GUICHAUX	27 bis, rue de la Jonquiere	75001	PARIS
23	Rachele	GRUMBERG	18, rue Ernest Renan	75008	PARIS
27	Jean Louis	GOURBIN	3, rue Ernest Renan	75016	PARIS

(a)

- Notez en (a) l'indication <(Filtré)>, et le nombre d'enregistrements résultant du filtre
- Réaffichez tous les enregistrements :

Cliquez sur ce bouton dans la barre d'outils (il apparaît sélectionné en orange quand un filtre est appliqué), ou *Enregistrements/Afficher tous les enregistrements.*

Filtrer par formulaire

Nous allons rechercher les *MARTIN* et les *LEROY* en utilisant une autre méthode

Cliquez sur ce bouton dans la barre d'outils, ou *Enregistrements/Filtrer/Filtrer par formulaire.*

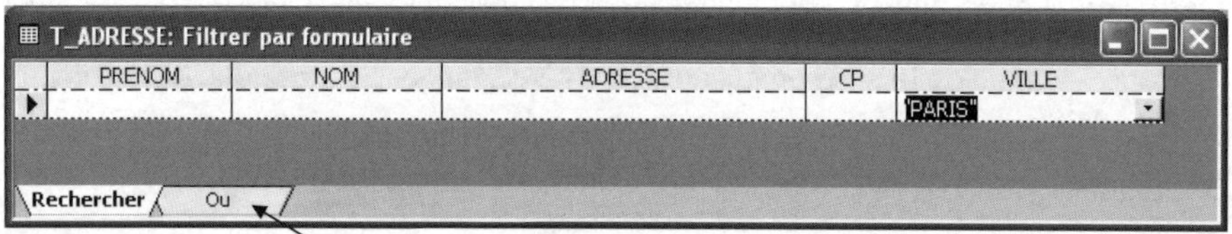

(a)

Cliquez sur ce bouton dans la barre d'outils, ou *Edition/Effacer la grille.*

- Dans la colonne <NOM>, tapez *MARTIN.* Notez que, le cas échéant, vous pouvez choisir une valeur parmi celles qui existent grâce à la liste déroulante.
  Notez également que vous pouvez saisir le nom en majuscules ou en minuscules, Access n'étant pas sensible à la casse des caractères
- Cliquez sur l'onglet <Ou> en (a)
- Dans la colonne <NOM>, tapez *LEROY*

Cliquez sur ce bouton dans la barre d'outils ou *Filtre/Appliquer le filtre/tri*

T_ADRESSE : Table

NUMERO	PRENOM	NOM	ADRESSE	CP	VILLE
2	Pascal	MARTIN	162, rue de Vaugirard	75015	PARIS
396	Annie	LEROY	10, quai Saint Vincent	75018	PARIS
397	Martine	LEROY	35 bis, rue des Trente Arpent	94120	FONTENAY SOUS BOIS
415	Claude	MARTIN	68, rue Adrien Lagourgue	92800	PUTEAUX
416	Yves	MARTIN	8, rue de Porto Riche	92300	LEVALLOIS PERRET
504	Thierry	LEROY	145, rue de Chevilly	93390	CLICHY SOUS BOIS
606	Corinne	MARTIN	27, rue Percée	94000	CRETEIL
ıméroAuto)					

Enr : 1 sur 7 (Filtré)

On veut maintenant trouver les *Martin* et les *Leroy* habitant Paris

Cliquez sur ce bouton dans la barre d'outils, ou *Enregistrements/Filtrer/Filtrer par formulaire.*

- Sur la même ligne que *MARTIN*, tapez *PARIS* dans la colonne <VILLE>
- Cliquez sur l'onglet <Ou>
- Sur la même ligne que *LEROY*, tapez *PARIS* dans la colonne <VILLE>

Cliquez sur ce bouton dans la barre d'outils ou *Filtre/Appliquer le filtre/trl.*

- Réaffichez tous les enregistrements :

Cliquez sur ce bouton dans la barre d'outils (il apparaît sélectionné en orange quand un filtre est appliqué), ou *Enregistrements/Afficher tous les enregistrements.*

Pour terminer :

- *Fichier/Fermer*, ou appuyez sur Ctrl-F4 ou sur Ctrl-**W**, ou cliquez sur la case de fermeture de la table ☒

Un message propose d'enregistrer les modifications.

- Cliquez sur «Non»

Filtrer hors sélection

Affichons la liste des personnes qui n'habitent pas Paris.

- Dans la colonne <VILLE>, cliquez dans une cellule contenant le terme *PARIS*
- *Enregistrements/Filtrer/Filtrer hors sélection*

T_ADRESSE : Table

PRENOM	NOM	ADRESSE	CP	VILLE
Bernard	RAIMUS	28, rue de Savigny	91200	ATHIS MONS
Madeleine	DANIELSSON	283, rue Lecourbe	92800	PUTEAUX
Claire	GARANGER	64, rue de Charonne	92800	PUTEAUX
Corinne	GUIARD	66, rue Rabelais	93600	AULNAY SOUS BOIS
Nathalie	GAILIUS	3, rue du Puits	91360	EPINAY SUR ORGE
Pascale	HINFRAY	23, rue Paul Eluard	77210	AVON
Laurent	GUTIERREZ	20, rue du Rhin	77186	NOISIEL
Nathalie	GUILLOT	19, rue de l'Exposition	95580	ANDILLY

Enr : 1 sur 351 (Filtré)

- Réaffichez tous les enregistrements :

Cliquez sur ce bouton dans la barre d'outils (il apparaît sélectionné en orange quand un filtre est appliqué), ou *Enregistrements/Afficher tous les enregistrements.*

- Appuyez sur Ctrl-F4, ou cliquez sur la case de fermeture de la table ☒
- Cliquez sur «Non»

❸ FERMER LA BASE DE DONNÉES ET QUITTER ACCESS

- *Fichier/Fermer* pour fermer la base de données
- *Fichier/Quitter* pour quitter Access

Structure de la base de données

2

CAS 4 : CRÉER UNE BASE DE DONNÉES

Cette fenêtre s'affichera une fois que la base de données sera créée.

La barre de titre affiche le nom de la base de données.

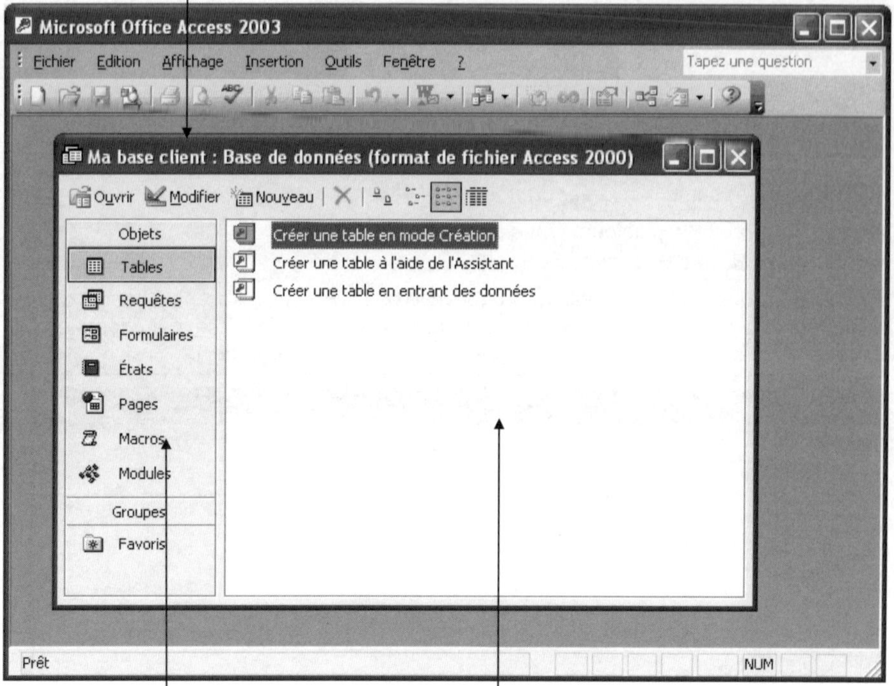

Les boutons qui apparaissent dans sa partie gauche permettront par la suite de sélectionner une catégorie d'objets : les tables, les requêtes, les formulaires et

La liste des objets appartenant à la catégorie sélectionnée s'affichera ici.

Fonctions utilisées

- *Enregistrer une base de données*
- *Quitter Access*
- *Créer une base de données*
- *Associer un mot de passe*
- *Fermer une base de données*

8 mn

Nous allons créer une nouvelle base de données et l'enregistrer dans le dossier *C:\Exercices Access 2003,* sous le nom *Client*. Elle portera l'extension *mdb*.

❶ CRÉER LA BASE DE DONNÉES

- Lancez *Access*

La fenêtre *Microsoft Access* affiche à droite de la fenêtre un volet Office qui vous servira notamment à ouvrir un fichier Access existant ou à en créer un nouveau.

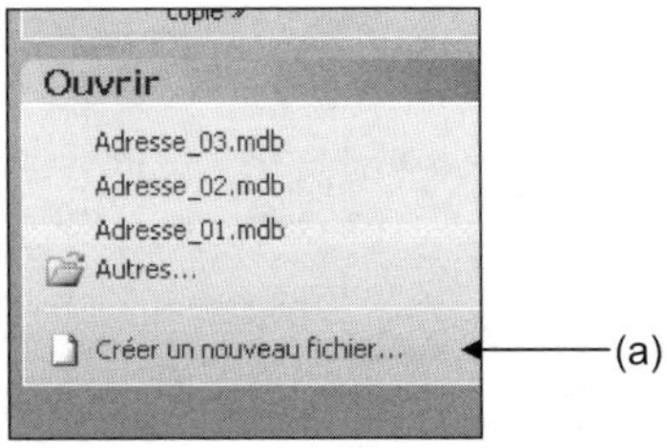

- Cliquez en (a) sur le lien *Créer un nouveau fichier...*

Access vous propose plusieurs types de bases de données.

- Cliquez sur *Base de données vide*

Access vous demande d'enregistrer la nouvelle base. En effet, Access a besoin d'un fichier sur le disque dur pour pouvoir travailler (au contraire de Word, par exemple, qui travaille en mémoire et n'utilise le disque dur que pour sauvegarder).

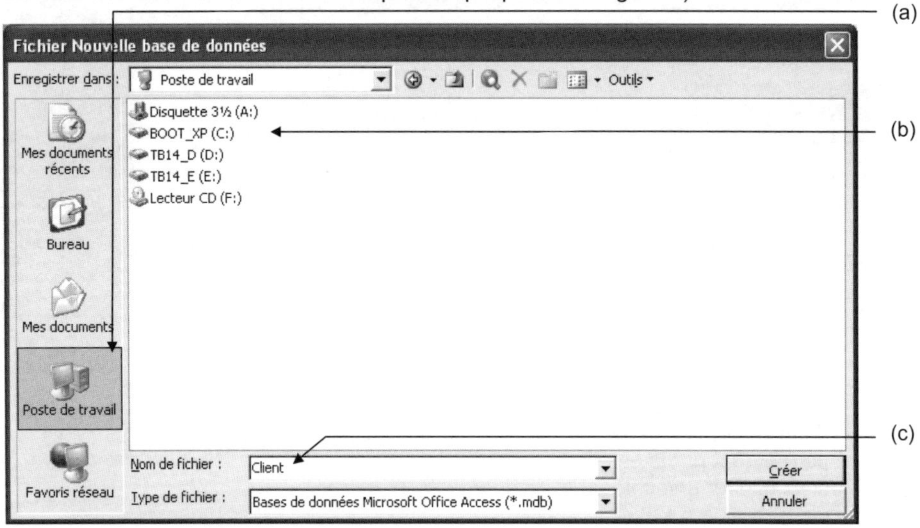

- Cliquez sur l'icône *Poste de travail* en (a)
- Double-cliquez sur le volume <C :> en (b). Sur l'image ci-dessus, cela correspond à BOOT_XP, mais le nom est différent sur votre machine
- Double-cliquez sur le dossier *Exercices Access 2003*

- Tapez *Client* en (c). L'extension .mdb sera rajoutée par Access
- Cliquez sur «Créer»

La fenêtre qui s'affiche est la fenêtre de base de données, nommée *Client*, qui est en quelque sorte le centre de contrôle de la base de données.

Elle permettra d'accéder aux différents éléments qui composeront cette base par la suite.

Note : Par défaut, les fichiers Access sont créés dans un format compatible à la fois avec les versions 2000 et la version 2002/2003 d'Access (il n'existe pas de format spécifique à la version 2003). Si vous voulez vous contenter du format 2002/2003 (sans compatibilité version 2000) : *Outils/Options*, onglet <Avancé>, et changez le format dans la zone <Format de fichier par défaut>.

❷ ASSOCIER UN MOT DE PASSE À LA BASE DE DONNÉES

Nous allons associer un mot de passe à notre base de données. Celui-ci sera par la suite systématiquement réclamé à l'ouverture de la base de données *Client*.

Pour créer un mot de passe, il faut commencer par fermer et réouvrir la base de données en mode exclusif.

- *Fichier/Fermer*, ou appuyez sur Ctrl-F4 ou sur Ctrl-**W**, ou cliquez sur la case de fermeture de la base de données ☒
- *Fichier/Ouvrir*, ou appuyez sur Ctrl-**O**
- Sélectionnez le fichier *Client.mdb*

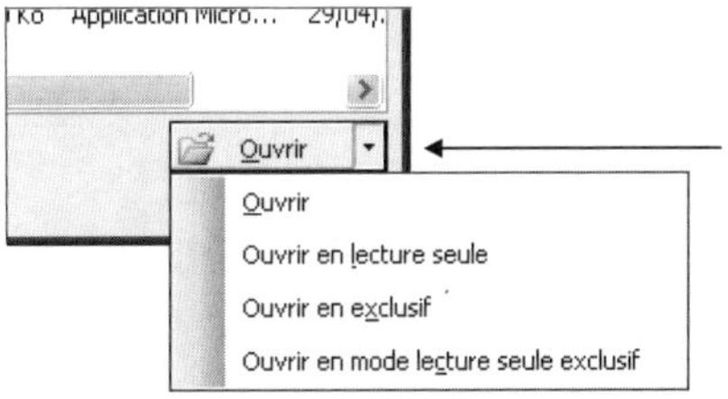

(a)

- Cliquez sur la flèche associée au bouton «Ouvrir» en (a), puis sur *Ouvrir en exclusif*
- Cliquez sur «Ouvrir» à la demande de confirmation d'Access

La base de données s'ouvre.

- *Outils/Sécurité/Définir le mot de passe de la base de données...*

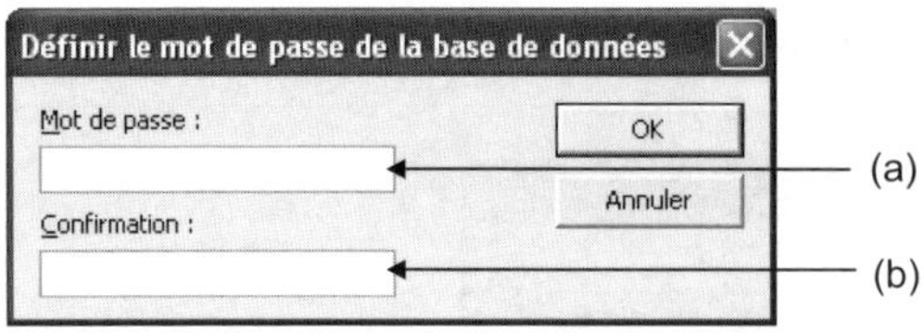

- Tapez un mot de passe en (a) (dans cet exercice nous suggérons *tsoft*). Attention les mots de passe sont sensibles aux minuscules/majuscules
- Tapez à nouveau ce mot de passe en (b)
  Si les mots de passe saisis en (a) et en (b) ne sont pas strictement identiques, un message vous en averti et la protection n'est pas mise en place
- Cliquez sur «OK»
- *Fichier/Fermer*, ou appuyez sur Ctrl-F4 ou sur Ctrl-**W**, ou cliquez sur la case de fermeture de la base de données ☒
- Ouvrez la base *Client.mdb.* Vous pouvez utiliser la liste des fichiers récemment ouverts du menu *Fichier*
- Access vous demande le mot de passe

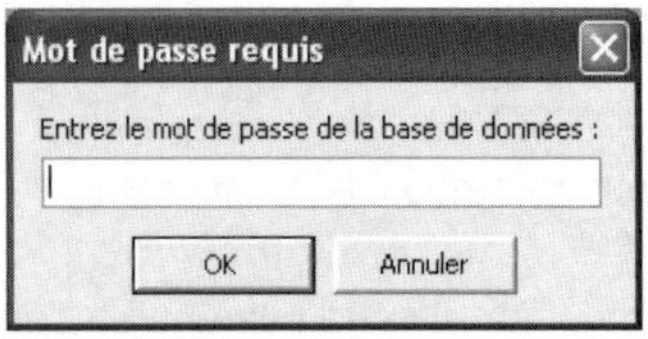

- Entrez le mot de passe
- Cliquez sur «OK» ou appuyez sur ↵

Access ouvre la base de données.

❸ SUPPRIMER LE MOT DE PASSE DE LA BASE DE DONNÉES

Pour supprimer le mot de passe, il faut ouvrir la base de données en mode exclusif.

- *Fichier/Fermer*, ou appuyez sur Ctrl-F4 ou sur Ctrl-**W**, ou cliquez sur la case de fermeture de la base de données ☒
- *Fichier/Ouvrir*, ou appuyez sur Ctrl-**O**
- Comme précédemment, ouvrez la base en sélectionnant le mode exclusif grâce au menu déroulant associé au bouton *Ouvrir*
- Cliquez sur «Ouvrir» à la demande de confirmation d'Access

La base de données s'ouvre

- *Outils/Sécurité/Annuler le mot de passe de la base de données...*
- Saisissez le mot de passe
- Cliquez sur «OK» ou appuyez sur ↵

❹ FERMER LA BASE DE DONNÉES ET ACCESS

- *Fichier/Fermer*, ou appuyez sur Ctrl-F4 ou sur Ctrl-**W**, ou cliquez sur la case de fermeture de la base de données ☒
- *Fichier/Quitter*

Nous venons de créer la structure de notre base de données, elle ne contient encore aucune donnée. L'étape suivante va consister à y créer les tables (les objets dans lesquels seront stockées les données).

Les noms des tables créées dans la base de données s'affichent les uns à la suite des autres.

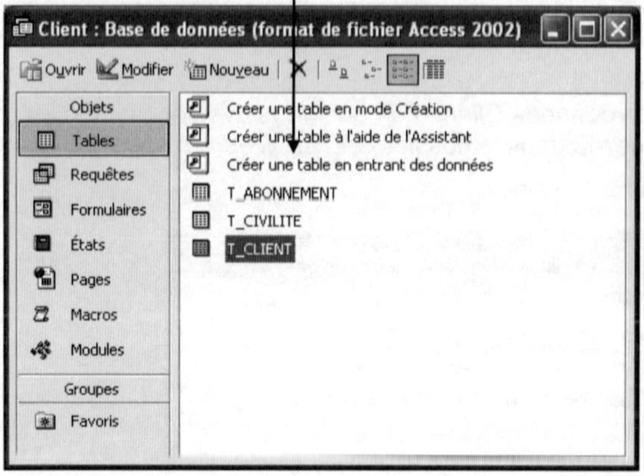

Le mode création permet de définir les champs d'une table et leurs propriétés

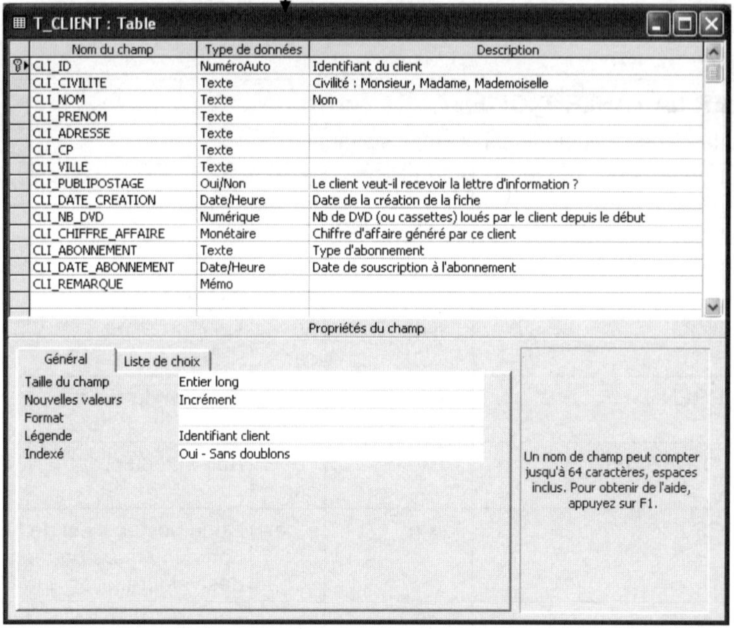

Fonctions utilisées

– *Ouvrir une base de données*
– *Créer une table*
– *Définir des champs*

Nous allons créer des tables dans la base de données *Client.mdb* créée lors du cas précédent : la table *T_CLIENT*, la table *T_CIVILITE* et la table *T_ABONNEMENT.* Créons-les.

❶ OUVRIR LA BASE DE DONNÉES CLIENT

- Lancez *Access*

Ouvrez la base de données *Client.mdb* que vous avez constituée au cours de l'exercice précédent, ou créez-la dans le dossier C:*Exercices Access 2003*.

La base de données s'ouvre :

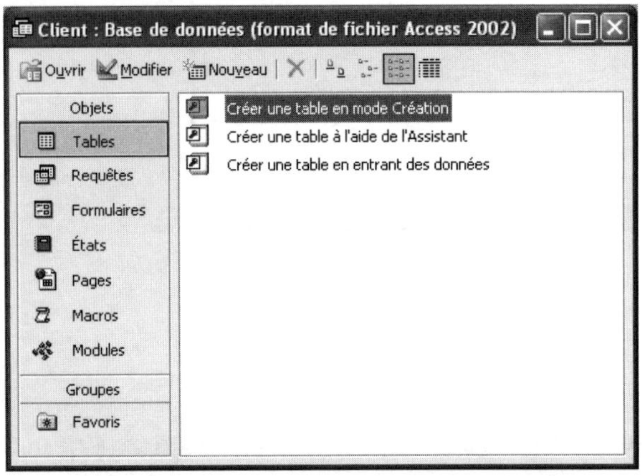

❷ CRÉER LA TABLE *T_CLIENT*

Cette table devra contenir les champs suivants :

Nom	*Type*	*Taille*	*Fonction*
CLI_ID	NuméroAuto		Identifiant du client
CLI_CIVILITE	Texte	12 car.	Civilité : Monsieur, Madame, Mademoiselle
CLI_NOM	Texte	30 car.	Nom du client
CLI_PRENOM	Texte	30 car.	Prénom du client
CLI_ADRESSE	Texte	38 car.	Adresse du client
CLI_CP	Texte	5 car.	Code postal. Il est de type texte et non numérique pour pouvoir rentrer des valeurs telles que 03000
CLI_VILLE	Texte	32 car.	Ville du client

Nom	Type	Taille	Fonction
CLI_PUBLIPOSTAGE	Oui/Non		Le client veut-il recevoir la lettre d'information ?
CLI_NB_DVD	Numérique	Entie r	Nombre de DVD (ou cassettes) loués par le client depuis le début
CLI_DATE_CREATION	Date/Heure		Date de la première location du client. Correspond à la date de création de la fiche
CLI_DERNIER_PASSAGE	Date/Heure		Date du dernier passage dans la boutique
CLI_CHIFFRE_AFFAIRE	Monétaire		Chiffre d'affaires généré par ce client
CLI_ABONNEMENT	Texte	10 car.	Type d'abonnement de ce client : Aucun, Argent, Or ou Platine
CLI_DATE_ABONNEMENT	Date/Heure		Date de la prise de l'abonnement
CLI_REMARQUE	Mémo		Pour saisir une commentaire pouvant être long. Le type « texte » est limité à 255 caractères, trop peu pour ce type de rubrique

Cliquez sur ce bouton pour créer une nouvelle table.

- Sélectionnez *Mode Création* dans la liste qui s'affiche
- Cliquez sur «OK»

Ou

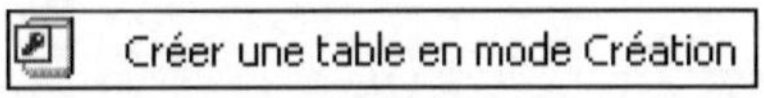

Cliquez sur ce bouton pour créer une nouvelle table en mode création.

La fenêtre de création de table apparaît.

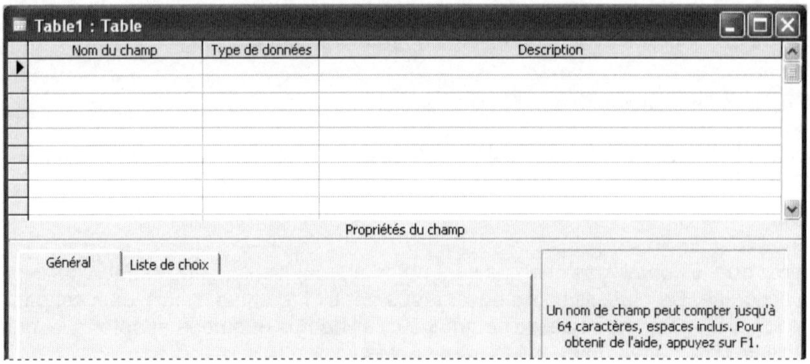

- Dans la première cellule de la colonne <Nom du champ>, tapez le nom du premier champ : *CLI_ID*
- Appuyez sur pour placer le curseur dans la colonne <Type de données> : par défaut, Access propose le type *Texte.*
- Ouvrez la liste déroulante en cliquant sur la flèche à gauche de *Texte* et choisissez *NuméroAuto* dans cette liste

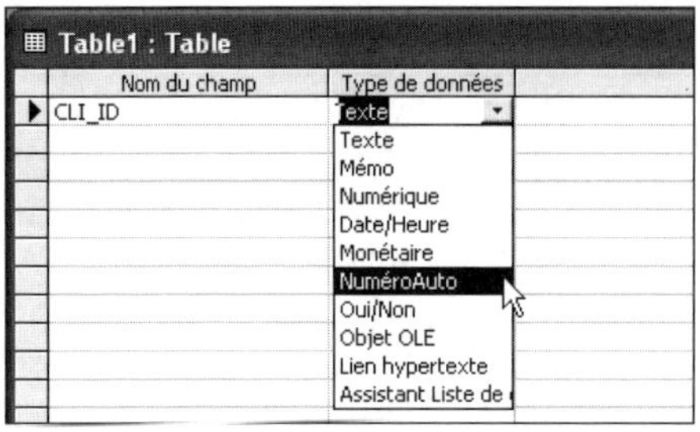

- Appuyez sur ↹ pour placer le curseur dans la colonne <Description>
- Tapez un descriptif pour ce champ : *Identifiant du client*
- Appuyez sur ↵ pour passer dans la colonne <Nom> de la ligne suivante.
- Saisissez le nom du champ suivant : *CLI_CIVILITE*
- Appuyez sur ↹ pour placer le curseur dans la colonne <Type de données> : par défaut, Access propose le type *Texte.*
- Appuyez sur ↹ pour placer le curseur dans la colonne <Description>
- Tapez un descriptif pour ce champ : *Civilité : Monsieur, Madame, Mademoiselle*

Avant de passer à la ligne suivante, nous devons spécifier la taille de ce champ.

- Appuyez sur F6 ou cliquez sur la propriété <Taille du champ> dans la partie inférieure du dialogue, dans l'onglet <Général>, en (a)
- Tapez 12

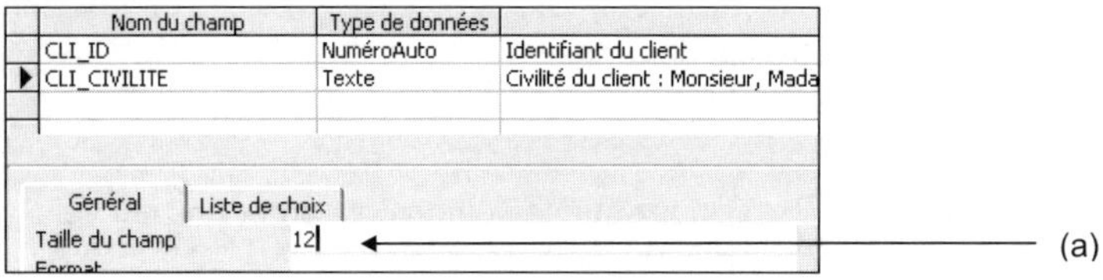

Puis

- Appuyez sur F6 pour replacer le curseur dans la partie supérieure du dialogue
- Appuyez sur ↵ pour achever la définition du premier champ

Ou

- Cliquez dans la ligne suivante dans la liste des champs

- De manière similaire, saisissez les autres champs décrits dans le tableau de la page précédente. Si vous le désirez, vous pouvez modifier la description.
  Pour sept des huit derniers champs, n'oubliez pas de sélectionner le bon type de données.

Vous noterez que les noms des champs sont notés en majuscule, sans espace ni caractère accentué. De plus, ils commencent tous par CLI (comme client), ce n'est pas une obligation, il s'agit d'une règle de nommage des champs que nous adoptons, et qui facilite l'utilisation de bases de données importantes.
Vous pouvez adopter une autre règle de nommage (en acceptant par exemple les minuscules : par exemple Cli_DateCreation), mais il est fortement déconseillé d'utiliser les espaces et les caractères accentués dans les noms des champs.

Vous noterez également que le code postal est de type texte et non de type numérique :

- cela pose moins de problèmes pour les codes postaux commençant par zéro (Moulin : 03000),
- cela facilite le calcul du département (il suffit de prendre les deux caractères les plus à gauche),
- on fait rarement la moyenne des codes postaux.

Nous allons définir la clé primaire de cette table. La clé primaire permet d'identifier chaque enregistrement de manière unique. Nous verrons l'utilité de la clé primaire ultérieurement.

- Sélectionnez le premier champ, <CLI_ID>

Cliquez sur ce bouton dans la barre d'outils, ou *Edition/Clé primaire*

Une petite clé apparaît à coté du champ <ID>

Il faut ensuite enregistrer la table :

Cliquez sur ce bouton dans la barre d'outils, ou *Fichier/Enregistrer*, ou appuyez sur Ctrl-**S**.

- Tapez un nom pour la table : *T_CLIENT*

- Cliquez sur «OK»

En fin de procédure, vous devez obtenir :

Nom du champ	Type de données	Description
CLI_ID	NuméroAuto	Identifiant du client
CLI_CIVILITE	Texte	Monsieur, Madame, Mademoiselle
CLI_NOM	Texte	Nom du client
CLI_PRENOM	Texte	Prénom du client
CLI_ADRESSE	Texte	Adresse du client
CLI_CP	Texte	Code Postal du client
CLI_VILLE	Texte	Ville du client
CLI_PUBLIPOSTAGE	Oui/Non	Le client veut-il recevoir la lettre d'information ?
CLI_NB_DVD	Numérique	Nb de DVD (ou de cassettes) loués par le client
CLI_DATE_CREATION	Date/Heure	Date de la création de la fiche
CLI_DERNIER_PASSAGE	Date/Heure	Date du dernier passage dans la boutique
CLI_CHIFFRE_AFFAIRE	Monétaire	Chiffre d'affaire généré par ce client
CLI_ABONNEMENT	Texte	Type d'abonnement : Platine, Or, Argent ou Aucun
CLI_DATE_ABONNEMENT	Date/Heure	Date de souscription à l'abonnement
CLI_REMARQUE	Mémo	

- Appuyez sur Ctrl-F4, ou cliquez sur la case de fermeture de la table

Access ajoute la table *T_CLIENT* dans la fenêtre *Base de données* :

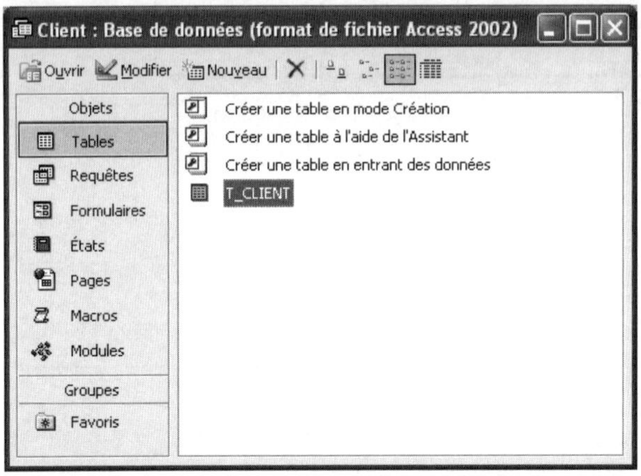

❸ CRÉER LA TABLE *T_ABONNEMENT*

Cette table contiendra la liste des types d'abonnement (Argent, Or, Platine ou Aucun). Cette table sera utilisée dans la table *T_CLIENT*. Il s'agit d'une table dite de référence Elle ne contiendra qu'un seul champ :

Nom	Type	Taille	Fonction
ABO_TEXTE	Texte	10 car.	Type de l'abonnement

Cliquez sur ce bouton pour afficher la liste des tables.

puis

Cliquez sur ce bouton pour créer une nouvelle table.

- Sélectionnez *Mode Création* dans la liste qui s'affiche
- Cliquez sur «OK»

Ou

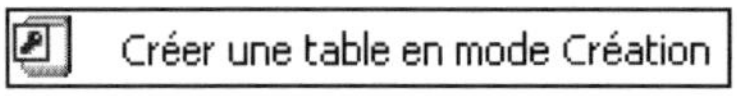

Cliquez sur ce bouton pour créer une nouvelle table en mode création.

La fenêtre de création de table apparaît.

- Créez le champ décrit ci-dessus, sans oublier de préciser la taille.
- Indiquez que ce champ est la clé primaire

Vous devez obtenir :

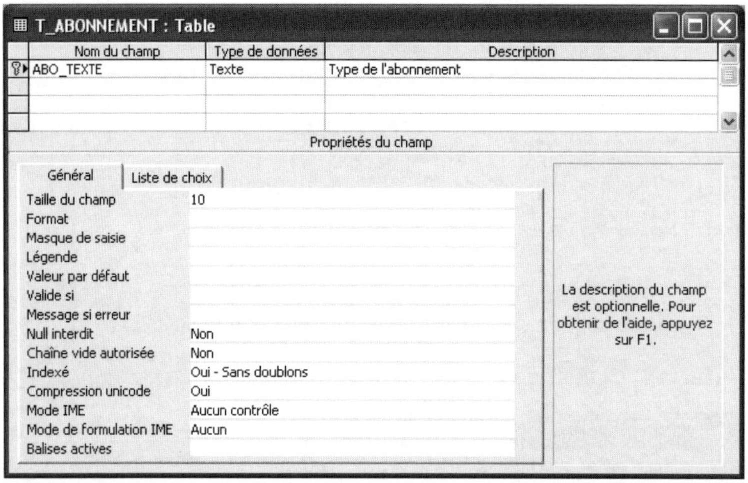

Sauvegarder la table

Cliquez sur ce bouton dans la barre d'outils, ou *Fichier/Enregistrer*, ou appuyez sur Ctrl-**S**.

Access vous demande un nom pour la table

- Tapez le nom de cette table : *T_ABONNEMENT*
- Cliquez sur «OK»

❹ SAISIR LES VALEURS DE LA TABLE T_ABONNEMENT

Nous allons maintenant saisir les différents types d'abonnement possible.

La table *T_ABONNEMENT* est toujours ouverte en mode création

Cliquez sur ce bouton dans la barre d'outils, ou *Affichage/Mode feuille de données.*

Access ouvre la table en mode feuille de données

- Saisissez les types d'abonnement : *Or*, *Platine*, *Argent*, *(Aucun)*

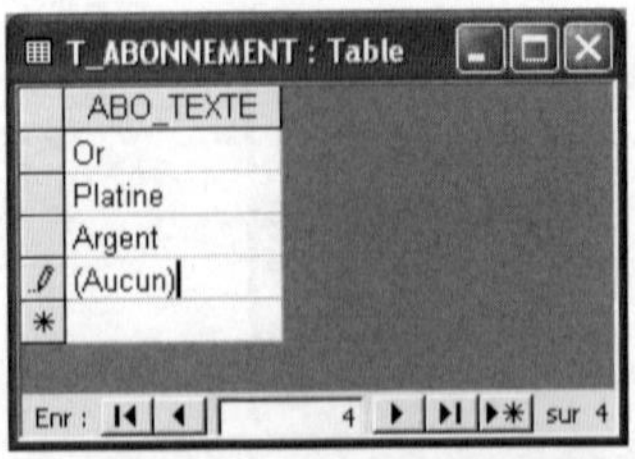

- Fermez la table *T_ABONNEMENT*
- Ouvrez la table *T_ABONNEMENT*

Les valeurs sont classées par ordre alphabétique croissant de ABO_TEXTE. C'est parce que nous avons défini ABO_TEXTE comme clé primaire.

- Fermez la table T_*ABONNEMENT*

❺ CRÉER LA TABLE T_CIVILITE

Cette table contiendra la liste des civilités (Monsieur, Madame, Mademoiselle).
Cette table sera utilisée dans la table *T_CLIENT*.
Elle ne contiendra qu'un seul champ :

Nom	***Type***	***Taille***	***Fonction***
CIV_TEXTE	Texte	12 car.	Texte de la civilité

Cliquez sur ce bouton pour afficher la liste des tables.

Puis

Cliquez sur ce bouton pour créer une nouvelle table.

- Sélectionnez *Mode Création* dans la liste qui s'affiche
- Cliquez sur «OK»

Ou

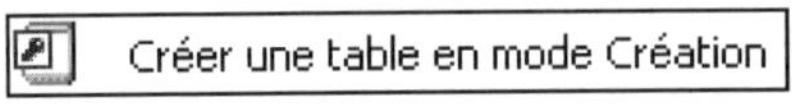

Cliquez sur ce bouton pour créer une nouvelle table en mode création.

La fenêtre de création de table apparaît.

- Créez le champ décrit ci-dessus, sans oublier de préciser la taille

Vous devez obtenir :

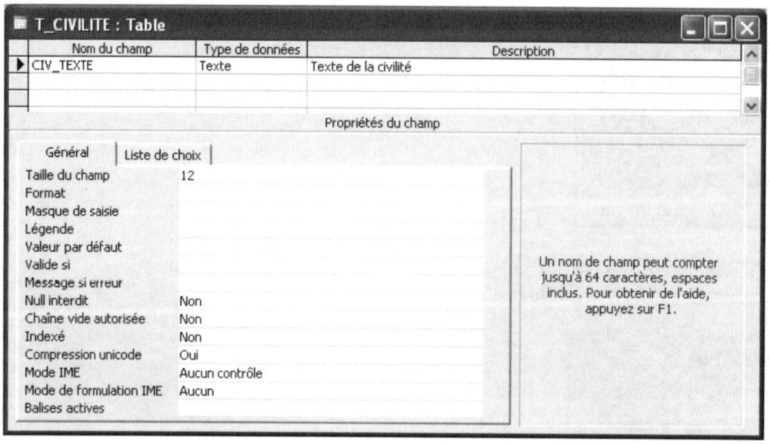

Sauvegarder la table

Cliquez sur ce bouton dans la barre d'outils, ou *Fichier/Enregistrer*, ou appuyez sur Ctrl-**S**.

Access vous demande un nom pour la table

- Tapez le nom de cette table : *T_CIVILITE*
- Cliquez sur «OK»

Access vous demande si vous voulez créer une clé primaire. Cette question est posée à la première sauvegarde des tables qui n'ont pas de clé primaire. L'utilisation des clés primaires sera vue ultérieurement.

- Cliquez sur «Non»

❻ SAISIR LES VALEURS DE LA TABLE T_CIVILITE

Nous allons maintenant saisir les différentes civilités.
La table *T_CIVILITE* est toujours ouverte en mode création

Cliquez sur ce bouton dans la barre d'outils, ou *Affichage/Mode feuille de données.*

Access ouvre la table en mode feuille de données

- Saisissez les civilités : *Monsieur*, *Madame*, *Mademoiselle*

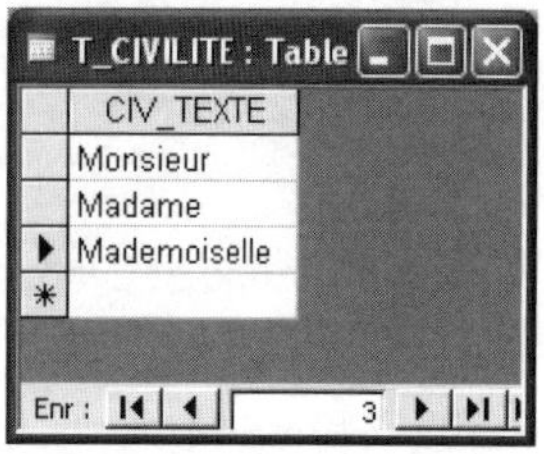

- Fermez la table

Notez qu'Access a ajouté la table *T_CIVILITE* dans la fenêtre Base de données.

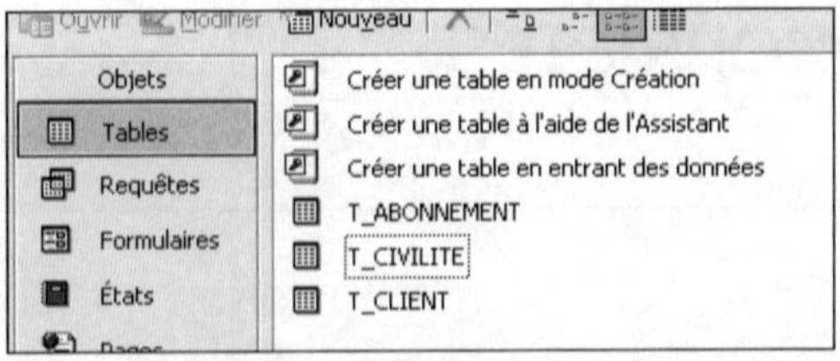

Remarque : la façon dont les éléments présents dans cette fenêtre sont affichés peut être modifiée à l'aide des boutons suivants.

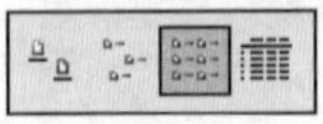

Les tables étant créées, nous allons maintenant les améliorer en modifiant les caractéristiques (Access parle de propriétés) des champs, pour en tirer une meilleure exploitabilité.

CAS 6 : DÉFINIR LES PROPRIÉTÉS

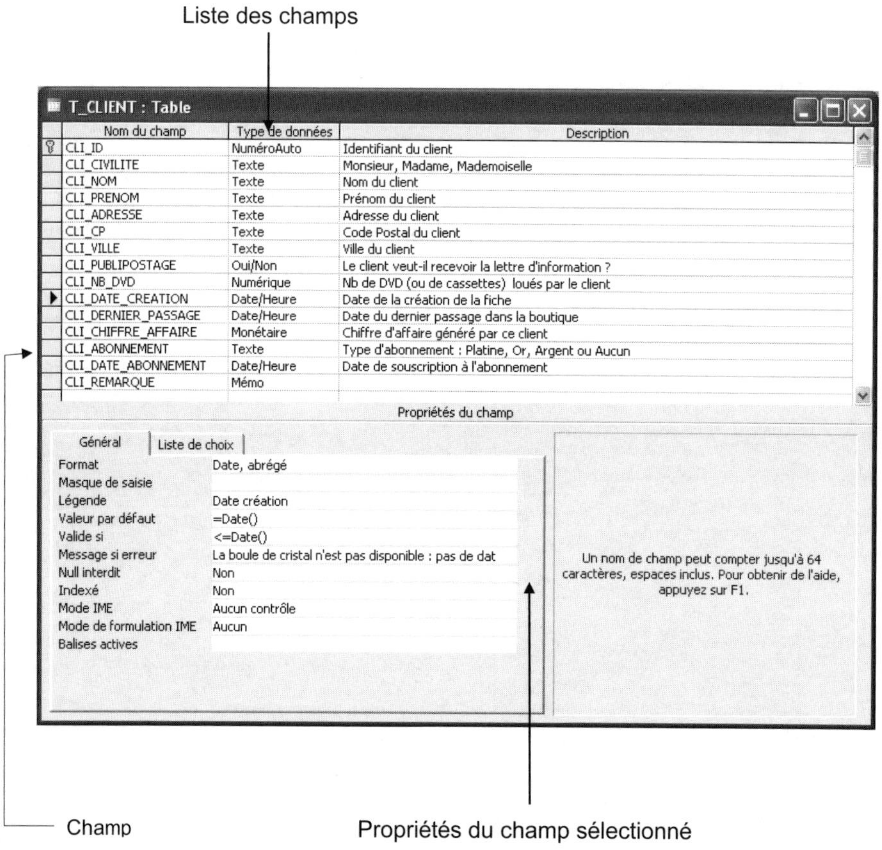

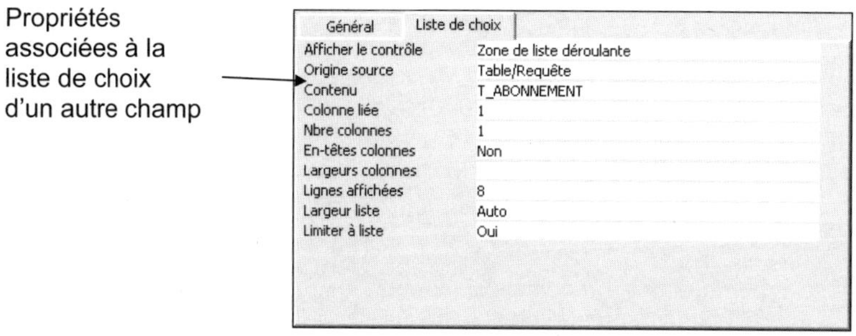

Fonctions utilisées

- *Légende*
- *Masque de saisie*
- *Valeur par défaut*
- *Format*
- *Saisie obligatoire*
- *Valide si et Message si erreur*
- *Liste de choix*

60 mn

Nous allons modifier les propriétés de la table *T_CLIENT*.

Copiez le fichier *Client_06.mdb* qui est enregistré dans le dossier *C:\Exercices Access 2003* sous un autre nom *XClient_06.mdb*. Cette base de données est la réplique de celle qui résulte de la réalisation du cas précédent. Ouvrez cette base de données *XClient_06.mdb*.

❶ PROPRIÉTÉS DES CHAMPS DE LA TABLE T_CLIENT

Ouvrir la table en mode Création

- Dans la fenêtre *Base de données*, sélectionnez la table *T_CLIENT*

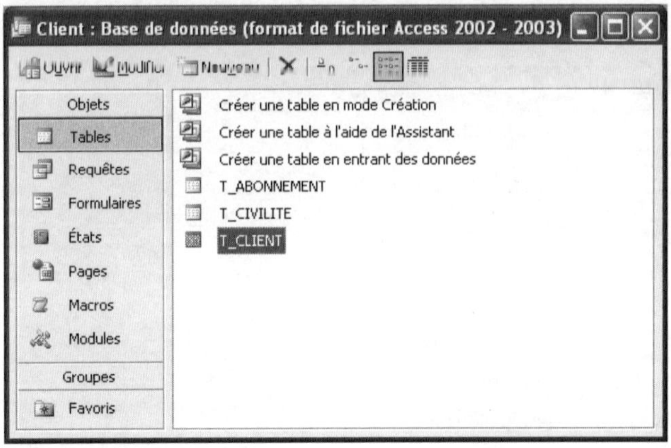

Modifier Cliquez sur ce bouton pour passer en mode création

Remarque : au cours de ce cas, vous pourrez passer en mode feuille de donnée, faire des tests et manipulations pour voir l'effet de telle ou telle propriété, puis revenir en mode création

En mode création, cliquez sur ce bouton (juste sous le menu *Fichier*) pour passer en mode feuille de données.

Access vous demande si vous voulez sauvegarder les modifications.

- Cliquez sur «Oui»
- Faites vos tests et manipulations en mode feuille de données

Cliquez sur ce bouton pour revenir en mode création et poursuivre les explications du cas

N'hésitez pas à expérimenter les modifications apportées par chaque propriété, même si cela n'est pas explicitement demandé dans le cas.

Définir une légende

Le titre des colonnes en mode *feuille de données* est par défaut le nom du champ. Cela n'est pas forcément clair ou simple pour l'utilisateur.

Nous allons modifier et rendre plus explicite les libellés affichés en titre de colonne grâce à la propriété <Légende>

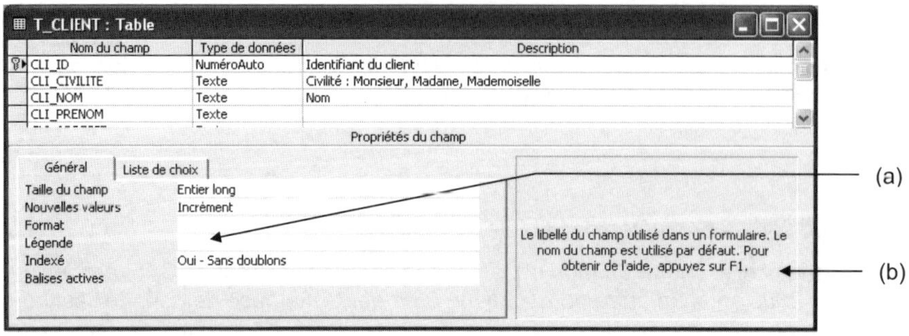

- Sélectionnez la ligne <CLI_ID>
- Cliquez sur la propriété <Légende> (a)
- Tapez *Identifiant client* comme sur la figure précédente

Access affiche la liste des propriétés de ce champ dans la partie inférieure de la fenêtre.

- Notez l'aide succincte sur la propriété en (b) sur l'illustration précédente
- De façon similaire, indiquez des légendes suivantes pour les autres champs
  Notez que nous utilisons des espaces et des caractères accentués, car la légende d'un champ n'est pas le nom d'un champ.

Nom du champ	***Légende***
CLI_ID	Identifiant
CLI_CIVILITE	Civilité
CLI_NOM	Nom
CLI_PRENOM	Prénom
CLI_ADRESSE	Adresse
CLI_CP	Code Postal
CLI_VILLE	Ville
CLI_PUBLIPOSTAGE	Publipostage
CLI_NB_DVD	Nb de DVD loués
CLI_DATE_CREATION	Date de création
CLI_DERNIER_PASSAGE	Date dernier passage
CLI_CHIFFRE_AFFAIRE	Chiffre d'affaires
CLI_ABONNEMENT	Abonnement
CLI_DATE_ABONNEMENT	Date de l'abonnement
CLI_REMARQUE	Remarques

Utiliser un masque de saisie

On peut utiliser la propriété <Masque de saisie> pour contrôler l'entrée des données. Par exemple, nous allons créer un masque de saisie pour le champ <CLI_CP>.

- Cliquez dans la ligne du champ <CLI_CP>

Access affiche la liste des propriétés de ce champ dans la partie inférieure de la fenêtre.

- Cliquez dans la zone <Masque de saisie>

Cliquez sur ce bouton à l'extrémité droite de cette zone pour lancer l'assistant Masque de saisie.

• Utilisez la barre de défilement verticale pour trouver et sélectionner *Code Postal (France)*

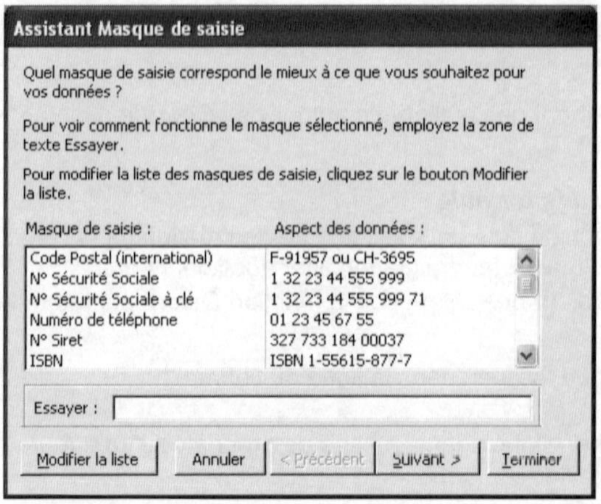

• Cliquez sur «Suivant»

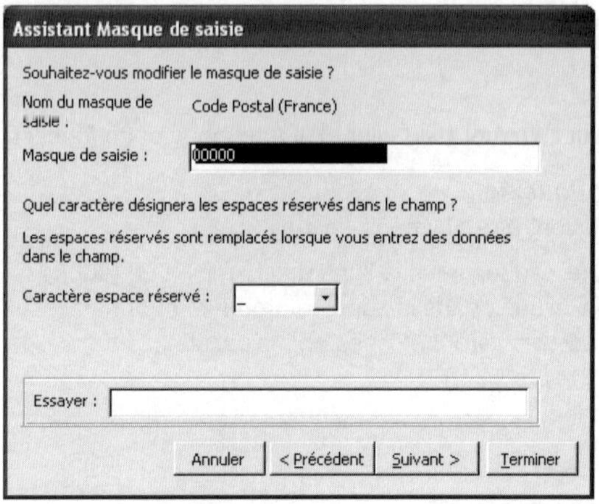

• Cliquez sur «Suivant»

Access vous demande si vous voulez ou non enregistrer les symboles qui se trouvent dans le masque. Dans notre cas, cela ne change rien, car il n'y a pas de symboles.

• Cliquez sur «Terminer»

Access insère automatiquement la définition du masque dans la zone correspondante :

Taille du champ	5
Format	
Masque de saisie	00000;;_
Légende	Code postal
Valeur par défaut	

Les symboles 0 indiquent qu'on ne peut saisir qu'un chiffre, et que cette saisie est obligatoire.

Définir une valeur par défaut

La plupart de nos clients étant parisiens, nous allons introduire la valeur *Paris* comme valeur par défaut pour le champ <CLI_VILLE>.

• Dans la partie supérieure du dialogue, cliquez dans la ligne du champ <CLI_VILLE>
• Dans la partie inférieure du dialogue, cliquez dans la zone de propriétés <Valeur par défaut>

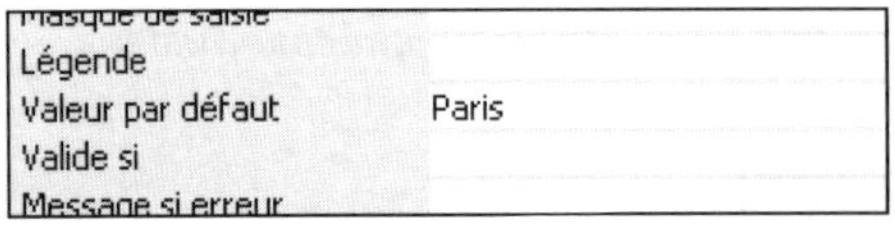

- Tapez *Paris*, puis appuyez sur ↵

Notez qu'Access ajoute automatiquement des guillemets autour de ce qui vient d'être saisi, puisqu'il s'agit d'un texte.

Définir une valeur par défaut avec une formule

La date de premier achat correspond bien souvent avec la date de création de la fiche. Nous pourrions saisir la date du jour, mais il faudrait la modifier quotidiennement. Nous allons donc demander que la valeur par défaut soit la fonction *Date()*, qui retourne automatiquement la date du jour.

- Dans la partie supérieure du dialogue, cliquez dans la ligne du champ <CLI_DATE_CREATION>
- Dans la partie inférieure du dialogue, cliquez dans la zone de propriétés <Valeur par défaut>
- Tapez *date()*, sans oublier les parenthèses.

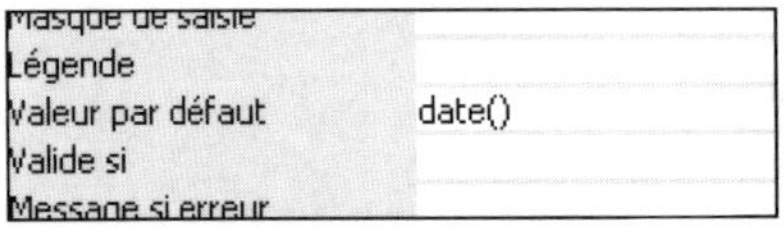

Access met la première lettre en majuscule, pour signifier qu'il a reconnu cette fonction.

Définir un format d'affichage pour un texte

Nous allons indiquer que les villes doivent être affichées en majuscules.

- Dans la partie supérieure du dialogue, cliquez dans la ligne du champ <CLI_VILLE>
- Dans la partie inférieure du dialogue, cliquez dans la zone de propriété <Format>
- Tapez >, signifiant que tous les caractères seront affichés en majuscule

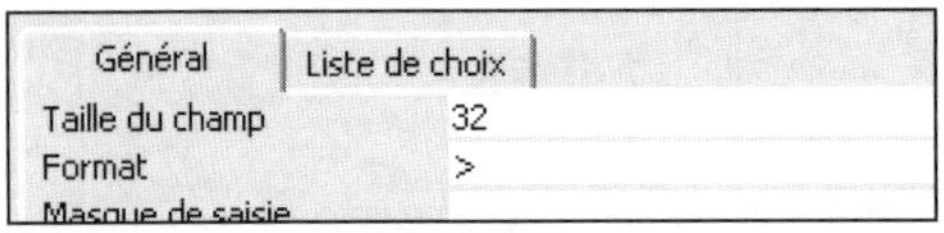

Définir un format d'affichage pour une date

Nous allons indiquer que les dates doivent être au format jj/mm/aaaa.

- Dans la partie supérieure du dialogue, cliquez dans la ligne du champ <CLI_DATE_CREATION>
- Dans la partie inférieure du dialogue, cliquez dans la zone de propriété <Format>
- Cliquez sur la flèche à l'extrémité droite de la zone, puis cliquez sur *Date, abrégé*

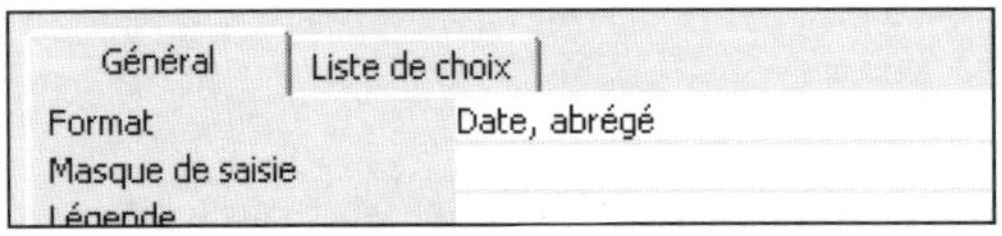

Définir un nombre de décimales et un format pour le montant

Nous allons indiquer que les montants doivent comporter deux décimales et doivent être exprimés en euros.

- Dans la partie supérieure du dialogue, cliquez dans la ligne du champ <CLI_CHIFFRE_AFFAIRE>
- Dans la partie inférieure du dialogue, cliquez dans la zone de propriétés <Décimales>
- Cliquez sur la flèche à l'extrémité droite de la zone, puis cliquez sur *2*

- Dans la partie inférieure du dialogue, cliquez dans la zone de propriétés <Format>
- Cliquez sur la flèche à l'extrémité droite de la zone, puis cliquez sur *Euro*

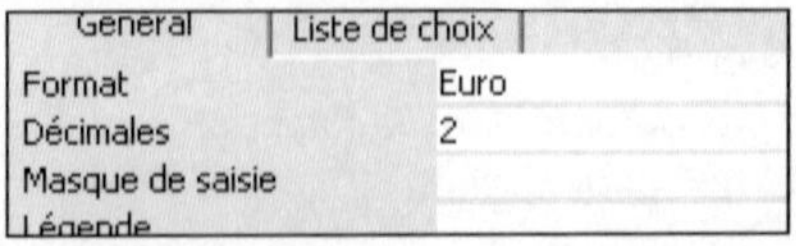

Demander à ce qu'une donnée soit obligatoirement saisie dans un champ

Nous allons affecter la valeur *Oui* à la propriété <Null interdit> du champ <CLI_NOM> afin de rendre obligatoire la saisie d'un nom de client lors de l'enregistrement de sa fiche.

- Dans la colonne <Nom du champ>, cliquez dans la ligne du champ <CLI_NOM>
- Cliquez dans la zone de propriétés <Null interdit>

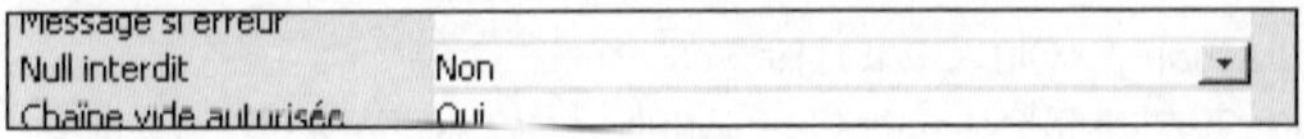

- Cliquez sur la flèche à l'extrémité droite de la zone et cliquez sur *Oui* dans la liste qui s'affiche

ou

- Double-cliquez sur le mot *Non*

ou

- Tapez *Oui* à la place du *Non*

❷ AUTRES PROPRIÉTÉS DES CHAMPS

Définir la propriété Valide si

Cette propriété fait en sorte que le contenu saisi dans un champ respecte une condition. À l'aide de la propriété <Message si erreur>, on pourra personnaliser le message affiché par Access lorsque la donnée saisie ne satisfait pas la condition définie dans la propriété <Valide si>.

Nous allons nous assurer que l'utilisateur ne peut pas saisir de valeur négative dans le champ <CLI_CHIFFRE_AFFAIRE>, ni entrer une date postérieure à la date du jour dans <CLI_DATE_CREATION>

- Cliquez dans la ligne du champ <CLI_CHIFFRE_AFFAIRE>
- Cliquez dans la zone de propriétés <Valide si>
- Tapez *>=0*

- Cliquez dans la ligne du champ <CLI_DATE_CREATION>*t*
- Cliquez dans la zone de propriétés <Valide si>
- Tapez *<=date()*

Définir la propriété Message si erreur

Si l'utilisateur saisit une valeur qui ne satisfait pas la condition de la propriété <Valide si>, le message d'erreur d'Access est rarement clair.

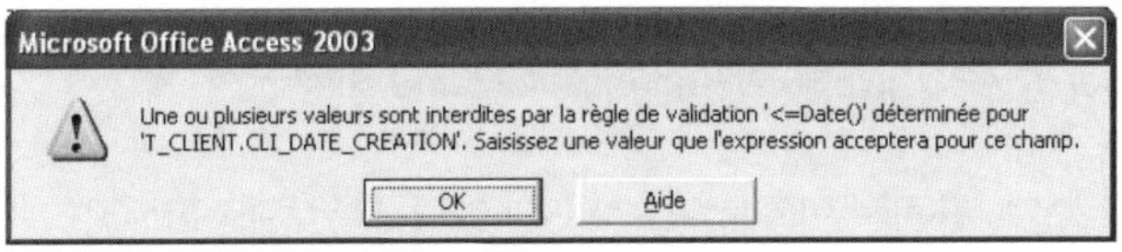

Nous pouvons rendre ce message plus clair en utilisant la propriété <Message si erreur>

- Cliquez dans la ligne du champ <CLI_CHIFFRE_AFFAIRE>
- Cliquez dans la zone de propriétés <Message si erreur>

- Tapez *Pas de montant négatif*

- Cliquez dans la ligne du champ <CLI_DATE_CREATION>
- Cliquez dans la zone de propriétés <Message si erreur>
- Tapez *La boule de cristal n'est pas disponible : pas de date dans le futur*

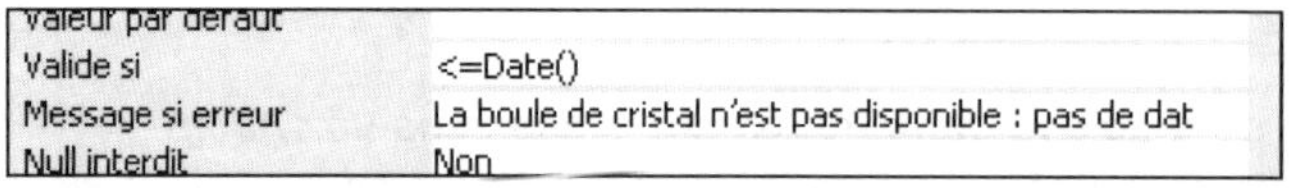

Utiliser une liste de choix

Le champ <CLI_CIVILITE> indique la civilité de la personne : Monsieur, Madame, Mademoiselle. Nous allons associer à ce champ une liste déroulante qui permettra de sélectionner un élément parmi les trois valeurs possibles.

- Cliquez dans la ligne du champ <CLI_CIVILITE>
- Dans la partie inférieure du dialogue, cliquez sur l'onglet *Liste de choix*
- Cliquez dans la zone <Afficher le contrôle>
- Cliquez sur la flèche à l'extrémité droite de cette zone et cliquez sur *Zone de liste déroulante*

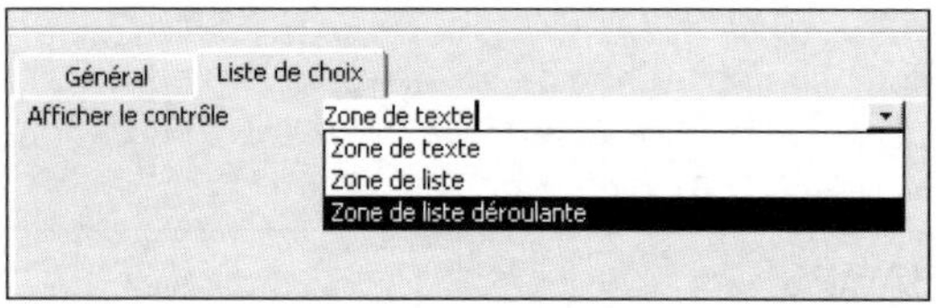

- Cliquez dans la zone <Origine source>
- Vérifiez que la zone <Origine source> est bien *Table/requête*
- Cliquez dans la zone <Contenu>
- Cliquez sur la flèche à l'extrémité droite de cette zone est sélectionnez *T_CIVILITE*
- Appuyez sur [↵]
- Double-cliquez dans la zone <Limiter à liste> pour la mettre à *Oui*

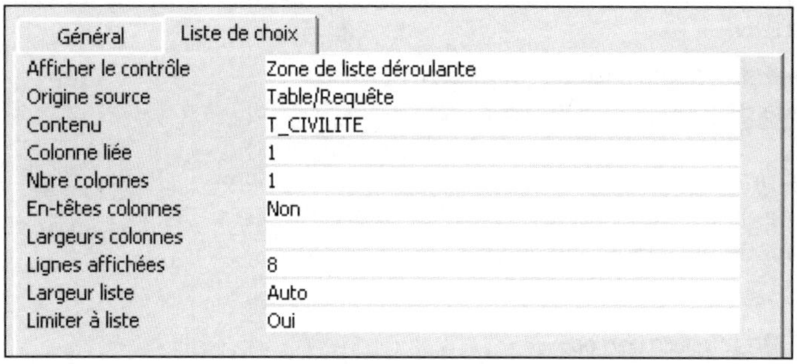

Maintenant, si nous voulons ajouter d'autres civilités (pour nos clients étrangers, par exemple), il suffira de les ajouter dans la table *T_CIVILITE.*

Nous allons maintenant utiliser *T_ABONNEMENT* pour alimenter le champ *CLI_ABONNEMENT*.

- D'une manière similaire à la précédente, modifiez les propriétés de la liste de choix de *CLI_ABONNEMENT* pour obtenir :

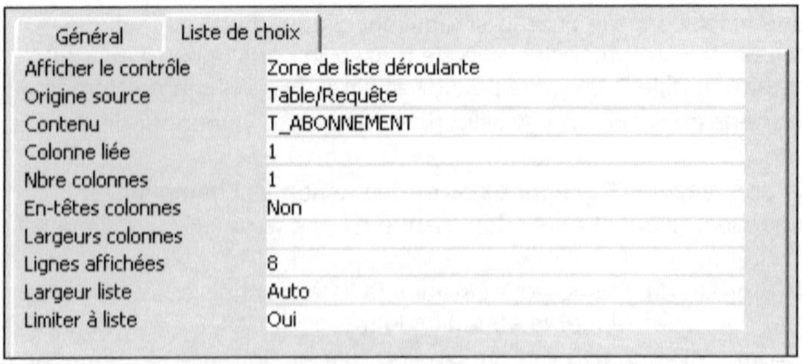

Utiliser les propriétés de la table

Nous voulons également vérifier que la date d'abonnement n'est pas antérieure à la date de création. Il faut donc comparer deux champs entre eux (le champ *CLI_DATE_CREATION* et le champ *CLI_DATE_ABONNEMENT*). Ceci ne peut se faire qu'au niveau des propriétés de la table

Cliquez sur ce bouton dans la barre d'outils, ou *Affichage/propriété*.

- dans la propriété <Valide si>, saisissez *[CLI_DATE_CREATION]<=[CLI_DATE_ABONNEMENT]*. Les crochets sont nécessaires pour indiquer qu'il s'agit de champ, et non de texte simple
- dans la propriété <Message si erreur>, saisissez le texte : *La date de l'abonnement doit être postérieure à la date de création de la fiche*

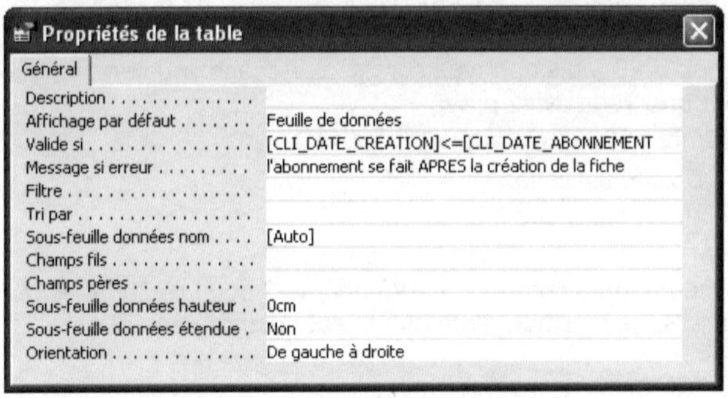

- Fermez la fenêtre des propriétés de la table

Enregistrez les modifications

Cliquez sur ce bouton dans la barre d'outils, ou *Fichier/Enregistrer*, ou appuyez sur Ctrl-**S**.

❸ OBSERVER LES PROPRIÉTÉS DE *T_CLIENT* DANS LA SAISIE

Nous allons saisir un nouveau client, ce qui nous permettra de visualiser les effets des propriétés que nous venons de modifier

- Ouvrez la table *T_CLIENT* en double-cliquant dessus

Access ouvre la table :

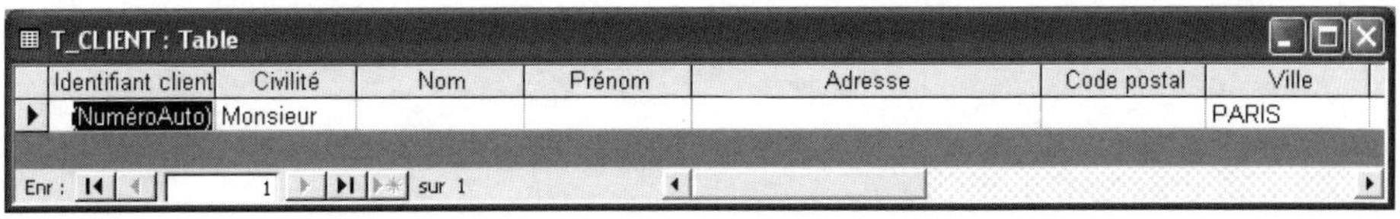

- Essayez de saisir une valeur dans le champ <identifiant client>, là où est indiqué *(NuméroAuto)*...Access vous en empêche, avec le message dans la barre de statut : 'le contrôle ne peut pas être modifié' : vous ne pouvez pas modifier un champ NuméroAuto
- Appuyez sur ↹ pour passer au champ <Civilité>. Notez que la valeur par défaut est *Monsieur*
- Tapez Dupond, puis appuyez sur ↹ pour essayer de passez au champ suivant... Access vous en empêche, indiquant que le texte entré n'est pas un élément de la liste, cliquez sur «OK»
- Cliquez sur la flèche à droite du champ pour dérouler la liste, et choisissez *Madame*. Vous auriez également pu taper *Madame* en toutes lettres
- Dans les champs <Nom>, <Prénom> et <Adresse>, saisissez *Berthelot*, *Corinne*, et *16 grande rue*
- Dans le champ <Code postal>, essayez de saisir *France*...Access vous en empêche, bloquant le clavier
- Saisissez *91000*
- Appuyez sur ↹ pour passer au champ <Ville>. Notez que la valeur par défaut est *Paris*
- Saisissez *evru* (en minuscules), et appuyez sur ↹. Notez que la ville passe en majuscules
- Revenez sur le champ <Ville> avec ⇧ - ↹
- Passez en mode 'édition du champ' en appuyant sur F2 .Notez que le texte repasse tel que vous l'aviez saisi : la propriété <format> agit sur l'affichage du champ, pas sur sa valeur
- Corrigez la valeur en tapant *evry*
- Positionnez-vous dans le champ <Date de création>. Notez que la date du jour est inscrite par défaut
- Tapez *5/1/13*, pour le 5 janvier 2013, puis appuyez sur ↹... Access vous en empêche, affichant le message d'erreur que vous aviez prévu
- Tapez 5/11/3, pour le 5 novembre 2003 puis appuyez sur ↹
- Dans le champ <Nombre de DVD>, saisissez *8*
- Dans le champ <Chiffre d'affaire>, saisissez *235*
- Dans le champ <Abonnement>, déroulez la liste et choisissez *Or*
- Dans le champ <Date d'abonnement>, saisissez 3/10/3 pour le 3 octobre 2003. Notez qu'Access n'affiche aucun message d'erreur, alors que la date d'abonnement est antérieure à la date de création
- Passez à la fiche suivante en appuyant deux fois sur ↹... Access vous en empêche, affichant le message d'erreur que vous aviez prévu
- Modifiez la date d'abonnement en saisissant 3/12/3 pour le 3 décembre 2003

❸ FERMER ACCESS

- Fermez la table
- Fermez la base de données
- Fermez Access

Exploiter une base de données

3

CAS 7 : REQUÊTES SÉLECTION

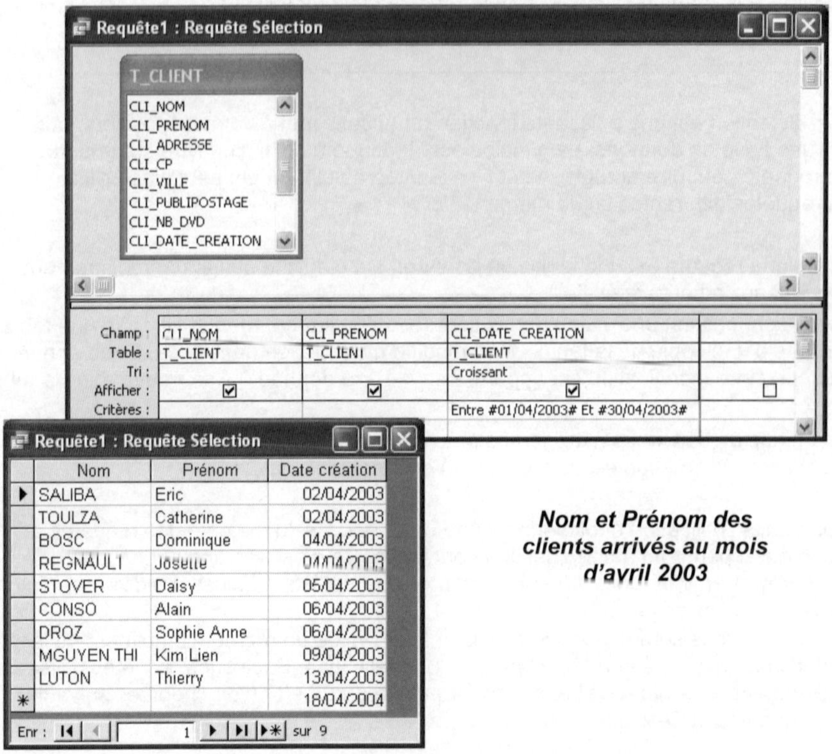

Nom et Prénom des clients arrivés au mois d'avril 2003

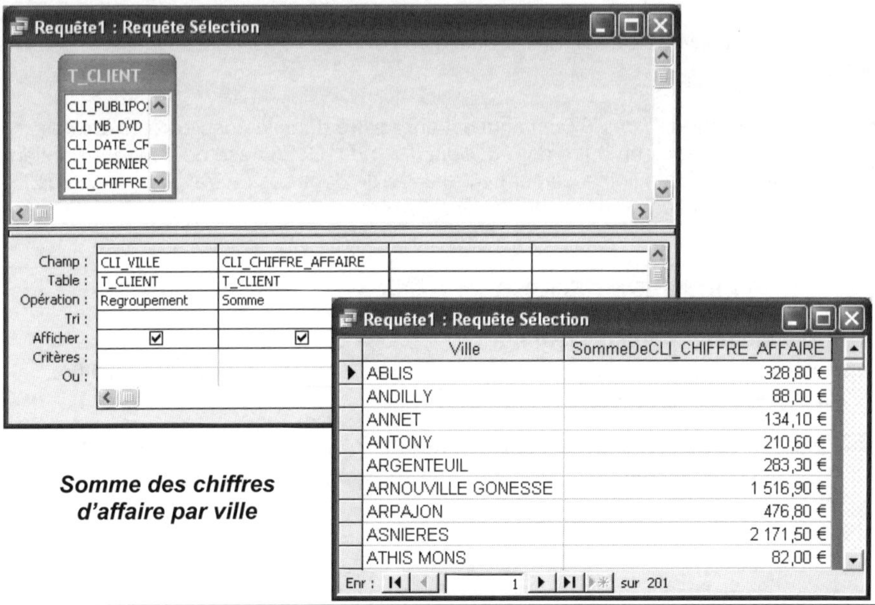

Somme des chiffres d'affaire par ville

Fonctions utilisées

– *Créer une requête*	– *Requête paramétrée*
– *Enregistrer une requête*	– *Requête avec champ calculé*
– *Exécuter une requête*	– *Requête avec regroupement*

40 mn

La requête Sélection est une puissante fonction qu'Access met à votre disposition pour interroger une base de données. Le principe est identique à celui d'un filtre sur une table, mais une requête peut être enregistrée et ré exécutée à volonté. On peut ainsi utiliser plusieurs requêtes différentes sur la même table.

Le résultat d'une requête est une feuille de données qui n'affiche que les enregistrements qui correspondent aux critères spécifiés.
La feuille de données est une vision particulière (éventuellement triée et filtrée) d'une table ; il ne s'agit pas d'une copie de la table. Si on modifie une donnée dans la feuille de données d'une requête, cette modification est apportée en fait à la donnée qui se trouve dans la table.

Dans ces études de cas, nous n'utiliserons pas l'assistant requête simple, car utiliser directement le mode création est plus souple et souvent plus rapide.

Par ailleurs, dans l'utilisation quotidienne d'une base Access, la majorité des requêtes que vous allez créer répondront à une question ponctuelle. Ce n'est pas une bonne idée de toutes les enregistrer, car vous allez rapidement avoir une liste de plusieurs dizaines, voire plusieurs centaines de requêtes.
Dans ce cas-là, il vous sera beaucoup plus simple et rapide de recréer complètement la requête plutôt que d'avoir à la rechercher dans une telle liste. Seules les requêtes utilisées très régulièrement ou servant de base à un formulaire ou un état (voir chapitres suivants) devraient être enregistrées.

Dans nos études de cas, nous n'enregistrerons que rarement les requêtes, pour prendre l'habitude de créer des requêtes «jetables». Cela pourra vous paraître surprenant, voire frustrant de jeter ainsi votre travail, mais dans le cas des requêtes, cela se justifie pleinement.

Copiez le fichier *Client_07.mdb* qui est enregistré dans le dossier *C:\Exercices Access 2003* sous un autre nom *XClient_07.mdb*. Cette base de données contient plus de 800 clients fictifs, ce sera votre base de données de travail pour ce cas. Ouvrez cette base de données *XClient_07.mdb*.

❶ CRÉER UNE PREMIÈRE REQUÊTE

Créer une requête en mode création

Nous allons créer une requête qui va afficher le nom, le prénom, la ville et le chiffre d'affaires des clients parisiens.

Cliquez sur ce bouton dans le volet *Objets* de la fenêtre *Base de données*.

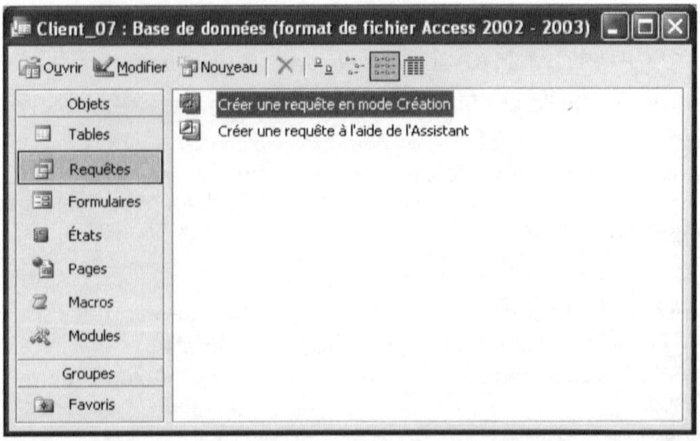

Cliquez sur cet objet pour créer une nouvelle requête.

Access vous demande quelle(s) table(s) ou requête(s) utiliser :

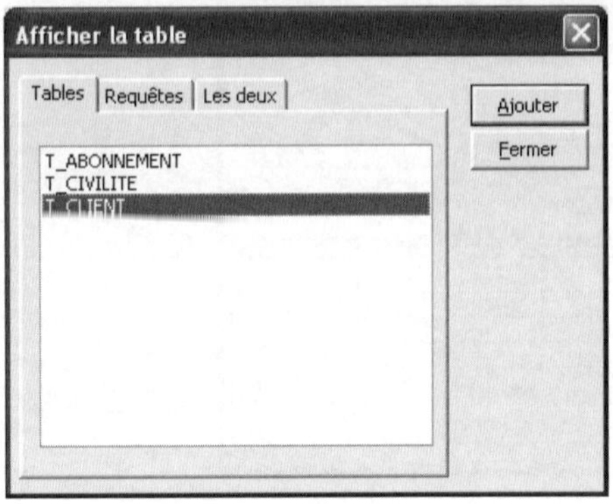

- Vérifiez que l'onglet *Tables* est sélectionné
- Sélectionnez *T_CLIENT* puis cliquez sur «Ajouter»

Access affiche *T_CLIENT* dans la requête
- Cliquez sur «Fermer»

Access affiche la requête en mode *création*

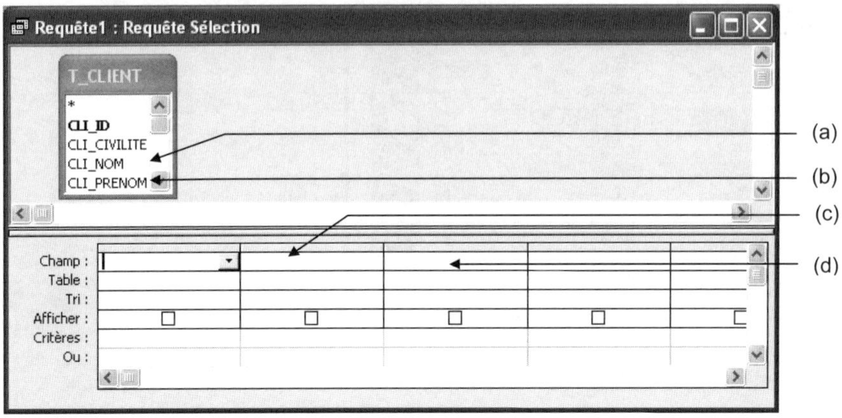

Ajouter des champs

Nous allons ajouter des champs de trois manières différentes. Par la suite, vous pourrez utiliser celle avec laquelle vous êtes le plus à l'aise.

– Double-cliquez sur le champ *CLI_NOM* en (a)

– Cliquez sur le champ *CLI_PRENOM* en (b) et glissez-le dans la grille en (c)

– Cliquez dans la cellule vide sur la ligne <Champ> en (d), ouvrez la liste déroulante, et sélectionnez *CLI_VILLE*

– En utilisant une des trois méthodes ci-dessus, ajoutez le champ *CLI_CHIFFRE_AFFAIRE*. Éventuellement, utilisez la barre de défilement verticale de la table pour faire apparaître ce champ

Ajouter un critère

Nous allons préciser que nous ne voulons voir que les clients habitant Paris.

- Positionnez-vous dans la colonne <CLI_VILLE>, sur la ligne <Critères>
- Saisissez *paris*. Notez que dans les requêtes, Access ne fait pas de différence entre majuscules et minuscules
- Appuyez sur ⇆ pour valider la saisie.

Access vous informe qu'il a compris que *paris* était du texte en l'encadrant avec des guillemets : "paris"

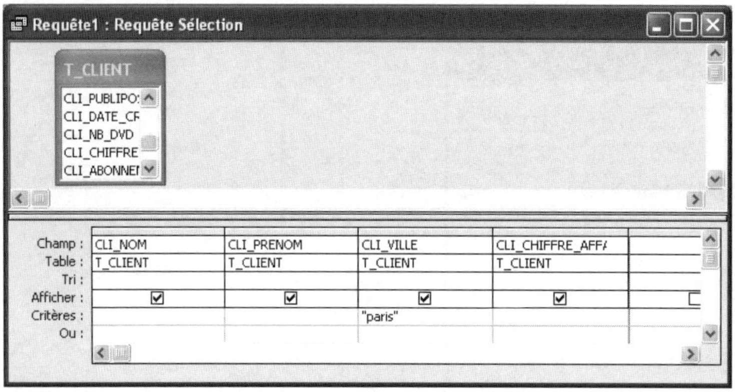

Visualiser le résultat d'une requête

Cliquez sur ce bouton pour passer en mode *feuille de données*

Access affiche le résultat. Même si vous avez tapé *paris* en minuscule, il trouve les *PARIS*

Requête1 : Requête Sélection

Nom	Prénom	Ville	Chiffre d'affaire
MARTIN	Pascal	PARIS	82 €
BOEUF	Dominique	PARIS	82 €
DAHOMAIS	Irenee	PARIS	584 €
FOELL	Fabienne	PARIS	473 €
HOUEDE	Chantal	PARIS	121 €
HEUDE	Marie Claire	PARIS	229 €
HANSEN	Anne	PARIS	229 €
HAMMAS	Rabah	PARIS	738 €
HALIMI	David	PARIS	97 €
GUERIN	Dominique	PARIS	756 €
GUICHAUX	Beatrice	PARIS	145 €
GRUMBERG	Rachele	PARIS	609 €
GOURBIN	Jean Louis	PARIS	473 €

Enr : 1 sur 352

Cliquez sur ce bouton pour revenir en mode *création*

Enregistrer la requête

Cliquez sur ce bouton pour enregistrer la requête

Access vous demande un nom

- Tapez *R_NOM_ET_CA_DES_CLIENTS_PARISIENS*
- Cliquez sur «OK»
- *Fichier/Fermer*, ou appuyez sur Ctrl-F4 ou sur Ctrl-**W**, ou cliquez sur la case de fermeture de la requête ☒

Access affiche votre nouvelle requête dans la liste

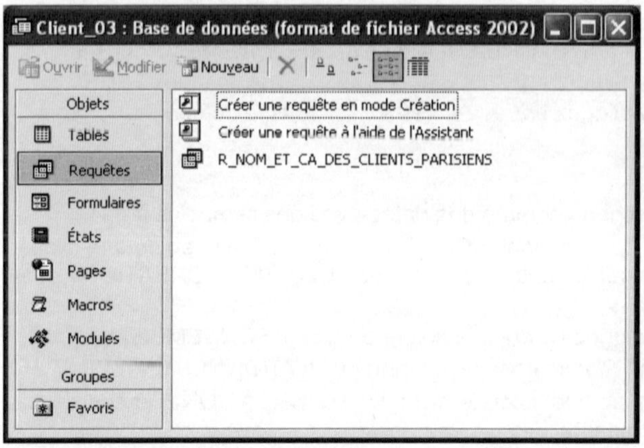

Ré exécuter la requête par la suite

- Sélectionnez la requête : *R_NOM_ET_CA_DES_CLIENTS_PARISIENS*

Cliquez sur ce bouton pour exécuter la requête.

Ou

- Double-cliquez sur la requête *R_NOM_ET_CA_DES_CLIENTS_PARISIENS*

Access affiche le résultat

- *Fichier/Fermer*, ou appuyez sur Ctrl-F4 ou sur Ctrl-**W**, ou cliquez sur la case de fermeture de la requête ☒

Modifier la requête

L'affichage de la ville n'est pas utile : il s'agit toujours de *Paris*. Nous allons également trier les clients par chiffre d'affaires décroissant

- Sélectionnez le nom de la requête : *R_NOM_ET_CA_DES_CLIENTS_PARISIENS*

Cliquez sur ce bouton pour passer en mode création

- Dans la ligne <Visible>, décochez la case de la colonne <CLI_VILLE>
- Dans la ligne <Tri>, cliquez dans la cellule de la colonne <CLI_CHIFFRE_AFFAIRE>
- Ouvrez la liste déroulante et sélectionnez *Croissant*

Cliquez sur ce bouton pour passer en mode *feuille de données*

Access affiche le résultat

- *Fichier/Fermer*, ou appuyez sur Ctrl-F4 ou sur Ctrl-**W**, ou cliquez sur la case de fermeture de la requête ☒

Access vous demande si vous voulez enregistrer les modifications

- Cliquez sur «Oui»

❷ CRÉER DES REQUÊTES SIMPLES

Nous allons créer plusieurs requêtes qui vont répondre à des questions diverses.

Créer une requête avec un critère 'OU' et un critère date

Nous allons créer une requête qui va afficher le nom, la ville, le type d'abonnement et la date de création des clients qui ont un abonnement *Or* ou *Platine*, arrivés pour la première fois en avril 2003, et classé par ordre de date

[Créer une requête en mode Création] Cliquez sur ce bouton pour créer une nouvelle requête.

- Sélectionnez la table *T_CLIENT*
- Cliquez sur «Ajouter»
- Cliquez sur «Fermer»
- A l'aide d'une des trois méthodes utilisées précédemment, positionnez les champs *CLI_NOM*, *CLI_VILLE*, *CLI_DATE_CREATION* et *CLI_ABONNEMENT* dans la grille de la requête
- Dans la ligne <Critères>, indiquez *entre 1/4/3 et 30/4/3* dans la colonne <CLI_DATE_CREATION>
- Tapez Entrée ↵

Access encadre ce qu'il a reconnu comme des dates avec des symboles #.

- Élargissez un peu la taille de la colonne <CLI_DATE_CREATION> en double-cliquant sur le trait de séparation verticale entre les colonnes <CLI_DATE_CREATION> et <CLI_ABONNEMENT>
- Sur la ligne <Critères>, indiquez *Or* dans la colonne <CLI_ABONNEMENT>
- Sur la ligne <Ou>, indiquez *Platine* dans la colonne <CLI_ABONNEMENT>
- Cliquez dans la ligne <Tri> pour la colonne <CLI_DATE_CREATION>, et choisissez *Croissant* dans la liste déroulante

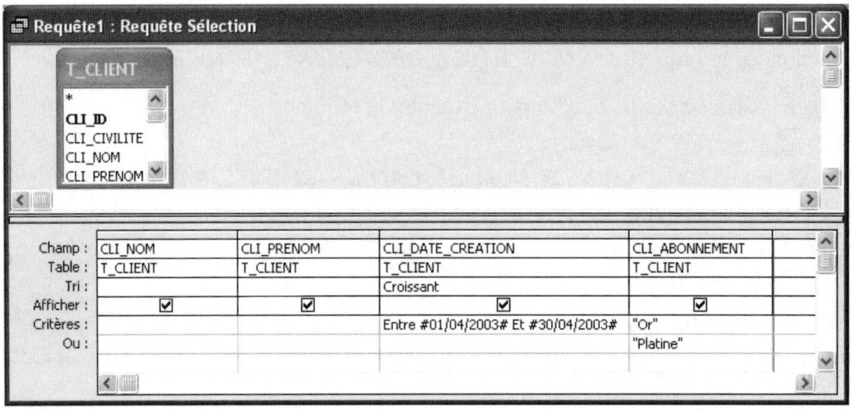

Cliquez sur ce bouton pour passer en mode feuille de données

Votre requête définie comme sur la figure ci-dessus, est elle correcte ?
Pas vraiment : le critère ET (sur la même ligne de critère) s'applique avant le critère OU (sur deux lignes successives de critères). Autrement dit, nous avons sélectionné les clients ayant un abonnement *Or* arrivé en avril 2003, ainsi que tous les clients ayant un abonnement *Platine*, quelle que soit leur date d'arrivée. Pour remédier à cela :

Cliquez sur ce bouton pour revenir en mode création

- Dans la ligne <Ou>, indiquez *entre 1/4/3 et 30/4/3* dans la colonne <CLI_DATE_CREATION>

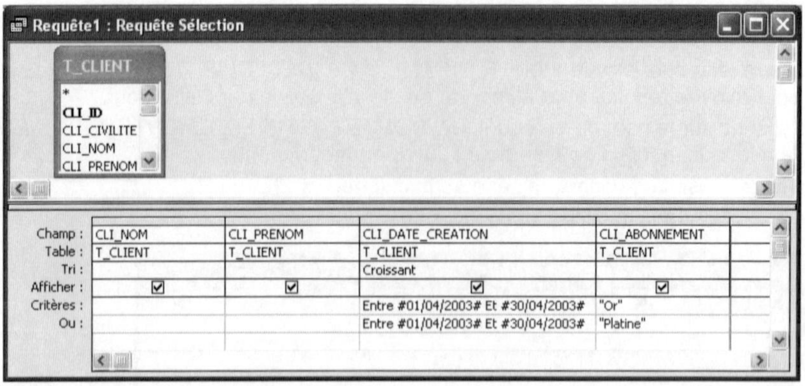

Cliquez sur ce bouton pour passer en mode *feuille de données*

Cette fois-ci, le résultat est correct

- *Fichier/Fermer*, ou appuyez sur Ctrl-F4 ou sur Ctrl-**W**, ou cliquez sur la case de fermeture de la requête ☒

Access vous demande si vous voulez enregistrer les modifications.

- Cliquez sur «Non»

Créer une requête avec un caractère générique

Nous allons créer une requête qui va afficher le nom et la ville des clients qui reçoivent la lettre d'information dans le département de l'Essonne (91)

Créer une requête en mode Création — Cliquez sur ce bouton pour créer une nouvelle requête.

- Ajoutez la table *T_CLIENT* à la requête
- A l'aide d'une des trois méthodes utilisées précédemment, positionnez les champs *CLI_NOM*, *CLI_CP, CLI_VILLE* et *CLI_PUBLIPOSTAGE* dans la grille de la requête
- Dans la ligne <Critère>, indiquez *Oui* dans la colonne <CLI_PUBLIPOSTAGE>
- Dans la ligne <Critère>, indiquez *91** dans la colonne <CLI_CP>

Dès que vous changez de cellule, Access converti le critère en *Comme "91*"*

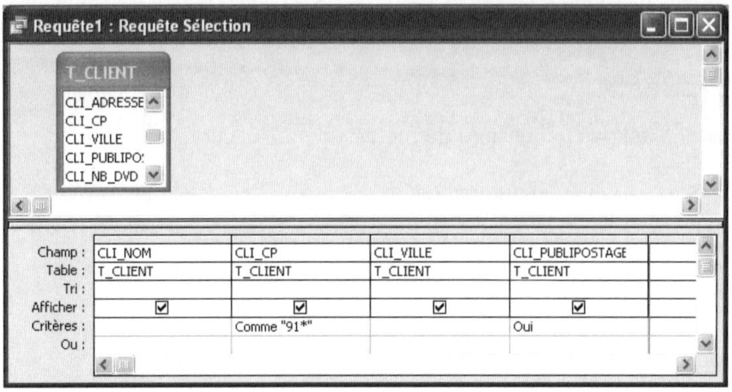

Cliquez sur ce bouton pour passer en mode feuille de données

- *Fichier/Fermer*, ou appuyez sur Ctrl-F4 ou sur Ctrl-**W**, ou cliquez sur la case de fermeture de la requête ☒

Access vous demande si vous voulez enregistrer les modifications.

- Cliquez sur «Non»

❸ CRÉER UNE REQUÊTE AVEC PARAMÈTRES

Nous allons revenir sur notre requête, *R_NOM_ET_CA_DES_CLIENTS_PARISIENS* et la modifier pour avoir le résultat pour n'importe quelle ville saisie par l'utilisateur.

- Double-cliquez sur le nom de la requête *R_NOM_ET_CA_DES_CLIENTS_PARISIENS* en gardant la touche [Ctrl] appuyée pour l'ouvrir en mode création
- Dans la ligne <Visible>, cochez la case de la colonne <CLI_VILLE>
- Positionnez-vous dans la cellule qui contient *paris*

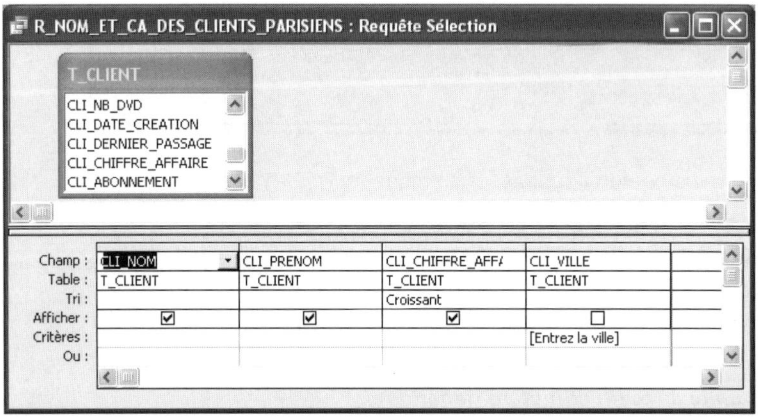

- Remplacez *paris* par *[Entrez la ville]*
- Fermez la requête

Access vous demande si vous voulez enregistrer les modifications

- Cliquez sur «Oui»

Vous revenez à la fenêtre de base de données

- Double-cliquez sur la requête *R_NOM_ET_CA_DES_CLIENTS_PARISIENS*

Access vous demande le nom de la ville

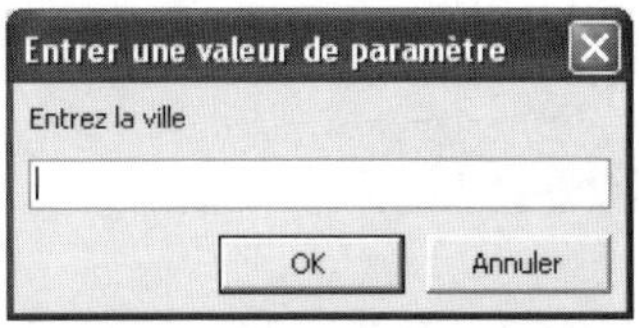

- Saisissez *puteaux*. Il n'est pas nécessaire de mettre une majuscule
- Cliquez sur «OK»

Access affiche la liste des clients habitant *Puteaux*

- Fermez la requête

Le nom de la requête peut parfois induire en erreur. Nous allons le corriger.

- Dans la fenêtre *Base de données*, sélectionnez la requête *R_NOM_ET_CA_DES_CLIENTS_PARISIENS*
- Appuyez sur [F2] puis sur [Fin]
- Modifiez le nom en *R_NOM_ET_CA_DES_CLIENTS_POUR_UNE_VILLE*
- Appuyez sur [↵]

❹ CRÉER UNE REQUÊTE AVEC UN CHAMP CALCULÉ

Calculer le chiffre d'affaires HT

Pour cette requête, nous allons créer un champ supplémentaire qui nous calculera le montant hors taxes du chiffre d'affaires. La TVA étant à 19,6%, il suffit de diviser par 1,196 pour passer du montant TTC au montant HT.

- Créez une nouvelle requête en mode *création*
- Ajoutez la table *T_CLIENT* à la requête
- Positionnez les champs *CLI_NOM*, *CLI_VILLE*, *CLI_CHIFFRE_AFFAIRE* dans la grille de la requête
- Positionnez-vous dans la quatrième colonne de la grille de la requête, à droite de <CLI_CHIFFRE_AFFAIRE>, sur la ligne <Champ>
- La colonne risque d'être un peu étroite. Appuyez sur ⇧ - F2 pour zoomer et l'élargir
- Dans la fenêtre de zoom, tapez *CA_HT: [CLI_CHIFFRE_AFFAIRE]/1,196*

- Cliquez sur «OK»
- Visualisez le résultat en mode feuille de données

Note : si au moment de visualiser le résultat, Access vous propose une fenêtre vous demandant un paramètre alors qu'il ne s'agit pas d'une requête paramétrée, c'est que vous avez fait une erreur en tapant le nom d'un champ dans la fonction.

Modifier le format d'une colonne d'une requête

Vous avez remarqué que les données de la colonne <CA_HT> ont des valeurs justes, mais assez peu présentables. Nous allons y remédier.

- Revenez en mode création
- Sélectionnez la colonne <CA_HT>

 Cliquez sur ce bouton pour afficher la fenêtre des *propriétés*

- Cliquez sur la ligne <Format> de l'onglet <Général>
- Ouvrez la liste en cliquant sur la flèche à droite de la cellule
- Sélectionnez *Euro*
- Fermez la fenêtre des *propriétés* en cliquant sur sa case de fermeture ☒
- Visualisez le résultat en mode feuille de données
- Fermez la requête sans enregistrer les modifications

Calculer le numéro du département

Le numéro du département correspond aux deux caractères à gauche du code postal.

- Créez une nouvelle requête en mode création
- Ajoutez la table *T_CLIENT* à la requête
- Positionnez les champs *CLI_NOM*, *CLI_VILLE*, *CLI_CP* dans la grille de la requête
- Positionnez-vous dans la quatrième colonne de la grille de la requête, à droite de <CLI_CP> sur la ligne <Champ>

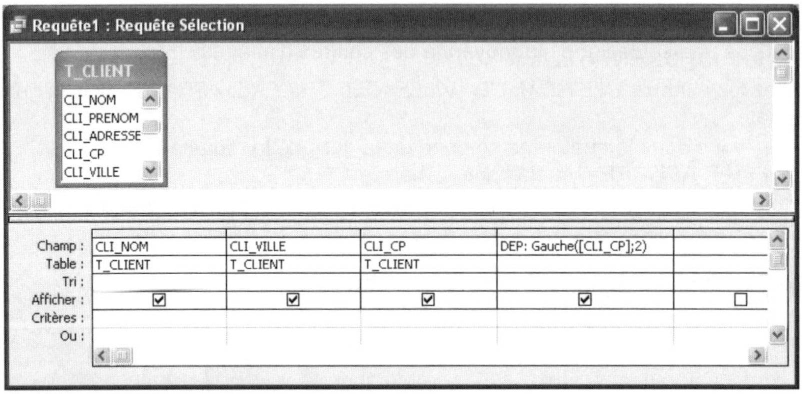

- Tapez *DEP: gauche([CLI_CP] ;2)*
- Appuyez sur ↵

Access met l'initiale de la fonction en majuscule (*Gauche...*), ce qui signifie qu'il l'a reconnue.

- Visualisez le résultat en mode *feuille de données*
- Fermez la requête sans enregistrer les modifications

❺ CRÉER UNE REQUÊTE AVEC REGROUPEMENT

Les requêtes avec regroupement permettent d'effectuer des calculs sur un ensemble d'enregistrements, et non pas ligne à ligne comme les champs calculés.

L'immense majorité des requêtes de regroupement utilisent un ou deux champs : un champ de calcul, ou bien un champ de regroupement et un champ de calcul.

Calcul du chiffre d'affaires moyen

Nous allons calculer le CA moyen pour l'ensemble de la table *T_CLIENT*.

- Créez une nouvelle requête en mode création
- Ajoutez la table *T_CLIENT* à la requête
- Positionnez le champ *CLI_CHIFFRE_AFFAIRE* dans la grille de la requête

Σ Cliquez sur ce bouton pour indiquer qu'il s'agit d'une requête regroupement.

Access affiche une ligne supplémentaire <Opération>.

- Dans la ligne <Opération>, cliquez sur la cellule contenant *Regroupement*
- Ouvrez la liste déroulante en cliquant sur la flèche à droite du champ
- Sélectionnez *Moyenne*

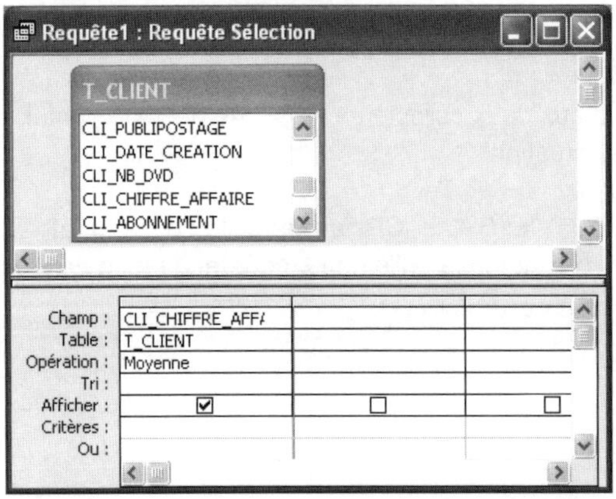

• Visualisez le résultat en mode *feuille de données*
• Access affiche une seule ligne : la moyenne des chiffres d'affaires
• Fermez la requête sans enregistrer les modifications

Calcul de la somme des chiffres d'affaires par ville

Nous allons calculer la somme des CA pour chacune des villes.

• Créez une nouvelle requête en mode création
• Ajoutez la table *T_CLIENT* à la requête
• Positionnez les champs *CLI_VILLE* et *CLI_CHIFFRE_AFFAIRE* dans la grille de la requête

Cliquez sur ce bouton pour indiquer qu'il s'agit d'une requête regroupement.

• Dans la ligne <Opération>, cliquez sur la cellule contenant *Regroupement* dans la colonne <CLI_CHIFFRE_AFFAIRE>
• Ouvrez la liste déroulante en cliquant sur la flèche à droite du champ
• Sélectionnez *Somme*

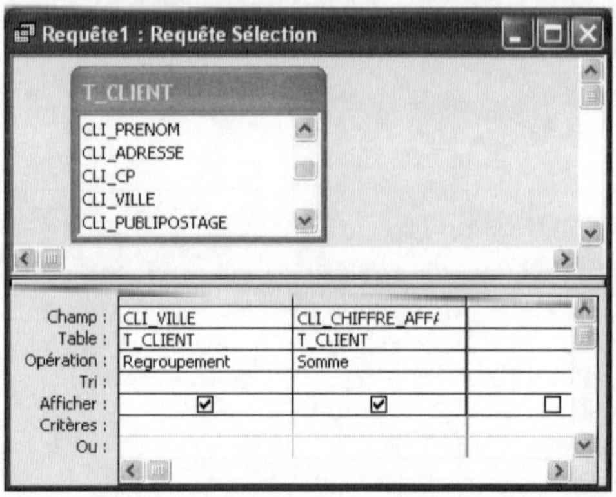

• Visualisez le résultat en mode feuille de données
• Fermez la requête sans enregistrer les modifications

Calcul du nombre de client par type d'abonnement

Nous allons créer une requête qui va calculer le nombre de client par type d'abonnement, et l'afficher par ordre décroissant.

• Créez une nouvelle requête en mode *création*
• Ajoutez la table *T_CLIENT* à la requête
• Positionnez les champs *CLI_ABONNEMENT* et *CLI_ID* dans la grille de la requête
• Dans la ligne <Opération>, colonne <CLI_ID>, remplacez *Regroupement* par *Compte*
• Dans la ligne <Tri>, colonne <CLI_ID>, mettez un tri décroissant

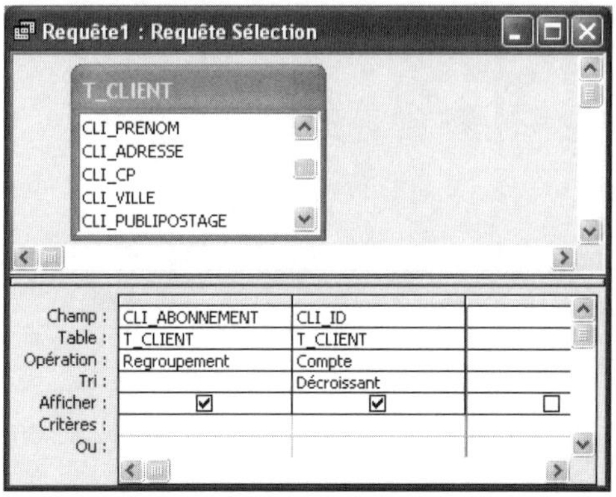

- Visualisez le résultat en mode feuille de données
- Fermez la requête sans enregistrer les modifications

---

❻ FERMER LA BASE DE DONNÉES ET QUITTER ACCESS

- *Fichier/Fermer*, ou appuyez sur Ctrl-F4 ou sur Ctrl-**W**
- *Fichier/Quitter*

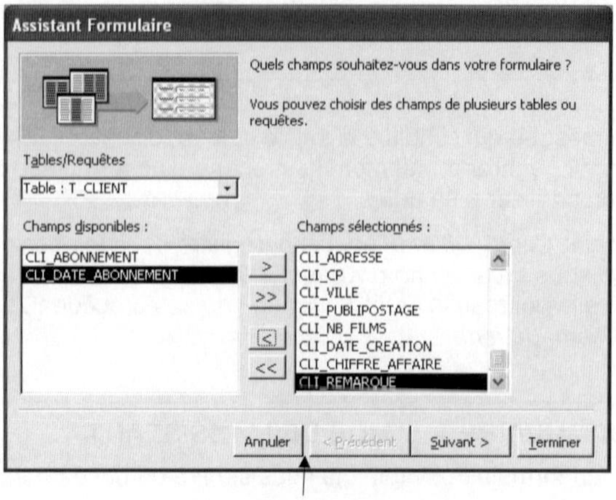

L'assistant formulaire

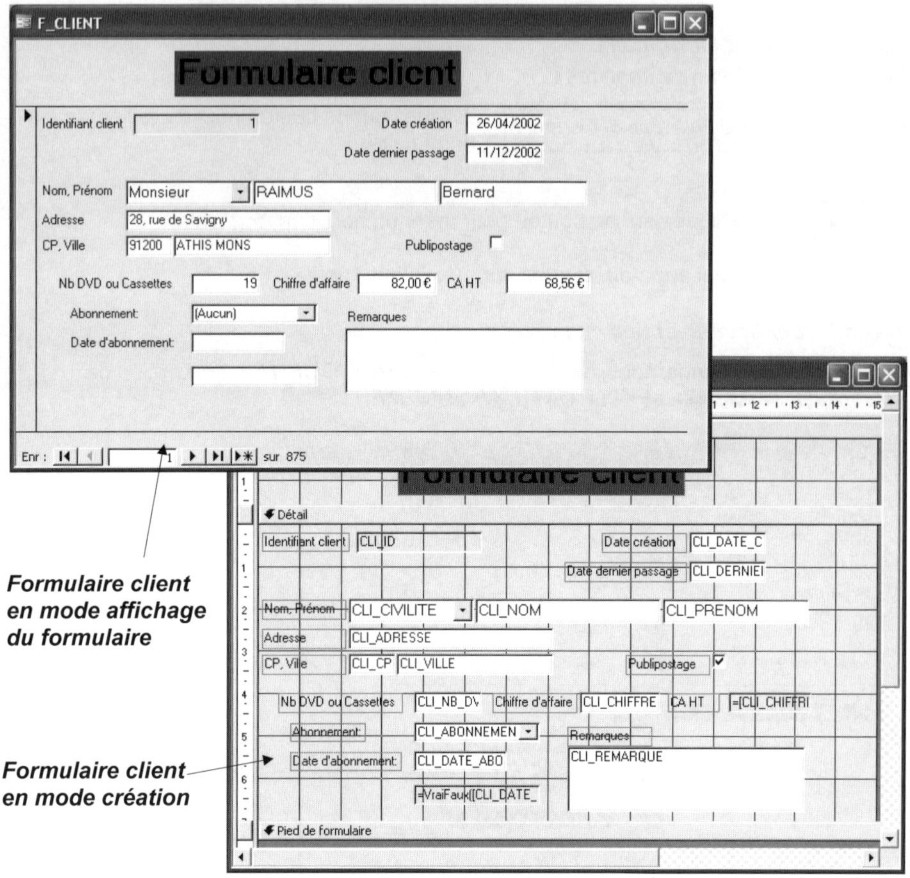

Formulaire client en mode affichage du formulaire

Formulaire client en mode création

Fonctions utilisées

- *Utiliser l'assistant formulaire*
- *Personnaliser un formulaire*
- *Insérer une image, un bouton*
- *Mise en forme conditionnelle*
- *Champ calculé*
- *Utiliser un formulaire*

Un formulaire est un masque qui simplifie la saisie et la modification des enregistrements dans une table. On peut générer rapidement la structure d'un formulaire à l'aide d'un assistant, puis la personnaliser à sa guise.

Copiez le fichier *Client_08.mdb* qui est enregistré dans le dossier *C:\Exercices Access 2003* sous un autre nom *XClient_08.mdb*. Cette base de données est la réplique de celle qui résulte de la réalisation du cas précédent. Ouvrez cette base de données *XClient_08.mdb*.

❶ CRÉER UN FORMULAIRE À L'AIDE DE L'ASSISTANT

Nous allons créer un formulaire simple qui nous servira de base de travail.

Cliquez sur ce bouton pour travailler sur les formulaires

Lancer l'assistant formulaire

Dans la fenêtre *Base de données* :

Cliquez sur ce bouton pour travailler sur les formulaires

ou

Cliquez sur ce bouton pour créer un nouveau formulaire

- Dans la fenêtre qui apparaît, cliquez sur <Assistant Table>

Sélectionner la table et des champs

Nous allons sélectionner tous les champs de la table *T_CLIENT*, à l'exception de <CLI_ABONNEMENT> et <CLI_DATE_ABONNEMENT>.

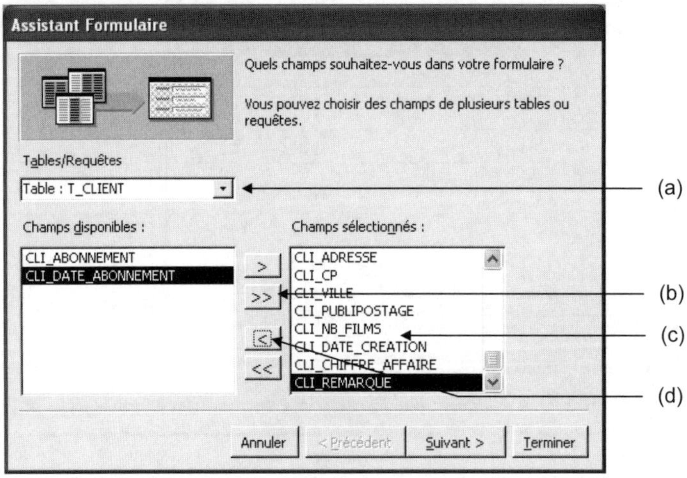

- Déroulez en (a) la liste des tables et requêtes disponibles, et sélectionnez *T_CLIENT*

- Cliquez en (b) pour faire passer tous les champs de la liste <Champs disponibles> vers la liste <Champs sélectionnés>
- Sélectionnez en (c) le champ *CLI_ABONNEMENT*
- Cliquez en (d) pour enlever *CLI_ABONNEMENT* de la liste des champs sélectionnés
- Répétez les deux dernières opérations pour le champ *CLI_DATE_ABONNEMENT*
- Cliquez sur «Suivant»

Définir le format et le nom

- Dans la liste des dispositions proposées, choisissez *Colonne simple*
- Cliquez sur «Suivant»

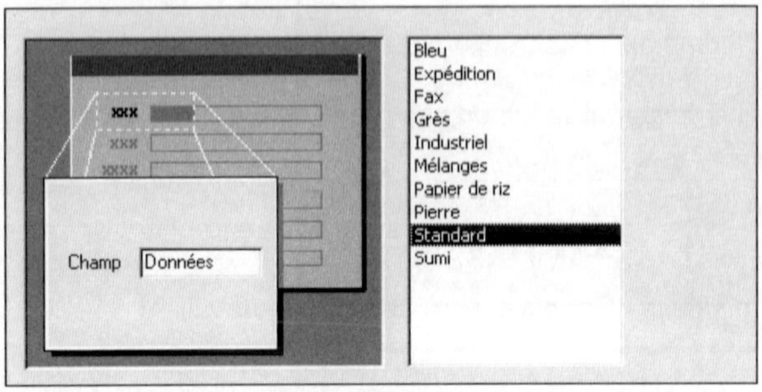

- Dans la liste des styles proposés, choisissez <Standard> (vous pouvez regarder les autres)
- Cliquez sur «Suivant»

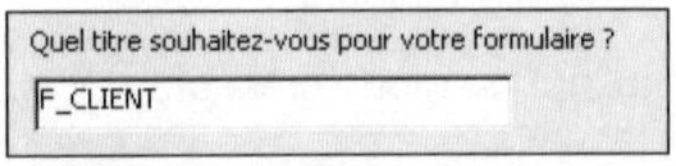

- Saisissez *F_CLIENT* comme titre de formulaire. Ce titre sera aussi le nom du formulaire
- Cliquez sur «Terminer»

Access affiche le formulaire généré :

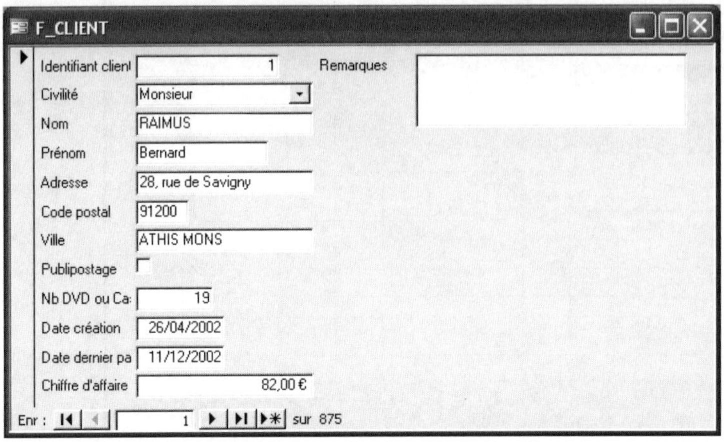

Notez que les libellés des champs correspondent aux légendes que nous avions définies.

Notez également que le champ *CLI_PUBLIPOSTAGE*, de type *Oui/non* a été créé sous forme de case à cocher, et que *CLI_CIVILITE*, que nous avions défini comme <Liste déroulante> a été créé sous forme d'une liste déroulante.

- Fermez le formulaire

❷ PERSONNALISER LE FORMULAIRE *F_CLIENT*

Nous allons maintenant améliorer la présentation du formulaire.
Le but, dans un premier temps, est d'obtenir quelque chose qui ressemblera à ceci :

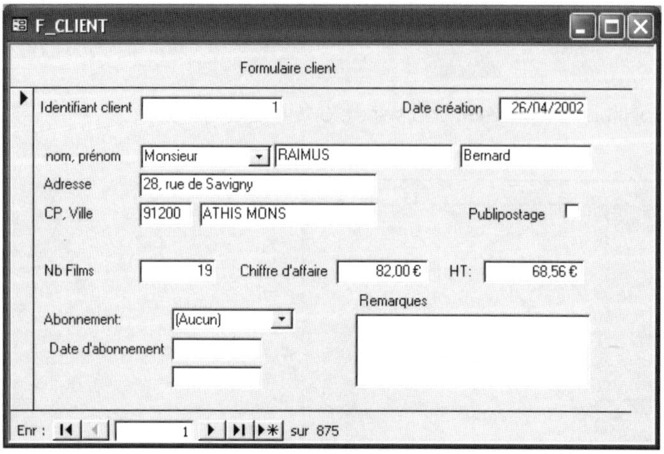

Les modifications portent sur les positions des objets (on les appelle des "contrôles") qui se trouvent sur le formulaire et parfois leur contenu.

Ouvrir le formulaire en mode création

- Sélectionnez le formulaire *F_CLIENT* dans la fenêtre *Base de données*

Cliquez sur ce bouton pour ouvrir le formulaire en mode *création*

- Agrandissez la fenêtre de façon à voir le formulaire en mode *création* dans son entier

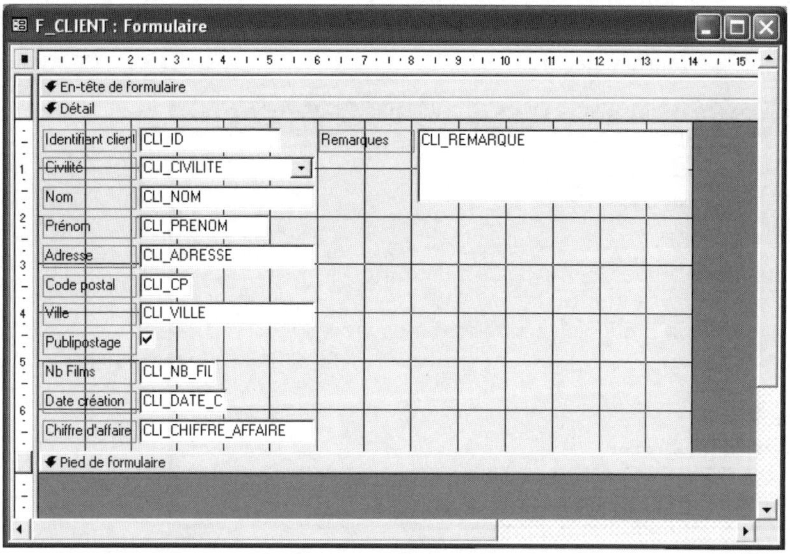

Utiliser un contrôle

On appelle "contrôle" tout ce qui est ce qui est positionné sur un formulaire, même si cela ne contrôle rien. Nous avons donc des contrôles *Étiquette* (tels que *Remarques)*, des contrôles *Zone de texte* (tels que *CLI_REMARQUE*), des contrôles *Case à cocher* (telles que le contrôle indiquant si le client reçoit le publipostage), des contrôles *Liste déroulante* (pour la civilité), etc... Un simple trait dessiné sur un formulaire est aussi un contrôle.

Déplacer un contrôle

Nous allons déplacer le contrôle *CLI_REMARQUE*.

- Sélectionnez le contrôle *CLI_REMARQUE* en cliquant dessus
  Notez que le contrôle étiquette *Remarque* est lui aussi sélectionné, mais pas complètement : il ne possède qu'une seule poignée en haut à gauche, alors que *CLI_REMARQUE* en possède huit.
- Sans cliquer, positionnez la souris sur le bord de la zone de texte *CLI_REMARQUE*. Le curseur prend la forme d'une main ouverte

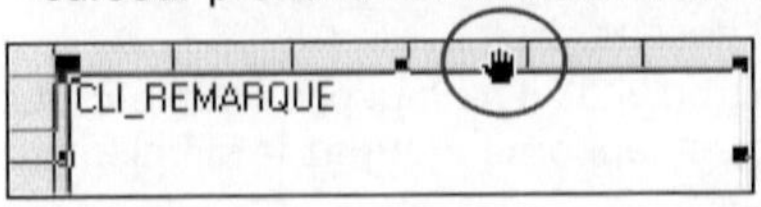

- Cliquez et glissez le contrôle vers le bas de l'écran. Notez que l'étiquette *Remarque* suit le déplacement

Nous allons maintenant placer le contrôle étiquette *Remarques* au-dessus du contrôle *CLI_REMARQUE*.

- Le contrôle *CLI_REMARQUE* étant toujours sélectionné, positionnez le curseur de la souris sur le coin supérieur gauche de l'étiquette *Remarques*. Le curseur prend la forme d'une main avec un index tendu

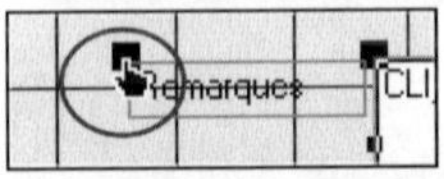

- Cliquez et glissez l'étiquette au-dessus de *CLI_REMARQUE*

Sélectionner et déplacer plusieurs contrôles

Nous allons déplacer les contrôles contenant le nom et l'adresse complète.

- Cliquez sur le fond à droite du champ *CLI_NOM* en (a)
- Glissez jusqu'en dessous du champ *CLI_VILLE* en (b)

Access sélectionne tous les contrôles qui sont contenus même partiellement dans la zone du cliquer-glisser.

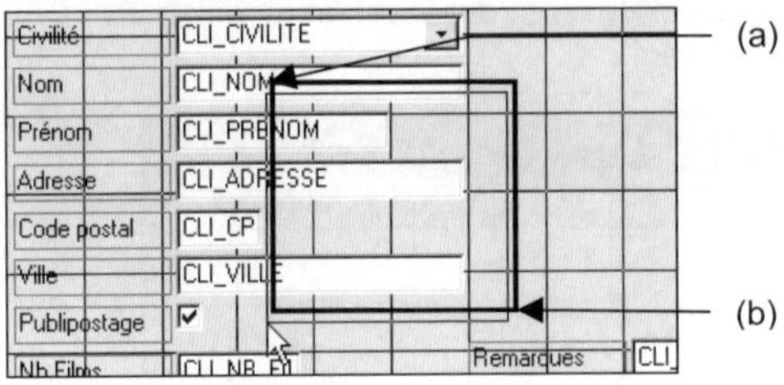

- Sans cliquer, positionnez la souris sur le bord d'un des contrôles sélectionnés. Le curseur de la souris se transforme en main
- Cliquez et glissez le groupe de contrôles vers la droite.

Redimensionner un contrôle

Le contrôle *CLI_ADRESSE* peut être agrandi, c'est ce nous allons faire.

- Sélectionnez le contrôle
- Positionnez le curseur de la souris sur la poignée qui se trouve à droite du champ. Le curseur prend la forme d'une double flèche horizontale

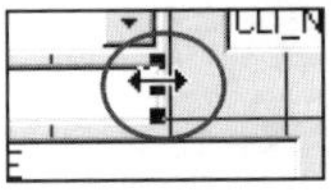

- Cliquez et glissez pour modifier la taille du champ
- De la même manière, diminuez la largeur de *CLI_CIVILITE*
- Redimensionnez et repositionnez les étiquettes qui en ont besoin (*Identifiant client, Nb DVD ou cassettes, Date dernier passage)*

Supprimer un contrôle

Nous allons supprimer l'étiquette *Ville.*

- Sélectionnez l'étiquette *Ville*
- Appuyez sur la touche Suppr

Modifier le contenu d'une étiquette

Il existe plusieurs moyens de modifier le contenu d'une étiquette. Nous allons voir le premier, en modifiant l'étiquette *Code Postal* en *CP, Ville.*

- Sélectionnez le contrôle *Code Postal* en cliquant dessus
- Cliquez à nouveau sur le contrôle (attention, pas trop vite : il ne faut pas double-cliquer. Si cela se produit, une fenêtre nommée <Propriétés> apparaît. Fermez-la simplement)
- Vous êtes maintenant en mode édition du contrôle
- Effacez *Code Postal* et tapez *CP, Ville*
- De même, modifiez le contenu de *Civilité* pour le remplacer par *Nom, Prénom*

Modifier la taille du formulaire

- Positionnez le curseur de la souris au bord droit de la zone formulaire. Le curseur prend la forme d'une flèche double avec une barre verticale

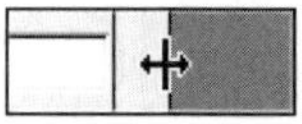

- Cliquez et glissez pour modifier la taille de la fenêtre.

Le principe est le même pour la hauteur du formulaire, en positionnant le curseur au-dessus de la barre <pied de formulaire>

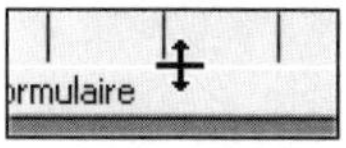

Attention de ne pas confondre la taille du formulaire avec celle de la fenêtre qui le contient, dont la taille se règle comme toutes les fenêtres Windows.

Modifier le formulaire

En utilisant les différentes techniques décrites ci-dessus, déplacez et modifiez les contrôles pour que le formulaire ressemble à ceci :

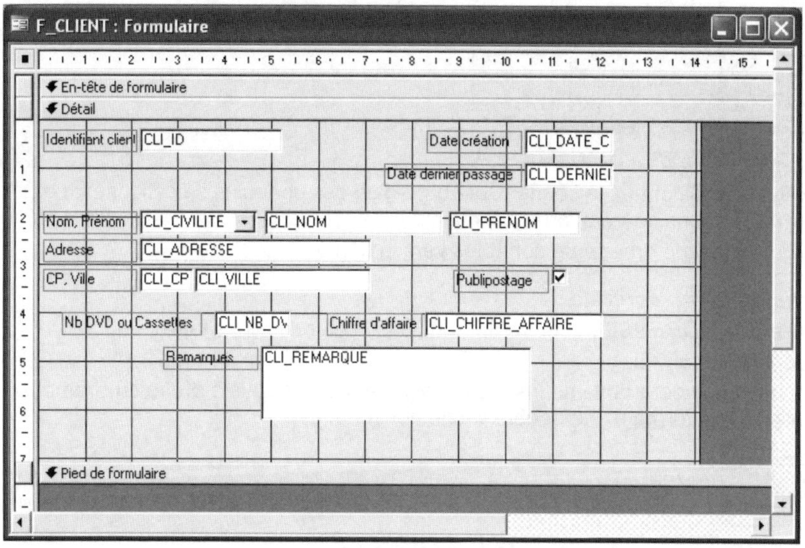

 Cliquez ce bouton pour enregistrer les modifications de structure du formulaire

Il n'est pas impératif de sauvegarder maintenant, mais autant préserver régulièrement notre travail, en cas de coupure de courant ou de blocage de l'ordinateur.

Cliquez sur ce bouton pour passer en mode *formulaire*

- Admirez le résultat de votre travail

❸ PLUS DE PERSONNALISATION

- Utilisez la touche de tabulation pour passer d'un champ à l'autre. Notez que l'ordre n'est pas toujours celui auquel on s'attendait : on passe de *CLI_NB_DVD* à *CLI_DATE_CREATION*, par exemple

Cliquez sur ce bouton pour revenir en mode *création*

Modifier l'ordre de tabulation des contrôles

Nous allons modifier l'ordre pour un seul champ, puis utiliser un ordre automatique. Il faut être en mode *création*

- En mode *création*, *Affichage/Ordre de tabulation*

Access affiche la liste des champs à ordonner

- Vérifiez que la section <Détail> est sélectionnée
- Cliquez sur la case grise qui précède *CLI_DATE_CREATION*, et relâchez le bouton de la souris
- Cliquez à nouveau sur la case grise qui précède *CLI_DATE_CREATION* et glissez la ligne ainsi sélectionnée entre *CLI_ID* et *CLI_CIVILITE*
- Relâchez le bouton de la souris

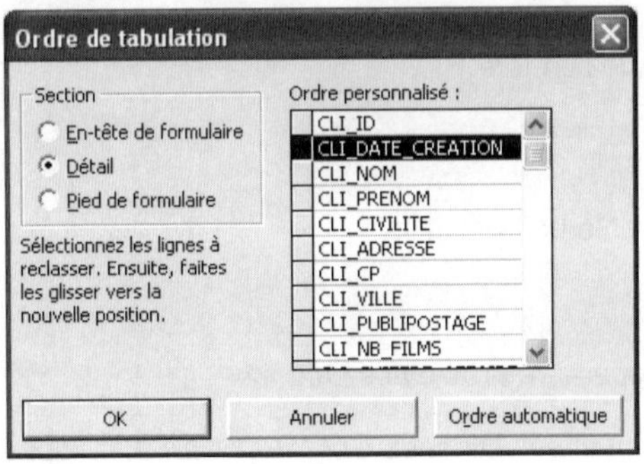

Cliquez sur ce bouton pour passer en mode *formulaire*

- Utilisez la touche de tabulation pour vérifier le résultat

Cliquez sur ce bouton pour revenir en mode création

- *Affichage/Ordre de tabulation*
- Cliquez sur <Ordre automatique>. Les champs sont ordonnés de haut en bas et de droite à gauche. Si cela ne vous semble pas être le cas (*CLI_DATE_CREATION* avant *CLI_ID*, par exemple), c'est que l'un des champs est plus haut que l'autre (dans notre exemple, *CLI_DATE_CREATION* plus haut que *CLI_ID*)
- Cliquez sur «OK»

Cliquez sur ce bouton pour passer en mode *formulaire*

- Utilisez la touche de tabulation pour vérifier le résultat

Cliquez sur ce bouton pour revenir en mode *création*

Faire apparaître l'en-tête de formulaire

Nous allons ajouter un titre dans l'en-tête du formulaire. Pour cela, il est nécessaire d'agrandir la section d'en-tête.

- Si la section d'en-tête du formulaire n'apparaît pas, *Affichage/En-tête/Pied de formulaire*
- Positionnez le curseur de la souris entre les barres d'en-tête de formulaire et de détail. Le curseur prend la forme d'une double flèche verticale

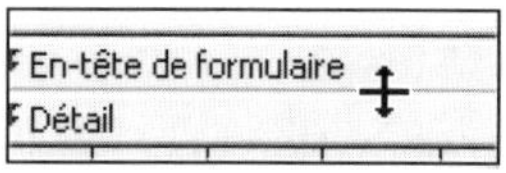

- Cliquez et glissez le curseur vers le bas

Ajouter une étiquette

 Cliquez sur ce bouton pour faire apparaître la boite à outils

La boite à outil peut revêtir plusieurs formes, telles que :

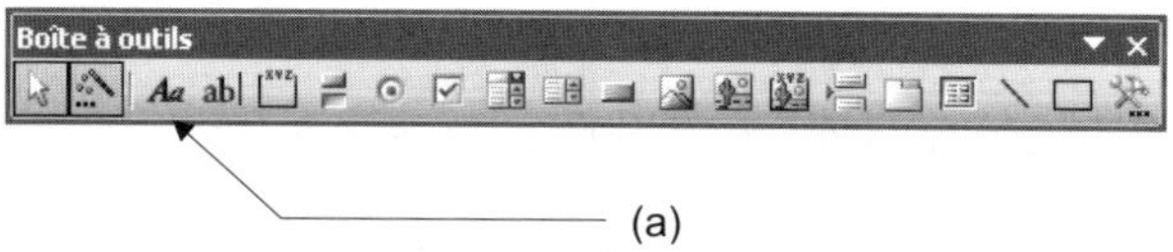

 Sélectionnez cet outil dans la boite à outils, en (a)

Le curseur prend la forme de la lettre A

- Cliquez sur le formulaire dans la section de l'en-tête

Access créé un contrôle étiquette vide

- Tapez *Formulaire client* suivit de Entrée

 Cliquez sur ce bouton pour masquer la boite à outils

Ajouter un champ avec la liste

 Cliquez sur ce bouton pour faire apparaître la liste des champs

- Dans la liste, utilisez la barre de défilement et sélectionnez *CLI_ABONNEMENT* qui est en fin de liste. Vous pouvez éventuellement agrandir un peu la liste

- Cliquez sur *CLI_ABONNEMENT* dans la liste et glissez-le à l'endroit où vous voulez le positionner sur le formulaire, sous le contrôle *CLI_NB_DVD* (éventuellement, déplacez un peu le champ *CLI_REMARQUE*)

Notez qu'Access créé une liste déroulante car c'est comme ceci que nous avions défini ce champ dans la table.

Ajouter un champ avec la boite à outils - contrôle indépendant

Cliquez sur ce bouton pour faire apparaître la *boîte à outils*

Sélectionnez cet outil dans la *boîte à outils*

Le curseur prend la forme de l'outil, avec les lettres *ab*

- Cliquez sur le formulaire sous le contrôle *CLI_ABONNEMENT*

Access créé un contrôle zone de texte vide indépendant

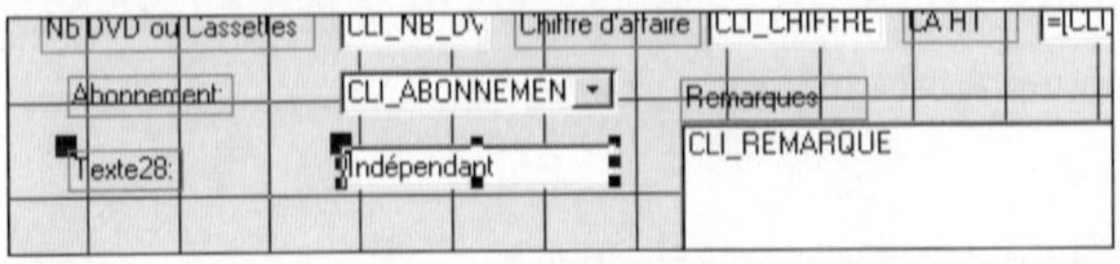

Cliquez sur ce bouton pour passer en mode *formulaire*

- Dans la zone de texte que vous venez de créer, tapez *Toto* (ou n'importe quoi d'autre)

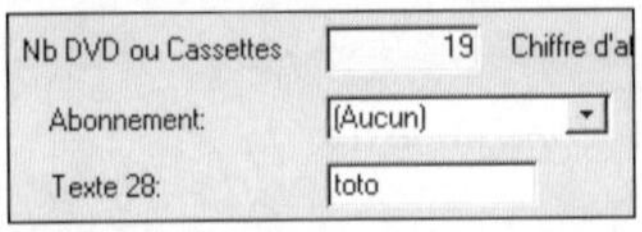

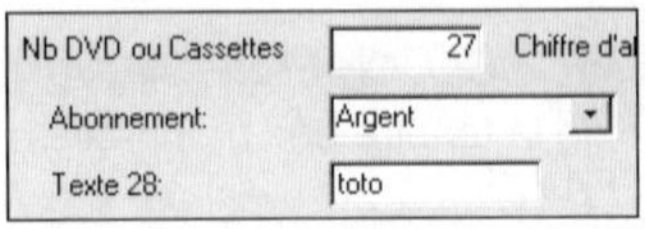

Cliquez plusieurs fois sur ce bouton en bas à gauche du formulaire pour afficher les enregistrements suivants

Vous constatez que les valeurs des contrôles changent, mais que *Toto* reste toujours là. Sa valeur n'est liée à aucun champ de la table. En fait, il est "indépendant" de la table. Un contrôle indépendant n'est généralement utilisé que par des macros ou des programmes visual basic.

Cliquez sur ce bouton pour revenir en mode *création*

Définir la source de donnée d'un contrôle

Nous allons définir la source du contrôle indépendant, pour qu'il affiche la date d'abonne²ment du client.

- Sélectionnez le contrôle indépendant (celui qui contenait *Toto*)

Cliquez sur ce bouton pour afficher la fenêtre des propriétés.

- Dans la fenêtre des propriétés, sélectionnez l'onglet <Données>
- Cliquez sur <Source de contrôle>
- Déroulez la liste en cliquant sur la flèche à droite du champ, et sélectionnez *CLI_DATE_ABONNEMENT* en bas de la liste

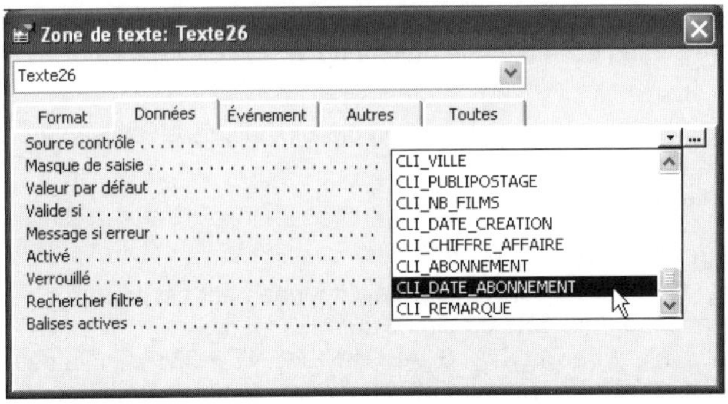

Le contrôle est maintenant un contrôle dépendant du champ *CLI_DATE_ABONNEMENT*

- Cliquez sur le contrôle étiquette *Texte26* (le numéro peut être différent), à gauche de la zone de texte *CLI_DATE_ABONNEMENT*
- Vérifiez que la fenêtre des propriétés a comme titre *Étiquette: Étiquette27* (le numéro peut être différent)
- Dans la fenêtre des propriétés, sélectionnez l'onglet <Format>
- Cliquez sur <Légende>
- Tapez *Date d'abonnement*

 Cliquez ce bouton pour enregistrer les modifications de structure du formulaire.

 Cliquez sur ce bouton pour passer en mode *formulaire*.

- Admirez votre travail

 Cliquez sur ce bouton pour revenir en mode création

Modifier le format

 Si vous avez fermé la fenêtre des propriétés, cliquez sur ce bouton l'afficher

- Sélectionnez le contrôle *CLI_CHIFFRE_AFFAIRE*
- Vérifiez que le titre de la fenêtre des propriétés est bien *Zone de texte: CLI_CHIFFRE_AFFAIRE*
- Sélectionnez l'onglet <Format> de la fenêtre des propriétés
- Cliquez sur la ligne <Décimales>
- Tapez *2*

Ajouter une zone de texte calculée

La valeur du chiffre d'affaires est TTC. Nous allons ajouter un contrôle qui affichera le montant hors taxe.

 Si vous avez fermé la boite à outils, cliquez sur ce bouton pour la faire apparaître.

 Sélectionnez cet outil dans la *boîte à outils*.

- Cliquez sur le formulaire à coté de *CLI_CHIFFRE_AFFAIRE*

Access créé un contrôle zone de texte vide indépendant.

 Si vous avez fermé la fenêtre des propriétés, cliquez sur ce bouton pour la faire apparaître

- Dans la fenêtre des propriétés, sélectionnez l'onglet <Données>
- Cliquez sur <Source de contrôle>
- Tapez la formule suivante *=[CLI_CHIFFRE_AFFAIRE] / 1,196*
- Sélectionnez l'onglet <Format>
- Cliquez sur la ligne <Format>
- Déroulez la liste en cliquant sur la flèche à droite du champ, et sélectionnez <Monétaire>
- Modifiez le contenu du contrôle étiquette associé à ce contrôle calculé en utilisant une des méthodes vues plus haut
- Déplacez les contrôles et ajustez leur taille

Ajouter une autre zone de texte calculée

Nous allons maintenant créer un contrôle qui signalera si l'abonnement est périmé, autrement dit si la prise de l'abonnement date de plus d'un an.
Nous allons donc comparer la valeur de CLI_DATE_ABONNEMENT + 365 avec la date du jour, donnée par la fonction Date(). Le test sera effectué par la fonction VraiFaux.

Sélectionnez cet outil dans la *boîte à outils*

- Cliquez sur le formulaire à coté du contrôle *CLI_DATE_ABONNEMENT*

Access créé un contrôle zone de texte vide indépendant.

- Sélectionnez le contrôle étiquette qui se trouve à gauche, et appuyez sur [Suppr]
- Sélectionnez le contrôle zone de texte que vous venez de créer
- Dans la fenêtre des propriétés, sélectionnez l'onglet <Données>
- Cliquez sur <Source de contrôle>
- Ouvrez le zoom en appuyant sur [⇧]+[F2]
- Tapez la formule suivante :
  =VraiFaux([CLI_DATE_ABONNEMENT]+365<Date();"périmé";"")
  Note : La formule VraiFaux() est l'équivalent du SI() en Excel, et s'utilise de façon similaire.

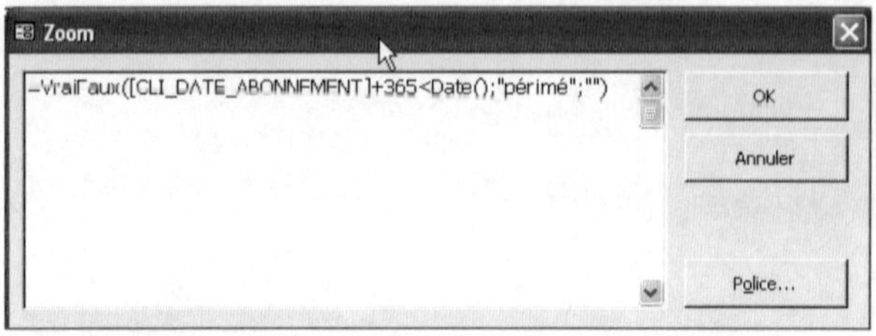

- Cliquez sur «OK» pour fermer le zoom
- Passez en mode formulaire pour vérifiez le résultat.

Si le contrôle contient *#Nom* ou *#Erreur*, il y a une erreur dans la formule. Dans ce cas, revenez en mode création et vérifiez-la.

- Vérifiez la formule en saisissant une date d'abonnement périmée ou non

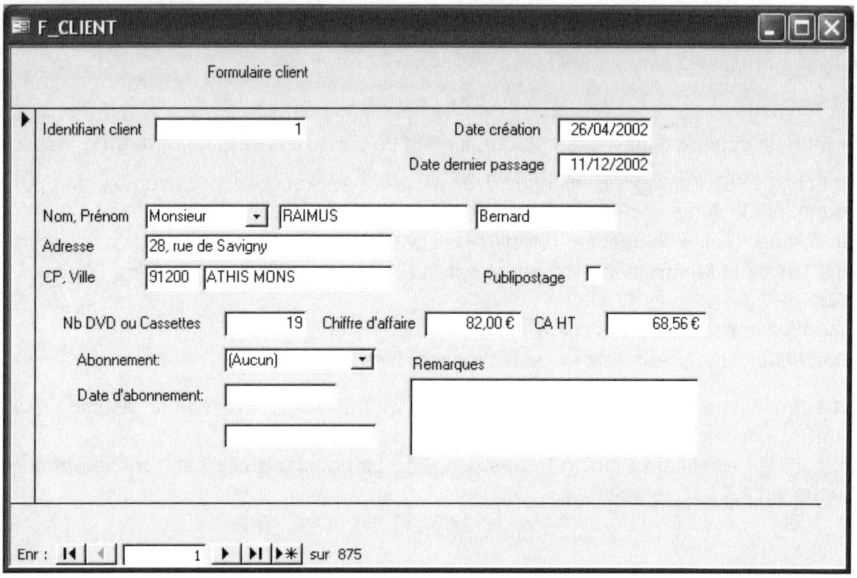

Cliquez ce bouton pour enregistrer les modifications de structure du formulaire

❹ EMBELLIR LE FORMULAIRE *F_CLIENT*

Maintenant que notre formulaire est complet, nous allons essayer de le rendre plus esthétique et plus convivial.

Modifier le style des contrôles

Un contrôle peut être de différentes couleurs et utiliser différentes fontes.

- Sélectionnez l'étiquette *Formulaire client* dans l'en-tête du formulaire

Si vous avez fermé la fenêtre des propriétés, cliquez sur ce bouton pour la faire apparaître.

- Sélectionnez l'onglet <Format>
- Sélectionnez la ligne <Couleur fond>

Cliquez sur ce bouton à droite de la ligne.

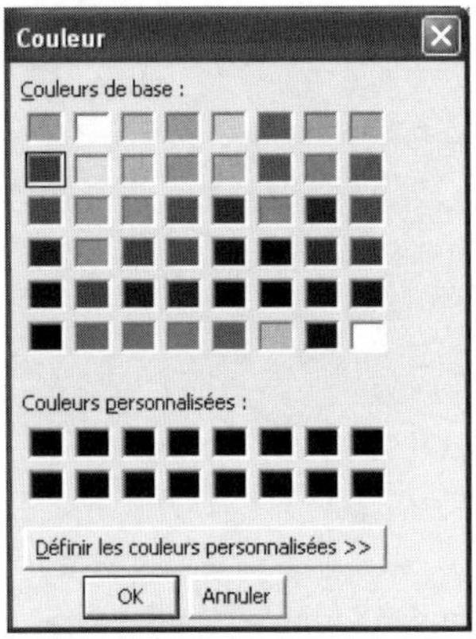

- Sélectionnez la couleur rouge
- Cliquez sur «OK»

Vous noterez que chaque couleur est codifiée sous forme d'un nombre.

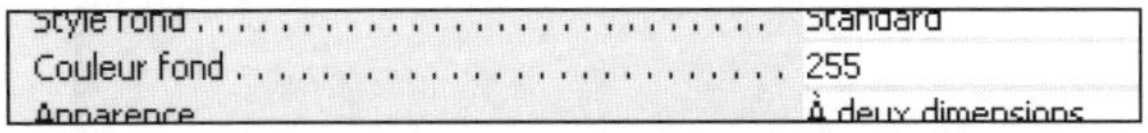

Pour faire un copier-coller d'une couleur, il suffit de copier-coller le nombre en question.

- Sur la ligne <Style fond>, remplacez *Transparent* par *Standard*, par exemple en double-cliquant sur la ligne
- Sur la ligne <Taille de police>, remplacez *8* par *26*
- Sans fermer la fenêtre des propriétés, agrandissez le contrôle pour voir le texte en entier
- Recentrez le contrôle dans le formulaire
- Sur la ligne <Épaisseur police>, sélectionnez *Très gras*

En utilisant les méthodes ci-dessus, modifiez le formulaire pour obtenir le résultat suivant :

- l'adresse, le code postal et la ville sont écrits en bleu
- le fond de l'identifiant client est transparent. Vous noterez qu'il n'est transparent que quand il n'est pas sélectionné
- la civilité, le nom et le prénom sont en taille 11 et ont été agrandis

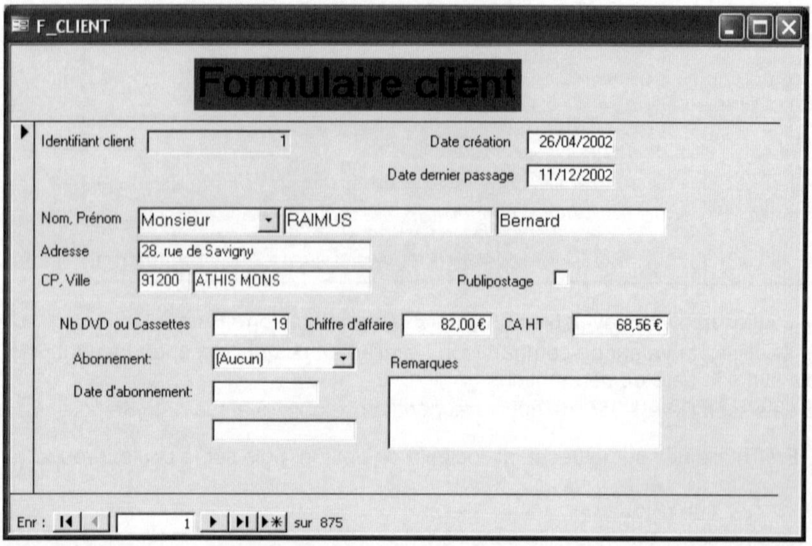

Interdire l'accès à un contrôle

Le contrôle affichant le prix hors taxe ne peut pas être modifié, car il est résultat d'une formule. Nous allons interdire son accès.

- Sélectionnez le contrôle calculant le prix hors taxe
- Dans la fenêtre des propriétés, sélectionnez l'onglet <Données>
- Sur la ligne <Activé>, remplacez la valeur *Oui* par *Non*
- Visualisez le résultat en passant en mode formulaire
- Revenez en mode création
- Sur la ligne <Verrouillé>, remplacez la valeur *Non* par *Oui*
- Visualisez le résultat en passant en mode formulaire

Le problème est qu'un utilisateur ne voit pas de différence entre ce champ (inaccessible) et les autres champs (accessibles)

- Revenez en mode *création*
- Mettez sa propriété <Style fond> à *Transparent*
- Réorganisez l'ordre de tabulation des contrôles
- Visualisez le résultat en passant en mode formulaire
- De manière similaire, interdisez l'accès au contrôle indiquant l'identifiant client, ainsi que celui indiquant si l'abonnement est périmé ou non

Appliquer une mise en forme conditionnelle

Il peut être utile de modifier le format d'affichage de certains contrôles en fonction de leur valeur.

Nous allons afficher en rouge le contenu de *CLI_DATE_ABONNEMENT* lorsqu'on se rapproche de la date de fin d'abonnement.

- Cliquez sur le champ *CLI_DATE_ABONNEMENT*
- *Format/Mise en forme conditionnelle*

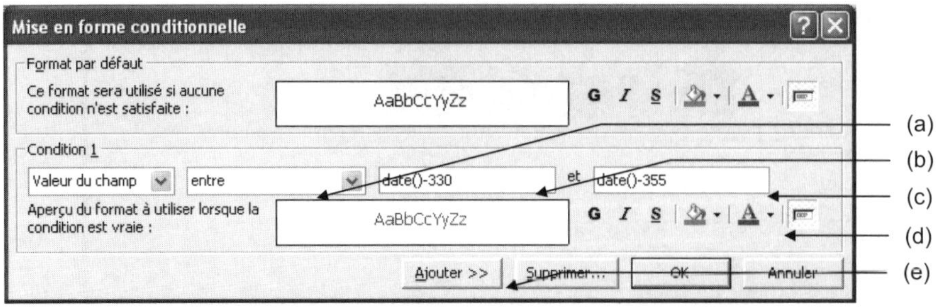

- En (a), vérifiez que vous avez bien un critère de comparaison <Entre>
- En (b), saisissez la valeur de comparaison *Date()-330*, ce qui correspond à peut prés à un mois avant la date de péremption
- En (c), saisissez *Date()-355*, ce qui correspond à dix jours avant la date de péremption

 En (d), cliquez sur la flèche associée à ce bouton, puis sur la couleur rouge

- En (e), cliquez sur «Ajouter»

Access vous présente une nouvelle condition

- Sélectionnez le critère <Inférieur à>
- Saisissez la valeur de comparaison *Date()-355*
- Précisez que le texte de ce champ doit être en rouge, souligné et gras

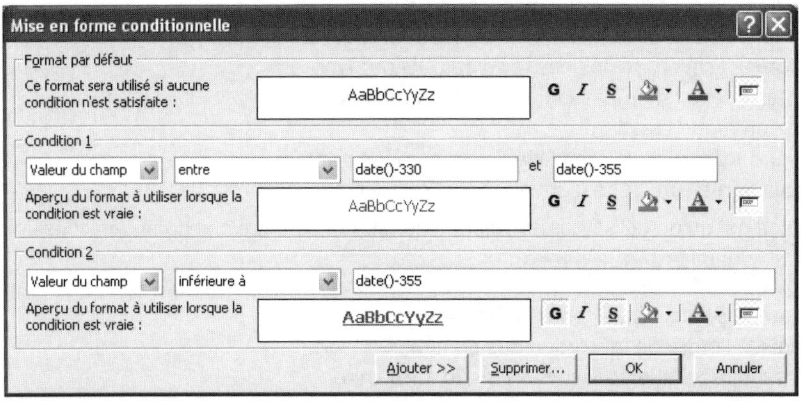

- Cliquez sur «OK»
- Repassez en mode formulaire
- Saisissez différentes valeurs pour *CLI_DATE_ABONNEMENT* pour vérifier les effets de la mise en forme conditionnelle
- Revenez en mode création

❺ UTILISER LE FORMULAIRE *F_CLIENT*

L'utilisation des formulaires est similaire à celle des tables. On retrouve les mêmes principes dans les deux cas. Nous ne verrons que les déplacements, la recherche et le tri ascendant. Vous pouvez vous reporter au cas 2 (les feuilles des données) pour les autres manipulations.

- Dans la fenêtre de base de données, double-cliquez sur *F_CLIENT*

Access affiche le formulaire

Faire défiler les enregistrements

Nous allons utiliser les boutons de déplacement qui se trouvent en bas à gauche du formulaire

 Cliquez sur ce bouton pour afficher l'enregistrement suivant.

 Cliquez sur ce bouton pour afficher l'enregistrement précédent.

 Cliquez sur ce bouton pour afficher le dernier enregistrement.

 Cliquez sur ce bouton pour afficher le premier enregistrement.

 Cliquez sur ce bouton pour insérer un enregistrement.

Trier les enregistrements

Nous allons faire apparaître les informations du formulaire triées par clients.

- Cliquez dans le contrôle *CLI_NOM*

 Cliquez sur ce bouton, ou *Enregistrements/Trier/Tri croissant.*

- Parcourez les enregistrements pour vérifier que le tri a bien été effectué

Rechercher un enregistrement

- Nous allons rechercher la fiche de *Yves Martin*
- Affichez le premier enregistrement et placez le curseur dans le champ *CLI_NOM*

 Cliquez sur ce bouton, ou *Edition/Rechercher*, ou appuyez sur Ctrl-**F**.

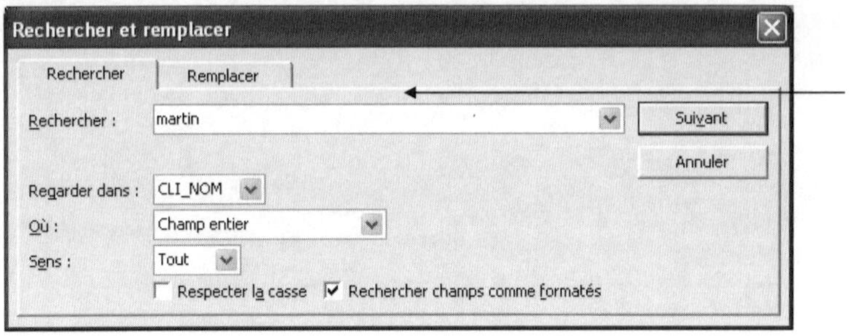

(a)

- Tapez *martin* en (a)
- Cliquez sur «Suivant»
- La vente affichée n'est pas la bonne : cliquez sur «Suivant» jusqu'à trouver la bonne

La vente recherchée est maintenant à l'écran.

- Cliquez sur «Annuler» pour refermer le dialogue de recherche
- Fermez le formulaire sans enregistrer les modifications (vous avez modifié la structure du formulaire en ajoutant le tri)

❻ FERMER LA BASE DE DONNÉES ET QUITTER ACCESS

- *Fichier/Fermer*, ou appuyez sur Ctrl-F4 ou sur Ctrl-**W**
- *Fichier/Quitter*

CAS 9 : ÉTATS ET ÉTIQUETTES

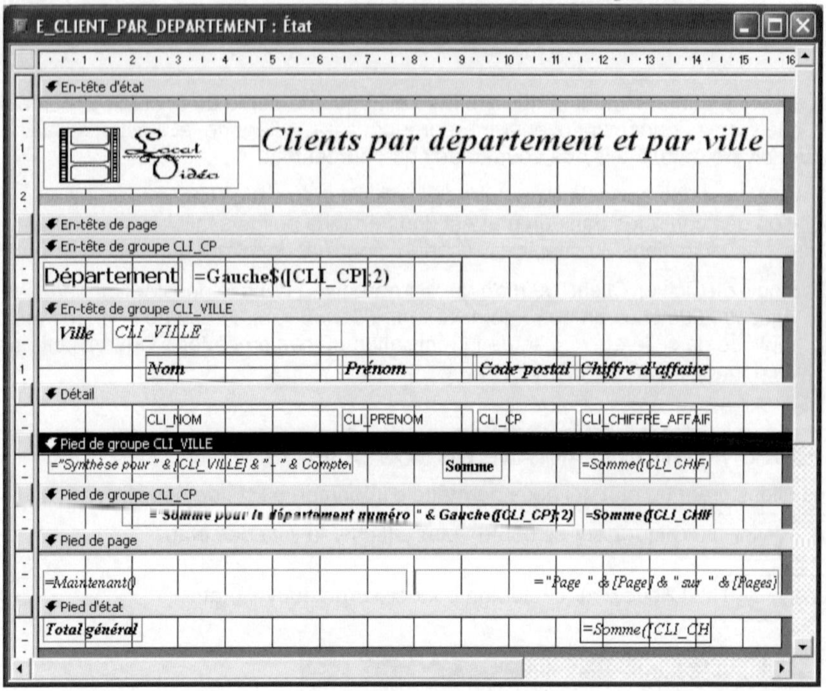

La structure d'un état...

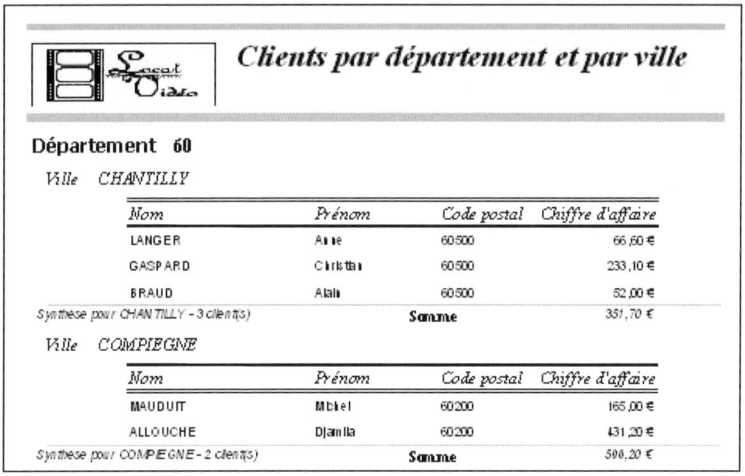

... et le résultat

Fonctions utilisées

– *État instantané*	– *Modifier un état*
– *État tabulaire*	– *Étiquettes*
– *État avec sous-totaux*	

Un état est un document imprimé qui liste la totalité ou une partie du contenu d'une table ou d'une requête. Les données peuvent être regroupées par catégorie, et il est possible d'effectuer divers calculs tels que sous-totaux ou pourcentage.

En fait, un état est une sorte de formulaire destiné uniquement à l'impression. La manipulation des contrôles dans un état est donc en tous points similaire à ceux d'un formulaire. Les indications du chapitre précédent pourront donc être utilisées avec profit.

Copiez le fichier *Client_09.mdb* qui est enregistré dans le dossier *C:\Exercices Access 2003* sous un autre nom *XClient_09.mdb*. Cette base de données est la réplique de celle qui résulte de la réalisation du cas précédent. Ouvrez cette base de données *XClient_09.mdb*.

❶ CRÉER UN ÉTAT INSTANTANÉ DE NOS CLIENTS

Nous allons créer un état qui nous permette d'imprimer la liste de nos clients.

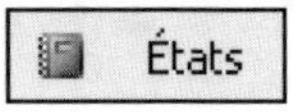

Cliquez sur ce bouton pour afficher la liste des états.

Cliquez sur ce bouton pour créer un nouvel état.

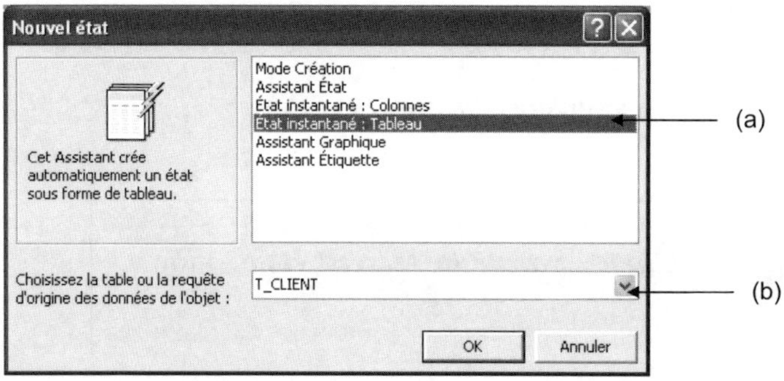

- Sélectionnez *État instantané : Tableau* en (a)
- Dans la liste déroulante (b), sélectionnez la table *T_CLIENT*
- Cliquez sur «OK»

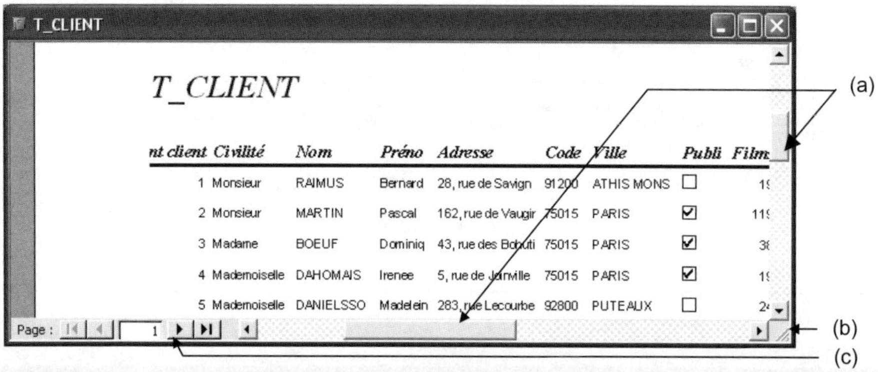

Vous pouvez visualiser le reste de la page en utilisant les ascenseurs en (a), agrandir la fenêtre en (b) ou visualiser les autres pages en utilisant les boutons de déplacement (c).

Enregistrer l'état

- Fermez l'état

Access vous demande si vous désirez enregistrer les modifications.

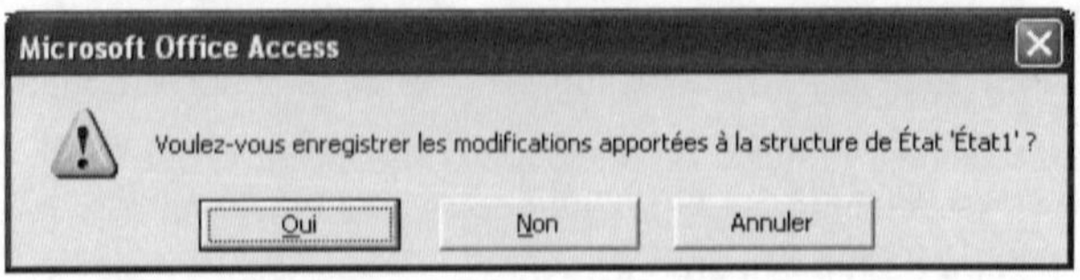

- Cliquez sur «Oui»
- Saisissez le nom de l'état, ici *E_CLIENT_COLONNE*
- Cliquez sur «OK»

Imprimer l'état

Pour visualiser l'impression à l'écran, cliquez sur ce bouton.

Cliquez sur ce bouton dans la barre d'outils pour imprimer immédiatement, ou *Fichier/Imprimer* pour afficher la boite de dialogue de l'imprimante.

Note : si vous cliquez sur le bouton de la barre d'outil, l'impression démarre immédiatement. Il n'est peut-être pas nécessaire d'imprimer les 44 pages de cet exemple.

❷ CRÉER UN ÉTAT AVEC L'ASSISTANT

Nous allons créer un état en donnant plus d'indications que précédemment.

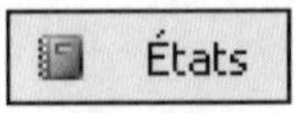

Cliquez sur ce bouton pour afficher la liste des états.

Cliquez sur ce bouton pour créer un nouvel état.

- Sélectionnez *Assistant État*
- Cliquez sur «OK»

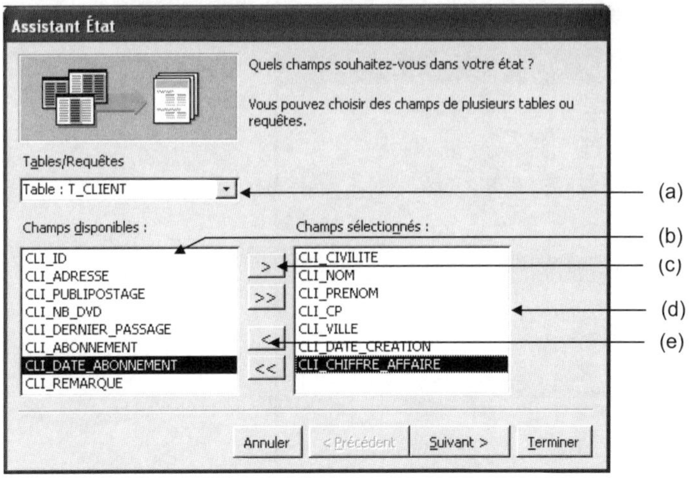

- Déroulez en (a) la liste des tables et requêtes disponibles, et sélectionnez *T_CLIENT*
- Sélectionnez en (b) le champ <CLI_CIVILITE>

- Cliquez sur le bouton > (c) pour faire passer le champ <CLI_CIVILITE> vers la liste <Champs sélectionnés>. En (b) le champ sélectionné passe au suivant, c'est à dire <CLI_NOM>
- Cliquez sur le bouton > (c) pour faire passer le champ <CLI_NOM> vers la liste <Champs sélectionnés>
- De la même manière, faites passer les champs <CLI_PRENOM>, <CLI_CP>, <CLI_VILLE>, <CLI_DATE_CREATION> et <CLI_CHIFFRE_AFFAIRE>
- Si vous voulez retirer un champ de la liste (d), sélectionnez-le et cliquez sur le bouton < (e)
- Une fois les champs sélectionnés, Cliquez sur «Suivant»

Access propose d'ajouter un niveau de regroupement.

- Cliquez sur «Suivant»

Access propose un tri.

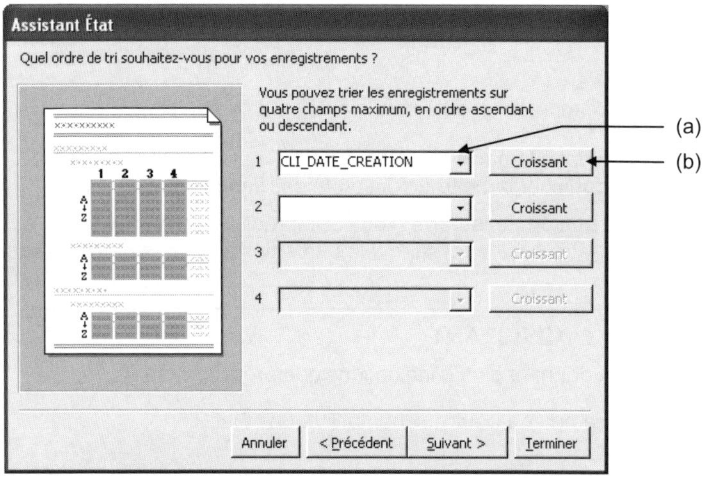

- En (a), sélectionnez le champ qui va servir de critère de tri : <CLI_DATE_CREATION>
- Cliquez sur le bouton (b), pour passe en tri décroisant
- Cliquez sur «Suivant»

Access vous propose plusieurs présentations

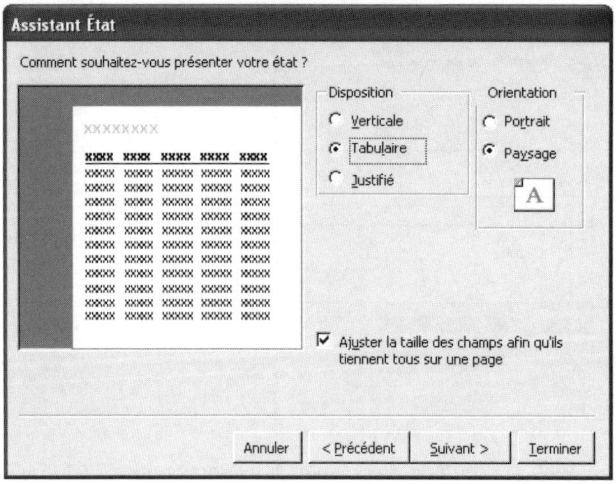

- Sélectionnez une disposition ⊙ *Tabulaire* et une orientation ⊙ *Paysage*

- Vérifiez que la case ☑ *Ajuster la taille des champs afin qu'ils tiennent tous sur une page* est cochée
- Cliquez sur «Suivant»

Access vous propose plusieurs styles

- Sélectionnez celui que vous préférez. La base exemple a été faite avec le style <Société>, mais vous pouvez en choisir un autre
- Cliquez sur «Suivant»
- Tapez un titre pour l'état : *E_CLIENT* ; ce titre sera également le nom de l'état

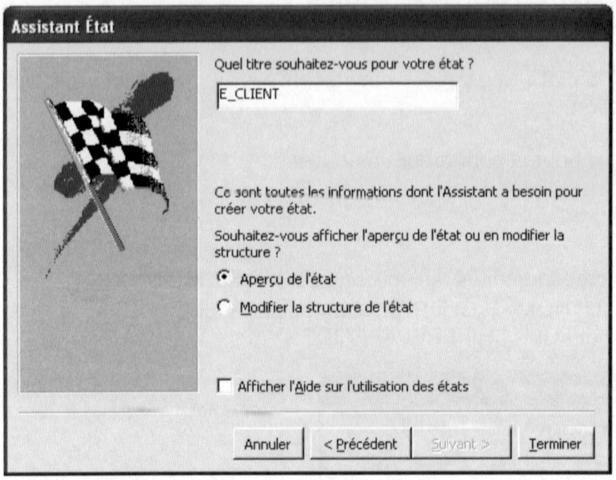

- Cliquez sur «Terminer»

L'état est généré puis affiché :

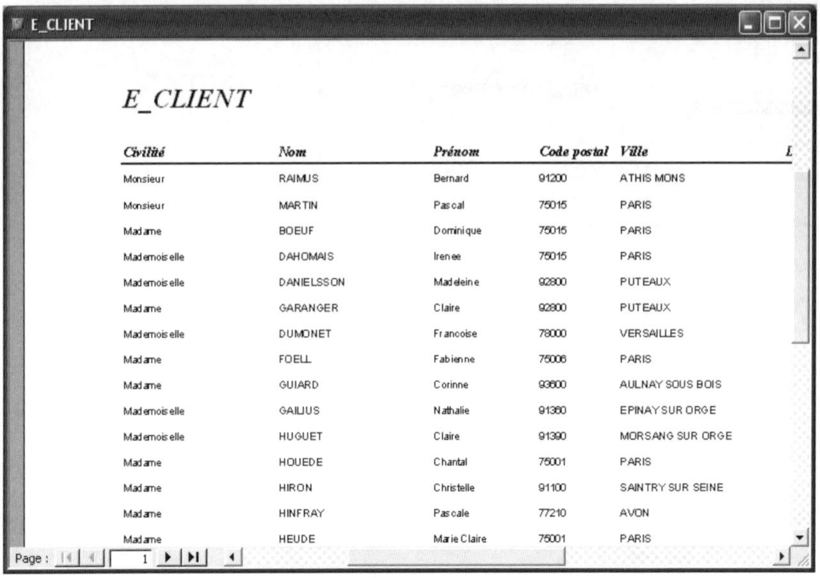

Civilité	Nom	Prénom	Code postal	Ville
Monsieur	RAIMUS	Bernard	91200	ATHIS MONS
Monsieur	MARTIN	Pascal	75015	PARIS
Madame	BOEUF	Dominique	75015	PARIS
Mademoiselle	DAHOMAIS	Irenee	75015	PARIS
Mademoiselle	DANIELSSON	Madeleine	92800	PUTEAUX
Madame	GARANGER	Claire	92800	PUTEAUX
Mademoiselle	DUMONET	Francoise	78000	VERSAILLES
Madame	FOELL	Fabienne	75006	PARIS
Madame	GUIARD	Corinne	93600	AULNAY SOUS BOIS
Mademoiselle	GAILIUS	Nathalie	91360	EPINAY SUR ORGE
Mademoiselle	HUGUET	Claire	91390	MORSANG SUR ORGE
Madame	HOUEDE	Chantal	75001	PARIS
Madame	HIRON	Christelle	91100	SAINTRY SUR SEINE
Madame	HINFRAY	Pascale	77210	AVON
Madame	HEUDE	Marie Claire	75001	PARIS

- *Fichier/Fermer*, ou appuyez sur Ctrl-F4 ou sur Ctrl-**W**

Imprimer l'état

Cliquez sur ce bouton pour afficher la liste des états.

• Sélectionnez *E_CLIENT*

Cliquez sur ce bouton dans la barre d'outils pour lancer immédiatement l'impression, ou *Fichier/Imprimer*, ou appuyez sur Ctrl-**P**.

Si vous préférez, vous pouvez visualiser l'impression à l'écran :

Cliquez sur ce bouton, ou *Fichier/Aperçu avant impression*.

❸ CRÉER DES ÉTATS AVEC DES SOUS-TOTAUX

Regroupement par date

L'état précédent est un état "à plat". Nous allons maintenant regrouper les informations des clients par date de création.

Cliquez sur ce bouton pour créer un nouvel état.

- Choisissez *Assistant État*
- Cliquez sur «OK»
- De la même manière que précédemment, sélectionnez la table T_CLIENT
- Choisissez les champs <CLI_NOM>, <CLI_PRENOM>, <CLI_VILLE>, <CLI_DATE_CREATION> et <CLI_CHIFFRE_AFFAIRE>

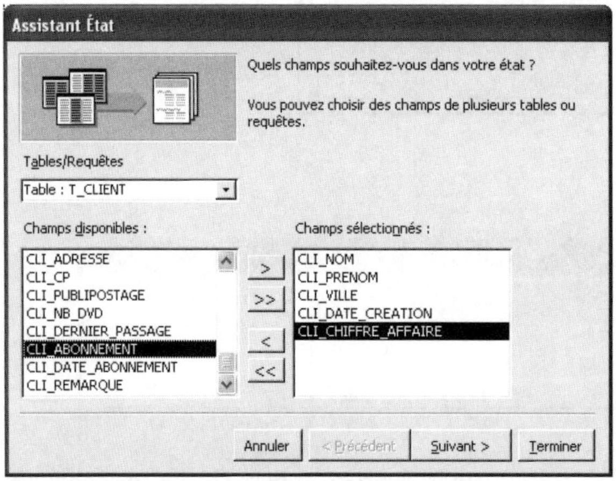

- Cliquez sur «Suivant»

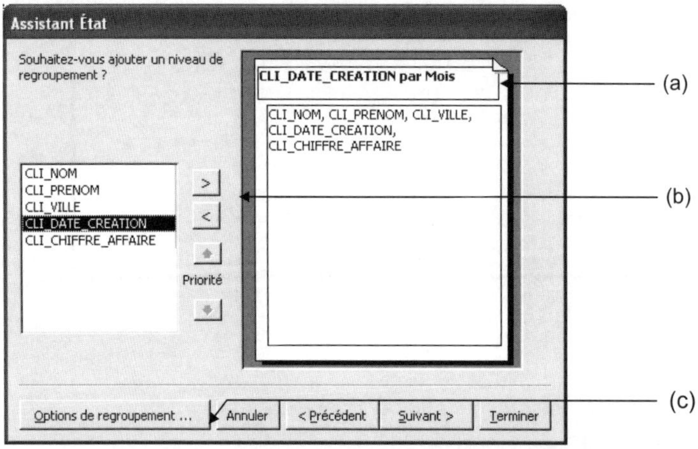

• Sélectionnez <CLI_DATE_CREATION> et cliquez sur > (b), pour demander un regroupement sur <CLI_DATE_CREATION>

Access propose un regroupement par mois en (a).

• Cliquez sur le bouton «Options de regroupement...» en (c)

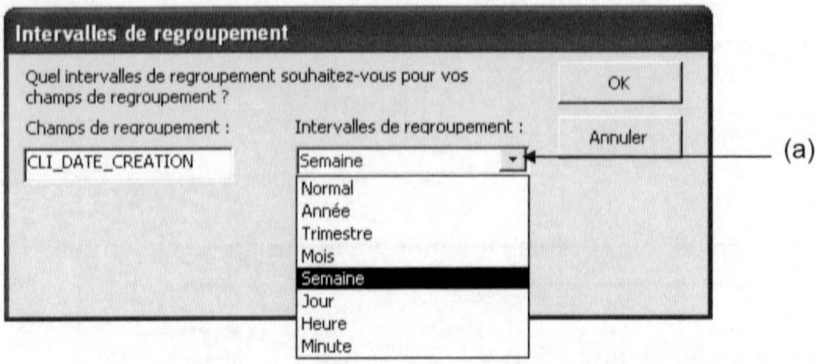

• Ouvrez la liste en cliquant en (a)
• Choisissez *Semaine*
• Cliquez sur «OK» pour fermer la fenêtre d'options de regroupement
• Cliquez sur «Suivant»

Access affiche les options de tri

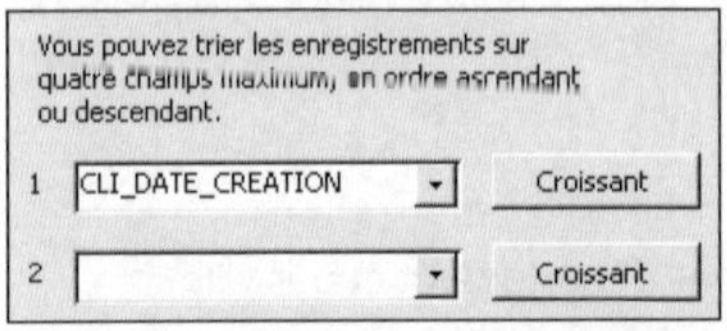

• Dans la zone liste 1 : choisissez un tri par <CLI_DATE_CREATION>
• Cliquez sur «Options de synthèse»

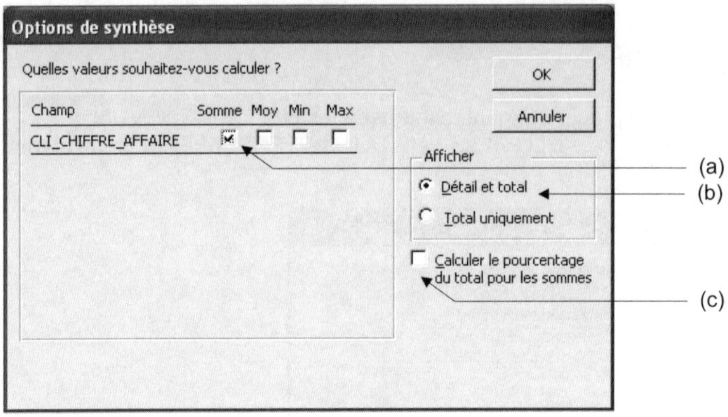

• Cochez la cas sous *Somme* en (a)
• Vérifiez que ⊙ *Détail et total* en (b) est sélectionné, et que ☑ *Calculer le pourcentage du total pour les sommes* en (c) ne l'est pas
• Cliquez sur «OK» pour fermer la fenêtre des Options de synthèse
• Cliquez sur «Suivant»
• Dans les options de présentations, choisissez une disposition <Echelonné> et une orientation <Portrait>
• Cliquez sur «Suivant»
• Choisissez un style parmi ceux qui vous sont proposés. La base exemple a été faite avec le style <Société>, mais vous pouvez en choisir un autre

- Cliquez sur «Suivant»
- Tapez un titre pour l'état : *E_CLIENT_PAR_TRIMESTRE* ; ce titre sera également le nom de l'état
- Cliquez sur «Terminer»

L'état est généré puis affiché :

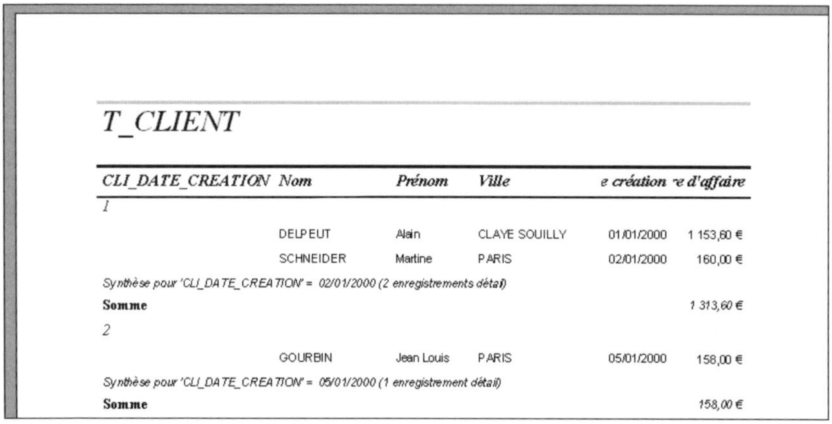

Access a regroupé les dates de création par semaine et a calculé à chaque fois le total des chiffres d'affaires correspondant.

- *Fichier/Fermer*, ou appuyez sur Ctrl-F4 ou sur Ctrl-**W**

Regroupement par département et par ville

Nous allons maintenant regrouper les informations par département et par ville.

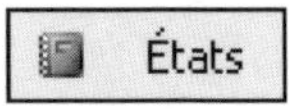

Cliquez sur ce bouton pour afficher la liste des états.

Cliquez sur ce bouton pour créer un nouvel état.

- Choisissez *Assistant État*
- Cliquez sur «OK»
- De la même manière que précédemment, choisissez les champs <CLI_NOM>, <CLI_PRENOM>, <CLI_CP>, <CLI_VILLE> et <CLI_CHIFFRE_AFFAIRE> de la table T_CLIENT

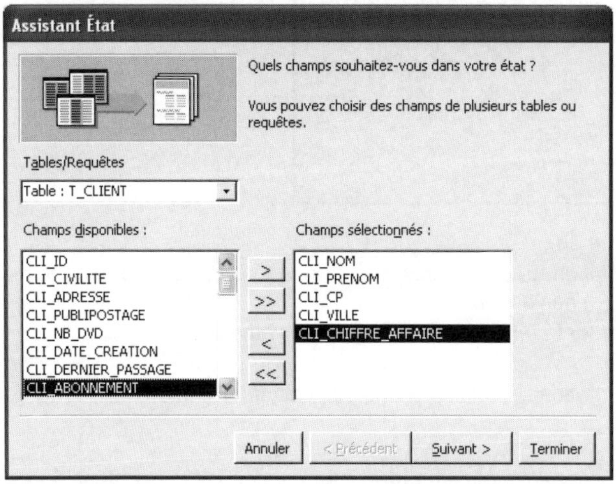

- Cliquez sur «Suivant»

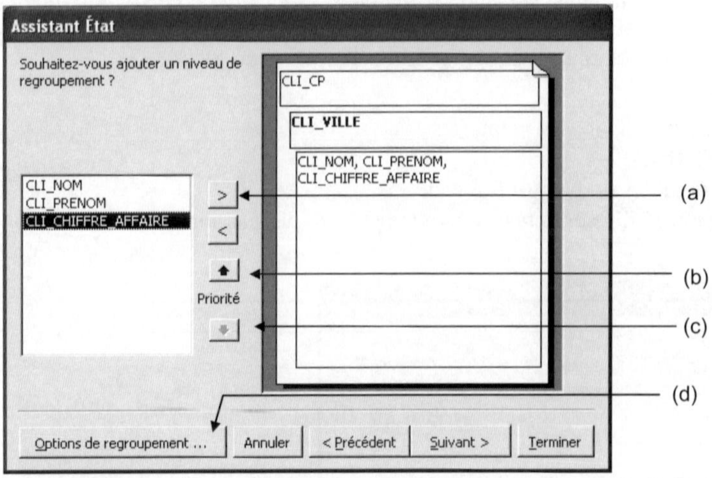

- Sélectionnez <CLI_CP>, et cliquez sur le bouton > (a), pour demander un regroupement sur <CLI_CP>
- Sélectionnez <CLI_VILLE>, et cliquez sur > (a) pour demander un regroupement sur <CLI_VILLE>
- Cliquez sur les boutons (b) et (c), si besoin, pour modifier l'ordre de regroupement (<CLI_CP> doit être au-dessus de <CLI_VILLE>, car il y a plusieurs villes pour un même département)
- Cliquez sur «Options de regroupement…» (d) pour afficher les options de regroupements

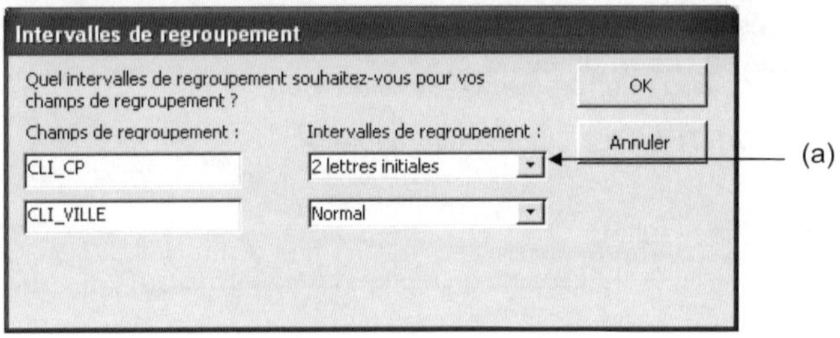

- Ouvrez la liste déroulante en (a) pour choisir <2 lettres initiales>. Les deux lettres initiales du code postal correspondent bien au département
- Cliquez sur «OK»

Access revient sur la fenêtre des regroupements

- Cliquez sur «Suivant»

Access affiche les options de tri

- Cliquez sur <Options de synthèse>

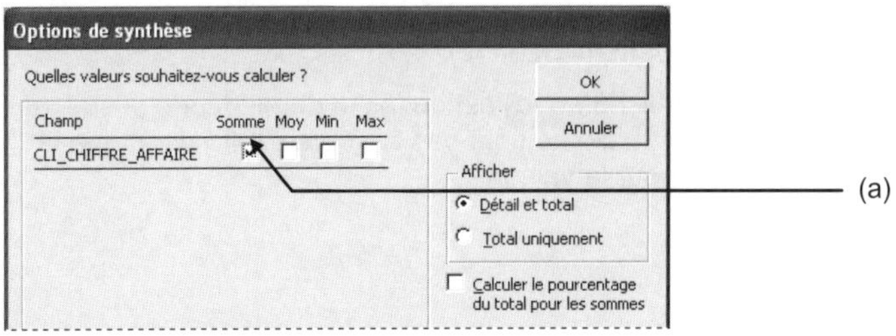

- Cochez la case sous *Somme* en (a)
- Vérifiez que ⊙ *Détail et total* est sélectionné et que ☑ *Calculer le pourcentage du total pour les sommes* ne l'est pas
- Cliquez sur «OK», Access revient sur la fenêtre des options de tri
- Cliquez sur «Suivant»

Dans la fenêtre de présentation de l'état

- Activez l'option ⊙ *Contour 1*
- Vérifiez que l'orientation est bien ⊙ *Paysage*
- Vérifiez que l'option ☑ *Ajuster la taille des champs afin qu'ils tiennent tous sur une page* est cochée

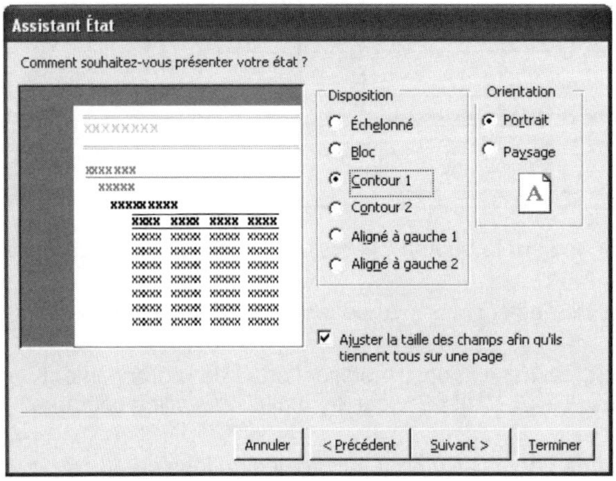

- Cliquez sur «Suivant»
- Sélectionnez le style que vous préférez. La base exemple a été faite avec le style <Société>, mais vous pouvez en choisir un autre
- Cliquez sur «Suivant»
- Tapez *E_CLIENT_PAR_DEPARTEMENT* comme titre d'état
- Cliquez sur «Terminer»

Access construit l'état et affiche le résultat.

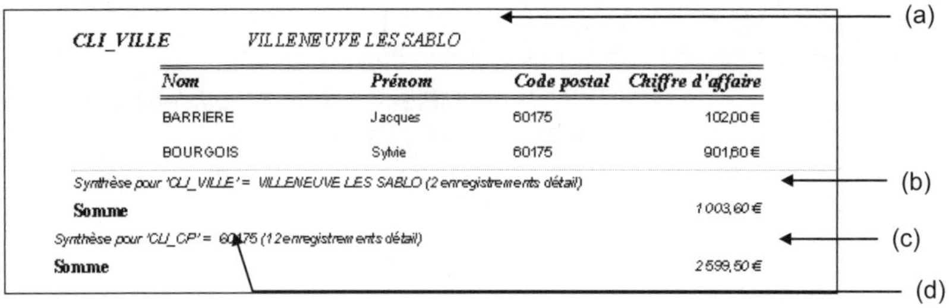

Vous noterez :

– le total des chiffres d'affaires par ville en (b)

– le total des chiffres d'affaires par département en (c)

Notez également que le code postal affiché en (d) est en fait le dernier code postal, que les libellés (tel le nom de champ CLI_VILLE) ne sont pas toujours explicites et que le contrôle en (a) n'est pas assez large pour la valeur.

❹ MODIFIER UN ÉTAT

Nous allons personnaliser l'état E_CLIENT_PAR_DEPARTEMENT en corrigeant les points décrits ci-dessus et en apportant d'autres améliorations.

Ouvrir l'état en mode Création

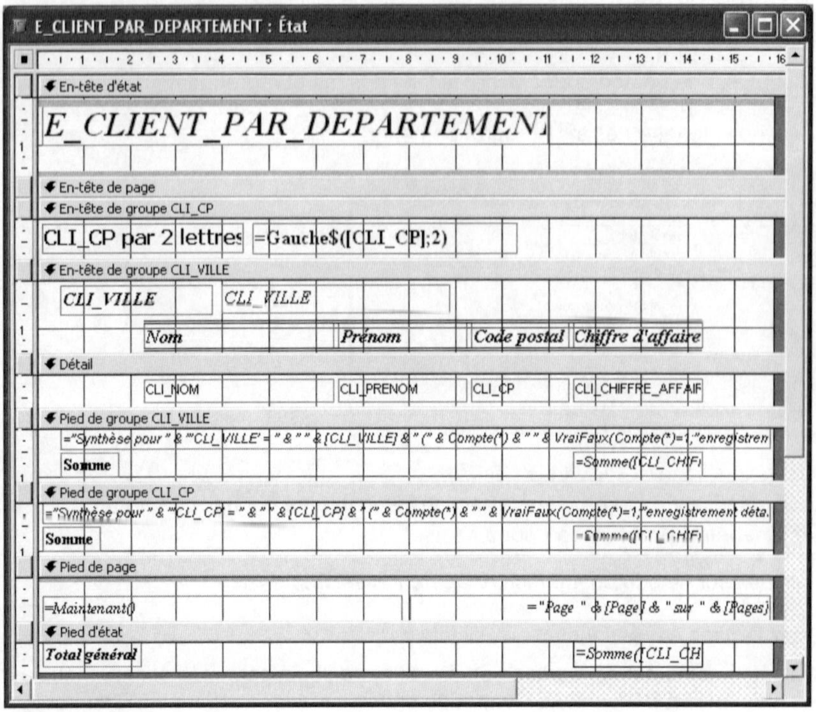

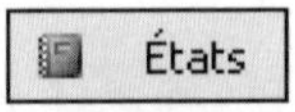

Cliquez sur ce bouton pour afficher la liste des états.

- Sélectionnez le nom de l'état : <E_CLIENT_PAR_DEPARTEMENT>

Cliquez sur ce bouton pour en modifier la structure.

Tout comme les formulaires, les états utilisent des contrôles, qui se manipulent exactement de la même manière.
Dans la majorité des cas, reportez-vous aux paragraphes correspondant dans le chapitre précédent.

Modifier les étiquettes

- Remplacez le texte de titre par *Clients par département et par ville*
- Remplacez l'étiquette (pas la zone de texte) <CLI_VILLE> par *Ville*
- Remplacez l'étiquette <CLI_CP par 2 lettres initiales> par *Département*

Insérer un saut de page

Nous allons insérer un saut de page après la fin du groupe <CLI_CP> :
- Sélectionnez <Pied de groupe CLI_CP>

Cliquez sur ce bouton pour afficher la fenêtre des propriétés.

- Sélectionnez l'onglet *Format*
- Modifiez la propriété <Saut de page> pour la mettre à *Après section*

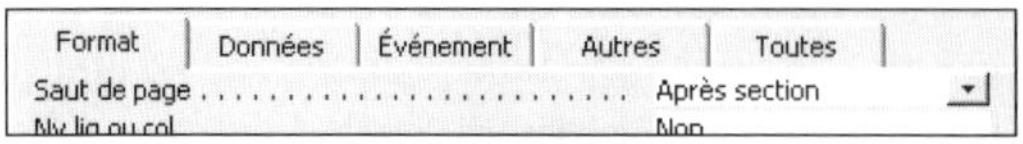

- Fermez la fenêtre des propriétés

Ajouter une section insécable

Nous allons demander à ce que la section CLI_VILLE soit insécable : elle ne peut être coupée par une fin de page (sauf si elle fait plusieurs pages).

Cliquez sur ce bouton pour afficher la liste des tris et regroupements de l'état.

Access affiche la fenêtre des tris et regroupements

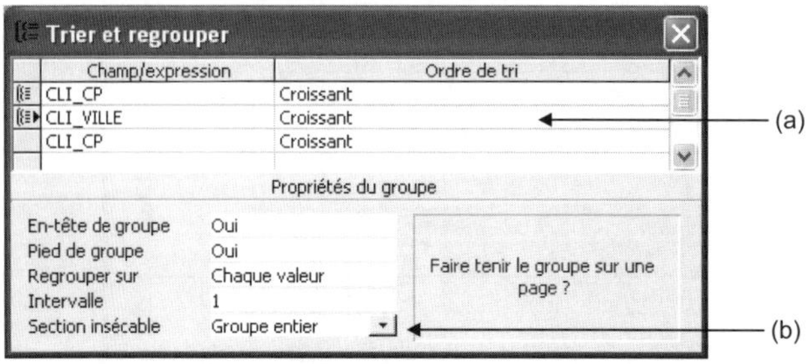

- Sélectionnez la ligne <CLI_VILLE> en (a)
- Définissez la valeur de la propriété <Section insécable> à *Groupe entier* en (b)
- Fermez la fenêtre des tris et regroupements

Cliquez sur ce bouton, ou *Fichier/Aperçu avant impression.*

- Regardez la page correspondant aux clients parisiens

Comme ils sont nombreux, ils ne tiennent pas sur une seule page. Or, comme nous avons demandé une section insécable sur le groupe entier, l'en-tête du groupe CP se trouve tout seul sur une page, et que la section ville se trouve sur la page suivante

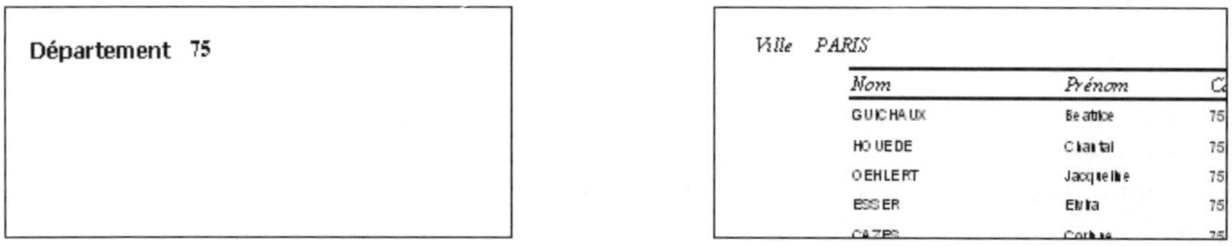

Cliquez sur ce bouton pour passer en mode *création.*

Cliquez sur ce bouton pour afficher la liste des tris et regroupements de l'état.

- Sélectionnez la ligne <CLI_VILLE>
- Définissez la valeur de la propriété <Section insécable> à *Avec premier détail*
- Fermez la fenêtre des tris et regroupements

Cliquez sur ce bouton, ou *Fichier/Aperçu avant impression.*

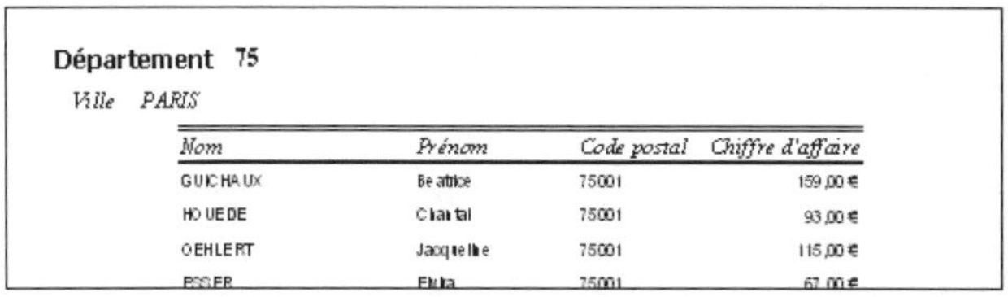

Notez que maintenant, on a bien l'en-tête de la ville qui n'est plus séparée de l'en-tête du département.

 Cliquez sur ce bouton pour passer en mode *création*.

Modifier les formules - la concaténation

Vous remarquerez que l'état contient de nombreuses formules utilisant la concaténation (avec le caractère `&`), c'est à dire l'ajout de texte à la suite d'un autre texte. `"ce"` concaténé avec `"la"` donnera `"cela"`.

Par exemple, si [CLI_VILLE] contient *Paris*, alors
`="Bonjour " & [CLI_VILLE]` donnera : `Bonjour Paris`

- En analysant la formule compliquée du pied de groupe CLI_VILLE :

```
="Synthèse pour " & "'CLI_VILLE' = " & " " & [CLI_VILLE] &
" (" & Compte(*) & " " & VraiFaux(Compte(*)=1;
"enregistrement détail";"enregistrements détail") & ")"
```

  on peut envisager de la remplacer par une expression plus simple :

```
="Nombre de clients à " & [CLI_VILLE] & " : " & Compte(*)
& " client(s)"
```

- De même, la formule du pied de groupe CLI_CP peut être remplacée par :

```
="Somme pour le département numéro " & Gauche([CLI_CP];2)
```

- Si vous vous sentez sûr de vous, modifiez les formules apparaissant dans les sections de pied de CLI_VILLE et CLI_CP. Pour cela, cliquez deux fois pas trop rapidement dans le contrôle et tapez la formule
- Vérifiez la validité de la formule en mode prévisualisation de l'état, sans enregistrer les modifications
- Une fois les modifications vérifiées, enregistrez l'état. Sinon, n'enregistrez pas et recommencez.

Insérer un logo dans l'en-tête de l'état

 Cliquez sur ce bouton dans la *boîte à outils*.

- Cliquez et faites glisser le pointeur dans la partie droite de la zone <En-tête d'état> afin de tracer un rectangle marquant l'emplacement du logo que l'on va insérer

Access ouvre un explorateur pour sélectionner l'image à insérer.

- Grâce à l'explorateur, chargez le fichier *Logo.bmp* qui se trouve dans le dossier *C:\Exercices Access 2003*

Access ajoute le logo à l'état.

 Cliquez sur ce bouton pour afficher la fenêtre des propriétés.

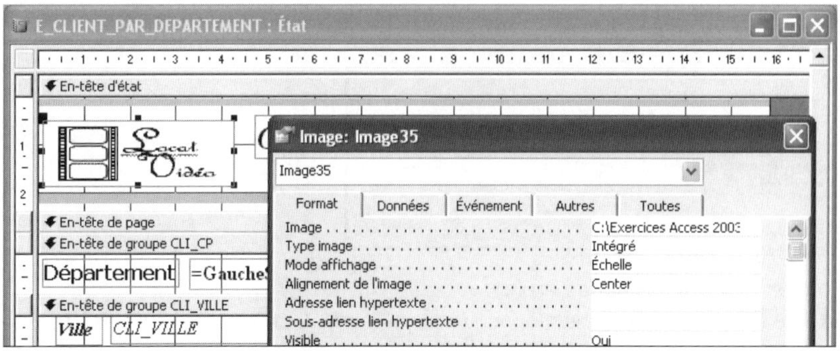

- Sélectionnez l'onglet *Format*
- Vérifiez que la propriété <Type Image> a pour valeur : *Intégré*
- Dans la propriété <Mode affichage>, choisissez *Échelle*
- Fermez la fenêtre des propriétés

Vérifier et fermer

Vérifiez le bon résultat de l'état. Pour cela :

 Cliquez sur ce bouton, ou *Fichier/Aperçu avant impression.*

- Au passage, vérifiez la position du pied d'état par rapport au pied de page
- Fermez en enregistrant les modifications

❺ UTILISER L'ASSISTANT ÉTIQUETTES

L'assistant Étiquettes permet d'imprimer des planches d'étiquettes à partir des données contenues dans une table ou une requête. Nous allons l'utiliser pour imprimer sur des étiquettes les adresses de nos clients ayant demandé un publipostage.

- En vous référant éventuellement au cas 7 (requête sélection), créez une requête qui affiche les coordonnées (civilité, nom, prénom, adresse, code postal et ville) des clients ayant demandé un publipostage

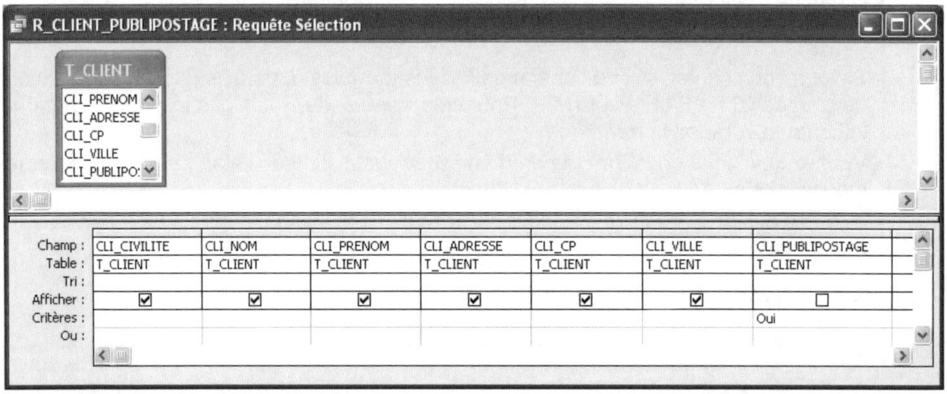

- Enregistrez cette requête sous le nom *R_CLIENT_PUBLIPOSTAGE*

Cliquez sur ce bouton pour afficher la liste des états.

Cliquez sur ce bouton pour en créer un nouvel état.

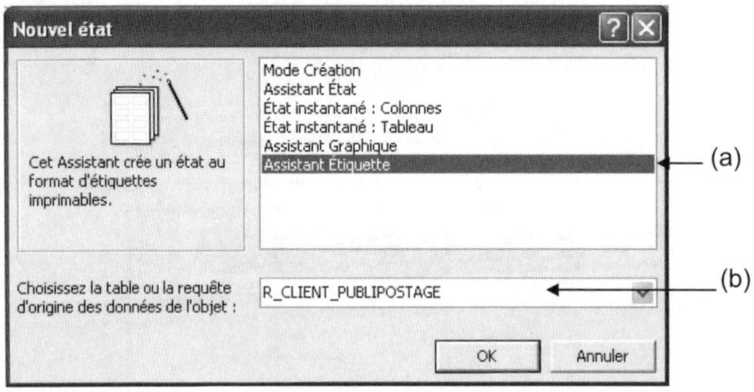

- Sélectionnez *Assistant Étiquette* en (a)
- Dans la liste déroulante (b), sélectionnez la requête <R_CLIENT_PUBLIPOSTAGE>
- Cliquez sur «OK»

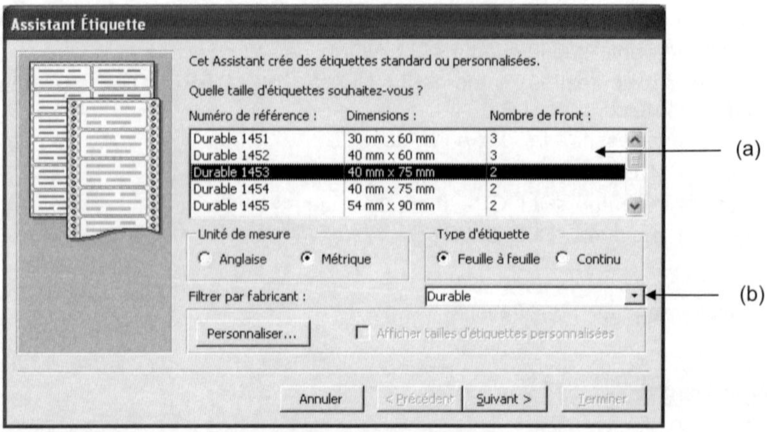

- Sélectionnez un fabricant d'étiquettes en (b)
- Sélectionnez un format d'étiquette en (a)
- Cliquez sur «Suivant»

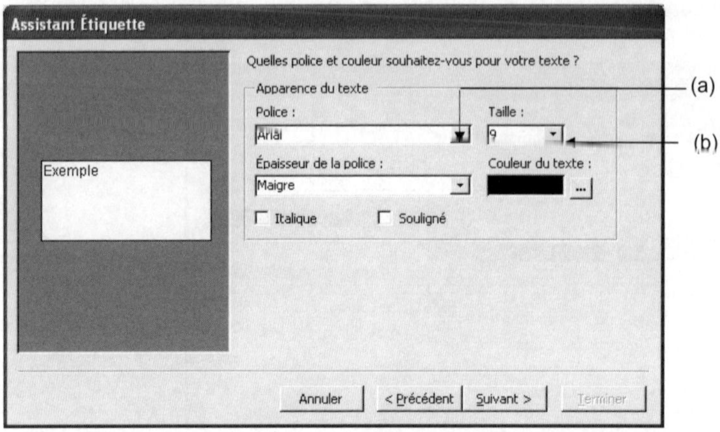

- Sélectionnez une police (a) *Arial* et une taille (b) *9* pour les caractères
- Cliquez sur «Suivant»

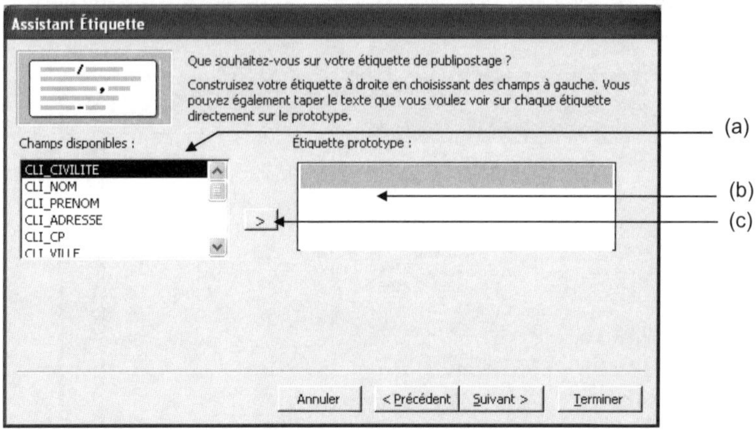

Vous allez maintenant positionner les champs sur l'étiquette.

- Sélectionnez le champ <CLI_CIVILITE> en (a)
- Cliquez sur le bouton > (c)

- Le champ apparaît dans la zone de l'étiquette en (b) sous la forme `{CLI_CIVILITE}`
- Appuyez sur espace pour que le champ <CLI_NOM> ne soit pas collé
- De la même manière, ajoutez les champs <CLI_NOM> et <CLI_PRENOM> en ajoutant un espace entre les deux
- Appuyez sur ↵ pour passer à la ligne suivante
- Double-cliquez sur <CLI_ADRESSE> et appuyez sur ↵
- Double-cliquez sur le champ <CLI_CP> et appuyez sur espace
- Double-cliquez sur le champ <CLI_VILLE>

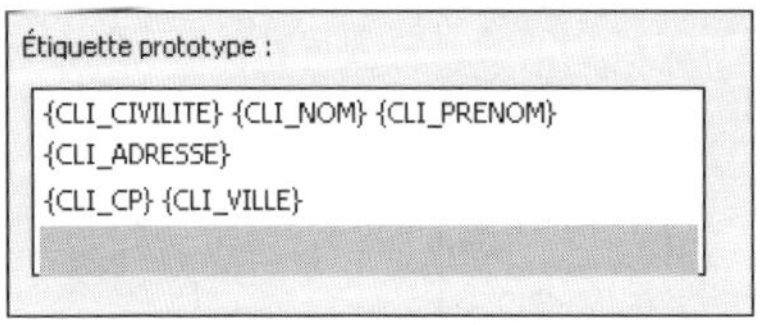

- Cliquez sur «Suivant»
- Dans la zone <Champs disponibles> : Double-cliquez sur les champs <CLI_CP> et <CLI_VILLE> pour trier les étiquettes selon ces critères

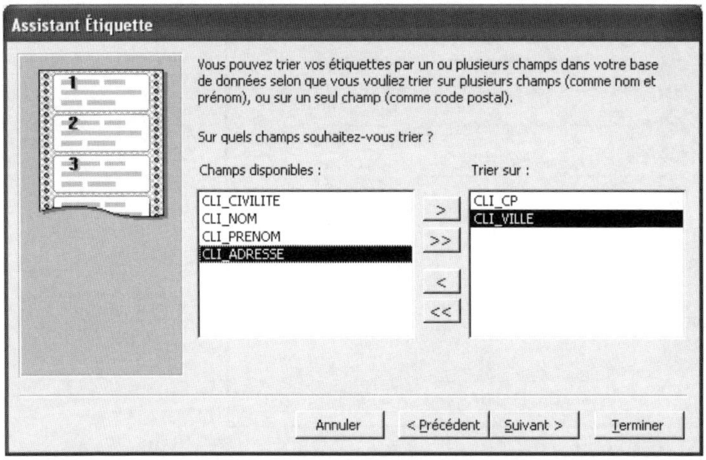

- Cliquez sur «Suivant»
- Saisissez *E_ETIQUETTE_CLIENT_PUBLIPOSTAGE* comme titre (ou nom) de l'état
- Cliquez sur <Terminer>

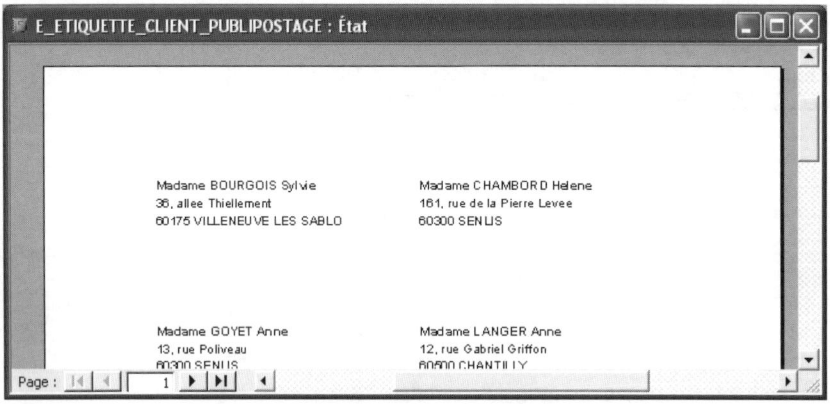

- *Fichier/Fermer*, ou appuyez sur Ctrl-F4 ou sur Ctrl-**W**

Modifier les étiquettes

Vous pouvez modifier les étiquettes, par exemple changer la police d'une partie de l'étiquette :

- Procédez comme pour la personnalisation d'un état, vue plus haut dans cet exercice

La largeur et la hauteur de l'état correspondent à la largeur et hauteur de l'étiquette. Il faut donc éviter de les modifier.

- Vous pouvez mettre en gras une ligne, ou modifier la taille de la police

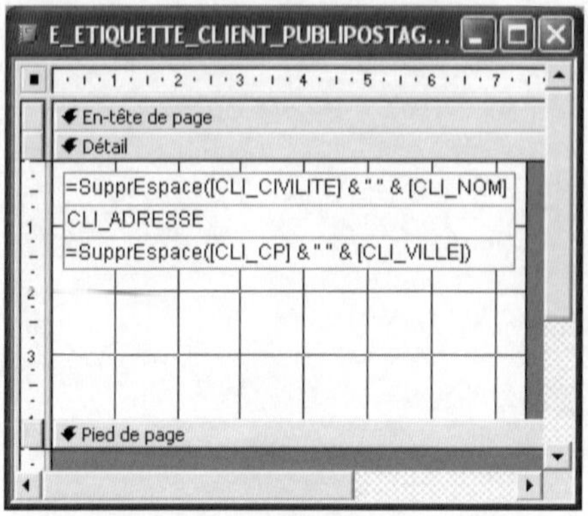

Imprimer les étiquettes

Procédez de même que pour n'importe quel état, comme indiqué plus haut dans cet exercice

❻ FERMER LA BASE DE DONNÉES ET QUITTER ACCESS

- *Fichier/Fermer*, ou appuyez sur Ctrl-F4 ou sur Ctrl-**W**
- *Fichier/Quitter*

Base de données Multi-tables

4

CAS 10 : RELATIONS ET REQUÊTES

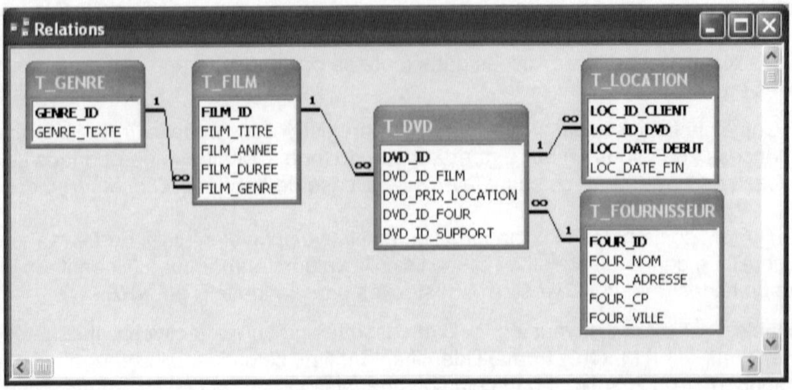

Fenêtre des relations

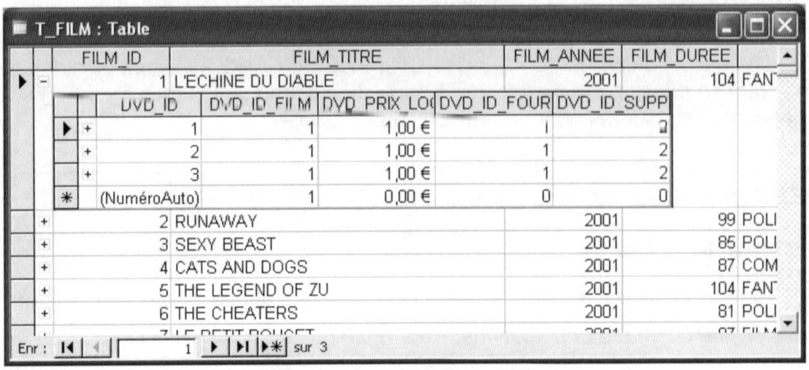

Table reliée à une autre table

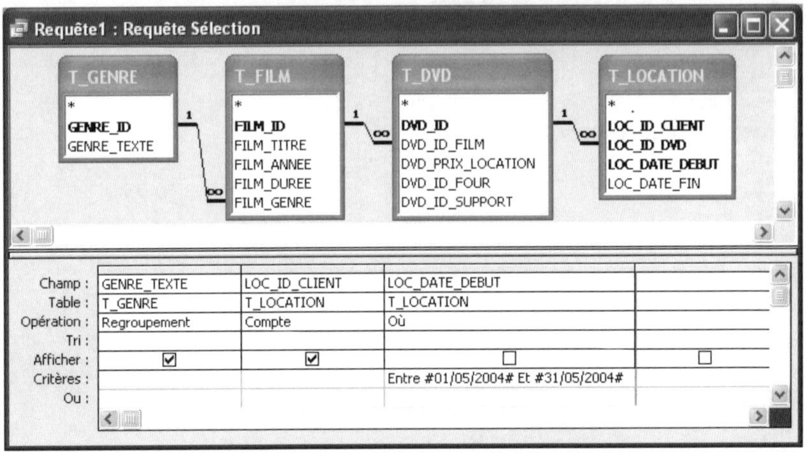

Requête basée sur plusieurs tables

Fonctions utilisées

- *Fenêtre des relations*
- *Intégrité référentielle*
- *Requête multitable*

Nous allons maintenant utiliser Access dans toute sa puissance, grâce des données structurées en plusieurs tables.

Copiez le fichier *Locat_10.mdb* qui est enregistré dans le dossier *C:\Exercices Access 2003* sous un autre nom *XLocat_10.mdb*. Cette base de données sera votre base de travail pour ce cas. Ouvrez cette base de données *XLocat_10.mdb*.

La table *T_FILM* contient les informations sur les films disponibles (titre, durée, année de sortie, genre). Le genre est constitué d'une liste de valeurs numériques (l'identifiant du genre) et de textes (aventure, western, ...) stockés dans la table *T_GENRE*.

Dans la table *T_DVD* se trouvent les DVD et cassettes qu'on a effectivement achetés parmi ceux listés dans T_FILM. On y trouve l'identifiant du film, celui du fournisseur ainsi que le type de support (1 ou 2, suivant que cela soit une cassette ou un DVD. L'équivalence est stocké dans la table *T_SUPPORT*), et le prix de location à la journée.

La table *T_LOCATION* conserve l'identifiant du client, celui du DVD loué, ainsi que la date de début de la location et la date de retour effectif du DVD.

Note : les champs <CLI_NB_DVD> et <CLI_CHIFFRE_AFFAIRE> ne sont plus nécessaires, car ils peuvent en principe être recalculés à partir du contenu de la table *T_LOCATION*. Ils seront cependant conservés pour des raisons de simplicité.

➊ CRÉER UNE RELATION ENTRE T_FILM ET T_DVD

Créer une liaison simple

Cliquez sur ce bouton pour afficher la fenêtre des relations, ou *Outils/Relations.*

Access affiche la fenêtre des relations. Pour l'instant, cette fenêtre est vide.

Cliquez sur ce bouton pour ajouter des tables.

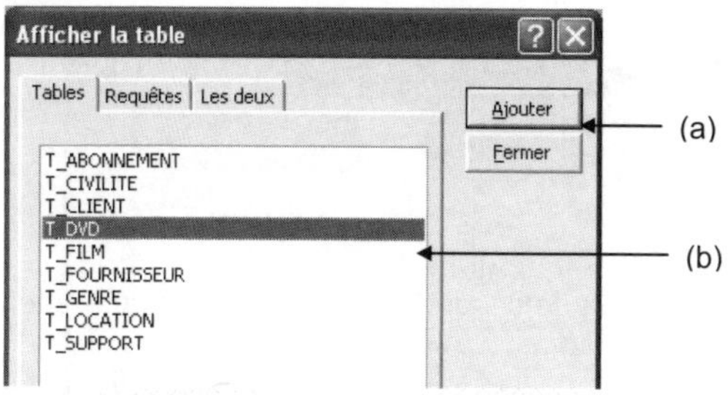

- Sélectionnez *T_DVD* en (b), et Cliquez sur «Ajouter» en (a)
- Sélectionnez *T_FILM* en (b) et Cliquez sur «Ajouter» en (a)
- Cliquez sur «Fermer»

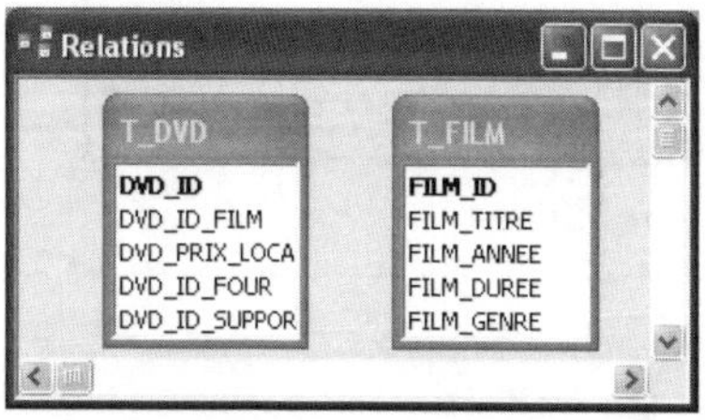

Access affiche les deux tables dans la fenêtre des relations.

- Notez que la clé primaire apparaît en gras.
- Cliquez sur le champ <DVD_ID_FILM> et glissez-le sur le champ <FILM_ID>, puis relâchez le bouton de la souris

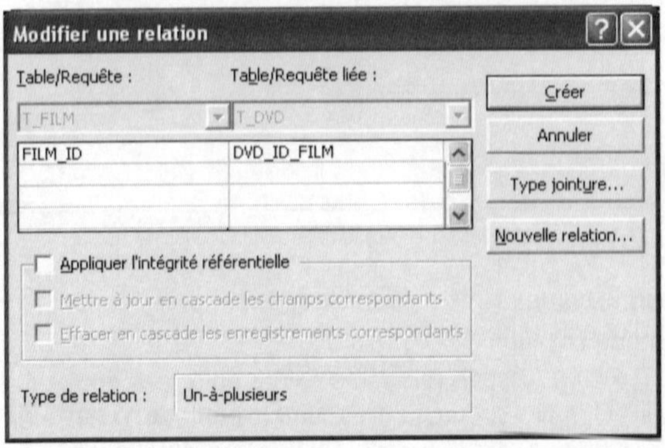

Access affiche la fenêtre de définition d'une relation.

- Vérifiez que les champs sont corrects, puis cliquez sur «Créer»

Une relation simple est créée, elle est représentée par une ligne fléchée reliant les champs mis en relation.

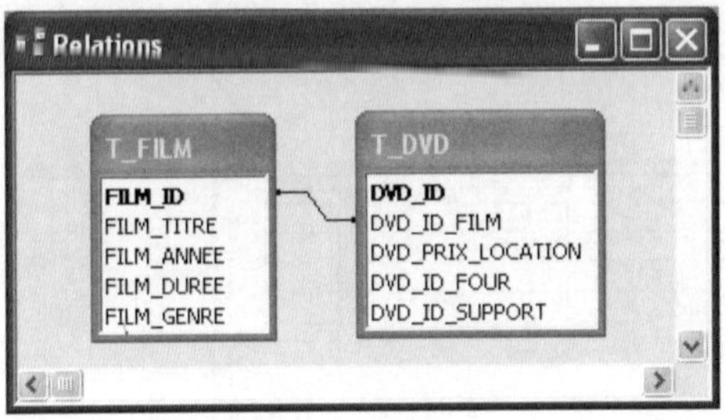

- Fermez la fenêtre des relations en enregistrant les modifications

Utilisation d'une table reliée à une autre

- Ouvrez la table *T_FILM*

		FILM_ID	FILM_TITRE	FILM_ANNE
	+	1	L'ECHINE DU DIABLE	2
	+	2	RUNAWAY	2
	+	3	SEXY BEAST	2
	+	4	CATS AND DOGS	2

- Notez la présence de petits signes + en début de chaque ligne. Ces signes permettent de visualiser les enregistrements liés à cette ligne
- Cliquez sur le + situé sur la 1ère ligne : les 3 DVD liés à cet enregistrement sont affichés

		FILM_ID	FILM_TITRE	FILM_ANNE
	-	1	L'ECHINE DU DIABLE	2

	DVD_ID	DVD_PRIX_LO	DVD_ID_FOUR	DVD_ID_SUPP
	1	0,00 €	1	DVD
	2	0,00 €	1	DVD
	3	0,00 €	1	DVD
*	(NuméroAuto)	0,00 €	0	

		FILM_ID	FILM_TITRE	FILM_ANNE
	+	2	RUNAWAY	2
	+	3	SEXY BEAST	2
	+	4	CATS AND DOGS	2

- Cliquez sur le - situé au début de la 1ère ligne pour refermer la sous-fenêtre

- Cliquez sur le + situé sur la 2ème ligne : constatez qu'il n'y a aucun DVD pour ce film

	FILM_ID	FILM_TITRE	FILM_ANNE
+	1	L'ECHINE DU DIABLE	20
-	2	RUNAWAY	20

	DVD_ID	DVD_PRIX_LO	DVD_ID_FOUR	DVD_ID_SUPP
*	(NuméroAuto)	0,00 €	0	

	FILM_ID	FILM_TITRE	FILM_ANNE
+	3	SEXY BEAST	20
+	4	CATS AND DOGS	20

- Fermez la table *T_FILM*

---

❷ REQUÊTE AVEC DEUX TABLES

Requête utilisant deux tables non reliées

- Créez une nouvelle requête en mode création
- Ajoutez les tables *T_CLIENT* et *T_FILM*. Aucune relation n'existe entre ces deux tables
- Dans la grille, ajoutez les champs <CLI_NOM>, <CLI_PRENOM>, <FILM_TITRE> et <FILM_DUREE>

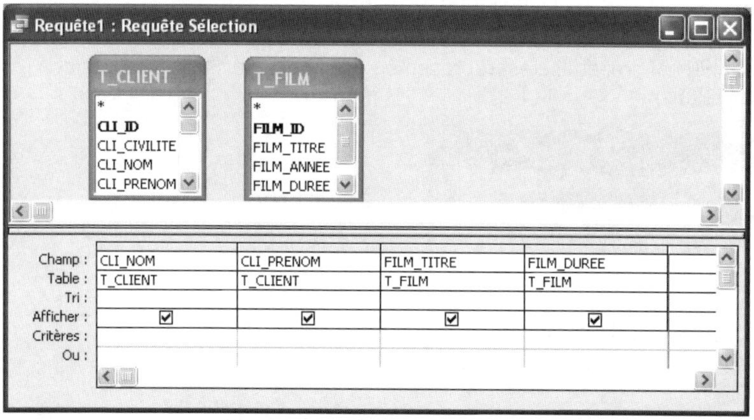

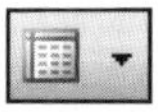

Cliquez sur ce bouton pour passer en mode *feuille de données.*

Au bout de quelques secondes, Access affiche la requête :

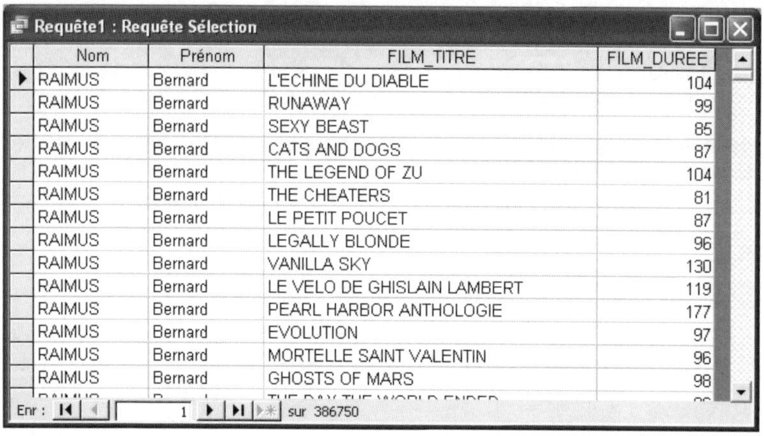

Requête1 : Requête Sélection

Nom	Prénom	FILM_TITRE	FILM_DUREE
RAIMUS	Bernard	L'ECHINE DU DIABLE	104
RAIMUS	Bernard	RUNAWAY	99
RAIMUS	Bernard	SEXY BEAST	85
RAIMUS	Bernard	CATS AND DOGS	87
RAIMUS	Bernard	THE LEGEND OF ZU	104
RAIMUS	Bernard	THE CHEATERS	81
RAIMUS	Bernard	LE PETIT POUCET	87
RAIMUS	Bernard	LEGALLY BLONDE	96
RAIMUS	Bernard	VANILLA SKY	130
RAIMUS	Bernard	LE VELO DE GHISLAIN LAMBERT	119
RAIMUS	Bernard	PEARL HARBOR ANTHOLOGIE	177
RAIMUS	Bernard	EVOLUTION	97
RAIMUS	Bernard	MORTELLE SAINT VALENTIN	96
RAIMUS	Bernard	GHOSTS OF MARS	98

Enr : 1 sur 386750

Notez qu'il y a 386750 lignes, c'est à dire le nombre de clients (875) multiplié par le nombre de films (442). A chaque ligne de la table *T_CLIENT*, Access associe toutes les lignes de la table *T_FILM*, car aucune relation n'existe entre les deux.

Enlever les champs d'une des tables ne change rien, car il suffit que la table soit présente dans la requête pour qu'Access en tienne compte.

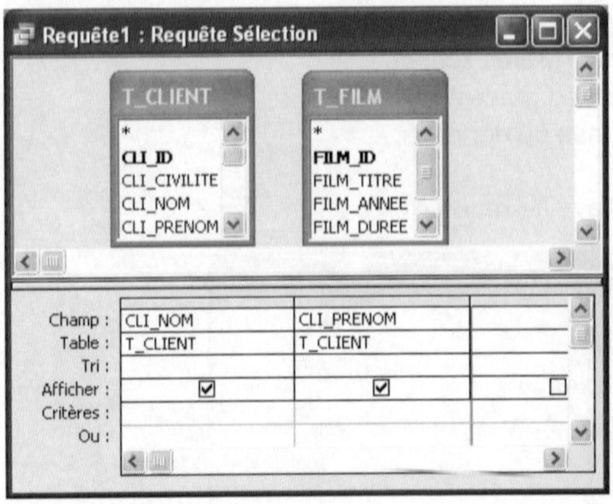

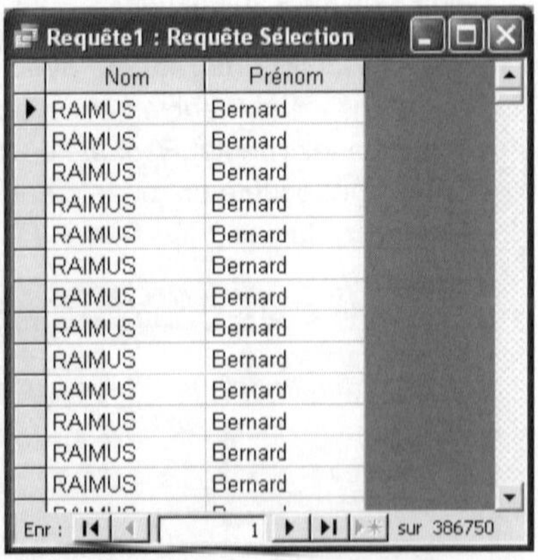

Nom	Prénom
RAIMUS	Bernard
RAIMUS	Bernard
RAIMUS	Bernard
RAIMUS	Bernard
RAIMUS	Bernard
RAIMUS	Bernard
RAIMUS	Bernard
RAIMUS	Bernard
RAIMUS	Bernard
RAIMUS	Bernard
RAIMUS	Bernard
RAIMUS	Bernard
RAIMUS	Bernard

Pour éviter cela, il suffit de relier les tables. Dans cet exemple, nous allons relier <CLI_ID> à <FILM_DUREE>. Cela manque complètement de sens, mais cela sert juste à notre démonstration.

- Dans la fenêtre des relations, cliquez sur le champ <CLI_ID> et glissez-le sur le champ <FILM_DUREE>. Notez qu'il n'est pas possible de définir une intégrité référentielle dans une fenêtre de requête

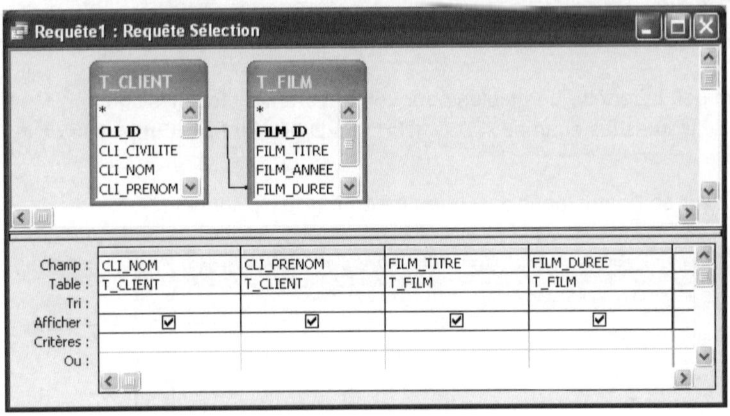

 Cliquez sur ce bouton pour passer en mode *feuille de données*

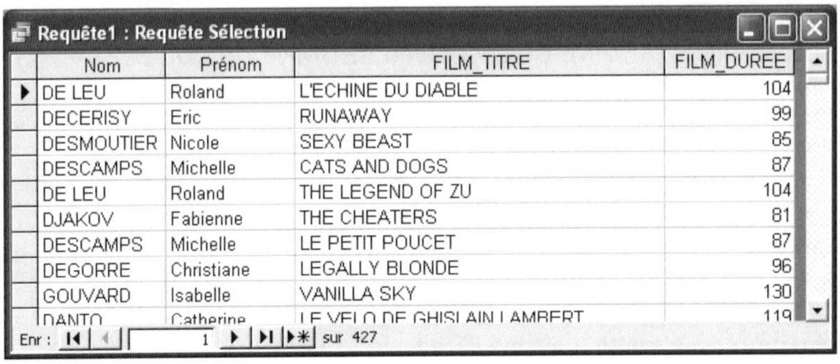

Nom	Prénom	FILM_TITRE	FILM_DUREE
DE LEU	Roland	L'ECHINE DU DIABLE	104
DECERISY	Eric	RUNAWAY	99
DESMOUTIER	Nicole	SEXY BEAST	85
DESCAMPS	Michelle	CATS AND DOGS	87
DE LEU	Roland	THE LEGEND OF ZU	104
DJAKOV	Fabienne	THE CHEATERS	81
DESCAMPS	Michelle	LE PETIT POUCET	87
DEGORRE	Christiane	LEGALLY BLONDE	96
GOUVARD	Isabelle	VANILLA SKY	130
DANTO	Catherine	LE VELO DE GHISLAIN LAMBERT	119

Le nombre de lignes est beaucoup plus raisonnable : il y a 427 client dont l'identifiant corresponde (soit égal) à une durée de film (c'est à chaque fois un pur hasard venant du fait que l'identifiant est ici un nombre entier).

• Fermez cette requête sans l'enregistrer, car elle ne présente vraiment aucun intérêt.

↳ La leçon à en tirer est essentielle : si une requête utilise plusieurs tables, il faut toujours qu'elles soient reliées entre elles.

Créer et utiliser une requête avec deux tables reliées

Nous allons maintenant tester cette relation grâce à une requête.

• Sélectionnez l'onglet *Requête* de la base de données
• Créez une requête en mode création
• Ajoutez les tables *T_DVD* et *T_FILM* à cette requête

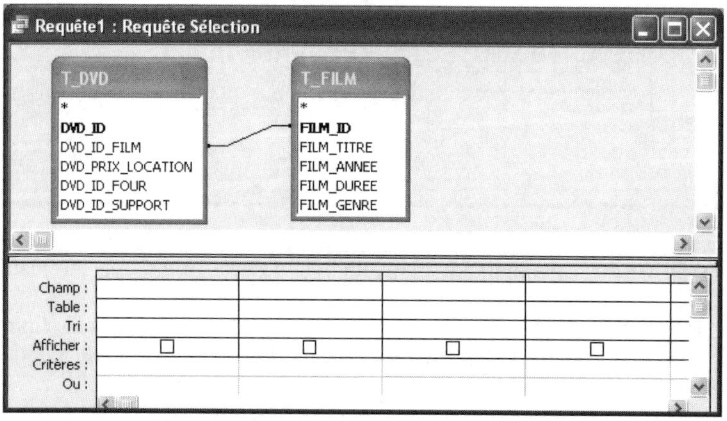

La relation que nous avons définie dans la fenêtre des relations est automatiquement ajoutée.

• Agrandissez un peu la fenêtre des tables pour voir entièrement tous les champs
• Dans la requête, ajoutez les champs <DVD_ID>, <DVD_ID_FILM>, <FILM_ID> et <FILM_TITRE>

 Cliquez sur ce bouton pour passer en mode *feuille de données*.

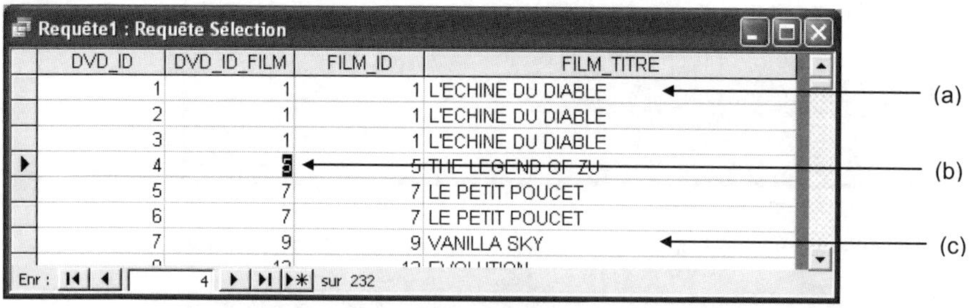

• Sur la 1ère ligne, changez *L'ECHINE DU DIABLE* en *L'ECHINE DES DIABLES* en (a), puis cliquez sur la 7ème ligne (Vanilla sky) en (c). Que constatez-vous ?...
  ↳Le titre du film a été modifié une fois dans la table *T_DVD*, mais il apparaît trois fois sous sa forme modifiée dans la requête car trois fois dans la table *T_DVD*
• Rétablissez l'orthographe d'origine *L'ECHINE DU DIABLE* sur la 3ème ligne de la requête par exemple, et cliquez à nouveau sur la 7ème ligne

• Remplacez la valeur <5> du champ DVD_ID_FILM du 4ème enregistrement en *125*, puis cliquez sur la ligne en dessous. Prenez un moment pour comprendre pourquoi les valeurs de FILM_ID et de FILM_TITRE s'ajustent en conséquence
• Fermez la requête sans enregistrer les modifications

• Ouvrez la table *T_FILM*
• Supprimez le 12ème enregistrement, *EVERYBODY FAMOUS*

- Fermez la table *T_FILM*
- Ouvrez la table *T_DVD*. Le 4ème enregistrement indique toujours qu'il correspond au film numéro 12, que l'on vient pourtant de supprimer

La base de données est devenue incohérente, car il n'est pas normal qu'on ait un DVD sans film correspondant.

- Supprimez le 4ème enregistrement de la table des DVD (celui qui correspondait au film numéro 12), s'il y avait plusieurs enregistrements avec <DVD_ID_FILM> à *12* il faudrait tous les supprimer
- Fermez la table *T_DVD*

---

❸ AJOUTER UNE CONTRAINTE D'INTÉGRITÉ RÉFÉRENTIELLE

Nous allons ajouter une contrainte d'intégrité référentielle pour qu'une telle situation ne puisse plus se présenter.

Cliquez sur ce bouton pour afficher la fenêtre des relations, ou *Outils/Relations.*

- Double-cliquez sur la relation. La fenêtre de la relation s'ouvre

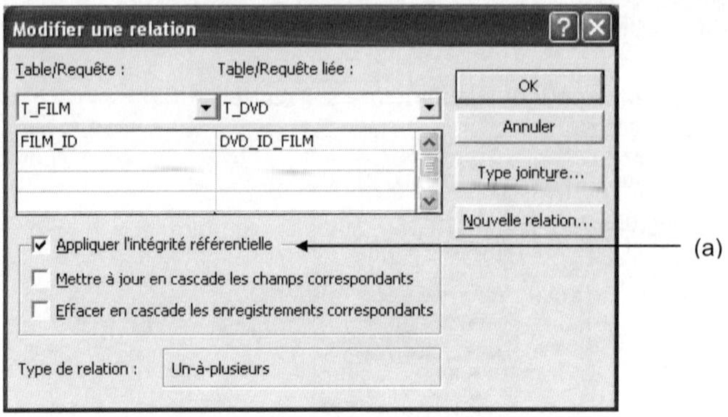

- Cochez ☑ *Appliquer l'intégrité référentielle* en (a)
- Cliquez sur «OK»

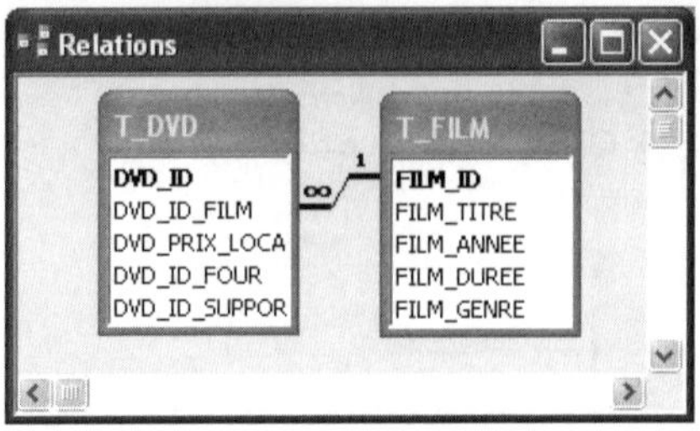

- La relation apparaît maintenant avec un 1 coté clé primaire et un ∞ coté clé étrangère
- Fermez la fenêtre des relations en enregistrant les modifications
- Ouvrez la table <T_FILM>
- Sélectionnez la 1ère ligne (nous avons vu précédemment qu'il existait des DVD liés à ce film)
- Essayez de la supprimer. Un message apparaît :

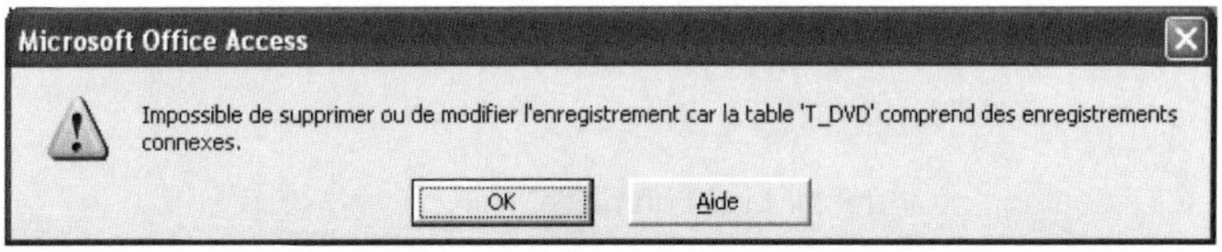

Si vous voulez supprimer cet enregistrement, il est nécessaire de supprimer d'abord tous les DVD qui y font référence. On garde ainsi une cohérence dans les données : il n'y ne peut pas y avoir de DVD avec un code ne correspondant à aucun film.

- Cliquez sur «OK»
- Fermez la table *T_FILM*

---

❹ RELIER LES AUTRES TABLES DE LA BASE

Relier les tables T_FOURNISSEUR, T_DVD et T_LOCATION

 Cliquez sur ce bouton pour afficher la fenêtre des relations, ou *Outils/Relations.*

- De la même manière que précédemment, ajoutez les tables *T_FOURNISSEUR*, *T_GENRE* et *T_LOCATION* à la fenêtre des relations

Notez que la clé primaire de *T_LOCATION* est composée de trois champs (ils sont visibles en gras dans la figure ci-dessous), car on considère qu'un même client ne peut pas louer le même film deux fois dans la même journée.

- Reliez le champ <DVD_ID_FOUR> au champ <FOUR_ID>, activez l'intégrité référentielle et cliquez sur «Créer»
- Reliez le champ <DVD_ID> au champ <LOC_ID_DVD>, activez l'intégrité référentielle et cliquez sur « Créer »
- Réorganisez la position des tables pour que la structure soit claire

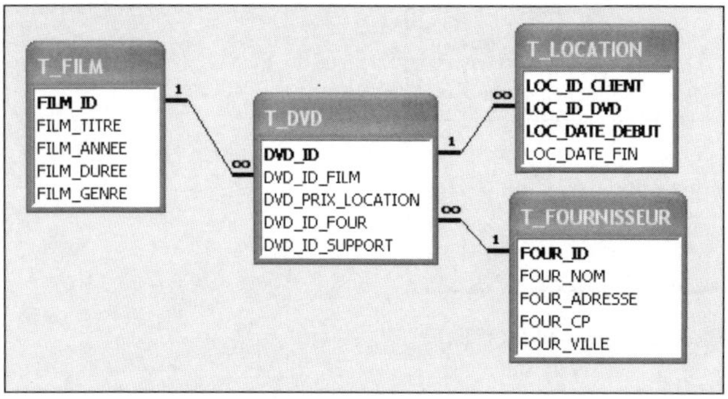

Relier les tables T_FILM et T_GENRE

- De la même manière que précédemment, ajoutez la table *T_GENRE*
- Reliez le champ <GENRE_ID> au champ <FILM_GENRE>, activez l'intégrité référentielle et cliquez sur «Créer»

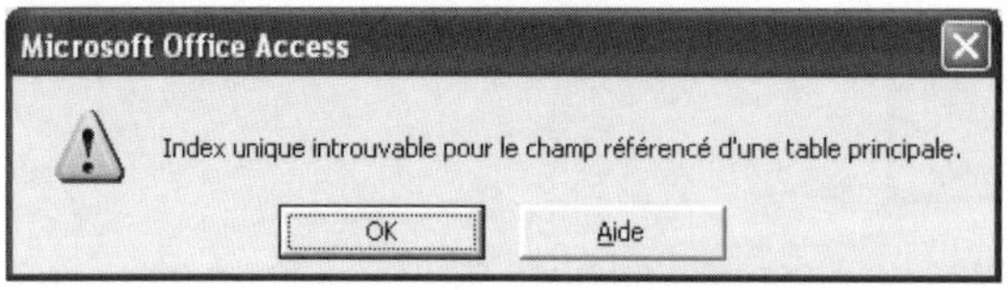

- Access affiche un message disant qu'il manque un index unique
- Cliquez sur «OK»
- Cliquez sur «Annuler» pour ne pas créer la relation
- Fermez la fenêtre des relations en enregistrant les modifications
- Sélectionnez la table *T_GENRE*

Cliquez sur ce bouton pour ouvrir la table *T_GENRE* en mode *création.*

- Sélectionnez la ligne <GENRE_ID>

 Cliquez sur ce bouton pour définir la clé primaire.

	Nom du champ	Type de données
🔑	GENRE_ID	Numérique
	GENRE_TEXTE	Texte

- Fermez la table en enregistrant les modifications

Cliquez sur ce bouton pour afficher la fenêtre des relations, ou *Outils/Relations.*

- Réessayez de reliez <GENRE_ID> à <FILM_GENRE>, en appliquant l'intégrité référentielle. Cette fois-ci, c'est un autre message d'erreur qui apparaît

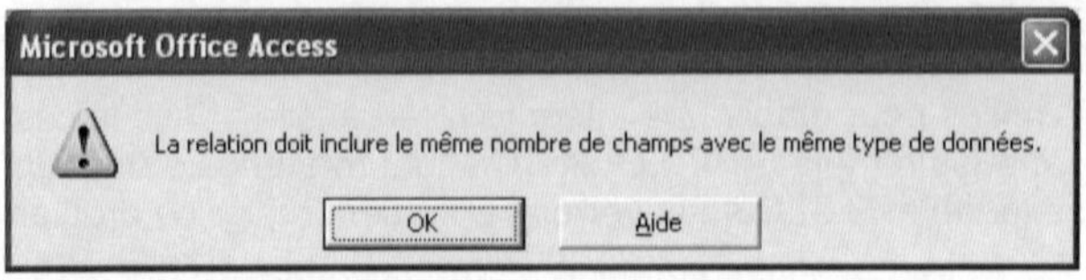

- Cliquez sur «OK»
- Cliquez sur «Annuler» pour ne pas créer la relation
- Fermez la fenêtre des relations
- Ouvrez la table *T_FILM* en mode *création*
- Vérifiez le type du champ <FILM_GENRE> : c'est un numérique de taille *Entier long*

- Fermez la table *T_FILM*
- Ouvrez la table *T_GENRE* en mode *création*
- Vérifiez le type du champ <GENRE_ID> : c'est un numérique, mais de taille *Entier*
- Modifiez le type du champ pour le mettre en *Entier long*
- Fermez la table *T_GENRE* en enregistrant les modifications

Cliquez sur ce bouton pour afficher la fenêtre des relations, ou *Outils/Relations.*

- Reliez <GENRE_ID> à <FILM_GENRE>, en appliquant l'intégrité référentielle

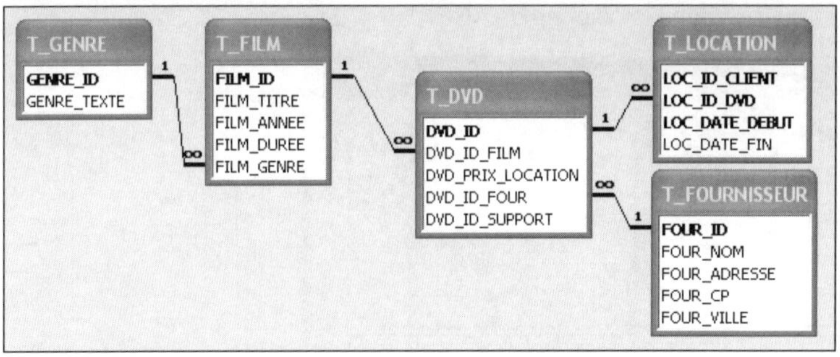

- Disposez les tables pour éviter les croisements de liens
- Fermez la fenêtre des relations en enregistrant les modifications

Mettre en relation les tables T_CLIENT et T_LOCATION

Cliquez sur ce bouton pour afficher la fenêtre des relations, ou *Outils/Relations.*

On veut relier les enregistrements de la table *T_LOCATION* concernant un même client à l'enregistrement de ce client dans la table *T_CLI* :

- Vérifiez que les champs à relier sont bien <CLI_ID> et <LOC_ID_CLIENT>
- Cochez ☑ *Appliquer l'intégrité référentielle*
- Cliquez sur «Créer»

Access affiche un message, disant qu'il ne peut pas assurer la contrainte d'intégrité référentielle :

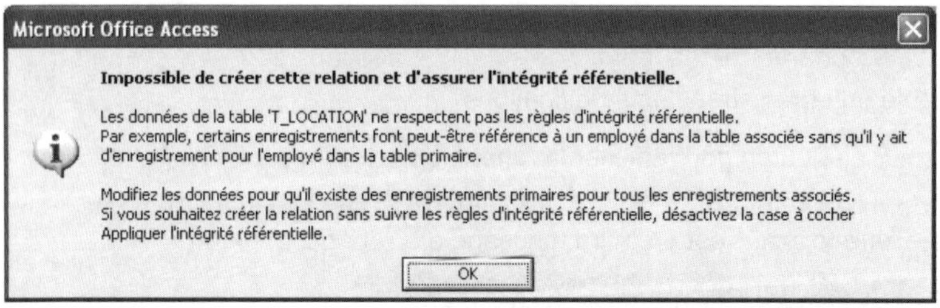

Les conditions ne sont pas remplies pour établir une intégrité référentielle : dans le cas présent, c'est parce que des enregistrement de *T_LOCATION* font référence à un numéro de client qui n'existe pas dans la table *T_CLI*. Nous verrons comment régler ce problème dans le prochain cas.
Pour le moment, il faut désactiver l'intégrité référentielle pour cette relation :

- Cliquez sur «OK»
- Décochez la case ☐*Appliquer l'intégrité référentielle*
- Cliquez sur «Créer»
- Fermez la fenêtre des relations en enregistrant les modifications

❺ CRÉER DES REQUÊTES MULTITABLES

Requête affichant les titres et année de sortie des films policiers

- Créez une nouvelle requête en mode *création*
- Ajoutez les tables *T_FILM* et *T_GENRE*

Notez que la relation est ajoutée automatiquement, car elle a été définie précédemment dans la fenêtre des relations.

- Cliquez sur «OK» pour fermer la fenêtre de sélection des tables
- Agrandissez un peu les tables pour voir tous les champs en entier
- Cliquez et glissez jusque dans la grille les champs <FILM_TITRE>, <FILM_DUREE> et <GENRE_TEXTE>
- Tapez le critère *policier* dans la colonne de <GENRE_TEXTE>

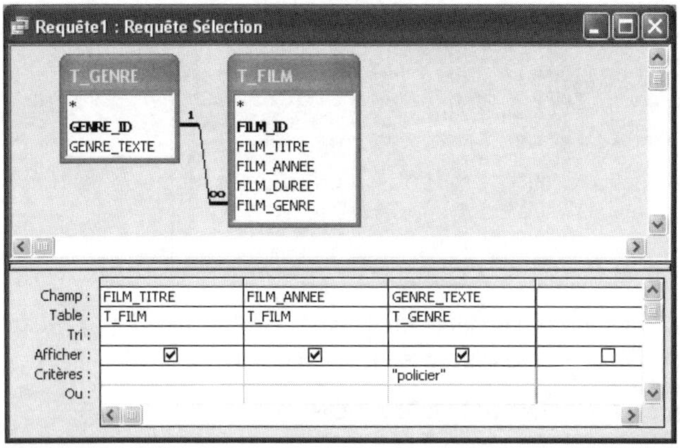

 Cliquez sur ce bouton pour passer en mode *feuille de données.*

- Admirez le résultat
- Fermez la requête sans enregistrer les modifications

Requête affichant le nombre de DVD par genre

- Créez une nouvelle requête en mode *création*
- Ajoutez les tables *T_GENRE* et *T_DVD*
- Cliquez sur «OK» pour fermer la fenêtre de sélection des tables

Attention ! Les tables ne sont pas reliées entre elles. Il manque la table *T_FILM* pour faire le lien entre *T_GENRE* et *T_DVD*.

 Cliquez sur ce bouton.

- Ajoutez la table *T_FILM*. Notez que maintenant toutes les tables sont reliées entre elles

 Cliquez sur ce bouton pour faire apparaître la ligne <Opération> dans la requête.

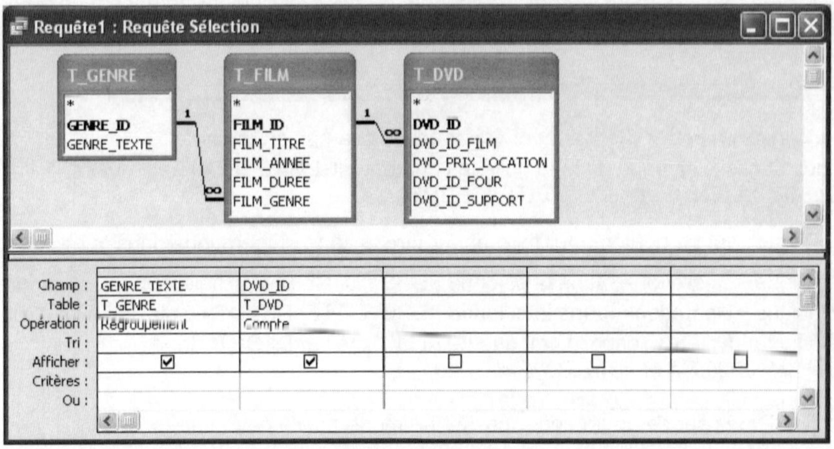

- Double-cliquez dans les tables sur les champs <GENRE_TEXTE> et <DVD_ID>
- Sous <DVD_ID>, sur la ligne <Opération>, sélectionnez <Compte>

 Cliquez sur ce bouton pour passer en mode *feuille de données*.

- Admirez le résultat
- Fermez la requête sans enregistrer les modifications

Requêtes affichant le nombre de location par genre en mai

- Créez une nouvelle requête en mode *création*
- Ajoutez les tables *T_GENRE* et *T_LOCATION*
- Cliquez sur «OK» pour fermer la fenêtre de sélection des tables

Attention ! Une des tables n'est pas reliée aux autres. Il manque les tables *T_FILM* et *T_DVD* pour faire le lien entre *T_GENRE* et *T_LOCATION*.

 Cliquez sur ce bouton.

- Ajoutez les tables *T_FILM* et *T_DVD*. Notez que maintenant toutes les tables sont reliées entre elles
- Cliquez sur «OK» pour fermer la fenêtre de sélection des tables

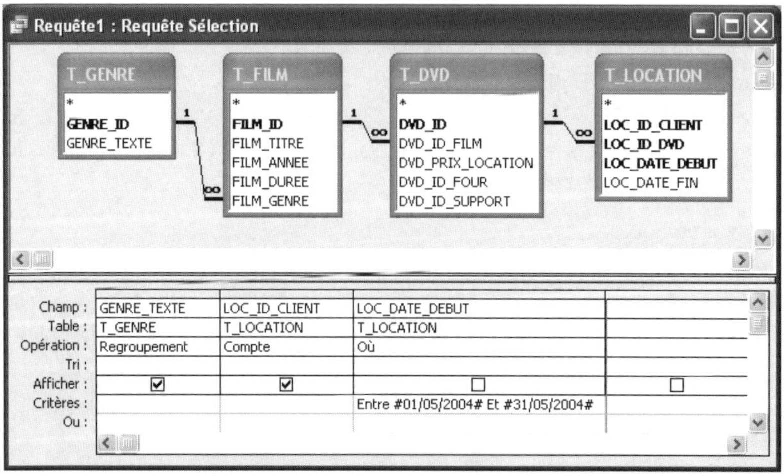

- Agrandissez un peu les tables pour voir tous les champs en entier
- Cliquez et glissez jusque dans la grille les champs <GENRE_TEXTE>, <LOC_ID_CLIENT> et <LOC_DATE_DEBUT>

Cliquez sur ce bouton pour faire apparaître la ligne <Opération> dans la requête.

- Sur la ligne <Opération>, dans la colonne <LOC_ID_CLIENT>, sélectionnez <Compte>
- Sur la ligne <Opération>, dans la colonne <LOC_DATE_DEBUT>, sélectionnez <Où>
- Sur la ligne <Critère>, dans la colonne de <LOC_DATE_DEBUT> tapez *Entre #01/05/2004# et #31/05/2004#*

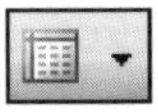
Cliquez sur ce bouton pour passer en mode *feuille de données.*

- Admirez le résultat
- Fermez la requête sans enregistrer les modifications

❻ FERMER ET QUITTER

- *Fichier/Fermer*, ou appuyez sur Ctrl-F4 ou sur Ctrl-**W** pour fermer la base de données
- *Fichier/Quitter*

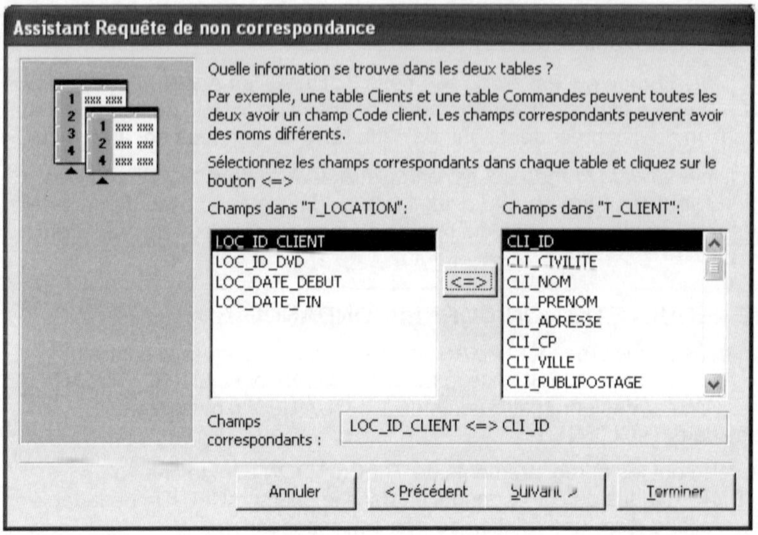

L'assistant Requête de non correspondance

R_SOMME_CA_PAR_DEPARTEMENT_PAR_ABONNEMENT : Requête Analyse croisée

DEPARTEMEN	Total de CLI_CH	(Aucun)	Argent	Or	Platine
60	2 599,50 €	398,00 €	233,10 €	431,20 €	1 537,20 €
75	71 164,60 €	14 713,00 €	7 624,80 €	16 971,20 €	31 855,60 €
77	7 571,10 €	1 124,00 €	689,40 €	1 620,00 €	4 137,70 €
78	6 594,40 €	1 437,00 €	418,50 €	1 528,00 €	3 210,90 €
91	9 067,10 €	2 451,00 €	930,60 €	3 204,00 €	2 481,50 €
92	39 754,60 €	7 967,00 €	2 746,80 €	10 348,00 €	18 692,80 €
93	15 017,10 €	3 465,00 €	1 332,90 €	4 815,20 €	5 404,00 €
94	22 089,80 €	4 060,00 €	2 268,00 €	6 909,60 €	8 852,20 €
95	5 958,40 €	629,00 €	384,30 €	803,20 €	4 141,90 €

Enr : 1 sur 9

Requête d'analyse croisée

Fonctions utilisées

– *Requête de non-correspondance*
– *Requête recherche les doublons*
– *Requête analyse croisée*

15 mn

Après les requêtes sélections standard, nous allons voir des requêtes plus avancées générées par l'assistant, et d'autre part les requêtes dites actives.

Copiez le fichier *Locat_11.mdb* qui est enregistré dans C:*Exercices Access 2003* sous un autre nom *Locat11.mdb*. Ce fichier est votre base de données de travail, réplique de celle qui résulte de la réalisation du cas précédent. Ouvrez cette base de données *Locat11.mdb*.

Copiez le fichier *Locat_11.mdb* qui est enregistré dans le dossier *C:\Exercices Access 2003* sous un autre nom *XLocat_11.mdb*. Ouvrez cette base de données *XLocat_11.mdb,* réplique de celle qui résulte de la réalisation du cas précédent.

❶ CRÉER UNE REQUÊTE DE NON-CORRESPONDANCE

Nous avons vu dans le cas précédent qu'Access ne pouvait appliquer la contrainte d'intégrité référentielle entre <CLI_ID> de la table *T_CLIENT* et <LOC_ID_CLIENT> de la table T_*LOCATION*, car des enregistrements de T_LOCATION n'ont pas de correspondance dans T_CLIENT.

Pour trouver quels sont les enregistrements de *T_LOCATION* dont le champ <LOC_ID_CLIENT> n'a pas de correspondance dans le champ <CLI_ID> de la table *T_CLIENT*, nous allons créer une relation de non-correspondance.

Créer une requête de non-correspondance

Cliquez sur ce bouton pour créer une nouvelle requête.

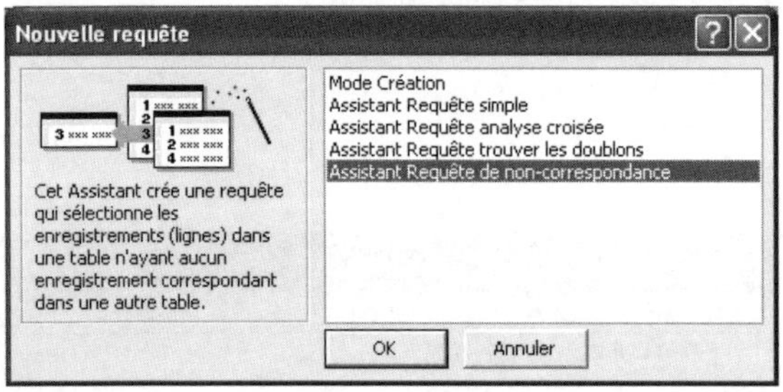

- Cliquez sur Assistant *Requête de non-correspondance*, puis cliquez sur «OK»

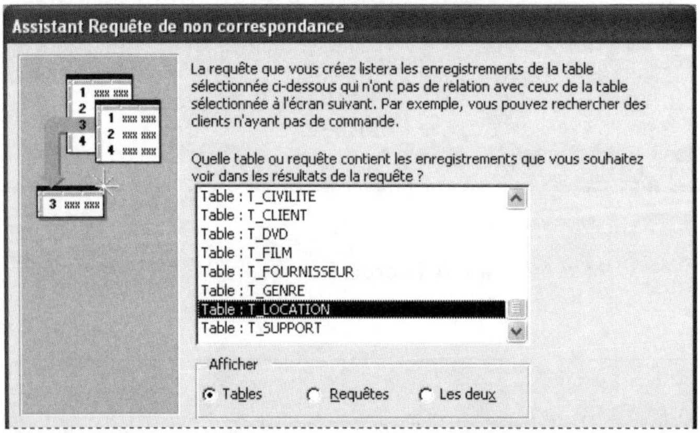

- Sélectionnez la table *T_LOCATION*
- Cliquez sur «Suivant»
- Sélectionnez la table *T_CLIENT*
- Cliquez sur «Suivant»

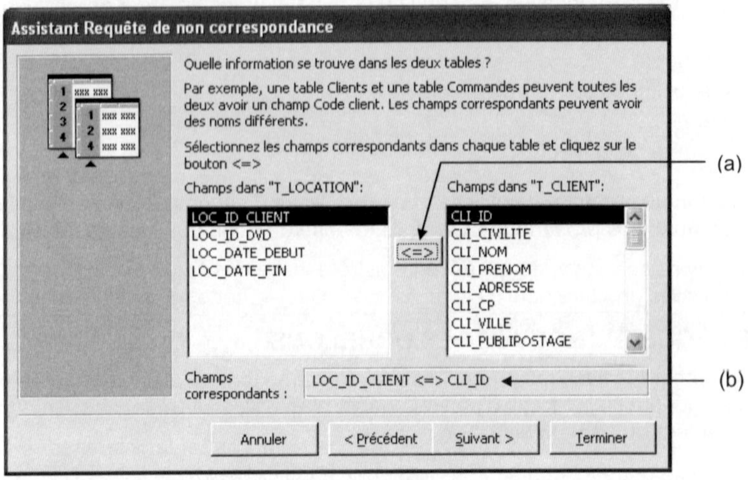

- Vérifiez que les champs <LOC_ID_CLIENT> et <CLI_ID> sont bien sélectionnés
- Cliquez le bouton de mise en relation en (a)
- Vérifiez la correspondance des champs en (b)
- Cliquez sur «Suivant»

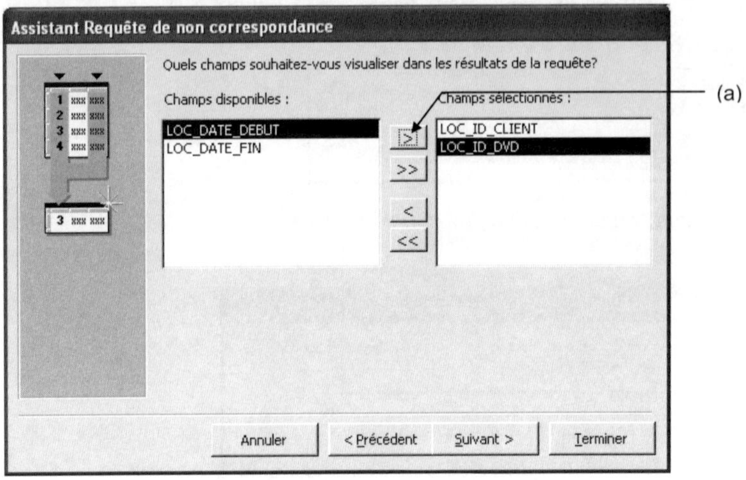

- En utilisant le bouton en (a), transférez les champs <LOC_ID_CLIENT> et <LOC_ID_DVD>
- Cliquez sur «Suivant»
- Gardez le nom proposé par Access
- Cliquez sur «Terminer»
- Access affiche la requête en mode *grille de données* :

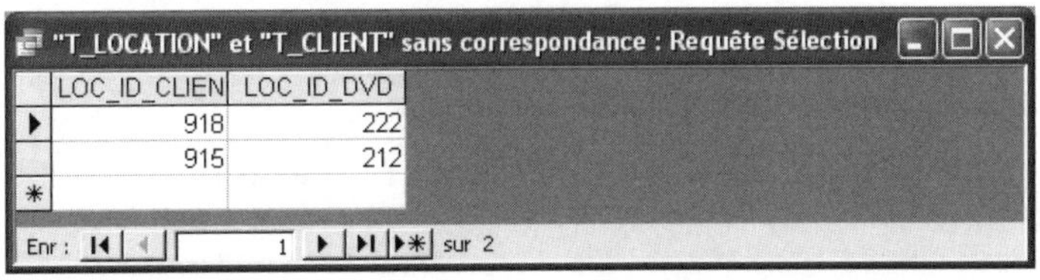

- Sans fermer la requête, ouvrez la table *T_CLIENT*
- Vérifiez que les numéros ne correspondent à rien : en effet, le dernier client porte l'identifiant 904. Dans un cas pareil, il s'agit probablement d'une erreur de saisie
- En situation réelle, vous noteriez et archiveriez les informations de la requête, plus quelques autres (date de la location, titre du DVD, ...) dans un cahier pour garder une trace de l'erreur
- Revenez sur la requête
- Supprimez les deux lignes qui posent problème
- Fermez la requête
- Supprimez la requête : elle n'est plus utile désormais

- En vous aidant du cas précédent, appliquez une contrainte d'intégrité référentielle à la relation entre la table *T_CLIENT* et la table *T_LOCATION*, qui ne doit plus poser de problème.

❷ CRÉER UNE REQUÊTE TROUVER DES DOUBLONS

Nous allons rechercher les films qui pourraient avoir le même titre, et afficher la durée et l'année de sortie pour savoir s'il s'agit d'un vrai doublon (un enregistrement saisi en double, volontairement ou non) ou bien d'un remake.

Cliquez sur ce bouton pour créer une nouvelle requête.

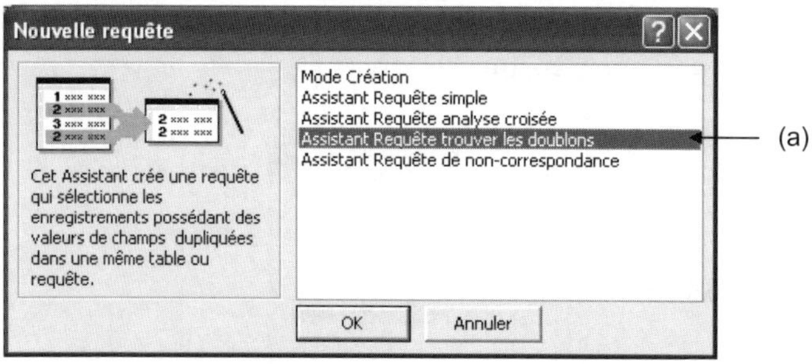

- Cliquez sur *Assistant Requête trouver les doublons* en (a)
- Cliquez sur «OK»

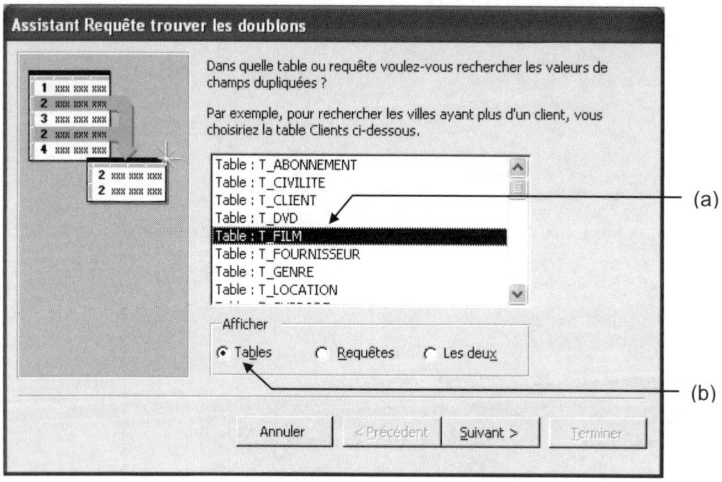

- Vérifiez que vous affichez bien les tables, l'option ⊙ *Tables* doit être activée en (b)
- Sélectionnez *Table : T_FILM* en (a)
- Cliquez sur «Suivant»

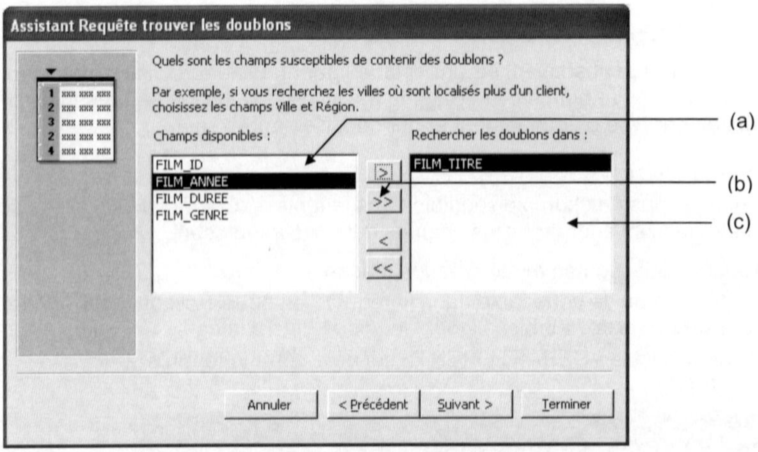

- Sélectionnez le champ <FILM_TITRE> dans la liste (a)
- Cliquez sur le bouton (b) pour faire apparaître le champ sélectionné dans la liste (c)
- Cliquez sur «Suivant»

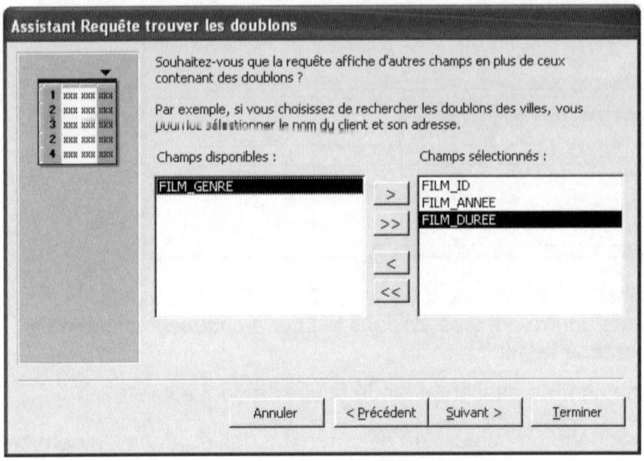

- De manière similaire, transférez les champs <FILM_ID>, <FILM_ANNEE> et <FILM_DUREE>
- Cliquez sur «Suivant»
- Nommez la requête *R_DOUBLON_FILM*

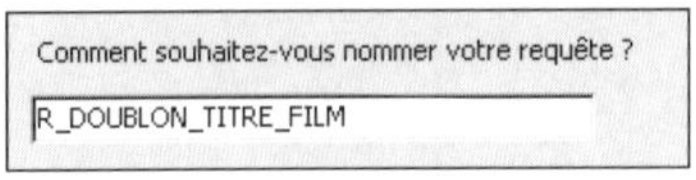

- Cliquez sur «Terminer»

Access affiche la liste de films dont les titres sont des doublons :

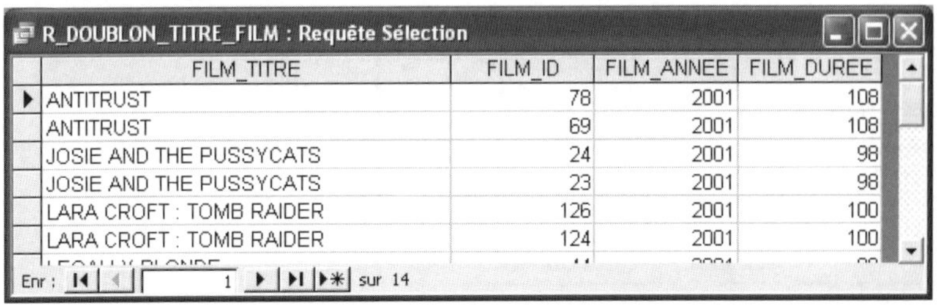

FILM_TITRE	FILM_ID	FILM_ANNEE	FILM_DUREE
ANTITRUST	78	2001	108
ANTITRUST	69	2001	108
JOSIE AND THE PUSSYCATS	24	2001	98
JOSIE AND THE PUSSYCATS	23	2001	98
LARA CROFT : TOMB RAIDER	126	2001	100
LARA CROFT : TOMB RAIDER	124	2001	100

- On peut noter que les films des doublons ont parfois des durées légèrement différentes

❸ CRÉER UNE REQUÊTE CROISÉE DYNAMIQUE

Notez que cette requête peut souvent être remplacée par un tableau croisé dynamique, qui est vu dans le cas 14. Le but de cette requête est ici de faire un tableau récapitulatif du chiffre d'affaires par type d'abonnement et par département.

Créer une requête source

Le département n'est pas un champ disponible dans la table *T_CLIENT*. Nous allons donc créer une requête qui contiendra tous les champs qui nous intéressent.

- Créez une requête sélection en mode *création*, basée sur la table *T_CLIENT*
- Ajoutez tous les champs de cette table dans la requête en double-cliquant sur l'étoile, qui est le premier champ de la table
- Ajoutez un champ calculé <DEPARTEMENT> qui aura comme formule *Gauche([CLI_CP] ;2)*

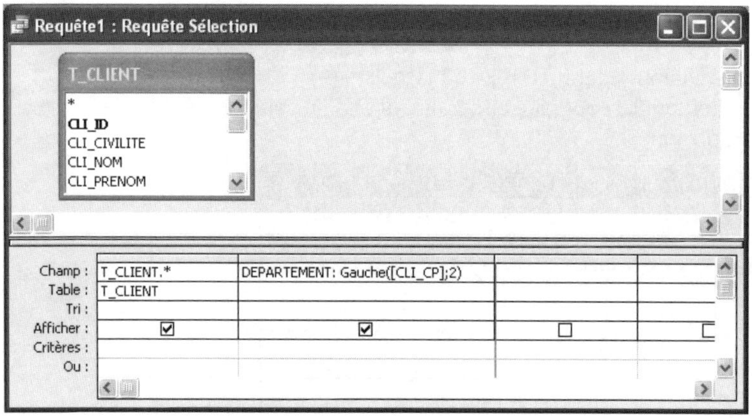

- Notez que nous avons ainsi l'équivalent de la table *T_CLIENT*, avec en plus le département. Cette requête pourra nous servir dans le futur à chaque fois que nous aurons besoin d'utiliser le département.

Cliquez sur ce bouton pour passer en mode feuille de données.

- Vérifiez le résultat de la requête. Le numéro du département doit être dans la dernière colonne à droite

Cliquez sur ce bouton dans la barre d'outils, ou *Fichier/Enregistrer*, ou appuyez sur Ctrl-**S.**

- Enregistrez la requête sous le nom *R_CLIENT_AVEC_DEPARTEMENT*
- Fermez la requête

Créer la requête croisée dynamique

Cliquez sur ce bouton pour créer une nouvelle table.

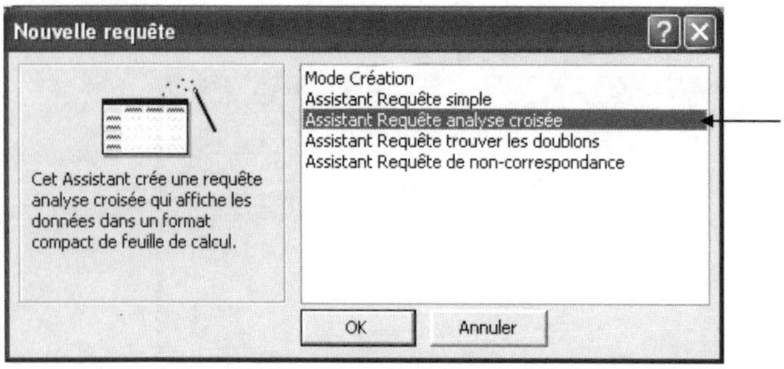

(a)

- Cliquez sur *Assistant Requête analyse croisée* en (a), cliquez sur «OK»

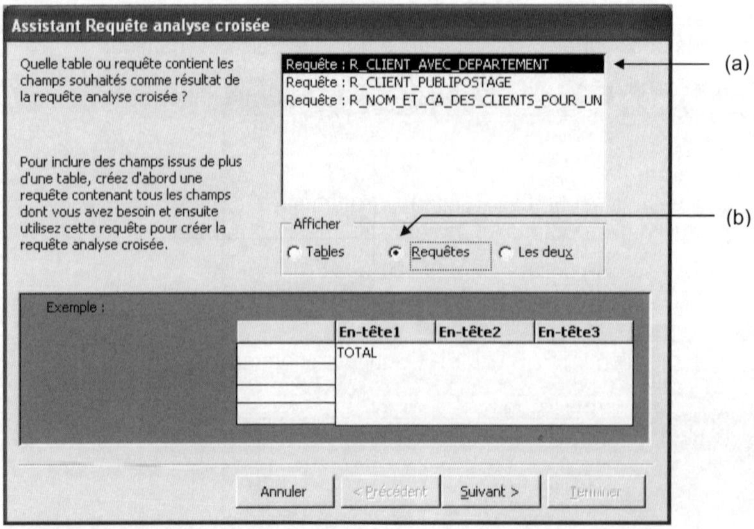

- Activez ⊙ Requêtes en (b)
- Cliquez sur *Requête : R_CLIENT_AVEC_DEPARTEMENT* en (a)
- Cliquez sur «Suivant»

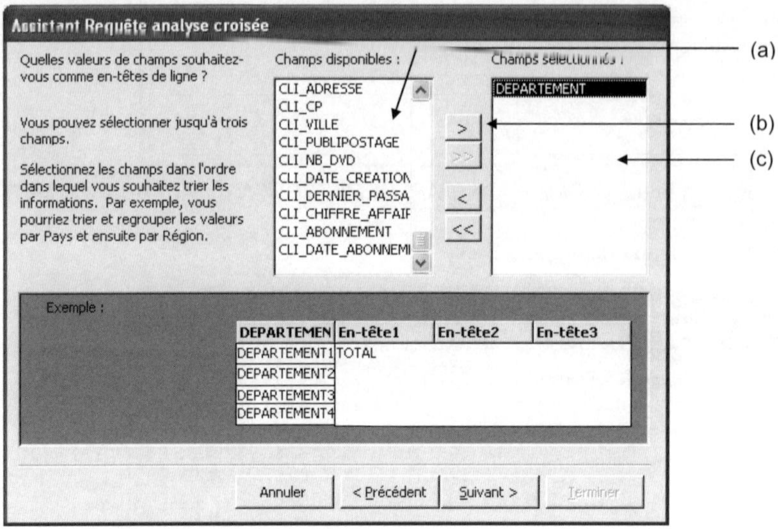

Il vous est demandé d'indiquer un champ (ou plusieurs champs) dont les valeurs seront les en-têtes de ligne du résultat de la requête croisée dynamique.

- Sélectionnez le champ <DEPARTEMENT> en (a)
- Cliquez sur le bouton (b) pour transférer le champ <DEPARTEMENT> dans la liste (c)
- Notez qu'on peut éventuellement avoir plusieurs champs dans la liste des lignes (c)
- Cliquez sur «Suivant»

Il vous est demandé d'indiquer un champ (un seul possible) dont les valeurs seront les en-têtes de colonnes du résultat de la requête croisée dynamique.

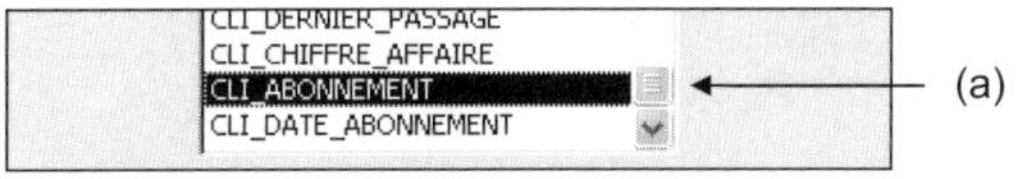

- Sélectionnez <CLI_ABONNEMENT> dans la liste en (a)
- Cliquez sur «Suivant»

Il vous est demandé d'indiquer un champ dont les valeurs seront calculées pour chaque intersection de lignes et colonnes du résultat de la requête croisée dynamique.

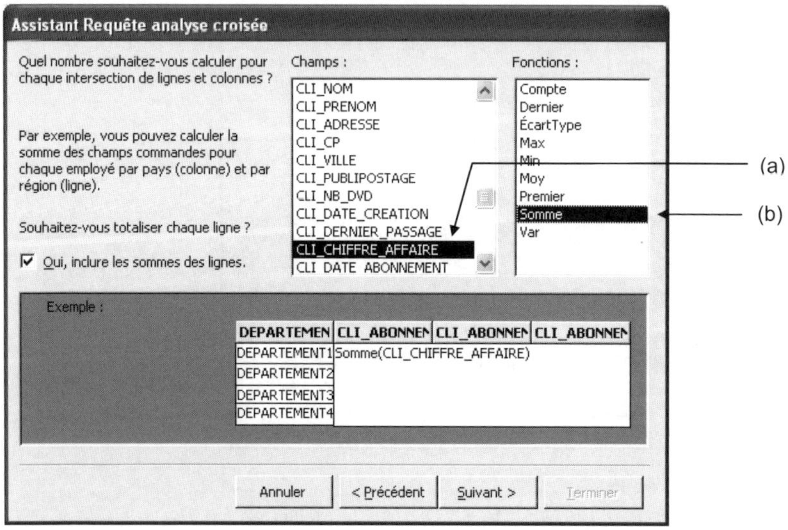

- Cliquez sur <CLI_CHIFFRE_AFFAIRE> en (a)
- Cliquez sur *Somme* en (b)
- Cliquez sur «Suivant»

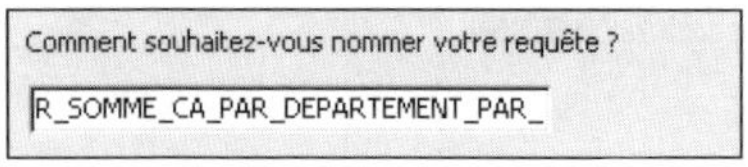

- Nommez votre requête *R_SOMME_CA_PAR_DEPARTEMENT_PAR_ABONNEMENT*
- Cliquez sur «Terminer»

Access affiche le tableau croisé :

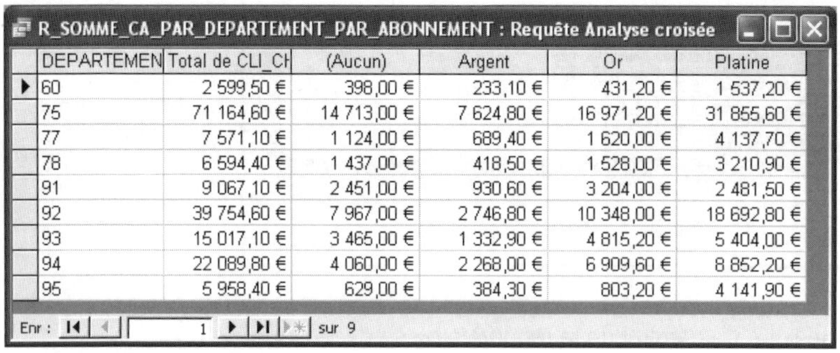
R_SOMME_CA_PAR_DEPARTEMENT_PAR_ABONNEMENT : Requête Analyse croisée

DEPARTEMEN	Total de CLI_CH	(Aucun)	Argent	Or	Platine
60	2 599,50 €	398,00 €	233,10 €	431,20 €	1 537,20 €
75	71 164,60 €	14 713,00 €	7 624,80 €	16 971,20 €	31 855,60 €
77	7 571,10 €	1 124,00 €	689,40 €	1 620,00 €	4 137,70 €
78	6 594,40 €	1 437,00 €	418,50 €	1 528,00 €	3 210,90 €
91	9 067,10 €	2 451,00 €	930,60 €	3 204,00 €	2 481,50 €
92	39 754,60 €	7 967,00 €	2 746,80 €	10 348,00 €	18 692,80 €
93	15 017,10 €	3 465,00 €	1 332,90 €	4 815,20 €	5 404,00 €
94	22 089,80 €	4 060,00 €	2 268,00 €	6 909,60 €	8 852,20 €
95	5 958,40 €	629,00 €	384,30 €	803,20 €	4 141,90 €

Enr : 1 sur 9

- Fermez la requête

❹ FERMER ET QUITTER

- *Fichier/Fermer*, ou appuyez sur Ctrl-F4 ou sur Ctrl-**W** pour fermer la base de données
- *Fichier/Quitter*

CAS 12 : REQUÊTES ACTIVES

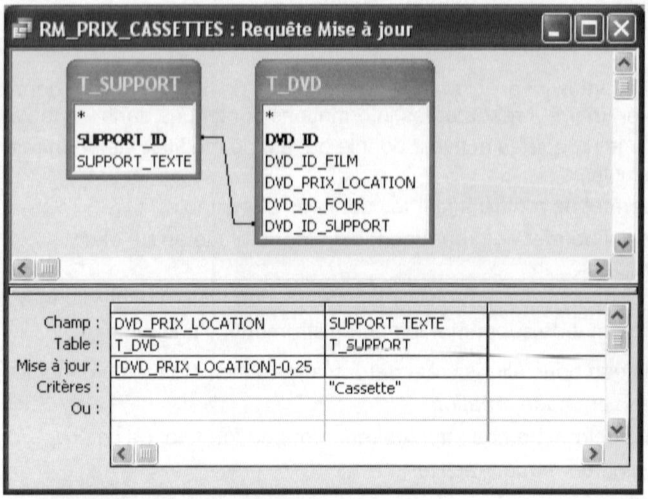

Requête Mise à jour

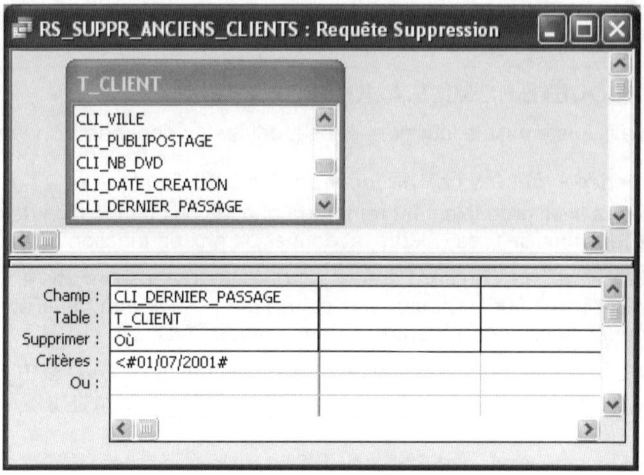

Requête Suppression

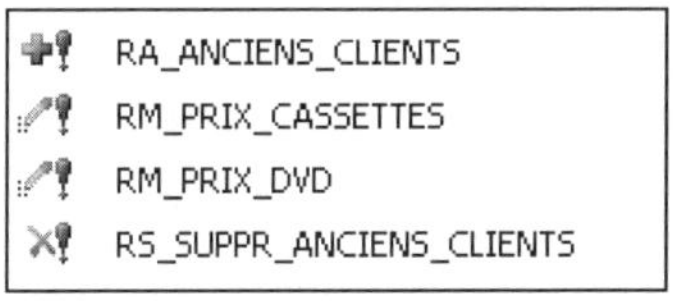

Les requêtes actives dans la fenêtre de base de données

Fonctions utilisées

– *Requête mise à jour*	– *Requête ajout*
– *Requête création de table*	– *Requête suppression*

20 mn

Les requêtes que nous avons vues jusqu'ici étaient des requêtes de type sélection, dont le but était de rechercher, filtrer, trier et présenter les informations contenues dans les tables.

Nous allons maintenant voir les requêtes actives, dont le but est de modifier les données. Il y a quatre types de requêtes actives :

- requête *mise à jour* qui permet de mettre à jour les données d'une table,
- requête *création de table* qui permet de créer une table à partir d'une autre, et d'y transférer des enregistrements,
- requête *ajout* qui permet d'ajouter des enregistrements dans une table à partir d'une autre,
- requête *suppression* qui permet de supprimer les enregistrements d'une table.

Toutes les requêtes actives que nous allons créer seront faites suivant le même principe :

- créer une *requête sélection* en mode *création*
- vérifier que le résultat est conforme à nos attentes (en terme de formule, de critère, ...)
- convertir la *requête sélection* en *requête active*
- exécuter la *requête active*

Copiez le fichier *Locat_12.mdb* qui est enregistré dans le dossier *C:\Exercices Access 2003* sous un autre nom *XLocat_12.mdb*. Cette base de données est la réplique de celle qui résulte de la réalisation du cas précédent. Ouvrez cette base de données *XLocat_12.mdb*.

❶ REQUÊTE DE MISE À JOUR DES PRIX

La requête mise à jour permet de modifier les données d'une table.

Mettre à jour les prix de location des DVD 2001

Vous avez probablement remarqué que les prix de location des DVD sont tous à *0*. Nous allons modifier ces valeurs, et donner un prix en fonction de l'année de sortie du film.

Les films sortis en 2001 seront à 1,00€ par jour, ceux sortis en 2002 à 1,25€/j et les plus récents à 2,00€/j. Chaque prix pourra par la suite être modifié manuellement en fonction de tel ou tel critère (succès du film, état du DVD, ...)

- Créez une requête sélection utilisant les tables *T_DVD* et *T_FILM*
- Ajoutez les champs <DVD_ID>, <DVD_PRIX_LOCATION>, <FILM_TITRE>, <FILM_ANNEE>
- Dans la colonne <FILM_ANNEE>, précisez le critère *2001*

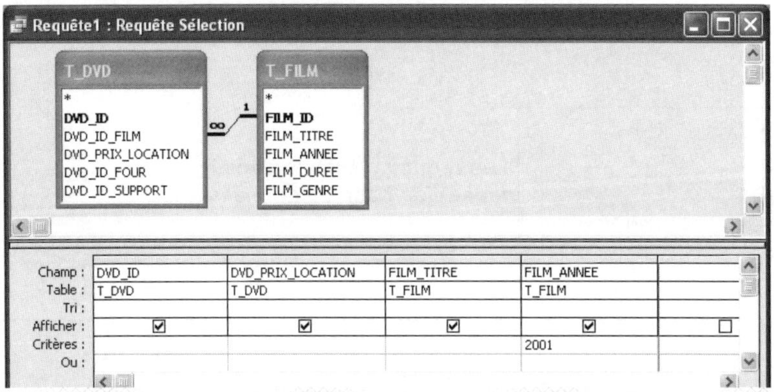

Cliquez sur ce bouton pour passer en mode *feuille de données.*

- Vérifiez globalement que les données sont bien celles attendues : on ne doit avoir que des DVD de films sortis en 2001

Cliquez sur ce bouton pour passer en mode *création.*

Cliquez sur la flèche de ce bouton dans la barre d'outils, puis *Requête Mise à jour*, ou *Requête/Requête Mise à jour.*

Access supprime les lignes <Tri> et <Afficher>, et ajoute une ligne <Mise à jour>.

- Sur la ligne <Mise à jour> dans la colonne <DVD_PRIX_LOCATION> tapez *1*

Champ :	DVD_ID	DVD_PRIX_LOCATION	FILM_TITRE	FILM_ANNEE
Table :	T_DVD	T_DVD	T_FILM	T_FILM
Mise à jour :		1		
Critères :				2001
Ou :				

Cliquez sur ce bouton pour passer en mode *feuille de données.*

Vous constatez que seul le champ devant être mis à jour est affiché. Il est donc impossible à ce moment de vérifier si le critère que vous avez tapé est valable, sauf à revenir à une requête sélection.
Notez également que les données n'ont pas encore été modifiées.

Cliquez sur ce bouton pour passer en mode *création.*

Cliquez sur ce bouton pour exécuter la requête

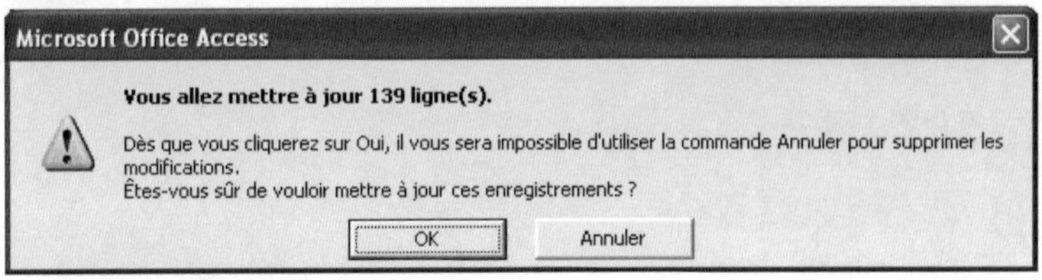

- Cliquez sur «OK»

Cliquez sur ce bouton pour passer en mode *feuille de données*

Vous constatez que toutes les valeurs affichées sont à 1

Mettre à jour les prix de location des DVD 2002

Nous allons maintenant définir le prix des DVD sortis en 2002.

Cliquez sur ce bouton pour passer en mode *création.*

- Sur la ligne <Mise à jour>, remplacez le *1* par *1,25*
- Sur la ligne <Critère>, remplacez le *2001* par *2002*
- Enregistrez la requête sous le nom *RM_PRIX_DVD* (RM Comme Requête Mise à jour)
- Fermez la requête
- Dans la fenêtre de base de données, ouvrez la requête en double-cliquant dessus

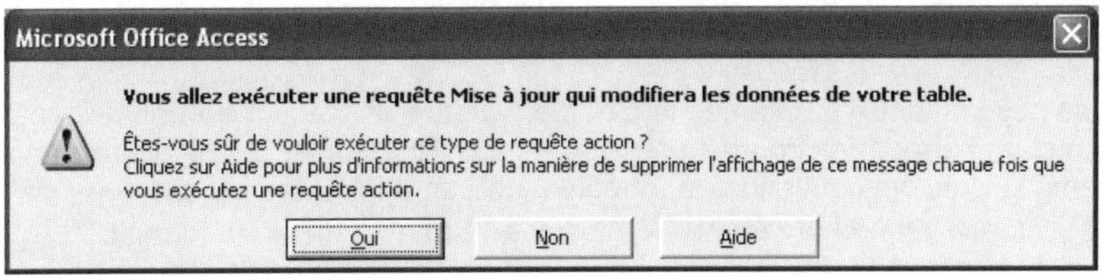

- Cliquez sur «Oui»

Access vous affiche un message vous signalant qu'il va mettre à jour 75 lignes

- Cliquez sur «OK»

Mettre à jour les prix de location des DVD avec une requête paramétrée

Plutôt que de modifier la requête à chaque fois, il serait plus astucieux d'utiliser une requête paramétrée, telle que nous l'avons vue dans le cas 7.

- Ouvrez la requête RM_PRIX_DVD en mode *création*
- Notez que toutes les colonnes n'intervenant pas directement dans la requête ont été supprimées
- Sur la ligne <Mise à jour>, remplacez le *1,25* par *[Entrez le prix]*
- Sur la ligne <Critère>, remplacez le *2002* par *[Entrez l'année]*

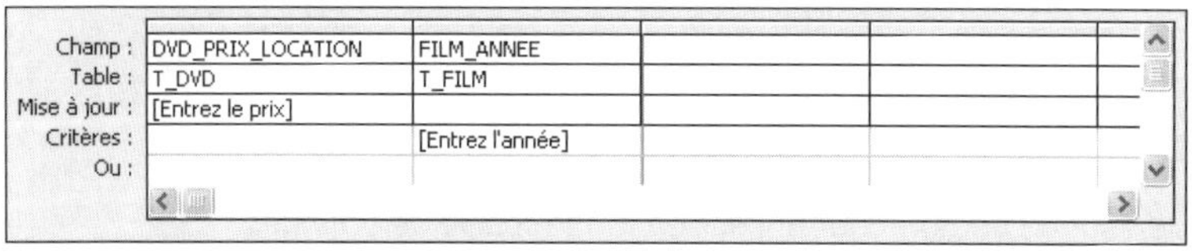

- Fermez la requête en enregistrant les modifications
- Dans la fenêtre *Base de données*, ouvrez la requête en double-cliquant dessus
- Cliquez sur «Oui» quand Access vous averti que vous allez modifier des données

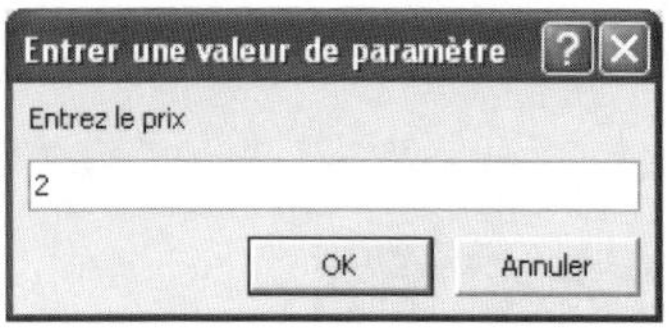

- À l'invite <Entrez le prix>, tapez *2*
- Cliquez sur «OK»
- À l'invite <Entrez l'année>, tapez *2003*
- Cliquez sur «OK»

Access vous affiche un message vous signalant qu'il va mettre à jour 17 lignes

- Cliquez sur «Oui»
- Ouvrez la table *T_DVD*
- Vérifiez que la mise à jour a bien été faite
- Fermez la table *T_DVD*

Mettre à jour les prix de location des cassettes avec une formule

Nous avons mis à jour le prix des DVD et des cassettes, mais le prix de location des cassettes est inférieur de 0,25€ par rapport au prix du DVD de même titre. Plutôt que de réécrire la requête et de la lancer trois fois, nous allons créer une requête qui modifie globalement le prix des cassettes.

- Créez une requête sélection utilisant les tables *T_DVD* et *T_SUPPORT*
- Reliez le champ <SUPPORT_ID> de la table *T_SUPPORT* au champ DVD_ID_SUPPORT>. Pour cela, cliquez sur < SUPPORT_ID> et glissez-le sur <DVD_SUPPORT_ID>
- Ajoutez les champs <SUPPORT_TEXTE>, <DVD_PRIX_LOCATION>
- Dans la colonne <SUPPORT_TEXTE>, saisissez le critère *Cassette*

Maintenant se pose un autre problème : la formule a mettre en place n'est pas évidente, et si on commet une erreur, les données ne seront pas récupérables. Nous allons donc créer un champ calculé qui contiendra la formule à utiliser, afin de la vérifier.

- Dans la 1ère colonne vide de la requête, sur la ligne <Champ>, tapez la formule : *[DVD_PRIX_LOCATION]-0,25* puis Entrée ↵

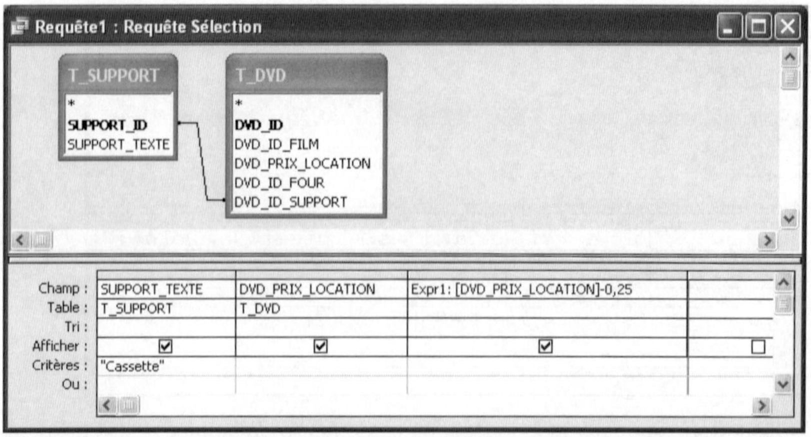

 Cliquez sur ce bouton pour passer en mode *feuille de données.*

- Vérifiez globalement que les données sont correctes : on ne doit avoir que des cassettes et le prix de la colonne <Expr1> doit être inférieur de 0,25€ à celui de la colonne <DVD_PRIX_LOCATION>

 Cliquez sur ce bouton pour passer en mode *création*.

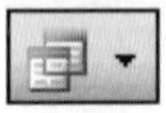 Cliquez sur ce bouton dans la barre d'outils, puis *Requête Mise à jour*, ou *Requête/Requête Mise à jour*.

Access supprime les lignes <Tri> et <Afficher>, et ajoute une ligne <Mise à jour>.

- Sur la ligne <Mise à jour> dans la colonne <DVD_PRIX_LOCATION> recopiez la formule de la colonne <Expr1>
- Éventuellement, supprimez la colonne <Expr1> (mais ce n'est pas obligatoire)
- Enregistrez la requête sous le nom *RM_PRIX_CASSETTES*

 Cliquez sur ce bouton pour exécuter la requête.

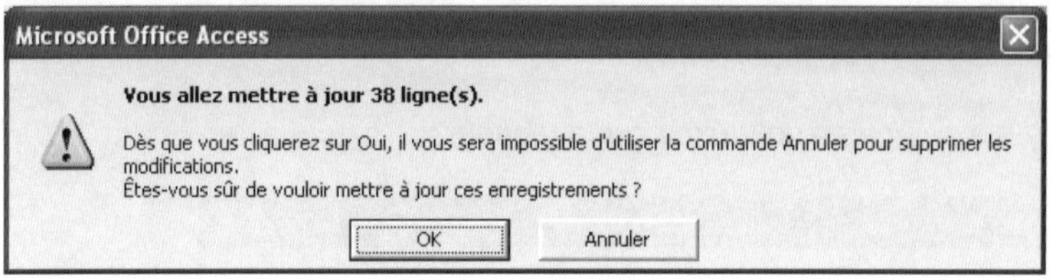

- Cliquez sur «OK»

 Cliquez sur ce bouton pour passer en mode *feuille de données*.

Vous constatez que les prix des cassettes ont été modifiés

- Fermez la requête

❷ REQUÊTE CRÉATION DE TABLE

Nous allons créer une table *T_ARCHIVE*, qui contiendra les coordonnées des clients qui ne sont pas venus depuis longtemps, en l'occurrence depuis le 1er juillet 2001.

- Créez une requête sélection utilisant la table *T_CLIENT*
- Ajoutez tous les champs de la table
- Dans la colonne <CLI_DERNIER_PASSAGE>, précisez le critère *<01/07/2001*

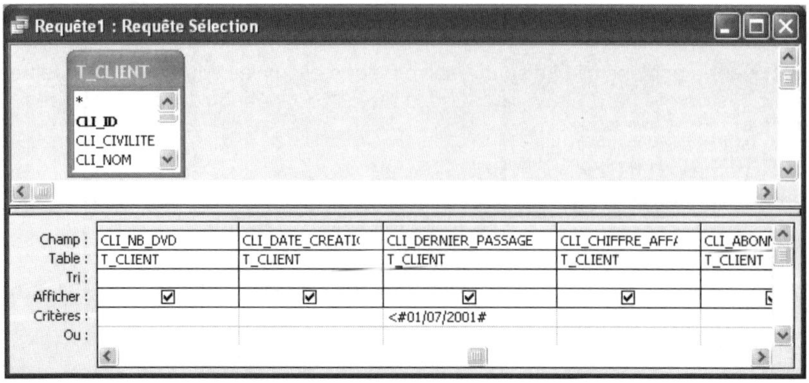

Cliquez sur ce bouton pour passer en mode *feuille de données.*

- Vérifiez globalement que les données sont correctes : on ne doit avoir que des clients qui ne sont pas venus depuis la date indiquée

Cliquez sur ce bouton pour passer en mode *création*.

Cliquez sur ce bouton dans la barre d'outils, puis *Requête Création de table*, ou *Requête/Requête Création de table.*

Access demande le nom de la table à créer :

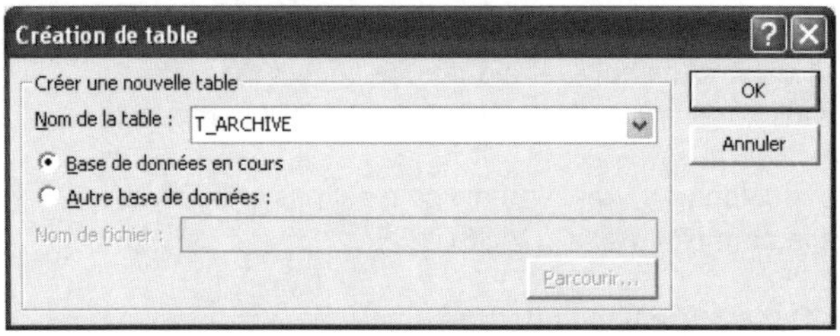

- Saisissez *T_ARCHIVE*
- Cliquez sur «OK»

Cliquez sur ce bouton pour exécuter la requête.

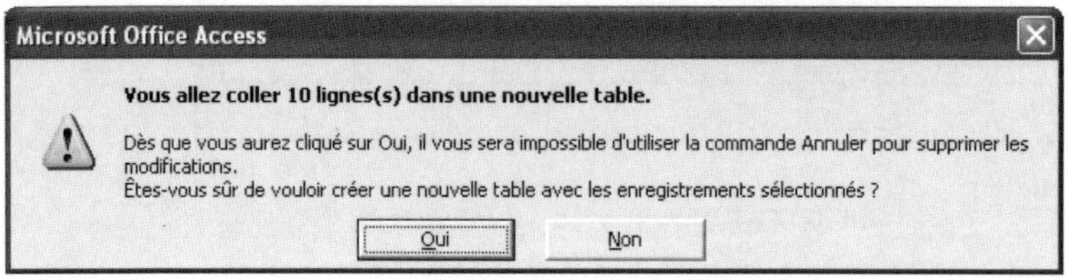

- Cliquez sur «Oui»
- Fermez la requête sans l'enregistrer, car elle n'est utile qu'une seule fois
- Dans la fenêtre *Base de données*, notez l'apparition de la table *T_ARCHIVE*
- Ouvrez la table et constatez que les enregistrements ont bien été copiés
- Ouvrez la table *T_ARCHIVE* en mode *création*
- Notez que la seule propriété qui ait été transférée est la taille. Toutes les autres (format, valeur par défaut, valide si, ...) n'ont pas été copiées.
- Fermez la table *T_ARCHIVE*

❸ REQUÊTE DE SUPPRESSION

Maintenant que les anciens clients sont archivés, nous allons les supprimer de la table client. Cela nous permettra de travailler sur des tables plus petites, donc plus rapides.

- Créez une requête sélection utilisant la table *T_CLIENT*
- Ajoutez le champ <CLI_DERNIER_PASSAGE>
- Sur la ligne <Critère>, indiquez *<1/7/2001*

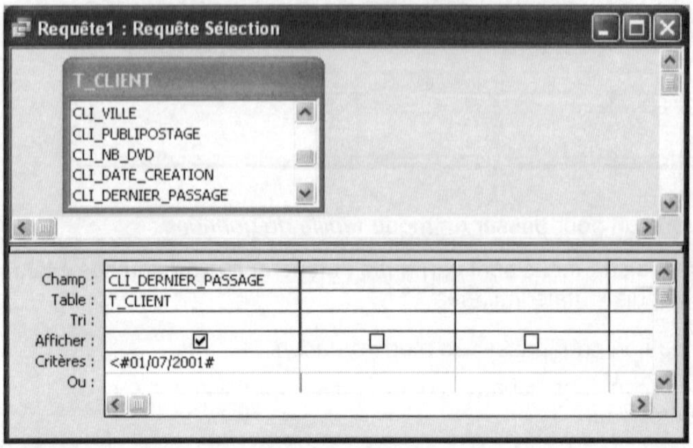

 Cliquez sur ce bouton pour passer en mode *feuille de données*.

- Vérifiez globalement que les données sont correctes : on ne doit avoir que des dates antérieures à la date indiquée

 Cliquez sur ce bouton pour passer en mode *création*.

 Cliquez sur ce bouton dans la barre d'outils, puis *Requête Suppression*, ou *Requête/Requête Suppression*

Access supprime les lignes <Tri> et <Afficher>, et ajoute une ligne <Supprimer>.

 Cliquez sur ce bouton pour exécuter la requête.

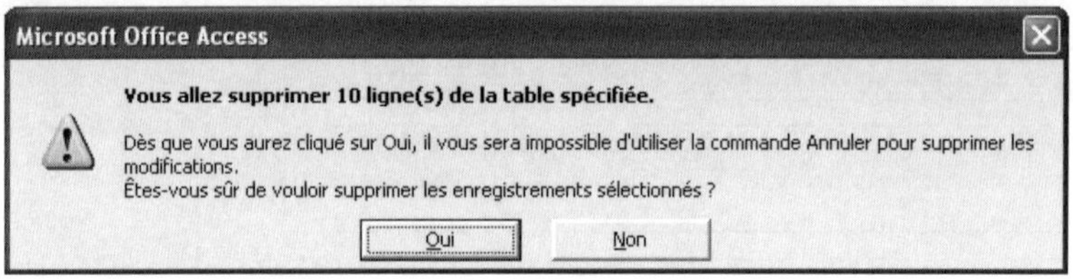

- Cliquez sur «Oui»
- Enregistrez la requête sous le nom *RS_ANCIENS_CLIENTS* (RS pour Requête Suppression)
- Fermez la requête

❹ REQUÊTE AJOUT

Nous voudrions maintenant transférer d'autres anciens clients dans la table *T_ARCHIVE*. Comme la table existe déjà, nous ne pouvons pas utiliser une requête création. Nous allons donc utiliser une requête ajout, qui va transférer des enregistrements de la table *T_CLIENT* vers la table *T_ARCHIVE*.

- Créez une requête sélection utilisant la table *T_CLIENT*
- Ajoutez tous les champs de la table
- Dans la colonne <CLI_DERNIER_PASSAGE>, précisez le critère *<01/01/2002*

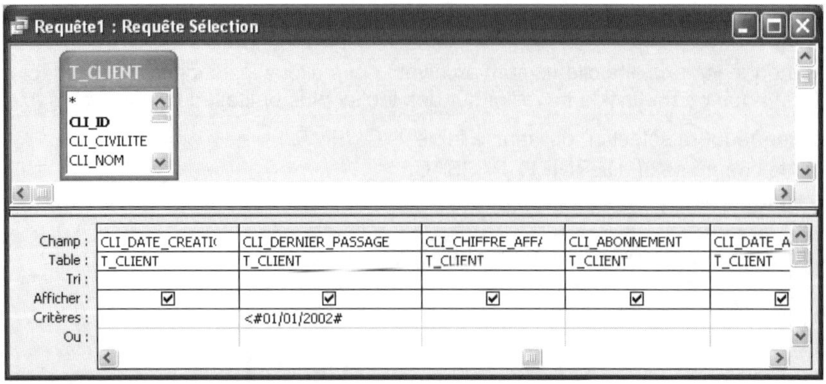

 Cliquez sur ce bouton pour passer en mode *feuille de données*.

- Vérifiez globalement que les données sont correctes : on ne doit avoir que des clients qui ne sont pas venus depuis la date indiquée

 Cliquez sur ce bouton pour passer en mode *création*.

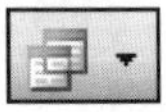 Cliquez sur ce bouton dans la barre d'outils, puis *Requête Ajout*, ou *Requête/Requête Ajout*

Access demande le nom de la table où les enregistrements vont être ajoutés :

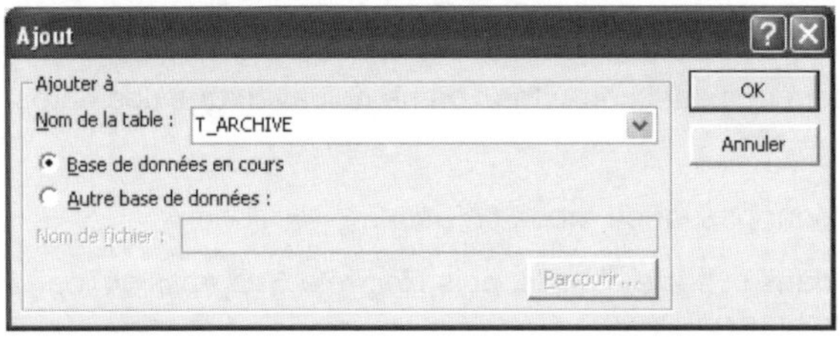

- Saisissez *T_ARCHIVE* et cliquez sur «OK»

Access enlève la ligne <Afficher> et ajoute une ligne <Ajouter à>, qui contient les champs de la table *T_ARCHIVE* dans lesquels vont être copiées les données de la colonne.

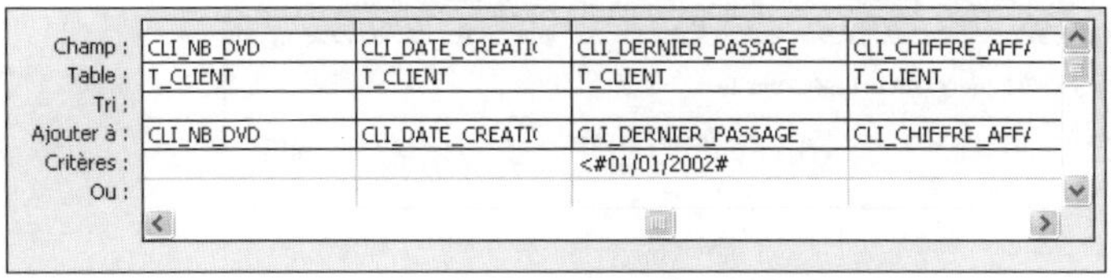

 Cliquez sur ce bouton pour exécuter la requête

Access vous demande si vous voulez mettre à jour les enregistrements

- Cliquez sur «Oui»
- Enregistrez la requête sous le nom *RA_ANCIENS_CLIENTS* (RA pour Requête Ajout)
- Fermez la requête
- En modifiant la date de la requête *RS_ANCIENS_CLIENTS*, supprimez de la table *T_CLIENT* les enregistrements que vous venez d'ajouter à *T_ARCHIVE*

❺ FERMER ET QUITTER

- *Fichier/Fermer*, ou appuyez sur Ctrl-F4 ou sur Ctrl-**W** pour fermer la base de données
- *Fichier/Quitter*

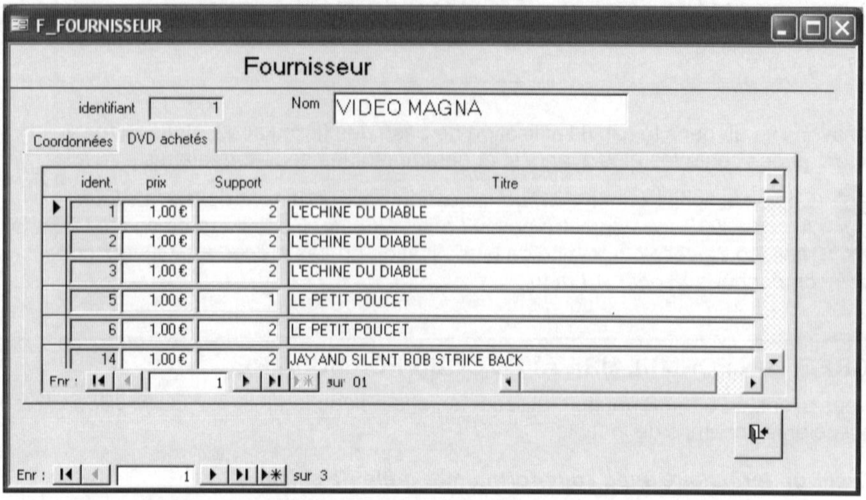

Formulaire fournisseur avec onglets et sous-formulaire

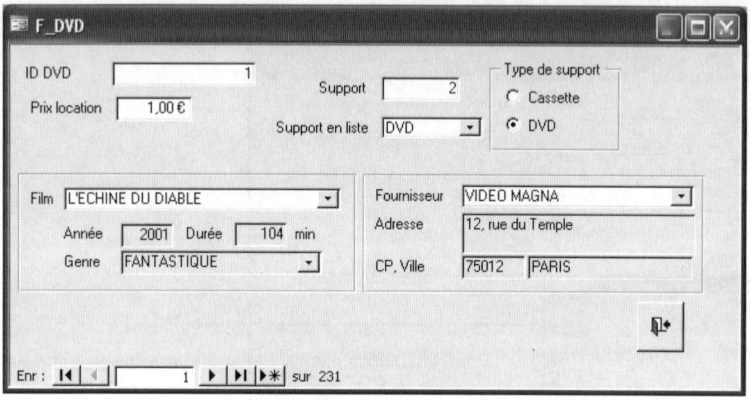

Formulaire DVD avec liste déroulante

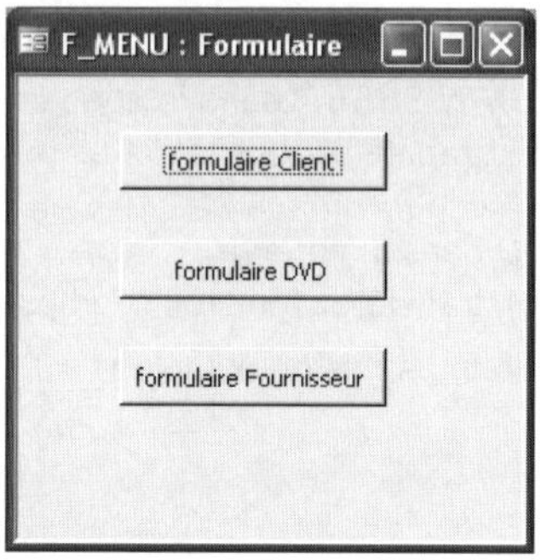

Formulaire menu

Fonctions utilisées

– *Formulaire et sous-formulaire*	– *Groupe d'options*
– *Ergonomie des formulaires*	– *Zone de liste déroulante*
– *Onglet*	– *Bouton de commande*

Nous avons vu au dans le cas 8 l'utilisation de base des formulaires. Nous allons voir maintenant des contrôles plus avancés, et notamment les sous-formulaires.

Copiez le fichier *Locat_13.mdb* qui est enregistré dans le dossier *C:\Exercices Access 2003* sous un autre nom *XLocat_13.mdb*. Cette base de données est la réplique de celle qui résulte de la réalisation du cas précédent. Ouvrez cette base de données *XLocat_13.mdb*.

❶ CRÉER UN FORMULAIRE AVEC SOUS-FORMULAIRE

Nous allons créer un formulaire utilisant les champs de la table *T_FOURNISSEUR*, et lui associer les champs de la table *T_DVD*

Créer un formulaire avec sous-formulaire grille de saisie

- Dans la fenêtre *Base de données*, dans le volet *Objets* : cliquez sur 

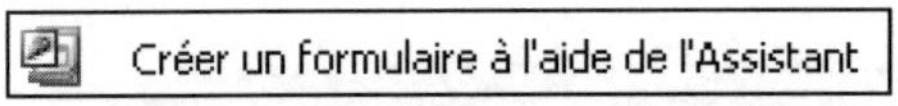

Double-cliquez sur cet objet pour créer un formulaire avec l'assistant.

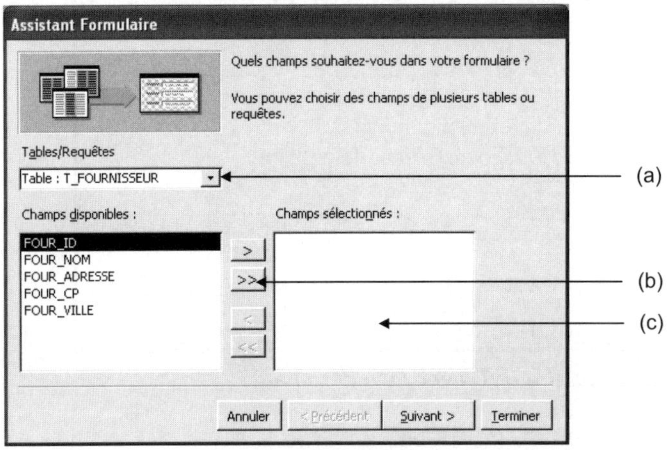

- Sélectionnez la table *T_FOURNISSEUR* dans la zone (a)
- En cliquant sur le bouton (b), transférez tous les champs de *T_FOURNISSEUR* dans la zone des champs sélectionnés (c)
- Sélectionnez ensuite *T_DVD* dans la zone (a)
- En cliquant sur le bouton (b), transférez tous les champs de *T_DVD* dans la zone (c)

En (c), vous devez avoir les champs des deux tables :

• Cliquez sur «Suivant»

Access a détecté que les deux tables étaient reliées, et demande quelle est la table principale :

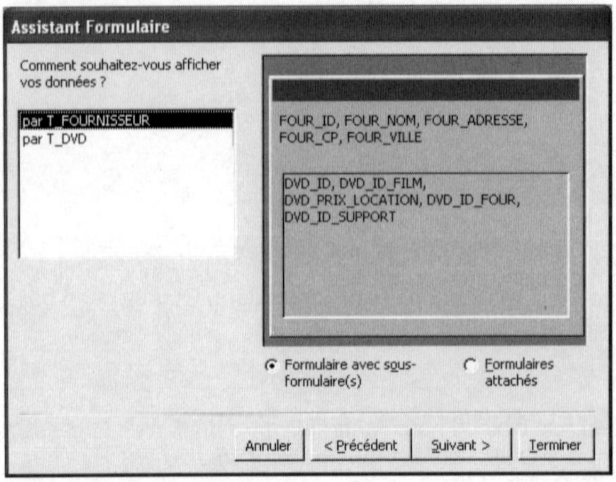

- Vérifiez que *T_FOURNISSEUR* est sélectionné et que l'option ⊙ *Formulaire avec sous-formulaire* est activée
- Cliquez sur «Suivant»
- Parmi les dispositions, activez ⊙ *Feuille de données*
- Cliquez sur «Suivant»
- Dans la liste des styles proposés, choisissez *Standard* ou un autre style à votre goût
- Cliquez sur «Suivant»

Access vous demande deux noms : un pour le formulaire principal, et un pour le sous-formulaire.

- Tapez *F_FOURNISSEUR* pour le formulaire principal
- Tapez *F_FOURNISSEUR_SF_DVD* pour le sous-formulaire.

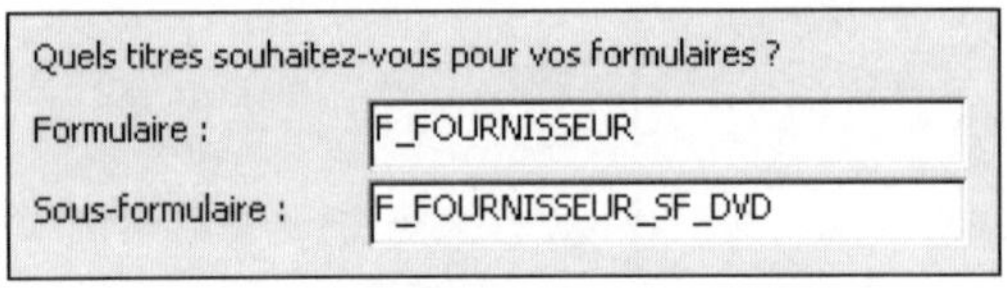

Comme les formulaires sont souvent affichés par ordre alphabétique, le formulaire et ses sous-formulaires sont proches dans la liste si leurs noms commencent de la même façon.

- Cliquez sur «Terminer»

Access affiche le formulaire et son sous-formulaire :

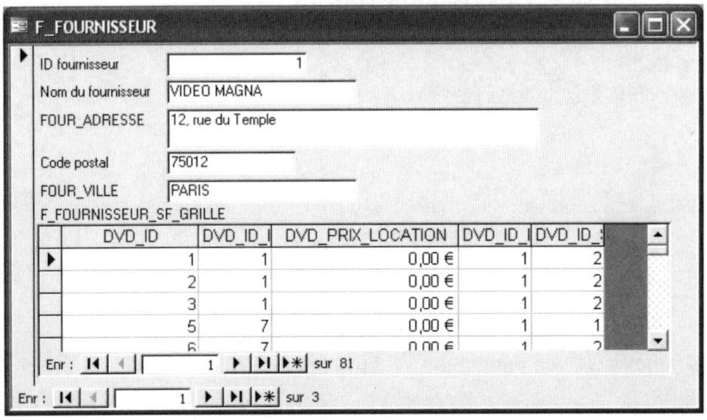

Le sous-formulaire est en mode *grille*, et vous pouvez l'utiliser comme une table.

- Masquez ou modifiez la taille des colonnes pour qu'elles ressemblent à la figure ci-dessous, comme cela a été vu dans le cas 2

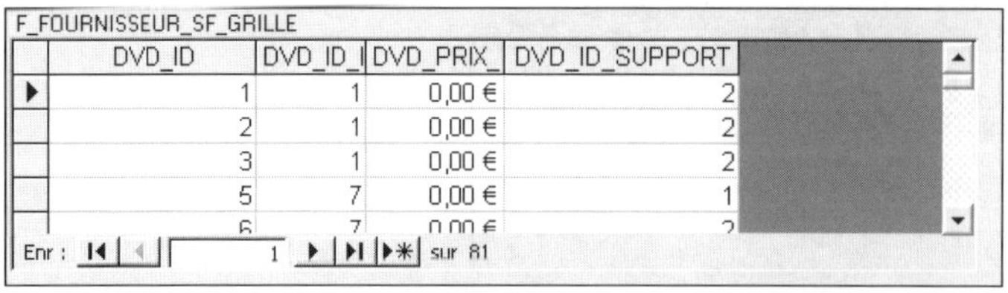

- Notez les deux séries de boutons de déplacements une pour les fournisseurs (formulaire) et l'autre pour les produits (sous-formulaire)
- Passez au fournisseur suivant
- Notez que les DVD affichés correspondent au fournisseur affiché
- Fermez le formulaire

Réflexion faite, ce formulaire n'est pas clair : il nous faudrait le titre du film de la cassette plutôt que son identifiant, <DVD_ID_FOUR> qui ne nous est pas utile.

Plutôt que de modifier le formulaire existant, nous allons le recréer.

Créer un formulaire avec sous-formulaire tabulaire

- Dans la fenêtre *Base de données*, cliquez sur <Formulaire> dans le volet *Objets*, supprimez les formulaires *F_FOURNISSEUR* et *F_FOURNISSEUR_SF_DVD*
- Relancez l'assistant formulaire et suivez les mêmes étapes que précédemment, mais choisissez cette fois-ci :

– tous les champs de *T_FOURNISSEUR*

– dans la table *T_DVD*, les champs <DVD_ID>, <DVD_SUPPORT> et <DVD_PRIX_LOCATION>

– dans la table *T_FILM*, le champ <FILM_TITRE>

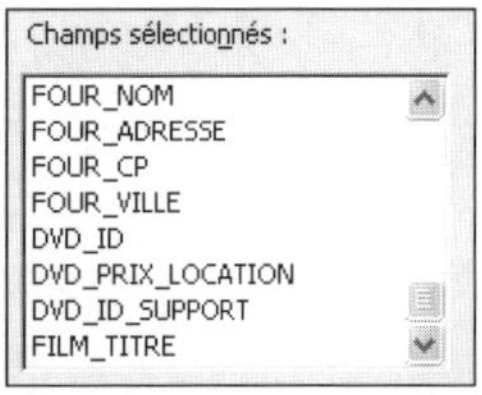

- Cliquez sur «Suivant»

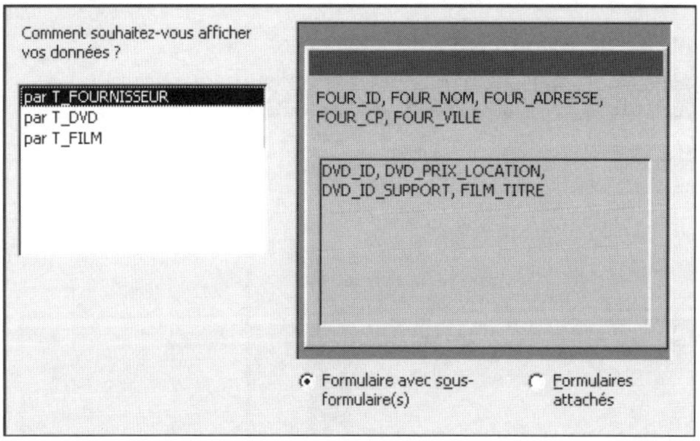

- Vérifiez que *T_FOURNISSEUR* est sélectionné et que l'option ⊙ *Formulaire avec sous-formulaire(s)* est activée

- Cliquez sur «Suivant»
- Parmi les dispositions, choisissez ⊙ *Tabulaire*
- Cliquez sur «Suivant»
- Dans la liste des styles proposés, choisissez *Standard* ou un autre style à votre goût
- Cliquez sur «Suivant»
- Tapez *F_FOURNISSEUR* comme nom pour le formulaire principal
- Tapez *F_FOURNISSEUR_SF_DVD* comme pour le sous-formulaire.
- Cliquez sur «Terminer»

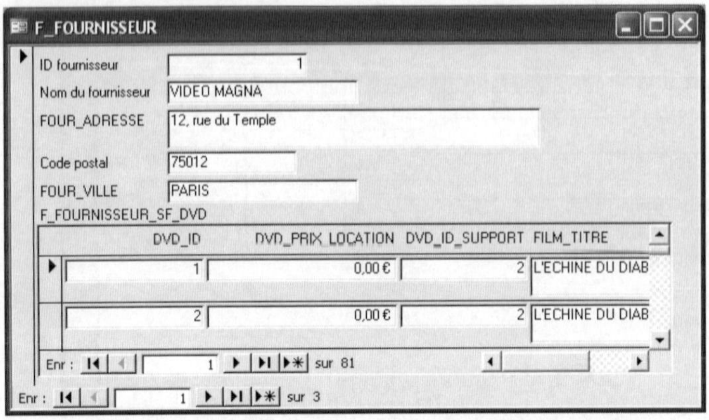

Comme nous avons choisi une disposition tabulaire, le sous-formulaire apparaît cette fois comme un formulaire plutôt que comme une feuille de données.

 Cliquez sur ce bouton pour passer en mode *création*.

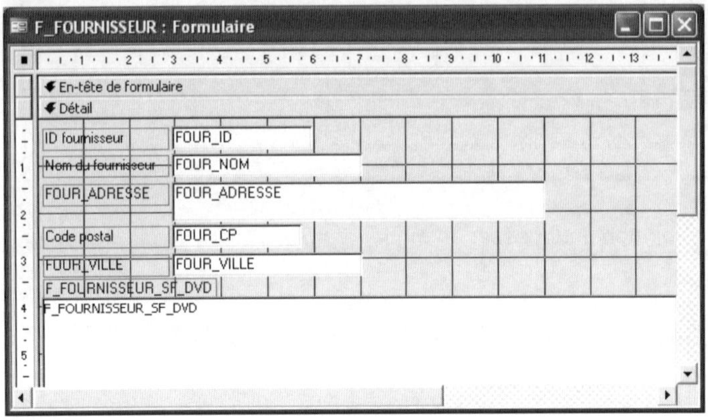

Vous constatez que vous pouvez modifier le formulaire, mais pas le sous-formulaire.

- Assurez-vous que le contrôle du sous-formulaire n'est pas sélectionné. Si c'est le cas, sélectionnez simplement un autre contrôle
- Double-cliquez ensuite dans le contrôle du sous-formulaire

Access affiche le sous-formulaire en mode *création*.

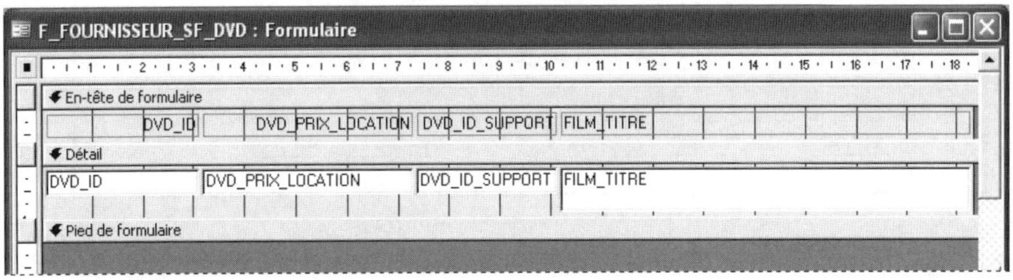

- En utilisant les techniques vues dans le cas 8, modifiez le formulaire et le sous-formulaire de façon à ce qu'ils ressemblent aux formulaires suivants
  - Remarquez que les contrôles des clés primaires <FOUR_ID> et <DVD_ID> ne peuvent pas être sélectionnés
  - .Faites attention aux largeurs des formulaires et des contrôles

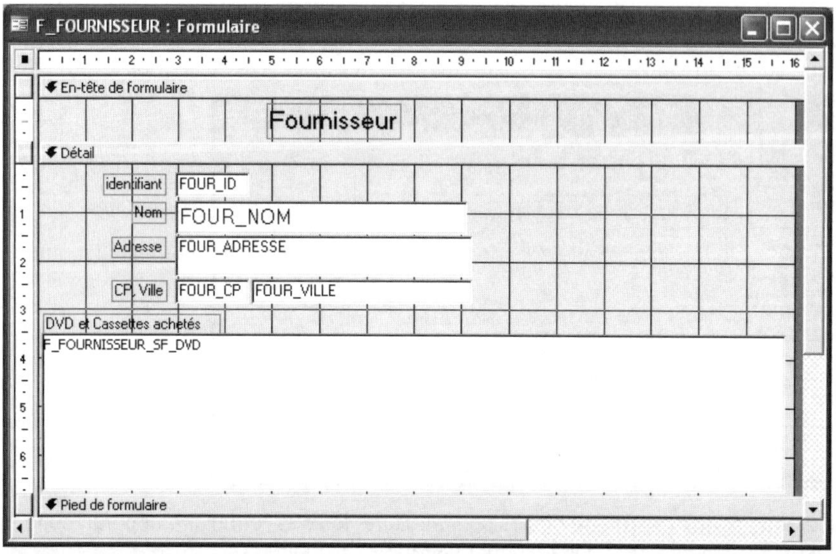

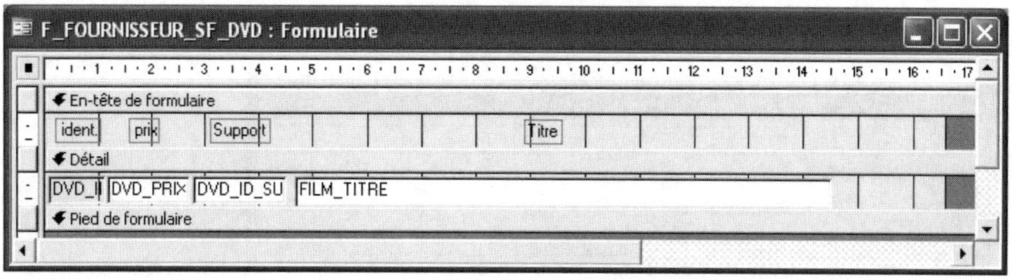

 Cliquez sur ce bouton pour passer en mode *formulaire*.

- Admirez votre travail

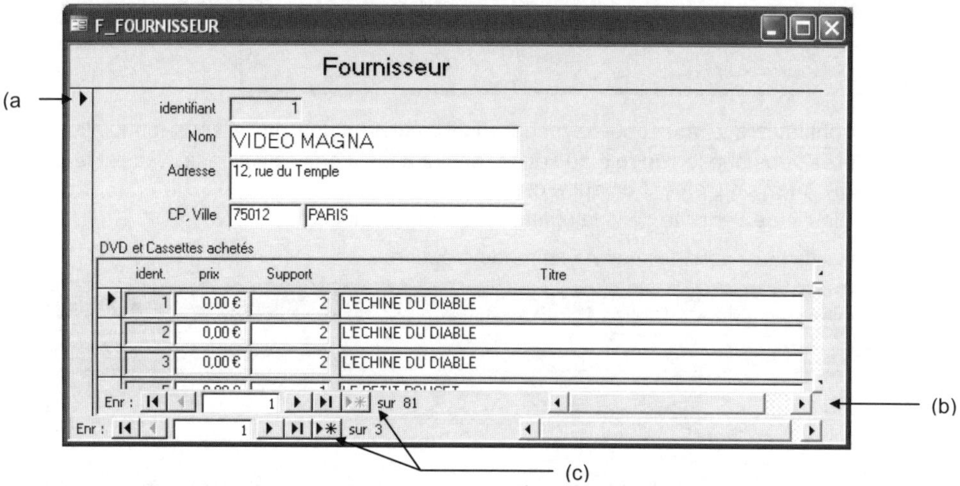

- Changez de fournisseur, constatez que la liste des DVD se modifie

❷ MODIFIER LES PROPRIÉTÉS

Plusieurs inconvénients subsistent dans ce formulaire :

- le sélecteur d'enregistrement en (a) est inutile
- la barre de défilement en (b) est inutile et inesthétique
- les deux groupes de boutons de déplacement en (c) peuvent être confondus (croyant se déplacer vers le fournisseur suivant, l'utilisateur se déplacerait vers le DVD suivant)
- l'utilisateur peut ajouter ou modifier des DVD dans le sous-formulaire, alors que cet endroit n'est pas fait pour cela (il ne peut pas renseigner le champ DVD_ID_FILM)

- Fermez le formulaire en enregistrant les modifications
- Dans la liste des formulaires de la base de données, sélectionnez *F_FOURNISSEUR*

Cliquez sur ce bouton pour ouvrir le formulaire en mode *création*.

- Cette fois-ci, le formulaire et le sous-formulaire apparaissent dans la même fenêtre

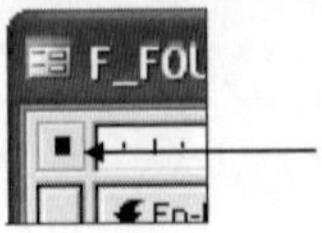
(a)

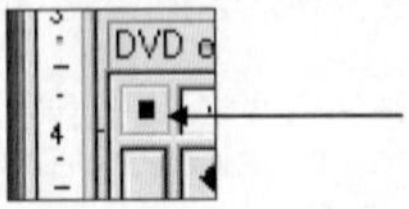
(b)

En (a), vous sélectionnez le formulaire ; en (b), vous sélectionnez le sous-formulaire.

- Sélectionnez le formulaire : cliquez en (a)

Cliquez sur ce bouton pour afficher la fenêtre des propriétés.

- Dans l'onglet *Format* : mettez la propriété <Afficher sélecteur> à *Non*
- Ne fermez pas la fenêtre des propriétés
- Sélectionnez le contrôle sous-formulaire en cliquant à l'intérieur du sous-formulaire, puis seulement ensuite sélectionnez le sous-formulaire en (b)
- Dans l'onglet *Format* de la fenêtre des propriétés : mettez la propriété <Barre de défilement> à *Verticale*
- Mettez la propriété <Boutons de déplacement> à *Non*
- Dans l'onglet *Données* : mettez les propriétés <Modif autorisée> et <Ajout autorisé> à *Non*

Cliquez sur ce bouton pour passer en mode *formulaire*.

- Admirez votre travail. Notre formulaire prête moins à confusion
- Fermez le formulaire.

Access demande s'il faut sauvegarder tout ce que nous avons modifié

- Cliquez sur «Oui»

❸ AJOUTER UN CONTRÔLE ONGLET

Nous voudrions avoir plus de place pour la liste des DVD, mais la taille de l'écran nous limite : l'utilisation d'un contrôle *onglet* peut être la solution.

- Dans la liste des formulaires de la base de données, sélectionnez *F_FOURNISSEUR*

Cliquez sur ce bouton pour ouvrir le formulaire en mode *création*.

- Agrandissez la zone détail du formulaire : nous allons avoir besoin de place

Cliquez sur ce bouton dans la barre d'outil pour sélectionner l'outil onglet

- Cliquez-glissez dans la zone que vous venez de libérer pour définir la taille de l'onglet

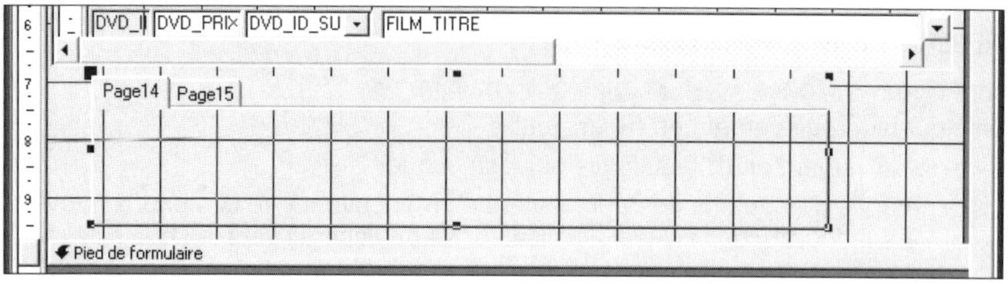

Access créé le contrôle onglet

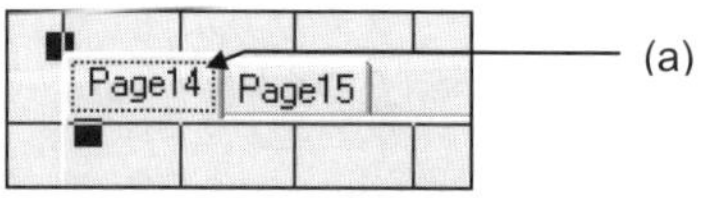

- Cliquez sur la 1ère page en (a) pour qu'elle soit sélectionnée

 Cliquez sur ce bouton pour afficher la fenêtre des propriétés.

- Dans l'onglet *Format* : mettez la propriété <Légende> à *Coordonnées*
- Sans fermer la fenêtre des propriétés, sélectionnez la 2ème page
- Mettez la propriété <Légende> à *DVD achetés*
- Fermez la fenêtre des propriétés
- Sélectionnez les contrôles des champs <FOUR_ADRESSE>, <FOUR_CP>, <FOUR_VILLE> et leurs étiquettes associées

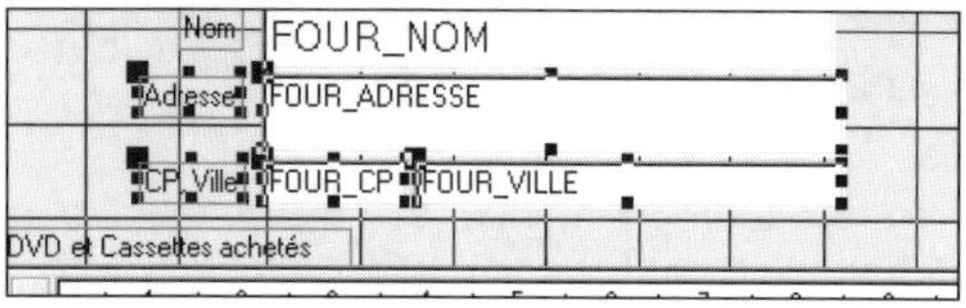

- *Edition/Couper*
- Sélectionnez la page *Coordonnées*
- *Edition/Coller*
- Vérifiez que vous avez bien collé sur la page *Coordonnées* en sélectionnant la page *DVD Achetés*
- Supprimez l'étiquette *DVD et Cassettes achetés*

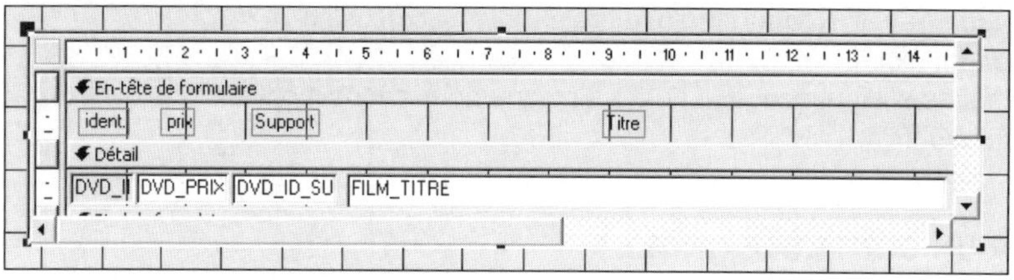

- Sélectionnez le contrôle sous-formulaire (pas le sous-formulaire lui-même. Dans l'image ci-dessus, c'est bien le contrôle sous-formulaire qui est sélectionné)
- *Edition/Couper*
- Sélectionnez la page *DVD achetés*
- *Edition/Coller*

La taille du contrôle onglet *DVD achetés* se modifie pour pouvoir contenir le contrôle sous-formulaire

- Déplacez le contrôle du champ <FOUR_NOM> à coté du contrôle du champ <FOUR_ID>
- Sélectionnez le contrôle onglet *DVD Achetés*
- Remontez-le et éventuellement, agrandissez-le, ainsi que le contrôle sous-formulaire

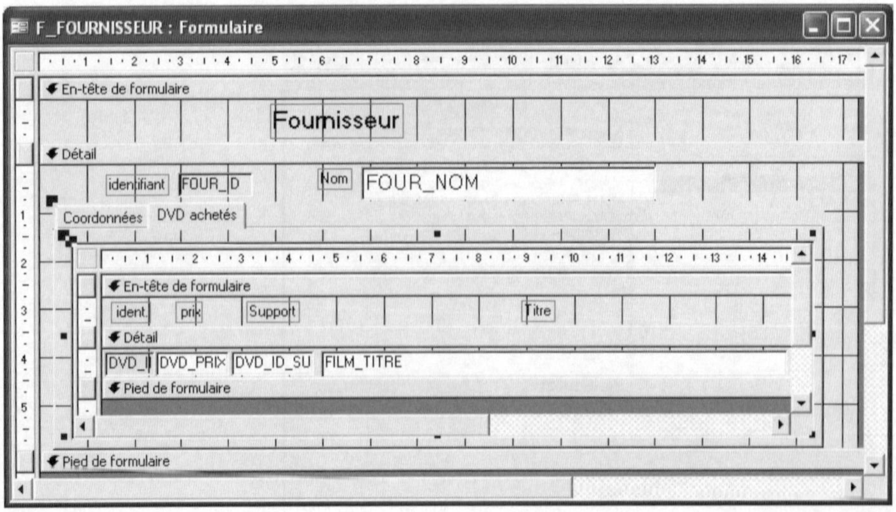

 Cliquez sur ce bouton pour passer en mode *affichage du formulaire*.

- Manipulez le contrôle onglet
  - Vous pouvez éventuellement revenir en mode *création* pour agrandir encore le contrôle sous-formulaire. La taille du contrôle onglet se modifiera en conséquence
  - Notez que la page *Coordonnées* peut sembler vide, mais qu'on pourrait y mettre les numéros de téléphone et de fax, le nom du contact, etc...
- Fermez le formulaire en enregistrant les modifications

---

❹ CRÉER UN FORMULAIRE RELIANT PLUSIEURS TABLES

Nous allons maintenant créer un formulaire multitable sans sous-formulaire. Il s'agit de représenter les informations concernant les DVD, avec le fournisseur et le film qui lui correspondent.

Créer un formulaire multitable

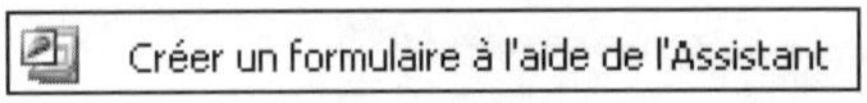

Cliquez sur cet objet créer un formulaire avec l'assistant.

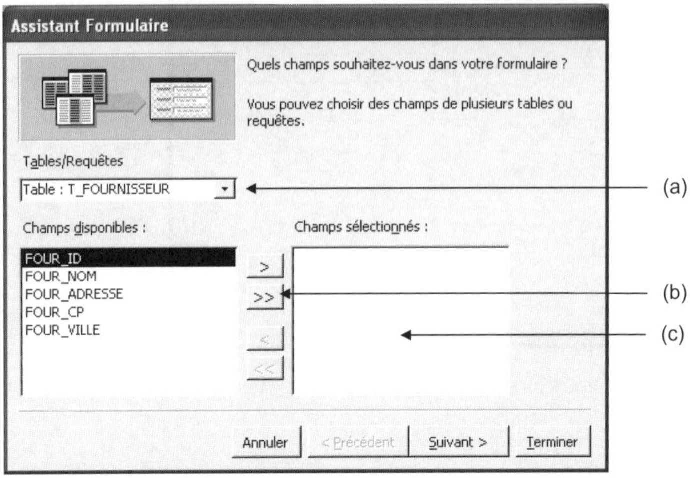

- En utilisant la liste déroulante (a) et le bouton (b), transférez dans la liste (c) tous les champs des tables *T_DVD*, *T_FILM* et *T_FOURNISSEUR*

- Cliquez sur «Suivant»

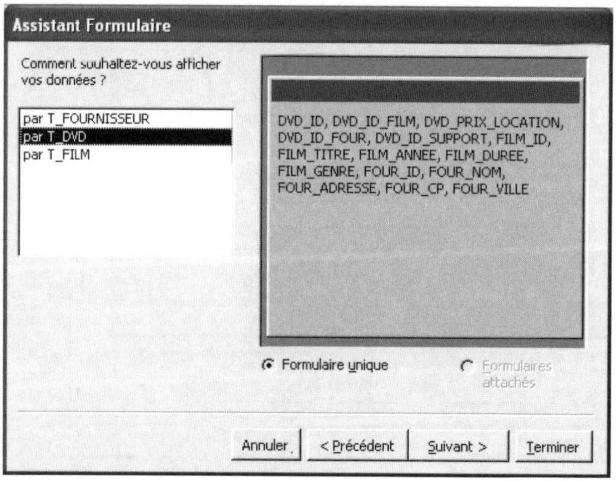

- Sélectionnez *T_DVD* comme table principale
- Cliquez sur «Suivant»
- Parmi les dispositions, choisissez ⊙ *Colonne simple*
- Cliquez sur «Suivant»
- Dans la liste des styles proposés, choisissez *Standard* ou un autre style à votre goût
- Cliquez sur «Suivant»

Access vous demande un nom pour le formulaire.

- Tapez *F_DVD* comme nom et titre du formulaire

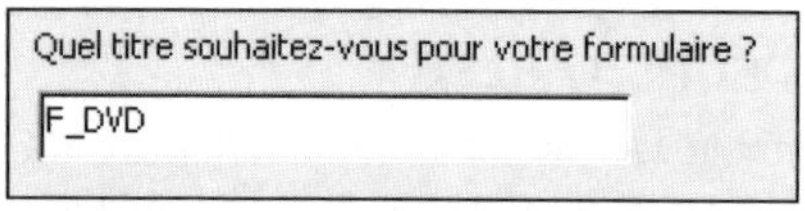

- Cliquez sur «Terminer»

Access créé et affiche un formulaire qui reste à améliorer

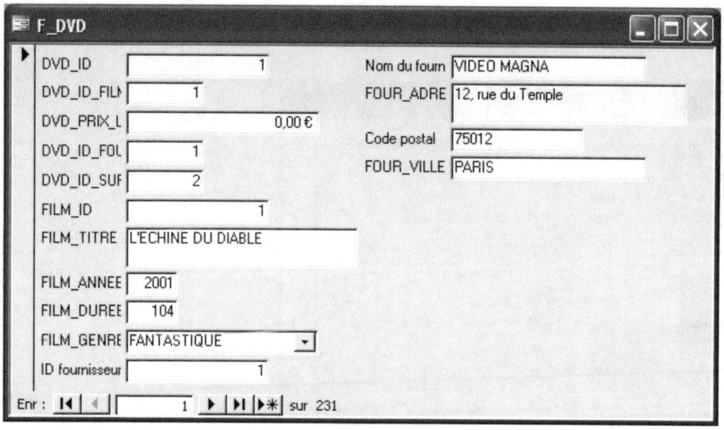

- En utilisant les techniques vues lors du cas 8 et ci-dessus, modifiez le formulaire pour qu'il ressemble au suivant :

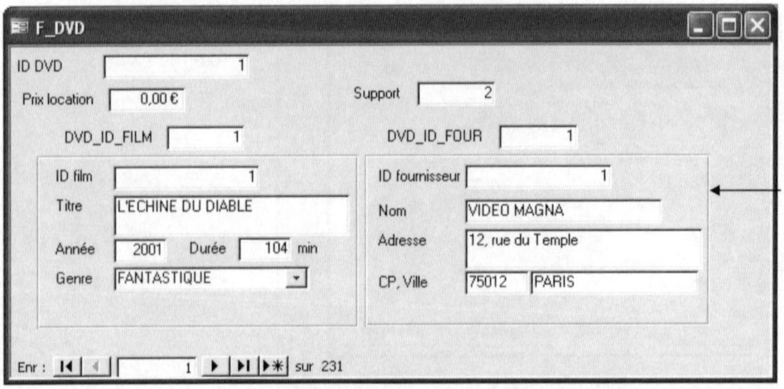

(a)

- Notez :
– l'utilisation de contrôle Rectangle en (a)
– l'absence de sélecteur d'enregistrement
– l'absence de diviseurs d'enregistrements

 Cliquez sur ce bouton dans la barre d'outils, ou *Fichier/Enregistrer*, ou appuyez sur Ctrl-**S**.

---

❺ AJOUTER DES CASES D'OPTION

Le type de support (1 pour DVD et 2 pour cassette) n'est pas explicite.
Pour le rendre plus clair, nous allons rajouter un groupe de cases d'option.

 Cliquez sur ce bouton pour passer en mode *création*.

 Cliquez sur ce bouton dans la *boîte à outils* s'il n'apparaît pas sélectionné (orangé).

 Cliquez sur ce bouton dans la *boîte à outils* pour sélectionner le contrôle groupe d'options.

- Cliquez-glissez sur le formulaire en mode *création* pour définir la position et la taille du contrôle

Access ouvre l'assistant Groupe d'options :

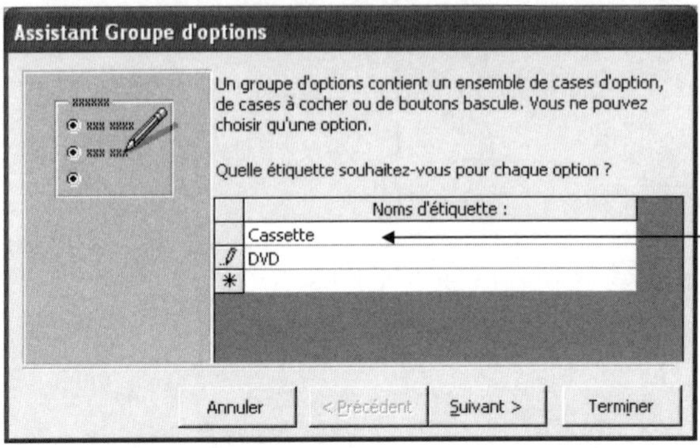

(a)

- Tapez en (a)la liste des étiquettes que vous voulez voir apparaître : *Cassette* et *DVD*
- Cliquez sur «Suivant»

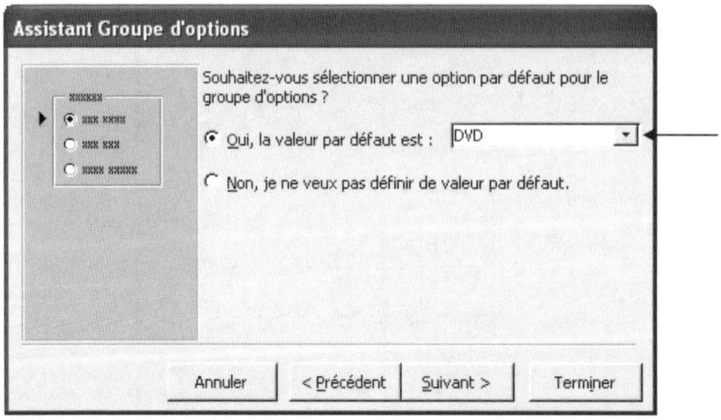

(a)

- Définissez la valeur par défaut à *DVD* en la choisissant dans la liste déroulante en (a)
- Cliquez sur «Suivant»

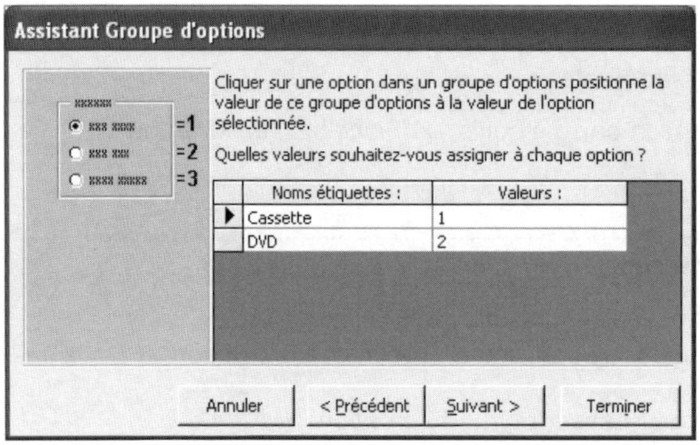

- Définissez les valeurs à lui associer aux étiquettes : *1* pour DVD et *2* pour cassette
- Cliquez sur «Suivant»

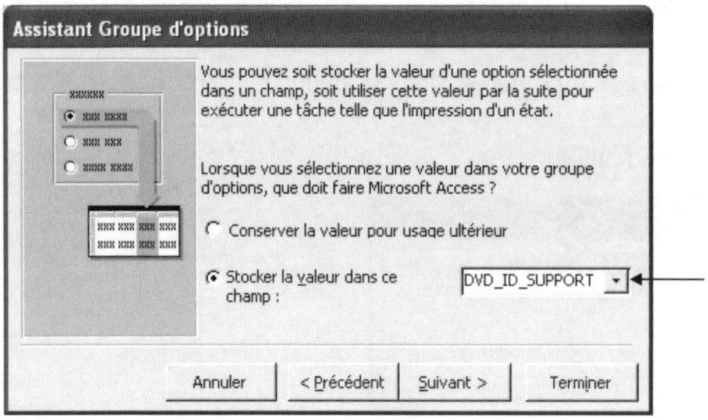

(a)

- Déroulez la liste en (a), et choisissez <DVD_ID_SUPPORT>
- Cliquez sur «Suivant»

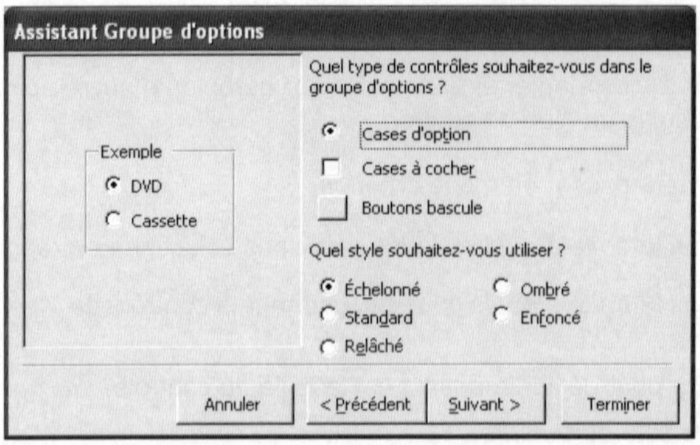

- Laissez les options par défaut ⊙ *Cases d'option* et ⊙ *Échelonné*
  Rappel : le type *Cases à cocher* correspond à un choix multiple, et son usage est déconseillé dans un groupe d'options
- Cliquez sur «Suivant»

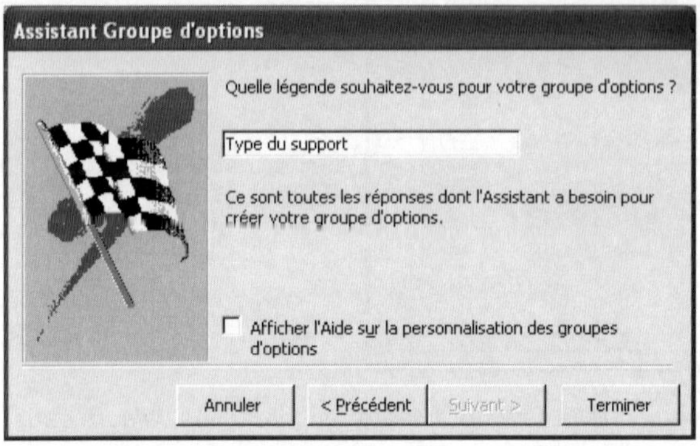

- Tapez *Type du support* comme légende du groupe d'options
- Cliquez sur «Terminer»

Access créé le groupe d'options et les deux boutons qui y sont associés

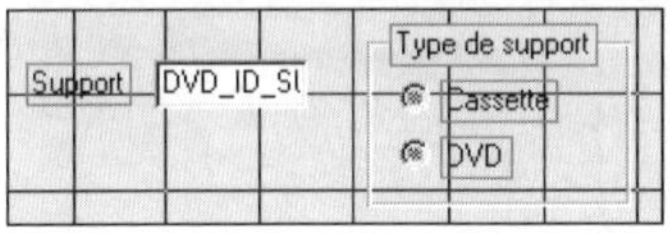

 Cliquez sur ce bouton dans la barre d'outils, ou *Fichier/Enregistrer*, ou appuyez sur Ctrl-**S**.

 Cliquez sur ce bouton pour passer en mode *affichage* du formulaire.

- Tapez 1 dans le contrôle <Support> puis appuyez sur ↹. Observez ce que devient la valeur dans le groupe d'option
- Cliquez sur l'option ⊙ *DVD*. Que devient la valeur dans le contrôle <Support>.

Les groupes d'options ont deux inconvénients : ils prennent beaucoup de place et sont difficiles à modifier si on ajoute de nouvelles valeurs à la liste.

❻ CRÉER UNE ZONE DE LISTE DÉROULANTE

A coté du groupe d'options, nous allons ajouter une zone de liste déroulante qui remplira un rôle similaire : permettre de choisir un type de support.

 Cliquez sur ce bouton pour passer en mode *création*.

 Cliquez sur ce bouton dans la *boîte à outils* s'il n'apparaît pas sélectionné (orangé).

 Cliquez sur ce bouton dans la *boîte à outils* pour sélectionner le contrôle de zone de liste déroulante.

- Cliquez-glissez sur le formulaire pour définir la position et la taille du contrôle

Access ouvre l'assistant *Zone de liste déroulante*.

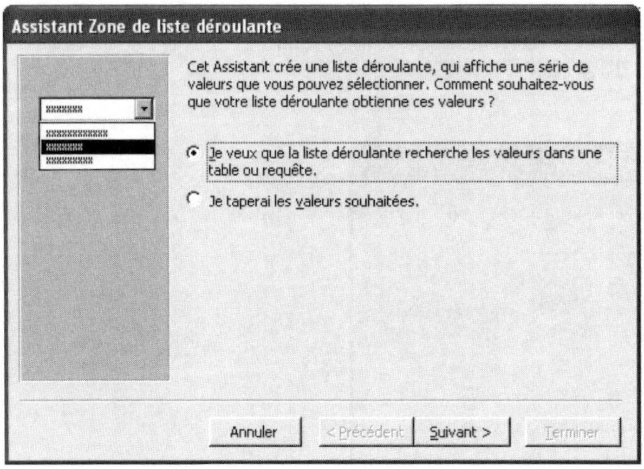

- Laissez l'option activée ⊙ *Je veux que la liste déroulante recherche les valeurs dans une table ou une requête*
- Cliquez sur «Suivant»

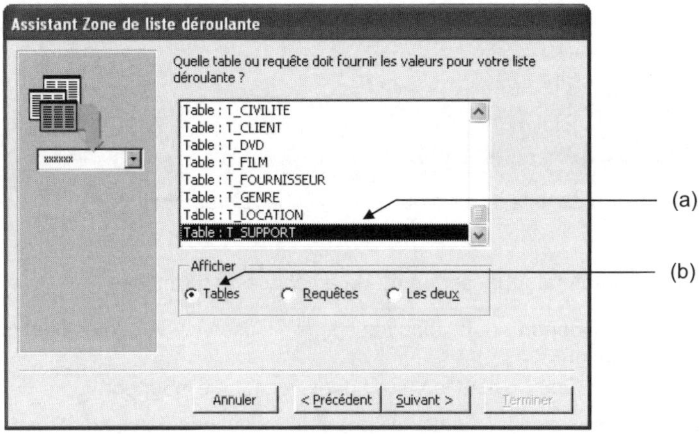

- Dans la liste des tables, vérifiez qu'on affiche bien la liste des tables en (b), et choisissez la table *T_SUPPORT* en (a)
- Cliquez sur «Suivant»

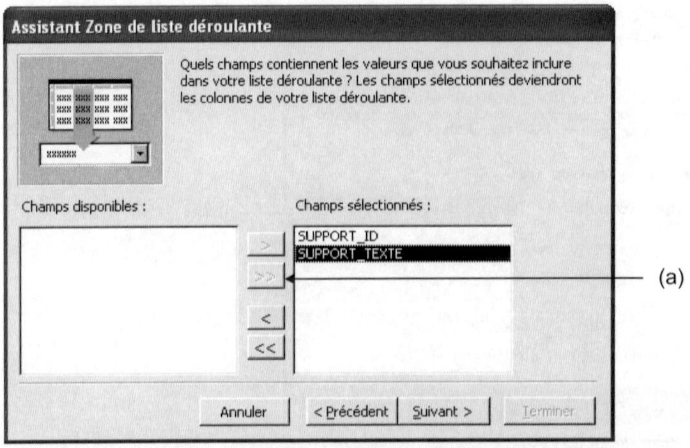

- Cliquez sur le bouton en (a) pour sélectionner les deux champs de la table
- Cliquez sur «Suivant»

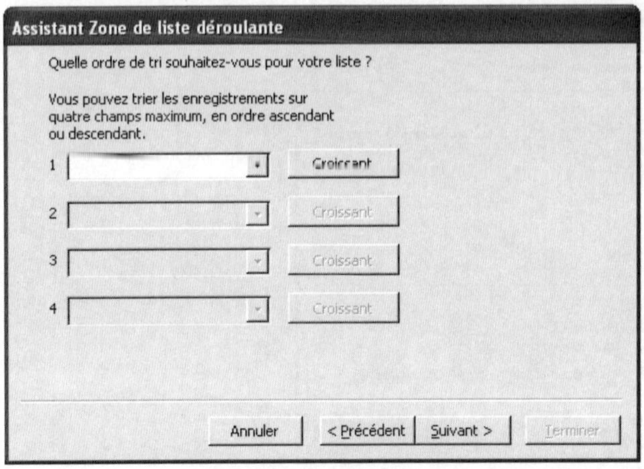

- Laissez vide toutes les zones de tri
- Cliquez sur «Suivant»

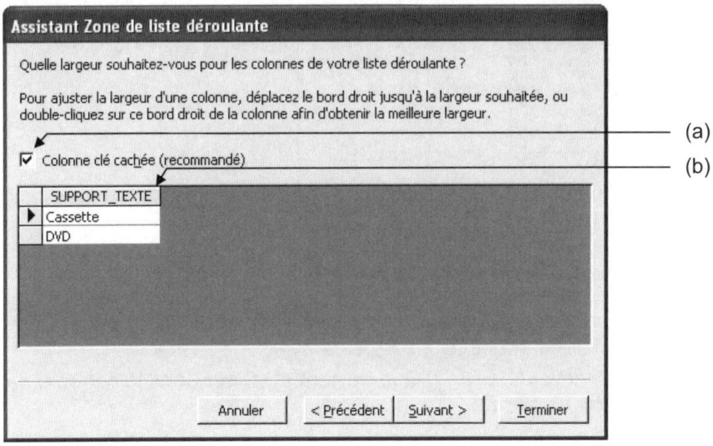

- Vérifiez que la colonne clé est cachée grâce à la case à cocher en (a)
- Vous pouvez modifier la largeur de la colonne en cliquant-glissant le bord (b)
- Cliquez sur «Suivant»

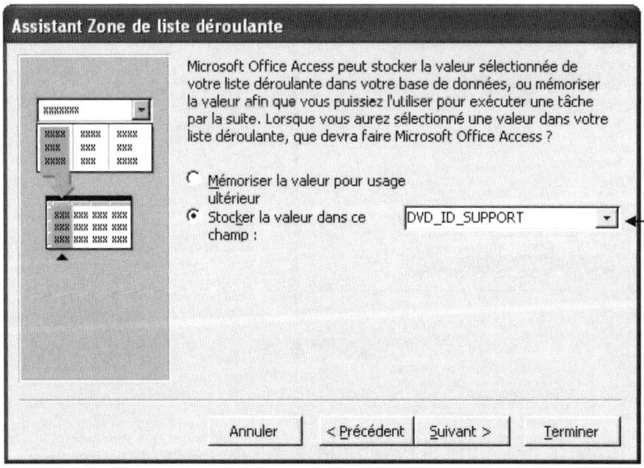

- Déroulez la liste en (a), et choisissez <DVD_ID_SUPPORT>
- Cliquez sur «Suivant»

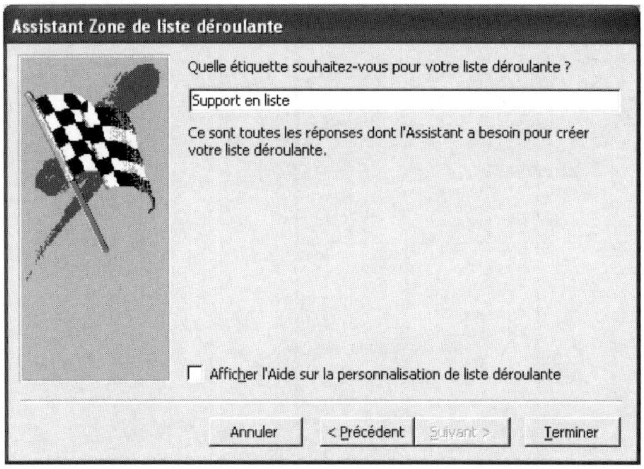

- Tapez le contenu de l'étiquette qui sera à coté de la liste : *Support en liste*
- Cliquez sur «Terminer»

Access créé le contrôle :

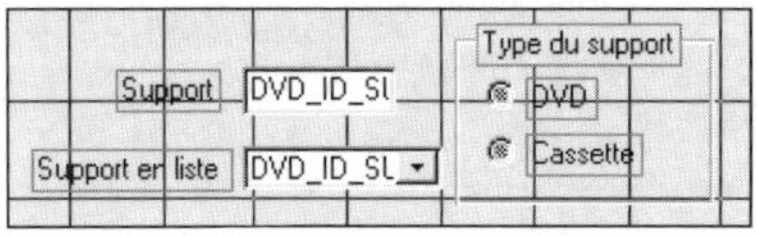

Cliquez sur ce bouton dans la barre d'outils, ou *Fichier/Enregistrer*, ou appuyez sur Ctrl-**S**.

Cliquez sur ce bouton pour passer en mode affichage du formulaire.

- Tapez *1* dans le contrôle <Support> puis appuyez sur ⇥. Que devient la valeur dans le groupe d'option et dans la liste déroulante ?
- Dans la liste déroulante, sélectionnez *DVD*. Que devient la valeur dans le contrôle <Support> et dans le groupe d'option ?

❼ CHOISIR LE FOURNISSEUR GRÂCE À UNE LISTE

Le contrôle zone de liste (déroulante ou non) nécessite un peu de préparation. En effet, il faut se poser deux questions :

– D'où viennent les données à afficher dans la liste ?

– Que doit-on faire de la valeur choisie par l'utilisateur ?

Avant de faire une liste permettant de choisir un fournisseur, répondons à ces questions :

– Les données sont les numéros, les noms et les villes (en cas d'homonymes) des fournisseurs, elles viennent donc de la table *T_FOURNISSEUR*.

– La valeur choisie par l'utilisateur (le numéro du fournisseur, qui est la clé primaire) va alimenter le champ <DVD_ID_FOUR> (qui est la clé étrangère).

Cliquez sur ce bouton pour passer en mode *création*.

Cliquez sur ce bouton dans la *boîte à outils* s'il n'apparaît pas sélectionné (orangé).

Cliquez sur ce bouton dans la *boîte à outils* pour sélectionner le contrôle de zone de liste déroulante.

- Cliquez-glissez sur le formulaire pour définir la position et la taille du contrôle

Access ouvre l'assistant Zone de liste déroulante.

- Laissez activée l'option ⊙ *Je veux que la liste déroulante recherche les valeurs dans une table ou une requête*
- Cliquez sur «Suivant»
- Dans la liste des tables, choisissez la table *T_FOURNISSEUR*
- Cliquez sur «Suivant»

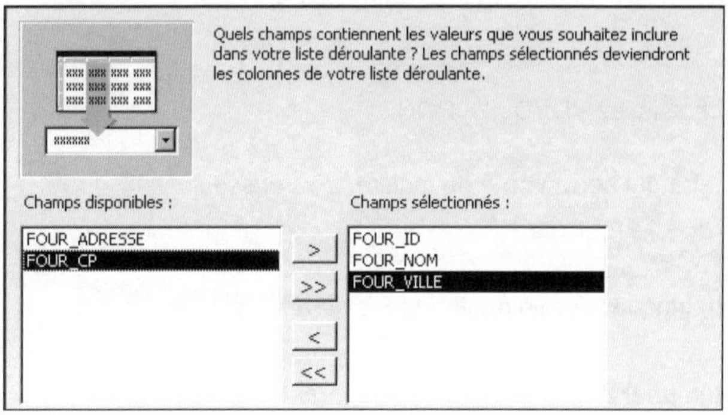

- Sélectionnez les champs <FOUR_ID>, <FOUR_NOM> et <FOUR_VILLE>
- Cliquez sur «Suivant»

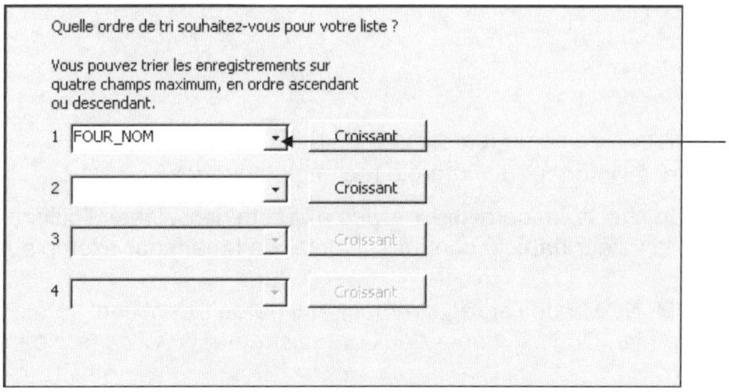

(a)

- Cliquez sur la liste déroulante en (a) et sélectionnez un tri croissant par <FOUR_NOM>
- Cliquez sur «Suivant»

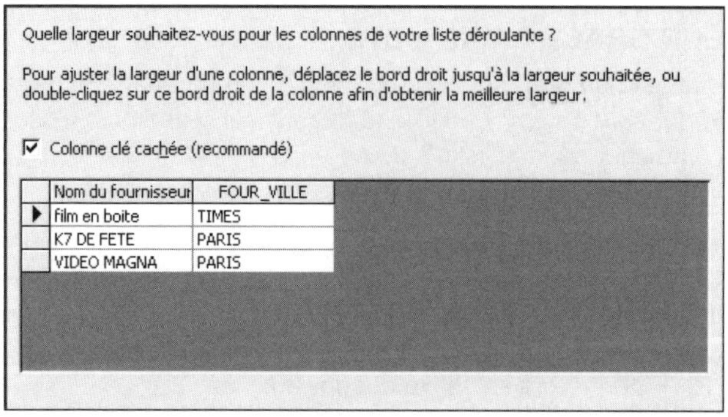

- Vérifiez que l'option ⊙ *Colonne clé cachée* est activée
- Modifier la largeur des colonnes
- Cliquez sur «Suivant»

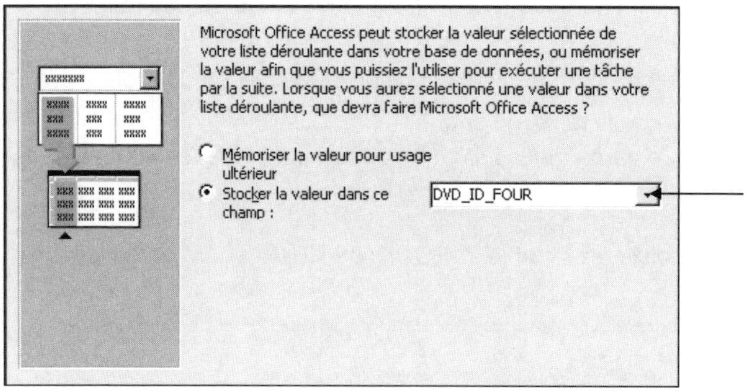

(a)

- Déroulez la liste en (a), et choisissez <DVD_ID_FOUR>
- Cliquez sur «Suivant»
- Tapez le contenu de l'étiquette qui sera à coté de la liste : *Fournisseur*
- Cliquez sur «Terminer»

Access créé le contrôle

 Cliquez sur ce bouton dans la barre d'outils, ou *Fichier/Enregistrer*, ou appuyez sur Ctrl-**S**.

 Cliquez sur ce bouton pour passer en mode *affichage du formulaire*.

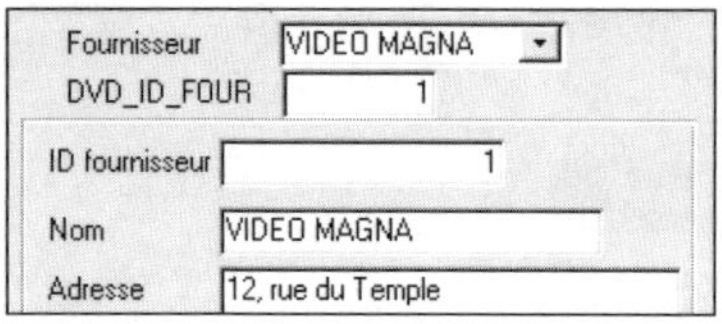

- Utilisez la liste déroulante pour modifier le fournisseur du DVD
- Notez que toutes les valeurs à l'intérieur du contrôle rectangle changent

Que se passe-t-il si, au lieu de choisir le fournisseur grâce à la liste déroulante, l'utilisateur cherche à saisir directement la valeur dans le contrôle <Nom>, en tapant par exemple *K7 de fête* ?

↳La valeur du champ <FOUR_NOM> de l'enregistrement, qui garde l'identifiant 1,va changer et deviendra *K7 de fête*. Donc, il y aura deux enregistrements *K7 de fête* dans la table *T_FOURNISSEUR*.

Pour éviter ce problème :

- Passez en mode *création*

- Supprimez les contrôles <DVD_ID_FOUR>, <ID fournisseur> et <Nom> (du fournisseur)
- Rendez les contrôles <Adresse>, <Code Postal> et <Ville> verrouillés, non actifs et avec un fond transparent (voir le cas 8)
- Déplacez les contrôles pour que tout ce qui concerne le fournisseur ressemble à ceci :

- De façon similaire, ajoutez une liste déroulante pour choisir le film du DVD, et modifiez le formulaire pour limiter les erreurs de saisie.

Après ces différentes manipulations, le formulaire pourrait ressembler à ceci :

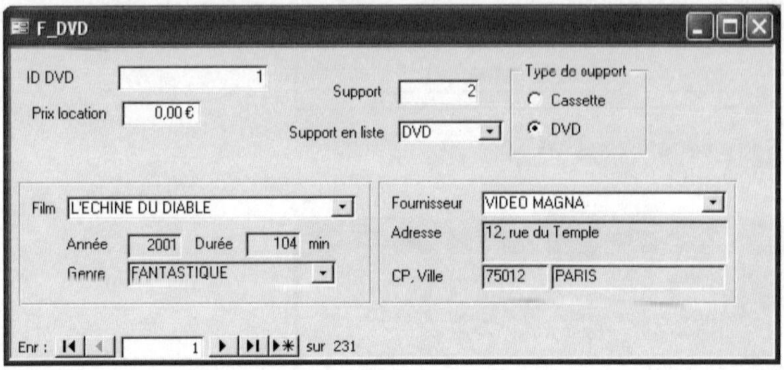

- Enregistrez le formulaire

---

❽ AJOUTER UN BOUTON DE COMMANDE

Ajouter un bouton de fermeture

- Ouvrez le formulaire en mode *création*

 Cliquez sur ce bouton dans la *boîte à outils* s'il n'apparaît pas sélectionné (orangé).

 Cliquez sur ce bouton dans la barre d'outils.

- Cliquez-glissez sur le formulaire pour définir la position et la taille du contrôle dans le coin inférieur droit du formulaire

Access ouvre l'assistant *Bouton de commande*.

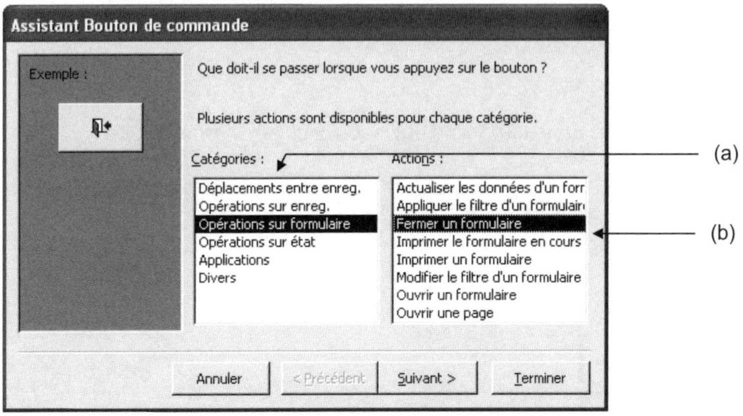

- Cliquez sur *Opération sur formulaire* dans la zone (a)
- Cliquez sur *Fermer un formulaire* dans la zone (b)
- Cliquez sur «Suivant»

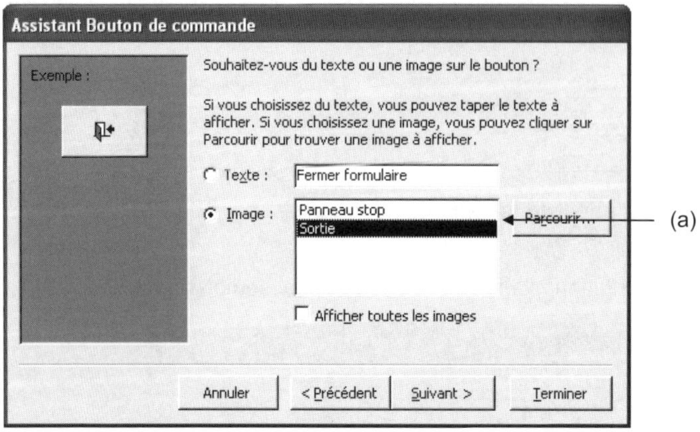

- Cliquez sur *Sortie* dans la zone (a)
- Cliquez sur «Suivant»

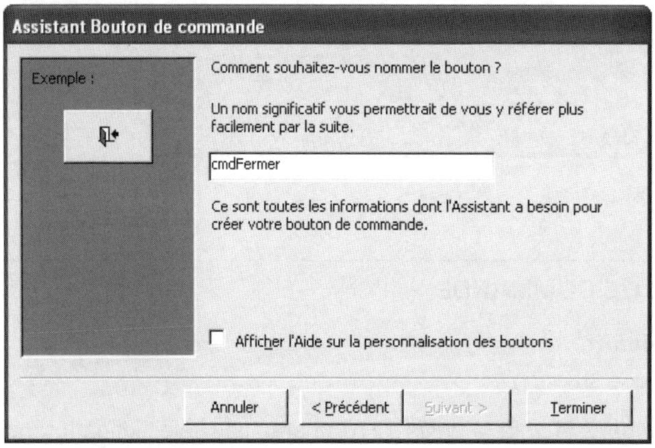

- Donnez un nom au contrôle. Ce nom sera utilisé de façon interne et n'apparaîtra pas dans le formulaire

– La recommandation Microsoft pour le nom des boutons est de les faire commencer par *cmd* et de mettre la lettre suivante en majuscule : *cmdFermer*, *cmdImprimer*, ... Les raisons de cette règle apparaissent quand on réalise des programmes en VBA (Visual Basic pour Application)
  Ici, le nom à taper est *cmdFermer*

- Cliquez sur «Terminer»

Access créé le bouton

 Cliquez sur ce bouton dans la barre d'outils, ou *Fichier/Enregistrer*, ou appuyez sur Ctrl-**S**.

 Cliquez sur ce bouton pour passer en mode feuille de données.

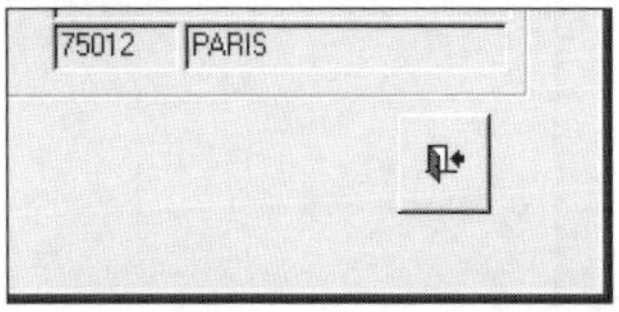

• Cliquez sur le bouton que vous venez de créer
Le formulaire se ferme.

• De façon similaire, ajoutez un bouton *cmdFermer* sur les formulaires *F_CLIENT* et *F_FOURNISSEUR*

Créer un formulaire menu

Double-cliquez sur cet objet pour créer un nouveau formulaire en mode *création*

Access créé un formulaire vierge.

Cliquez sur ce bouton dans la barre d'outils, puis cliquez dans le formulaire en mode *création*.

• Access démarre l'assistant

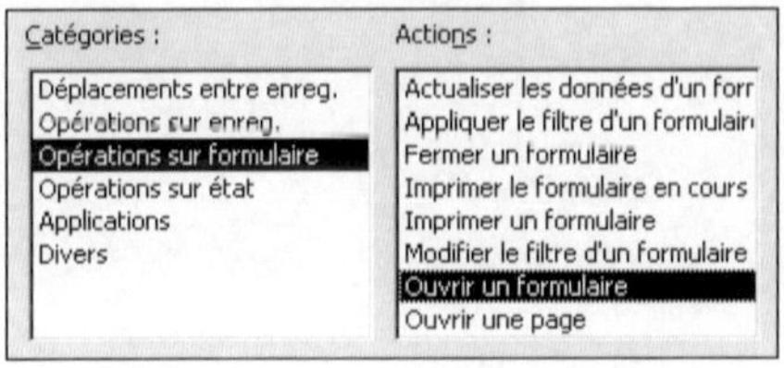

• Sélectionnez la catégorie *Opération sur formulaire* et l'action *Ouvrir un formulaire*
• Cliquez sur «Suivant»
• Dans la liste des formulaires, choisissez *F_CLIENT*
• Cliquez sur «Suivant»
• Laissez activée l'option ⊙ *Ouvrir le formulaire et afficher tous les enregistrements*
• Cliquez sur «Suivant»

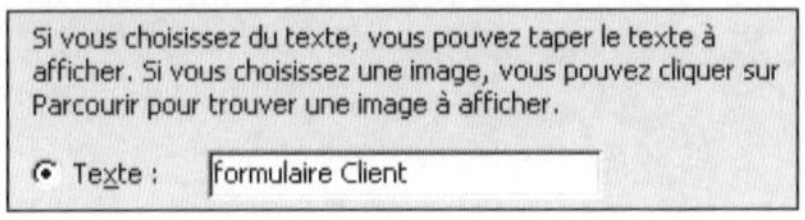

• Activez ⊙ *Texte* et tapez *formulaire Client*
• Cliquez sur «Suivant»
• Nommez le bouton *cmdClient*
• Cliquez sur «Terminer»
• De manière similaire, créez deux autres boutons pour ouvrir les formulaires *F_DVD* et *F_FOURNISSEUR*

• Grâce aux propriétés du formulaire, n'affichez ni les barres de défilement, ni le sélecteur, ni les boutons de déplacement, ni les diviseurs d'enregistrements

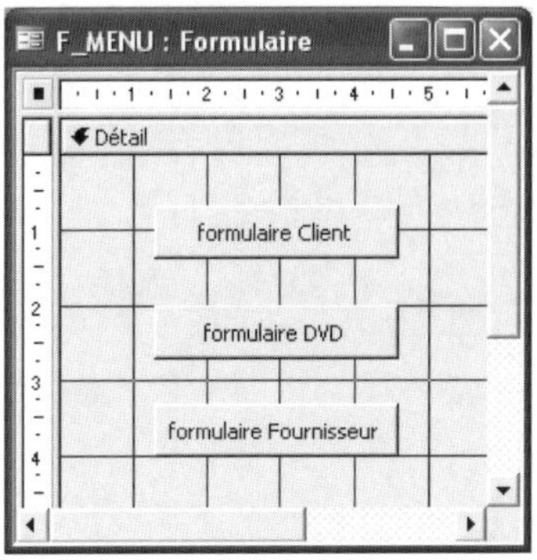

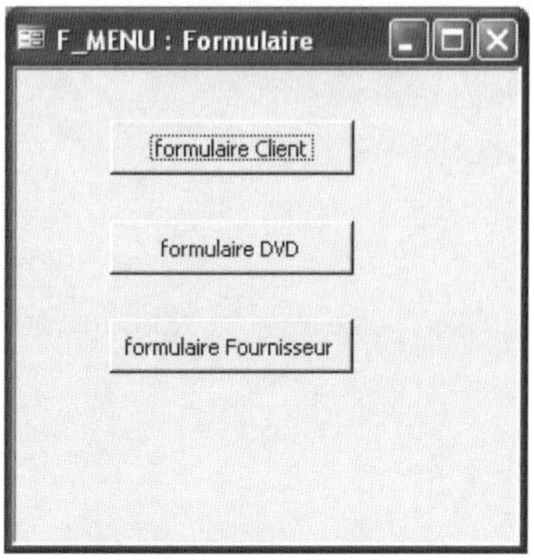

Cliquez sur ce bouton dans la barre d'outils, ou *Fichier/Enregistrer*, ou appuyez sur Ctrl-**S** et donnez le nom de *F_MENU* au formulaire.

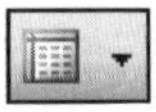

Cliquez sur ce bouton pour passer en mode *feuille de données*.

- Expérimentez votre travail
- Fermez le formulaire
- Fermez Access

Vous allez réaliser ce graphique qui fournit une représentation visuelle de la répartition des clients entre les départements. Le graphique est construit directement à partir des informations de la base de données.

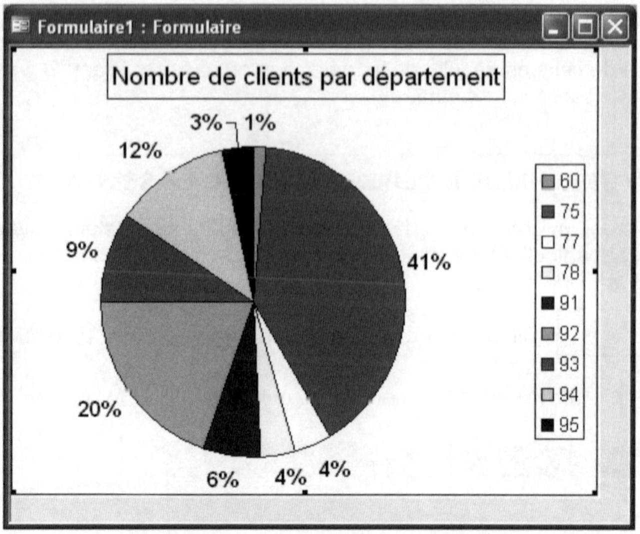

Vous allez réaliser ce tableau croisé dynamique qui permet de compter automatiquement les clients par département et par type d'abonnement. Ce tableau est construit directement à partir des informations de la base de données.

Placer les champs de filtre ici

	CLI_ABONNEMENT				
	(Aucun)	Argent	Or	Platine	Total général
CLI_CP	Nb de clients	Nb de clients	Nb de clients	Nb de clients	Nb de clients
60	5	3	1	3	12
75	169	54	64	62	349
77	13	8	6	6	33
78	17	3	5	7	32
91	24	9	13	7	53
92	81	21	34	34	170
93	42	13	16	10	81
94	48	19	23	17	107
95	12	4	4	8	28

Fonctions utilisées

– *Assistant graphique*	– *Requête ajout*
– *Requête création de table*	– *Requête suppression*

5 mn

Nous allons maintenant nous intéresser à l'analyse de données sous Access, que ce soit sous forme de graphiques et de tableaux croisés dynamiques.

Copiez le fichier *Locat_14.mdb* qui est enregistré dans le dossier *C:\Exercices Access 2003* sous un autre nom *XLocat_14.mdb*. Cette base de données est la réplique de celle qui résulte de la réalisation du cas précédent. Ouvrez cette base de données *XLocat_14.mdb*.

❶ CRÉER UN GRAPHIQUE INDÉPENDANT AVEC L'ASSISTANT

Nous allons créer un graphique indépendant, c'est à dire sans relation avec un enregistrement particulier : il s'agit d'afficher le nombre de client par département sous forme d'un graphique secteur.

[Formulaires] Cliquez sur ce bouton dans la fenêtre *Base de données*.

[Nouveau] Cliquez sur ce bouton pour créer un nouveau formulaire.

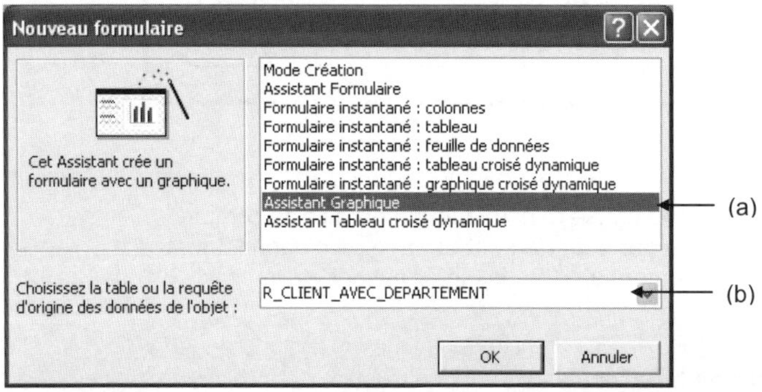

- Sélectionnez *Assistant Graphique* dans la zone (a)
- En ouvrant la liste déroulante (b), sélectionnez *R_CLIENT_AVEC_DEPARTEMENT*
- Cliquez sur «OK»

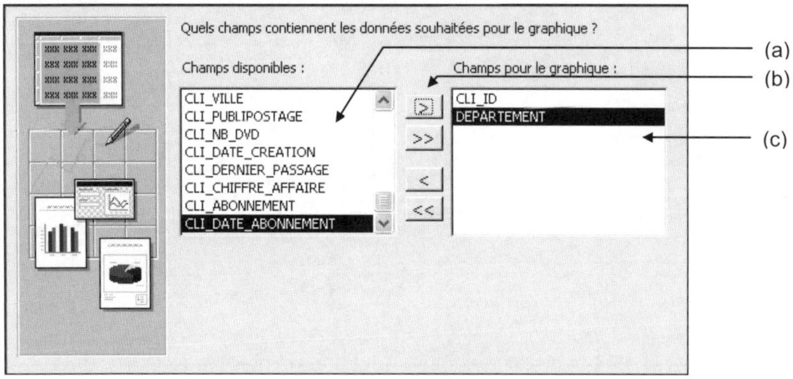

- Sélectionnez <CLI_ID> dans la zone (a)
- Cliquez le bouton en (b) pour transférer le champ dans la liste (c)
- Recommencez avec *DEPARTEMENT*
- Cliquez sur «Suivant»

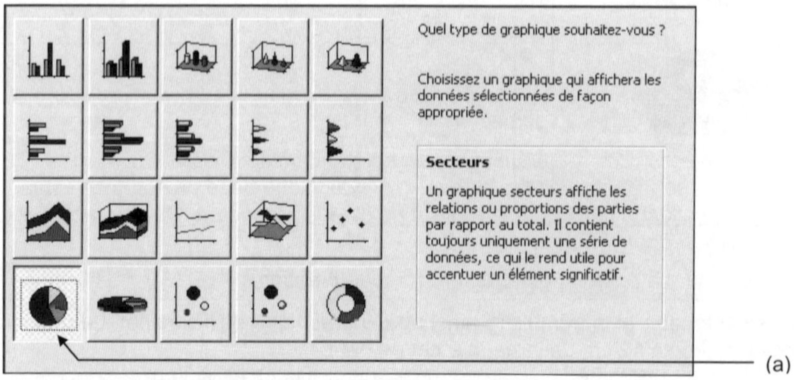

- Sélectionnez le graphique Secteurs en (a)
- Cliquez sur «Suivant»

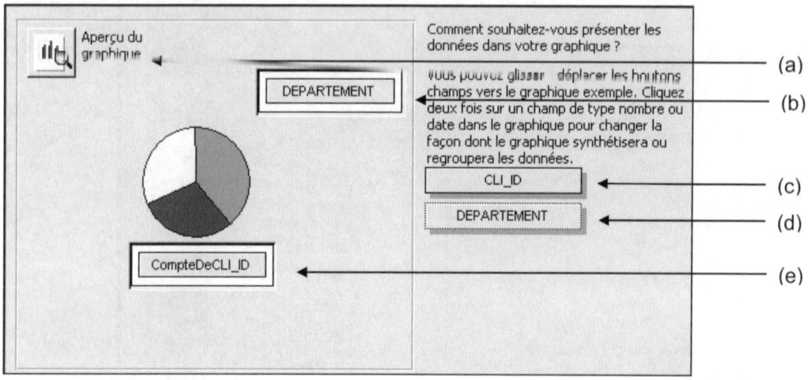

- Faites glisser le champ *DEPARTEMENT* depuis (d) vers la zone de série en (b)
- Faites glisser le champ *CLI_ID* depuis (c) vers la zone de données en (e), automatiquement la fonction *CompteDe* (compte le nombre de client) est appliquée
- Cliquez sur le bouton *Aperçu du graphique* en (a)

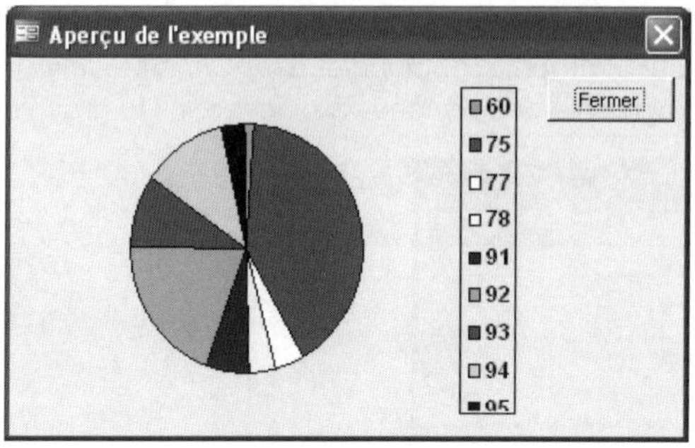

- Cliquez sur «Fermer» pour fermer l'aperçu
- Cliquez sur «Suivant»
- Tapez *Nombre de clients par département* comme titre de graphique
- Cliquez sur <Terminer>

Access affiche le graphique dans un formulaire

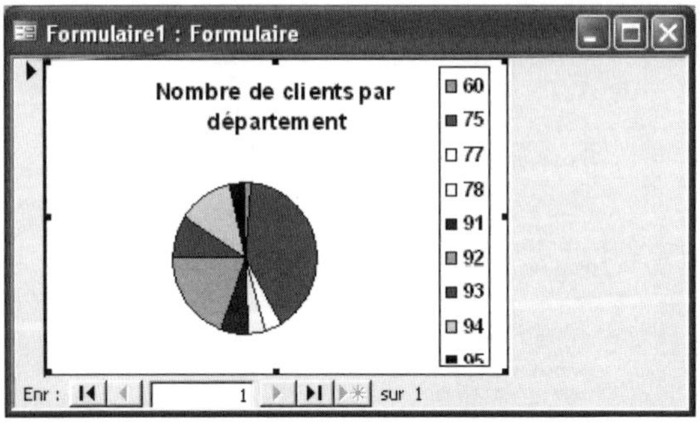

 Cliquez sur ce bouton pour passer en mode *création*.

- Agrandissez la fenêtre et le formulaire ainsi que le graphique qu'il contient. Le graphique doit faire au minimum 12 cm de large et 9 cm de haut

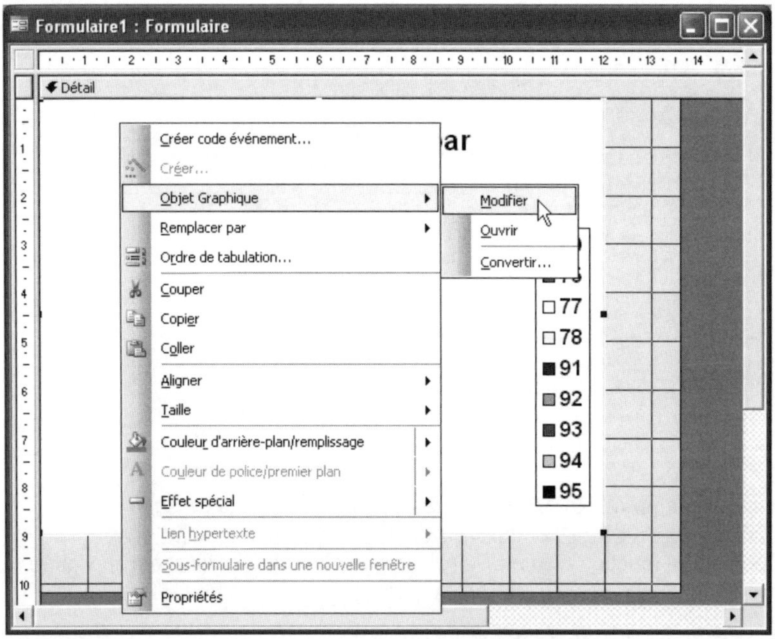

- Appelez le menu contextuel (clic droit sur le graphique) et *Objet Graphique/Modifier*

Une fenêtre s'ouvre, contenant une photographie des données à placer dans le graphique

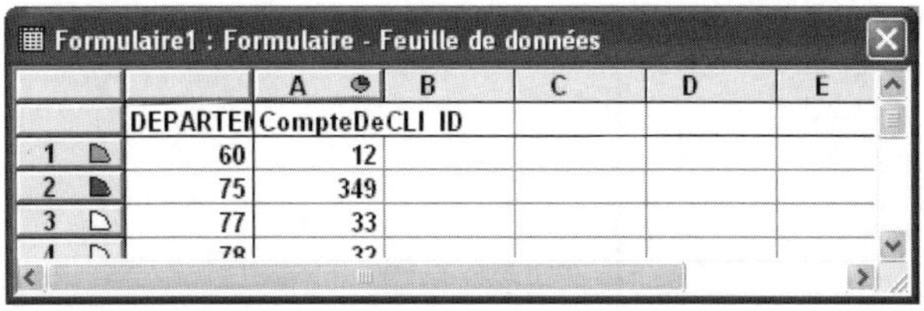

- Fermez cette fenêtre
- Cliquez le graphique
- *Format/Série de données sélectionnée*

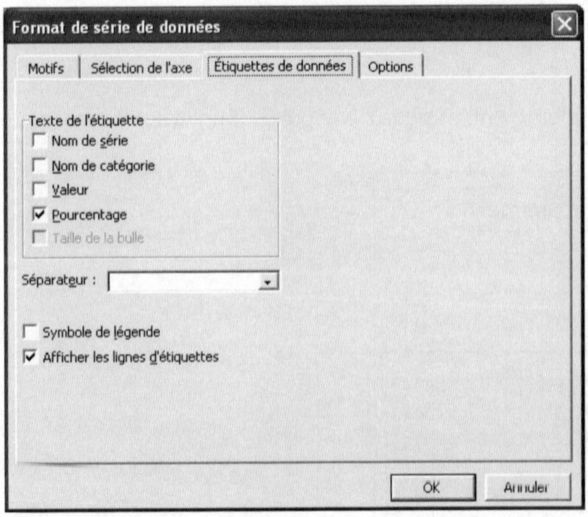

- Sélectionnez l'onglet *Étiquettes de données*
- Cochez ☑ *Pourcentage*
- Cliquez sur «OK»

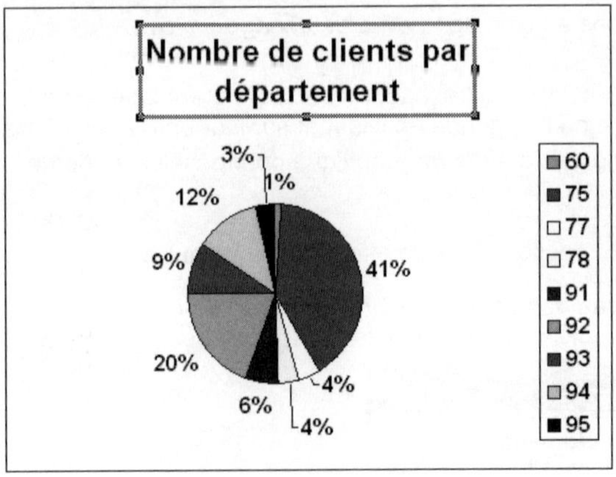

- Cliquez le titre du graphique en (a)
- *Format/Titre du graphique sélectionné*
- Sélectionnez l'onglet *Police*

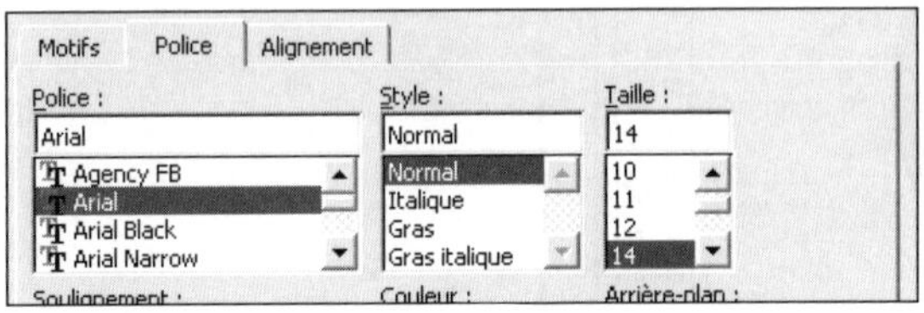

- Sélectionnez un style normal et une taille de 14
- Sélectionnez l'onglet *Motif*

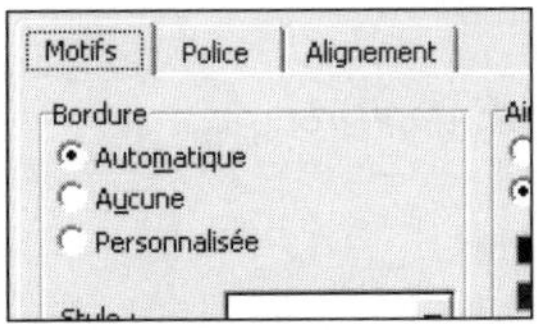

- Cochez pour une Bordure ⊙ *Automatique*, puis cliquez sur «OK»
- Sélectionnez la légende
- *Format/Légende sélectionnée*
- De la même manière que précédemment, assignez à la police à un style *Normal* et une taille *11*, puis cliquez sur «OK»

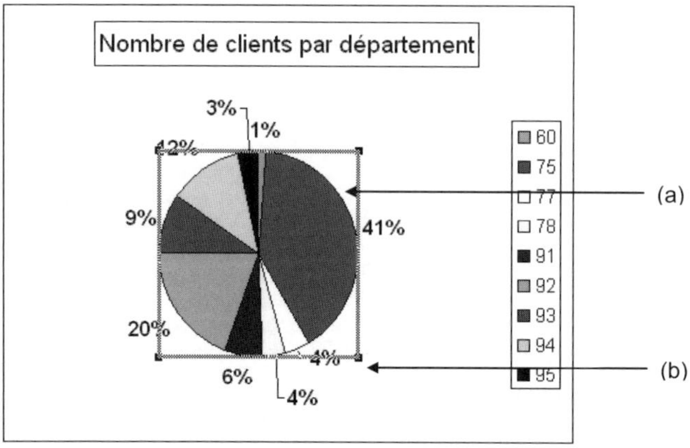

- Cliquez en (a) dans la zone de traçage (le carré) mais pas dans le graphique (le rond)
- Cliquez et glissez une des poignées au coin de la zone de traçage en (b)
- Agrandissez la zone de traçage
- En cliquant sur le carré délimitant la zone de traçage, recentrez le graphique. Vous pouvez également déplacer le titre ou la légende en cliquant sur leur bord et en glissant
- Cliquez sur le formulaire en *création* en dehors du graphique pour désélectionner le graphique

 Cliquez sur ce bouton pour passer en mode affichage du formulaire.

- Comme nous l'avons vu dans le cas 8, masquez les barres de défilement, le sélecteur, les boutons de déplacement et les diviseurs d'enregistrement

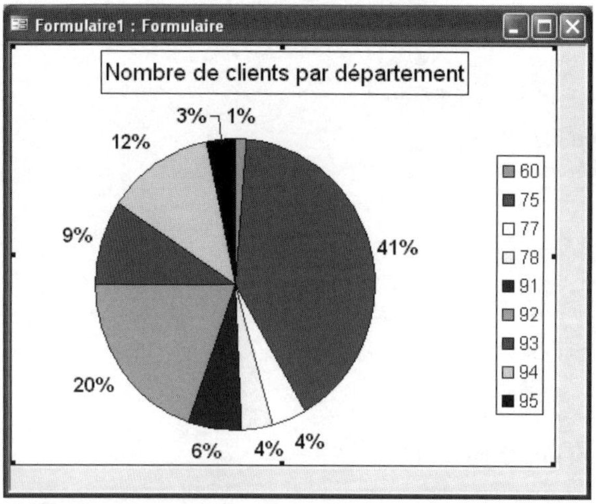

- Admirez votre travail

 Cliquez sur ce bouton dans la barre d'outils, ou *Fichier/Enregistrer*, ou appuyez sur Ctrl-**S**.

- Nommez le formulaire *F_NB_CLIENTS_PAR_DEPARTEMENT*
- Fermez le formulaire

❷ CRÉER UN GRAPHIQUE DÉPENDANT

Nous allons maintenant créer un graphique dépendant : Nous afficherons l'évolution du nombre de locations de chaque DVD sur les six dernières semaines.

Créer la requête utilisée par le graphique

Comme nous voulons limiter le graphique aux six dernières semaines, il est nécessaire de construire une requête qui filtre les données.

- Créez une nouvelle requête basée sur la table *T_LOCATION*
- Ajoutez le champ étoile * (qui représente tous les champs) et le champ <LOC_DATE_DEBUT>
- Décochez la case ☐ sur la ligne <Afficher> de la colonne <LOC_DATE_DEBUT>, de ce fait le champ ne sera pas visible dans le résultat de la requête
- Sur la ligne <Critère> de la colonne <LOC_DATE_DEBUT>, tapez *entre 20/04/2004 et 31/05/2004*

Note : du fait de l'écart entre les dates stockées dans la base et la date à laquelle vous faites l'exercice, il est nécessaire de donner des valeurs fixes. Avec des données réelles, vous pourriez taper un critère tel que : `Entre Date()-(7*6-1) Et Date()` qui ne retient que les dates comprises entre il y a 6 semaines (7*6-1) et la date du jour.

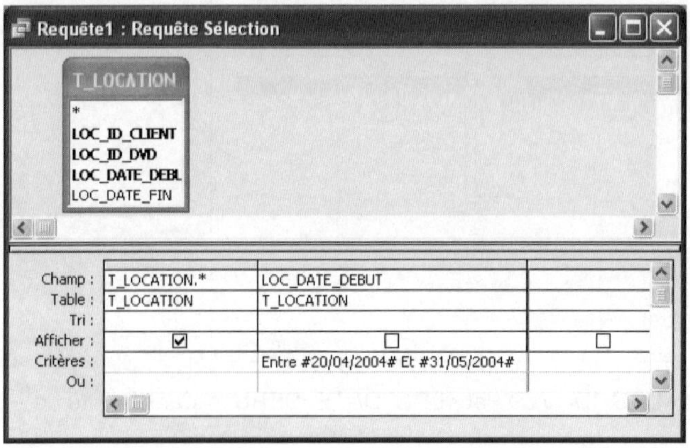

 Cliquez sur ce bouton pour passer en mode *feuille de données.*

- Vérifiez globalement la requête. On ne doit pas avoir de dates de début de location en dehors de celles indiquées

 Cliquez sur ce bouton dans la barre d'outils, ou *Fichier/Enregistrer*, ou appuyez sur Ctrl-**S**.

- Nommez la requête *R_LOCATION_6_SEMAINES*
- Fermez la requête

Créer le graphique

Le meilleur endroit pour positionner le graphique est dans le formulaire *F_DVD* que nous avons créé lors du cas précédent.

- Ouvrez le formulaire *F_DVD* en mode *création*
- Agrandissez la fenêtre et le formulaire pour qu'il puisse contenir le graphique. Nous aurions pu également utiliser un contrôle onglet
- *Insertion/Graphique*
- Cliquez-glissez dans le formulaire pour délimiter l'emplacement du graphique

Access lance l'assistant graphique :

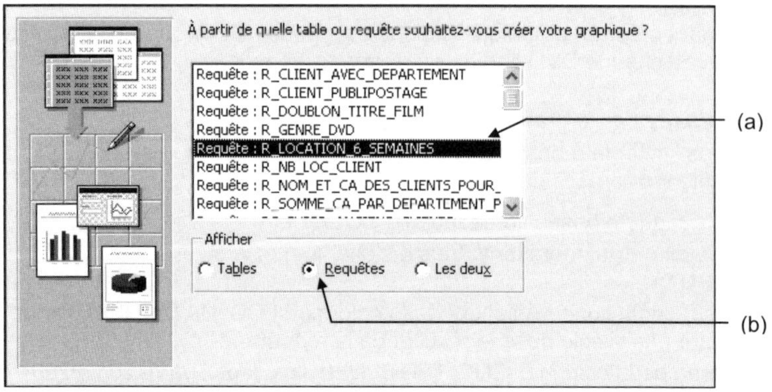

- Activez ⊙ *Requêtes* en (b)
- Sélectionnez *R_LOCATION_6_SEMAINES* en (a)
- Cliquez sur «Suivant»

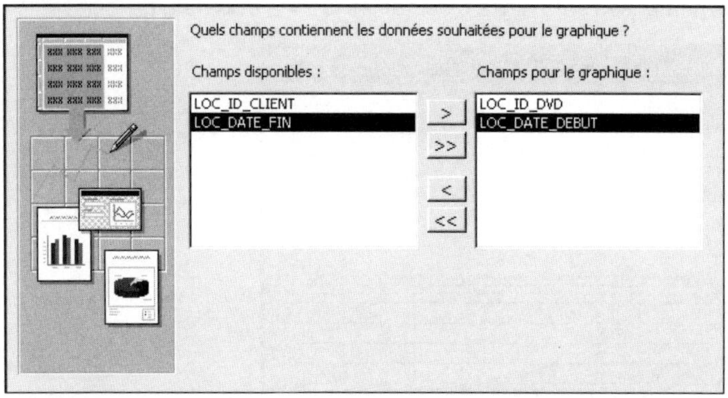

- Transférez les champs <LOC_ID_DVD> et <LOC_DATE_DEBUT> dans la liste de droite
- Cliquez sur «Suivant»

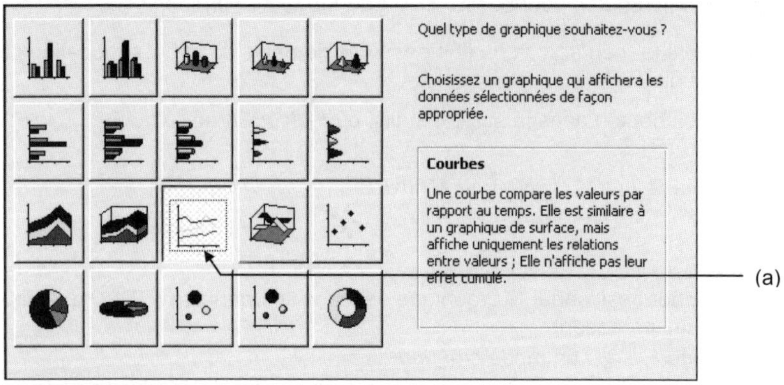

- Sélectionnez l'icône *Courbes* en (a)
- Cliquez sur «Suivant»

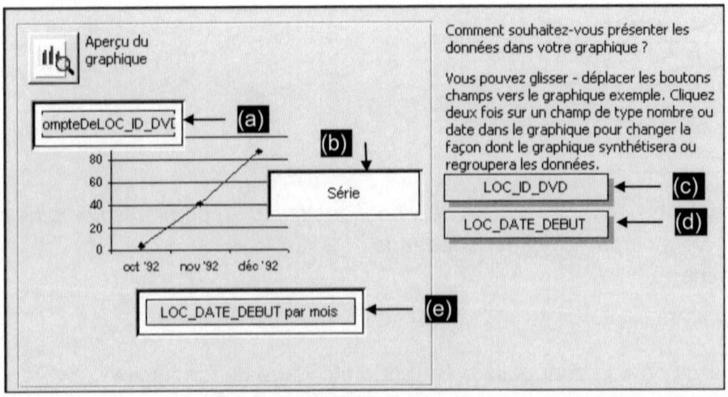

- Faites glisser le champ <LOC_ID_DVD> depuis (c) vers la zone de données (a)
- Faites glisser le champ <LOC_DATE_DEBUT> depuis (d) vers la zone de données (e)
- Faites glisser le contenu de la zone (b) en dehors de cette zone pour l'effacer

Le regroupement du champ LOC_DATE_DEBUT se fait par mois, ce qui ne nous convient pas, nous allons modifier cela :

- Double-cliquez sur <LOC_DATE_DEBUT par mois> en (d)

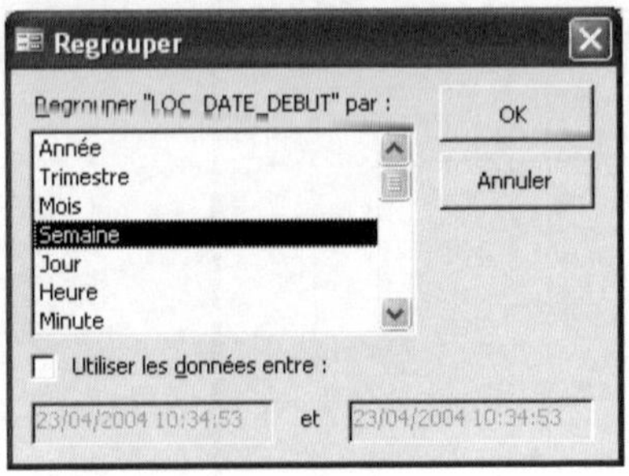

- Sélectionnez *Semaine*
- Cliquez sur «OK»
- Cliquez sur «Suivant»

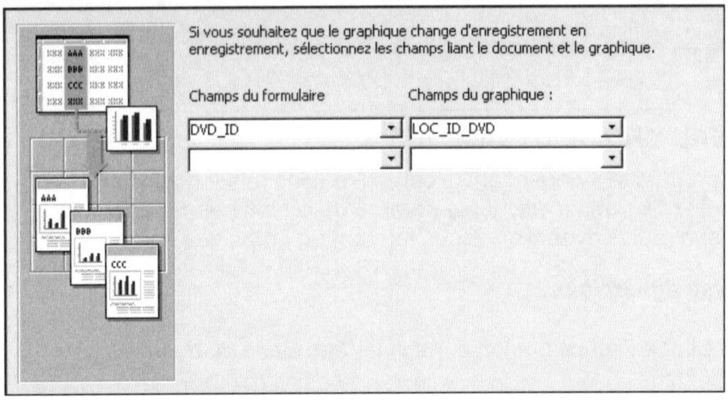

- Vérifiez que les champs mis en relation sont bien <DVD_ID> et <LOC_ID_DVD>
  Ces champs sont associés par défaut car ils ont été reliés dans la fenêtre des relations
- Cliquez sur «Suivant»

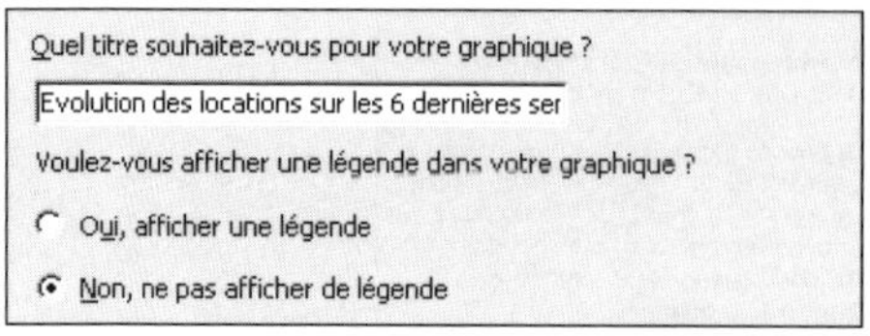

- Pour le titre du graphique, tapez *Evolution des locations sur les 6 dernières semaines*
- Activez l'option ⊙ *Non, ne pas afficher de légende*
- Cliquez sur «Terminer»

Access créé le graphique

Cliquez sur ce bouton pour passer en mode affichage du formulaire.

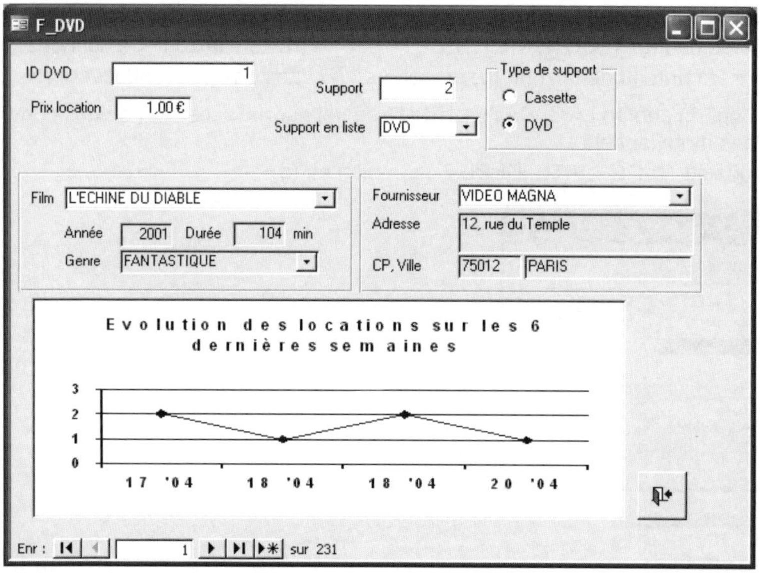

- Parcourez la table des DVD. Notez que le graphique se modifie à chaque fois, reflétant l'évolution de chaque DVD
- Fermez le formulaire en enregistrant les modifications

❸ CRÉER UN TABLEAU CROISÉ DYNAMIQUE

Nous allons créer un graphique indépendant, c'est à dire sans relation avec un enregistrement particulier : il s'agit d'afficher le nombre de clients par département calculés dans un tableau croisé dynamique sous forme d'un graphique secteur.

Créer le tableau croisé dynamique

Cliquez sur ce bouton dans la fenêtre *Base de données*.

Cliquez sur ce bouton pour créer un nouveau formulaire.

- Dans la liste des assistants, sélectionnez *Assistant Tableau croisé dynamique*
- Cliquez sur «OK»

L'assistant *Tableau croisé dynamique* démarre dans sa fenêtre, lisez les explications de synthèse qui sont présentées sur ce premier écran.

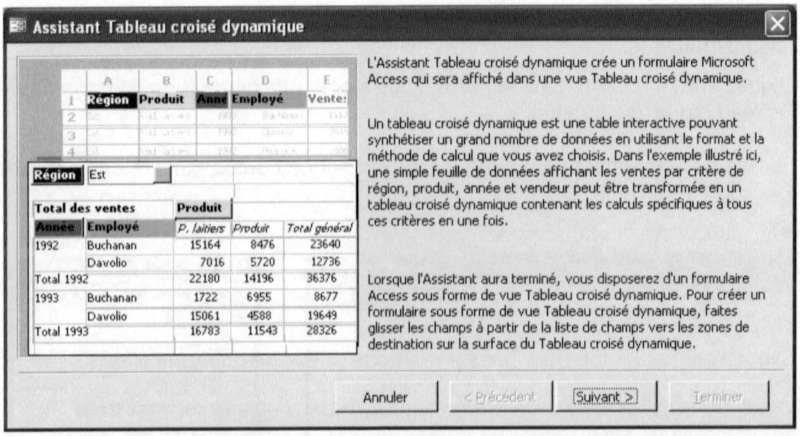

- Cliquez sur «Suivant»

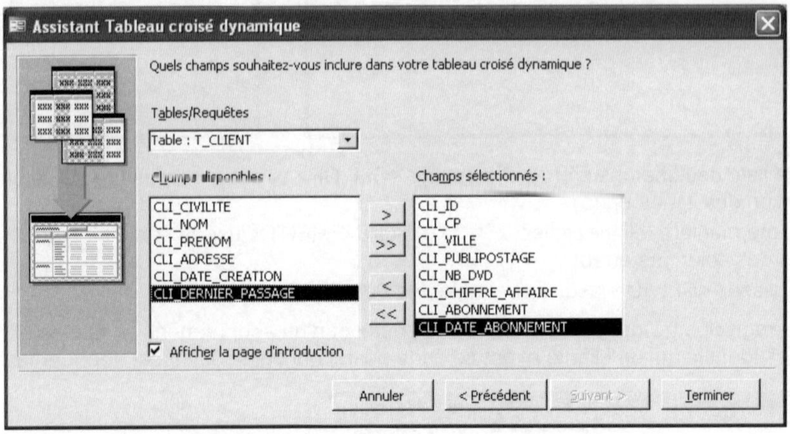

- Dans la zone liste déroulante, sélectionnez *Table : T_CLIENT*
- Sélectionnez et transférez dans la zone de droite les champs <CLI_ID>, <CLI_CP>, <CLI_VILLE>, <CLI_PUBLIPOSTAGE>, <CLI_NB_DVD>, <CLI_CHIFFRE_AFFAIRE>, <CLI_ABONNEMENT> et <CLI_DATE_ABONNEMENT>
- Cliquez sur «Terminer»

Access affiche le tableau croisé dynamique.

Cliquez sur ce bouton dans la barre d'outils, ou *Fichier/Enregistrer*, ou appuyez sur Ctrl-**S**.

- Nommez le formulaire *F_ANALYSE_CLIENT*
- Fermez le formulaire

Utiliser le tableau croisé dynamique

- Ouvrez le formulaire *F_ANALYSE_CLIENT* en mode *création*

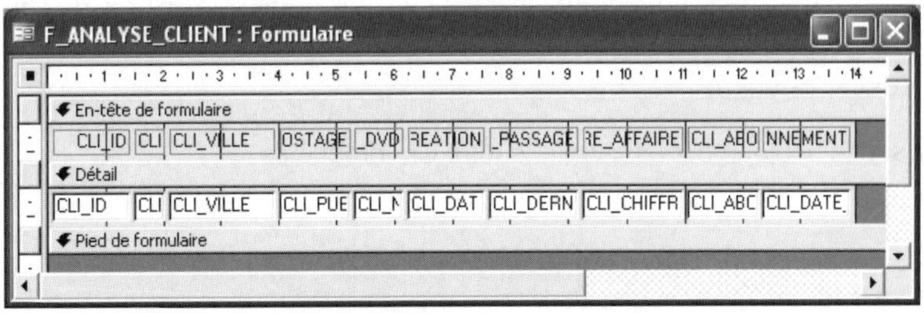

En mode création, Access affiche simplement la liste des champs disponibles dans le tableau croisé dynamique.

Cliquez sur ce bouton dans la barre d'outils pour afficher le formulaire en mode *Tableau croisé dynamique*.

Si la liste des champs n'apparaît pas, cliquez sur ce bouton dans la barre d'outils.

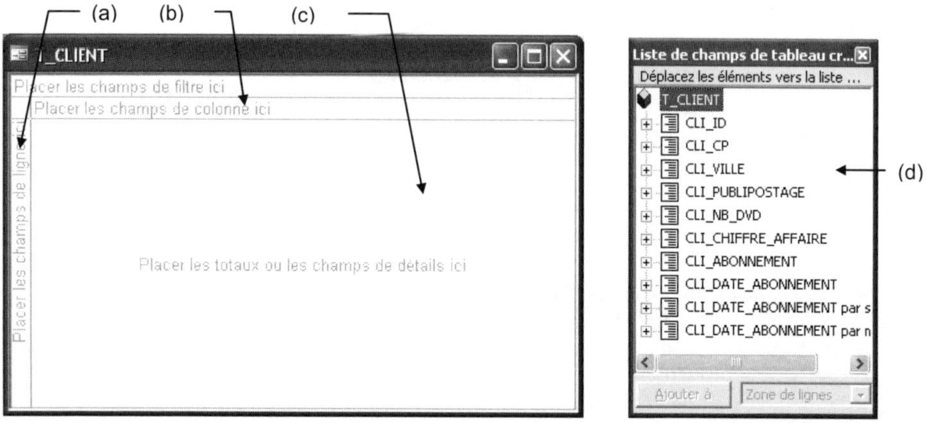

- Depuis la liste des champs en (d), cliquez sur <CLI_CP> et glissez-le jusque sur le bloc de définition des lignes en (a)
- De la même manière, cliquez-glissez <CLI_ABONNEMENT> jusque sur le bloc de définition des colonnes en (b)
- Cliquez-glissez <CLI_ID> jusque sur le bloc de détail en (c)

Le tableau regroupe à l'intersection d'un code postal et d'un abonnement, la liste en colonne des identifiants de clients ayant ce code postal qui ont souscrit cet abonnement.

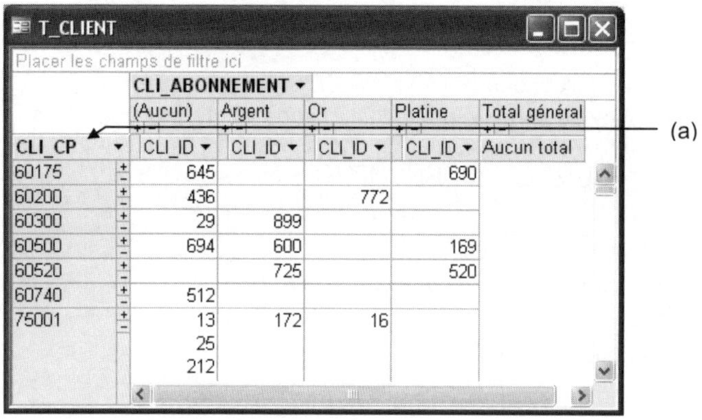

Nous cherchons à travailler sur les départements plutôt que sur les codes postaux. Nous nous servirons du fait que les deux premiers chiffres du code postal sont ceux du département. Nous ferons donc un regroupement sur les deux premiers chiffres du code postal.

- Cliquez sur <CLI_CP> en (a)

Cliquez sur ce bouton pour afficher la fenêtre des propriétés.

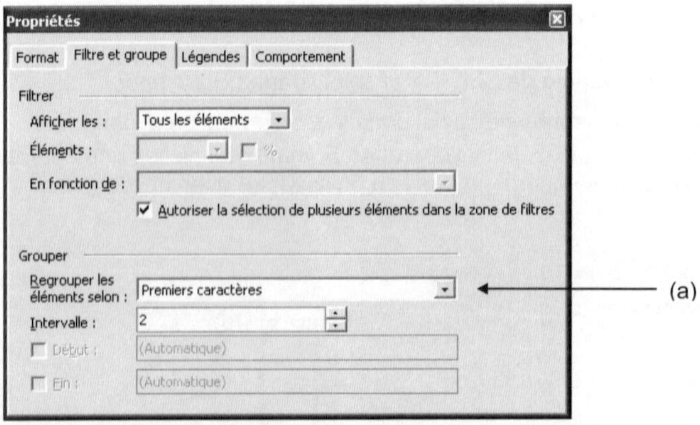

- Sélectionnez l'onglet *Filtre et groupe*
- Dans la liste déroulante en (a), sélectionnez *Premiers caractères*
- Dans la zone <Intervalle>, tapez 2
- Fermez la fenêtre des propriétés

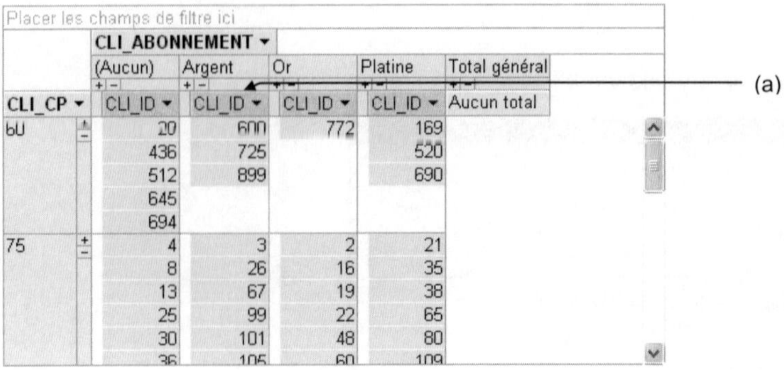

Le tableau croisé dynamique regroupe les identifiants des clients par département.

Nous pouvons faire apparaître des sous-totaux par regroupement (ici département).

- Sélectionnez l'un des entêtes de colonne <CLI_ID> en (a)

 Cliquez sur ce bouton pour afficher la liste des opérations disponibles.

- Choisissez *Somme*

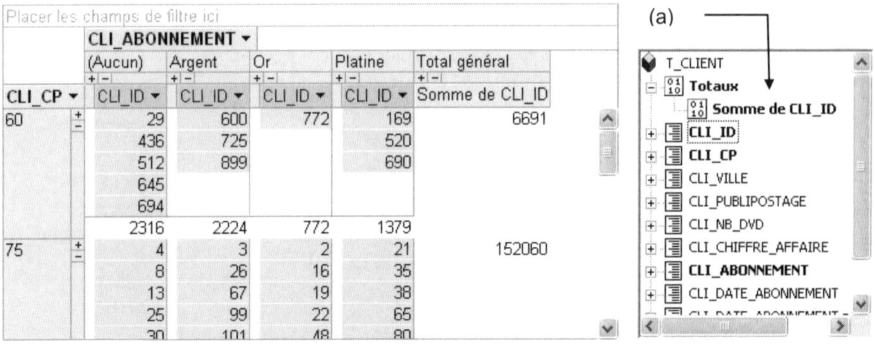

Access affiche la somme des numéros de client du département par abonnement, cela n'a pas de sens, mais c'est ce que nous avons demandé. Un champ supplémentaire <Somme de CLI_ID> apparaît dans la liste des champs en (a) : la somme des valeurs tous abonnements confondus pour le département.

La somme des numéros de client n'ayant aucun sens, nous allons la remplacer par un comptage des clients.

- Cliquez-droit sur le champ <Somme de CLI_ID> et sélectionnez *Supprimer*

Access supprime le champ et les zones de calcul dans le tableau croisé dynamique.

- De la même manière que vous aviez défini l'opération *Somme*, définissez une opération *Compteur*, qui est en fait la seule opération que l'on puisse faire avec un identifiant

Placer les champs de filtre ici

	CLI_ABONNEMENT				
	(Aucun)	Argent	Or	Platine	Total général
CLI_CP	CLI_ID	CLI_ID	CLI_ID	CLI_ID	Compte de CLI_ID ← (a)
60	29	600	772	169	12
	436	725		520	
	512	899		690	
	645				
	694				
	5	3	1	3	
75	4	3	2	21	349
	8	26	16	35	
	13	67	19	38	
	25	99	22	65	
	30	101	48	80	

- Sélectionnez <Compte de CLI_ID> en (a)

Cliquez sur ce bouton pour afficher la fenêtre des propriétés.

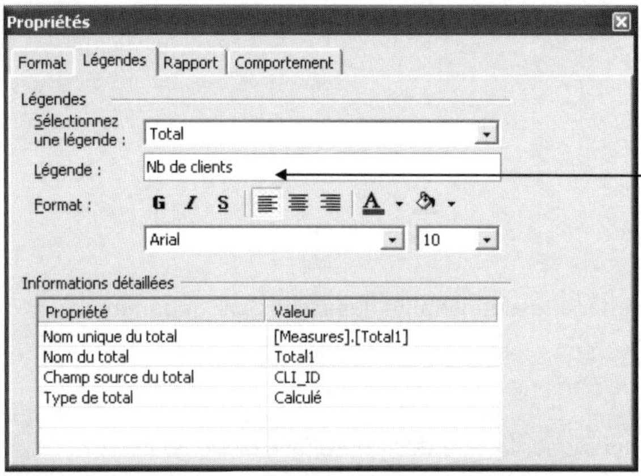

- Dans l'onglet *Légende*, saisissez *Nb de clients* en (a)
- Fermez la fenêtre des propriétés

Cliquez sur ce bouton dans la barre d'outils ou *Tableau croisé dynamique/Masquer les détails*

Placer les champs de filtre ici

	CLI_ABONNEMENT				
	(Aucun)	Argent	Or	Platine	Total général
CLI_CP	Nb de clients	Nb de clients	Nb de clients	Nb de clients	Nb de clients
60	5	3	1	3	12
75	169	54	64	62	349
77	13	8	6	6	33
78	17	3	5	7	32
91	24	9	13	7	53
92	81	21	34	34	170
93	42	13	16	10	81
94	48	19	23	17	107
95	12	4	4	8	28

Pour mettre la colonne (Aucun) en dernière position

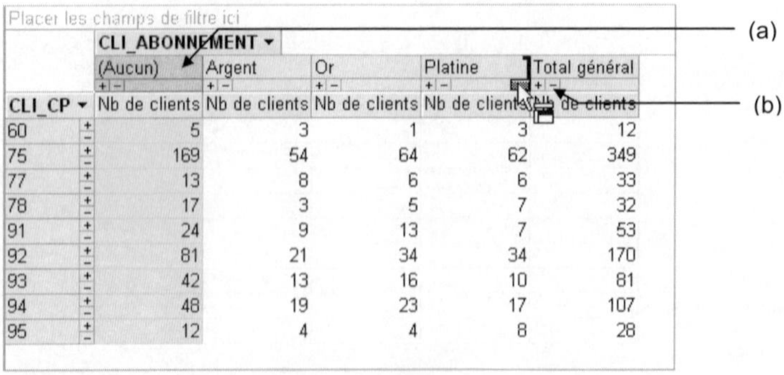

CLI_CP	(Aucun) Nb de clients	Argent Nb de clients	Or Nb de clients	Platine Nb de clients	Total général Nb de clients
60	5	3	1	3	12
75	169	54	64	62	349
77	13	8	6	6	33
78	17	3	5	7	32
91	24	9	13	7	53
92	81	21	34	34	170
93	42	13	16	10	81
94	48	19	23	17	107
95	12	4	4	8	28

- Cliquez sur la colonne <(Aucun)> en (a)
- Glissez-la entre la colonne <Platine> et <Total général> en (b)

Pour ne pas afficher la colonne <(Aucun)> :

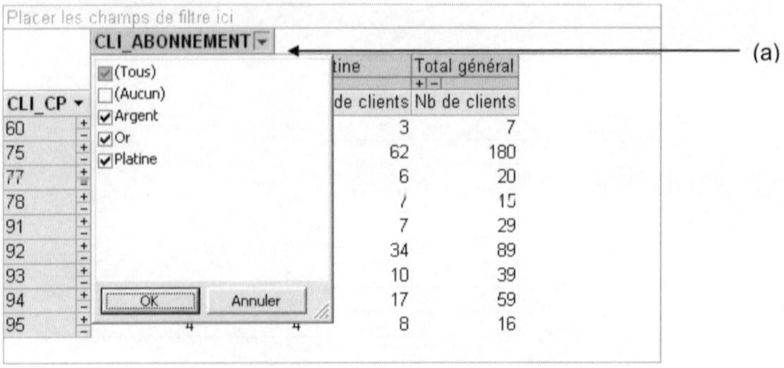

- Cliquez sur la flèche à coté de <CLI_ABONNEMENT> en (a)
- Dans la liste, décochez la case option ☐ *Aucun*
- Cliquez sur «OK»

Afficher le graphique croisé dynamique

Cliquez sur la flèche à droite de ce bouton dans la barre d'outils et sélectionnez *Graphique croisé dynamique*, ou *Affichage/Graphique croisé dynamique*

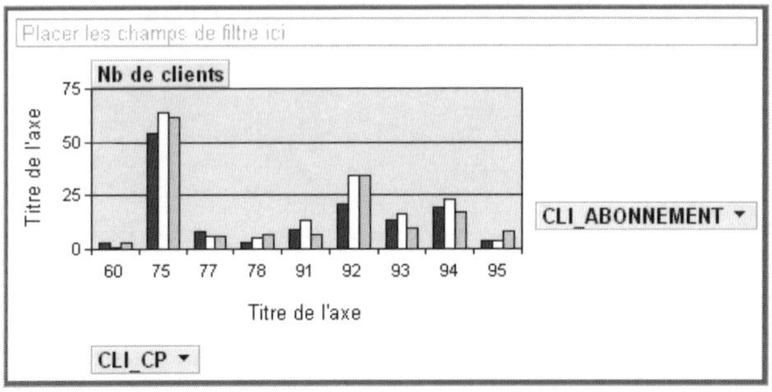

- Fermez le formulaire en enregistrant les données

❹ FERMER LA BASE DE DONNÉES ET QUITTER ACCESS

- *Fichier/Fermer*, ou appuyez sur Ctrl-F4 ou sur Ctrl-**W**
- *Fichier/Quitter*

Publier sur le Web et exporter

5

Un état dans exporté dans Word

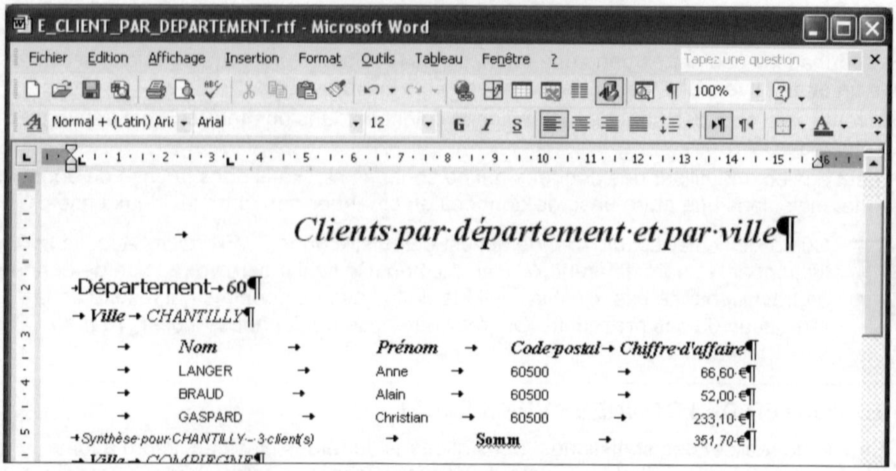

Un publipostage dans Word

LOCAT'VIDEO¶
3,·Grande·Rue¶
75021·Paris¶

«CLI_NOM»·«CLI_PRENOM»¶
«CLI_ADRESSE»¶
«CLI_CP»·«CLI_VILLE»¶

¶
¶
¶
«CLI_CIVILITE»,·¶
¶
Sauf· erreur· de· notre· part,· vous· avez· loué· ***«FILM_TITRE»***· depuis· le· «LOC_DATE_DEBUT»,· et· vous·ne·l'avez·toujours·pas·retourné.¶
¶
Visiblement,·ce·film·vous·plaît.¶
¶
Si·vous·le·désirez,·nous·seront·ravi·de·vous·le·vendre.·Sinon,·pensez·à·nous·le·ramener.¶
¶
Sincèrement,¶
¶
La·direction¶
¶

Fonctions utilisées

– *Exporter des données vers Excel* – *Exporter un état vers Word*
– *Réaliser un publipostage avec Word* – *Importer une table Excel*
– *Lier une table*

5 mn

Les informations contenues dans une table, celles résultant d'une requête et celles listées dans un état peuvent aisément être exportées vers Word ou Excel.

A l'inverse, des données structurées en lignes/colonnes dans une feuille Excel peuvent être importées dans Access.

On peut également utiliser des données qui ne sont pas stockées dans la base de données ouverte, mais dans une autre base de données en créant un lien entre les deux bases.

Copiez le fichier *Locat_15.mdb* qui est enregistré dans C:*Exercices Access 2003* en lui donnant le nom différent *XLocat_15.mdb*. Ce fichier sera votre base de données de travail pour ce cas, c'est la réplique de la base de données qui résulte de la réalisation du cas précédent. Ouvrez cette base de données *XLocat_15.mdb*.

---

❶ EXPORTER DES DONNÉES VERS EXCEL

En vue de réaliser des statistiques, nous allons exporter les plusieurs informations (département, chiffres d'affaires, date de dernier passage, ...) des abonnés vers Excel.

Créer la requête

- Créez une nouvelle requête basée sur la requête *R_CLIENT_AVEC_DEPARTEMENT*
- Ajoutez les champs <CLI_NB_DVD>, <CLI_DERNIER_PASSAGE>, <CLI_ABONNEMENT>, <CLI_DATE_ABONNEMENT>, <CLI_CHIFFRE_AFFAIRE>, <DEPARTEMENT>
- Ajoutez un critère pour ne garder que les clients venus depuis le 1er janvier 2003

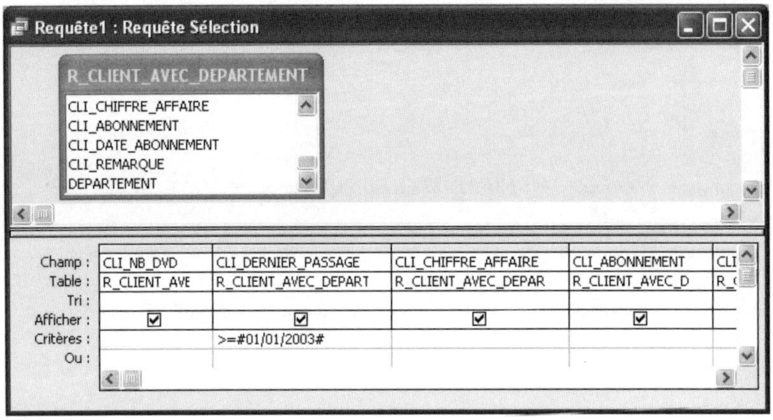

- Passez en mode *feuille de données*
- Vérifiez globalement le résultat

Exporter vers Excel

- *Outils/Liaisons Office/Analyse avec Microsoft Office Excel*

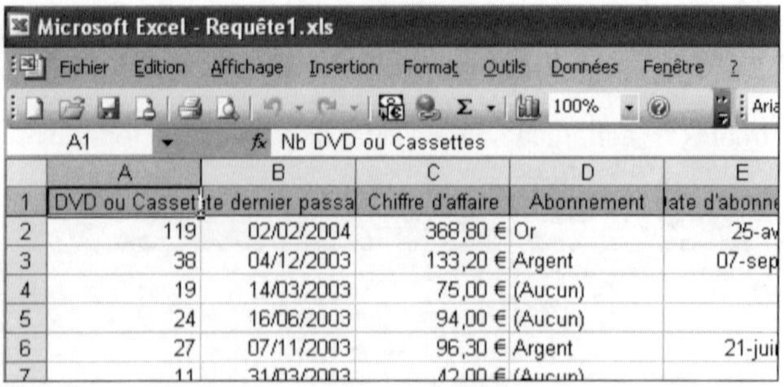

Access a créé un document Excel portant le nom de la requête (ici *Requête1*, car nous n'avons pas encore enregistré la requête) dans le même répertoire que la base de données, puis démarre Excel en ouvrant ce document.

- Sans fermer le document Excel, revenez sur la requête Access
- Exportez-la de nouveau : *Outils/Liaisons Office/Analyse avec Microsoft Office Excel*

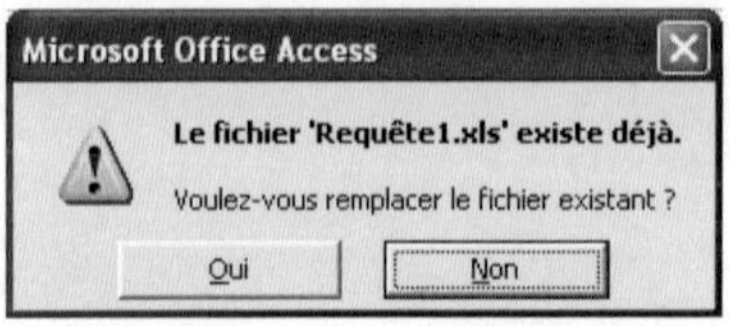

Access détecte qu'un fichier portant le même nom (celui que vous venez juste de créer) existe déjà, et vous demande s'il faut l'écraser
- Cliquez sur «Oui»

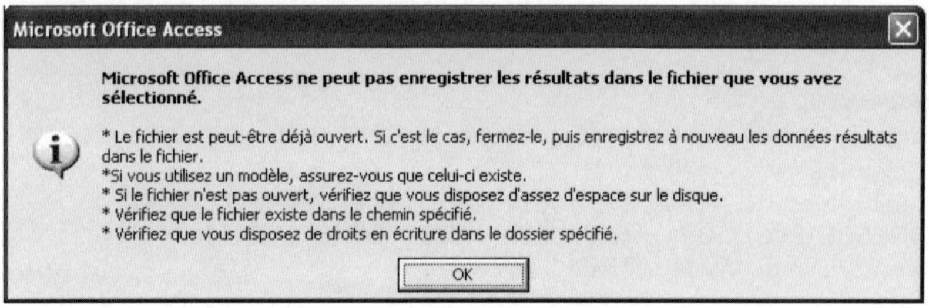

Access ne peut pas enregistrer le nouveau fichier Excel, car il est ouvert.
- Cliquez sur «OK»
- Revenez dans Excel
- Fermez le document *Requête1* dans Excel
- Revenez sur la requête Access
- Exportez-la de nouveau : *Outils/Liaisons Office/Analyse avec Microsoft Office Excel*

Access vous demande si vous voulez écraser le fichier existant.
- Cliquez sur «Oui»

Access créé le fichier, et l'ouvre dans Excel.
- Fermez Excel
- Fermez la requête Access sans enregistrer les modifications

❷ EXPORTER UN ÉTAT VERS WORD

Nous allons exporter l'état E_CLIENT_PAR_DEPARTEMENT vers Word.

Dans la fenêtre *Base de données*, cliquez sur ce bouton.

- Sélectionnez le nom de l'état *E_CLIENT_PAR_DEPARTEMENT* sans l'ouvrir

 Cliquez sur la flèche à coté de ce bouton dans la barre d'outils, puis *Publication avec Microsoft Office Word*, ou *Outils/Liaisons Office/ Publication avec Microsoft Word.*

Access créé un fichier au format RTF portant le nom de l'état dans le même répertoire que la base de données, puis démarre Word en ouvrant ce document.

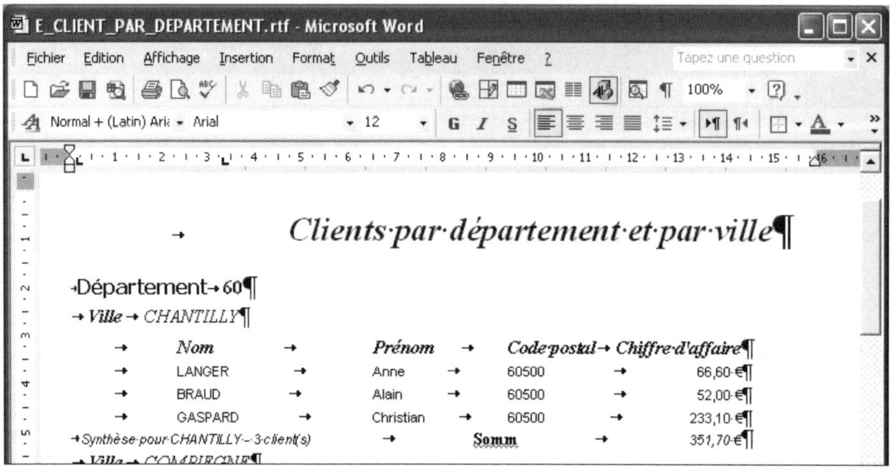

- Fermez Word

---

❸ CRÉER UN PUBLIPOSTAGE

Nous allons envoyer des lettres de relances aux clients qui n'ont pas rendu leur DVD depuis le 15 mai 2004.

Créer la requête

- Créez une nouvelle requête basée sur les tables *T_CLIENT*, *T_LOCATION*, *T_DVD* et *T_FILM*
- Ajoutez les champs <CLI_CIVILITE>, <CLI_NOM>, <CLI_PRENOM>, <CLI_ADRESSE>, <CLI_CP>, <CLI_VILLE>, <LOC_DATE_DEBUT>, <LOC_DATE_FIN> et <FILM_TITRE>
- Ajoutez un critère pour ne garder que ceux dont la location a commencé avant le 15/05/2004 et dont la date de retour est nulle
- Enregistrer la requête sous le nom R_RAPPEL_CLIENT

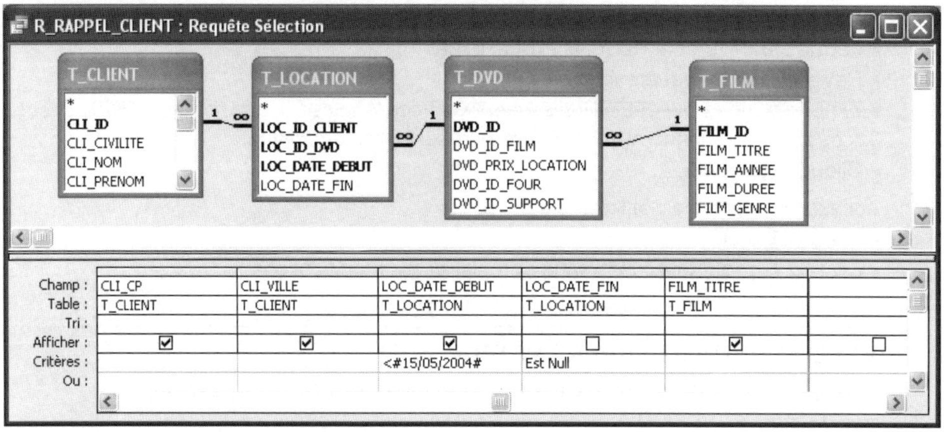

- Passez en mode *Feuille de données*
- Vérifiez globalement le résultat

Créer le document de publipostage

- *Outils/Liaisons Office/Fusion avec Microsoft Office Word*

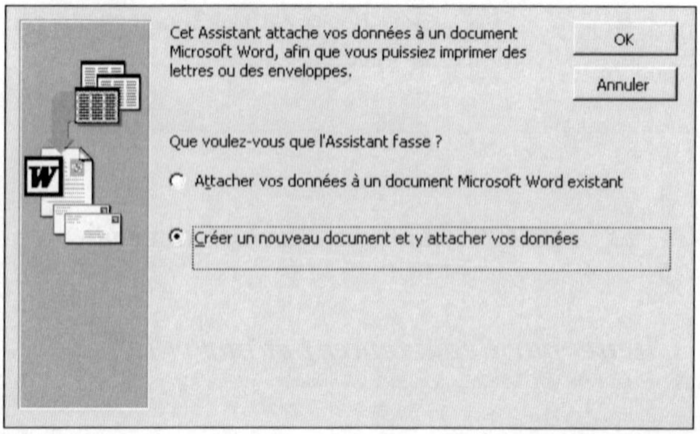

- Activez ⊙ *Créer un nouveau document et y attacher vos données*
- Cliquez sur «OK»

Access lance Word, ajoute la barre d'outils *Fusion et publipostage* et affiche le volet office *Fusion et publipostage* à droite de la fenêtre Word.

- Fermez le volet office

Cliquez sur le bouton *Insérer les champs de fusion* dans la barre d'outils *Fusion et publipostage*.

La liste des champs disponibles apparaît dans un dialogue *Insérer un champ de fusion*.

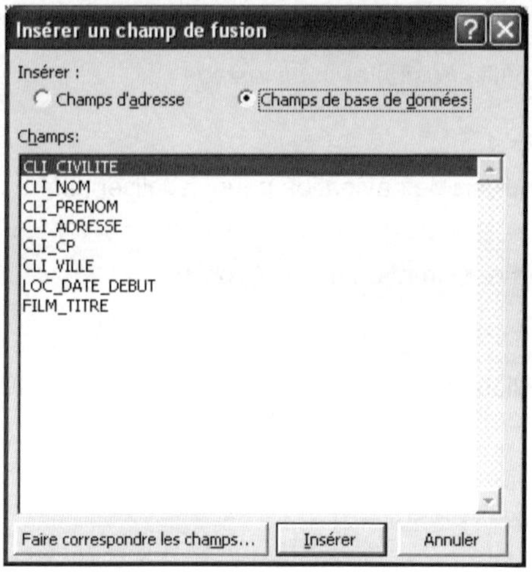

- Sélectionnez <CLI_NOM>
- Cliquez sur <Insérer>
- Sélectionnez <CLI_PRENOM>
- Cliquez sur <Insérer>
- Cliquez sur «Fermer» pour fermez le dialogue

«CLI_NOM»«CLI_PRENOM»¶

- Les deux champs ont été insérés à la position courante du curseur

LOCAT'VIDEO¶
3,·Grande·Rue¶
75021·Paris¶

«CLI_NOM»·«CLI_PRENOM»¶
«CLI_ADRESSE»¶
«CLI_CP»·«CLI_VILLE»¶

¶
¶
¶
«CLI_CIVILITE»,·¶
¶
Sauf· erreur· de· notre· part,· vous· avez· loué· ***«FILM_TITRE»***· depuis· le· **«LOC_DATE_DEBUT»**,· et· vous·ne·l'avez·toujours·pas·retourné.¶
¶
Visiblement,·ce·film·vous·plaît.¶
¶
Si·vous·le·désirez,·nous·seront·ravi·de·vous·le·vendre.·Sinon,·pensez·à·nous·le·ramener.¶
¶
Sincèrement,¶
¶
La·direction¶
¶

- En utilisant les capacités de Word et en insérant les champs au bon endroit, saisissez un texte qui ressemble à celui de la figure précédente
  - Notez que <LOC_DATE_DEBUT> est en gras, et que <FILM_TITRE> est en gras, italique et d'une police d'une taille plus grande que celle du reste du texte
  - Notez également que le texte de la page est justifié
- Enregistrez le document sous le nom *RappelClient_DocumentPrincipal* dans C :*Exercices Access 2003*

Cliquez sur ce bouton dans la barre d'outils *Fusion et publipostage*

- Word affiche le contenu de la première lettre

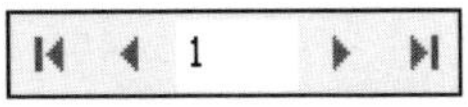
Cliquez sur ces boutons de navigation pour visualiser différents enregistrements.

Cliquez sur ce bouton pour revenir en mode création du publipostage.

- Modifiez si nécessaire le document

Quand vous êtes satisfait du résultat, cliquez sur ce bouton pour réaliser l'opération de fusion, la fusion se fera dans un nouveau document Word.

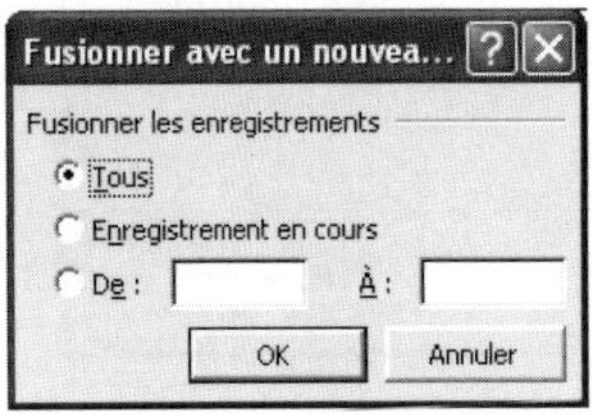

- Activez l'option ⊙ *Tous*
- Cliquez sur «OK»

Access fusionne chacune des lignes de la source de données (en l'occurrence le résultat de la requête R_RAPPEL_CLIENT) avec le document principal que vous venez de définir. Le résultat est un nouveau document Word *Lettres1.doc* avec une page pour chaque enregistrement de la requête.

- Vérifiez globalement le résultat

- Fermez le document fusionné sans enregistrer les modifications. En situation réelle, vous l'auriez imprimé
- Word revient sur le document principal
- Enregistrez le document principal
- *Fichier/Quitter*

Utiliser un document de publipostage existant

Nous allons relancer le publipostage en utilisant le document principal que nous venons de créer, et une requête légèrement différente.

- Ouvrez la requête *R_RAPPEL_CLIENT* en mode *création*
- Remplacez le critère de date <#15/05/2004# par *<25/05/2004*

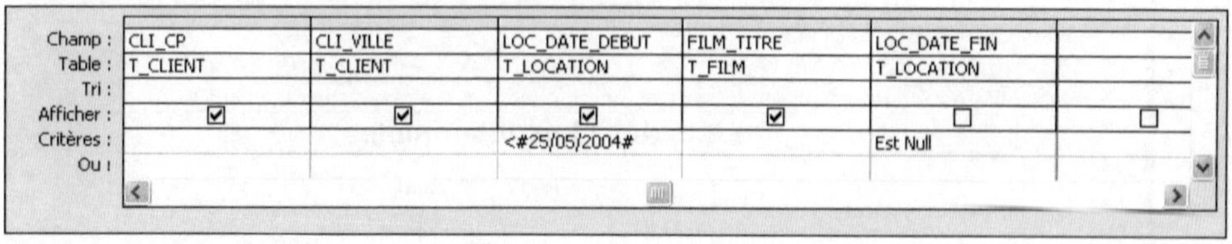

Note : il est déconseillé d'utiliser une requête paramétrée dans un publipostage.

- Fermez la requête en enregistrant les modifications
- Dans la fenêtre *Base de données*, vérifiez que *R_RAPPEL_CLIENT* est bien sélectionné
- *Outils/Liaisons Office/Fusion avec Microsoft Office Word*
- Activez ⊙ *Attacher vos données à un document Microsoft Word existant*
- Cliquez sur «OK»

Access vous demande de sélectionner le document principal de la fusion.

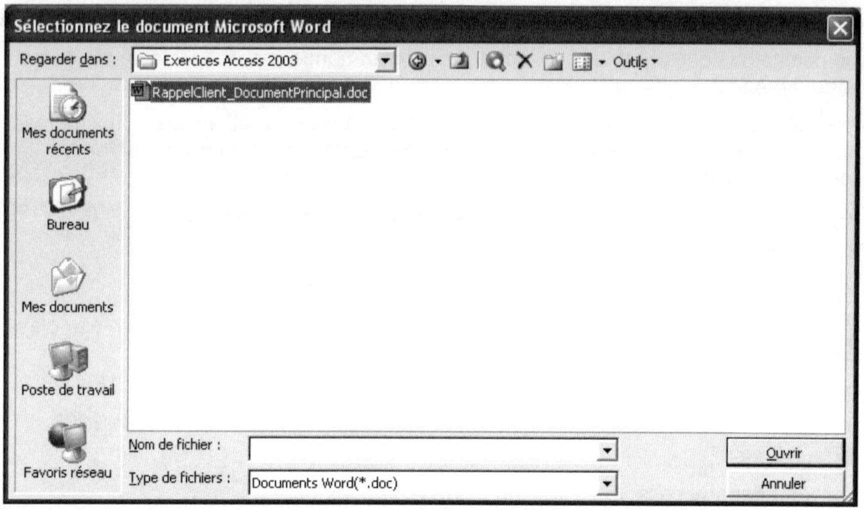

- Sélectionnez le répertoire C:\Exercices Access 2003
- Sélectionnez *RqppelClient_DocumentPrincipal.doc*
- Cliquez sur «Ouvrir»
- Si la barre d'outils publipostage n'est pas visible : *Affichage/Barre d'outils/Fusion et publipostage*
- Procédez ensuite comme précédemment pour réaliser la fusion

❹ IMPORTER UNE FEUILLE EXCEL

Nous avons besoin d'accéder à une liste de films différente. Ces films sont ceux sortis entre 1999 et 2001. Nous allons importer les données contenues dans une feuille Excel. Cette feuille est dans le classeur *Films 1999 à 2001.xls*, dans le répertoire *C:\Exercices Access 2003.*

Avant d'importer les données, il est bon de voir à quoi elles ressemblent.

- Ouvrez le classeur *Films 1999 à 2001.xls* dans Excel

Nous constatons que le tableau de données ne commence pas dans le coin supérieur gauche, en A1.

La première chose est de faire une copie par valeur des informations qui nous intéressent dans la feuille de calcul. Cela permettra de limiter au maximum tous les problèmes susceptibles d'intervenir.

- Positionnez-vous n'importe où dans la liste de films (par exemple en C10)
- Appuyez sur Ctrl- *, ou *Edition/Atteindre/Cellules/Zone en cours/Ok*
- Copiez la zone ainsi sélectionnée par Ctrl-**C** ou *Edition/Copier*

Cliquez sur ce bouton dans la barre d'outils, ou *Fichier/Nouveau/Nouveau classeur Excel*

- *Edition/Collage spécial/Valeurs/OK*
- Enregistrez le classeur sous le nom *Films 99-01* dans *C:\Exercices Access 2003*
- Fermez Excel
- De retour dans Access, *Fichier/Données externes/Importer*
- Sélectionnez *Films 99-01.xls* dans le répertoire *C:\Exercices Access 2003*

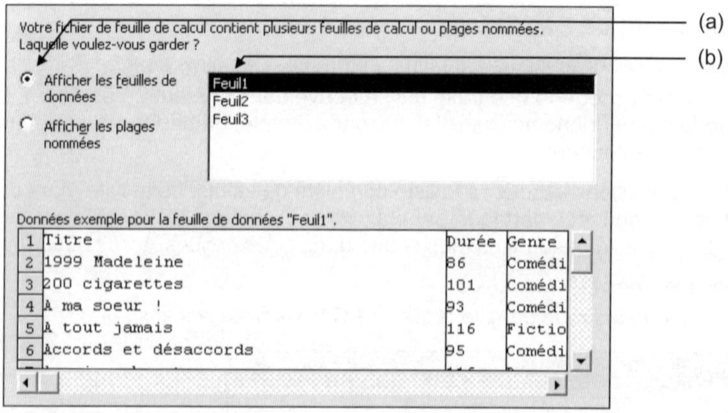

- Vérifiez que l'option ⊙ *Afficher les feuilles de données* en (a) est activée et *Feuil1* en (b) est sélectionné
- Cliquez sur «Suivant»
- Vérifiez que ☑ *Première ligne contient les en-têtes de colonnes* est coché
- Cliquez sur «Suivant»
- Vérifiez que l'option ⊙ *Dans une nouvelle table* est activé
- Cliquez sur «Suivant»

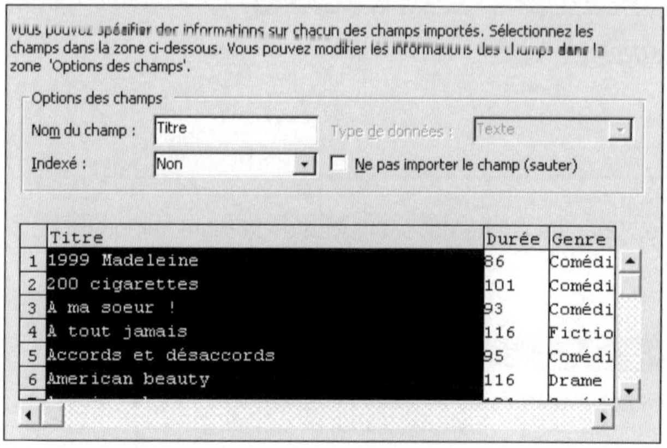

- Vérifiez les noms des champs et cliquez sur «Suivant»
- Vérifiez que ⊙ *Laisser Access ajouter une clé primaire* est activé, cliquez sur «Suivant»

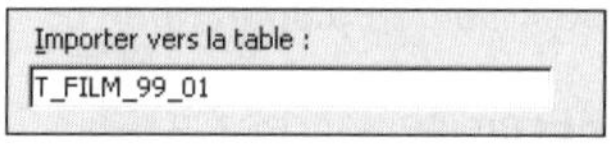

- Tapez *T_FILM_99_01* comme nom de table
- Cliquez sur «Terminer»

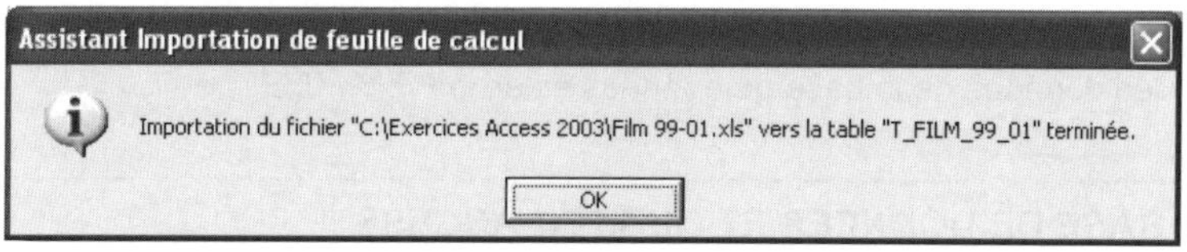

- Access affiche un message indiquant le succès de l'opération, cliquez sur «OK»

La table s'utilise comme n'importe quelle autre table. Elle contient une copie des informations stockées dans le classeur Excel. Modifier les données de cette table ne modifiera pas les données du classeur, et inversement.

❺ LIER UNE TABLE

Dans l'exercice précédent, nous avons copié les informations dans une table. Nous pourrions avoir besoin d'accéder à une table qui se trouve dans une autre base de données, et ce de façon permanente (dans le cas, par exemple, du partage d'information entre plusieurs bases de données).

Dans cet exercice, nous allons accéder à la liste complète des films, cette liste étant une table dans une base de données partagée par plusieurs utilisateurs. Cette table est T_FILM_COMPLET, dans la base Films.mdb située dans *C:\Exercices Access 2003.*

- *Fichier/Données externes/Lier les tables*
- Sélectionnez la base *Films.mdb* dans le répertoire *C:\Exercices Access 2003*

- Sélectionnez *T_FILM_COMPLET*
- Cliquez sur «OK»

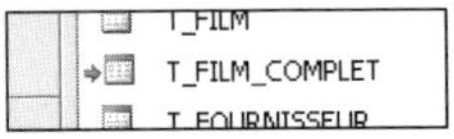

Access attache la table. Notez la petite flèche devant l'icône de la table, indiquant qu'il s'agit d'une table liée.

- Ouvrez la table en mode *création*

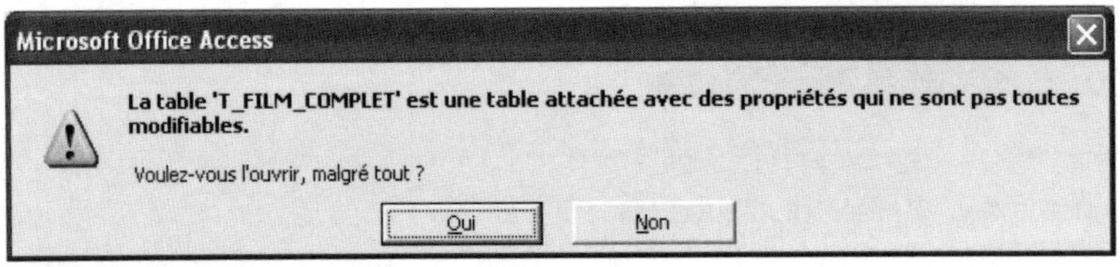

Access vous rappelle que les propriétés d'une table liées sont pour la plupart non modifiables, cliquez sur «Oui»

- Essayez de modifiez la taille du champ <Titre> et fermez la table
- Access demande si vous voulez enregistrer les modifications, cliquez sur «Oui»
- Access vous informe qu'il ne peut pas enregistrer les modifications, cliquez sur «Oui», les modifications ne sont donc pas enregistrées.

Attention : vous pouvez modifiez les données de cette table liée, sachez que vous modifiez en fait les données de la base de données externe *FILM.MDB*.

❻ FERMER LA BASE DE DONNÉES ET QUITTER ACCESS

- *Fichier/Fermer*, ou appuyez sur Ctrl-F4 ou sur Ctrl-**W**
- *Fichier/Quitter*

Une page d'accès en mode création

Une page Web permettant de gérer les tables films et DVD

Fonctions utilisées

– *Créer une page d'accès pour la saisie* – *Publier une page d'accès*

Une page d'accès aux données est un formulaire particulier qui affiche les données issues d'une base Access dans un navigateur Web tel Internet Explorer. Il s'agit d'un fichier HTML externe à la base de données, qui peut éventuellement être enregistré sur un serveur intranet afin d'être mis à la disposition des utilisateurs, ou simplement mis sur un répertoire partagé.

Les possibilités offertes par les pages d'accès aux données sont très riches et nous ne ferons ici que les aborder.

Copiez le fichier *Locat_16.mdb* qui est enregistré dans C:*Exercices Access 2003* sous le nom différent *XLocat_16.mdb*. Ce fichier est votre base de données de travail pour ce cas, c'est la réplique de celle qui résulte de la réalisation du cas précédent. Ouvrez cette base de données *XLocat_16.mdb*.

❶ CRÉER UNE PAGE D'ACCÈS POUR LA SAISIE DES DONNÉES

Nous allons créer une page d'accès aux données pour la table *T_FILM* et sa table liée *T_DVD*, ce qui permettra par la suite de la consulter et de les gérer (ajout, modification et suppression des enregistrements) à partir d'un navigateur Web.

Cliquez sur ce bouton de la fenêtre *Base de données* pour afficher la liste des pages.

Créer une page d'accès avec l'assistant

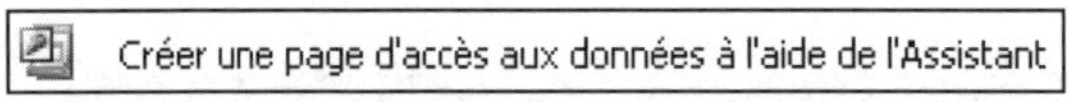

Double-cliquez sur cet objet dans la liste des pages.

Access affiche l'assistant :

- Dans la liste déroulante en (a) et sélectionnez *T_FILM*
- En double-cliquant sur les noms des champs en (b), faites passer en (d) <FILM_ID>, <FILM_TITRE>, <FILM_ANNEE>, <FILM_DUREE> et <FILM_GENRE>
- Dans la liste déroulante en (a) et sélectionnez *T_DVD*
- En sélectionnant les champs et en cliquant sur le bouton (c), faites passer en (d) <DVD_PRIX_LOCATION> et <DVD_ID_SUPPORT>

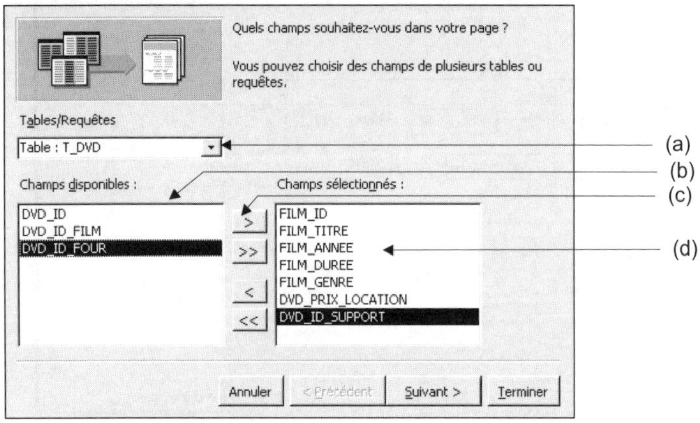

- Cliquez sur «Suivant»

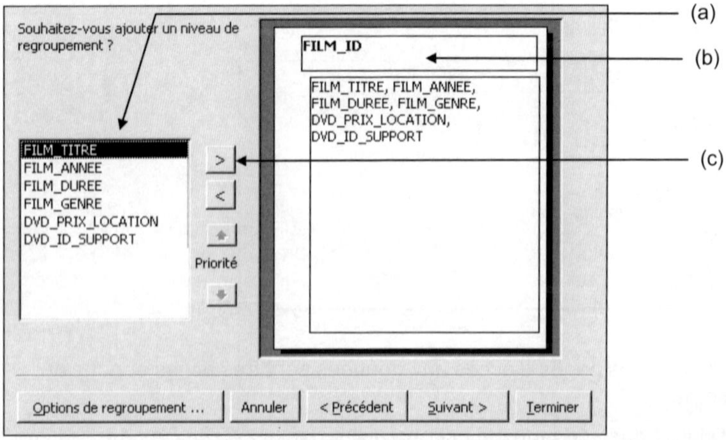

- Vérifiez que le champ <FILM_ID> est sélectionné en (a), et cliquez sur la flèche (c) pour créer un niveau de regroupement en (b)
- Cliquez sur «Suivant»

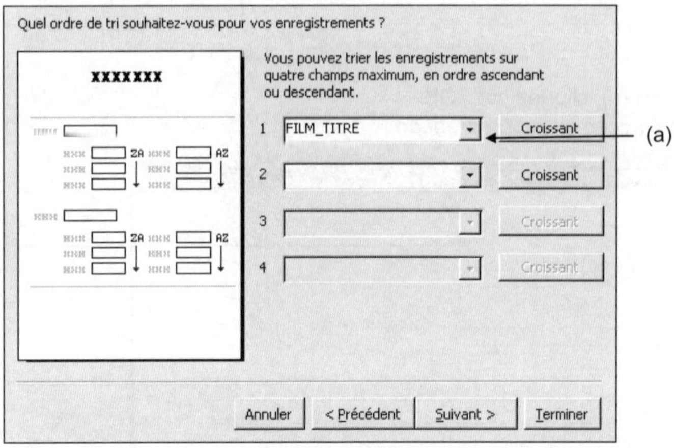

- Choisissez un tri par <FILM_TITRE> en le sélectionnant en (a)
- Cliquez sur «Suivant»

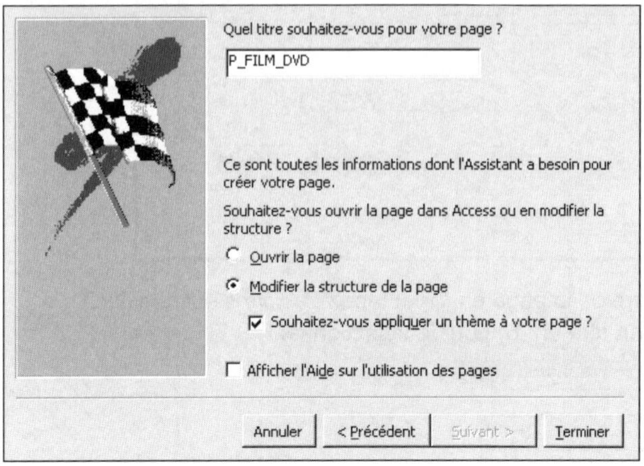

- Saisissez le titre *P_FILM_DVD* en (a)
- Cochez ☑ *Souhaitez-vous appliquer un thème à votre page ?* en (b)
- Cliquez «Terminer»

Access affiche la liste des thèmes :

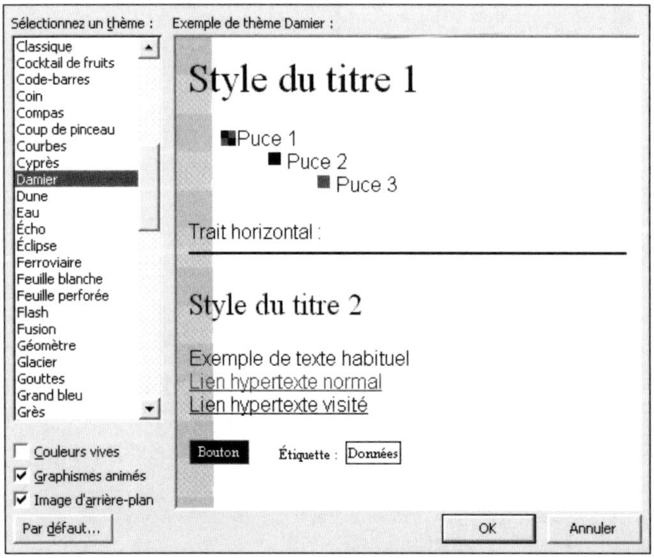

- Sélectionnez *Damier* en (a), cliquez sur «OK»

Access affiche la page d'accès en mode *création*

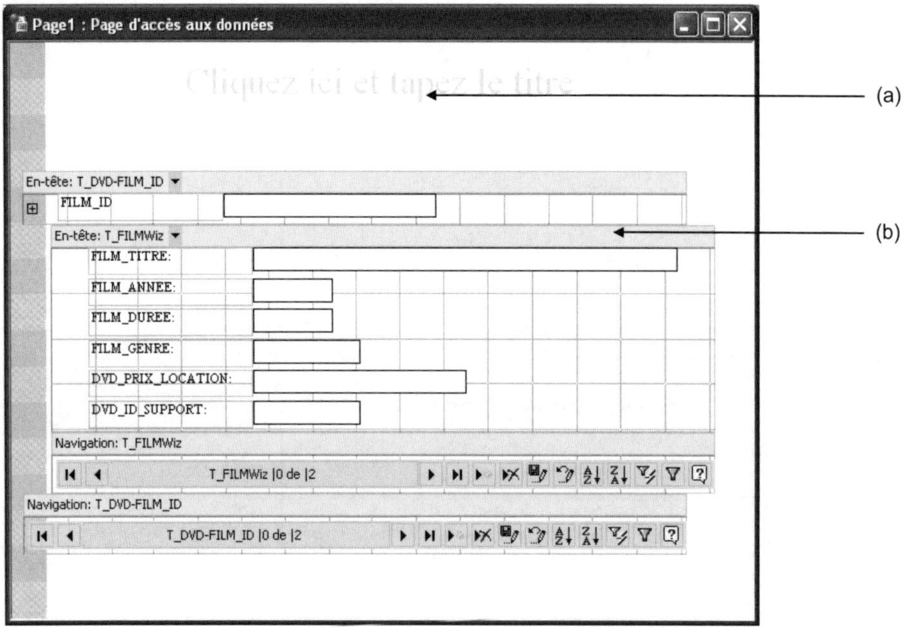

- Cliquez dans la zone de titre de la page en (a) et tapez *Les films et leurs DVD*
- Cliquez dans la section d'en-tête en (b) pour la sélectionner

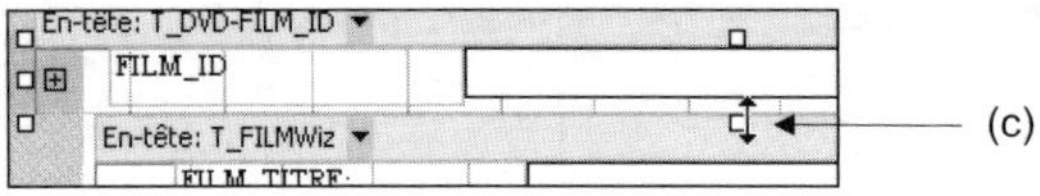

- Agrandissez la section en faisant un cliquer-glisser vers le bas de la poignée (c) du bas de la section d'en-tête

- Comme vous le feriez dans un formulaire, déplacez les contrôles <FILM_TITRE>, <FILM_ANNEE>, <FILM_DUREE> et <FILM_GENRE> de la section au-dessus
  - Notez que les étiquettes ont changé, et commencent maintenant par *Groupe de*.
- Déplacez un contrôle *zone de texte*. Notez que l'étiquette associée suit le mouvement
- Déplacez un contrôle *étiquette*. Notez que la zone de texte associée ne suit pas le mouvement

Si la fenêtre des propriétés n'est pas visible, cliquez sur ce bouton pour l'afficher.

- Sélectionnez le contrôle *étiquette* actuellement nommé *FILM_ID*
- Dans la fenêtre des propriétés, sélectionnez *Autre*

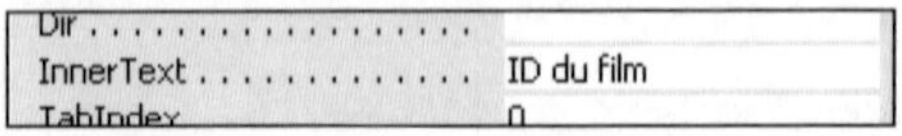

- Mettez la propriété <InnerText> à *ID du film*, qui correspond au texte de l'étiquette
- De la même façon modifiez les textes des étiquettes *Titre*, *Année*, *Durée*
- Ne fermez pas la fenêtre des propriétés
- Sélectionnez le contrôle *zone de texte* associée à <Groupe de FILM_GENRE> et appuyez sur la touche de suppression Suppr
- Comme vous le feriez dans un formulaire, modifiez les positions des contrôles pour que la page ressemble à ceci :

❷ UTILISER UNE PAGE

Cliquez sur ce bouton pour passer en mode page.

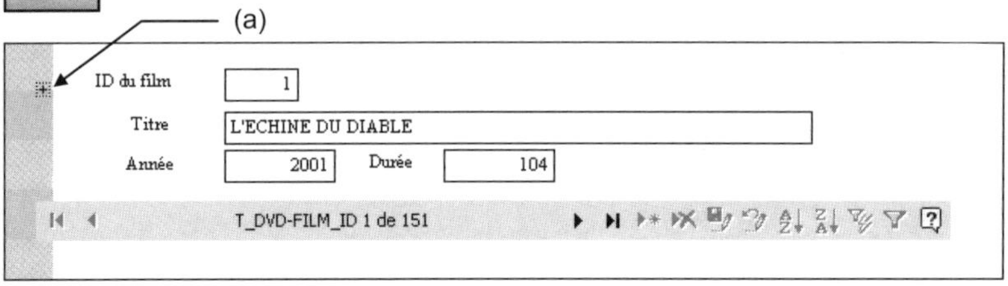

- Cliquez sur le bouton + en (a) pour voir la page de la sous-section. Notez au passage qu'il n'est pas très visible

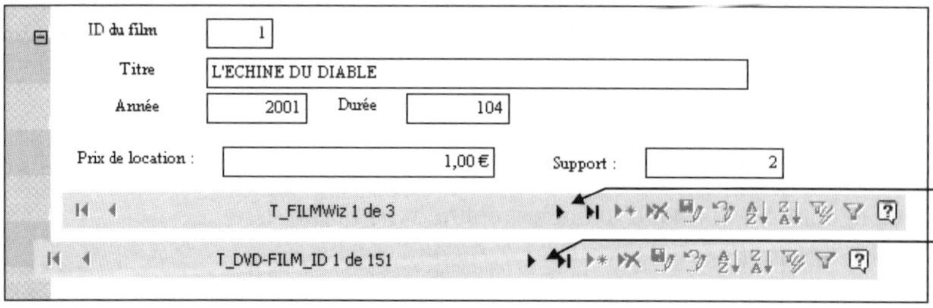

(a)
(b)

Cette page de consultation présente des inconvénients :

– On ne voit qu'un seul DVD, alors qu'il y en a trois pour ce film
– Le type de support (DVD ou cassette) est affiché sous forme numérique

- Cliquez sur le bouton (b) pour passer au film suivant. Notez alors que la page de sous-section disparaît et qu'il faut cliquer à nouveau sur + pour la voir
- Cliquez sur le bouton (a) pour voir le DVD suivant

 Cliquez sur ce bouton pour passer en mode page.

Nous allons remédier à certains des inconvénients relevés précédemment dans la présentation sous forme de page Web, afin de l'améliorer.

❸ AJOUTER UNE LISTE DÉROULANTE

 Cliquez sur ce bouton pour passer en mode *création*.

 Si la *boîte à outils* n'est pas visible, cliquez sur ce bouton pour l'afficher.

 Cliquez sur ce bouton dans la *boîte à outils* s'il n'apparaît pas sélectionné (orangé).

 Sélectionnez cet outil (liste déroulante).

- Positionnez le contrôle ainsi sélectionné à droite du contrôle <Durée> dans la section d'en-tête

Access lance l'assistant.

- Choisissez ⊙ *Je veux que la liste déroulante recherche les valeurs dans une table ou une requête*, puis cliquez sur «Suivant»
- Choisissez la table *T_GENRE*, puis cliquez sur «Suivant»

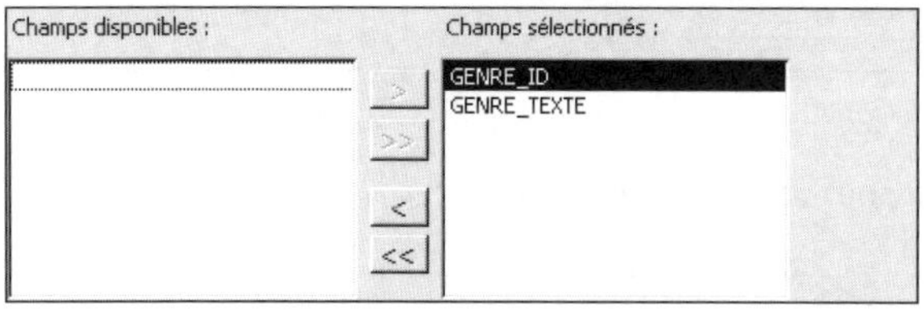

- Sélectionnez les deux champs, puis cliquez sur «Suivant»
- La largeur des colonnes convient, donc cliquez sur «Suivant»

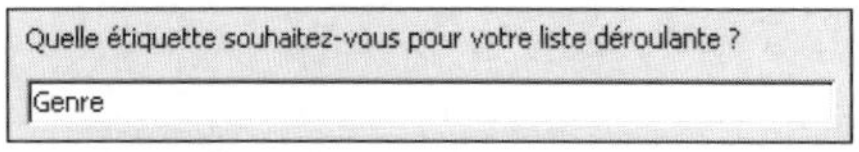

- Pour l'étiquette, tapez *Genre*

• Cliquez sur «Terminer»

Access ajoute le contrôle *liste déroulante* sur la page
Le contrôle est actuellement un contrôle indépendant. Il faut le relier aux données

Si la fenêtre des propriétés n'est pas visible, cliquez sur ce bouton pour l'afficher.

• Cliquez sur le contrôle liste déroulante
• Sélectionnez l'onglet *Données*

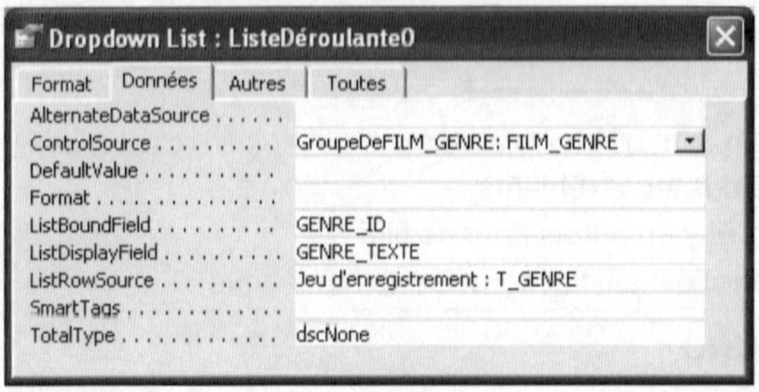

• Déroulez la liste des valeurs pour la propriété <ControlSource>
• Choisissez <FILM_GENRE>
• De façon similaire, ajoutez une liste déroulante pour remplacer la zone de texte *Support* : pour cela, utilisez la table *T_SUPPORT* et ses deux champs <SUPPORT_ID> et <SUPPORT_TEXTE>, le premier étant relié à<DVD_ID_SUPPORT>

---

❹ MODIFIER LES PROPRIÉTÉS DE LA PAGE

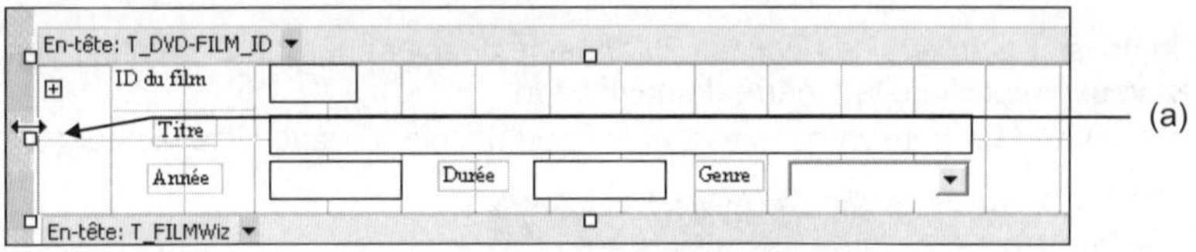

• Cliquez dans la section d'en-tête pour la sélectionner
• Cliquez-glissez la poignée (a) pour déplacer légèrement la section

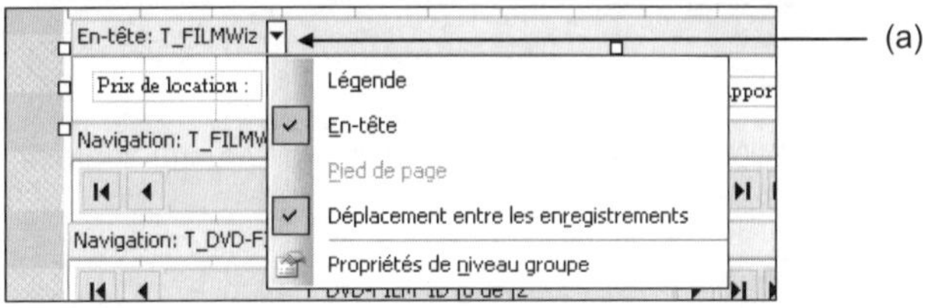

• Cliquez sur la flèche de la liste déroulante (a) et sélectionnez *Propriétés de niveau groupe*

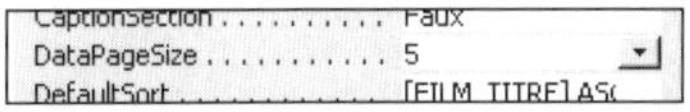

• Définissez la propriété de <DataPageSize> à *5*

Cliquez sur ce bouton pour passer en mode page.

• Testez les effets des modifications que vous avez apportées… On voit maintenant 5 titres de films sur le même formulaire, les déplacement se font de 5 en 5

Cliquez sur ce bouton dans la barre d'outils, ou *Fichier/Enregistrer*, ou appuyez sur Ctrl-**S**.

Access ouvre la fenêtre d'enregistrement et vous demande où stocker la page. En effet, les pages d'accès sont enregistrées en dehors de la base de données.

- Laissez le nom par défaut *P_FILM_DVD.htm* et cliquez sur «Enregistrer»

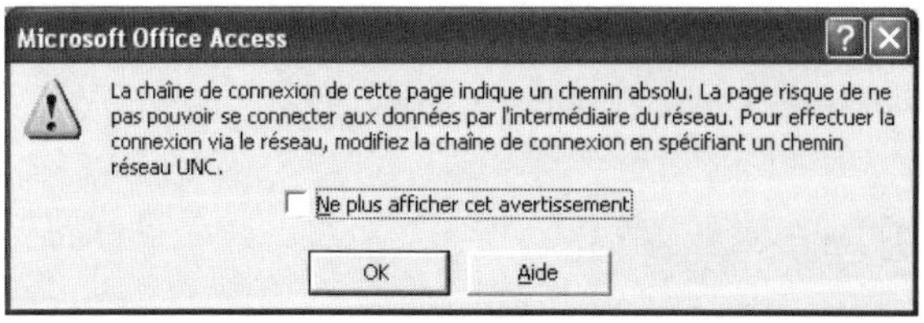

Access affiche un avertissement, signalant qu'on utilise un chemin absolu, c'est à dire valable uniquement sur la machine où nous sommes.

- Cliquez sur «OK»

---

❺ CRÉER UN CHEMIN RÉSEAU UNC

Nous allons relier le formulaire à la base de données par un chemin réseau. Avant tout, il faut partager le dossier dans lequel sont stockés la page d'accès et ses fichiers annexes.

- *Fichier/Ouvrir*

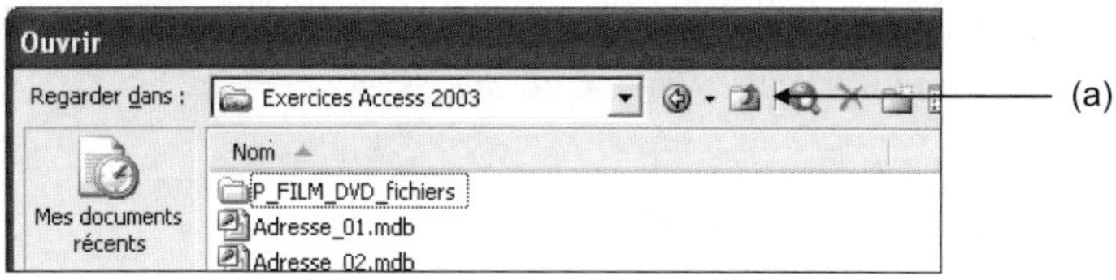

En principe, le dossier *C:\Exercices Access 2003* est le dossier courant. Si ce n'est pas le cas, déplacez-vous en utilisant la fenêtre de navigation.

- Cliquez sur le bouton (a) pour remonter au niveau du dossier parent, ici le lecteur (C ☺

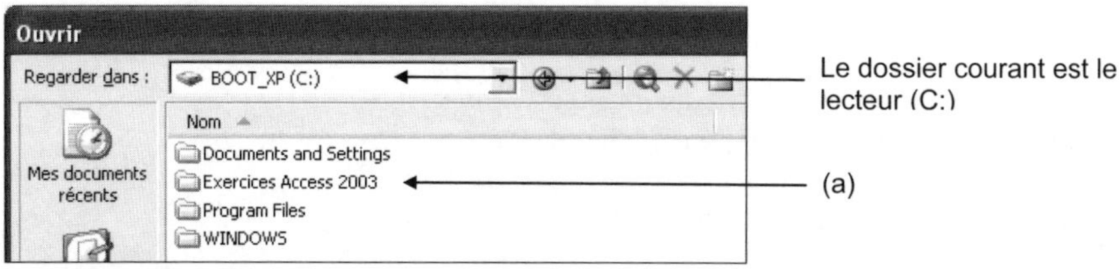

- Cliquez-droit sur *Exercice Access 2003* en (a) pour faire apparaître le menu contextuel
- Cliquez *Partage et sécurité*

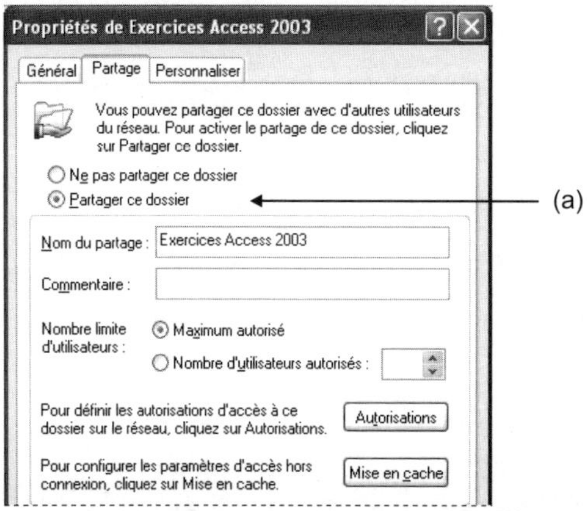

- Activez ⊙ *Partager ce dossier* en (a)

L'icône du dossier se modifie légèrement porté par une main, indiquant le partage : 

- Cliquez sur «Annuler»

Maintenant que le dossier est partagé, nous allons pouvoir relier le formulait çà la base de données par un chemin réseau UNC et non plus absolu.

- Si vous avez fermé la page d'accès, ouvrez-la en mode *création*

 Si la fenêtre des propriétés n'est pas visible, cliquez sur ce bouton pour l'afficher.

- Cliquez sur la barre de titre de la page : les propriétés de la page s'affichent

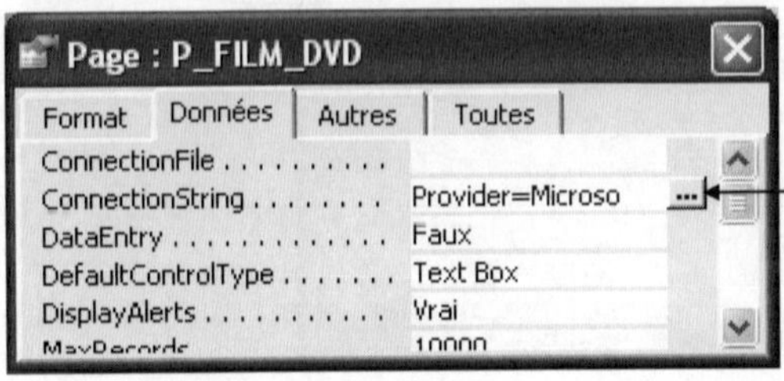

(a)

- Dans l'onglet *Données*, cliquez dans la propriété <ConnectionString>, puis cliquez sur le bouton qui est apparu en (a)

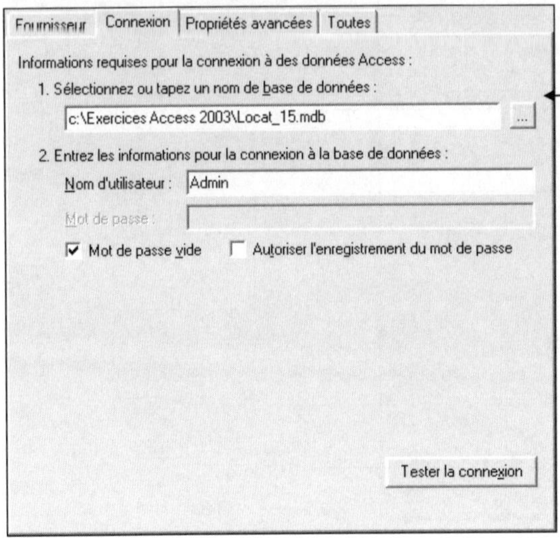

(a)

- Cliquez sur le bouton en (a) pour définir le nouveau chemin d'accès accès à la base de données
- Dans la fenêtre qui apparaît, choisissez *Favoris réseau*
- Suivant votre configuration réseau, naviguez dans les dossiers jusqu'à trouver le dossier *Exercices Access 2003*

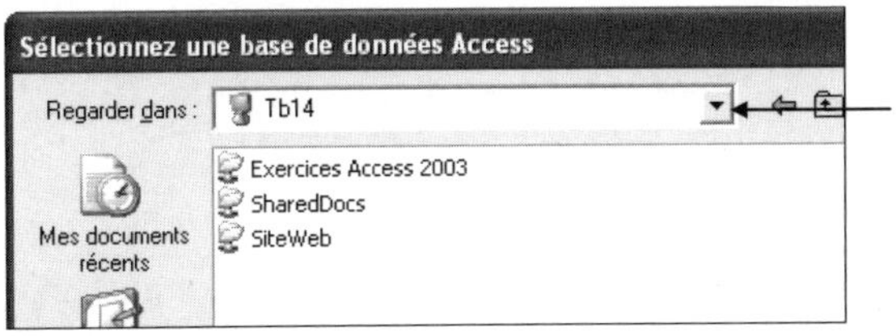

Naviguez jusqu'au nom de l'ordinateur qui contient le dossier partagé

- Ouvrez le dossier *Exercices Access 2003*

- Choisissez la base de données à relier. Il peut s'agir de *Locat_15.mdb*

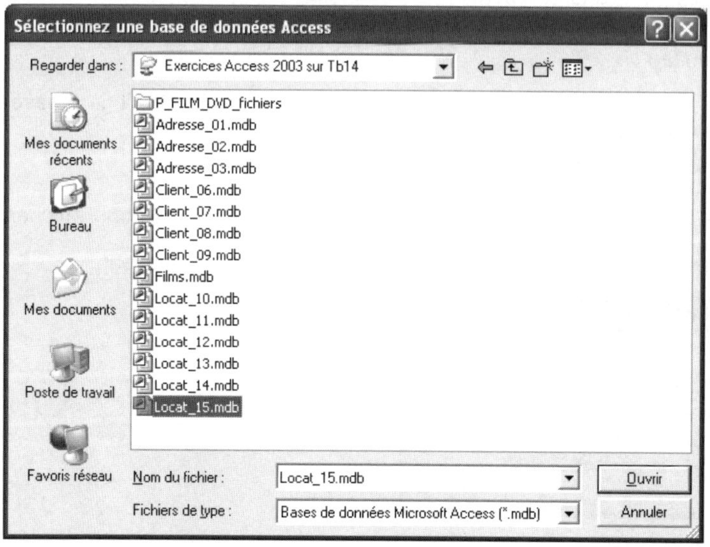

- Cliquez sur «Ouvrir»

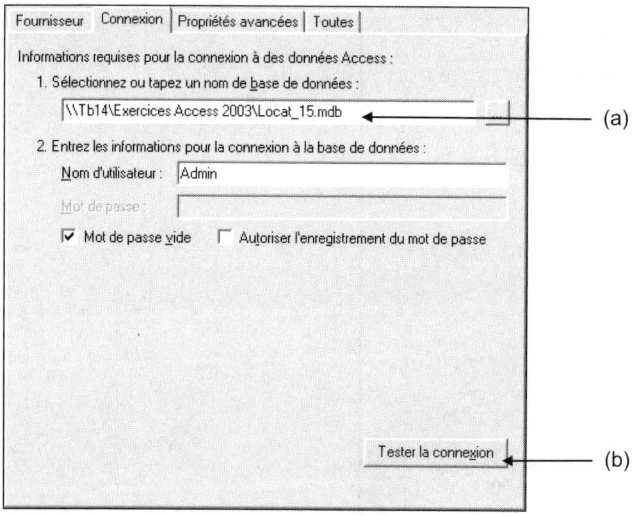

- Le chemin réseau UNC complet apparaît en (a)
- Cliquez sur «Tester la connexion» en (b)
- Access affiche le succès

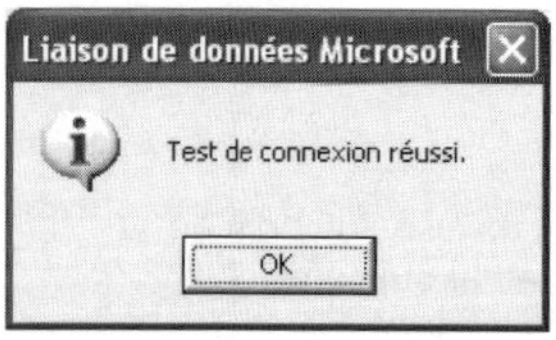

- Cliquez sur «OK»
- Fermez la page en enregistrant les modifications

Note : dans l'exercice, le dossier dans lequel la base est enregistrée et celui dans lequel se trouve la page sont identiques. Ceci n'est absolument pas obligatoire, et les deux fichiers peuvent être dans des dossiers différents.

❻ FERMER LA BASE DE DONNÉES ET QUITTER ACCESS

- *Fichier/Fermer*, ou appuyez sur Ctrl-F4 ou sur Ctrl-**W**
- *Fichier/Quitter*

❼ UTILISER LA PAGE D'ACCÈS

- Lancez le navigateur Web

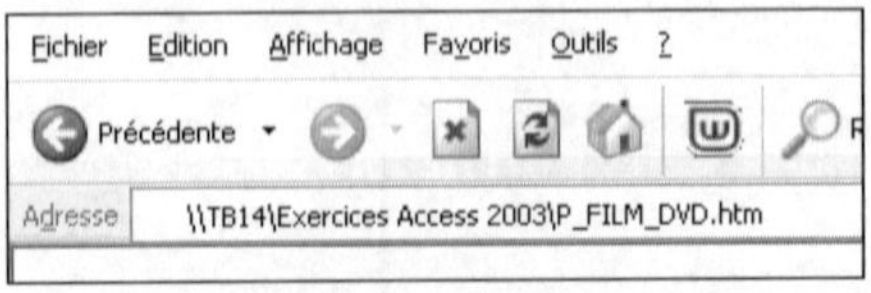

- Dans la barre d'adresse, indiquez l'adresse de la page

Vous recevez deux messages d'avertissement :

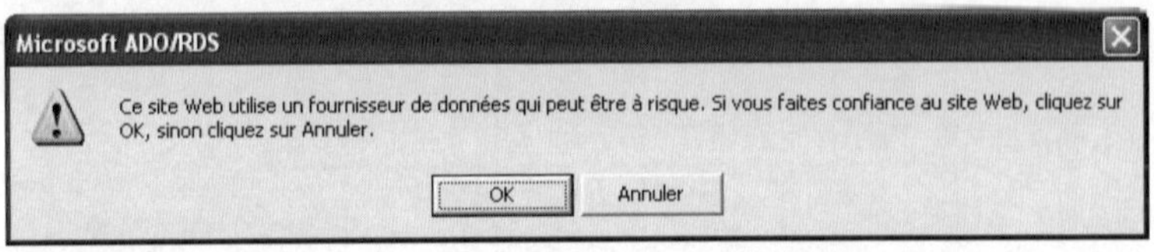

- Cliquez sur «OK»

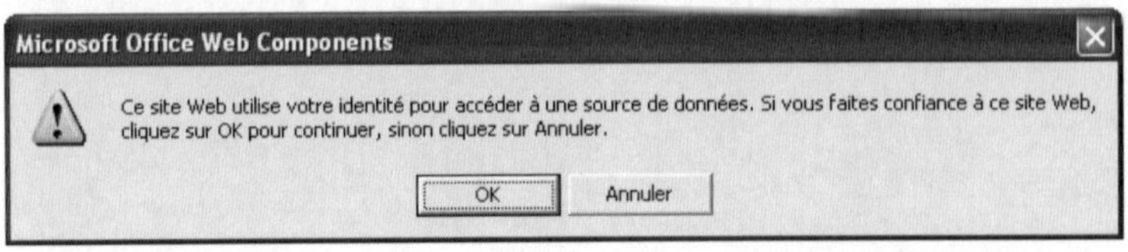

- Cliquez sur «OK»

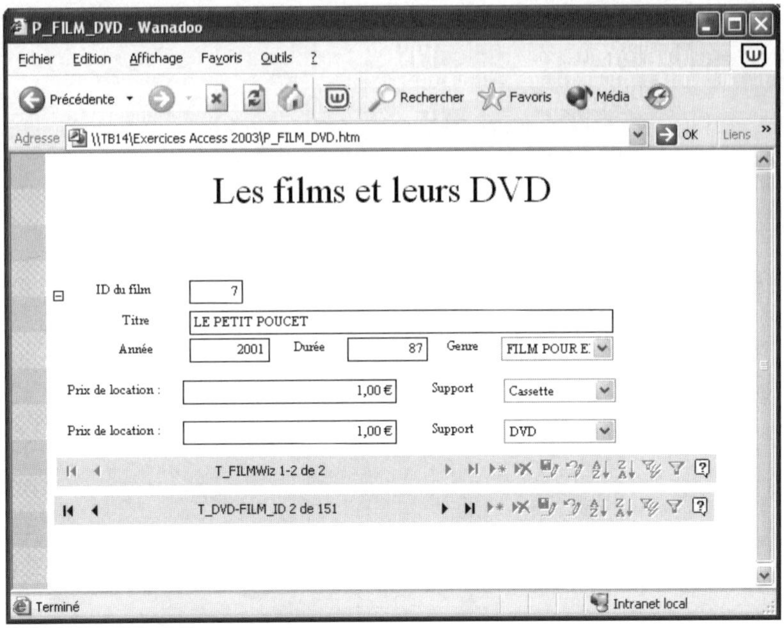

- Naviguez dans la base de données
- Fermez le navigateur

INDEX

D

E

F

G

H

I

J

L

M

N

O

P

Q

R

S

T

U

V

W

X

Z

Imprimé en France - JOUVE, 11, bd de Sébastopol, 75001 Paris
N° 349400Y - Dépôt légal : Juin 2004 - N° d'éditeur : 7070